westermann

Andreas Blank, Stefan Eilts, Michael Howe, Helge Meyer, Pia Möntenich, Horst Neuhaus

Herausgeber: Andreas Blank, Helge Meyer

Volkswirtschaftslehre

Ausgabe für die Höhere Berufsfachschule Nordrhein-Westfalen

Schülerband

4. Auflage

Bestellnummer 30181

Die in diesem Produkt gemachten Angaben zu Unternehmen (Namen, Internet- und E-Mail-Adressen, Handelsregistereintragungen, Bankverbindungen, Steuer-, Telefon- und Faxnummern und alle weiteren Angaben) sind i. d. R. fiktiv, d. h., sie stehen in keinem Zusammenhang mit einem real existierenden Unternehmen in der dargestellten oder einer ähnlichen Form. Dies gilt auch für alle Kunden, Lieferanten und sonstigen Geschäftspartner der Unternehmen wie z. B. Kreditinstitute, Versicherungsunternehmen und andere Dienstleistungsunternehmen. Ausschließlich zum Zwecke der Authentizität werden die Namen real existierender Unternehmen und z. B. im Fall von Kreditinstituten auch deren IBANs und BICs verwendet.

Legende der verwendeten Verweise

Betriebswirtschaftslehre mit Rechnungswesen	→BWR	Mathematik	→MATH
Informationswirtschaft	→IW	Fremdsprachen	→SPRA
Politik/Gesellschaftslehre	→P/G		

Für Lehrerinnen und Lehrer:

BiBox westermann inkl. E-Book

Lösungen zum Schulbuch: 978-3-427-30274-2
Lösungen zum Schulbuch Download: 978-3-427-30208-7

BiBox Einzellizenz für Lehrer/-innen (Dauerlizenz): 978-3-427-85370-1
BiBox Kollegiumslizenz für Lehrer/-innen (Dauerlizenz): 978-3-427-85607-8
BiBox Kollegiumslizenz für Lehrer/-innen (1 Schuljahr): 978-3-427-87862-9

Für Schülerinnen und Schüler:

BiBox westermann inkl. E-Book

BiBox Einzellizenz für Schüler/-innen (1 Schuljahr): 978-3-427-30192-9
BiBox Klassensatz PrintPlus (1 Schuljahr): 978-3-427-81829-8

Druck und Bindung: Westermann Druck GmbH, Georg-Westermann-Allee 66, 38104 Braunschweig

ISBN 978-3-427-**30181**-3

Vorwort

Dieses Lehr- und Arbeitsbuch erfüllt die Anforderungen des Lehrplans für das Fach Volkswirtschaftslehre in der Höheren Berufsfachschule Typ Wirtschaft und Verwaltung (Höhere Handelsschule) für das Land Nordrhein-Westfalen.
Um den Schülerinnen und Schülern die Lerninhalte zu veranschaulichen, werden bei der Erarbeitung sämtlicher Lerninhalte ein **Modellunternehmen**, die Bürodesign GmbH, und zwei **Modellhaushalte**, die Familien Land und Stein, zugrunde gelegt. Dies unterstützt die Anschauung und bietet einen Fundus an konkreten betrieblichen Handlungssituationen, mit denen sich die Schülerinnen und Schüler identifizieren können. Die Handlungsfelder 1 bis 6 sind in sachlogisch strukturierte Unterrichtseinheiten gegliedert, die den Anforderungen des Lehrplans folgen.
Der Umfang der einzelnen Kapitel entspricht den Stundenrichtwerten der Richtlinien. Das didaktische Prinzip der Handlungsorientierung sowie die Orientierung am Erfahrungshorizont der Schülerinnen und Schüler sind durchgehend verwirklicht, um ihnen die geforderten Kompetenzen zu vermitteln. Aspekte der **beruflichen Bildung in der digitalen Welt** werden in Handlungssituationen, Sachinhalt und Aufgaben durchgängig berücksichtigt.
Jede Unterrichtseinheit (= Gliederungspunkt im Buch) wird mit einer unternehmens- und fachtypischen **Handlungssituation** eingeleitet. Über **Arbeitsaufträge** werden die Schülerinnen und Schüler zur eigenständigen Lösung motiviert. Mit der verständlichen und illustrierten Darstellung und Erläuterung der Inhalte an Beispielen **im Sachinhalt** werden Hilfen zur Entwicklung von eigenen Lösungsvorschlägen und damit zu einer identifizierenden Handlungsorientierung angeboten. Dabei verzichten die Autorin und die Autoren bewusst auf die Darstellung von Spezialkenntnissen. Stattdessen vermitteln sie volkswirtschaftliche Zusammenhänge als Grundstruktur des Faches und beachten zudem das exemplarische Prinzip. Jeder Abschnitt schließt mit einer **Zusammenfassung** der Lerninhalte und einem umfangreichen **Aufgabenteil** ab.
Die zahlreichen **Aufgaben** sind zur Wiederholung, vielseitigen Vertiefung und Anwendung des Gelernten geeignet. Insbesondere werden zu jeder Unterrichtseinheit Aufgaben angeboten, die für die im Lehrplan geforderten Kompetenzkategorien der Sozialkompetenz und Selbstständigkeit herangezogen werden können, z. B. Referate, Materialsammlungen, kleine Projekte, Rollenspiele, kritische Reflexionen usw.

Neben zahlreichen Aufgaben finden Sie die vierfarbigen **Kompetenzquadrate**. Mithilfe dieser Icons werden die Kompetenzen hervorgehoben, die in der jeweiligen Aufgabe im Vordergrund stehen oder besonders gefördert werden.

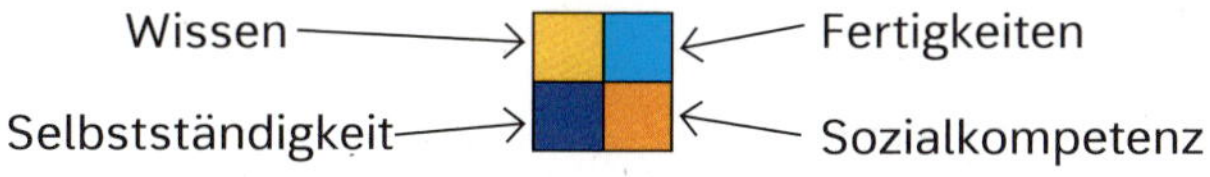

Grundsätzlich haben die vier im Lehrplan geforderten Kompetenzen eine feste Stellung im Kompetenzquadrat, der jeweils eine Farbe zugeordnet wird.

In den **Lösungen** (Bestellnummer 30208/30274) sind alle Aufgaben ausführlich gelöst. Darüber hinaus sind viele Kopiervorlagen für die Lehrkraft, z. B. Globus-Grafiken, enthalten.

Die Verfasserin/die Verfasser

Inhaltsverzeichnis

Handlungsfeld 1:

Unternehmensstrategie und Management

1 Die Einzelperson im Netzwerk der Gesamtwirtschaft beschreiben

Im Handlungsfeld 1 werden Sie die Stellung der Einzelperson im Netzwerk der Gesamtwirtschaft am Beispiel des Modellunternehmens Bürodesign GmbH und der Modellfamilien Land und Stein kennenlernen. Dazu untersuchen Sie das Verhalten, die Entscheidungen und das Handeln der Wirtschaftssubjekte und die sich daraus ergebenden Folgen.

2 Sich mit dem Problem der Knappheit auseinandersetzen

Im Anschluss daran setzen Sie sich mit dem Problem der Knappheit der Güter auseinander und lernen den Markt als Ort, an dem Angebot und Nachfrage aufeinandertreffen, kennen.

3 Die Rolle des Geldes für die Volkswirtschaft kennenlernen

Auf dem Markt bildet sich der Preis der Güter, der in Geldeinheiten ausgedrückt wird. In diesem Zusammenhang werden Sie sich mit der Entwicklung und den Funktionen des Geldes, der Frage der Preisniveaustabilität und der zunehmenden Verschuldung von Staat und Gesellschaft auseinandersetzen.

4 Modellvorstellungen zum Funktionieren einer Volkswirtschaft herausarbeiten

Eine Betrachtung der Volkswirtschaft als Modell und das Zusammenwirken der Wirtschaftssubjekte im Wirtschaftskreislauf schließen die Einordnung der Einzelperson in die Gesamtwirtschaft ab.

1 Die Einzelperson im Netzwerk der Gesamtwirtschaft beschreiben

1.1 Die Stellung der Bürodesign GmbH und der Wirtschaftssubjekte in der Gesamtwirtschaft analysieren

Silvia Land ist Auszubildende im ersten Lehrjahr für den Ausbildungsberuf Kauffrau für Büromanagement bei der Bürodesign GmbH. Nach den ersten Wochen im Betrieb beginnt für sie der Blockunterricht in der Berufsschule. Silvia lernt ihre neuen Lehrerinnen und Lehrer sowie Mitschülerinnen und Mitschüler kennen und bekommt den Stundenplan. Am Abend unterhält sie sich mit ihrer Freundin Svenja, die die Höhere Berufsfachschule besucht. *„Was hast du denn für Fächer?“*, fragt Svenja. Silvia holt den Stundenplan. *„Meine berufsbezogenen Fächer sind Büroprozesse, Geschäftsprozesse, Steuerung und Kontrolle und fremdsprachige Kommunikation“*, antwortet sie. *„Ein wichtiges Fach ist bei uns Volkswirtschaftslehre“*, antwortet Svenja, *„braucht das eine Kauffrau für Büromanagement nicht?“* Silvia schaut noch einmal auf dem Stundenplan nach, aber ein Fach Volkswirtschaftslehre sucht sie vergeblich. *„Ich lerne in einem Betrieb, der Bürodesign GmbH“*, sagt Silvia zu Svenja, *„da sind die Büro- und Geschäftsprozesse und Steuerung und Kontrolle sicher wichtiger.“* Aber warum ihre Freundin Unterricht in Volkswirtschaftslehre hat und sie nicht, versteht sie nicht.

Arbeitsaufträge

- ***Stellen Sie fest, was sich hinter den Fächern Betriebswirtschaftslehre und Volkswirtschaftslehre verbirgt. Schauen Sie dazu auch in Ihrem Lehrbuch für Betriebswirtschaftslehre mit Rechnungswesen nach.***
- ***Erläutern Sie die Begriffe Betrieb und Unternehmung.***
- ***Beschreiben Sie die Stellung der Bürodesign GmbH in der Volkswirtschaft.***

→BWR

Betriebswirtschaftslehre

Die **Betriebswirtschaftslehre** beschäftigt sich mit den wirtschaftlichen Aktivitäten und Erfordernissen der Unternehmen. Sie erklärt das wirtschaftliche Geschehen im Betrieb sowie die wirtschaftlichen Beziehungen der Betriebe untereinander.

Volkswirtschaftslehre

Die **Volkswirtschaftslehre** beschäftigt sich mit den wirtschaftlichen Beziehungen der Wirtschaftssubjekte innerhalb des abgegrenzten Gebietes einer Volkswirtschaft. Sie wird in die Mikroökonomie und die Makroökonomie unterteilt.

- **Mikroökonomie: „Der Blick mit der Lupe“**
  Die **Mikroökonomie** betrachtet einzelne Wirtschaftssubjekte mit ihren wechselseitigen Beziehungen. Sie beantwortet Fragen zum Angebot und zur Nachfrage sowie zum Markt und zur Preisbildung (vgl. S. 45ff.).

- **Makroökonomie: „Der Blick aus der Ferne“**
  Die **Makroökonomie** fasst gleichartige wirtschaftliche Beziehungen zu Gesamtgrößen zusammen und untersucht deren Zusammenhänge. Sie beantwortet Fragen zum Wirtschaftskreislauf (vgl. S. 60f.) und zu den Themen Geld (vgl. S. 50ff.), Beschäftigung (vgl. S. 326ff.), Konjunktur (vgl. S. 212f.), Wachstum (vgl. S. 191f.) und Außenwirtschaft (vgl. S. 123f.).

Unternehmen und Haushalte als Sektoren der Volkswirtschaft

Um die Volkswirtschaft als Ganzes betrachten zu können, bedient sich die Volkswirtschaftslehre eines **Modells**, d.h. einer Abbildung der Wirklichkeit. So wie ein Globus eine vereinfachte Wiedergabe der Erde und ein Stadtplan eine vereinfachte Abbildung einer Stadt ist, versucht ein volkswirtschaftliches Modell, die wesentlichen Zusammenhänge der Volkswirtschaft in vereinfachter Form wiederzugeben. Da die Volkswirtschaft aus einer Vielzahl sehr komplizierter Beziehungen besteht, ist es erforderlich, das Modell auf wenige Grundannahmen (Prämissen) zu beschränken. Die am Wirtschaftsgeschehen Beteiligten werden dazu zu den Sektoren **Haushalt** und **Unternehmen** zusammengefasst und als Wirtschaftssubjekte bezeichnet.

- Zu den **Unternehmen** gehören die privaten wie die öffentlichen Unternehmen (vgl. S. 15 f.).

  Beispiele
  - *Die Bürodesign GmbH ist ein privates Unternehmen.*
  - *Bei vielen Krankenhäusern und vielen öffentlichen Verkehrsbetrieben handelt es sich um öffentliche Unternehmen.*

Damit ein Unternehmen seine Leistungen erbringen kann, werden verschiedene Güter und Dienstleistungen benötigt. Somit ist eine Vielzahl verschiedener **Sach- und Dienstleistungsbetriebe** aus unterschiedlichen Wirtschaftszweigen an der Erbringung der Leistung eines Unternehmens beteiligt.

Beispiel

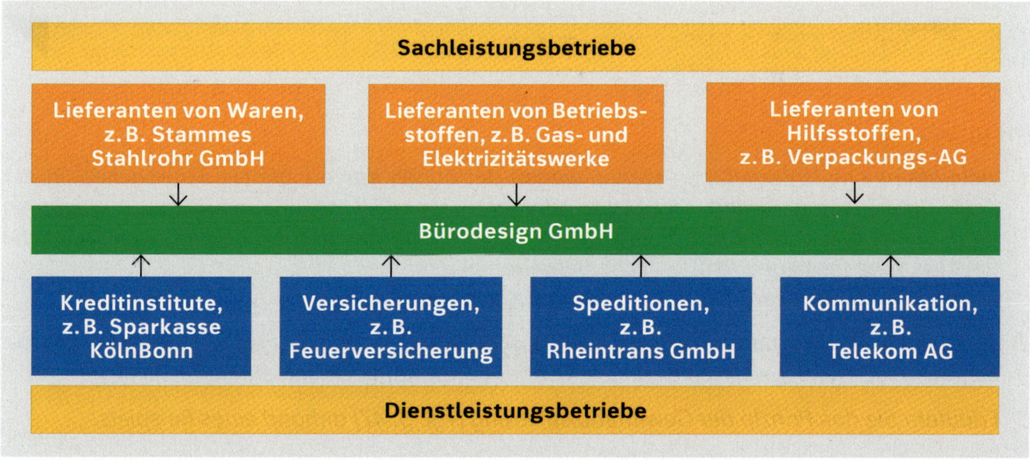

- Zu den **Haushalten** zählen die privaten Haushalte und die öffentlichen Haushalte (vgl. S. 14f.).

  Beispiele *Die Familien Stein und Land sind private Haushalte. Bei der Stadt Köln handelt es sich um einen öffentlichen Haushalt.*

Betrieb und Unternehmen

Die Begriffe **Betrieb** und **Unternehmen** werden wie folgt unterschieden:

- Der **Betrieb** ist die Stätte der Leistungserstellung, also der Ort, an dem die Produktionsfaktoren (vgl. S. 138 ff.) mit dem Ziel der Erstellung einer Leistung kombiniert werden.

  Beispiele *Die Geschäftsräume der Bürodesign GmbH, die Filiale der Sparkasse KölnBonn, das Lager der Spedition Rheintrans GmbH*

- Das **Unternehmen** ist der wirtschaftliche (= rechtliche und finanzielle) Rahmen, der dem Betrieb oder den Betrieben Namen und Gestalt gibt.
  Beispiele *Die Bürodesign GmbH unterhält Betriebe in Köln, Leipzig und Aurich. Diese sind Teile des Unternehmens.*

Da die Leistungserstellung in den Betrieben erfolgt, werden die Begriffe „Betrieb" und „Unternehmen" oft **synonym** (= von gleicher oder ähnlicher Bedeutung) verwendet. Die Volkswirtschaftslehre betrachtet aber nur die rechtlich-finanzielle Einheit, das Unternehmen. Das Zusammenwirken der Wirtschaftssubjekte Unternehmen und Haushalte wird im **Wirtschaftskreislauf** (vgl. S. 60) dargestellt. Dieser Wirtschaftskreislauf kann neben den Sektoren Haushalte und Unternehmen um die Sektoren Banken, Staat (Bund, Länder, Gemeinden) und das Ausland erweitert werden. Alle Ströme zwischen den Sektoren werden mit ihren zahlenmäßigen Anteilen statistisch erfasst und im Wirtschaftskreislauf dargestellt (vgl. S. 60).

Zusammenfassung: Die Stellung der Bürodesign GmbH und der Wirtschaftssubjekte in der Gesamtwirtschaft analysieren

- Die **Betriebswirtschaftslehre** erklärt das wirtschaftliche Geschehen im Betrieb sowie die wirtschaftlichen Beziehungen der Betriebe untereinander.
- Die **Volkswirtschaftslehre** beschäftigt sich mit den wirtschaftlichen Beziehungen der Wirtschaftssubjekte innerhalb eines Staates.
- Der **Betrieb** ist die Stätte der Leistungserstellung.
- Das **Unternehmen** ist der rechtliche und finanzielle Rahmen, der dem Betrieb Gestalt gibt.

Aufgaben

1 *Viele öffentliche Unternehmen stehen wegen der hohen Kosten, die sie verursachen, in der Kritik. Häufig wird gefordert, diese Unternehmen zu privatisieren, d. h. in private Unternehmen umzuwandeln, die dem Prinzip der Gewinnmaximierung folgen. Diskutieren Sie die mögliche Privatisierung für folgende öffentliche Betriebe:*
a) Theater, b) Krankenhaus, c) städtische Kindertagesstätte.

2 *Im Zusammenhang mit den öffentlichen Haushalten ist von sog. Transferzahlungen die Rede. Schlagen Sie im Sachwortverzeichnis unter diesem Begriff nach und erläutern Sie ihn.*

3 *Erläutern Sie das Prinzip der Gewinnmaximierung (vgl. S. 47) anhand eines Beispiels.*

1.2 Die Rolle eines Wirtschaftsteilnehmers in Abgrenzung zu den anderen Wirtschaftsteilnehmern herausarbeiten

Silvia Land sitzt mit ihrem Bruder Jörn beim Frühstück. Nachdem sie ihm ausführlich über ihre ersten Stunden in der Berufsschule berichtet hat, wirft sie einen Blick in die Tageszeitung. *„Weitreichende Steuerreform geplant! Die Nachfrage der Haushalte soll* *durch Steuerentlastungen in Höhe von 10 Milliarden EUR angekurbelt werden."* Silvia stutzt. *„Was hat denn der Haushalt von Mutti mit der Steuerreform zu tun?"*, fragt sie ihren Bruder. Jörn lacht. *„Du Dummkopf, da geht es nicht um Mutti, sondern um alle öffentlichen und privaten Haushalte!"* Silvia schweigt, aber sie weiß immer noch nicht richtig, was die Steuerreform mit den Haushalten zu tun hat.

Arbeitsaufträge

- ***Erläutern Sie die Wirtschaftssubjekte Unternehmen und Haushalte.***
- ***Erläutern Sie die unterschiedliche Höhe der Nachfrage der Haushalte Land und Stein anhand ihrer Haushaltspläne auf S. 12ff.***

■ Private Haushalte

Zur Veranschaulichung der **privaten Haushalte** werden Sie jetzt zwei Modellfamilien kennenlernen. Die **Familie Land** mit den Kindern Silvia und Jörn und die **Familie Stein** mit den Kindern Thomas und Caroline. In den folgenden Kapiteln sollen volkswirtschaftliche Zusammenhänge immer wieder hinsichtlich ihrer Auswirkungen auf diese Modellfamilien untersucht werden. Betrachten Sie die Modellhaushalte als „Ihre Haushalte". Sie können so erkennen, welche Auswirkungen volkswirtschaftliche Entscheidungen auf die Einzelperson und damit auf Sie haben.

Die Modellfamilie Land

Die Familie Land wohnt zur Miete in Köln-Nippes. Vater Otto ist gewerblicher Arbeitnehmer bei einem Automobilhersteller in Köln. Mutter Antje arbeitet an vier Tagen in der Woche als Verkäuferin halbtags in einem Supermarkt in Nippes. Das Ehepaar Land hat zwei Kinder: Silvia, 18 Jahre, Auszubildende zur Kauffrau für Büromanagement bei der Bürodesign GmbH, und Jörn, Schüler der Realschule in Köln-Nippes, Klasse 10. Die Familie Land will in drei Jahren im Bergischen Land ein Einfamilienhaus bauen.

Vater Otto Land

- 43 Jahre alt
- Karosseriebauer
- Das Bruttoeinkommen von Herrn Land beträgt 2 800,00 EUR. Ihm verbleiben davon 1 940,00 EUR netto. Dazu kommt das Kindergeld in Höhe von 500,00 EUR (zweimal 250,00 EUR).
- In seiner Freizeit arbeitet Herr Land in seinem gepachteten Schrebergarten in Köln-Nippes, zudem spielt er noch Fußball in der Altherrenmannschaft von Viktoria Köln.

Mutter Antje Land

- 40 Jahre alt
- Kauffrau im Einzelhandel
- Das Bruttoeinkommen von Frau Land beträgt 800,00 EUR. Ihr verbleiben davon 640,00 EUR.
- In ihrer Freizeit spielt Frau Land in einer Mixed-Mannschaft Volleyball.

Tochter Silvia Land

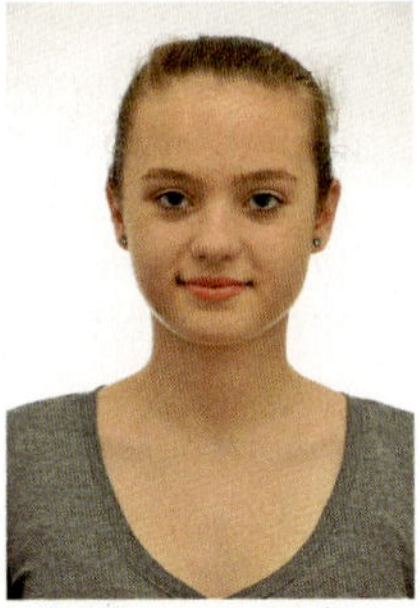

- 18 Jahre alt
- Silvia befindet sich im ersten Jahr ihrer Ausbildung zur Kauffrau für Büromanagement bei der Bürodesign GmbH.
- Silvia wohnt noch zu Hause.
- Ihre Ausbildungsvergütung beträgt 1.029,00 EUR. Ihr verbleiben davon 818,00 EUR. 200,00 EUR gibt sie an ihre Eltern ab.
- In ihrer Freizeit joggt Silvia dreimal wöchentlich, sie will demnächst ihren ersten Marathonlauf in Köln bestreiten. Ferner geht sie gerne einkaufen und surft im Internet. Den Computer muss sie sich mit ihrem Bruder teilen, was manchmal zu Konflikten führt.

Sohn Jörn Land

- 16 Jahre alt
- Jörn wohnt noch zu Hause.
- Jörn jobbt am Wochenende in der Eissporthalle und verdient damit 320,00 EUR im Monat, davon gibt er 150,00,00 EUR an seine Eltern.
- Jörn besucht die 10. Klasse einer Realschule in Köln-Nippes und macht im Sommer seinen Abschluss. Danach will er eine weiterführende Schule besuchen, möglicherweise ein berufliches Gymnasium, um dort sein Abitur zu machen.
- Jörn spielt gerne am Computer nächtelang diverse Computerspiele mit Freunden und besucht sog. LAN-Partys.

Einnahmen- und Ausgabensituation der Familie Land

Einnahmen in Euro		**Haushaltskonto**	**Ausgaben in Euro**
– Einkommen Otto Land	1 940,00	– Nahrungsmittel und alkoholfreie Getränke	480,00
– Einkommen Antje Land	640,00	– alkoholische Getränke und Tabakwaren	120,00
– Kindergeld für Silvia und Jörn	500,00	– Bekleidung und Schuhe	294,00
– Beitrag von Silvia Land	200,00	– Miete	690,00
– Job von Jörn Land	150,00	– Strom, Wasser und Gas	300,00
		– Hausrat und laufende Instandhaltung	240,00
		– Körperpflege	150,00
		– Verkehr	300,00
		– Telefon, Internet	100,00
		– Freizeit, Kultur	134,00
		– Bildung	50,00
		– Restaurant, Café	90,00
		– sonstige Dienstleistungen	112,00
		– Sparen Otto und Antje	370,00
Summe	**3 430,00**	**Summe**	**3 430,00**

Die Modellfamilie Stein

Die Familie Stein wohnt in einem eigenen Haus in Köln-Müngersdorf. Vater Klaus ist Geschäftsführer der Bürodesign GmbH. Waltraud Stein ist Hausfrau und Mutter der Kinder Thomas und Caroline. Thomas ist 20 Jahre alt und studiert in Köln Volkswirtschaftslehre, seine Schwester Caroline ist 17 Jahre alt und besucht das Wirtschaftsgymnasium an einem kaufmännischen Berufskolleg in Köln.

Vater Klaus Stein

- 50 Jahre alt
- Diplom-Kaufmann
- Geschäftsführer und Gesellschafter der Bürodesign GmbH
- Das Bruttoeinkommen von Herrn Stein beträgt 8 000,00 EUR. Ihm verbleiben 4 722,00 EUR netto. Hinzu kommt das Kindergeld von 500,00 EUR (zweimal 250,00 EUR).
- Etwaige Gewinnausschüttungen als Gesellschafter der Bürodesign GmbH nutzt Herr Stein in voller Höhe zur Tilgung der Kredite seines Einfamilienhauses.
- In der knappen Freizeit spielt Herr Stein Tennis.

Mutter Waltraud Stein

- 45 Jahre alt
- Diplom-Betriebswirtin, hat den Beruf seit der Geburt der Kinder einige Jahre in Teilzeit ausgeübt. Sie möchte aber wieder in ihren alten Beruf einsteigen.
- In ihrer Freizeit engagiert sich Frau Stein als Übungsleiterin im Schwimmverein ihres Sohnes.

Sohn Thomas Stein

- 20 Jahre alt
- Thomas studiert im dritten Semester Volkswirtschaftslehre an der Universität zu Köln.
- Thomas hat eine kleine Wohnung in der Nähe der Universität. Er wird von seinen Eltern mit monatlich 600,00 EUR unterstützt. Ein Job in einer Studentenkneipe am Wochenende bringt ihm durchschnittlich weitere 350,00 EUR im Monat.
- In seiner Freizeit schwimmt Thomas in der Jugendmannschaft des ASV in Köln. Im letzten Jahr war er Vizemeister im Rheinland.

Tochter Caroline Stein

- 17 Jahre alt
- Caroline besucht die Klasse 11 des Wirtschaftsgymnasiums eines kaufmännischen Berufskollegs in Köln. Ihre Lieblingsfächer sind Volkswirtschaftslehre und Französisch.
- Caroline wohnt bei ihren Eltern. Sie erhält ein Taschengeld in Höhe von 50,00 EUR im Monat. Obwohl ihre Eltern der Meinung sind, Caroline solle sich auf die Schule konzentrieren, jobbt sie in einem Supermarkt und verdient im Durchschnitt 150,00 EUR im Monat. Das Geld darf Caroline behalten.
- In der Freizeit hört sie Musik, spielt Klavier und nimmt Ballettunterricht.

Einnahmen- und Ausgabensituation der Familie Stein

Einnahmen in Euro		Haushaltskonto	Ausgaben in Euro
– Einkommen Klaus Stein	4 722,00	– Nahrungsmittel und alkoholfreie Getränke	850,00
– Kindergeld für Caroline und Thomas	500,00	– alkoholische Getränke und Tabakwaren	100,00
		– Bekleidung und Schuhe	300,00
		– Zinsen und Tilgung des Hauskredites	1 300,00
		– Strom, Wasser und Gas	282,00
		– Hausrat und laufende Instandhaltung	150,00
		– Körperpflege	150,00
		– Verkehr	270,00
		– Telefon, Internet	100,00
		– Freizeit, Kultur	200,00
		– Bildung	50,00
		– Restaurant, Café	150,00
		– sonstige Dienstleistungen	100,00
		– Sparen	570,00
		– Taschengeld Caroline	50,00
		– Studium Thomas	600,00
Summe	**5 222,00**	**Summe**	**5 222,00**

Das Zusammenwirken der Haushalte

Die Volkswirtschaftslehre beschäftigt sich mit den wirtschaftlichen Beziehungen der Wirtschaftssubjekte innerhalb eines Staates (vgl. S. 8). Die Vielzahl der komplizierten Beziehungen der Wirtschaftssubjekte untereinander wird dabei auf wenige Grundannahmen beschränkt. So betrachtet man nicht jeden Menschen als Individuum, sondern fasst diese zum Sektor der **privaten Haushalte**, unabhängig von der Zahl ihrer Mitglieder, zusammen.

Beispiele *Bei der Familie Land handelt es sich um einen Haushalt im volkswirtschaftlichen Sinne. Er besteht aus dem Vater Otto Land, der Mutter Antje Land, dem Sohn Jörn und der Tochter Silvia. Das Haushaltseinkommen beträgt 3 430,00 EUR. Dabei wird nicht unterschieden, wer dieses Einkommen erzielt. Auch bei der Familie Stein handelt es sich um einen Haushalt im volkswirtschaftlichen Sinne. Die Eltern Klaus und Waltraud und die Kinder Thomas und Caroline verfügen über ein Haushaltseinkommen in Höhe von 5 222,00 EUR.*

Bei der Nachfrage eines Haushaltes, z. B. nach Konsumgütern, wird davon ausgegangen, dass die Mitglieder die wirtschaftlichen Entscheidungen intern abgestimmt haben. Betrachtet wird also nur die **nach außen wirksame wirtschaftsbezogene Handlungsweise**. Diese besteht in der **Nachfrage** nach Konsumgütern oder Dienstleistungen und im **Angebot** der Produktionsfaktoren Arbeit, Boden und Kapital.

Beispiele *Familie Stein fragt Konsumgüter und Dienstleistungen nach. Die Ausgaben dafür sind in ihrem Haushaltsplan (vgl. oben) aufgeführt. Vater Klaus Stein und Tochter Caroline sind berufstätig. Caroline bezieht Einkommen aus unselbstständiger Arbeit, Vater Klaus Stein aus selbstständiger Arbeit. Volkswirtschaftlich gesehen stellen sie den Produktionsfaktor Arbeit (vgl. S. 148) zur Verfügung.*

Privathaushalte beziehen **Einkommen aus nicht selbstständiger Arbeit** (Arbeitnehmerinnen und Arbeitnehmer erhalten Lohn und Gehalt), **aus selbstständiger Arbeit** (als Unternehmerin oder Unternehmer), **aus Vermögen** (Zinsen), **aus Vermietung und Verpachtung** (Miete und Pacht) und durch **Transferzahlungen** (z. B. Kindergeld). Das verfügbare Einkommen wird für den Kauf von Konsumgütern ausgegeben oder gespart. Privathaushalte handeln nach dem Prinzip der **Nutzenmaximierung**.

■ Öffentliche Haushalte

Bei den **öffentlichen Haushalten** handelt es sich um die Einrichtungen des Bundes, der Länder und Gemeinden und die Sozialversicherungen. **Einnahmen** der öffentlichen Haushalte sind die Steuern und Abgaben der Haushalte und Unternehmen. **Ausgaben** sind Transferzahlungen z. B. in Form von Kindergeld, Subventionen oder Versicherungsleistungen, Zahlungen für öffentliche Aufträge und die Lohnzahlungen an die Beschäftigten im öffentlichen Dienst. Zu den öffentlichen Haushalten gehören Behörden (z. B. Stadtverwaltung) und öffentliche Betriebe (städtische Müllabfuhr, städtische Straßenbahn, kommunales Wasserwerk usw.). Sie erbringen für die Bürgerinnen und Bürger Dienstleistungen, die z. T. von privaten Betrieben nicht erbracht werden können oder aufgrund gesetzlicher Bestimmungen nicht erbracht werden dürfen.

Beispiele
- *Das Führen des Handelsregisters bei den Amtsgerichten ist eine öffentliche Aufgabe, die nicht von einem privaten Unternehmen geleistet werden kann.*
- *Die Finanzämter ziehen die Steuern von natürlichen und juristischen Personen für Bund, Länder und Kommunen ein. Die entsprechenden Verfahren sind gesetzlich geregelt.*

Der **Leistungsprozess** in der öffentlichen Verwaltung ist wegen der Vielzahl der verschiedenen Aufgaben sehr unterschiedlich.

Beispiel *Leistungsprozess bei einer städtischen Müllabfuhr:*
- *Erfassung des Müllaufkommens in der Kommune*
- *Beratung der Bürgerinnen und Bürger bei der Trennung von Abfall (Kunststoffe, Metalle, Glas, Papier usw.)*
- *umweltgerechtes Deponieren des Restmülls*
- *Beratung der Bürgerinnen und Bürger bei der Abfallvermeidung*
- *Abholung des Mülls bei den Bürgerinnen und Bürgern (Entsorgung)*
- *Aufbereitung, Recycling und Verwertung der Abfälle*

■ Die Bürodesign GmbH als Modell für ein Industrieunternehmen

Auch die Auswirkungen volkswirtschaftlicher Entscheidungen auf die **Unternehmen** sollen Sie anhand eines Modellunternehmens, der **Bürodesign GmbH**, kennenlernen. Bei der Bürodesign GmbH handelt es sich um ein mittelständisches Industrieunternehmen. Sie werden jetzt erfahren, wo die Bürodesign GmbH ihren Sitz hat, wie das Unternehmen aufgebaut ist und welche Menschen in diesem Unternehmen arbeiten. Sie finden auch einen Auszug aus dem Katalog der Produkte, die von der Bürodesign GmbH hergestellt werden, sowie einen Auszug aus der Kunden- und Liefererdatei sowie dem Gesellschaftsvertrag. Betrachten Sie die Bürodesign GmbH als „Ihren Ausbildungsbetrieb". Sie können so die Konsequenzen volkswirtschaftlicher Entscheidungen auf die Unternehmen besser einschätzen.

Die Unternehmensgeschichte der Bürodesign GmbH

Im Zentrum des Rheinlandes gründete der Tischlermeister Christian Stein 1987 in Köln die **Sitzmöbelfabrik Christian Stein**, die Stühle im gutbürgerlichen Geschmack und von hoher handwerklicher Qualität produzierte. Im Jahre 1992 trat der Tischlermeister Bernd Friedrich in das bestehende Unternehmen als Mitgesellschafter ein, wobei das Unternehmen seitdem als **Sitzmöbelfabrik Stein OHG** firmierte. 2013 wandelten die beiden Nachfahren Dipl.-Kfm. Klaus Stein und Dipl.-Ing. Helma Friedrich das Unternehmen in die **Bürodesign GmbH** um. Damit begann der eigentliche Aufstieg des Unternehmens zu einem der führenden Hersteller von Büromöbeln in Deutschland. Das Unternehmen hat den Ruf eines Pioniers der zeitgemäßen Büromöbelgestaltung erlangt.

Wesentliche **Grundmaximen** des Unternehmens sind die **Forderung nach hoher Dauerhaftigkeit der Produkte** und die **Absage an verschwenderischen Überfluss**. In einer Zeit also, in der „Ex-und-Hopp" als erstrebenswertes Konsumverhalten galt, erkannten Designerinnen und Designer dessen Fragwürdigkeit und zogen gemeinsam mit einer Handvoll fortschrittlicher Unternehmen, zu denen auch die Bürodesign GmbH zählt, daraus die Konsequenz. Daraus entstand in der Bürodesign GmbH der Begriff **„Wahrhaftigkeit der Produkte"** als verpflichtende Maxime. Ohne um die ökologischen Zusammenhänge zu wissen, produzierte die Bürodesign GmbH bereits vor über einem Jahrzehnt Büromöbel, die ein **wesentliches ökologisches Grunderfordernis** erfüllen – **hohe Gebrauchsdauer bei reduziertem Materialaufwand**. Zu den Forderungen nach Form und Funktion ist vor einigen Jahren die **Umweltverträglichkeit** als dritte Vorgabe für Design und Konstruktion gekommen.

Mit der Produktphilosophie bildete sich bei der Bürodesign GmbH auch ein **neues Verständnis für das soziale Verhalten** im Unternehmen aus, das auf gegenseitigem Vertrauen gegründet ist. Der **Führungsstil** ist kooperativ und durch die Regel „Keine Anweisung ohne Begründung" charakterisiert. Seit dem 1. Januar 2014 sind die Mitarbeiterinnen und Mitarbeiter mit 50 % am Betriebsergebnis (nach Steuern) vermögensbildend beteiligt und halten heute als **stille Gesellschafterinnen und Gesellschafter** 28 % des Kapitals. Mit der geplanten Umwandlung der Unternehmung in eine **Aktiengesellschaft** sollen die Mitarbeiteranteile in Vorzugsaktien umgewandelt werden.

Es ist naheliegend, dass ein Unternehmen, das in der Produktentwicklung ebenso wie in seiner Haltung als Arbeitgeber neue Wege geht, sich in seiner Umweltverantwortung nicht abwartend verhält, sondern bestrebt ist, die Entwicklung aktiv mit voranzutreiben. Ziel ist es bei der Bürodesign GmbH, ein umfassendes **Öko-Controlling** zu implementieren, um durch alternative Werkstoffe, wirtschaftlichen Einsatz von Energien und die Optimierung der Herstellerverfahren sowohl die Produkte als auch die Produktion kontinuierlich nachhaltiger zu gestalten. Hierbei wird die folgende Unternehmensphilosophie zugrunde gelegt: ***„In der Zukunft werden nur die Unternehmen überleben, die zwei Voraussetzungen erfüllen: ökologische Produkte und die Zustimmung der Menschen."***

Der Standort

Produktionsstätte und Büroräume der Bürodesign GmbH liegen in **50933 Köln, Stolberger Straße 188.** Hier hat das Unternehmen Werkstätten für die Fertigung angemietet. Die Büroräume befinden sich in einem Nebengebäude, das Eigentum der Bürodesign GmbH ist. Die Bürodesign GmbH unterhält ebenfalls in ihrem Verwaltungsgebäude ein Verkaufsstudio, in dem Endverbraucherinnen und Endverbraucher ihre Einkäufe tätigen können. Über die Aachener Straße ist das Autobahnkreuz Köln-West mit den Autobahnen A1 und A4 in wenigen Minuten zu erreichen. Die Arbeitnehmerinnen und Arbeitnehmer können mit drei Straßenbahnlinien bis fast vor die Werkstore fahren. Die Bürodesign GmbH unterhält Zweigniederlassungen in **26607 Aurich, Dieselstraße 10**, und in **04347 Leipzig, Brahestraße 30–32**. Eine weitere Vertriebsniederlassung soll in zwei Jahren in München oder Umgebung eröffnet werden. Mit einem italienischen Büromöbelhersteller aus Bozen ist ein Kooperationsvertrag

Industrie-
gebiet
Tech-
nologie-
Park
Widdersdorfer Straße
Weinsbergstr.
Bürodesign GmbH
Stolberger Straße
Maarweg
Oskar-Jäger-Str.
Weinsbergstraße
Vogelsanger Straße
Venloer St
B59
B55
Aachener Straße
Aachener Straße
Dürener Str
B264

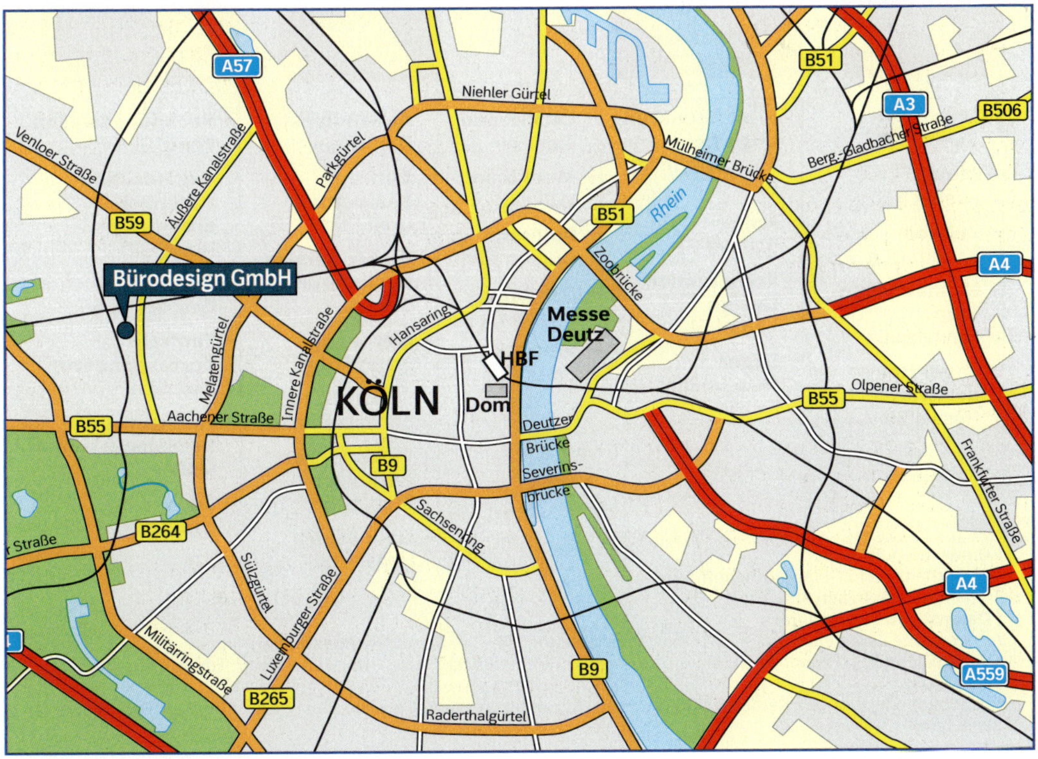
A57
Niehler Gürtel
B51
A3
B506
Venloer Straße
Äußere Kanalstraße
Parkgürtel
Mülheimer Brücke
Berg.-Gladbacher Straße
B59
B51
Rhein
Zoobrücke
A4
Bürodesign GmbH
Hansaring
Messe
Deutz
HBF
Melatengürtel
Innere Kanalstraße
KÖLN
Dom
Olpener Straße
B55
B55
Aachener Straße
Deutzer
Brücke
Severins-
brücke
B9
Frankfurter Straße
Sachsenring
B264
Sülzgürtel
Luxemburger Straße
A4
Militärringstraße
B265
B9
A559
Raderthalgürtel

abgeschlossen worden. Hierbei sollen die Produkte des jeweilig anderen Unternehmens der Kundschaft als Produktalternativen angeboten werden. Jedes Unternehmen erhält aus den für das andere Unternehmen getätigten Verkäufen Provisionen.

Kontaktdaten, Website, USt-IdNr. und Steuernummer

Telefon: 0221 668-355
Fax: 0221 668-357
USt-IdNr.: DE135795835

E-Mail: kontakt@buerodesign-online.de
Website: www.buerodesign-online.de
Steuernummer: 223/8459/8844

Die Abteilungen (Auszug aus der Personalliste)

Bürodesign GmbH

Botsch Sekretariat

Stein
Geschäftsführer

Friedrich
Geschäftsführerin

Braun[1] Assistent der Geschäftsleitung

Beschaffung Kaya AL[3]
- **Holz** Sammer GL
- **Metall** Miebach GL
- **Zubehör** Schorn GLn
- **Handelswaren Büro** Schmitz SBn
- **Lager Handelswaren** Hussel SB

Produktion Müller AL
- **Prod. Steuerung Logistik** Messerschmidt GL[2]
- **Holz** Schauff GL
- **Konstruktion Design** Kempf GL
- **Lager** Holtermüller GL
- **Lackiererei** Zahl GLn
- **Metallbau** Wilke GL
- **Polsterei** Duman GLn
- **Montage** Melcik GL
- **Verpackung** Pretz GL

Absatz Stam AL
- **Außendienst** Dohm GL
- **Auftragsbearbeitung** Grell GLn
- **Techn. Service Auslieferung** Sali GL
- **Marketing** Freund GLn
- **Verkaufsstudio** Schmitz GLn
- **Versand/Verpackung** Stengel SB
- **Onlineshop** Hagel GLn

Verwaltung Jäger ALn
- **Rechnungswesen** König GLn
- **Organisation Datenverarbeitung** Heise GL[4]
- **Personal** Geissler GLn
- **Zentrale Korrespondenz** Fink GLn
- **Finanzen und Betriebswirtschaft** Möller GL
- **Controlling** Langer GLn

[1] Umweltbeauftragter
[2] Sicherheits- und Gefahrgutbeauftragter
[3] Qualitätsbeauftragter
[4] Datenschutzbeauftragter

AL/-n = Abteilungsleiter/-in GL/-n = Gruppenleiter/-in SB/-n = Sachbearbeiter/-in

Auszubildende zur/zum Industriekauffrau/-mann: Renate Becker; Elke Grau; Jutta Meier; Torsten Menne, Jörg Lehmann

Auszubildende zum/zur Kaufmann/Kauffrau für Büromanagement: Caroline Baum; Heinz Becker; Hark Blech; Silvia Land

Die Verbände

Gemäß **§ 1 IHK-Gesetz** (www.gesetze-im-internet.de/ihkg) ist die Bürodesign GmbH Mitglied in der **Industrie- und Handelskammer** (IHK). Als Handwerksbetrieb ist sie ebenfalls Mitglied in der **Handwerkskammer** (HWK). Frau Friedrich und der Tischlermeister Schauff sind Mitglieder in Prüfungsausschüssen der IHK und der Handwerkskammer. Das Unternehmen ist im **Landesverband Holzindustrie und Kunststoffverarbeitung Nordrhein e.V.** organisiert, die organisierten Arbeitnehmerinnen und Arbeitnehmer sind Mitglieder in der Gewerkschaft **IG Metall.**

Der Betriebsrat und die Jugend- und Auszubildendenvertretung

Vorsitzender des Betriebsrates der Bürodesign GmbH ist **Frank Messerschmidt,** seine Stellvertreterin Sabine Schmitz. Darüber hinaus gehören dem Betriebsrat die Mitarbeiterinnen Regina Lehmann, Vera Botsch und Kirsten Schorn an. Jugend- und Auszubildendenvertreterin ist **Silvia Land,** Stellvertreterin ist Elke Grau.

Die Produkte

Auszug aus dem Katalog der Bürodesign GmbH:

BÜRODESIGN GMBH

Ein ökologisch orientiertes Unternehmen mit Zukunft

Die Stärke eines Unternehmens liegt im Rückgrat seiner MitarbeiterInnen und Mitarbeiter!

Deshalb ist unser Ziel:
Ihre Mitarbeiterinnen und Mitarbeiter sollen gut sitzen, damit sie ein besseres Stehvermögen haben!

Alle unsere Büromöbel sind miteinander kombinierbar und geben Ihren Arbeitsplätzen ein modernes und funktionelles Flair. Ihre Mitarbeiterinnen und Mitarbeiter sollen sich wohlfühlen.

Ein wichtiges Anliegen ist uns die Ergonomie am Arbeitsplatz.

Büromöbel sollen sich den Bedürfnissen Ihrer Mitarbeiterinnen und Mitarbeiter anpassen und nicht umgekehrt.

Hierzu berücksichtigen wir stets die neusten Erkenntnisse der Arbeitsmedizin und Vorschriften der Berufsgenossenschaften für die Gestaltung von Büroarbeitsplätzen.

Ein weiteres Prinzip unseres Unternehmens ist die ökologische Produktion von umweltverträglichen Büromöbeln. Wir verwenden ausschließlich Materialien, die frei von Schadstoffen und recycelbar sind. Deshalb erhalten Sie zu jedem Produkt eine Ausstellung der verwendeten Materialien. Zusätzlich sind die verwendeten Stoffe auf unseren Produkten besonders gekennzeichnet. Übrigens, es versteht sich von selbst, dass wir keine Tropenhölzer verwenden.

Sie sehen, uns liegt die Umwelt am Herzen, genau wie Ihnen!

Die Palette unserer Erzeugnisse umfasst folgende Produktgruppen:

Arbeiten am Schreibtisch
Warten und Empfang
Konferenzen und Schulung

Unser Katalog gibt Ihnen nur einen kleinen Überblick über unser Angebot.
Bei Bedarf stehen Ihnen unsere qualifizierten Einrichtungsberaterinnen und -berater zur Verfügung.
Rufen Sie uns einfach an, wir vereinbaren gerne einen Besuchstermin.

BÜRODESIGN GMBH
Stolberger Straße 188 , 50933 Köln
Telefon: 0221 668-355, Fax: 0221 668-357
E-Mail: kontakt@buerodesign-online.de
Website: www.buerodesign-online.de

Auszug aus der **Produktliste**:

Produktgruppe „Arbeiten am Schreibtisch"

Produkt	Beschreibung	Maße in cm	Material, Farbe
• **Chef 2000**	Schreibtisch mit Winkelkombination, Oberfläche versiegelt, auf Wunsch mit Glas, Sicherheitsschlösser	Standard: 120 × 80 Höhe: regulierbar von 68–75 Sondermaße auf Wunsch	Eiche, Birke, Esche (furniert)
• **Stardesign**	Schreibtisch Stahlrohrrahmen mit wahlweise Glas-, Holz- oder Kunststoffplatte	Standard: 180 × 95 Höhe: regulierbar von 68–76 Sondermaße auf Wunsch	Rahmen in Chrom, Platte nach Wunsch
• **Container-Serie Volumen**	Unterbau mit Rollen für alle Modelle, mit Schubladen, Hängeregistratur, Aktenablage, Sicherheitsschlösser	135 × 42 × 164	passend zu Schreibtischen
• **Integra**	Stellwände zur Gestaltung von Bürolandschaften	80 × 80 × 122	passend zu Schreibtischen
• **Ergo-design-natur**	Arbeitssessel, höhen- und neigungsverstellbar, mit Rollen		Leder, Textil (nach Farbmuster)
• **Xama 2000**	Bürotisch	Standard: 150 × 70 Höhe regulierbar von 68–75 Sondermaße auf Wunsch	Esche, Birke, Kiefer (furniert)
• **Modulo**	Kombinationsschreibtisch, erweiterbar zu Arbeitsinseln, Ergänzungsmodul	160 × 80 × 68–75 120 × 80 × 68–75	Eiche, Birke, Esche (furniert)

Stardesign

Ergo-design-natur

Xama 2000

Produktgruppe „Konferenzen und Schulung“

Produkt	Beschreibung	Maße in cm	Material, Farbe
• **Logo**	Konferenztisch kombinierbar mit Eckstücken, Rahmen aus Holz oder Stahlrohr	180 × 95 × 68–75	Eiche, Birke, Esche (furniert)
• **Stapler**	Stapelstühle klappbar, Besprechungs- und Besucherstuhl		Kunststoff auf Stahlrohr
• **Konzentra**	Konferenzstühle mit Armlehnen		Leder, Textil (nach Farbmuster)
• **Wikinger**	Regalsystem	180 × 90 × 30	Eiche, Birke, Esche (furniert) Kiefer (massiv)

Konzentra

Stapler

Logo

Wikinger

Produktgruppe „Warten und Empfangen“

Produkt	Beschreibung	Maße in cm	Material, Farbe
• **INTRO**	Empfangstheke kombinierbar mit Eckteilen	160 × 80 × 220 Thekenbreite 35	Eiche, Birke, Esche
• **Waiter**	Sessel für den Warteraum, kombinierbar zu Sofa		Leder, Textil (nach Farbmuster)
• **Stand**	Ablagetisch für Warteraum, Stahlrohr mit Glasplatte	80 × 80 × 50	Rahmen in Chrom, Platte aus Glas

Waiter und Stand

INTRO

Die Bankverbindungen

Kreditinstitut	IBAN	BIC
Deutsche Bank Köln	DE33 3707 0060 0025 2034 88	DEUTDEDKXXX
Sparkasse KölnBonn	DE11 3705 0198 0085 3139 48	COLSDE33XXX
Postbank Köln	DE13 3701 0050 0324 0665 06	PBNKDEFF370

Die Website

Die Hauptkunden

Auszug aus der Kundendatei der Bürodesign GmbH:

Kunden-/ Debito- ren-Nr.	Name	Anschrift	Tel./Fax E-Mail Internet	Kreditinstitut IBAN/BIC	Umsatz lfd. Jahr	Offene Posten	Mahnungen
L-5681 D24002	Bürobedarfs- großhandel Schneider & Co. OHG	Laarstr. 19 58636 Iserlohn	02371 342311 02371 342315 info@buerobedarf-schneider.de www.buerobedarf-schneider.de	Commerzbank Iserlohn DE48 4454 0022 0045 6234 68 COBADEFF450	160 000,00	1	0
L-5677 D24001	Klassik 2000 GmbH	Hagenstr. 130 59075 Hamm	02381 98546 02381 98541 info@klassik-2000.de www.klassik-2000.de	Postbank Dortmund DE98 4401 0046 0000 3421 76 PBNKDEFF440	320 000,00	2	1
L-5621 D24005	Bodo Lukas KG Fachgeschäft für Büroeinrich- tungen	Ohmstr. 16 76229 Karlsruhe	0721 451122 0721 451128 info@bueroeinrichtung-lukas.de www.bueroeinrichtung-lukas.de	Postbank Karlsruhe DE68 6601 0075 0091 7231 46 PBNKDEFF545	185 000,00	1	2
L-5641 D24008	Büromöbel GmbH Europa	Lahnstr. 168 28199 Bremen	0421 886635 0421 886640 info@bueromoebel-europa.de www.bueromoebel-europa.de	Sparkasse Bremen DE78 2905 0101 0554 4362 78 SBREDE22XXX	95 000,00	0	0
L-5610 D24009	Klaus Oswald e. K. Büromöbel- großhandel	Magazinstr. 98 01099 Dresden	0351 763400 0351 763434 info@bueromoebel-oswald.de www.bueromoebel-oswald.de	Deutsche Bank Dresden DE69 8707 0000 0097 6832 14 DEUTDE8CXXX	70 000,00	0	0

Die Hauptlieferer

Auszug aus der Liefererdatei der Bürodesign GmbH:

Lieferer-/ Kreditoren-Nr.	Name	Anschrift	Tel./Fax E-Mail Internet	Kreditinstitut IBAN/BIC	Produkte	Lieferbedingungen	Zahlungsbedingungen	Umsatz lfd. Jahr
H-0082 K70010	Vereinigte Spanplatten AG	Ulmer Str. 12 86154 Augsburg	0821 34785 0821 34679 info@vereinigte-spanplatten.de www.vereinigte-spanplatten.de	Commerzbank Augsburg DE15 7204 0046 0000 1278 90 COBADEFF720	Spanplatten Sperrholz Furnierholz Kunststoffplatten alle Sondermaße	ab Werk zzgl. Fracht	40 Tage netto 12 Tage 3% Skonto	862 000,00
H-0345 K70020	Furnierwerk GmbH	Grenzstr. 16 41515 Grevenbroich	02181 56781 02181 56788 info@furnierwerk.de www.furnierwerk.de	Volksbank Grevenbroich DE72 3706 9306 0047 1628 96 GENODED1GRB	Furniere Umleimer Kantenschoner	Selbstabholung möglich. ab Werk	40 Tage netto 10 Tage 2% Skonto	126 000,00
M-0126 K70030	Stammes Stahlrohr GmbH	Neptunstr. 46 45277 Essen	0201 89451 0201 75689 info@stammes-stahlrohr.de www.stammes-stahlrohr.de	Volksbank Ruhr-Mitte DE41 4226 0001 0000 7584 93 GENODEM1GBU	Stahlrohre roh, verzinkt, verchromt alle Maße, beliebiger Querschnitt	frei vereinbar bisher frachtfrei	30 Tage netto 10 Tage 3% Skonto Mindestbestellwert 15 000,00 EUR	476 850,00
Z-0012 K70040	Abels, Wirtz & Co. KG	Industriestr. 124 42653 Solingen	0212 72114 0212 72119 info@abels-wirtz.de www.abels-wirtz.de	Stadtsparkasse Solingen DE80 3425 0000 0123 4522 34 SOLSDE33XXX	Schlösser Schlüssel Schließanlagen Beschläge	Selbstabholung Post, UPS unfrei	10 Tage 2% Skonto oder in 30 Tagen netto Kasse	168 900,00
B-00126 K70050	Hanckel & Cie GmbH	Augustastr. 8 40477 Düsseldorf	0211 345234 0211 345100 info@hanckel.de www.hanckel.de	Commerzbank Düsseldorf DE91 3004 0000 0001 3400 00 COBADEDDXXX	Klebstoffe, Leime, Lasuren, Lacke, Farben, Beize, Polsterstoffe	ab Lager	10 Tage netto	287 560,00
B-44008 K70008	Wollux GmbH Peter Findeisen	Zinckestr. 19 39122 Magdeburg	0391 334231 0391 334232 info@wollux-findeisen.de www.wollux-findeisen.de	Commerzbank Magdeburg DE54 8104 0000 0674 5638 70 COBADEFF810	Bezugs- und Polstermaterialien und Zubehör für Möbel	frei Haus	Ziel: 30 Tage Skonto: 10 Tage/3%	800 000,00

Der Gesellschaftsvertrag (Auszug)

Gesellschaftsvertrag der Bürodesign GmbH

durch die Gesellschafterversammlung am 10. April 20.. in 50933 Köln, Stolberger Straße 188, festgelegt:

§ 1 Die Firma der Gesellschaft lautet Bürodesign GmbH.

§ 2 Der Geschäftssitz der Gesellschaft ist in 50933 Köln.

§ 3 Die Gesellschaft betreibt die Herstellung und den Vertrieb von Büromöbeln. Nach Möglichkeit sollen umweltverträgliche Materialien und Produktionsverfahren berücksichtigt werden.

§ 4 Das Produktionsprogramm kann um ergänzende Produkte erweitert werden. Hierzu ist der einstimmige Beschluss der Geschäftsführung erforderlich. Änderungen des Betriebszweckes und der Branche sind nur mit einer Dreiviertelmehrheit der Gesellschafterinnen und Gesellschafter möglich.

§ 5 Das Stammkapital der Gesellschaft beträgt 600000,00 EUR.

§ 6 Das Stammkapital wird aufgebracht:

1. Gesellschafterin Dipl.-Ing. Helma Friedrich mit einem Nennbetrag der Geschäftsanteile in Höhe von 300000,00 EUR.
2. Gesellschafter Dipl.-Kfm. Klaus Stein mit einem Nennbetrag der Geschäftsanteile in Höhe von 300000,00 EUR.

Die Nennbeträge der Geschäftsanteile sind in bar oder in Sachwerten zu leisten. Sie sind sofort in voller Höhe fällig.

§ 7 Der Mindestnennbetrag eines Geschäftsanteils muss 1000,00 EUR betragen. Jeder andere Geschäftsanteil muss durch 100,00 EUR teilbar sein.

§ 8 Die Gesellschafterversammlung beruft einstimmig die Geschäftsführung.

§ 9 Die Gesellschaft hat einen oder mehrere Geschäftsführer. Sie wird von der Geschäftsführung geleitet und gerichtlich sowie außergerichtlich vertreten. Die Geschäftsführung hat das Recht der unbeschränkten Einzelvertretung und ist vom Selbstkontrahierungsverbot des § 181 BGB befreit. Sie kann nur aus wichtigem Grund durch die Gesellschafterversammlung aus ihrem Amt entlassen werden.

§ 10 Die Gesellschafterinnen und Gesellschafter treten jährlich einmal zu einer ordentlichen Versammlung zusammen. Die Geschäftsführung lädt mit einwöchiger Frist unter Angabe von Tagungsort, Tagungszeit und Tagesordnung ein. Die Gesellschafterversammlung findet regelmäßig am Gesellschaftssitz statt.

§ 16 Bekanntmachungen der Gesellschaft nach den gesetzlichen Bestimmungen erfolgen ausschließlich im Unternehmensregister.

§ 17 Zuständiges Gericht für alle Streitigkeiten aus diesem Vertrag ist das Gericht am Sitz der Gesellschaft.

§ 20 Außerhalb des Gesellschaftsvertrages wurde folgender Beschluss gefasst:

Als Mitglieder der Geschäftsführung gemäß § 9 des Gesellschaftsvertrages werden bestimmt:

1. Frau Dipl.-Ing. Helma Friedrich
2. Herr Dipl.-Kfm. Klaus Stein

§ 21 Vorstehendes Protokoll wurde den Gesellschafterinnen und Gesellschaftern vom Notar vorgelesen, von ihnen genehmigt und eigenhändig wie folgt gegengezeichnet:

zu 1. Helma Friedrich

zu 2. Klaus Stein Köln, 10. April 20..

Das Zusammenwirken der Unternehmen

- **Private Unternehmen** wie die Bürodesign GmbH treten als Nachfrager nach Produktionsfaktoren (vgl. S. 138ff.) auf und bieten die von ihnen erbrachten Güter und Dienstleistungen auf den entsprechenden Märkten an. Unternehmen versuchen, durch den Einsatz und die Kombination der Produktionsfaktoren einen maximalen Gewinn zu erwirtschaften, sie verfolgen das Prinzip der **Gewinnmaximierung**.

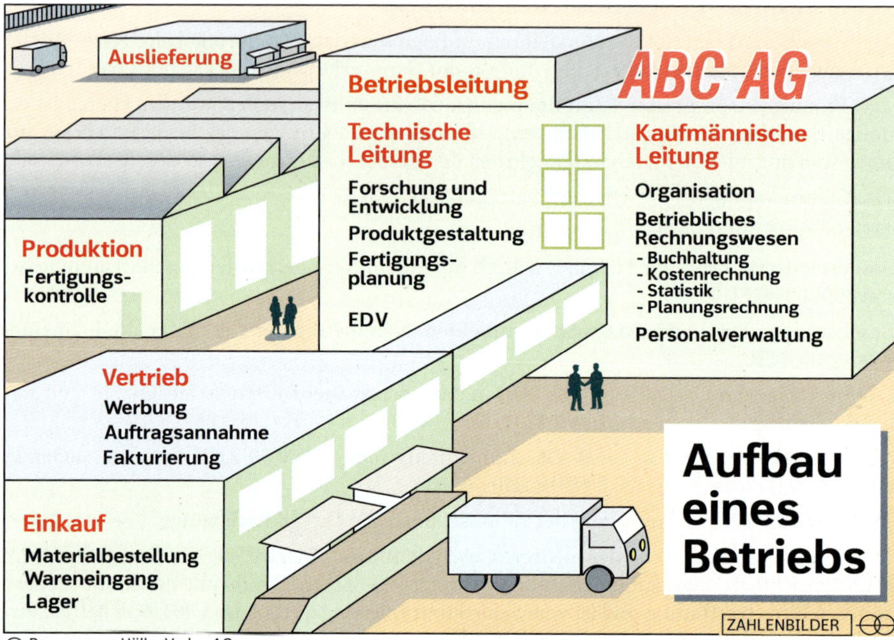

- **Öffentliche Unternehmen** erbringen Leistungen für die Allgemeinheit, z. B. in den Bereichen Verkehr, Gesundheit, Soziales oder Entsorgung. Bei der Preisgestaltung öffentlicher Leistungen spielen soziale Gesichtspunkte und das Gemeinwohl eine Rolle. Öffentliche Unternehmen folgen dem **gemeinwirtschaftlichen Prinzip**.
- Das Zusammenwirken der Wirtschaftssubjekte Unternehmen und Haushalte wird im **Wirtschaftskreislauf** (vgl. S. 60) dargestellt.

Zusammenfassung: Die Rolle eines Wirtschaftsteilnehmers in Abgrenzung zu anderen Wirtschaftsteilnehmern herausarbeiten

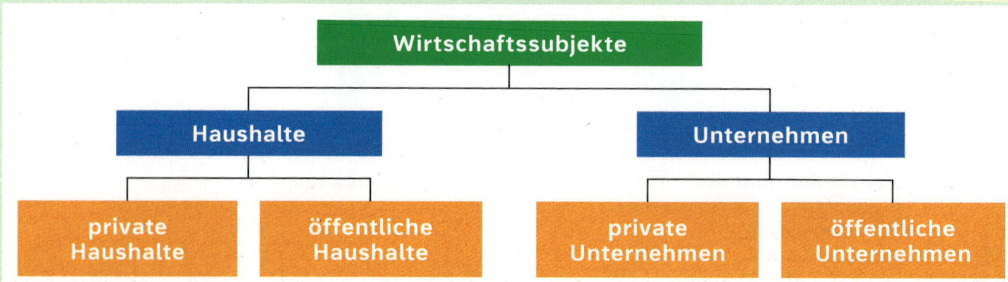

Aufgaben

1 *Stellen Sie Haushalte und Unternehmen anhand von Beispielen Ihrer Wahl vor. Recherchieren Sie zu den Unternehmen auch im Internet.*
2 *Erläutern Sie die unterschiedliche Zusammensetzung der Nachfrage der Haushalte Land und Stein. Ordnen Sie dabei die Ausgaben anhand von Kriterien Ihrer Wahl. Schlagen Sie dazu auch im Kapitel 1.2, vgl. S. 10ff., nach.*
3 *Erläutern Sie die Begriffe der Gewinnmaximierung, der Nutzenmaximierung und des gemeinwirtschaftlichen Prinzips.*
4 *Erläutern Sie die Abbildung „Aufbau eines Betriebs“ auf S. 26.*
5 *Stellen Sie in einem Referat die Bürodesign GmbH vor und gehen Sie dabei besonders auf die Unternehmensgeschichte, den Standort, die Abteilungen, die Verbände, die Produkte, den Gesellschaftsvertrag, die Lieferer und Kunden ein. Präsentieren Sie das Ergebnis softwaregestützt.*

1.3 Ziele wirtschaftlichen Handelns untersuchen

Silvia Land sitzt mit ihrer Freundin Svenja zusammen. *„Meine Ausbildungsvergütung reicht hinten und vorne nicht! Und weißt du, was mein Berufsschullehrer gesagt hat, als ich das in der letzten Stunde angesprochen habe? Sie müssen Ihre knappen Mittel sinnvoll einsetzen, um Ihre Bedürfnisse zu befriedigen! Und dann hat er erzählt, dass von der Ausbildungsvergütung noch Steuern und Sozialabgaben abgehen, und was er als Lehrling verdient hat.“* Svenja hat Verständnis für Silvia, denn sie kommt mit ihrem Taschengeld ebenfalls nicht aus. *„Lass uns doch einfach eine Liste deiner Wünsche aufstellen“*, rät sie. Silvia zählt auf: *„Die Lederjacke 150,00 EUR, die Schuhe 50,00 EUR, für den Urlaub 50,00 EUR im Monat sparen und für meine Mutter zum Geburtstag einen Bildband für 25,00 EUR, das macht 275,00 EUR. Wenn ich das Geld für die Anschaffungen ausgebe, können wir den ganzen Monat nicht in die Disco gehen, und auch aus dem Kino und dem Spaßbad wird nichts.“ „Und du hast doch erzählt, dass du 200,00 EUR an deine Eltern abgeben musst“*, ergänzt Svenja. *„Ein klassischer Fall von Zielkonflikt“*, stellt Silvia fest. *„Das ist kein Zielkonflikt, du verdienst einfach zu wenig“*, erwidert Svenja.

Arbeitsaufträge
- ***Stellen Sie fest, welche Ziele Silvia angesprochen hat.***
- ***Erläutern Sie den Begriff „Zielkonflikt“.***
- ***Recherchieren Sie zu gesellschaftlichen und betrieblichen Zielen im Internet und stellen Sie das Ergebnis softwaregestützt vor.***

■ Persönliche Ziele

Kaufleute, die von Berufs wegen wirtschaften, handeln i. d. R. planvoll. Sie setzen ihre begrenzten Mittel so im Wirtschaftsprozess ein, dass sie möglichst wirkungsvoll genutzt werden. Menschen, die so handeln, werden auch als rational handelnde Menschen bezeichnet oder mit dem lateinischen Begriff **„Homo oeconomicus“** (lateinisch = ausschließlich von Erwägungen der →P/G wirtschaftlichen Zweckmäßigkeit geleiteter Mensch). Wer rational im Sinne des **Homo oeconomicus** handeln will, muss sich zunächst über das Verhältnis von **Zielen und Mitteln** klar werden. Dabei sind die persönlichen Ziele so vielfältig wie die Bedürfnisse der Menschen.

Gesellschaftliche Ziele

Gesellschaftliche Ziele sind von der jeweiligen **Gesellschaftsordnung** abhängig. So ist das
→P/G Ziel **im Kollektivismus** die Planerfüllung. In der sozialen Marktwirtschaft der Bundesrepublik Deutschland sind die gesellschaftlichen Ziele in den **Grundrechten** des Grundgesetzes festgeschrieben.

Beispiel *Auszug aus dem Grundgesetz (www.gesetze-im-internet.de/gg)*

I. Die Grundrechte

Art. 1 Schutz der Menschenwürde
(1) Die Würde des Menschen ist unantastbar. Sie zu achten und zu schützen ist Verpflichtung aller staatlichen Gewalt.
(2) Das Deutsche Volk bekennt sich darum zu unverletzlichen und unveräußerlichen Menschenrechten als Grundlage jeder menschlichen Gemeinschaft, des Friedens und der Gerechtigkeit in der Welt. [...]

Art. 2 Persönliche Freiheitsrechte
(1) Jeder hat das Recht auf die freie Entfaltung seiner Persönlichkeit, soweit er nicht die Rechte anderer verletzt und nicht gegen die verfassungsmäßige Ordnung oder das Sittengesetz verstößt.
(2) Jeder hat das Recht auf Leben und körperliche Unversehrtheit. Die Freiheit der Person ist unverletzlich. In diese Rechte darf nur aufgrund eines Gesetzes eingegriffen werden.

Art. 3 Gleichheit vor dem Gesetz
(1) Alle Menschen sind vor dem Gesetz gleich.
(2) Männer und Frauen sind gleichberechtigt. Der Staat fördert die tatsächliche Durchsetzung der Gleichberechtigung von Frauen und Männern und wirkt auf die Beseitigung bestehender Nachteile hin.
(3) Niemand darf wegen seines Geschlechtes, seiner Abstammung, seiner Rasse, seiner Sprache, seiner Heimat und Herkunft, seines Glaubens, seiner religiösen oder politischen Anschauungen benachteiligt oder bevorzugt werden. Niemand darf wegen seiner Behinderung benachteiligt werden.

Art. 5 Recht der freien Meinungsäußerung
(1) Jeder hat das Recht, seine Meinung in Wort, Schrift und Bild frei zu äußern und zu verbreiten und sich aus allgemein zugänglichen Quellen ungehindert zu unterrichten. Die Pressefreiheit und die Freiheit der Berichterstattung durch Rundfunk und Film werden gewährleistet. Eine Zensur findet nicht statt. [...]

→BWR

Unternehmensziele

Alle Wirtschaftsbetriebe verfolgen Ziele, die sie mit unterschiedlichen Methoden und Maßnahmen erreichen wollen. Die Ziele können z. B. in Sachziele, wirtschaftliche Ziele, soziale Ziele oder ökologische Ziele gegliedert werden.

Sachziele

Unter einem Sachziel versteht man den **sachlichen Zweck** eines Unternehmens, der bei der Gründung im Handelsregister (= Verzeichnis aller Unternehmen in einem Bezirk) angegeben werden muss.

Beispiele
- *Die Bürodesign GmbH produziert und vertreibt Büromöbel aller Art. Dies ist ihr Sachziel.*

- *Mit der Sparkasse KölnBonn arbeitet die Bürodesign GmbH eng zusammen, deren Sachziel ist die Bereitstellung und die Anlage von Kapital sowie die Beratung in Geldgeschäften.*

Wirtschaftliche Ziele

Das Sachziel eines Unternehmens ist letztlich nur ein Mittel zur Erreichung anderer, nämlich wirtschaftlicher Ziele, wie **angemessener Gewinn** und Verzinsung des eingesetzten Kapitals.

Beispiel *Die Bürodesign GmbH möchte Gewinne erwirtschaften, Kosten senken, rentabel arbeiten, Marktanteile sichern und ausweiten.*

Soziale Ziele

Unternehmen verfolgen auch soziale Ziele, die sich vorwiegend auf ihre Mitarbeiterinnen und Mitarbeiter beziehen.

Beispiele
- *Die Arbeitsplätze der Mitarbeiterinnen und Mitarbeiter sollen gesichert werden.*
- *Die Arbeitsbedingungen der Mitarbeiterinnen und Mitarbeiter sollen verbessert werden.*
- *Die im Unternehmen ausgebildeten Nachwuchskräfte sollen in ein festes Arbeitsverhältnis übernommen werden.*

Zu den sozialen Zielen gehört jedoch auch die Übernahme von sozialer Verantwortung, insbesondere gegenüber sozial benachteiligten Gruppen. Unternehmen, die soziale Ziele in den Vordergrund stellen, orientieren sich am Grundsatz der **Inklusion**. Inklusion schätzt die Vielfalt und wendet sich gegen Diskriminierung. Sie strebt eine **uneingeschränkte Teilhabe aller Menschen in allen Bereichen der Gesellschaft** an. Dies gilt für Schulen, Kommunen und Vereine genauso wie für Betriebe. Inklusion verlangt, dass alle Menschen gleich gut behandelt werden, die gleichen Rechte haben, es keine Hindernisse und Barrieren gibt und alle gleichberechtigt an allen Bereichen der Gesellschaft teilhaben können. Dies gilt unabhängig von den individuellen Fähigkeiten, der Hautfarbe, der Herkunft, dem Geschlecht, dem Alter, dem sozialen Status, der sexuellen Orientierung oder einer Behinderung.

Beispiele
- *Die Bürodesign GmbH beschäftigt drei Rollstuhlfahrer in ihrem Betrieb. Zwei sind in der Datenerfassung der Buchhaltung an einem Computer-Arbeitsplatz eingesetzt, einer arbeitet in der Fertigung als Qualitätsprüfer.*
- *Einige Unternehmen haben für ihre Mitarbeiterinnen und Mitarbeiter ab dem 58. Lebensjahr einen flexiblen Übergang in den Ruhestand geschaffen. Sie können eine Reduzierung ihrer wöchentlichen Arbeitszeit beantragen.*

Ökologische Ziele

Sie werden im Zielsystem eines Unternehmens zunehmend wichtiger. Das Anstreben **ökologischer** Ziele drückt die Verantwortung von Unternehmen gegenüber ihrer Umwelt und den Anspruch auf **Nachhaltigkeit** aus. →P/G

Beispiele
- *Die Vereinigte Spanplatten AG, ein Lieferant der Bürodesign GmbH, setzt bei der Produktion nur umweltverträgliche Werkstoffe ein.*
- *Alle Produkte der Bürodesign GmbH sind recycelbar und nach Aufbereitung als Rohstoffe wieder zu verwenden.*
- *Bei der Produktion der Bürodesign GmbH wird auf umweltschonende Verfahren geachtet, damit Umweltbelastungen so weit wie möglich vermieden werden.*

Zielbündel bzw. Zielsystem

Jedes Unternehmen verfolgt gleichzeitig mehrere Ziele. So hat jedes Unternehmen ein ganzes Zielbündel bzw. Zielsystem, das erreicht werden soll. Dabei können sich Ziele gegenseitig behindern (**Zielkonflikt**) oder günstig beeinflussen (**Zielharmonie**).

Beispiel

Zielbündel der Bürodesign GmbH

Sachziele

- Herstellung und Vertrieb von Büromöbeln und Handelswaren aller Art
- Beratung von Abnehmern
- Bereitstellung von Ersatzteilen
- Kundendienst und Service

Wirtschaftliche Ziele

- Erwirtschaften von Gewinn
- Rentabilität des eingesetzten Kapitals
- Sicherung und Ausweitung von Marktanteilen

Soziale Ziele

- Schaffung und Sicherung von Arbeitsplätzen
- menschengerechte Gestaltung von Arbeitsplätzen
- gerechte Entlohnung
- uneingeschränkte Teilhabe aller Menschen (Inklusion)

Ökologische Ziele

- Vermeidung von Umweltbelastungen
- Vertrieb umweltfreundlicher Produkte
- Verwendung von recyclingfähigen Verpackungen
- Einsparung von Rohstoffen

Das Zielsystem eines Unternehmens **verändert sich** mit den sich wandelnden Einflussfaktoren auf das Unternehmen aus Politik, Gesellschaft, von Konkurrenz und Kunden. Neue Ziele werden erkannt oder die Bedeutung einiger Ziele kann sich ändern.

Compliance

Unter **Compliance** (engl. für „Regeltreue") versteht man ein verbindlich gültiges Regelwerk, das die Einhaltung aller gesetzlichen Bestimmungen oder freiwilligen Regelungen in einem Unternehmen zum Ziel hat. **Compliance-Regeln** sollen sicherstellen, dass ein Unternehmen integer und seriös am Markt agiert. Durch ein eingeführtes **Compliance-Management** können Unternehmen erreichen, dass sich sowohl die Unternehmensleitung als auch die Mitarbeiterinnen und Mitarbeiter regelkonform verhalten.

Zusammenfassung: Ziele wirtschaftlichen Handelns untersuchen

- **Persönliche Ziele:** Der rational handelnde **Homo oeconomicus** wägt bei seinen Entscheidungen Ziele und Mittel gegeneinander ab.
- **Gesellschaftliche Ziele:** Für die soziale Marktwirtschaft der Bundesrepublik Deutschland sind die gesellschaftlichen Ziele in den Grundrechten des **Grundgesetzes** festgeschrieben.
- **Unternehmensziele:**

Sachziele	Wirtschaftliche Ziele	Soziale Ziele	Ökologische Ziele
• Herstellung und Vertrieb von Sachgütern • Erbringen von Dienstleistungen	• Erwirtschaften von Gewinn • Kapitalverzinsung • Festigung und Ausweitung der Marktstellung	• Sicherung von Arbeitsplätzen • menschengerechte Gestaltung von Arbeitsplätzen • soziale Verantwortung	• verantwortungsbewusster Umgang mit Ressourcen • Vermeidung von Umweltbelastungen

- Betriebliche Ziele können sich gegenseitig behindern **(Zielkonflikt)** oder günstig beeinflussen **(Zielharmonie)**.

Aufgaben

1 *Formulieren Sie das Sachziel der Bürodesign GmbH und eines Unternehmens Ihrer Region.*

2 *Erstellen Sie eine Liste der wirtschaftlichen Ziele der Bürodesign GmbH und vergleichen Sie Ihr Ergebnis mit dem Ihrer Mitschülerinnen und Mitschüler.*

3 *Formulieren Sie soziale Ziele für ein Unternehmen aus der Sicht der Arbeitnehmerinnen und Arbeitnehmer.*

4 *Erstellen Sie einen Katalog von ökologischen Zielen für die Bürodesign GmbH und erläutern Sie, wie diese Ziele erreicht werden können. Präsentieren Sie die Ergebnisse softwaregestützt.*

5 *Führen Sie zu folgender These eine Podiumsdiskussion durch: „Ökologische und soziale Ziele lassen sich nicht mit wirtschaftlichen Zielen vereinbaren. Der Zielkonflikt ist nicht lösbar." Nehmen Sie die Diskussion auf Video auf und werten Sie diese aus.*

2 Sich mit dem Problem der Knappheit auseinandersetzen

2.1 Aspekte des Problems der Knappheit von Gütern begründen

Silvia Land ist unzufrieden! Sie hat ihre Ausbildung bei der Bürodesign GmbH zwar erst vor zwei Wochen begonnen, aber eines weiß sie genau: Das Produktionsprogramm sollte ganz anders aussehen. Sie würde ausschließlich ökologisch vertretbare Produkte anbieten, keine Kunststoffe, keine Lacke und Lösungsmittel und dafür ausschließlich mit Naturfarben gefärbte textile Bezugsstoffe. Dass das Bedürfnis nach umweltverträglichen Produkten ständig zunehme, könne man ja jeden Tag in den Medien verfolgen und die Kundschaft sei auch bereit, dafür tiefer in die Tasche zu greifen. Als sie Herrn Stam, den Leiter der Abteilung Absatz, darauf anspricht, entgegnet ihr dieser, das Bedürfnis nach ökologisch einwandfreien Produkten sei bei Teilen der Zielgruppe vielleicht vorhanden. Mit einer entsprechenden Nachfrage sei bei der sehr stark preis- und modeorientierten Kundschaft aber nicht zu rechnen.

Arbeitsaufträge

- ***Stellen Sie fest, welcher Zusammenhang zwischen den Begriffen Bedürfnis, Bedarf und Nachfrage besteht.***
- ***Diskutieren Sie, wie die Bürodesign GmbH den von Silvia Land festgestellten Wandel der Bedürfnisse berücksichtigen könnte.***

■ Bedürfnis

Ausgangspunkt allen Wirtschaftens sind die **Wünsche** der Menschen. Diese Wünsche sind i. d. R. unbegrenzt. Jeder Mensch hat das Gefühl, dass ihm noch etwas fehlt: eine eigene Wohnung, Anerkennung im Beruf oder Ferien in der Sonne. Dieses Gefühl eines Mangels, verbunden mit dem Bestreben, ihn zu beseitigen, bezeichnet man als **Bedürfnis**.

- **Nach der Dringlichkeit der Bedürfnisbefriedigung** kann man Existenz-, Kultur- und Luxusbedürfnisse unterscheiden.
  - **Existenzbedürfnisse** sind lebensnotwendige Bedürfnisse. Sie müssen i. d. R. kurzfristig befriedigt werden, um das Leben der Menschen nicht zu gefährden.

    Beispiele *Wunsch nach Grundnahrungsmitteln, Kleidung, Wohnung*
  - **Kulturbedürfnisse** werden durch die Umwelt oder Kultur geprägt. Sie müssen weitgehend befriedigt werden, wenn der Mensch in seiner sozialen Umwelt anerkannt werden will.

    Beispiele *Wunsch nach Bildung, modischer Kleidung, Hobbys*
  - **Luxusbedürfnisse** sind übersteigerte Ansprüche. Sie können vom Großteil der Bevölkerung nicht befriedigt werden.

    Beispiele *Wunsch nach Modellkleidern, Champagner, einer eigenen Jacht*

Eine genaue Abgrenzung zwischen den Bedürfnissen ist nicht immer möglich. Sie ist von der persönlichen Situation der Einzelperson abhängig und **verändert sich im Laufe der Zeit**. So ist eine ausreichende und abwechslungsreiche Ernährung für uns ein Existenzbedürfnis, für weite Teile der Dritten Welt hingegen ein Luxusbedürfnis. Und der Wunsch nach Erholung in der Sonne, der für unsere Großeltern noch ein Luxusbedürfnis war, ist heute für viele von uns selbstverständlich.

- **Nach der Möglichkeit der Bedürfnisbefriedigung** kann unterschieden werden:
  - **Individualbedürfnisse,** die von einem einzelnen Menschen, dem Individuum, ausgehen.

    Beispiel *Wunsch nach einem Auto*
  - **Kollektivbedürfnisse**, die aus dem Zusammenleben der Menschen entstehen und nur in der Gemeinschaft befriedigt werden können.

    Beispiel *Ein gut ausgebautes Straßennetz*

- **Nach dem Gegenstand der Bedürfnisse** kann man in materielle und immaterielle Bedürfnisse gliedern.
  - **Materielle Bedürfnisse** richten sich auf sachliche Güter.

    Beispiele *Modische Kleidung, Auto, Möbel*
  - **Immaterielle Bedürfnisse,** d. h. nicht greifbare Bedürfnisse, richten sich auf Dienstleistungen oder geistige Belange.

    Beispiele *Haarschnitt, Kinobesuch, Freundschaft, Anerkennung, Geborgenheit*

- **Nach dem Grad der Bewusstheit** unterscheidet man akute und latente Bedürfnisse.
  - **Akute** (offene) **Bedürfnisse** sind den Menschen bewusst und verlangen nach Befriedigung.

    Beispiel *Wunsch nach einer Reise in den Süden*

- **Latente** (schlummernde) **Bedürfnisse** sind den Menschen nicht bewusst. Sie können durch die Werbung geweckt werden.

  Beispiel *Die Marketingabteilung der Bürodesign GmbH stellt im Rahmen der Marktforschung fest, dass das Bedürfnis nach Sicherheit eine immer größere Rolle spielt. Die Geschäftsleitung diskutiert, ob der Bereich der Sicherheitstechnik im Büro in das Produktionsprogramm aufgenommen werden soll.*

Bedarf

Der Teil der Bedürfnisse, der sich mit Mitteln der Wirtschaft befriedigen lässt und der mit entsprechender **Kaufkraft** ausgestattet ist, wird **Bedarf** genannt.

Beispiel *Silvia hat von ihrer Ausbildungsvergütung 300,00 EUR gespart, um sich einen Blu-ray-Player zu kaufen.*

Nachfrage

Wird der Bedarf am Markt wirksam, d. h., wird für ein bestimmtes Gut tatsächlich Geld ausgegeben, so wird er zur **Nachfrage**.

Beispiel *Silvia geht in ein Fachgeschäft und kauft den ausgesuchten Blu-ray-Player.*

Ziel jedes Unternehmens ist es, aus den allgemeinen Bedürfnissen seiner möglichen **(potenziellen) Kundinnen und Kunden** eine konkrete Nachfrage nach den Leistungen des Unternehmens zu machen. Um dies zu erreichen, wird im Rahmen der Marktforschung versucht, die Bedürfnisse der Kundschaft zu ermitteln, das Produktionsprogramm darauf abzustellen und **den Bedarf** der Menschen durch die Kommunikationspolitik **zu wecken**.

Beispiel *Die Marketingabteilung der Bürodesign GmbH hat im Rahmen der Marktforschung festgestellt, dass das Bedürfnis nach Anerkennung und Sicherheit bei der potenziellen Kundschaft zunimmt. Aus diesem Grund wird die Produktgruppe „Arbeiten am Schreibtisch" um ein repräsentatives Modell erweitert und es werden Wandtresore in das Absatzprogramm aufgenommen. Eine groß angelegte Werbekampagne macht die Kunden mit den neuen Produkten vertraut.*

Die genaue Kenntnis der Bedürfnisse der Kundschaft gibt Unternehmen die Möglichkeit, unbewusst vorhandene **(latente) Bedürfnisse in offene Bedürfnisse umzuwandeln**. Mithilfe der **Werbung** werden Menschen angeregt, Produkte zu kaufen, die ihnen bisher nicht notwendig erschienen oder die sie nicht kannten. →BWR

Zusammenfassung: Aspekte des Problems der Knappheit von Gütern begründen

Bedürfnisse

Existenzbedürfnisse	Kulturbedürfnisse	Luxusbedürfnisse
müssen zur Erhaltung des Lebens befriedigt werden	müssen befriedigt werden, wenn der Mensch in seiner sozialen Umwelt anerkannt werden will	können vom Großteil der Bevölkerung nicht befriedigt werden

- Der **Bedarf** ist ein konkretisiertes Bedürfnis, das sich mit Mitteln der Wirtschaft befriedigen lässt und mit entsprechender Kaufkraft ausgestattet ist.
- Die **Nachfrage** ist der Teil des Bedarfs, der am Markt wirksam wird.

Aufgaben

1 *a) Nennen Sie je drei Beispiele für*
• Existenzbedürfnisse, • Kulturbedürfnisse, • Luxusbedürfnisse.
b) Stellen Sie den Bedürfnissen den entsprechenden Bedarf gegenüber.

2 *Erläutern Sie, wie es zu erklären ist, dass ein Luxusbedürfnis zu einem Existenzbedürfnis wird.*

3 *Mithilfe der Werbung werden latente Bedürfnisse der potenziellen Kundinnen und Kunden in Nachfrage nach Leistungen eines Unternehmens umgewandelt.*
a) Diskutieren Sie die Rolle der Werbung in unserer Gesellschaft.
b) Werten Sie Anzeigen in Illustrierten oder Werbung im Internet aus und stellen Sie fest, wo in erster Linie latente Bedürfnisse angesprochen werden.

4 *Erläutern Sie, wie die Bürodesign GmbH das zunehmende Bedürfnis nach einer sauberen Umwelt und Gesundheit nutzen könnte.*

5 *Erläutern Sie den Zusammenhang der Begriffe Bedürfnis, Bedarf und Nachfrage anhand eines Beispiels.*

6 *Überprüfen Sie, ob nachfolgende Wünsche in unserer Gesellschaft ein Existenz-, Kultur- oder Luxusbedürfnis darstellen. Der Wunsch nach:*
- *Brot*
- *Wasser*
- *Whisky*
- *Cola*
- *Ansehen der Tagesschau*
- *einem Nerzmantel*
- *einem Bad in der Wohnung*
- *einem Pkw, um zur Arbeit zu kommen*
- *einer Luxuslimousine*
- *einer Armbanduhr*
- *der sechsten Markenjeans*
- *einer Flugreise, um braun zu werden*
- *einer Seereise, um ein fremdes Land zu erkunden*
- *einem Sachbuch*
- *einem einfachen Fernsehgerät*
- *einem Erholungsurlaub*
- *teurem, pikantem Essen*

7 *In Afrika hungern Menschen. Ein Teil des Kontinents ist unterentwickelt und die Bevölkerung ist arm. Entscheiden Sie, ob unter diesen Bedingungen eine andere Einteilung der Bedürfnisse möglich bzw. erforderlich ist.*

8 *„Die Bedürfnisse sind unbegrenzt.“ Begründen Sie, ob diese Aussage zutreffend ist.*

9 *Unterhalten Sie sich mit Ihren Eltern oder Großeltern oder recherchieren Sie im Internet und nennen Sie im Anschluss fünf Beispiele für Bedürfnisse, die vor 20 oder 30 Jahren Luxusbedürfnisse waren und heute zur Normalausstattung eines Haushalts gehören.*

2.2 Güterarten vergleichen

Silvia Land ist empört! *„Stellen Sie sich vor“*, berichtet sie der Gruppenleiterin Frau Freund nach einem Gang durch die Produktion, *„bei uns wird jedes Möbelstück in eine Folie eingeschweißt, die Metallteile werden mit Wellpappe umwickelt und empfindliche Kleinteile wer-*

den in Styropor verpackt! Wenn ich an die Müllberge denke, die da entstehen, wird mir ganz schlecht!" „Und mir wird schlecht, wenn ich an die vielen Reklamationen wegen zerkratzter und beschädigter Produkte denke, wenn wir die Möbel nicht transportsicher verpacken", entgegnet Frau Freund. Silvia hält ihr entgegen, dass es höchste Zeit sei, mit den Schätzen der Erde sparsamer umzugehen, da sie nur noch für begrenzte Zeit reichen. Und nicht nur das. Viele Güter, die früher im Überfluss vorhanden waren, müssen heute mit viel Mühe und Kosten wiederaufbereitet werden. Frau Freund wird nachdenklich. Sie bittet Silvia, doch einmal zu überlegen, wie man bei der Verpackung den Verbrauch von Rohstoffen einschränken könne. *„Und wenn Sie eine gute Idee haben, geben wir sie im Rahmen des betrieblichen Vorschlagswesens weiter. Vielleicht gibt es da sogar eine Prämie!"*

Arbeitsaufträge

- ***Unterstützen Sie Silvia Land bei ihrer Aufgabe und überlegen Sie, wie die Bürodesign GmbH bei der Verpackung den Verbrauch von Rohstoffen einschränken kann. Recherchieren Sie dazu auch im Internet.***
- ***Erläutern Sie die unterschiedlichen Güterarten anhand von Beispielen aus Ihrem Haushalt.***

Die Mittel, mit denen die menschlichen Bedürfnisse befriedigt werden können, nennt man **Güter**. Indem sie das Bedürfnis der sie verwendenden Person befriedigen, stiften sie einen **Nutzen**. Jeder Mensch wird sich für das Gut entscheiden, das ihm den höchsten Nutzen stiftet.

- **Freie Güter** sind im Überfluss vorhanden und ihre Bereitstellung verursacht keine Kosten.

Beispiele *Luft, Meerwasser, Sonne, Wind*

- **Knappe (wirtschaftliche) Güter** sind nur begrenzt vorhanden. Ihre Bereitstellung verursacht Kosten, deshalb haben sie am Markt einen Preis.

Beispiele *Fuhrpark der Bürodesign GmbH, Lacke für die Produktion, Arbeitskleidung, Lebensmittel*

Im Laufe der Zeit sind immer **mehr freie Güter zu knappen Gütern** geworden. So sind z. B. sauberes Wasser und klare Luft in vielen Gegenden nur noch unter großem Kostenaufwand zu erhalten.

Beispiel *Die Bürodesign GmbH hat in der Lackiererei eine Filteranlage zum Preis von 140 000,00 EUR installiert. Dadurch gelangen keine Schadstoffe mehr in die Luft. Die Bürodesign GmbH berücksichtigt die anteiligen Kosten in ihren Verkaufspreisen, die Produkte werden infolgedessen teurer.*

Bei vielen knappen Gütern wird deutlich, dass die für die Herstellung erforderlichen Rohstoffe nur noch für wenige Jahre reichen. Die Konsequenz muss der sparsamere Umgang mit diesen Stoffen und ihre Wiederverwertung (**Recycling**) sein. Jeder kann Hilfe bei der Wiederverwertung von Rohstoffen und bei ihrem sparsameren Einsatz leisten. **Haushalte** können Glas, Altpapier und Wertstoffe **getrennt sammeln** und entsorgen. **Unternehmen** können Verpackungen **einschränken oder vermeiden** und wiederverwertbare Rohstoffe in der Produktion einsetzen. Wie die Bedürfnisse können auch die knappen (wirtschaftlichen) Güter in verschiedene **Güterarten** unterteilt werden. →P/G

- Nach der **Dringlichkeit** in **Existenz-**, **Kultur- und Luxusgüter**:
  - **Existenzgüter** sind lebensnotwendig.
    Beispiele *Nahrung, Kleidung, Wohnung*
  - **Kulturgüter** dienen der Anerkennung in der sozialen Umwelt.
    Beispiele *Kino, Bücher, Theater*
  - **Luxusgüter** dienen übersteigerten Ansprüchen.
    Beispiele *Privatflugzeug, Jacht*
- Nach der **Verfügbarkeit** in **private und öffentliche Güter:**
  - **Private Güter** werden von Konsumentinnen und Konsumenten nachgefragt.
    Beispiele *Auto, Kleidung, Lebensmittel*
  - **Öffentliche Güter:** Über das Angebot wird in Parlamenten und Räten entschieden.
    Beispiele *Schulen, Straßen*
- Nach dem **Gegenstand** in **materielle und immaterielle Güter**:
  - **Materielle (fassbare) Güter** sind Sachgüter.
    Beispiele *Schokoriegel, Blu-ray-Player, Damenbluse, Kombinationsschreibtisch „Modulo" der Bürodesign GmbH*

→BWR

  - **Immaterielle (nicht fassbare) Güter** sind **Dienstleistungen**, **Rechte** und **Informationen**.

Dienstleistungen sind Arbeitsleistungen, durch die ein Wert oder Nutzen entsteht.	***Beispiele*** *Rechtsberatung, Planung einer Büroeinrichtung für eine Versicherung durch das Technikteam der Bürodesign GmbH*
Rechte sind Ansprüche oder Befugnisse.	***Beispiele*** • *Das Recht, einen bestimmten Markennamen zu führen oder ein Grundstück zu nutzen.* • *Die Bürodesign GmbH stellt Stuhlrollen nach dem Patent eines Erfinders her. Sie hat mit ihm einen Vertrag geschlossen und das Recht erworben, die von ihm entwickelte Rolle zu produzieren.*
Informationen sind Voraussetzung jeder Art von Entscheidungsfindung.	***Beispiele*** *Zugriff auf das Wissen in Datenbanken, Abonnement einer Fachzeitschrift*

- Nach der Art der Verwendung können Sachgüter, Dienstleistungen und, Rechte in Konsumgüter und Produktions- oder Investitionsgüter eingeteilt werden.
  - **Konsumgüter** dienen der unmittelbaren Bedürfnisbefriedigung. Sie werden von Endverbraucherinnen und Endverbrauchern verwendet.

Beispiele

Sachgut als Konsumgut	*Ein Hammer im Hobbykeller.*
Dienstleistung als Konsumgut	*Silvia Land fährt mit dem Taxi von der Disco nach Hause.*
Recht als Konsumgut	*Silvias Eltern haben einen Schrebergarten gepachtet.*
Information als Konsumgut	*Silvia kauft sich eine Computerzeitschrift.*

- **Produktions- oder Investitionsgüter** dienen zur Herstellung anderer Güter.

Beispiele

Sachgut als Produktionsgut	*Ein Hammer in der Holzwerkstatt der Bürodesign GmbH.*
Dienstleistung als Produktionsgut	*Die Geschäftsführerin der Bürodesign GmbH, Frau Friedrich, fährt mit dem Taxi zu einer Besprechung mit einem Kunden.*
Recht als Produktionsgut	*Die Bürodesign GmbH hat ein Grundstück als Lagerplatz gepachtet.*
Information als Produktionsgut	*Frau Friedrich beantragt bei einer Wirtschaftsauskunftei eine Auskunft über einen möglichen Kunden.*

Da bei der Einteilung in Konsum- und Produktionsgüter nicht die Art des Gutes, sondern die **Art der Verwendung** den Ausschlag für die Zuordnung gibt, kann ein und dasselbe Gut sowohl Konsum- als auch Produktionsgut sein.

- **Nach der Nutzungsdauer** können Güter in Gebrauchs- und Verbrauchsgüter eingeteilt werden.
  - **Gebrauchsgüter** können mehrmals verwendet werden und nutzen sich erst allmählich ab.

    Beispiele *Büromöbel, Kleidung, Maschinen*

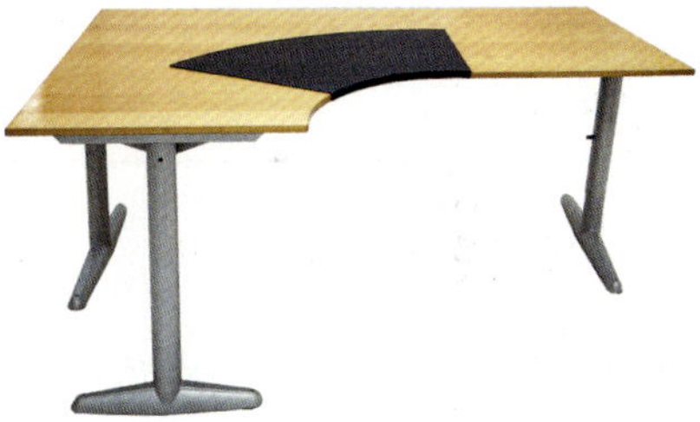

  - **Verbrauchsgüter** können nur einmal zum Zwecke der Bedürfnisbefriedigung bzw. Produktion eingesetzt werden.

    Beispiele *Farbe in der Lackiererei der Bürodesign GmbH, Kraftstoff für Geschäftswagen*

- **Nach der Beziehung der Güter zueinander** kann man in Komplementärgüter und Substitutionsgüter unterscheiden.
  - **Komplementärgüter** ergänzen sich gegenseitig. Sie können nur in Kombination miteinander ein Bedürfnis befriedigen.

    Beispiele *Kfz und Treibstoff, Blu-ray-Player und Blu-ray-Disc*

  - **Substitutionsgüter** ersetzen sich, sie sind gegeneinander austauschbar.

    Beispiele *Transport per Lkw oder Transport mit der Deutschen Bahn AG, Butter oder Margarine*

Zusammenfassung: Güterarten vergleichen

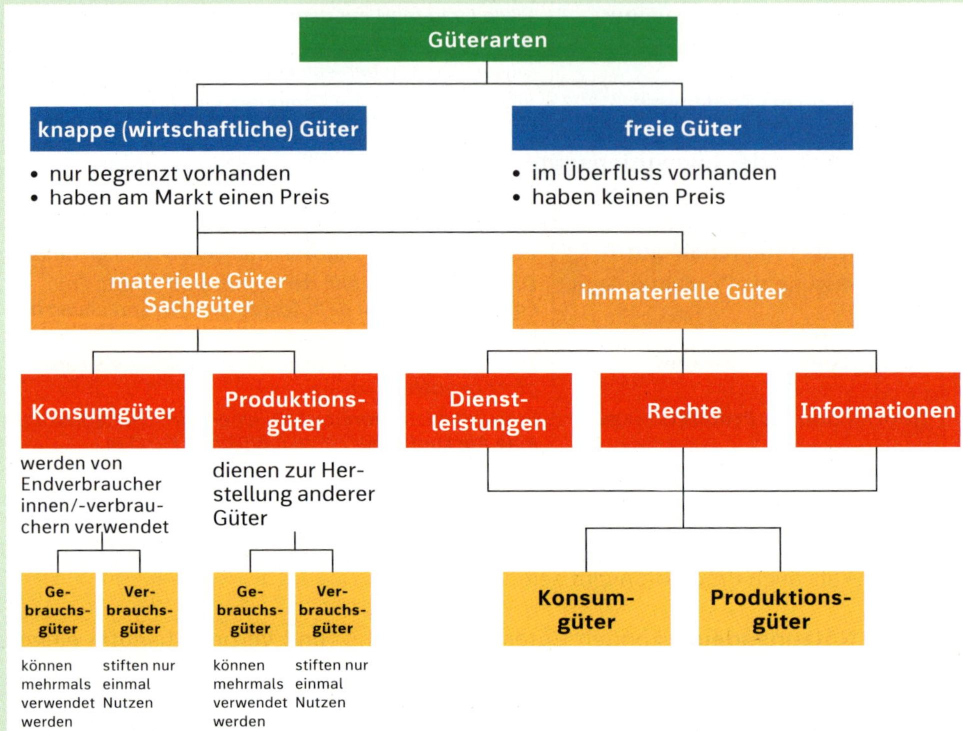

Aufgaben

1 *Beschreiben Sie einen Fall, in dem Wasser und Luft zu wirtschaftlichen Gütern werden.*

2 *Haushalte und Unternehmen können gemeinsam dazu beitragen, dass nicht noch mehr freie Güter zu wirtschaftlichen Gütern werden.*
a) Erläutern Sie diese Bemühungen anhand von fünf Beispielen aus Ihrem Haushalt.
b) Stellen Sie fünf Beispiele für die Bürodesign GmbH dar.

3 *Erläutern Sie fünf Fälle, wie in der Bürodesign GmbH Verbrauchsgüter gegen mehrmals verwendbare Gebrauchsgüter ausgetauscht werden können.*

4 *Welche der nachfolgenden Verwendungsarten treffen auf unten stehende Sachverhalte zu?*
Verwendungsarten wirtschaftlicher Güter:
1. Produktionsgut als Gebrauchsgut
2. Produktionsgut als Verbrauchsgut
3. Dienstleistung als Produktionsgut
4. Dienstleistung als Konsumgut
5. Recht als Produktionsgut
6. Recht als Konsumgut
7. Konsumgut als Gebrauchsgut
a) Ein Kaufmann lässt sich in geschäftlicher Angelegenheit von einer Rechtsanwältin vertreten.
b) Überlassung von Geschäftsräumen gegen Entgelt.
c) Verwendung eines Taschenrechners in der Buchhaltung des Kaufmanns.

d) Verwendung eines Taschenrechners durch den Auszubildenden in der Schule.
e) Verwendung von Heizöl zur Beheizung eines Bürohauses.

5 *Überlegen Sie, wie Sie in Ihrer Klasse durch Veränderung Ihrer Einkaufsgewohnheiten sparsamer mit den begrenzten Rohstoffen umgehen können. Formulieren Sie in der Klasse einen Öko-Pakt, in dem Sie sich verpflichten, auf bestimmte umweltschädliche Produkte zu verzichten oder den Gebrauch einzuschränken. Sichern Sie das Ergebnis in einer Cloud.*

6 *Ordnen Sie den folgenden Gütern die Buchstaben a) freie Güter und b) knappe Güter zu.*
1. Lebensmittel
2. Wasser im Meer
3. Schnee in den Bergen
4. Lastkraftwagen in der Bürodesign GmbH
5. Fernsehgerät
6. Sand in der Wüste
7. Salz im Toten Meer
8. Salz im Haushalt
9. Luft

7 *Man kann die wirtschaftlichen Güter in verschiedene Gruppen aufteilen. Ordnen Sie die folgenden Güter den entsprechenden Gruppen zu.*
1. Verbrauchsgüter, 2. Gebrauchsgüter, 3. Investitionsgüter, 4. Dienstleistungen
a) Gefrierschrank der Familie Land
b) PC in der Bürodesign GmbH
c) Rolltreppe
d) Tätigkeit eines Rechtsanwalts
e) Computertisch in der Bürodesign GmbH
f) Computer der Familie Land
g) Drehbank im Industriebetrieb
h) Tätigkeit eines Kreditinstituts
i) Orangensaft im Haushalt Stein
j) Tätigkeit einer Standesbeamtin

2.3 Notwendigkeit wirtschaftlichen Handelns begründen

Vier Wochen nach Beginn ihrer Ausbildung bekommt Silvia Land einen Kontoauszug von der Bank. Ihre Ausbildungsvergütung ist überwiesen worden, netto verbleiben ihr 818,00 EUR. Silvia überlegt, wofür sie das Geld ausgeben soll. Eigentlich wünscht sie sich schon lange einen Blu-ray-Player. Auf der anderen Seite träumt sie immer noch von einer Lederjacke und neue Schuhe wären auch langsam fällig. Für den Urlaub sollte sie auch etwas zurücklegen und zum Geburtstag der Mutter will sie noch ein Geschenk kaufen. Als Silvia die Beträge zusammenrechnet, merkt sie schnell, dass ihr Geld dafür nicht ausreicht.

Arbeitsaufträge
- ***Diskutieren Sie, was Silvia tun kann, um das Problem zu lösen.***
- ***Erläutern Sie die unterschiedlichen Wirtschaftsprinzipien.***
- ***Stellen Sie die Problematik des Spannungsverhältnisses zwischen Ökonomie und Ökologie in einem Kurzreferat dar. Präsentieren Sie das Ergebnis softwaregestützt.***

Das ökonomische Prinzip

Die **Bedürfnisse** der Menschen sind i.d.R. **unbegrenzt**. **Wirtschaftsgüter** hingegen sind **knapp**. Sie sind nur begrenzt vorhanden und ihre Bereitstellung verursacht Kosten. Private Haushalte und Unternehmen lösen dieses Problem, indem sie mit den knappen Wirtschaftsgütern sparsam umgehen, d. h., sie **wirtschaften**. Dieses planvolle Handeln nennt man das **ökonomische (wirtschaftliche) Prinzip.** Es zeigt sich in zwei Erscheinungsformen:

- Beim **Minimalprinzip** wird versucht, ein gegebenes Ziel mit möglichst wenig (minimalen) Mitteln zu erreichen. Dieses Prinzip wird i. d. R. in den Unternehmen angewandt.

  Beispiel *Herr Kaya, Abteilungsleiter Beschaffung der Bürodesign GmbH, versucht, Lacke für die Produktion so preiswert wie möglich einzukaufen.*

- Beim **Maximalprinzip** wird versucht, mit gegebenen Mitteln einen größtmöglichen (maximalen) Erfolg zu erreichen. Dieses Prinzip wird i. d. R. in den Haushalten angewandt.

  Beispiel *Silvia Land versucht, sich mit ihrer Ausbildungsvergütung so viele Wünsche wie möglich zu erfüllen.*

Das ökologische Prinzip

Lange Zeit stand die Umwelt für alle kostenlos zur Verfügung. Luft und Wasser waren als freie Güter (vgl. S. 35 f.) im Überfluss vorhanden, die Vorräte an Rohstoffen (Ressourcen) schienen unendlich.

Die zunehmende Industrialisierung und das ungebremste Bevölkerungswachstum belasten das ökologische System inzwischen so stark, dass die **Selbstreinigungskräfte der Natur nicht mehr ausreichen**, um das ökologische Gleichgewicht zu erhalten. Darüber hinaus weiß man, dass die natürlichen **Ressourcen der Erde nur noch für begrenzte Zeit ausreichen**.

Mit den Beziehungen der Menschen zu ihrer Umwelt befasst sich die **Ökologie**, deren Ziel es ist, die Belastungen der Umwelt zu mindern oder gänzlich zu vermeiden.

Wenn private Haushalte wie Unternehmen bei allen wirtschaftlichen Tätigkeiten so handeln, dass die Umwelt so wenig wie möglich belastet wird, verpflichten sie sich dem Grundsatz der **Nachhaltigkeit** (vgl. S. 186) und handeln nach dem **ökologischen Prinzip**.

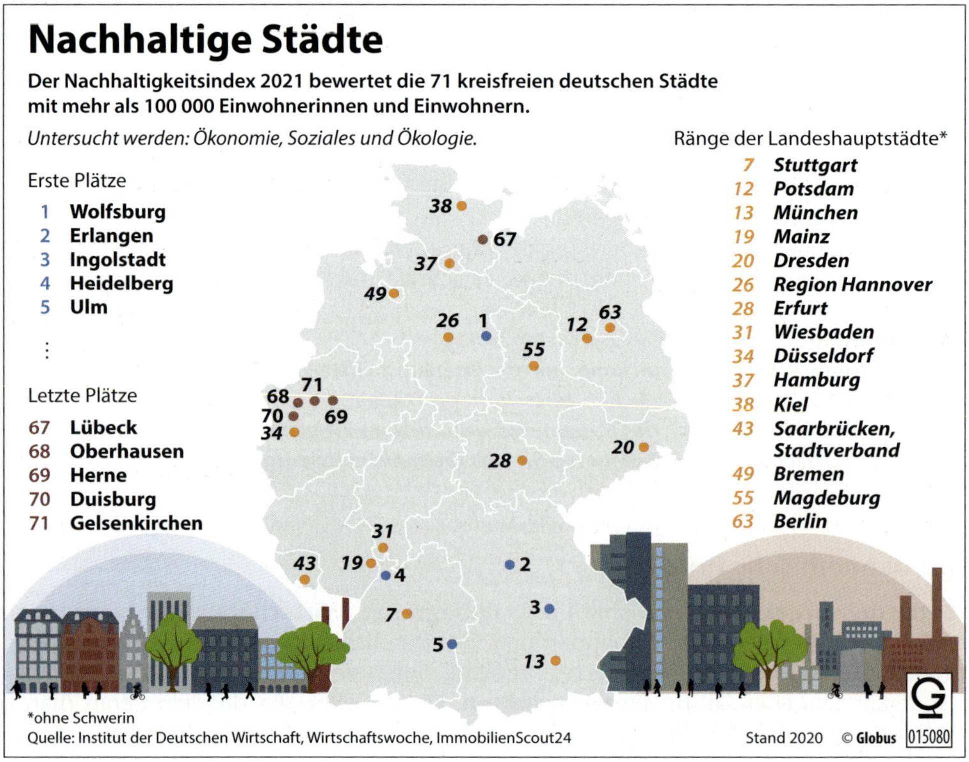

Beim Handeln nach dem ökologischen Prinzip sind **folgende Möglichkeiten** denkbar:

- **sparsamer Verbrauch von Rohstoffen und Energie**

  Beispiel *Frau Friedrich, Geschäftsführerin der Bürodesign GmbH, denkt über die Anschaffung einer Windenergieanlage nach. Sie weiß aus dem Jahresbericht der Industrie- und Handelskammer, dass im Kammerbezirk 172 Windenergieanlagen in Betrieb sind. Diese erzeugen ohne Verbrauch von Rohstoffen etwa 50 Megawatt, das ist der Jahresbedarf von 20500 Einfamilienhäusern.*

- **Aufarbeitung gebrauchter Rohstoffe (Recycling)**

  Beispiel *Die Bürodesign GmbH gibt eine Rücknahmegarantie für von ihr gelieferte Verpackungen. Die so zurückgewonnenen Rohstoffe werden bei der Herstellung neuer Verpackungen verwendet.*

- **Herstellung umweltfreundlicher Produkte**

  Beispiel *Die Bürodesign GmbH bietet mit dem Arbeitssessel „Ergo-design-natur" einen Bürostuhl an, der ausschließlich aus umweltverträglichen Rohstoffen gefertigt ist.*

- **Anwendung umweltfreundlicher Produktionstechniken**

  Beispiel *Die Lackiererei der Bürodesign GmbH wurde auf wasserlösliche Lacke umgestellt, die keine umweltschädlichen Lösungsmittel enthalten.*

Das Spannungsverhältnis zwischen Ökonomie und Ökologie

Zwischen Ökonomie und Ökologie kann es zu Zielkonflikten kommen. Dies ist immer dann der Fall, wenn ökologisch sinnvolle Entscheidungen mit **höheren Kosten** für das einzelne Unternehmen oder den privaten Haushalt verbunden sind.

Beispiel *Frau Friedrich erfährt vom Energieberater der Energieversorgung, dass der Durchschnittspreis pro Kilowatt Windenergie-Strom über dem Preis für Tarifkundschaft liegt.*

Da Unternehmen und Haushalte sich oft am kurzfristigen Erfolg wirtschaftlichen Handelns orientieren, greift hier der **Staat** regelnd ein. Dabei sind folgende staatliche Maßnahmen im Sinne der **Umweltpolitik** denkbar: →P/G

- **Beeinflussung der öffentlichen Meinung** durch Aufklärung und Erziehung

  Beispiele
  - *Die Stadt Köln schafft ein Schadstoffmobil an, das über die fachgerechte Entsorgung von Schadstoffen informiert.*
  - *Das Bundesministerium für Umwelt, Naturschutz, nukleare Sicherheit und Verbraucherschutz gibt eine Broschüre zum Thema „Windenergie" heraus.*

- **Gewährung von Subventionen** für ökologisch sinnvolle Maßnahmen

  Beispiele
  - *Frau Friedrich erfährt, dass der Bund im Rahmen des Windenergie-Förderprogramms selbst erzeugten Strom subventioniert.*
  - *Das Land Nordrhein-Westfalen zahlt beim Einbau einer Wärmepumpenheizung einen Zuschuss.*

- **Erhebung von Steuern und Abgaben** für die Verursacher von Umweltbelastungen

  Beispiel *Um dem Umweltgedanken Rechnung zu tragen, setzt sich die Kfz-Steuer aus einem am Hubraum des Fahrzeuges orientierten Grundbetrag und einem am CO_2-Ausstoß orientierten Betrag zusammen.*

- **Gesetze und Verordnungen zum Umweltschutz**

  Beispiel Bundes-Immissionsschutzgesetz (www.gesetze-im-internet.de/bimschg)

> **§ 1 Bundes-Immissionsschutzgesetz**
> (1) Zweck dieses Gesetzes ist es, Menschen, Tiere und Pflanzen, den Boden, das Wasser, die Atmosphäre sowie Kultur- und sonstige Sachgüter vor schädlichen Umwelteinwirkungen zu schützen und dem Entstehen schädlicher Umwelteinwirkungen vorzubeugen. [...]

Wirtschaftsprinzipien

Die grundsätzliche Zielsetzung der Unternehmen in einer Volkswirtschaft richtet sich zunächst nach der Aufgabe, die diese zu erfüllen haben.

→BWR
→BWR

- In **erwerbswirtschaftlichen Betrieben** wird Kapital investiert, um **Gewinn** zu erwirtschaften. Die Aussicht auf Gewinn veranlasst Unternehmerinnen und Unternehmer, ihr Kapital in dem Bereich einzusetzen, in dem sie die höchste Verzinsung (**Rentabilität**) erwarten. So lenkt der erwartete Gewinn das Kapital in den rentabelsten Bereich und wirkt als „Motor der Wirtschaft".

  Beispiel *Die Bürodesign GmbH investiert in eine neue Produktionsanlage für die Herstellung des Bürostuhls „Ergo-design-natur", da sie durch den Absatz eines ökologisch vertretbaren Produktes maximale Gewinne erwartet.*

- In **gemeinwirtschaftlichen Betrieben** steht nicht die Gewinnerzielung, sondern die bestmögliche **Versorgung der Bevölkerung** mit Waren und Dienstleistungen im Vordergrund. Man unterscheidet hier zwischen **Kostendeckungsbetrieben** und **Zuschussbetrieben**.

  Beispiele *Städtischer Kindergarten, Stadtwerke (Kostendeckungsbetriebe), kommunale Krankenhäuser, Theater (Zuschussbetriebe)*

Einzel-, Volks- und Weltwirtschaft

Unter **Wirtschaft** versteht man alle Aktivitäten und Einrichtungen, die sich auf die Produktion und den Konsum knapper Güter beziehen.

- **Einzelwirtschaft:** Als Einzelwirtschaften werden das Wirtschaftswesen des einzelnen Unternehmens **(Betriebswirtschaft)** und das Wirtschaftswesen der einzelnen Haushalte **(Hauswirtschaft)** bezeichnet.
- **Volkswirtschaft:** Als Volkswirtschaft bezeichnet man die Wirtschaft eines Staates, die eine bestimmte rechtliche Ordnung hat (Wirtschaftsordnung, vgl. S. 236 ff.).
- **Weltwirtschaft:** Die Volkswirtschaften der einzelnen Staaten sind durch den Außenhandel, durch Import und Export (vgl. S. 123) miteinander verbunden. Durch diese außenwirtschaftlichen Beziehungen entsteht die Weltwirtschaft.

Zusammenfassung: Notwendigkeit wirtschaftlichen Handelns begründen

- **Das ökonomische Prinzip**

Wünsche sind **unbegrenzt.** — **Güter** sind **knapp.**

Zwang zum Wirtschaften

mit gegebenen Mitteln einen maximalen Erfolg erzielen → **Maximalprinzip**

ein gegebenes Ziel mit minimalen Mitteln erreichen → **Minimalprinzip**

- **Das ökologische Prinzip**

Ökonomie ↔ **Ökologie**

Kosten- und Gewinnorientierung — Umweltorientierung

Staat

greift im Rahmen der Umweltpolitik regelnd ein

- **Wirtschaftsprinzipien**

erwerbswirtschaftliches Prinzip ← oder → **gemeinwirtschaftliches Prinzip**

maximaler Gewinn — bestmögliche Versorgung

- Die **Volkswirtschaft** besteht aus **Einzelwirtschaften** (Unternehmen, private Haushalte). Die Wirtschaftsbeziehungen der Staaten miteinander bezeichnet man als **Weltwirtschaft**.

Aufgaben

1 *Stellen Sie fest, nach welchen Grundsätzen in den folgenden Fällen gehandelt wird:*
   a) *Die wirtschaftlichen Entscheidungen im Haushalt werden so getroffen, dass der größtmögliche Nutzen für die Familie erreicht wird.*
   b) *Ein festgelegtes Produktionsziel soll mit möglichst geringem Materialeinsatz erreicht werden.*
   c) *Eine Schülerin versucht, eine bestimmte Blu-ray-Disc so günstig wie möglich zu kaufen.*
   d) *Eine Hausfrau versucht, durch Preisvergleich den Lebensmittelbedarf der Familie so preiswert wie möglich zu decken.*
   e) *Ein Unternehmer versucht, das festgelegte Umsatzziel mit minimalen Gesamtkosten zu verwirklichen.*
   f) *Ein Schüler versucht, mit möglichst geringem Einsatz die Versetzung zu erreichen.*
   g) *Eine Unternehmerin möchte mit dem vorhandenen Personal den größtmöglichen Umsatz erzielen.*

2 Silvia möchte am Wochenende mit dem Auto in die Niederlande fahren.
a) Erläutern Sie anhand der Kriterien Kilometerleistung und Kraftstoffverbrauch das Maximal- und das Minimalprinzip.
b) Diskutieren Sie, wie Silvia sich verhalten sollte, wenn sie nach dem ökologischen Prinzip handeln will.

3 In einer Sitzung der Geschäftsleitung der Bürodesign GmbH soll über die Anschaffung einer Windenergieanlage entschieden werden. Frau Friedrich plant, 20 % des Jahresstromverbrauchs von 250000 kW/h durch Windenergie zu erzeugen. Recherchieren Sie zu den Kosten pro Kilowattstunde im Internet.
a) Bereiten Sie eine Gegenüberstellung der Kosten vor und präsentieren Sie Ihre Ergebnisse softwaregestützt.
b) Bilden Sie zwei Gruppen. Eine Gruppe stellt die Argumente zusammen, die für die Anschaffung der Windenergieanlage sprechen, die andere Gruppe die Argumente gegen eine Anschaffung. Führen Sie in einem Rollenspiel das Gespräch der Befürworterinnen und Befürworter sowie Gegnerinnen und Gegner der Windenergieanlage.

4 a) Überprüfen Sie die Ausstattung Ihrer Schule auf umweltschädliche Arbeitsmittel.
b) Machen Sie Vorschläge, welche Arbeitsmittel gegen ökologisch sinnvolle ausgetauscht werden können.
c) Stellen Sie fest, wo ökologisch ratsame Änderungen zu Konflikten mit der Ökonomie führen können.

5 Ermitteln Sie die Preise für Güter des täglichen Bedarfs. Stellen Sie in einer Liste die Preise für das preiswerteste und das ökologisch sinnvollste Gut gegenüber.
a) Überprüfen Sie, wo es zu Zielkonflikten zwischen Ökologie und Ökonomie kommt.
b) Stellen Sie für sich persönlich fest, in welchen Fällen Sie trotz höherer Preise das ökologisch sinnvollste Gut wählen würden.

6 Erläutern Sie anhand von Beispielen Kostendeckungs- und Zuschussbetriebe.

7 Entscheiden Sie in den folgenden Fällen, nach welchem Prinzip gehandelt wird und beschreiben Sie dieses Prinzip.
a) Die Architektin Schmitz will ein Haus bauen lassen, das sie selbst entworfen hat. Sie fordert von verschiedenen Bauunternehmen Kostenvoranschläge an.
b) Herr Müller will seinen alten VW-Golf verkaufen. Er hat drei Angebote. Herr A bietet 1200,00 EUR, Herr B 1000,00 EUR und Frau C 1500,00 EUR. Herr Müller verkauft an Frau C.

8 Machen Sie Vorschläge, wie die Bürodesign GmbH und die Haushalte Stein und Land durch umweltbewusstes Handeln zur Verringerung der Rohstoffentnahme aus der Natur beitragen können.

9 Unterscheiden Sie die Begriffe Einzel-, Volks- und Weltwirtschaft.

10 Erläutern Sie, warum es bei erwerbswirtschaftlichen Unternehmen erforderlich ist, dass diese einen Gewinn erwirtschaften.

11 Beschreiben Sie anhand von je drei Beispielen, wie Unternehmen und Sie als Verbraucherin/Verbraucher nach dem ökologischen Prinzip handeln können.

2.4 Den Markt als Ort, an dem Angebot und Nachfrage aufeinandertreffen, beschreiben

Krisensitzung der Geschäftsleitung der Bürodesign GmbH: Silvia Land wird gebeten, Kaffee und belegte Brötchen in das Konferenzzimmer zu bringen. *„Wir müssen unsere Produktivität deutlich steigern“*, sagt Herr Stein, als Silvia den Raum betritt. *„In fast allen Bereichen ist es im vergangenen Quartal zu deutlichen Kostensteigerungen gekommen. Wenn ich nur an die Personalkosten denke, plus 4 %!“* Frau Friedrich unterbricht: *„Ganz so schlimm ist die Lage nun doch nicht. Zumindest bei den Holzpreisen wird es durch die Sturmschäden im Frühjahr zu einer Zunahme des Angebots und damit zu Kostensenkungen kommen.“* Als Silvia den Raum verlässt, ist sie nachdenklich. Dass die Bürodesign GmbH die Kosten senken muss, hat sie verstanden. Aber was haben die Sturmschäden vom Frühjahr mit der Reduzierung der Holzpreise zu tun?

Arbeitsaufträge
- ***Erläutern Sie die verschiedenen Marktarten und Marktformen.***
- ***Stellen Sie den Zusammenhang zwischen der Ausweitung des Angebots und den Reaktionen der Preise in einem Koordinatensystem grafisch dar.***

Die **Nachfrage** der Haushalte oder Unternehmen, die Güter erwerben wollen, und das **Angebot** der Unternehmen, die Güter absetzen wollen, treffen in der Volkswirtschaft auf dem **Markt** aufeinander. Aus diesem Grund wird die Wirtschaftsordnung der Bundesrepublik Deutschland als **Marktwirtschaft** bezeichnet.

Marktarten

Da jedes Gut seinen eigenen Markt hat, kann man verschiedene Marktarten unterscheiden. Nach der Art der gehandelten Güter lassen sich die Märkte folgendermaßen einteilen:

- **Faktormärkte**
  - Auf dem **Arbeitsmarkt** werden Arbeitsleistungen gegen Entgelt gehandelt.

    Beispiel *Die Bürodesign GmbH sucht in einer Stellenanzeige einen Mitarbeiter (m, w, d) für das Lager.*
  - Auf dem **Immobilienmarkt** findet der Handel mit Grundstücken und Gebäuden statt.

    Beispiel *Die Bürodesign GmbH mietet eine Lagerhalle.*
  - Auf dem **Kapitalmarkt** findet die Vermittlung von Krediten statt.

    Beispiel *Die Sparkasse KölnBonn bietet der Bürodesign GmbH ein Darlehen zu einem Zinssatz von 3 % an.*

- **Gütermärkte**
  - **Konsumgütermarkt:** Nachfrager sind die privaten Haushalte, Anbieter die Unternehmen.

    Beispiel *Silvia kauft im Supermarkt einen Joghurt.*
  - **Investitionsgütermarkt:** Nachfrager und Anbieter sind hier die Unternehmen.

    Beispiel *Die Geschäftsführung der Bürodesign GmbH verhandelt mit einem Hersteller über den Kauf einer Maschine für die Holzverarbeitung.*

Marktformen

Nach der **Zahl der Marktteilnehmer** lassen sich die Märkte in folgende Marktformen einteilen:

Anbieter \ Nachfrager	viele	wenige	einer
viele	**Polypol**	Nachfrageoligopol	Nachfragemonopol
wenige	**Angebotsoligopol**	zweiseitiges Oligopol	beschränktes Nachfragemonopol
einer	**Angebotsmonopol**	beschränktes Angebotsmonopol	zweiseitiges Monopol

(griechisch monos = allein, oligos = wenige, pollos = viele)

Beispiele
- *Polypol: der Markt für Süßwaren*
- *Angebotsoligopol: der Markt für Mineralöl*
- *Angebotsmonopol: Ein Schornsteinfeger hat in seinem Kehrbezirk ein Angebotsmonopol.*

Der Markt erfüllt zwei wichtige Aufgaben **(Funktionen)**:

- Er dient der **Vermittlung** der Güter zwischen Anbietern und Nachfragern und
- er dient der **Bewertung** der Güter, d. h., auf dem Markt wird der Preis für die gehandelten Güter ermittelt.

Die Preisbildung auf dem Markt

Das Modell der Preisbildung geht von den folgenden Annahmen **(Prämissen)** aus:

1. Auf dem Markt stehen sich viele Anbieter und viele Nachfrager gegenüber (**Polypol** = vollständige Konkurrenz, vgl. S. 115).
2. Es handelt sich um einen **vollkommenen Markt**. Dieser Idealmarkt ist durch folgende Merkmale gekennzeichnet:
   - Die Güter sind **homogen**, d. h., sie gleichen sich in Art, Aufmachung und Qualität völlig.

     Beispiel *Landeier der Güteklasse A Extra*
   - Es besteht vollkommene **Markttransparenz**, d. h., alle Marktteilnehmer haben die vollständige Übersicht über den Markt und reagieren sofort auf Veränderungen.

     Beispiel *Eine Kundin auf dem Wochenmarkt kennt die Mengen, die Qualität und die Preise aller angebotenen Eier.*
   - Käufer und Verkäufer orientieren sich bei Angebot und Nachfrage ausschließlich am Preis der Ware. Die Käufer haben **keine Präferenzen** (Vorlieben) für bestimmte Anbieter oder Waren. So zahlen sie z. B. keinen höheren Preis, weil
     - die Verkäuferin in einem Geschäft freundlicher ist (**persönliche** Präferenz),
     - der Kundendienst bei einem bestimmten Markenartikel besser ist (**sachliche** Präferenz),
     - ein Einzelhandelsgeschäft im Gegensatz zu seinen Konkurrenten bis 22:00 Uhr geöffnet hat (**zeitliche** Präferenz),
     - der „Tante-Emma-Laden“ gleich um die Ecke liegt (**räumliche** Präferenz).

Da diese Bedingungen in der Realität fast nie gegeben sind, ist der **unvollkommene Markt** der Markt der Realität.

Um diese Preisbildung zu erklären, ist es zunächst notwendig, das Angebot der Unternehmen und die Nachfrage der Haushalte näher zu betrachten.

Die **Nachfrage der Haushalte** zeigt im Hinblick auf Preis und Menge folgende typische Merkmale:

- Je niedriger der Preis für ein Gut ist, desto höher ist die Nachfrage.
- Je höher der Preis für ein Gut ist, desto niedriger ist die Nachfrage.

Die Nachfrager sind also bestrebt, ein Gut so preiswert wie möglich einzukaufen. Dieses Verhalten bezeichnen wir als **Nutzenmaximierung**.

Beispiel *In Neustadt, einer Stadt mit 20000 Einwohnerinnen und Einwohnern, lassen sich im Hinblick auf die wöchentliche Nachfrage nach Eiern auf dem Wochenmarkt folgende Preis-Mengen-Verhältnisse ermitteln:*

Preis je Ei	0,25 EUR	0,20 EUR	0,15 EUR	0,10 EUR	0,05 EUR
Nachfrage in Stück	15000	20000	25000	30000	35000

Das **Angebot der Unternehmen** zeigt im Hinblick auf Preis und Menge folgende typische Merkmale:

- Je niedriger der Preis für ein Gut ist, desto geringer ist das Angebot.
- Je höher der Preis für ein Gut ist, desto größer ist das Angebot.

Die Anbieter verfolgen das Ziel der **Gewinnmaximierung**. Bei hohen Marktpreisen bieten sie große Mengen an Gütern an, um entsprechend hohe (maximale) Gewinne zu erwirtschaften. Sinken die Preise, weichen sie auf andere Märkte aus oder scheiden ganz aus dem Markt aus.

Beispiel *Der Neustädter Wochenmarkt wird von drei Hühnerfarmen beliefert. In Abhängigkeit vom Preis ergeben sich folgende Preis-Mengen-Verhältnisse:*

Preis je Ei	0,25 EUR	0,20 EUR	0,15 EUR	0,10 EUR	0,05 EUR
Angebot in Stück	35000	30000	25000	20000	15000

Angebots- und Nachfragekurve können in einem Koordinatensystem zusammengefasst werden.

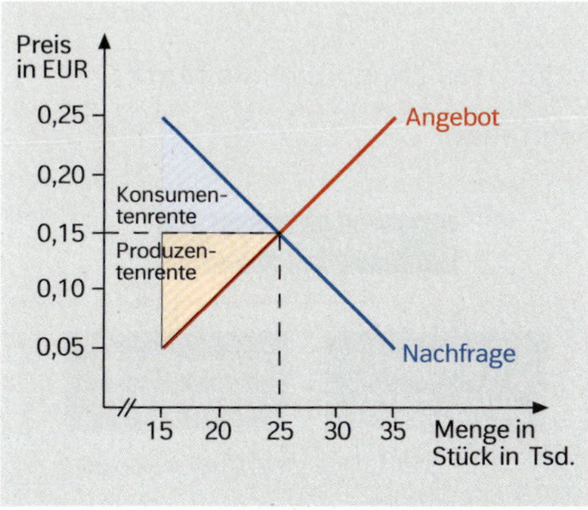

Angebots- und Nachfragekurve schneiden sich beim Preis von 0,15 EUR. Zu diesem Preis werden 25000 Eier angeboten und 25000 Eier nachgefragt. Alle Anbieter, die bereit sind, zu diesem Preis zu verkaufen, können ihre gesamte Produktion absetzen. Alle Nachfrager, die bereit sind, diesen Preis zu zahlen, können die gewünschte Menge Eier erwerben. Alle Anbieter, die die Eier auch zu einem niedrigeren Preis hätten anbieten können, erhalten eine ***Produzentenrente****, ebenso erzielen alle Nachfrager, die bereit wären, einen höheren Preis zu zahlen, eine* ***Konsumentenrente****.*

Wenn der Preis für die angebotene und nachgefragte Menge in einer Situation genau gleich ist, wird er als **Gleichgewichtspreis** bezeichnet.

Liegt der Marktpreis über dem Gleichgewichtspreis, ist das Angebot größer als die Nachfrage. Es entsteht ein **Angebotsüberhang**. Diese Situation wird auch als **Käufermarkt** bezeichnet. →BWR

→BWR

Liegt der Marktpreis unter dem Gleichgewichtspreis, ist die Nachfrage größer als das Angebot. Es entsteht ein **Nachfrageüberhang**. Diese Situation wird auch als **Verkäufermarkt** bezeichnet.

Beispiel

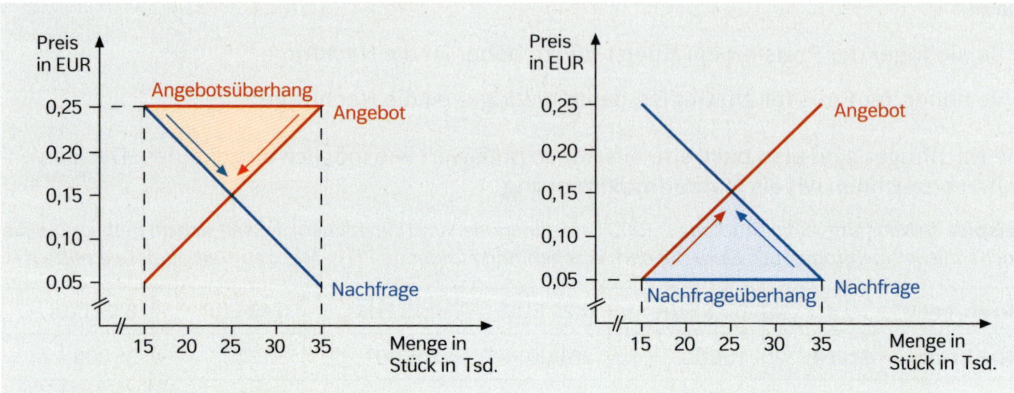

*Beim Preis von 0,25 EUR sind die Anbieter bereit, 35000 Eier zu liefern. Diesem Angebot steht aber lediglich eine Nachfrage von 15000 Eiern gegenüber. Es besteht ein **Angebotsüberhang** von 20000 Eiern. Da die Anbieter nur einen Teil ihrer Ware absetzen können, werden sie die Preise senken. Bei einer Preissenkung auf 0,20 EUR werden noch 30000 Eier angeboten. Die Nachfrage steigt auf 20000 Stück, d. h., der Angebotsüberhang beträgt nur noch 10000 Eier. Senken die Anbieter ihre Preise ein weiteres Mal auf 0,15 EUR, sind angebotene und nachgefragte Menge genau gleich groß, der Gleichgewichtspreis ist erreicht.*

*Beim Preis von 0,05 EUR beträgt die Nachfrage 35000 Eier. Dieser Nachfrage steht aber lediglich ein Angebot von 15000 Eiern gegenüber. Es besteht ein **Nachfrageüberhang** von 20000 Eiern. Da die Nachfrage größer ist als das Angebot, werden die Anbieter ihre Preise erhöhen. Beim Preis von 0,10 EUR erhöht sich das Angebot auf 20000 Eier, die Nachfrage sinkt jedoch auf 30000 Eier, d. h., der Nachfrageüberhang verringert sich auf 10000 Stück. Erhöhen die Anbieter die Preise ein weiteres Mal auf 0,15 EUR, ist der Gleichgewichtspreis erreicht.*

Zusammenfassung: Den Markt als Ort, an dem Angebot und Nachfrage aufeinandertreffen, beschreiben

- Das Aufeinandertreffen von Angebot und Nachfrage bezeichnet man als **Markt**.
- Nach der **Art der gehandelten Güter** unterscheidet man:

- Nach der **Zahl der Marktteilnehmer** (Marktformen) unterscheidet man:

Polypol	**Angebotsoligopol**	**Angebotsmonopol**
– viele Anbieter	– wenige Anbieter	– ein Anbieter
– viele Nachfrager	– viele Nachfrager	– viele Nachfrager

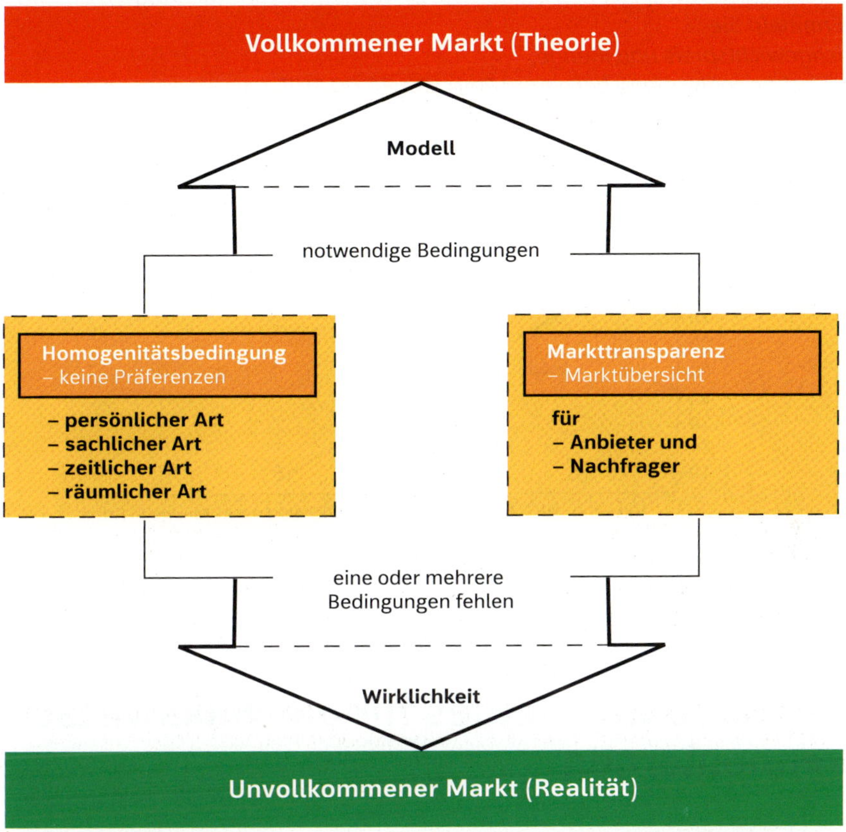

- Der **Gleichgewichtspreis** ist der Preis, bei dem die angebotene Menge gleich der nachgefragten Menge ist.
- Liegt der Marktpreis über dem Gleichgewichtspreis, ist das Angebot größer als die Nachfrage. Es besteht ein **Angebotsüberhang**, der Marktpreis sinkt.
- Liegt der Marktpreis unter dem Gleichgewichtspreis, ist die Nachfrage größer als das Angebot. Es besteht ein **Nachfrageüberhang**, der Marktpreis steigt.

Aufgaben

1 *Erläutern Sie anhand von Beispielen, durch welche Merkmale der vollkommene Markt gekennzeichnet ist.*

2 *Suchen Sie Beispiele aus der Praxis, in denen die Bedingungen des vollkommenen Marktes nicht erfüllt sind. Stellen Sie Ihre Ergebnisse in der Klasse softwaregestützt vor und diskutieren Sie die Ergebnisse.*

3 *Stellen Sie die Bildung des Gleichgewichtspreises grafisch dar und erläutern Sie Gleichgewichtspreis und -menge.*

4 *Erläutern Sie die Situation des Angebots- und Nachfrageüberhangs anhand eines Beispiels.*

5 *In unten stehender Grafik ist das Verhalten von Anbietern und Nachfragern am Markt dargestellt. Ermitteln Sie*
a) Gleichgewichtspreis und Menge,
b) den Nachfrageüberhang bei einem Preis von 30,00 EUR,
c) den Angebotsüberhang bei einem Preis von 80,00 EUR.

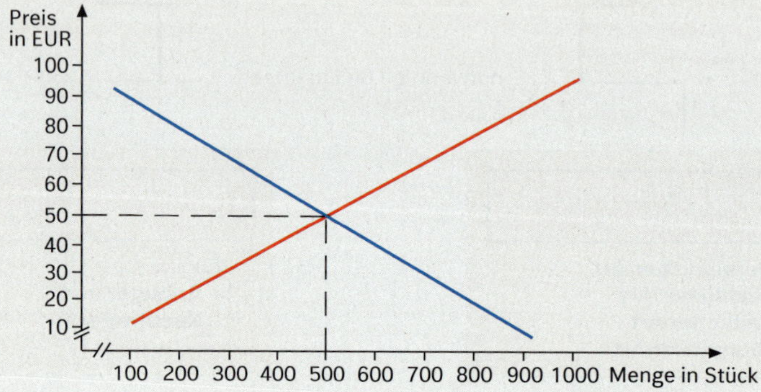

3 Die Rolle des Geldes für die Volkswirtschaft kennenlernen

3.1 Entwicklung und Funktionen des Geldes strukturieren

Die Familie Land verbringt einen zweiwöchigen Urlaub in der Dominikanischen Republik. Die Mitarbeiterin des Reisebüros hatte die Reise als einzigartig angepriesen. Der Club, in welchem die Familie Land wohnen würde, sei *„ein Paradies auf Erden, in dem Sie nicht einmal Geld brauchen. Sie alle erhalten ein Armband, an dem Sie das Hotelpersonal erkennt. Alle Leistungen sind dann unter Vorlage dieses Armbands erhältlich – ‚all inclusive' sagt man dazu in der Reisebranche."*

Nun genießt die Familie Land ihr Abendessen unter tropischen Palmen. Silvia und Jörn bestellen ihren zweiten Nachtisch, den die Kellnerin lächelnd serviert. *„Das ist ja wirklich wie im Schlaraffenland, Papa"*, freut sich Jörn. *„Ich habe heute schon viermal Eis gegessen. Wenn ich das alles von meinem Taschengeld bezahlen müsste, wäre der Urlaub für mich spätestens am Ende der Woche gelaufen. Schade, dass die übernächste Woche, wenn wir wieder zu Hause sind, nicht so weitergeht."*

Arbeitsaufträge

- ***Erläutern Sie, welche Aufgaben Geld in einer modernen Volkswirtschaft übernimmt.***
- ***Recherchieren Sie im Internet, ob es das „Bezahlen mit dem Armband" in Ferienclubs wirklich gibt, und begründen Sie, warum diese Form der Bezahlung nur in einem Ferienclub funktioniert.***

Geschichte des Geldes und Geldarten

Obwohl es heute kaum mehr denkbar ist, ohne Geld zu leben, hat es in der Menschheitsgeschichte Phasen gegeben, in denen es kein Geld gab. In der **tauschlosen Wirtschaft** lebten die Menschen in Gemeinschaften, in denen alles zum Leben Notwendige selbst hergestellt wurde. Ein Austausch von Gütern war nicht notwendig – Geld als Tauschmittel wurde folglich auch nicht gebraucht.

Später entwickelte sich eine Volkswirtschaft durch **Arbeitsteilung** – also durch Spezialisierung auf besondere Fähigkeiten und Fertigkeiten. Im Zuge dessen wurden mehr Güter hergestellt, als die einzelne Gemeinschaft verbrauchen konnte, hierdurch wurde der Austausch von Waren möglich. Zunächst wurden Waren miteinander getauscht: Ein Jäger tauschte z. B. das erlegte Wild, welches er selbst nicht benötigte, gegen das Getreide, welches ein Bauer über seinen eigenen Bedarf hinweg angebaut hatte.

Diesen direkten Tausch von Waren in andere Waren nennt man **Naturaltauschwirtschaft**. Das Vorgehen erwies sich allerdings als wenig praktikabel, denn jeder Tauschpartner musste genau die Waren anbieten, die von anderen Menschen in der angebotenen Menge und Qualität nachgefragt wurden. Darüber hinaus ergab sich die Problematik der Werteinschätzung der Güter: Wie viel Weizen ist ein erlegtes Reh wert – was „kostet“ ein erlegtes Reh gemessen in Weizen?

Damit Tauschvorgänge leichter durchzuführen waren, bildete sich das sog. **Warengeld** heraus. Als Warengeld fungierten solche Güter, die selten, begehrt und damit sehr wertvoll waren (z.B. Salz, Muscheln, Metalle, Vieh). Die Volkswirtschaft wandelte sich von der Naturaltauschwirtschaft in eine **Geldwirtschaft**.

In der Geldwirtschaft wird im Gegensatz zur Naturaltauschwirtschaft ein von allen Wirtschaftssubjekten akzeptiertes **allgemeines Tauschmittel** verwendet, mit welchem die Güter und Dienstleistungen bewertet werden.

Beispiel *Im Vergleich zur Naturaltauschwirtschaft kann der Jäger seine Beute dem Bauern zum Kauf anbieten und muss im Gegenzug nicht das vom Bauern erzeugte Getreide annehmen, welches er vielleicht gar nicht benötigt. Der Bauer bezahlt stattdessen mit dem allgemeinen Tauschmittel.*

Es wird deutlich, dass in einer derart organisierten Volkswirtschaft der Tausch von Waren und Dienstleistungen sehr viel einfacher zu organisieren ist als in der Naturaltauschwirtschaft.

Damit die Wirtschaftssubjekte Geld als allgemeines Tauschmittel anerkennen, muss es folgende Voraussetzungen erfüllen:

- Geld muss **allgemein anerkannt** sein.
- Geld muss sich leicht **teilen**, **transportieren** und **aufbewahren** lassen.
- Geld muss **fälschungssicher** sein.

In der Geschichte des Geldes haben diese Eigenschaften verschiedene Stoffe erfüllt. Zunächst nutzte man **Edelmetalle** (z.B. Gold, Silber), die von der Legislative (Fürsten, Könige) entsprechend geprüft, mit einer einheitlichen Form (Münzen, Barren) und mit einer Prägung versehen waren, um die Echtheit zu garantieren. Das so entstandene **Münzgeld** lässt sich unterscheiden in **Kurantmünzen** und **Scheidemünzen**.

Kurantmünzen sind **vollwertig** ausgeprägt. Dies bedeutet, dass der Metallwert der Münze dem Nennwert der Münze entspricht. Demgegenüber sind **Scheidemünzen unterwertig** ausgeprägt. Der Metallwert ist niedriger als der Nennwert der Münze.

Edelmetalle erfüllen zwar die Eigenschaften der allgemeinen Anerkennung und der Fälschungssicherheit sehr gut; zu teilen und leicht zu transportieren sind sie allerdings nur bedingt. Aus diesem Umstand heraus entwickelte sich im Mittelalter das **Papiergeld (= Banknoten)**. Den Anstoß dazu gaben Händler, die ihre Waren über lange Distanzen transportierten (z.B. Gewürze und Seide aus Asien nach Europa) und sich nicht dem Risiko aussetzen wollten, auf den langen Reisen das schwere Edelmetall mitzunehmen. Sie deponierten die Edelmetalle an wichtigen Handelsplätzen und ließen sich von den dortigen Geldwechslern (Vorläufer von Banken) **Depotscheine** (= Noten) ausstellen, welche an allen wichtigen Handelsplätzen auf der Erde wieder in Edelmetalle zurückgetauscht werden konnten. Diese Umtauschgarantie schaffte Vertrauen in die „wertlose" Papierwährung, denn Banknoten sind stoffwertlos, verfügen über keinen Warencharakter und sind nur dann als allgemeines Tauschmittel nutzbar, wenn die Bevölkerung diese akzeptiert.

In Krisenzeiten kann das **Vertrauen in eine Währung** nachhaltig erschüttert werden, sodass die Bevölkerung auf Ersatzwährungen ausweicht. Ersatzwährung kann eine Auslandswährung (= ausländisches Zahlungsmittel, z.B. die Welthandelswährung US-Dollar) oder eine Ware sein.

Beispiel *Der Urgroßvater von Silvia Land lebt in einem Altersheim bei Köln und erzählt Silvia gerne über seine Erfahrungen im kriegszerstörten Deutschland der Jahre 1945 bis 1948. Er war zu dieser Zeit oftmals unfreiwillig als „Schwarzhändler" tätig, weil er seine Familie auf andere Weise nicht ernähren konnte. Um Nahrungsmittel zu erhalten, bot er amerikanische Zigaretten an, welche als allgemeines Tauschmittel anerkannt waren. Zigaretten konnten die Funktion von Geld übernehmen, weil sie knapp, begehrt und leicht in andere Waren zu tauschen waren.*

Neben der Verwendung von Banknoten **(Papiergeld)** werden die meisten Transaktionen heute durch den Transfer von **Buchgeld** abgewickelt. Buchgeld wird als Sichtguthaben bei Banken verwaltet und kann jederzeit in Bargeld getauscht oder von einem Bankkonto auf ein anderes transferiert werden. Über Buchgeld kann man auf verschiedene Weise verfügen:

Durch **Überweisungen** wird Geld von einem Konto auf ein anderes Konto übertragen.

Beispiel *Familie Land bezahlt die Reise in die Dominikanische Republik nach Erhalt der Rechnung des Reiseveranstalters mit einer Überweisung.*

Durch Nutzung von Giro- oder Kreditkarten als Zahlungsmittel können ebenfalls Rechnungen bezahlt werden. Die fälligen Beträge werden dem Bankkonto des Verwenders belastet. Diese Karten werden auch als **Geldersatzmittel** bezeichnet.

Beispiel *Herr Stein begleicht seine Hotelrechnung im Rahmen der Mailänder Möbelmesse mit einer Kreditkarte.*

→BWR

Elektronisches Geld kann anstelle von Bargeld oder Buchgeld verwendet werden. Die vorausbezahlten Geldeinheiten sind beim **Kartengeld** als elektronische Werteinheiten auf einer vorausbezahlten Wertkarte (z.B. der Geldkarte) gespeichert. Wird die Geldkarte als Zahlungsmittel eingesetzt, bucht der Zahlungsempfänger den Betrag von der Karte ab. Kartengeld dient vor allem der Bezahlung von Kleinbeträgen (z.B. Parkuhren).

■ Aufgaben des Geldes

Geld hat in einer modernen Volkswirtschaft mehrere Funktionen:

- Geld ist ein **allgemeines Tauschmittel** und ermöglicht so den indirekten Tausch beim Kauf oder Verkauf von Waren.
- Geld ist **Zahlungsmittel**, d.h., mit Geld werden Waren und Dienstleistungen bezahlt.
- Geld fungiert als **Wertaufbewahrungsmittel**, d.h., Geld wird zur Bildung von Vermögen eingesetzt.
- Geld dient als **Recheneinheit**, d.h., mit Geld als Recheneinheit verfügt die Volkswirtschaft über einen **Wertmaßstab**, mit dem alle Güter und Dienstleistungen gemessen werden.

- Geld kann als **Wertübertragungsmittel** genutzt werden, denn Geld macht es möglich, Vermögenswerte z. B. zu vererben oder zu verschenken, ohne dass körperliche Gegenstände weitergegeben werden müssen.

Zusammenfassung: Entwicklung und Funktionen des Geldes strukturieren

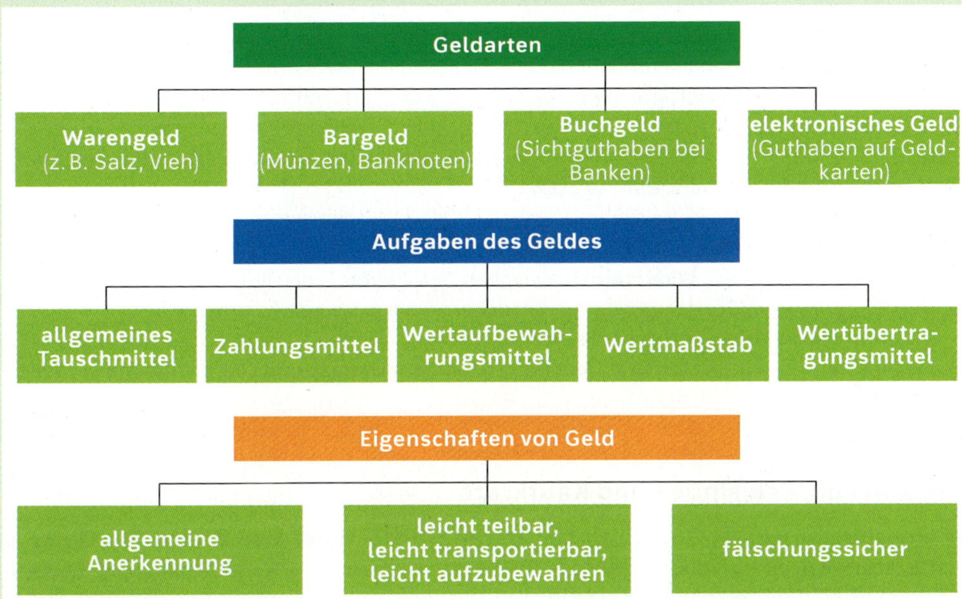

Aufgaben

1 *In den Anfängen der Geldwirtschaft wurden zunächst Waren als allgemeines Tauschmittel verwendet.*
   a) *Erläutern Sie die Vorteile des Einsatzes von Warengeld gegenüber dem direkten Tausch von Waren in einer Naturaltauschwirtschaft.*
   b) *Begründen Sie, warum sich Edelmetalle als Warengeld gegenüber anderen Waren wie z. B. Salz oder Muscheln durchgesetzt haben.*

2 *Erörtern Sie die Funktionen des Geldes in einer modernen Volkswirtschaft.*

3 *In vielen Städten der Bundesrepublik haben sich sog. Tauschringe (siehe Website: www.tauschringadressen.de) gebildet. In Tauschringen organisieren sich Menschen, die Dienstleistungen und Waren im Tausch gegen andere Güter und Dienste anbieten. Informieren Sie sich über diese Tauschringe und erstellen Sie darüber ein Referat unter der Fragestellung: „Sind Tauschringe in einer modernen Volkswirtschaft ein alternatives Modell für eine geldlose Gesellschaft?" Präsentieren Sie Ihre Ergebnisse softwaregestützt.*

3.2 Das Instrument des Warenkorbs zur Ermittlung der Preisniveauveränderung anwenden und Auswege aus der zunehmenden Verschuldung von Einzelpersonen erarbeiten

„Alles wird teurer", stöhnt Silvias Vater beim Abendessen. *„Erst das Benzin, dann die Monatskarte und jetzt haben sie uns auch noch die Miete um 20 % erhöht."* Silvia widerspricht. So schlimm könne es doch gar nicht sein. Im Wirtschaftsteil der Tageszeitung war von einer Steigerung der Verbraucherpreise um lediglich 0,8 % gegenüber dem Vorjahr die Rede. Silvias Vater ist anderer Meinung: Bei Benzin, der Monatskarte und der Miete betrage die Steigerung mindestens 20 %.

Arbeitsaufträge

- ***Überlegen Sie, wie der Widerspruch zwischen den hohen Preissteigerungen bei der Miete und der geringeren Steigerung der Verbraucherpreise zustande kommen kann.***
- ***Erläutern Sie die Arten und Ursachen der Inflation.***
- ***Beschreiben Sie, wie sich private Haushalte bei einer zunehmenden Verschuldung verhalten sollten.***

Preisniveau, Preisindex und Kaufkraft

Unter Preisniveau versteht man die **durchschnittliche Höhe der Preise für Güter und Dienstleistungen** einer Volkswirtschaft. In einer wachsenden (evolutorischen) Wirtschaft (vgl. S. 67) haben die Preise immer eine leichte Tendenz zur Steigerung. Aus diesem Grund gilt die im Stabilitätsgesetz geforderte Stabilität des Preisniveaus als erreicht, **wenn das Preisniveau im Jahr um nicht mehr als 2 % steigt** (vgl. S. 269).

Da es unmöglich ist, die Preisveränderungen **aller Güter** einer Volkswirtschaft zu erfassen, stellt das Statistische Bundesamt bestimmte repräsentative Güter zu einem **Warenkorb** zusammen und veröffentlicht dessen Preisentwicklung. Für die verschiedenen Interessengruppen gibt es **etwa 25 verschiedene Warenkörbe**, so z. B. für die Erzeugerpreise industrieller Produkte, für die Einfuhrpreise oder für das Bruttoinlandsprodukt.

Die privaten Haushalte interessieren besonders die **Preise für Lebenshaltung**, also die Ausgaben für Ernährung, Miete, Heizung usw. Um diese zu ermitteln, wird für eine Durchschnittsfamilie mit statistisch 2,3 Personen ein **Warenkorb** zusammengestellt, der eine Auswahl von Waren und Dienstleistungen enthält, die eine solche Familie typischerweise in Anspruch nimmt. Da sich die Verbrauchsgewohnheiten, die Einkommenshöhe und die Haushaltsgröße laufend ändern, wird der Warenkorb von Zeit zu Zeit den veränderten Bedingungen **angepasst**.

Das Jahr der Zusammenstellung des Warenkorbes wird als Basisjahr bezeichnet. Für den zurzeit verwendeten Warenkorb ist das Basisjahr 2015. Man kann jetzt zu jedem Zeitpunkt den Preis für den Warenkorb neu ermitteln und diesen mit dem Basisjahr vergleichen. Zur Berechnung der Preissteigerungsrate wird der Preis des Warenkorbes im **Basisjahr** gleich 100 gesetzt und mit dem **Berichtsjahr** verglichen. Die ermittelte Zahl ist der **Preisindex**, der die Veränderung des Geldwertes, bezogen auf die zugrunde gelegten Güter, angibt.

Beispiel *Veränderungen der Preise für die Lebenshaltung eines mittleren Arbeitnehmerhaushalts:*

Basisjahr	*2020*	*100,0 %*
Preisindex	*2021*	*104,1 %*
Preisindex	*2022*	*106,1 %*

Gegenüber dem Basisjahr sind die Preise um 6,1 % gestiegen. Die Preissteigerung von 2021 auf 2022 beträgt:

104,1 % entsprechen 100 %
106,1 % entsprechen x % x = 101,92 %

Die Preise sind gegenüber 2021 um 1,92 % gestiegen.

Die ermittelte Preissteigerungsrate wird auch als **Inflationsrate** bezeichnet. Je niedriger die Preissteigerungsrate ist, desto mehr Güter kann man für einen bestimmten Geldbetrag erwerben, desto höher ist die **Kaufkraft** des Geldes und desto höher ist das **Realeinkommen** der Haushalte. Die Kaufkraft stellt also den Wert des Geldes in einer Volkswirtschaft dar.

■ Die Verschuldung der privaten Haushalte

Sinkt die Kaufkraft bei gleichbleibendem Einkommen, müssen die Haushalte den Konsum einschränken. Tun sie dies nicht und übersteigen die Ausgaben die Einnahmen, muss sich der

Haushalt verschulden. Dies trifft auch zu, wenn sich das Einkommen z. B. durch Arbeitslosigkeit mindert oder die Ausgaben die Einnahmen aus anderen Gründen übersteigen.

Beispiel *Silvia Land hat ein verfügbares Einkommen in Höhe von 818,00 EUR. Durch eine Unachtsamkeit hat sie im Internet einen Kaufvertrag über 900,00 EUR rechtswirksam abgeschlossen. Da sie über keine Rücklagen verfügt, muss sie sich die Differenz zu ihrer nächsten Ausbildungsvergütung von den Eltern leihen. Silvia hat sich verschuldet.*

Auswege aus der zunehmenden Verschuldung der privaten Haushalte

Immer mehr Haushalte und Unternehmen geraten durch die wirtschaftlichen Umstände (Arbeitslosigkeit, steigende Lebenshaltungskosten, sorgloser Umgang mit dem Smartphone usw.) in finanzielle Probleme. Im Laufe der Zeit häufen sich Schulden an, die ohne Hilfe nicht mehr bezahlt werden können. In diesen Fällen sollte man sich an seriöse Schuldnerberatungsstellen wenden. Hier wird Hilfestellung beim Ablauf des **Schuldenregulierungsprozesses** und des **Verbraucherinsolvenzverfahrens** gegeben (www.schuldnerberatung.de).

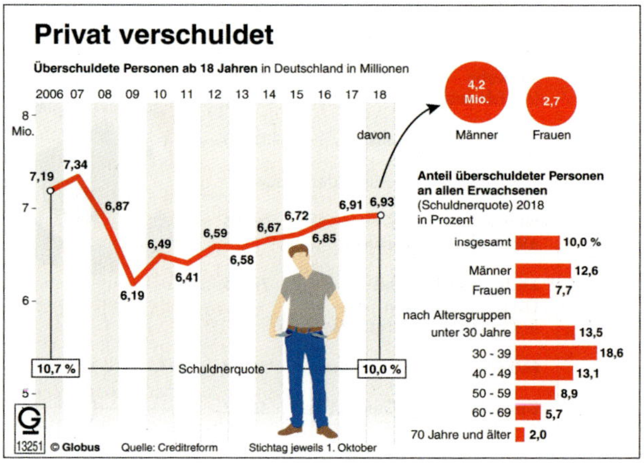

Eine Schuldnerberatung läuft in **folgenden Schritten** ab:

- telefonische Kontaktaufnahme mit der Beratungsstelle und Terminvereinbarung
- Zusammenstellung aller Unterlagen (Rechnungen, Lohnbescheinigungen, Schuldnerliste usw.)
- Prüfung der Berechtigung der Forderungen der Gläubiger durch die Schuldnerberatung
- Suche nach Einsparmöglichkeiten
- Führung eines Haushaltsbuches und Verpflichtung, keine neuen Zahlungsverpflichtungen einzugehen
- Beratung bei drohenden Zwangsmaßnahmen wie Pfändung oder Zwangsversteigerung
- Prüfung, ob ein Verbraucherinsolvenzverfahren in Betracht kommt

Verfahren der Schuldenregulierung

Der außergerichtliche Einigungsversuch

Die Schuldnerin bzw. der Schuldner versucht, eine einvernehmliche Einigung mit den Gläubigern ohne Einschaltung der Gerichte zu erreichen. In Zusammenarbeit mit einer Schuldnerberatungsstelle wird ein Schuldenberatungsplan aufgestellt, in dem die Schuldnerin bzw. der Schuldner die Einkommens- und Vermögensverhältnisse offenlegt und Vorschläge zur Schuldenbereinigung macht. Dieses Verfahren ist die Voraussetzung für das gerichtliche Schuldenbereinigungsverfahren.

Die Restschuldbefreiung

Ist die Schuldnerin bzw. der Schuldner eine natürliche Person, so kann sie bzw. er von den im Insolvenzverfahren nicht erfüllten Forderungen befreit werden. Der Antrag ist von der Schuldnerin bzw. vom Schuldner spätestens im Berichtstermin zu stellen. Die Restschuldbefreiung wird durch das Insolvenzgericht ausgesprochen.

§ 287 Insolvenzordnung
[...]
(2) Dem Antrag ist die Erklärung des Schuldners beizufügen, dass dieser seine pfändbaren Forderungen auf Bezüge aus einem Dienstverhältnis oder auf an deren Stelle tretende laufende Bezüge für den Zeitraum von drei Jahren nach der Eröffnung des Insolvenzverfahrens (Abtretungsfrist) an einen vom Gericht zu bestimmenden Treuhänder abtritt. [...]

Die Schuldnerin bzw. der Schuldner muss für einen Zeitraum von drei Jahren

- eine angemessene Erwerbstätigkeit ausüben oder sich um eine solche bemühen und darf keine zumutbare Tätigkeit ablehnen,
- ererbtes Vermögen zur Hälfte an den Treuhänder herausgeben,
- jeden Wechsel des Wohnsitzes oder der Arbeitsstelle dem Insolvenzgericht anzeigen und
- Zahlungen zur Befriedigung der Gläubiger nur an den Treuhänder leisten.

Verstößt Die Insolvenzschuldnerin bzw. der Insolvenzschuldner gegen diese Pflichten, kann das Gericht auf Antrag eines Gläubigers die Restschuldbefreiung zurücknehmen. Hat die Schuldnerin bzw. der Schuldner die Pflichten drei Jahre lang gewissenhaft erfüllt, erteilt das Gericht die Restschuldbefreiung und **die Schulden sind erloschen**.

Das Verbraucherinsolvenzverfahren
Die Möglichkeit der Restschuldbefreiung gilt auch für Personen, die keine oder nur eine geringfügige selbstständige wirtschaftliche Tätigkeit ausüben **(Verbraucherinsolvenzverfahren)**. Hier stellt die Schuldnerin bzw. der Schuldner den Antrag auf Eröffnung des Insolvenzverfahrens. Mit diesem Antrag sind vorzulegen:

1. eine Bescheinigung, aus der sich ergibt, dass eine außergerichtliche Einigung innerhalb der letzten sechs Monate erfolglos versucht worden ist,
2. den Antrag auf Restschuldbefreiung,
3. ein Verzeichnis des vorhandenen Vermögens und des Einkommens,
4. ein Verzeichnis der Gläubiger und ihrer Forderungen,
5. ein **Schuldenbereinigungsplan**, in dem ausgeführt wird, wie die Schuldnerin bzw. der Schuldner die Schulden zurückzahlen wird.

Das Insolvenzgericht stellt den Gläubigern den Schuldenbereinigungsplan zu. Der Schuldenbereinigungsplan ist angenommen, wenn

- mehr als die Hälfte der benannten Gläubiger mit
- mehr als der Hälfte der Summe der Ansprüche

dem Plan zustimmt. Wie bei der Restschuldbefreiung muss sich die Schuldnerin bzw. der Schuldner **sechs Jahre wohlverhalten**, ihre/seine Arbeitskraft nutzen und den nichtpfändbaren Teil ihres/seines Vermögens an den Treuhänder übertragen. Nach Ablauf der sechs Jahre sind die Schulden erloschen.

■ Die Verschuldung der öffentlichen Haushalte

Auch die öffentlichen Haushalte (Bund, Länder, Gemeinden) verschulden sich zunehmend. Wie bei den privaten Haushalten liegt die Ursache auch hier darin begründet, dass die Einnahmen die Ausgaben nicht decken. Die Maßnahmen zur Verringerung der Schulden bzw. zur Vorlage eines ausgeglichenen Haushalts sind jedoch ungleich schwieriger wie bei den privaten Haushalten.

Beispiel *Nach Berechnung des Statistischen Bundesamtes beliefen sich die Schulden der öffentlichen Haushalte z. B. 2019 auf 1 Billion 89 Milliarden EUR.*

■ Inflation und Deflation

Arten und Ursachen der Inflation

Steigen die Preise in einer Volkswirtschaft über einen längeren Zeitraum an, bezeichnet man diese Erscheinung als **Inflation**.

Je nach dem Tempo der Geldentwertung wird in **schleichende oder galoppierende Inflation** unterschieden. Tritt die Inflation für alle sichtbar zutage, bezeichnet man sie als **offene Inflation**, wird der Preisanstieg durch einen staatlichen Preisstopp begrenzt, spricht man von **verdeckter Inflation**.

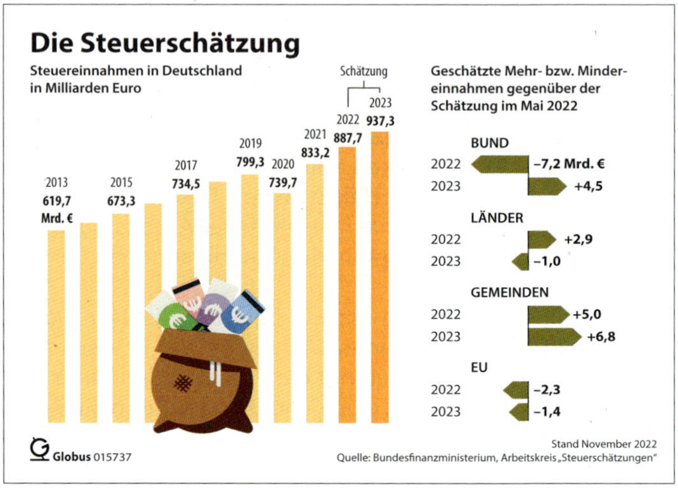

- **Theorie der Nachfrageinflation:** Die Nachfrage- oder Nachfragesoginflation sieht die Ursache für Preissteigerungen in einer Steigerung der Nachfrage, die im Fall der Vollbeschäftigung kurzfristig nicht befriedigt werden kann. Die vermehrte Nachfrage kann dabei von allen Sektoren des Wirtschaftskreislaufs (vgl. S. 60) ausgehen, also vom Staat, von den Unternehmen oder von den Haushalten. Geht die Nachfragesteigerung vom Ausland aus, spricht man von **importierter Inflation**.

  Beispiel *Die Konsumgüternachfrage steigt, da die privaten Haushalte aufgrund optimistischer Zukunftserwartungen ihre Ersparnisse auflösen oder Konsumkredite in Anspruch nehmen. Als Folge der gestiegenen Nachfrage kommt es zu Preissteigerungen.*

- **Theorie der Angebotsinflation:** Hier liegt die Ursache für Preissteigerungen aufseiten der Anbieter. Sie erhöhen die Preise, weil entweder die Kosten gestiegen sind (kosteninduzierte Inflation oder Kostendruckinflation) oder weil sie höhere Gewinne erzielen wollen (gewinninduzierte Inflation). Zu einer **kosteninduzierten Inflation** kommt es, wenn z. B. Lohnerhöhungen über den Produktivitätszuwachs hinausgehen. Die Unternehmen wälzen die gestiegenen Kosten über Preiserhöhungen auf die Haushalte ab. Diese Preiserhöhungen würden unter sonst gleichen Bedingungen eigentlich zu einem Rückgang der Nachfrage führen. Da die Haushalte aber durch die gestiegenen Löhne über mehr Kaufkraft verfügen, können sie die gestiegenen Preise bezahlen, die Nachfrage steigt. Führen steigende Löhne zu steigenden Preisen, spricht man von der **Lohn-Preis-Spirale**.

Deflation

Deflation liegt vor, wenn das Preisniveau anhaltend **absinkt**. Die Folge ist ein Rückgang der Investitionen und der Beschäftigung. Durch den Ausfall der Konsumgüternachfrage kommt es zu einem weiteren Rückgang der Nachfrage und letztendlich zu **Massenarbeitslosigkeit**.

Beispiel *Als Folge der Deflation in der Weltwirtschaftskrise der 1930er-Jahre waren allein in Deutschland 6 Millionen Menschen arbeitslos.*

Zusammenfassung: Das Instrument des Warenkorbs zur Ermittlung der Preisniveauveränderung anwenden und Auswege aus der zunehmenden Verschuldung von Einzelpersonen erarbeiten

- **Preisniveau, Preisindex und Kaufkraft**
  - Das **Preisniveau** ist die durchschnittliche Höhe der Preise für Güter und Dienstleistungen in einer Volkswirtschaft.
  - Mithilfe des **Preisindex** werden Güterpreise im Berichtsjahr mit einem Basisjahr verglichen.
  - Die **Kaufkraft** gibt die Gütermenge an, die für eine Geldeinheit in einer Volkswirtschaft gekauft werden kann.
- Fallen Einnahmen und Ausgaben der öffentlichen und privaten Haushalte langfristig auseinander, kommt es zur **Verschuldung**.
- Maßnahmen der **Regulierung der Schulden privater Haushalte** sind die Schuldenregulierung der Schuldnerberatungsstellen oder die Verbraucherinsolvenz.
- Maßnahmen der **Regulierung der Schulden öffentlicher Haushalte** sind Steuererhöhungen und Ausgabensenkungen.
- **Ursachen der Inflation**
  - **Nachfrageinflation:** Steigende Nachfrage bei ausgelasteten Kapazitäten führt zu steigenden Preisen.
  - **Angebotsinflation:** Kostenbedingte Preiserhöhungen führen bei anhaltender Nachfrage zu **steigenden Preisen**.
- **Deflation:** Das Preisniveau sinkt anhaltend.

Aufgaben

1 *Eine Arbeitnehmervertreterin behauptet, dass man nicht von einer Lohn-Preis-Spirale, sondern von einer Preis-Lohn-Spirale sprechen müsse. Erläutern Sie diese Aussage.*

2 *Das Statistische Bundesamt ermittelt den Preisindex für Lebenshaltung anhand des Warenkorbes.*
   a) Erläutern Sie, welche Probleme Ihrer Meinung nach mit der Zusammensetzung des Warenkorbes verbunden sind.
   b) Stellen Sie anhand der Abbildung „Was ist die Inflationsrate?“ auf S. 55 fest, wo es Abweichungen und wo es Übereinstimmungen zwischen dem repräsentativen Haushalt und dem Haushalt Ihrer Familie gibt.

3 *Das Statistische Bundesamt gibt bekannt: „Die Inflationsrate im Monat Mai beträgt 1,9 %.“ Erläutern Sie, wie diese Zahl berechnet wurde.*

4 *Erläutern Sie, in welchem Verhältnis Kaufkraft und Preisniveau zueinanderstehen.*

5 *Im Internet und im Wirtschaftsteil der Tageszeitung werden regelmäßig die Preisindizes des Statistischen Bundesamtes veröffentlicht. Beschaffen Sie sich solch eine Veröffentlichung und stellen Sie die Zahlen in der Klasse vor. Setzen Sie bei der Darstellung geeignete Medien ein.*

6 *Erläutern Sie das Verbraucherinsolvenzverfahren.*

4 Modellvorstellungen zum Funktionieren einer Volkswirtschaft herausarbeiten

4.1 Den einfachen Wirtschaftskreislauf darstellen

Neben ihrer Ausbildung zur Kauffrau für Büromanagement bei der Bürodesign GmbH hat Silvia Land eine Fahrschule besucht und ihren Führerschein erworben. Jetzt möchte sie auch über ein eigenes Auto verfügen. Im Internet hat sie ein interessantes Angebot gefunden: Kleinwagen, 1. Hand, Erstzulassung 4/2020, 12000 km, Super E10, Verbrauch kombiniert 4,7 l/100 km, 12500,00 EUR. Ihr Vater ist jedoch dagegen. *„Für einen Zweitwagen haben wir in der Familie kein Geld."* Um seine Tochter zu überzeugen, stellt Otto Land mit ihr die monatlichen Einnahmen und Ausgaben der Familie in einem Konto zusammen.

Haushaltskonto der Familie Land

Einnahmen		**Ausgaben**	
Einkommen Otto Land	1940,00	Nahrungsmittel/Getränke	480,00
Einkommen Antje Land	640,00	Alkoholische Getränke u.a.	120,00
Kindergeld für Silvia und Jörn	500,00	Bekleidung und Schuhe	294,00
Beitrag von Silvia Land	200,00	...	...
Beitrag von Jörn Land	150,00		
...	...		

Arbeitsaufträge

- ***Informieren Sie sich über die wirtschaftlichen Verhältnisse der Familie Land (vgl. S. 11f.). Vervollständigen Sie das obige Haushaltskonto der Familie Land und prüfen Sie, ob die Anschaffung eines Zweitwagens möglich ist.***
- ***Informieren Sie sich über das Modell des einfachen Wirtschaftskreislaufs. Erläutern Sie, welche Aspekte dieses Modells sich im Haushaltsplan der Familie Land widerspiegeln.***
- ***Erläutern Sie, welche wirtschaftlichen Vorgänge und Sachverhalte bei der Familie Land zwar festzustellen sind, aber in dem Modell nicht berücksichtigt werden.***

Modellbildung als Methode der Volkswirtschaftslehre

In fernen Vorzeiten versorgten sich die Großsippen mit allem, was sie brauchten, selbst. Mit Einzug der Spezialisierung und Arbeitsteilung wurde diese ursprüngliche Einheit von Produktion und Verwendung der Güter innerhalb einer häuslichen Gemeinschaft aufgehoben. Vielfältige Tauschbeziehungen zwischen den Wirtschaftenden werden erforderlich. In jeder Volkswirtschaft führen heute Millionen von Wirtschaftssubjekten tagtäglich eine unübersehbare Vielzahl von wirtschaftlichen Aktivitäten aus, z. B. kaufen, verkaufen, arbeiten, sparen, produzieren, mieten und vermieten, Arbeitskräfte einstellen und entlassen.

Beispiel *Otto Land arbeitet seit vielen Jahren bei einem Automobilhersteller, seine Frau Antje stellt ihre Arbeitskraft als Verkäuferin einem Supermarkt zur Verfügung. In diesem Markt kauft Antje Land regelmäßig die Lebensmittel für die Familie. Frisches Gemüse produziert Otto Land aber auch in seinem Schrebergarten, den er gepachtet hat. Ihre Wohnung mietet Familie Land von einer Wohnungsgenossenschaft. In naher Zukunft soll jedoch ein Einfamilienhaus gebaut werden. Zu diesem Zweck spart die Familie monatlich einen Teil ihres Einkommens.*

Die Volkswirtschaftslehre will dieses vielfältige wirtschaftliche Geschehen erfassen und beschreiben sowie die Ursachen für bestimmte wirtschaftliche Verhaltensweisen erklären. Auf der Basis dieser Erkenntnisse soll der Ablauf des Wirtschaftsgeschehens prognostiziert werden. Im Rahmen der Politikberatung sollen letztlich Möglichkeiten aufgezeigt werden, wie gesamtwirtschaftliche Entwicklungen beeinflusst und gesteuert werden können.

Aufgrund der unübersehbaren Vielfalt wirtschaftlicher Handlungen, Entscheidungen und Abläufe wird eine Volkswirtschaft zu einem äußerst komplexen Gebilde. Das Zusammenwirken vielfältigster wirtschaftlicher Faktoren ist kaum noch zu überblicken. Deshalb werden in der Volkswirtschaftslehre Denkmodelle entwickelt.

Ein **Modell** erfasst nicht alle Wesensmerkmale des Originals, sondern beschränkt sich auf solche Tatbestände, die wesentlich sind.

Beispiel *Als erfahrener Industriemechaniker arbeitet Otto Land bei einem Automobilhersteller an der Entwicklung einer neuen Karosserie mit. Es soll herausgefunden werden, ob und wie die Karosserie aerodynamisch noch verbessert werden kann. Dazu muss kein vollständig ausgerüstetes Fahrzeug mehrere tausend Kilometer im Straßenversuch getestet werden. Es reicht aus, ein entsprechendes Modell in den Windkanal zu stellen. Die Ergebnisse des Modellversuchs lassen sich mit hinreichender Genauigkeit auf die Wirklichkeit übertragen.*

In volkswirtschaftlichen Denkmodellen wird die komplexe wirtschaftliche Realität auf eine überschaubare Anzahl von ökonomischen Faktoren und Zusammenhängen reduziert. Entsprechend dem jeweiligen Erkenntnisziel werden nur die Elemente berücksichtigt, die erforderlich sind, um bestimmte Abläufe und Zusammenhänge durchschaubar zu machen. Die in diesen Vereinfachungen gewonnenen Erkenntnisse über Ursachen und Zusammenwirken ökonomischer Abläufe sind dann in der Realität zu überprüfen. Das heißt, es ist die Frage zu stellen, ob sich die in der Modellbetrachtung gewonnenen Ergebnisse in der Wirklichkeit bestätigen.

Modell des einfachen Wirtschaftskreislaufs

Das im Folgenden beschriebene Modell des einfachen Wirtschaftskreislaufs zeigt, dass die volkswirtschaftliche Modellbildung im Wesentlichen auf zwei Prinzipien basiert: erstens auf der **Aggregation** (Zusammenfassung) und zweitens auf der **Reduktion** (Beschränkung). Die millionenfache Vielfalt von Wirtschaftssubjekten und von wirtschaftlichen Aktivitäten wird durch Aggregation gleichartiger Elemente überschaubar gemacht. Parallel erfolgt eine Reduktion auf ausgewählte Aspekte.

Aggregation der Sektoren Haushalte und Unternehmen

Wirtschaftssubjekte mit vergleichbarer wirtschaftlicher Aktivität werden zu Sektoren zusammengefasst. Dies führt zu den Sektoren der Haushalte und der Unternehmen.

Beispiele
- *Genauso wie Millionen anderer stellen auch **Antje und Otto Land** ihre Arbeitskraft als Produktionsfaktor zur Verfügung und erhalten dafür ein Einkommen in Form von Arbeitslohn. Andere Personen können Naturgüter (z. B. Boden) oder Kapital überlassen und beziehen Pachten, Mieten, Zinsen und Gewinnanteile als Einkommen. Wegen dieser grundsätzlichen Gemeinsamkeit (Überlassung von Produktionsfaktoren und Einkommenserzielung) wird die Familie Land mit den Millionen anderen privaten Haushalten zum **Sektor Haushalte** zusammengefasst.*
- *Das **Automobilwerk,** der **Supermarkt** und die **Bürodesign GmbH** als Arbeitgeber bzw. Ausbildender von Otto, Antje und Silvia Land weisen eine andersartige Gemeinsamkeit auf. Sie setzen die Arbeitskraft der Familie Land ein. Von anderen Haushalten nutzen sie weitere Produktionsfaktoren (Arbeit, Natur, Kapital) in ihrem Produktionsprozess. Wegen dieser gleichartigen wirtschaftlichen Aktivität (Beschaffung und Kombination von Produktionsfaktoren zur Güterherstellung) bilden die drei Unternehmen zusammen mit den Hunderttausenden anderer Produzenten den **Sektor Unternehmen**.*

Aggregation der realen und monetären Ströme

Gleichartige wirtschaftliche Handlungen von Wirtschaftssubjekten bzw. gleichartige Vorgänge zwischen Sektoren werden zu Strömen zusammengefasst. Ergebnis sind **reale Ströme** (Güter- und Faktorströme) und **monetäre Ströme** (Geldströme). Dabei gilt, dass es zu jedem Güterstrom einen entgegengesetzten Geldstrom gibt.

Beispiele

- *Antje und Otto Land stellen einem Lebensmittelmarkt bzw. einem Automobilwerk und damit dem Sektor Unternehmen ihre Arbeitskraft zur Verfügung. Millionen andere Haushalte tun Ähnliches und überlassen ihre Produktionsfaktoren Arbeit, Natur und Kapital ebenfalls den Unternehmen. Als **Produktionsfaktorstrom** können all diese Vorgänge zu einem realen Strom gebündelt werden. Er fließt vom Sektor Haushalte zum Sektor Unternehmen.*
- *Antje und Otto Land erhalten für ihre Arbeit Lohn. Andere Haushalte beziehen für andere Produktionsfaktoren Löhne, Mieten, Pachten, Zinsen und Gewinne. Allen diesen Zahlungen ist gemeinsam, dass sie als Entgelt für das Bereitstellen von Produktionsfaktoren fließen. Als **Einkommen** können sie deshalb zu einem monetären Strom gebündelt werden. Er fließt entgegengesetzt zum Produktionsfaktorstrom vom Sektor Unternehmen zum Sektor Haushalte.*
- *Das erzielte Einkommen verbleibt nicht bei der Familie Land. Zur Befriedigung ihrer Bedürfnisse benötigen alle Mitglieder der Familie Land Güter. Ihr Einkommen setzen sie für den Erwerb dieser Güter ein. In ähnlicher Weise verwenden auch alle anderen Haushalte der Volkswirtschaft ihr jeweiliges Einkommen. Als **Konsumausgaben** können all diese Transaktionen zu einem monetären Strom zusammengefasst werden. Er fließt vom Sektor Haushalte zum Sektor Unternehmen.*

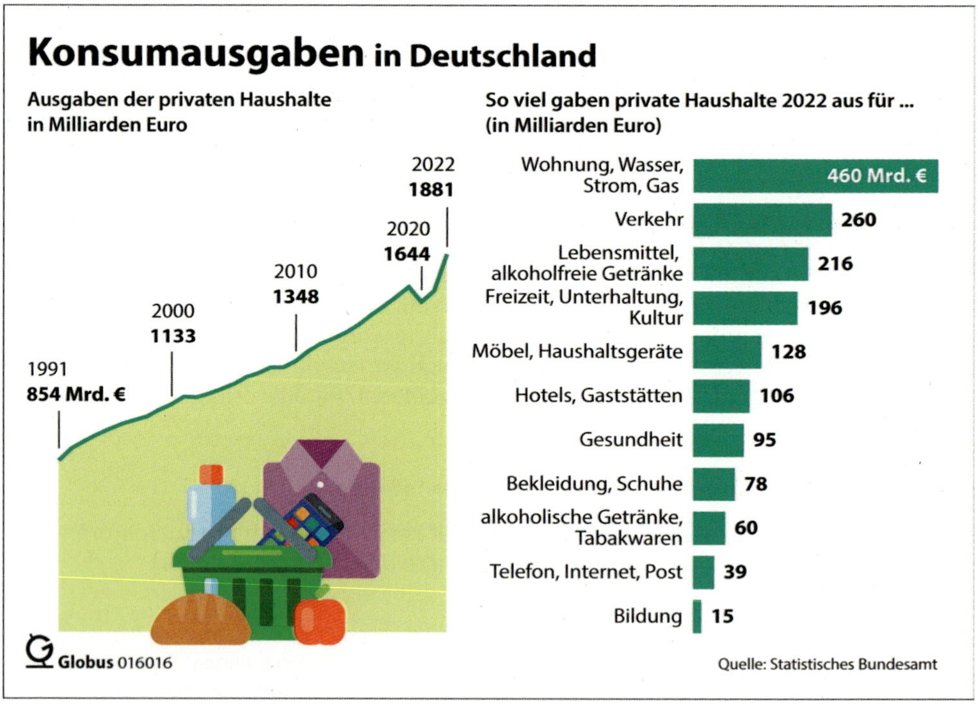

- *Otto Land besorgt in einem Baumarkt einen neuen Spaten für seinen Schrebergarten. Antje Land genießt nach einem Volleyballspiel im Vereinslokal ein kühles Kölsch. Silvia Land beschafft sich für ihren ersten Köln-Marathon neue Langlaufschuhe. Jörn Land liest am Abend nach Erledigung der Hausaufgaben die neue Ausgabe einer Computer-Zeitschrift. Die genannten Güter (Spaten, Kölsch, Langlaufschuhe, Computer-Zeitschrift) sind von Unternehmen produziert worden und gelangen von dort in den Haushalt der Familie Land. Tagtäglich kommt es zu einem millionenfachen Abfluss von Konsumgütern vom Sektor Unternehmen zum Sektor Haushalte. Dieser **Konsumgüterstrom** fließt entgegengesetzt zum Geldstrom der Konsumausgaben.*

Grafische Darstellung des einfachen Wirtschaftskreislaufs

Die Zusammenfassung von Wirtschaftssubjekten mit vergleichbarer wirtschaftlicher Betätigung zu Sektoren und die Zusammenfassung von gleichartigen wirtschaftlichen Vorgängen zu Strömen lassen sich grafisch veranschaulichen.

Reduktion auf ausgewählte Sektoren und Ströme

Die obige Grafik macht deutlich, dass das Modell des einfachen Wirtschaftskreislaufs bei Weitem nicht alle Aspekte der ökonomischen Wirklichkeit erfasst. Die komplexe wirtschaftliche Realität wird vielmehr auf eine überschaubare Anzahl von Elementen und Zusammenhängen reduziert. Diese isolierte Betrachtung ausgewählter Faktoren führt dazu, dass die in der Modellbetrachtung gewonnenen Erkenntnisse nur unter bestimmten **Prämissen** (Voraussetzungen) zutreffen. Dem Modell des einfachen Wirtschaftskreislaufs liegen folgende Prämissen zugrunde:

- Es gibt nur die Sektoren Haushalte und Unternehmen.
- Der Staat greift nicht in den Wirtschaftsprozess ein.
- Die Volkswirtschaft hat keine wirtschaftlichen Beziehungen zum Ausland.
- Die Haushalte konsumieren ihr Einkommen in voller Höhe, d. h., es wird nicht gespart.
- Die Unternehmen produzieren nur Konsumgüter für die Bedürfnisbefriedigung in den Haushalten.
- Es werden keine Investitionsgüter produziert. Folglich sind die vorhandenen Investitionsgüter dauerhaft nutzbar und müssen nicht ersetzt werden. Der vorhandene Bestand an Investitionsgütern wird außerdem auch nicht ausgeweitet.
- Zwischen den Wirtschaftssubjekten innerhalb eines Sektors finden keine wirtschaftlichen Transaktionen statt.

Erkenntnisse aus dem Modell des einfachen Wirtschaftskreislaufes

Aus diesem Denkmodell lassen sich unter den oben genannten Prämissen folgende grundsätzliche Aussagen über eine Volkswirtschaft ableiten:

- Eine Volkswirtschaft ist ein Gebilde geschlossener Geld- und Güterströme. Das heißt, zwischen Haushalten und Unternehmen findet kreislaufartig eine ständige Wiederholung von Produktion und Konsum statt.
- Der Geldstrom besteht aus den Einkommen der Haushalte und ihren Ausgaben für Konsumgüter.

- Der Güterstrom setzt sich aus den von den Haushalten bereitgestellten Produktionsfaktoren und den von den Unternehmen produzierten Konsumgütern zusammen.
- Jedem Güterstrom fließt ein Geldstrom im selben Wert entgegen, d.h., Güter- und Geldkreislauf sind wertmäßig gleich.
- Das Einkommen der Haushalte entsteht in der Güterproduktion. Nur das, was an Güterwerten produziert wurde, kann als Einkommen fließen. Das Gesamteinkommen aller Haushalte kann also nicht höher sein als die Summe der produzierten Güterwerte.
- Haushalte verwenden ihr Einkommen für Konsumausgaben. Nur das, was an Einkommen erzielt wurde, kann an Güterwerten konsumiert werden. Der Gesamtkonsum aller Haushalte kann also nicht höher sein als das Gesamteinkommen.
- Bezeichnet man das Einkommen mit Y (für yield) und den Konsumgüterwert mit C (für consumptions), dann gilt:

$$Y = C$$

- Wenn alle produzierten Güter von den Haushalten konsumiert werden, kann sich eine Volkswirtschaft nicht entwickeln. Das Produktionsergebnis jeder Folgeperiode muss mit dem vorangegangenen im Gesamtwert identisch sein, da sich die Ausstattung mit Produktionsfaktoren nicht verändert hat. Eine solche Volkswirtschaft wird als **stationäre Wirtschaft** bezeichnet.

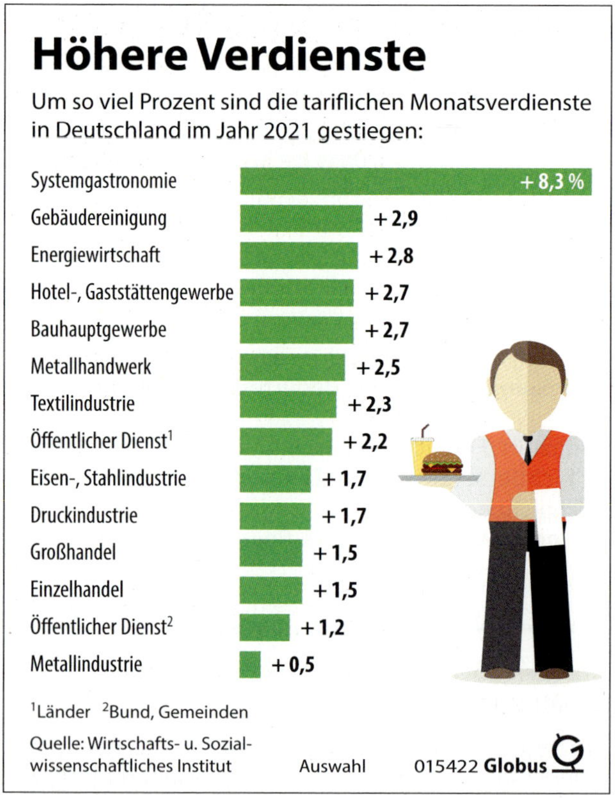

- In einer stationären Wirtschaft wird das Produktionsergebnis im Zeitverlauf zurückgehen. Wegen des Verschleißes am Kapitalstock der Volkswirtschaft (Abnutzung von Ausrüstungen, Maschinen, Fahrzeugen u.a.) verringert sich das Gesamtpotenzial an Produktionsfaktoren **(schrumpfende Wirtschaft)**.

Diese grundlegenden Erkenntnisse über eine Volkswirtschaft, die sich in der Realität bestätigen, werden erst mithilfe des Modells deutlich.

Zusammenfassung: Den einfachen Wirtschaftskreislauf darstellen

Aufgabe der Volkswirtschaftslehre:
Erfassung, Beschreibung, Erklärung, Prognose und Steuerung gesamtwirtschaftlicher Vorgänge und Zusammenhänge

↓

Grundproblematik:
erschwerter Erkenntnisgewinn über gesamtwirtschaftliche Vorgänge und Zusammenhänge aufgrund der Komplexität der ökonomischen Wirklichkeit

↓

Methodischer Lösungsansatz:
- Vereinfachung der Wirklichkeit in Denkmodellen
- Gewinnung von Erkenntnissen in der Modellbetrachtung
- Überprüfung der gewonnenen Einsichten in der ökonomischen Realität

↓

Grundprinzipien der Modellbildung

Aggregation
Zusammenfassung gleichartiger Elemente zu Gesamtgrößen

- Sektoren: Zusammenfassung gleichartiger Wirtschaftssubjekte
- Ströme: Zusammenfassung gleichartiger Transaktionen

Reduktion
Beschränkung auf eine überschaubare Anzahl von Aspekten

- Prämissen: bedingte Geltung der in den Modellen gewonnen Erkenntnissen

Aufgaben

1 Erklären Sie, warum in einer Volkswirtschaft eine Vielzahl von wirtschaftlichen Transaktionen zwischen den Sektoren stattfindet.

2 Erläutern Sie die Notwendigkeit volkswirtschaftlicher Modellbetrachtung. Beschreiben Sie am Beispiel des Modells des einfachen Wirtschaftskreislaufs die grundsätzliche Vorgehensweise bei der Bildung von volkswirtschaftlichen Denkmodellen.

3 Erklären Sie, was unter einer stationären Wirtschaft zu verstehen ist. Begründen Sie, warum eine stationäre Wirtschaft im Zeitverlauf zu einer schrumpfenden Wirtschaft wird.

4 Begründen Sie, warum in einer stationären Wirtschaft die Gleichung $Y = C$ gilt.

5 In einer stationären Wirtschaft beträgt der Gesamtwert der produzierten Güter 4000000 Geldeinheiten (GE). Die Unternehmen zahlen an Arbeitnehmerhaushalte 3600000 GE Löhne und 100000 GE Mieten, Pachten und Zinsen. Die Unternehmerhaushalte erhalten den Gewinn als Einkommen. Ermitteln Sie

a) das Einkommen der Arbeitnehmerhaushalte,
b) das Einkommen der Unternehmerhaushalte,
c) die Umsatzerlöse der Unternehmen.
d) Stellen Sie die Geld- und Güterströme mit den entsprechenden Wertangaben in einem Kreislaufschema grafisch dar.

6 Wählen Sie drei Prämissen des Denkmodells des einfachen Wirtschaftskreislaufs aus und erläutern Sie diese drei Prämissen.

7 Nennen Sie je zwei Beispiele für Transaktionen innerhalb der Sektoren Haushalte und Unternehmen, die im Modell des einfachen Wirtschaftskreislaufs nicht erfasst werden.

8

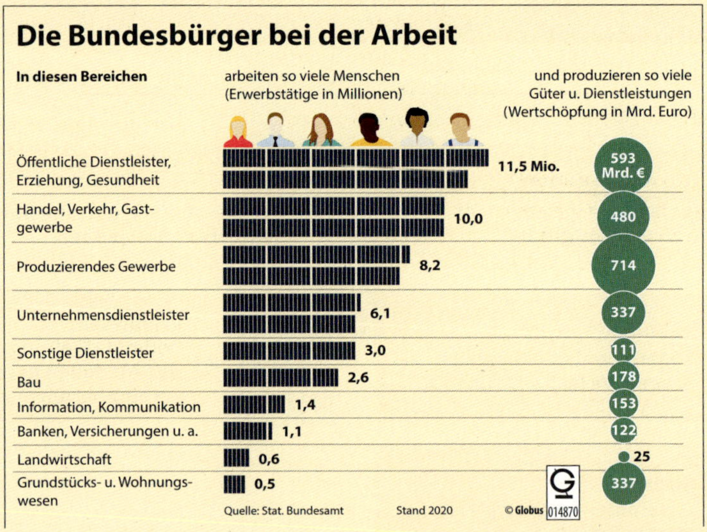

a) Fassen Sie die in der obigen Grafik veranschaulichten Informationen in einem Kurzbericht zusammen. Ordnen Sie diese Informationen in das Modell des einfachen Wirtschaftskreislaufes ein.

b) Ordnen Sie Ihre eigene Person in das Modell des einfachen Wirtschaftskreislaufes ein. Unterscheiden Sie dabei folgende Situationen:

ba) Sie sind Schülerin/Schüler der Höheren Handelsschule.
bb) Nach Abschluss Ihrer Berufsausbildung sind Sie von Ihrem Ausbildungsbetrieb übernommen worden.

9 Erläutern Sie nach Ihrer Wahl drei weitere Erkenntnisse, die sich aus dem Modell des einfachen Wirtschaftskreislaufs ableiten lassen.

4.2 Den evolutorischen Wirtschaftskreislauf untersuchen

Im Berufsschulunterricht beschäftigt sich Silvia Land mit der volkswirtschaftlichen Bedeutung des Sparens. Ihre Lehrerin weist in diesem Zusammenhang darauf hin, dass Sparen und Horten zwei unterschiedliche Sachverhalte seien. Sie stellt ihren Schülerinnen und Schülern das folgende Material zur Bearbeitung zur Verfügung.

Warum Anleger noch monatelang mit fallenden Aktien-Kursen rechnen müssen

Investoren sind extrem nervös. Sie fürchten eine Rezession und horten Bargeld. Vor allem ein Grund spricht dafür, dass die Börsen ihre Talsohle noch nicht erreicht haben.

Es war nur eine kurze Hoffnung. Zum Wochenbeginn sah es so aus, als würden sich die Börsen stabilisieren. Doch bereits am Donnerstag mussten Anleger erneut Kursrückgänge hinnehmen. [...] Dass dieser Bärenmarkt - also eine Phase mit nachhaltig fallenden Kursen - bald endet, ist nicht ausgemacht. Das ist ein Ergebnis der viel beachteten monatlichen Umfrage der Bank of America (Bofa) unter diesmal 300 internationalen Portfoliomanagern, die zusammen 834 Milliarden Dollar an Anlegergeldern verwalten.

Investorinnen und Investoren halten demnach zwar mit 5,6 Prozent ihrer Anlagen überdurchschnittlich viel Bargeld und rekordhohe 73 Prozent der Befragten erwarten, dass sich die Wirtschaft in den kommenden zwölf Monaten abschwächt. Das zeugt von Pessimismus [...]

Auch nach Ansicht von Mark Haefele, Chefanlagestratege bei UBS Global Wealth Management, ist die Gefahr eines deutlichen wirtschaftlichen Abschwungs in den kommenden sechs Monaten gestiegen. Das hängt mit den Notenbanken zusammen. Investoren fürchten, dass die Notenbanken die Zinsen so sehr erhöhen, dass sie die Wirtschaft abwürgen. [...]

Quelle: Cünnen, Andrea; Narat, Ingo; Wiebe, Frank: Warum Anleger noch monatelang mit fallenden Aktien-Kursen rechnen müssen, 16.06.2022. In: https://archiv.handelsblatt.com/document/HBON__HB_28424244 [28.01.2023].

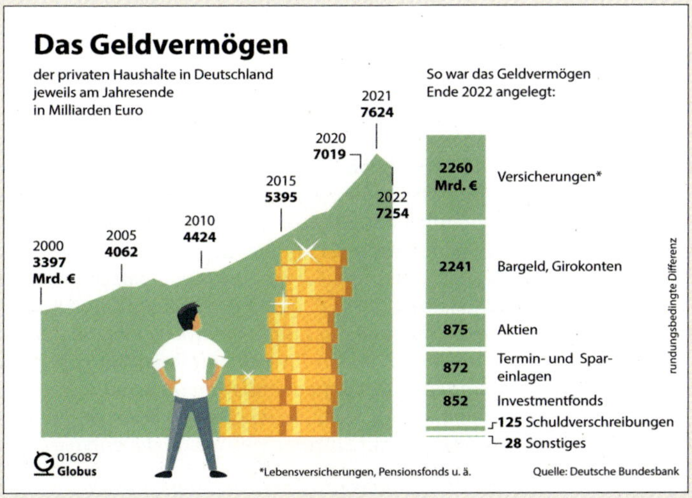

Arbeitsaufträge

- ***Verfassen Sie einen kurzen Bericht über die Informationen, die in der obigen Grafik veranschaulicht werden. Erklären Sie vor diesem Hintergrund den Unterschied zwischen Sparen und Horten.***

- ***Recherchieren Sie im Internet, wie sich die Aktienkurse und das Verhalten der Investorinnen und Investoren seit dem Jahr 2023 entwickelt haben.***
- ***Informieren Sie sich über den evolutorischen Wirtschaftskreislauf. Erläutern Sie mit diesem Wissen die Bedeutung des Sparens der Haushalte für die Volkswirtschaft. Erklären Sie, inwiefern die obige Grafik dokumentiert, dass die Haushalte in Deutschland nicht in einem problematischen Ausmaß horten.***

Erweiterung des Wirtschaftskreislaufs durch Sparen und Investieren

Eine Prämisse des Modells des einfachen Wirtschaftskreislaufs ist: Die Haushalte konsumieren ihr gesamtes Einkommen und die Unternehmen produzieren nur Konsumgüter. Unter diesen Voraussetzungen kann sich die Volkswirtschaft nicht entwickeln. Reale Volkswirtschaften sind aber nicht stationär. Sie entwickeln sich durch Sparen und Investieren. Das Denkmodell des einfachen Wirtschaftskreislaufs muss deshalb um diese beiden Aspekte zu einem evolutorischen (sich entwickelnden) Kreislauf erweitert werden.

→BWR

Wirtschaftswachstum durch Sparen und Investieren

In Wirklichkeit geben viele Haushalte nur einen Teil ihres Einkommens für den Erwerb von Konsumgütern aus, den Rest sparen sie. **Sparen** liegt aber nur dann vor, wenn die Haushalte die Geldmittel bei Kapitalsammelstellen (Banken, Sparkassen, Versicherungen, Fonds) anlegen. Vom Sparen ist das **Horten** zu unterscheiden. Beim Horten werden die Mittel bei den Haushalten aufbewahrt und damit dem Wirtschaftskreislauf entzogen.

Unternehmen stellen in der Realität nicht nur Konsumgüter, sondern auch **Produktionsgüter** her. Das Geldkapital zur Finanzierung dieser Investitionsgüterproduktion erhalten die Unternehmen von den Kapitalsammelstellen (Kredite für Investitionen).

→BWR

Die neu produzierten Produktionsmittel ersetzen abgenutztes Sachkapital **(Ersatz- oder Reinvestitionen)** und erhalten damit den Kapitalstock der Volkswirtschaft. Im **Rechnungswesen der Unternehmen** wird dieser Verschleiß als Abschreibungen erfasst. Eine darüber hinausgehende Herstellung von Produktionsgütern erweitert oder verbessert den vorhandenen Produktionsapparat und steigert das Produktionspotenzial **(Erweiterungsinvestitionen oder Rationalisierungsinvestitionen)**. Die gesamtwirtschaftliche Produktion und damit das Einkommen können in der Folgeperiode gesteigert werden, die Volkswirtschaft wächst. Es liegt eine **evolutorische Wirtschaft** vor.

Beispiele

- *Die Familie Land will in drei Jahren im Bergischen Land ein Einfamilienhaus bauen. Mit dieser Zielsetzung spart sie seit längerer Zeit jeden Monat 370,00 EUR. Sie hat mit einer Bausparkasse einen Bausparvertrag abgeschlossen und zahlt monatlich 250,00 EUR in den Vertrag ein. Die von allen Bausparenden gesammelten Mittel vergibt die Bausparkasse als Kredite. Die Kreditnehmer finanzieren damit den Bau von Gebäuden zu Wohn- oder Gewerbezwecken. Für die Errichtung dieser Immobilien setzen die beauftragten Bauunternehmen Produktionsfaktoren (z. B. Arbeit der beschäftigten Bauarbeiterinnen und Bauarbeiter) ein und zahlen in Höhe der geschaffenen Immobilienwerte Einkommen an die Haushalte. Weitere 120,00 EUR überweist Familie Land an einen Investmentfonds. Die Fondsgesellschaft erwirbt mit den eingezahlten Mitteln Beteiligungen an zukunftsorientierten Unternehmen aus dem Euroraum. Diese nutzen die Gelder für die Entwicklung und Herstellung innovativer Konsum- und Investitionsgüter. Auch in der Produktion dieser Güter entsteht wieder Einkommen, das an die entsprechenden Haushalte fließt.*

- *Fünf Fahrzeuge aus dem Fuhrpark der Bürodesign GmbH sind am Ende ihrer betriebsgewöhnlichen Nutzungsdauer voll abgeschrieben. Sie werden durch die Neuanschaffung der entsprechenden Nachfolgemodelle ersetzt (Ersatzinvestition). Aufgrund neuer Arbeitssicherheitsvorschriften für die Gestaltung von Büroarbeitsplätzen ist die Nachfrage nach dem ergonomischen Arbeitssessel „Ergo-design-natur“ sprunghaft gestiegen. Zur Ausweitung der Kapazität investiert die Bürodesign GmbH in eine neue Fertigungsstraße für dieses Erzeugnis (Erweiterungsinvestition).*

Arten von Investitionen

→BWR

Erweiterungs- und Ersatzinvestitionen ergeben zusammen die **Anlageinvestitionen**. Dabei kann es sich im Einzelnen um folgende Arten von Investitionen handeln:

- **Ausrüstungsinvestitionen** (bewegliche Investitionsgüter), z. B. Maschinen, Geräte, Fahrzeuge, Betriebs- und Geschäftsausstattung,
- **Bauinvestitionen**, z. B. Fabrikbauten, Verwaltungs- und Wohngebäude, Verkehrswege, Schulen, Krankenhäuser,
- **Rationalisierungsinvestitionen**, z. B. Modernisierung von Ausrüstungen zwecks Kostensenkung.

Von diesen Investitionen in dauerhafte Produktionsmittel zu unterscheiden sind die **Lagerinvestitionen**. Darunter ist die Anlage von Geldmitteln in Roh-, Hilfs- und Betriebsstoffen oder in noch nicht verkauften eigenen Erzeugnissen zu verstehen. Diese Bestände können sich wertmäßig erhöhen (positive Lagerinvestition) oder verringern (negative Lagerinvestition, Desinvestition).

Die Gesamtheit aller Investitionen wird als **Bruttoinvestitionen** bezeichnet. Nach Abzug der Ersatz- oder Reinvestitionen ergeben sich die **Nettoinvestitionen**.

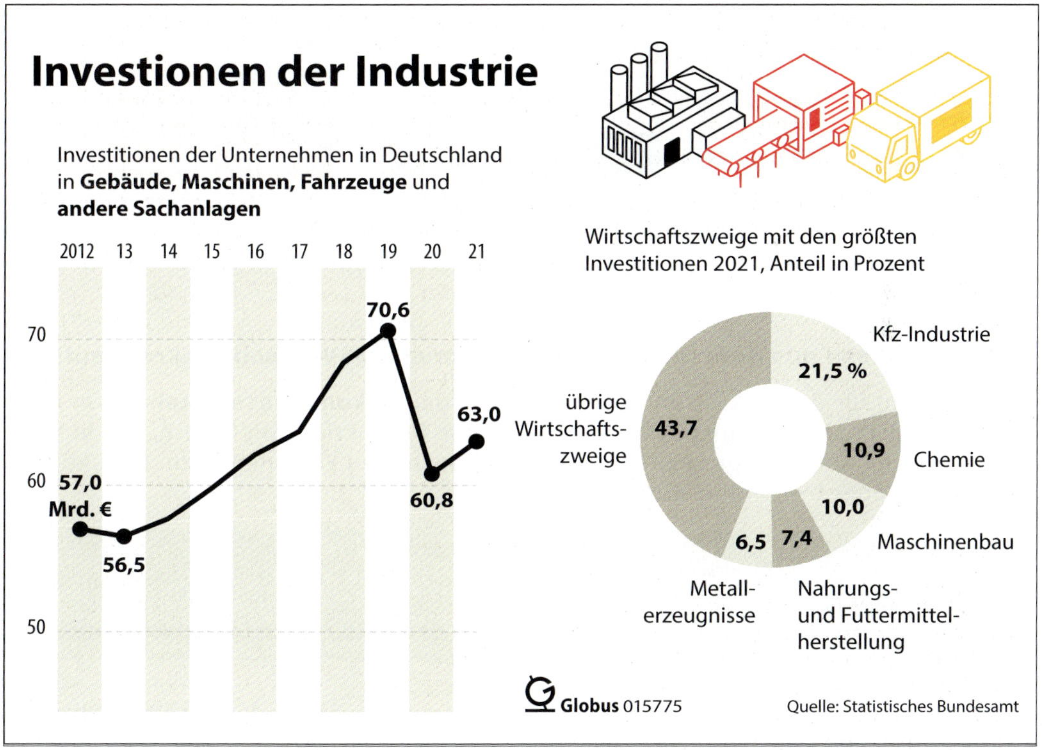

Darstellung des evolutorischen Wirtschaftskreislaufs in Kontenform

Eine Möglichkeit der veranschaulichenden Darstellung des evolutorischen Wirtschaftskreislaufs ist die Kontenform. Dabei werden nur die Geldströme berücksichtigt. Für jeden Sektor wird ein Konto eingerichtet, das die zu- und abfließenden Geldströme erfasst. Unter Berücksichtigung von Sparen und Investieren können die Ströme in einer evolutorischen Wirtschaft wie folgt kontenmäßig erfasst werden.

Beispiel *In einer Volkswirtschaft zahlen die Unternehmen 10000 GE Einkommen an die Haushalte. In Höhe dieses Wertes sind mit den zur Verfügung gestellten Produktionsfaktoren Güter geschaffen worden. Die Haushalte konsumieren aber nur Güter im Wert von 8000 GE, 2000 GE sparen sie bei Kapitalsammelstellen. Da die Haushalte nicht den gesamten produzierbaren Güterwert konsumieren wollen, können die Unternehmen einen Teil der Produktionsfaktoren auch für die Herstellung von Investitionsgütern im Gesamtwert von 2000 GE einsetzen. Die Geldmittel zur Finanzierung der Produktionsfaktoren für diese Investitionsgüterproduktion werden den Unternehmen von den Kapitalsammelstellen zur Verfügung gestellt (Kredite für Investitionen).*

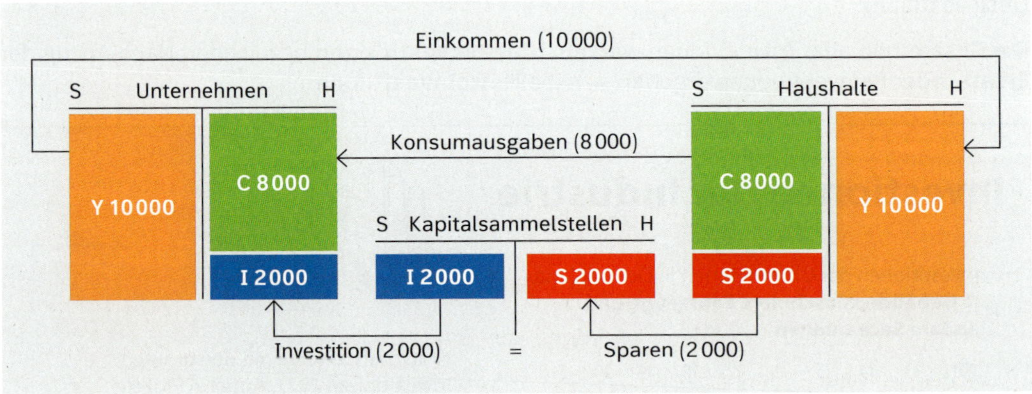

Erkenntnisse aus dem Modell des evolutorischen Wirtschaftskreislaufs

- Das Konto für den Sektor Unternehmen zeigt die **Einkommensentstehung** in einer Volkswirtschaft. Einkommen entsteht durch die Produktion von Gütern. Nur in Höhe des Wertes der Güterproduktion fließt den Haushalten Einkommen zu. Dies können Konsum- oder Investitionsgüter sein.

Einkommensentstehungsgleichung:
Y (Einkommen) =
C (Wert der produzierten Konsumgüter) + I (Wert der produzierten Investitionsgüter)

- Das Konto für den Sektor Haushalte zeigt die **Einkommensverwendung** in einer Volkswirtschaft. Haushalte können Einkommen für Konsumausgaben oder für Sparen verwenden.

Einkommensverwendungsgleichung:
Y (Einkommen) = C (Konsumausgaben) + S (Sparen)

- Aus den Gleichungen für die Einkommensentstehung und für die Einkommensverwendung ergibt sich die **Wertgleichheit von Investitionen und Sparen.**

$$Y = C + I$$
$$Y = C + S$$
$$C + I = C + S$$
$$I = S$$

- Den Zusammenhang von Kapitalbildung (Sparen) und Kapitalverwendung (Investieren) dokumentiert auch das Konto für den Sektor Kapitalsammelstellen. Dieses Konto erfasst rein rechnerisch die Vermögensbildung und -verwendung der beiden anderen volkswirtschaftlichen Sektoren. Es wird deshalb auch als **Vermögensänderungskonto** bezeichnet.

- Investitionsgüterproduktion setzt den **Konsumverzicht der Haushalte** voraus. Nur in Höhe des Sparens können Investitionsgüter geschaffen werden. Das heißt, die Haushalte dürfen nicht den Anspruch haben, dass alle Güter, die mit dem Produktionsfaktorpotenzial der Volkswirtschaft produziert werden können, auch konsumiert werden sollen. Nur dann stehen Produktionsfaktoren und Geldmittel für die Investitionsgüterproduktion zur Verfügung.

- **Wirtschaftswachstum** bedeutet eine Steigerung des Gesamtwertes der produzierten Güter. Voraussetzung für Wachstum ist die Schaffung zusätzlicher volkswirtschaftlicher Produktionskapazitäten. Dies wird durch ein Investitionsvolumen, das über die erforderlichen Ersatzinvestitionen hinausgeht, erreicht.

- Einkommen, das nicht für Konsum ausgegeben wird, muss bei **Kapitalsammelstellen** gespart werden. Nur dann können die Geldmittel als Kredite den Unternehmen zur Finanzierung der Investitionsgüterproduktion zufließen.

Beispiel *Bei einem Horten der Mittel würden dem Kreislauf im obigen Beispiel 2000 GE entzogen und im Haushaltssektor stillgelegt. An die Unternehmen flössen durch die Erlöse aufgrund der Konsumausgaben nur 8000 GE zurück. In der Folgeperiode könnten sie nur noch eine Güterproduktion im Gesamtwert von 8000 GE finanzieren. Es könnten nicht mehr alle verfügbaren Produktionsfaktoren beschäftigt werden (unausgelastete Maschinenkapazitäten, Arbeitslosigkeit). Mit dem niedrigeren Produktionsergebnis sänke auch das gezahlte Einkommen. Die Wirtschaft geriete in einen Schrumpfungsprozess (Rezession).*

Marktanpassungsprozesse in einer evolutorischen Wirtschaft

Die Gleichheit von Sparen und Investieren in einer Gesamtwirtschaft ergibt sich am Ende einer Wirtschaftsperiode (= **ex post**). Das bedeutet aber nicht, dass von vornherein (= **ex ante**) die Produktionspläne aller Unternehmen mit den Konsumplänen aller Haushalte übereinstimmen. Im Gegenteil, es ist i. d. R. von einer **Ungleichheit der Planungen** auszugehen.

Der Wirtschaftsprozess erfordert im Verlauf der Periode oft Korrekturen der einzelwirtschaftlichen Pläne bei Unternehmen und Haushalten. Diese Anpassungsprozesse können in Abhängigkeit von den Marktkräften auf unterschiedliche Weise ablaufen.

$S_{geplant} > I_{geplant}$: Ausgleich durch ungeplante Lagerinvestitionen

$S_{geplant} > I_{geplant}$ bedeutet, dass die Haushalte planen, mehr zu sparen, als die Unternehmen investieren wollen. Die Unternehmen können dann bei stabilen Preisen einen Teil ihrer produzierten Konsumgüter nicht absetzen. Sie müssen ungewollt nicht verkaufbare Konsumgüter auf Lager nehmen. Es kommt zu einer ungeplanten **Lagerinvestition**.

Beispiel *Durch die Produktion von Gütern fließt den Haushalten ein Einkommen von 10000 GE zu. Aufgrund der Planungen der Unternehmen handelt es sich bei den produzierten Gütern um Konsumgüter im Wert von 9000 GE und um Investitionsgüter im Wert von 1000 GE. Das heißt, die Unternehmen gehen bei ihren Planungen zu Periodenbeginn (ex ante) davon aus, dass die Haushalte Güter im Wert von 9000 GE konsumieren wollen. Dagegen planen die Haushalte aber nur einen Konsum von 8000 GE. Die Haushaltsnachfrage bleibt damit kleiner als das Unternehmensangebot. Zur geplanten Anlageninvestition von 1000 GE kommt am Periodenende eine ungeplante Lagerinvestition von 1000 GE hinzu. Dadurch sind ex post Sparen und Investieren wieder ausgeglichen.*

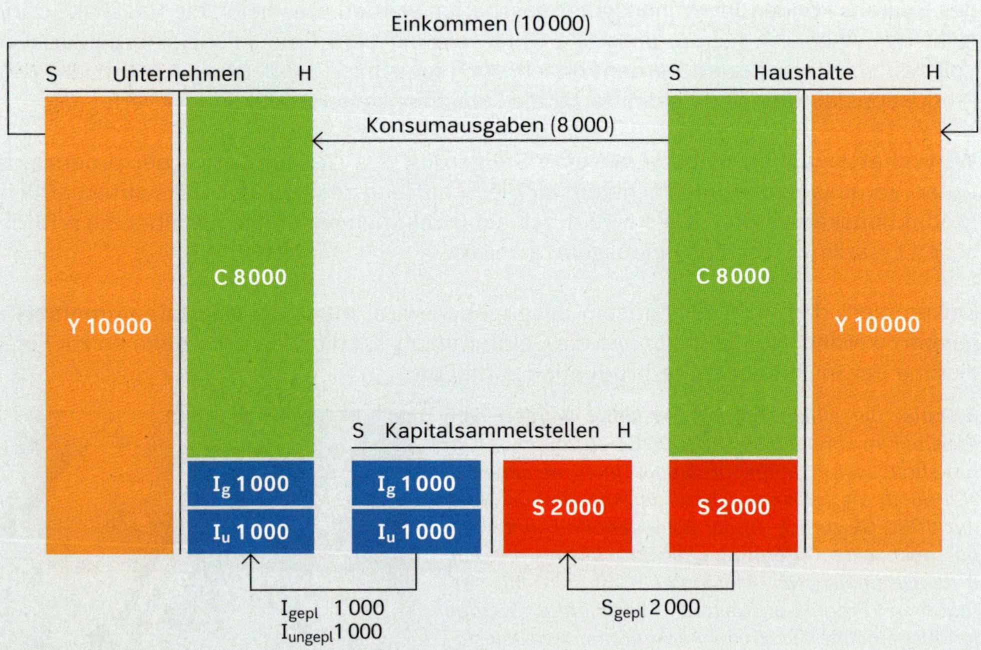

ex ante: $S_{gepl} > I_{gepl}$ (Anlageninvestition)
(2000) > (1000)

ex post: $S_{gepl} = I_{gepl}$ (Anlageninvestition) + I_{ungepl} (Lagerinvestition)
(2000) = (1000) + (1000)

Beispiel *Der Arbeitssessel „Ergo-design-natur" wird von der Stiftung Warentest mit der Gesamtnote „sehr gut" getestet. Die Abteilung Marketing der Bürodesign GmbH erwartet daraufhin eine Steigerung des Quartalsumsatzes auf ca. 5000000,00 EUR. Aufgrund negativer Konjunkturprognosen geht die Konsumneigung jedoch unerwartet stark zurück. Auch die Bürodesign GmbH kann statt der erwarteten 10000 Arbeitssessel nur 5000 Stück absetzen. Die restliche Produktion muss auf Lager genommen werden. Da ein Arbeitssessel 250,00 EUR Herstellungskosten verursacht, erhöhen sich die Lagerbestände um 5000 · 250,00 EUR = 1250000 EUR. In Höhe dieses Betrages hat die Bürodesign GmbH im betrachteten Quartal zusätzliches Kapital in Form von Sachwerten (Arbeitssessel) gebunden. Das heißt, sie hat in dieser Höhe in ihr Lager investiert.*

$I_{geplant} > S_{geplant}$: Ausgleich durch ungeplanten Konsumverzicht

$I_{geplant} > S_{geplant}$ bedeutet, dass die Unternehmen planen, mehr zu investieren, als die Haushalte sparen wollen. Die Haushalte müssen dann bei stabilen Preisen auf einen Teil ihres gewünschten Konsums verzichten. Denn die Unternehmen produzieren mehr Investitionsgüter und damit weniger Konsumgüter. Die Haushalte sind gezwungen, ungewollt zu sparen. Man spricht deshalb auch vom **Zwangssparen**.

Beispiel *Durch die Produktion von Gütern fließt den Haushalten ein Einkommen von 10000 GE zu. Aufgrund der Planungen der Unternehmen handelt es sich bei den produzierten Gütern um Konsumgüter im Wert von 8000 GE und um Investitionsgüter im Wert von 2000 GE. Das heißt, die Unternehmen gehen bei ihren Planungen zu Periodenbeginn (ex ante) davon aus, dass die Haushalte Güter im Wert von 8000 GE konsumieren wollen. Dagegen planen die Haushalte aber einen Konsum von 9000 GE. Das Unternehmensangebot ist damit kleiner als die Haushaltsnachfrage. Zum geplanten Sparen von 1000 GE kommt am Periodenende ein ungeplantes Zwangssparen von 1000 GE hinzu. Dadurch sind ex post Sparen und Investieren wieder ausgeglichen.*

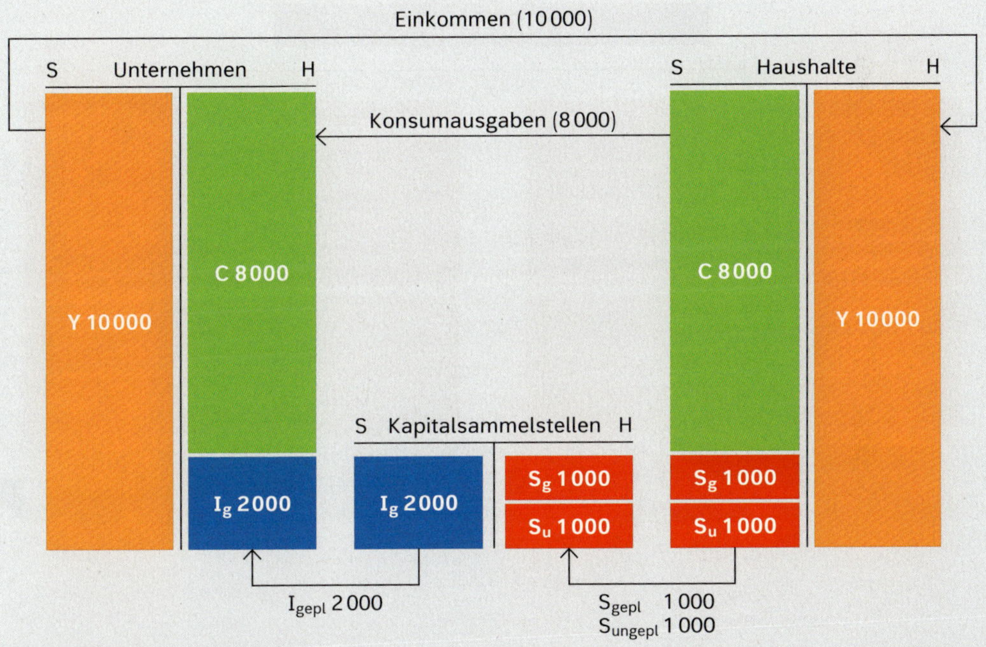

ex ante: $I_{gepl} > S_{gepl}$
$(2000) > (1000)$

ex post: $I_{gepl} = S_{gepl} + S_{ungepl}$ (Zwangssparen)
$(2000) = (1000) + (1000)$

Beispiel *Jörn Land jobbt am Wochenende in einer Eissporthalle. Von seinem Verdienst hat er zwischen September und November einen Teil zurückgelegt. Von den angesammelten 450,00 EUR will er das neue Smartphone „Opid X 10" kaufen. Die Nachfrage übersteigt aber gerade im Vorweihnachtsgeschäft das Angebot. Das Gerät ist erst wieder ab März des neuen Jahres lieferbar. Da Jörn nur an einem Smartphone mit modernster Technik interessiert ist, kommt für ihn ein Ersatzgerät nicht infrage. Enttäuscht zahlt er die 450,00 EUR auf sein Sparkonto ein, um das Gerät im nächsten Jahr kaufen zu können.*

Zusammenfassung: Den evolutorischen Wirtschaftskreislauf untersuchen

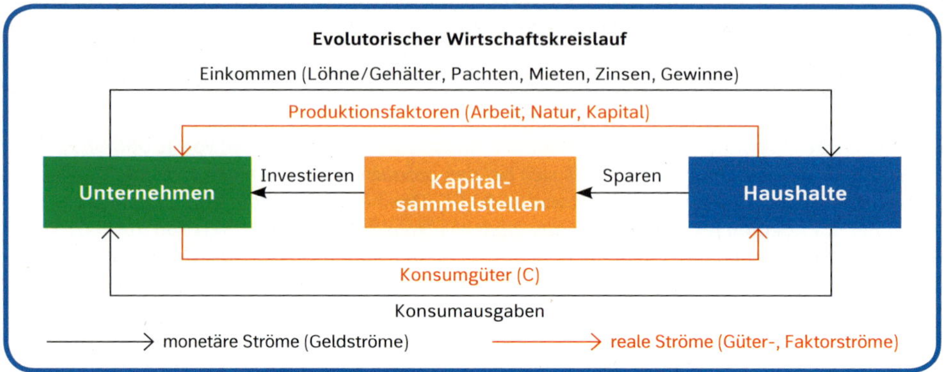

Sachkapitalbildung

Voraussetzungen:
1. Konsumverzicht der Haushalte
2. Sparen der Haushalte
3. Investierung des Gesparten durch die Unternehmen

ex-post Gleichheit I = S
Anpassungsprozesse durch Lagerinvestitionen, Zwangssparen, Preisänderungen

Folgen der Sachkapitalbildung:
1. Sicherung des Kapitalstocks der Volkswirtschaft (Ersatzinvestitionen)
2. Steigerung des Produktionspotenzials (Erweiterungsinvestitionen) und in der Folge Wirtschaftswachstum

Bruttoinvestition = Anlageninvestition + Lagerinvestition

Nettoinvestition = Bruttoinvestition – Ersatzinvestition

Aufgaben

1 *In einer evolutorischen Wirtschaft planen die Unternehmen die Produktion von Konsumgütern im Wert von 5000 GE und von Investitionsgütern im Wert von 2000 GE. Die Haushalte konsumieren von ihrem Einkommen 60 %, den Rest sparen sie.*

a) Zeichnen Sie den Kreislauf dieser Wirtschaft in Kontenform und tragen Sie die Geldströme Y, C, S und I ein. Kennzeichnen Sie die Ströme S und I bei Bedarf mit den Indizes „geplant“ oder „ungeplant“.

b) Erläutern Sie an diesem Beispiel, was unter der Ex-ante-Betrachtung und unter der Ex-post-Betrachtung zu verstehen ist.

c) Stellen Sie die Einkommensentstehungsgleichung und die Einkommensverwendungsgleichung auf. Erläutern Sie die jeweilige Aussage dieser beiden Gleichungen.

2 *a) Erläutern Sie in einem Bericht die in der nebenstehenden Grafik dargestellten Informationen.*

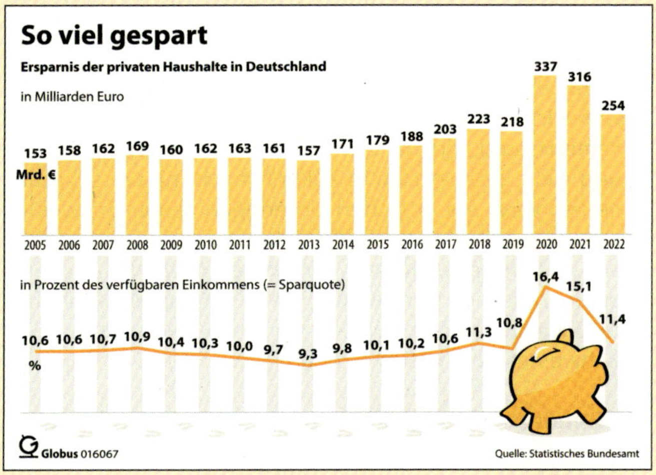

b) Erklären Sie, was im Gegensatz zum „Sparen" unter „Horten" zu verstehen ist. Gehen Sie auch darauf ein, inwiefern es für eine Volkswirtschaft problematisch ist, wenn die Haushalte in einem erheblichen Ausmaß horten.

c) Erläutern Sie die Bedeutung des Sparens für die Entwicklung einer Volkswirtschaft.

d) Im Jahr 2020 kam es zu einem erkennbaren Anstieg der Ersparnisse der privaten Haushalte. Informieren Sie sich, z. B. mithilfe des Internets, über die allgemeine wirtschaftliche Lage im Jahr 2020 und begründen Sie den Anstieg der privaten Ersparnisse.

e) Im Jahr 2022 ist die Ersparnis deutlich zurückgegangen. Recherchieren Sie die wesentliche Ursache für diese Entwicklung.

3 *Ermitteln Sie für die Perioden 1 bis 4 die jeweils fehlende Investitionsgröße.*

Periode	Ersatz-investition	Erweiterungs-investition	Anlage-investition	Lager-investition	Brutto-investition	Netto-investition
1	320	?	720	20	740	420
2	360	440	800	16	?	456
3	400	500	900	24	924	?
4	440	400	840	?	844	404

4 *In einer Volkswirtschaft werden Konsumgüter im Wert von 150000 Geldeinheiten (GE) hergestellt und verkauft. Von ihrem Gesamteinkommen sparen die Haushalte 20 %.*

a) Ermitteln Sie das Einkommen und das Sparen in GE.

b) Zeichnen Sie den Kreislauf in Kontenform und tragen Sie die Geldströme ein.

c) Erstellen Sie die Einkommensentstehungsgleichung und die Einkommensverwendungsgleichung.

5 *Die Haushalte beziehen von den Unternehmen Einkommen von 8000 GE. Sie planen eine Sparquote von 10 %. Die Unternehmen wollen jedoch aufgrund ihrer Investitionsplanungen Anlageinvestitionen von 1 200 GE durchführen.*

a) Zeichnen Sie den Kreislauf in Kontenform und tragen Sie die erforderlichen monetären Ströme ein.

b) Erklären Sie mithilfe einer Gleichung, wie in diesem Fall die Übereinstimmung von I und S herbeigeführt wird.

4.3 Den Staat im Wirtschaftskreislauf berücksichtigen

Jörn Land, Schüler der 10. Klasse einer Realschule in Köln, interessiert sich auch für die Unterrichtsthemen seiner Schwester Silvia in der kaufmännischen Berufsschule. Dies hat seinen Grund: Jörn hat sich für die Höhere Handelsschule an einem Berufskolleg beworben und weiß, dass er sich in Zukunft auch mit wirtschaftlichen Sachverhalten auseinandersetzen wird. Als er in den Unterlagen seiner Schwester eine Darstellung des evolutorischen Wirtschaftskreislaufs sieht, stellt er spontan fest: *„Das sieht ja alles sehr übersichtlich aus, hat aber mit der Wirklichkeit nichts zu tun."* Er begründet seine Behauptung mit einer grafischen Darstellung, die er vor kurzer Zeit im Internet entdeckt hat. Er ist der Auffassung, dass sich z. B. die in der Grafik dargestellten Sachverhalte in den Modellen seiner Schwester nicht wiederfinden.

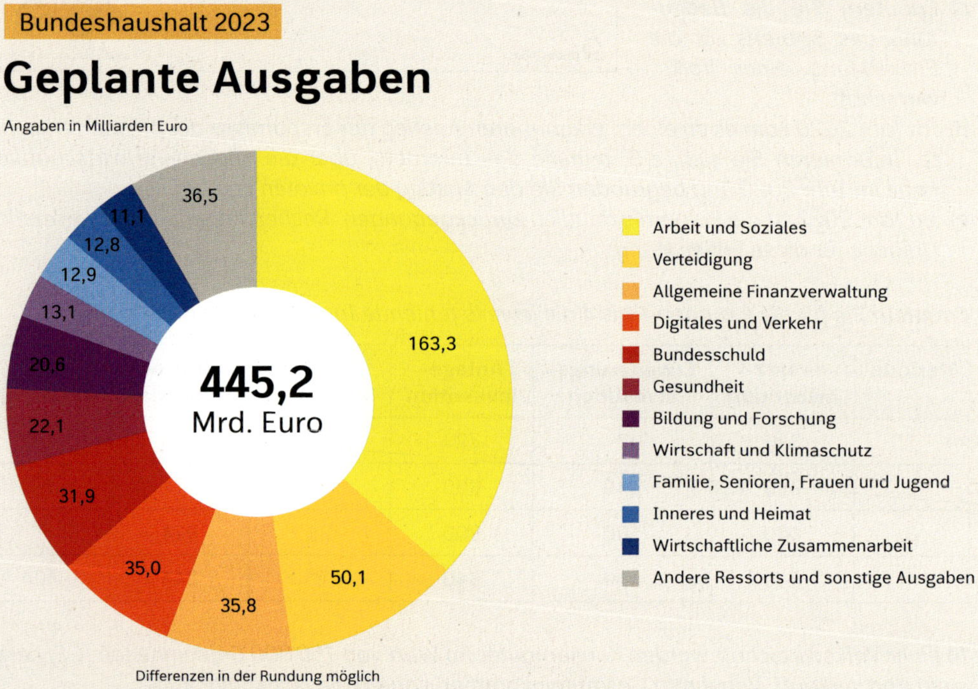

Arbeitsaufträge

- ***Erstellen Sie einen Kurzbericht, der die Informationen der Grafik wiedergibt.***
- ***Erklären Sie insbesondere, was unter der Ausgabenposition „Bundesschuld" zu verstehen ist. Begründen Sie in diesem Zusammenhang auch die Aufnahme der sog. Schuldenbremse in das Grundgesetz.***
- ***Begründen Sie, warum diese Sachverhalte im Modell des evolutorischen Wirtschaftskreislaufs keine Berücksichtigung finden.***
- ***Erweitern Sie dieses Modell und beziehen Sie die wirtschaftliche Aktivität des Staates mit in die Modellbetrachtung ein. Informieren Sie sich dazu bei Bedarf in den folgenden Kapiteln.***

■ Der Sektor Staat im Wirtschaftskreislauf

Eine Prämisse des evolutorischen Wirtschaftskreislaufs ist: Der Staat greift nicht in den Wirtschaftsprozess ein. Diese Annahme stimmt mit der Wirklichkeit nicht überein. Ein realistischeres Bild einer Volkswirtschaft kann das Kreislaufmodell daher nur dann vermitteln, wenn es um den **Sektor Staat** erweitert wird.

Zum Sektor **Staat** zählen die **Gebietskörperschaften** (Bund, Länder, Gemeinden) und die **Träger der Sozialversicherung** (gesetzliche Kranken-, Pflege-, Unfall-, Arbeitslosen- und Rentenversicherung). Diesen staatlichen Einrichtungen kommen im Wesentlichen zwei Aufgaben zu: →P/G

Staatsaufgabe: Produktion von öffentlichen Gütern

Der Staat produziert Güter, die der Allgemeinheit zur Verfügung stehen. Bei diesen sog. **öffentlichen Gütern** kann es sich um Sachgüter und Dienstleistungen handeln.

Beispiele

- *Familie Land beabsichtigt, in naher Zukunft ein Einfamilienhaus zu bauen. In diesem Zusammenhang fällt Antje Land in der Immobilienbeilage der Samstagsausgabe des Kölner Stadt-Anzeigers eine Anzeige auf: In der Stadt Rösrath, vor den Toren Kölns gelegen, werden in einem neu erschlossenen Baugebiet Reiheneigenheime für Familien errichtet. Während eines Wochenendausflugs besichtigen die Mitglieder der Familie Land dieses interessante Projekt. Die Arbeiten haben bereits begonnen. Die Gemeinde Rösrath hat eine Straße gebaut, die die Baugrundstücke und späteren Eigenheime erschließt.*
- *Jörn Land nimmt an diesem Familienausflug gut gelaunt teil. Am Tag zuvor hat er von einem Kölner Berufskolleg die Zusage für die Aufnahme in die Höhere Handelsschule erhalten. Jörn hatte sich aus vielen Gründen bei genau dieser Schule beworben: So ist die Schule in einem modernen Gebäude untergebracht, das die Stadt Köln erst vor kurzer Zeit errichtet hat. Auch bei der Ausstattung hat die Stadt nicht gespart: Den Schülerinnen und Schülern stehen ein Selbstlernzentrum und neuzeitliche Unterrichtsräume zur Verfügung, alle ausgestattet mit modernster Technik. Von Freunden hat Jörn außerdem erfahren, dass die Lehrerinnen und Lehrer, die das Land Nordrhein-Westfalen in dieser Schule einsetzt, sehr engagiert sind. Sie unterstützen ihre Schülerinnen und Schüler und bereiten sie in besonders hohem Maße auf den Schulabschluss und ihre berufliche Zukunft vor.*

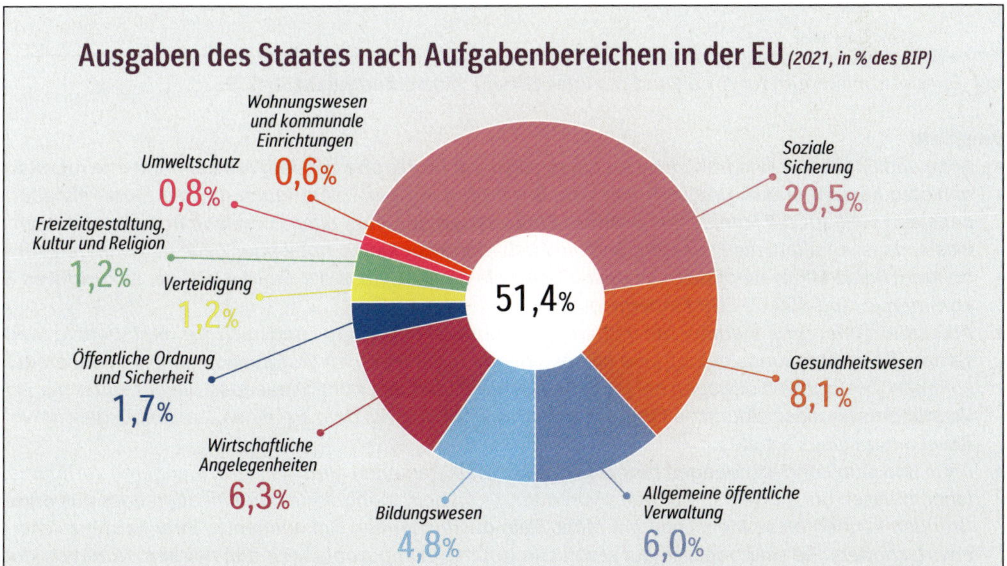

Vgl. Eurostat (Hrsg.): Government expenditure, Stand: 27.04.2023; online unter: https://ec.europa.eu/eurostat/cache/infographs/cofog/ [30.04.2023].

Staatsaufgabe: Korrektur von Marktergebnissen

In einer marktwirtschaftlichen Ordnung wird das wirtschaftliche Geschehen in erster Linie durch die Marktkräfte gesteuert. Angebot und Nachfrage führen aber nicht immer zu befriedigenden Ergebnissen. In einer **sozialen Marktwirtschaft** hat der Staat dann die Aufgabe, korrigierend einzugreifen. Er tut dies z. B., indem er in der Güterproduktion entstandenes **Einkommen umverteilt**.

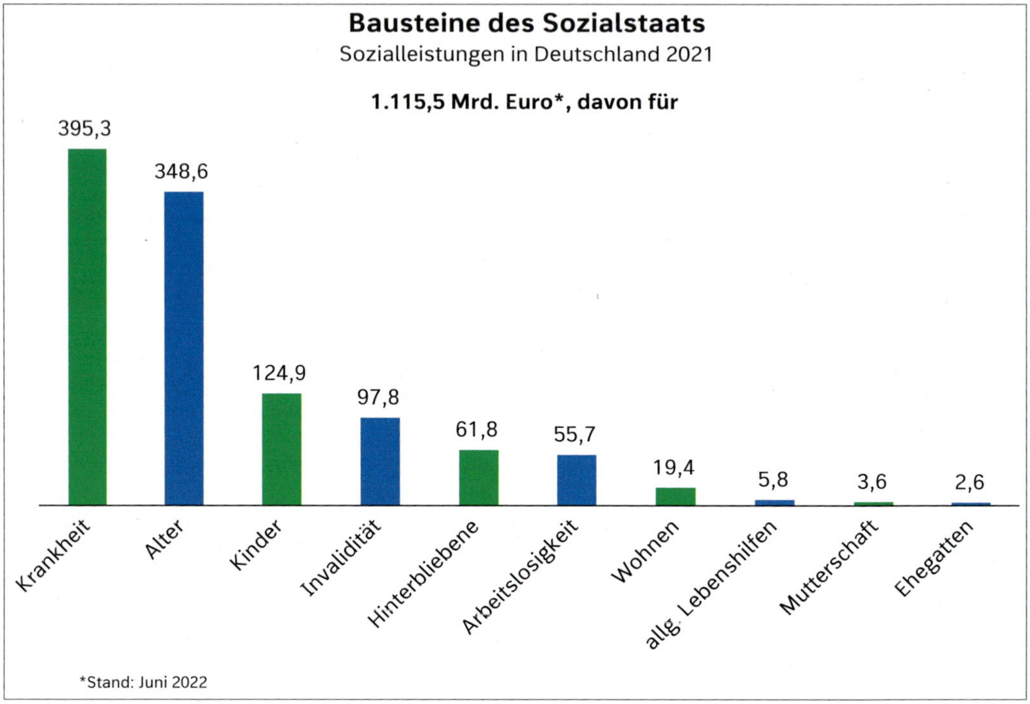

Vgl. Bundesministerium für Arbeit und Soziales (Hrsg.) : Sozialbudget 2021, S. 8.

Beispiele

- *Antje und Otto Land sind froh, dass sie als qualifizierte Fachkräfte auf dem Arbeitsmarkt ihre Arbeitskraft anbieten können und in Unternehmen eine Beschäftigung gefunden haben. Ihr am Markt erzielter Arbeitslohn stellt für die Familie das* ***primäre Einkommen*** *dar. Aber allen Familienmitgliedern ist auch bewusst, dass vor allem die Erziehung und die Ausbildung der Kinder hohe finanzielle Belastungen mit sich bringen. Beide Eltern empfinden es deshalb nur als gerecht, dass der Staat ihnen als* ***sekundäres Einkommen*** *je Kind 250,00 EUR Kindergeld zahlt.*
- *Als verheirateter Arbeitnehmer mit mittlerem Einkommen muss Otto Land auch nur relativ wenig Steuern zahlen. Seine Abteilungsleiterin, eine alleinstehende Ingenieurin für Verfahrenstechnik mit höherem Einkommen, beklagt sich dagegen bei jeder Gelegenheit über ihre hohe Steuerlast. Sie hat leider nur wenig Verständnis für diese staatliche* ***Einkommensumverteilung*** *mit dem Ziel eines „Lastenausgleichs“ in der Bevölkerung eines Staates.*

→P/G

- *Antje und Otto Land ist dagegen bewusst, dass es viele Personen gibt, die in schwierigeren Verhältnissen leben müssen als sie selbst. Aufgrund von Alter, Krankheit, mangelnder Qualifikation oder aus anderen Gründen können diese Menschen am Markt kein ausreichendes Einkommen zu ihrer Existenzsicherung erwirtschaften. Sie sind gänzlich auf staatliche Unterstützungszahlungen angewiesen. Natürlich klagen auch die Lands darüber, dass ihnen vom Bruttolohn so viel an Steuern und Sozialabgaben abgezogen wird. Dennoch ist es für sie akzeptabel, dass diese Teile ihres Arbeitseinkommens durch den Staat an andere hilfebedürftige Mitbürgerinnen und Mitbürger umverteilt werden.*

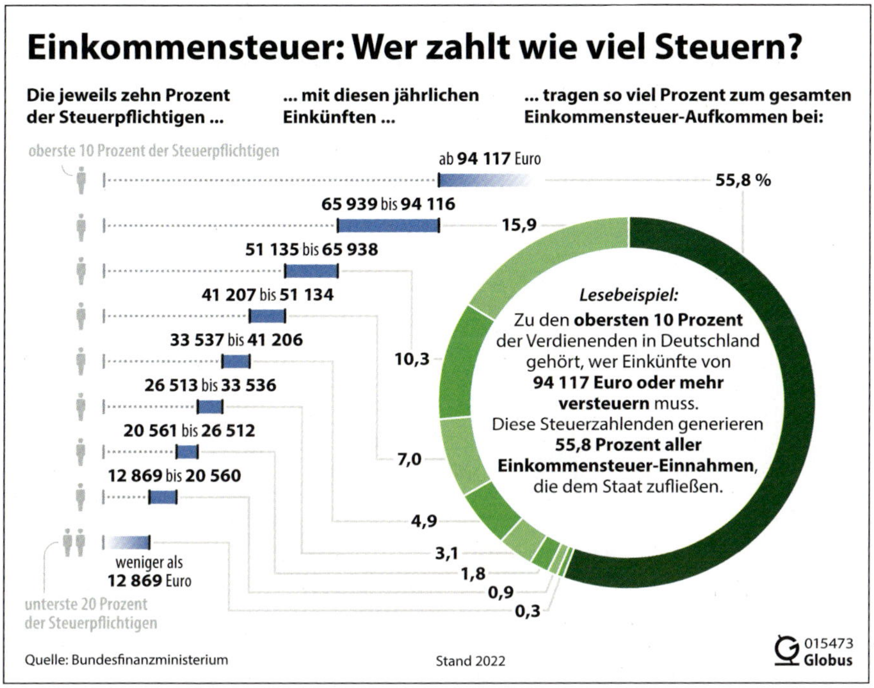

Zentrale Geldströme durch wirtschaftliche Aktivität des Staates

Der Staat, ob als Bund, Land, Gemeinde oder Sozialversicherungsträger, unterhält aufgrund seiner Aufgaben vielfältige wirtschaftliche Beziehungen zu den anderen Sektoren.

Zahlungsstrom Transformationszahlungen (Staatskonsum und staatliche Einkommenszahlungen)

Für die Produktion seiner öffentlichen Güter muss der Staat bei Unternehmen andere Güter beziehen. Diese Ausgaben für den Erwerb von Gütern bezeichnet man als **Staatskonsum**. Der Geldstrom fließt vom Sektor Staat zum Sektor Unternehmen.

Beispiel *Die Geschäftsführung der Bürodesign GmbH kann sich über einen Großauftrag freuen. Für die Ausstattung ihres neuen Berufskollegs hat die Stadt Köln die Einrichtung der Schule mit den erforderlichen Schulmöbeln europaweit ausgeschrieben. Von allen eingegangenen Angeboten war das der Bürodesign GmbH das günstigste. Das Amt für Schulentwicklung der Stadt Köln hat daraufhin der Bürodesign GmbH den Auftrag erteilt.*

Zudem benötigt der Staat Arbeitskräfte, um seine öffentlichen Leistungen zu produzieren. Viele Haushalte erhalten durch die Beschäftigung im öffentlichen Dienst **Einkommenszahlungen**. Dies führt zu einem entsprechenden Geldstrom vom Staat zu den Haushalten.

Beispiel *Die Erstellung der öffentlichen Dienstleistung „Bildung" erfordert nicht nur Sachkapital in Form von gut ausgestatteten Schulgebäuden. Ein wichtiger Produktionsfaktor ist gerade bei diesem öffentlichen Gut der Faktor Arbeit. Für die Erledigung der Verwaltungsarbeiten in ihrem neuen Berufskolleg stellt die Stadt Köln vier Sekretärinnen und zwei Hausmeister ein. Für die Unterrichtserteilung sind die Lehrerinnen und Lehrer verantwortlich. Sie sind Beschäftigte des Landes Nordrhein-Westfalen. Alle Mitarbeiterinnen und Mitarbeiter der Schule erhalten von ihrem jeweiligen staatlichen Arbeitgeber am Monatsende das Entgelt für ihre Arbeitsleistung.*

Transaktionen dieser Art (Konsumausgaben und Einkommenszahlungen) sind auch in der Beziehung zwischen Haushalten und Unternehmen feststellbar. Andere staatliche Aktivitäten weisen jedoch Besonderheiten auf.

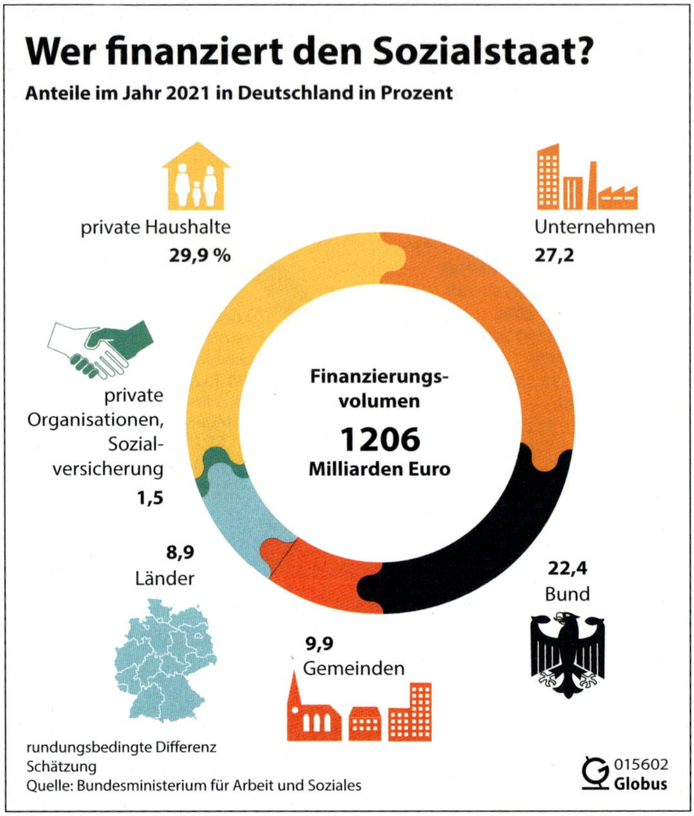

→P/G

Zahlungsstrom Steuern, Beiträge, Gebühren

So sind die Leistungen an den Staat oft nicht freiwillig. Im Rahmen der Rechtsordnung ist der Staat den Unternehmen und Haushalten übergeordnet. Diese hoheitliche Stellung berechtigt ihn, andere Wirtschaftssubjekte zu bestimmten Leistungen zu verpflichten, z. B. zur Zahlung von **→P/G** **Steuern** und von **Beiträgen zur gesetzlichen Sozialversicherung**. Dies bedingt entsprechende Geldströme, die von den Unternehmen und den Haushalten zum Staatssektor fließen.

Beispiel *Weder Antje Land noch Otto Land wird am Monatsende das tarifvertraglich vereinbarte Arbeitsentgelt durch ihre Arbeitgeber überwiesen. Der Überweisungsbetrag ergibt sich erst nach Abzug der Steuern und der Beiträge zur gesetzlichen Sozialversicherung. Aufgrund gesetzlicher Vorschriften sind der Supermarkt und das Automobilwerk verpflichtet, vom Bruttoentgelt ihrer Beschäftigten diese Abzüge einzubehalten und an die jeweiligen staatlichen Stellen abzuführen. Bezüglich der Sozialversicherungsbeiträge müssen die Arbeitnehmerinnen und Arbeitnehmer nur die Hälfte tragen. Der Staat verpflichtet die Arbeitgeber, die andere Hälfte zu übernehmen.*

→BWR *Indirekte und direkte Steuern der Unternehmen*

Viele Steuern, die der Staat den Unternehmen auferlegt, stellen für die Unternehmen Kosten dar. Wie alle Kosten werden sie im Rahmen der Kalkulation in die Verkaufspreise der jeweiligen Erzeugnisse eingerechnet. Sind die kalkulierten Preise am Markt durchsetzbar, zahlen die Käufer der Erzeugnisse mit dem Preis die Steuern an die Unternehmen zurück. Den Unternehmen gelingt damit eine Abwälzung der Steuerlast auf ihre Kunden. Die Unternehmen sind damit zwar Steuerzahler, aber nicht Träger der Steuerlast (Steuerträger). Alle Steuern, bei denen Steuerzahler und Steuerträger nicht identisch sind, werden als **indirekte Steuern** bezeichnet. Beispiele für indirekte Steuern sind die Umsatzsteuer, die Grundsteuer für Betriebsgrundstücke, die Kraftfahrzeugsteuer für betrieblich genutzte Kraftfahrzeuge und alle Verbrauchsteuern, wie Energiesteuer, Tabaksteuer und Alkoholsteuer.

Beispiel *Die Bürodesign GmbH führt im Sortiment ihres Verkaufsstudios verschiedene Handelswaren, z. B. das Regalsystem „Danebro", die Schreibtischlampe „Luna" und den Papierkorb „Sonja". Das Verkaufsstudio ist in erster Linie für den Verkauf von Waren an Endverbraucherinnen und Endverbraucher eingerichtet worden. Die Schreibtischlampe „Luna" bezieht die Bürodesign GmbH von einem italienischen Hersteller. Sie ist mit einem Verkaufspreis von 98,00 EUR ausgezeichnet. Dieser Peis ergibt sich aufgrund folgender Kalkulation:*

Listeneinkaufspreis laut Preisliste des italienischen Herstellers	40,00 EUR
– Rabatt (Mengenrabatt) 10 %	4,00 EUR
= Zieleinkaufspreis	36,00 EUR
+ Bezugskosten (Transport, Verpackung, Versicherung)	5,00 EUR
= Einstandspreis/Bezugspreis	41,00 EUR
+ Handlungskosten (Personalkosten, Raumkosten, Energiekosten, Verwaltungskosten, **Kosten für Betriebssteuern**)	**21,00 EUR**
= Selbstkostenpreis	62,00 EUR
+ Gewinn	20,00 EUR
= Nettoverkaufspreis	82,00 EUR
+ 19 % **Umsatzsteuer**	**15,58 EUR**
= Bruttoverkaufspreis	97,58 EUR

Zwar führt die Bürodesign GmbH die betrieblichen Steuern und die Umsatzsteuer an die staatlichen Finanzbehörden ab. Jeder Kunde, der z. B. die Schreibtischlampe kauft, zahlt mit dem Preis aber diese Steuern an die Bürodesign GmbH zurück.

Nicht alle Steuern sind für die Unternehmen Kostensteuern und können in die Verkaufspreise der Erzeugnisse kalkuliert und damit übertragen werden. Unternehmen zahlen auch von ihrem Gewinn Steuern (Körperschaftsteuer). Und die Steuerlast durch diese Gewinnsteuer müssen die Unternehmen auch tragen. Es liegt damit eine **direkte Steuer** vor.

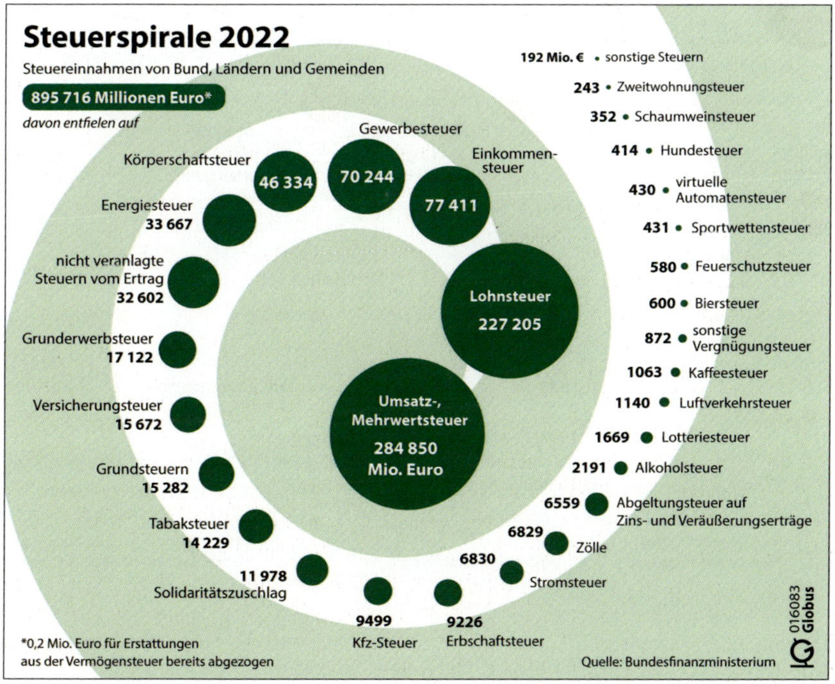

Direkte Steuern der Haushalte

Steuern, die der Staat den privaten Haushalten auferlegt, sind dagegen immer **direkte Steuern**. Bei dieser Steuerart stimmen Steuerzahler und Steuerträger überein. Denn die privaten Haushalte haben nicht die Möglichkeit, die Steuerlast an andere weiterzugeben. Zu den direkten Steuern zählen u. a. die Einkommensteuer mit der Lohnsteuer und die Kraftfahrzeugsteuer für privat genutzte Kraftfahrzeuge.

Beispiel *Die Mitglieder der Familie Land sind von dem geplanten Eigenheimprojekt in Rösrath begeistert. Die Lage ist einfach fantastisch. Allerdings sind die Grundstückspreise auch entsprechend hoch. Und Antje und Otto Land wissen, dass neben dem reinen Grundstückspreis noch erhebliche Anschaffungsnebenkosten zu berücksichtigen sind. So sind z. B. in Nordrhein-Westfalen 6,5 % Grunderwerbsteuer fällig, die die Familie Land zu tragen hat.*

Gebühren und Beiträge

Nicht alle vom Staat produzierten Güter werden über den Markt gehandelt und haben damit einen Marktpreis. Zahlreiche staatliche Dienstleistungen werden ohne unmittelbares Entgelt angeboten und abgegeben, z. B. Bildung, innere und äußere Sicherheit, Rechtsprechung, Bereitstellung von Verkehrswegen.

Für andere Güter wiederum verlangt der Staat einen Preis. Dies können Gebühren oder Beiträge sein. **Gebühren sind das Entgelt für eine unmittelbar folgende staatliche Gegenleistung**, z. B. Gebühr für das Recht, auf staatlichem Grund und Boden ein Fahrzeug zeitweilig abstellen zu dürfen (Parkgebühr), oder Gebühr für die Ausstellung eines Reisepasses. **Beiträge sind im Gegensatz dazu Zahlungen für eine nicht unmittelbar erfolgende staatliche Gegenleistung**, z. B. erhält eine Person für ihre Sozialversicherungsbeiträge erst dann eine Gegenleistung, wenn der Versicherungsfall eintritt.

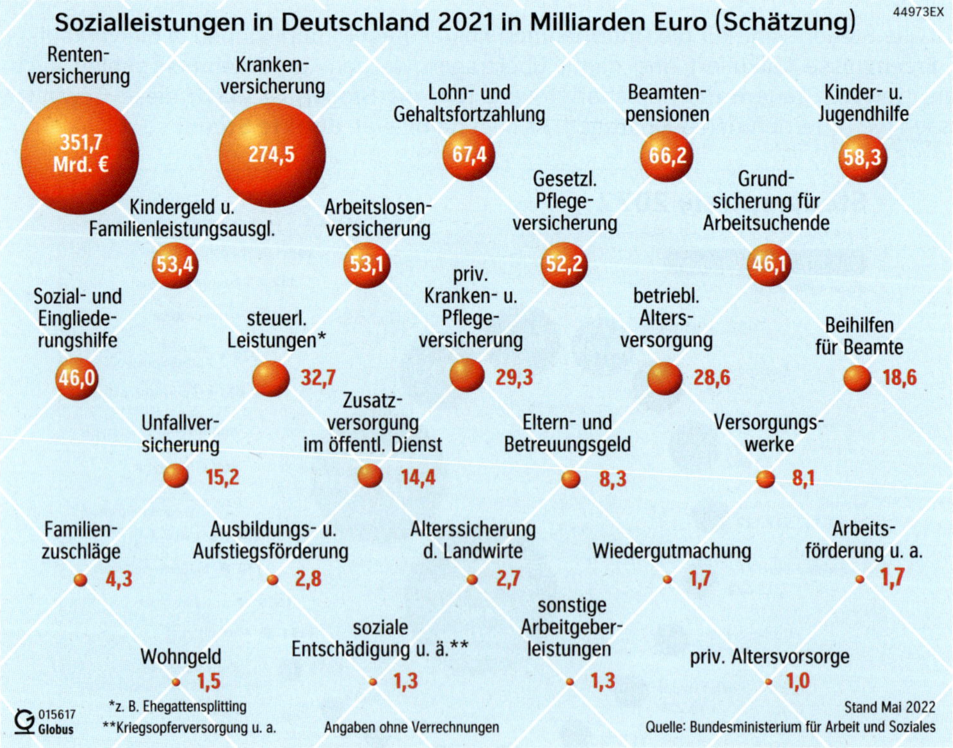

Zahlungsstrom Transferzahlungen (Sozialleistungen und Subventionen)

Andererseits steht auch vielen staatlichen Leistungen keine unmittelbare Gegenleistung der Leistungsempfänger gegenüber. Erfolgen solche Zahlungen an Haushalte, spricht man von **Sozialleistungen**. Die vorige Grafik informiert über die Leistungen des sog. **„sozialen Netzes.** →P/G

Sind dagegen Unternehmen Empfänger der staatlichen Unterstützung, spricht man von **Subventionen**, z. B. Steuerbegünstigungen, zinsgünstige Kredite, Beihilfen. Subventionen ermöglichen es den betreffenden Unternehmen, ihre Produkte zu einem niedrigeren Preis am Markt anzubieten. Ohne Subvention müsste ein höherer Preis verlangt werden, um die Kosten zu decken. Wenn dieser höhere Preis am Markt nicht durchsetzbar ist, werden diese Unternehmen vom Markt verdrängt. Entsprechend negative Auswirkungen auf den Arbeitsmarkt sind die Folge.

Grafische Darstellung des Wirtschaftskreislaufs mit staatlicher Aktivität

Das Modell einer evolutorischen Wirtschaft ist um den Sektor Staat mit den oben erläuterten Strömen zu ergänzen.

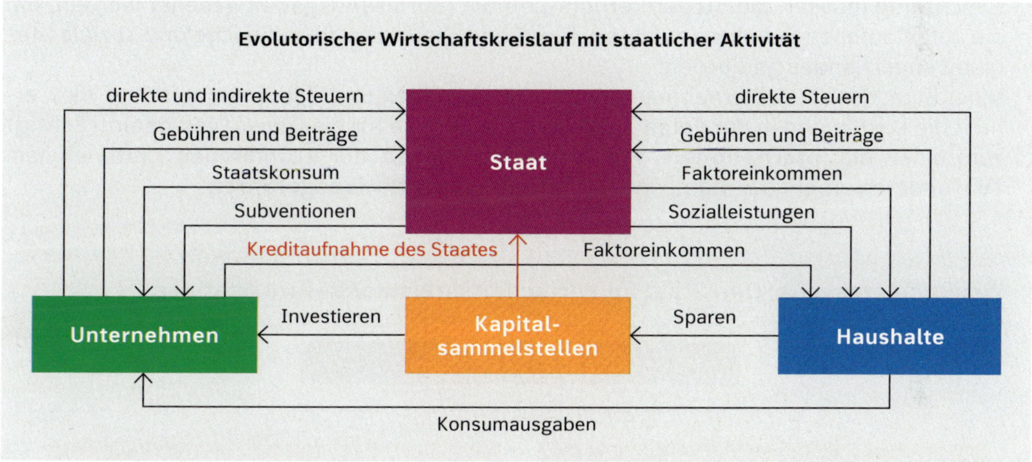

Erkenntnisse aus dem Modell des evolutorischen Wirtschaftskreislaufs mit staatlicher Aktivität

Das Kreislaufschema veranschaulicht die zentrale Bedeutung des Staatssektors für die Volkswirtschaft. Im Einzelnen werden durch das Modell folgende Sachverhalte und Zusammenhänge deutlich:

- Aufgrund seiner Transformationszahlungen (Staatskonsum und Einkommenszahlungen) ist der **Staat ein bedeutender Auftraggeber bzw. Arbeitgeber** und trägt entscheidend zur gesamtwirtschaftlichen Produktion und damit zur Einkommensentstehung bei.
- Durch seine Transferzahlungen (Sozialleistungen und Subventionen) **berichtigt er unerwünschte Ergebnisse des Marktes.**

- Andererseits wird aber auch deutlich, dass staatliche Aktivitäten private Aktivitäten verdrängen können **(crowding-out)**. Jeder Euro, den die privaten Haushalte an Steuern und Abgaben an den Staat zahlen müssen, steht nicht für private Konsumausgaben oder für Sparen zur Verfügung. In der Folge kann eine geringe Binnennachfrage nach Konsumgütern ursächlich für ein niedriges Wirtschaftswachstum sein. Zu geringe Sparmöglichkeiten können dazu führen, dass die privaten Haushalte keine ausreichende private Vorsorge für zukünftige Risiken (z. B. Alter, Krankheit, Arbeitslosigkeit) treffen können.
- Besonders deutlich wird der Verdrängungseffekt beim Sektor Kapitalsammelstellen im Falle von staatlichen Haushaltsdefiziten. Staat und private Investorinnen und Investoren konkurrieren um das durch Sparen aufgebrachte Kapitalangebot. Mit steigender Nachfrage nach Kapital steigt der Preis für die zeitweilige Überlassung von Kapital, d. h. für Kredite. Mit anderen Worten: Die staatliche Kapitalnachfrage löst Zinssteigerungen aus. Im Endergebnis verdrängt die staatliche Kreditnachfrage die der privaten Unternehmen. Ab einem gewissen Zinssatz unterbleiben private Investitionen aufgrund mangelnder Rentabilität. Dagegen sind staatliche Stellen eher bereit, einen hohen Zins zu zahlen, da die öffentlichen Haushalte die Zinsbelastungen aus Steuern der Allgemeinheit finanzieren.
- Hohe Staatsschulden und hohe Zinsbelastungen verringern die Kreditwürdigkeit eines Staates. In der Folge müssen immer höhere Zinsen als Risikoausgleich gezahlt werden. Gleichzeitig müssen die Steuern erhöht und die (Sozial-)Ausgaben gesenkt werden, um die aufgelaufenen Schulden zu tilgen. Dies kann wiederum die politische und soziale Stabilität eines Landes gefährden.
- Jeder Euro, der den Unternehmen an Steuern, Beiträgen und Gebühren auferlegt wird, erhöht die Kosten und in der Folge die kalkulierten Preise für die Güter. Dies **beeinträchtigt** zum einen die **internationale Wettbewerbsfähigkeit** der inländischen Unternehmen. Zum anderen erhöht der staatliche Kostendruck die **Inflationsgefahren**.

Zusammenfassung: Den Staat im Wirtschaftskreislauf berücksichtigen

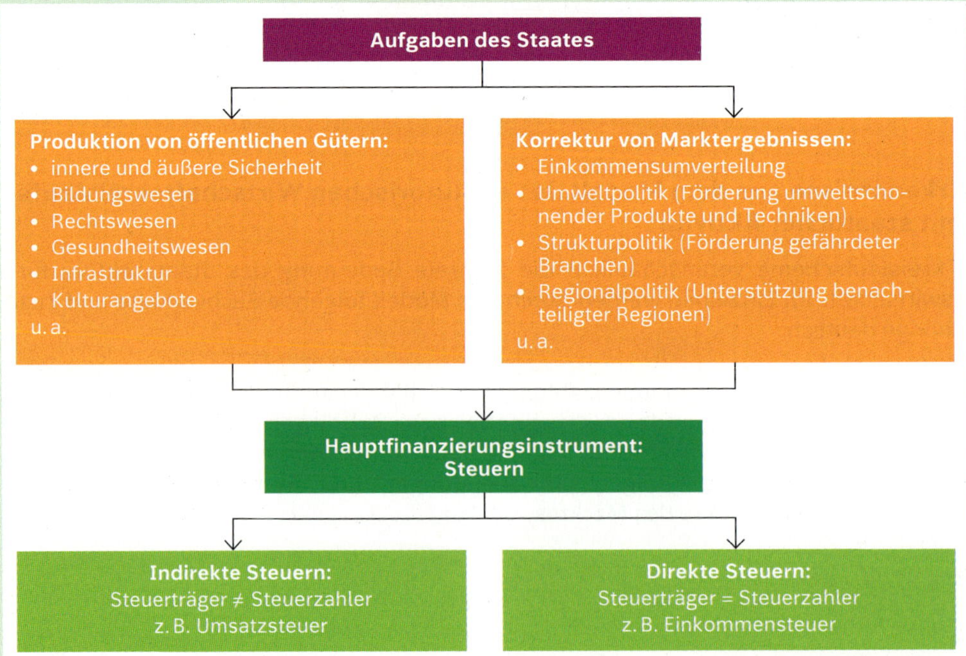

Aufgaben

1 *Nennen Sie die staatlichen Körperschaften, die im Modell des Wirtschaftskreislaufs zum Sektor Staat zusammengefasst werden.*

2 *Erläutern Sie zwei grundsätzliche Aufgaben des Staates in unserer Wirtschaftsordnung.*

3 *Aufgrund der staatlichen Einkommensumverteilung in einer sozialen Marktwirtschaft sind die primäre und sekundäre Einkommensverteilung zu unterscheiden. Erläutern Sie diese beiden Arten von Einkommensverteilung.*

4 *Neben Steuern sind Beiträge und Gebühren wichtige Einnahmearten im Staatshaushalt.*
   a) Nennen Sie je drei Beispiele für diese beiden Arten von staatlichen Einnahmen.
   b) Erklären Sie anhand Ihrer Beispiele, inwiefern sich Beiträge und Gebühren grundsätzlich unterscheiden.

5

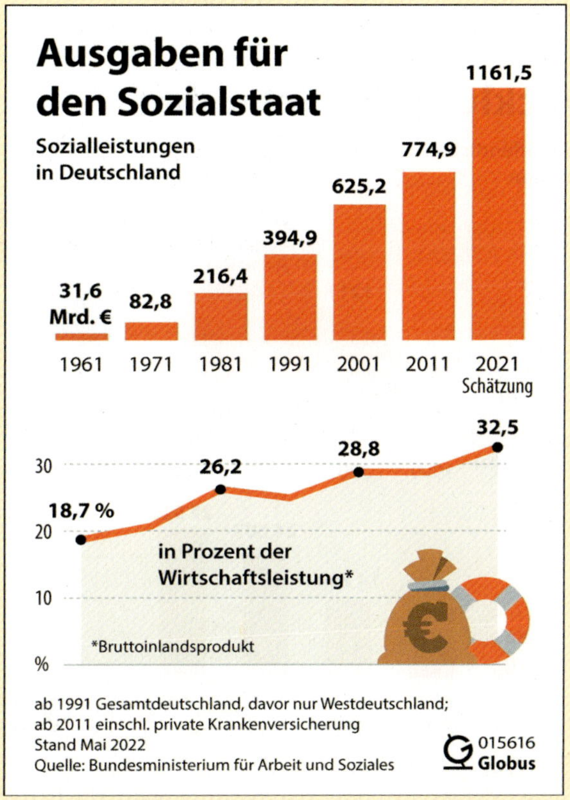

a) Fassen Sie die in der obigen Grafik dargestellten Sachverhalte in einem Bericht zusammen. Gehen Sie dabei auch auf die grundsätzliche Problematik ein, die in dieser Darstellung zum Ausdruck kommt.
b) Erklären Sie den Begriff Transferzahlungen. Gehen Sie dabei auch darauf ein, inwiefern Transferleistungen ein zentrales Wesenselement einer sozialen Marktwirtschaft darstellen.
c) Informieren Sie sich, z. B. im Internet, über aktuelle politische Bemühungen, die grundsätzlichen Probleme des sozialen Sicherungssystems in der Bundesrepublik Deutschland zu lösen. Verfassen Sie dazu einen Bericht.

6 *Wirtschaftswissenschaftlerinnen und Wirtschaftswissenschaftler haben vor einer Erhöhung der Mehrwertsteuer gewarnt. Erläutern Sie die Problematik von Steuererhöhungen für die Gesamtwirtschaft. Gehen Sie dabei mindestens auf drei unterschiedliche Aspekte ein.*

7 So leuchtet z. B. unmittelbar ein, dass staatliche Investitionen, etwa in die Infrastruktur, sehr wohl wachstumsfördernde und damit arbeitsplatzschaffende Effekte haben können. Ganz anders dagegen die Wirkungen von staatlichen Subventions-, Transfer- und Zinszahlungen. So fließen beispielsweise viele Subventionen in Branchen oder gar an einzelne Unternehmen, die auf lange Sicht ohnehin kaum Überlebenschancen haben. Dieses Geld zementiert also – meist aus vermeintlich sozialen Gründen – überkommene Strukturen und sichert allenfalls kurzfristig einige Arbeitsplätze.

a) Nehmen Sie persönlich zu dieser Aussage Stellung.
b) Erklären Sie, was unter Subventionen zu verstehen ist.

8

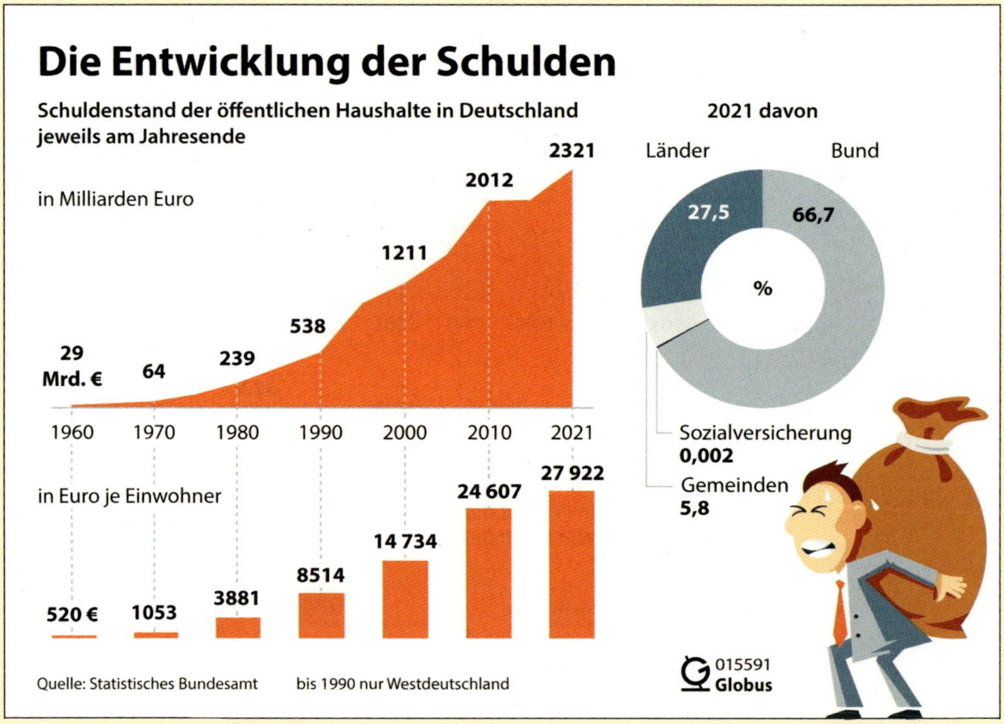

a) Verfassen Sie einen Kurzbericht über die Informationen, die in der Grafik veranschaulicht werden.
b) Erläutern Sie, warum es problematisch ist, wenn der Staat in seinem öffentlichen Haushalt mehr ausgibt, als er durch Steuern, Gebühren und Beiträge einnimmt.
c) Informieren Sie sich, z. B. mithilfe des Internets, über den sog. Stabilitätspakt. Welche Vorgaben macht dieser „Pakt" hinsichtlich der Verschuldung der Mitgliedsstaaten im „Euroland"?

9 *Erläutern Sie die Erkenntnisse aus dem Modell des evolutorischen Wirtschaftskreislaufs mit staatlicher Aktivität.*

4.4 Das Ausland im Wirtschaftskreislauf berücksichtigen

Seitdem Silvia Land eine Ausbildung zur Kauffrau für Büromanagement absolviert und Jörn Land eine Zusage für den Besuch der Höheren Handelsschule erhalten hat, drehen sich die Gespräche der Familie Land beim Abendessen immer wieder auch um wirtschaftliche Themen.

Antje Land: *„Unsere Marktleiterin ist heute mit schlechten Nachrichten von der Regionalkonferenz zurückgekommen. Das zweite Vierteljahr ist wieder sehr enttäuschend gewesen. Selbst beim Lebensmitteleinkauf scheinen sich die Leute inzwischen auf das Wichtigste zu beschränken."*
Otto Land: *„Kein Wunder, die hohen Preise, die Einschnitte bei den Sozialleistungen und die steigenden Energiekosten führen doch dazu, dass die Konsumentinnen und Konsumenten immer weniger Geld in der Tasche haben. Und wem es etwas besser geht, der weiß nicht, ob das morgen noch der Fall ist. Angesichts dieser ungewissen Zukunft ist es doch vernünftig, zu sparen und einen Notgroschen anzulegen. Gerade wir in der Automobilindustrie machen uns große Sorgen um die zukünftige wirtschaftliche Entwicklung."*
Jörn Land: *„So ganz kann das doch nicht stimmen. Wenn die Leute immer weniger kaufen, müsste doch auch weniger produziert werden. Das ist in den letzten Jahren aber nie der Fall gewesen. Außer im Coronajahr 2020 ist unser Bruttoinlandsprodukt von Jahr zu Jahr gestiegen, wenn die Zuwächse auch nicht so groß waren."*
Silvia Land: *„Du Schlauberger, da sieht man wieder einmal, wie wenig Ahnung du vom Leben hast. Von der Konjunkturlokomotive Export hast du wohl noch nichts gehört."*
Jörn Land: *„Jetzt gib nicht so an. Es ist ja noch nicht lange her, da hast du auch keine Ahnung von Wirtschaft gehabt."*
Silvia Land: *„Schon gut, kleiner Bruder, du hast ja recht. Aber zufällig haben wir heute in der Berufsschule über die Verflechtung unserer Volkswirtschaft mit der Weltwirtschaft gesprochen. Ausgangspunkt ist eine interessante Grafik gewesen. Wenn du willst, kann ich sie dir nach dem Essen einmal zeigen."*

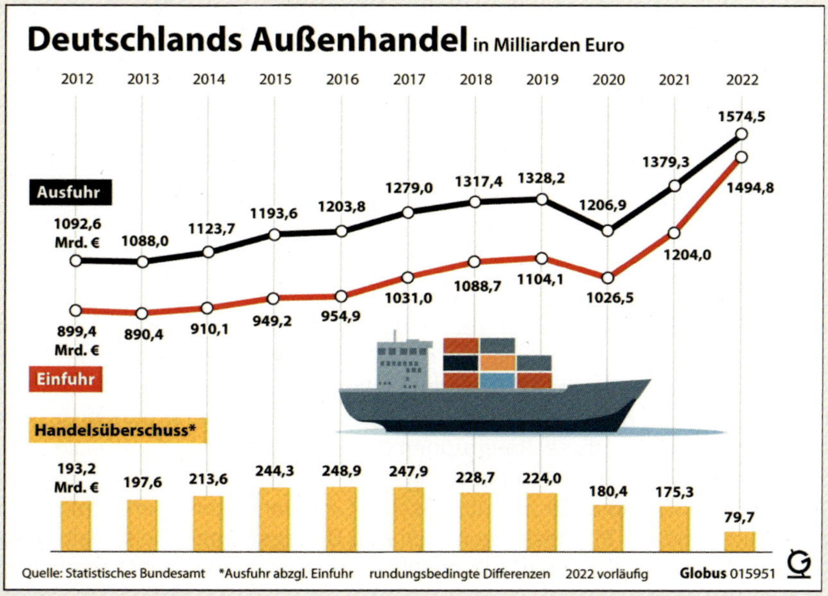

Arbeitsaufträge

- ***Erläutern Sie, inwiefern die Grafik erklärt, dass eine Volkswirtschaft trotz sehr schwacher Binnennachfrage einen Anstieg des Bruttoinlandsprodukts aufweisen kann.***
- ***Analysieren Sie den Wirtschaftsteil einer Tageszeitung (Print- oder Onlineausgabe). Sammeln Sie alle Artikel, die Hinweise auf internationale Beziehungen der deutschen Volkswirtschaft beinhalten.***
- ***Eine sog. offene Volkswirtschaft ist durch Zahlungsströme zwischen inländischen Sektoren und dem Sektor Ausland gekennzeichnet. Ordnen Sie die außenwirtschaftlichen Beziehungen in den von Ihnen ausgewählten Zeitungsartikeln den Strömen im Modell einer offenen Volkswirtschaft zu.***

Das Ausland als Wirtschaftssektor

Zunehmende weltweite Handelsbeziehungen, internationale Arbeitsteilung, die Öffnung von Grenzen, Massentourismus u.a. bedingen eine Vielzahl von Wirtschaftsbeziehungen zwischen den inländischen Sektoren und dem Ausland. Im Sektor Ausland sind alle ausländischen Haushalte und Unternehmen sowie alle ausländischen staatlichen Stellen zusammengefasst. Zu beachten ist, dass für die Einordnung eines Wirtschaftssubjektes als Inländer oder Ausländer nicht staatsrechtliche, sondern wirtschaftliche Kriterien ausschlaggebend sind.

Beispiel *Mehmet Okcuoglu, ein Kollege von Otto Land, lebt mit seiner Familie seit 20 Jahren in Köln und arbeitet seit dieser Zeit in der Automobilindustrie. Alle Mitglieder der Familie Okcuoglu haben keinen deutschen Pass, weil sie ihre türkische Staatsbürgerschaft nicht aufgeben wollen. Dennoch gehört die Familie Okcuoglu im Kreislaufmodell zum Sektor der inländischen Haushalte. Unabhängig von der Staatsbürgerschaft hat sie ihren wirtschaftlichen Schwerpunkt im Inland: Im Inland hat die Familie ihren ständigen Wohnsitz, im Inland arbeiten die Familienmitglieder und verwenden dort auch den größten Teil ihres Einkommens.*

Die wichtigsten Beziehungen einer sog. **offenen Wirtschaft** zum Ausland sind:

Zahlungsstrom aus Exporterlösen

Gerade deutsche Unternehmen bieten ihre Produkte in großem Ausmaß auf den Weltmärkten an. Durch diesen Verkauf an das Ausland fließen **Exporterlöse aus dem Ausland zu den inländischen Unternehmen**.

Beispiel *Die Bürodesign GmbH hat mit einem italienischen Büromöbelhersteller in Bozen einen Kooperationsvertrag abgeschlossen. Beide Unternehmen ergänzen ihr Sortiment mit ausgewählten Produkten des anderen Vertragspartners. Erzeugnisse „made in Germany" genießen gerade in Südtirol ein hohes Ansehen. Deshalb hat sich der Absatz von Büromöbeln der Bürodesign GmbH nach Italien in den letzten zwei Jahren sehr positiv entwickelt. Insgesamt erzielt die Bürodesign GmbH bereits 10% ihrer Umsatzerlöse in europäischen Nachbarstaaten.*

Zahlungsstrom aus Importausgaben

Die Bundesrepublik Deutschland ist ein relativ rohstoff- und energiearmes Land. Viele Unternehmen müssen Rohstoffe und Energie aus dem Ausland einführen, damit die Produktion im Inland durchgeführt werden kann. In der industriellen Fertigung werden die Endprodukte zunehmend aus komplexen Bauteilen zusammengesetzt. Aus Kostengründen beziehen immer mehr Industrieunternehmen diese Baugruppen aus dem Ausland. Auch viele Konsumgüter werden importiert, weil sie im Ausland kostengünstiger zu produzieren sind. Zahlreiche landwirtschaftliche Produkte sind aufgrund klimatischer Gegebenheiten überhaupt nur im Ausland anbaubar. Letztlich sind die Bundesbürgerinnen und Bundesbürger „Reiseweltmeister". Jedes Jahr kaufen Millionen von Haushalten während ihres Urlaubs im Ausland Dienstleistungen (z.B.

Übernachtungen in Hotels) und Sachgüter (z. B. Speisen und Getränke). Durch all diese Einkäufe im Ausland fließen **Importausgaben von den inländischen Unternehmen an das Ausland**.[1]

Beispiel *Otto Land erinnert sich noch mit Schrecken an die Jahre 2020 und 2021. Bei den Automobilwerken musste Kurzarbeit eingeführt werden. Die für die Produktion erforderlichen Bauteile stammen von einem Lieferer in Fernost. Wegen eines pandemiebedingten Lockdowns im asiatischen Raum kam es zur Unterbrechung der Lieferketten. Da die Automobilwerke aus Kostengründen nur einen geringen Vorrat an Blechen lagern, musste die Produktion eingestellt werden. Im Rahmen der Kurzarbeit konnten die Mitarbeiterinnen und Mitarbeiter in der Produktion nur mit Wartungs- und Reparaturarbeiten beschäftigt werden. Entsprechende Verdienstausfälle waren für die betroffenen Beschäftigten die Folge.*

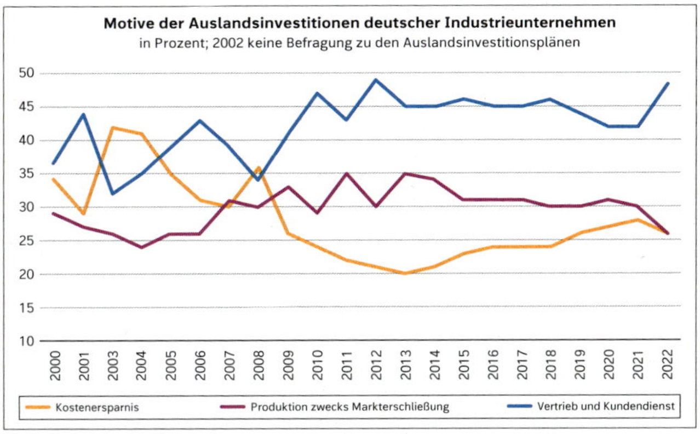

Vgl. Deutscher Industrie- und Handelskammertag e. V. (Hrsg.): Auslandsinvestitionen der Industrie 2022, S. 4.

Zahlungsströme aus Kapitalexporten und Kapitalimporten

Den Exporterlösen und Importausgaben entsprechen gegenläufige Ströme von Sachgütern und Dienstleistungen. Davon zu unterscheiden sind der reine **Kapitalexport** bzw. **Kapitalimport**. Beim Kapitalexport fließt Geldkapital aus dem Inland ins Ausland. Inländische Wirtschaftssubjekte legen ihre Ersparnisse im Ausland an oder verwenden ihr Geldkapital für die Errichtung von Produktionsstätten im Ausland **(Direktinvestitionen)**. Beim Kapitalimport stärkt das Ausland den inländischen Kapitalmarkt. Geldkapital aus dem Ausland wird im Inland angelegt.

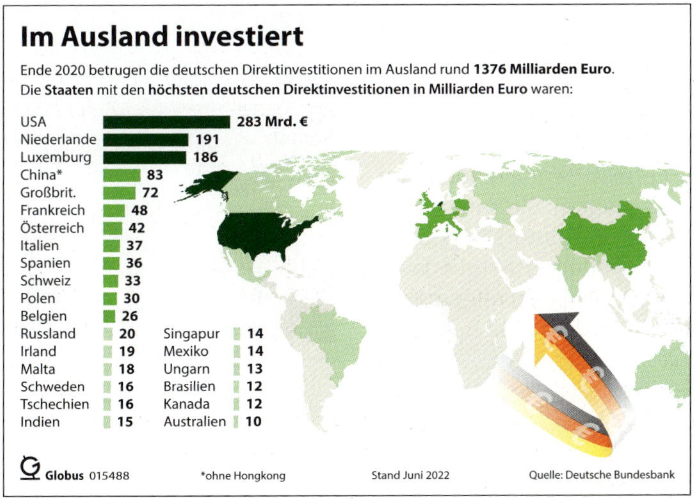

---

[1] *Da die Zahlungen der privaten Haushalte für Tourismus als Zahlungen für Importe zu interpretieren sind, werden sie in der Statistik über den Sektor Unternehmen erfasst.*

Beispiel *Unter den Mitarbeiterinnen und Mitarbeitern der Automobilwerke in Köln herrscht Alarmstimmung. Einige Mitglieder des Betriebsrates fordern sogar spontane Arbeitsniederlegungen. Grund der Empörung ist eine Entscheidung des Vorstands. Ein weiteres E-Auto-Modell soll nicht mehr im Kölner Werk produziert werden. Das Unternehmen beabsichtigt, in einem osteuropäischen Land eine neue Automobilfabrik zu errichten. Insbesondere aufgrund erheblich niedrigerer Lohnkosten ist die Produktion im Ausland wesentlich kostengünstiger. Hinzu kommt, dass mit dem neuen Modell auch der osteuropäische Markt erschlossen werden soll. Dies fällt leichter, wenn auch die Produktion schon vor Ort im Ausland erfolgt. Die Kölner Mitarbeiterinnen und Mitarbeiter befürchten jedoch, dass diese Direktinvestition in Osteuropa die Arbeitsplätze in Köln gefährdet.*

Zahlungsströme aus Einkommenszahlungen

Sowohl beim Kapitalexport als auch beim Kapitalimport wird grenzüberschreitend der Produktionsfaktor Kapital zur Verfügung gestellt. Als Gegenleistung für ihren Produktionsfaktor erhalten die jeweiligen Kapitalgeber **Einkommen in Form von Zinsen und Gewinnanteilen**. Wesentlich weniger mobil als der Faktor Kapital ist der Faktor Arbeit. Dennoch kommt es vor, dass inländische Haushalte ihre Arbeitskraft einem ausländischen Unternehmen zur Verfügung stellen. Umgekehrt arbeiten auch ausländische Haushalte bei inländischen Unternehmen. In diesen Fällen kommt es zu einem grenzüberschreitenden Einkommensstrom von Löhnen und Gehältern.

Beispiel *Toni Neumann, der ältere Bruder von Antje Land, lebt mit seiner Familie in der Nähe von Aachen. Als gelernter Maurer verlor er wegen der Krise in der deutschen Bauindustrie immer wieder seinen Arbeitsplatz. Ganz anders stellt sich die Situation im Nachbarland Niederlande dar. Die Bauwirtschaft hat volle Auftragsbücher und sucht qualifizierte Fachkräfte. So ist Herr Neumann seit vielen Jahren bei einem niederländischen Bauunternehmen beschäftigt. Tagsüber arbeitet er im Ausland, nach Feierabend und an den Wochenenden ist er aber bei seiner Familie in Deutschland.*

Zahlungsstrom aus Übertragungen

Übertragungen sind Zahlungsströme zwischen inländischen Sektoren und dem Auslandssektor, ohne dass eine Gegenleistung zugrunde liegt.

Beispiel *Mehmet Okcuoglu, ein Arbeitskollege von Otto Land, gehört mit seiner Frau und seinen Kindern zum Sektor der inländischen privaten Haushalte. Die Familie hat trotz der türkischen Staatsangehörigkeit aller Familienmitglieder ihren wirtschaftlichen Schwerpunkt im Inland. Natürlich hat die Familie Okcuoglu noch intensive Kontakte in die Türkei. Viele Mitglieder der Großfamilie leben dort. Aufgrund der wirtschaftlichen Verhältnisse in einigen Regionen der Türkei ist der Lebensstandard dort wesentlich niedriger. Mehmet Okcuoglu unterstützt deshalb seine Eltern und Schwiegereltern in der Türkei finanziell. Jeden Monat überweist er ihnen 200,00 EUR.*

Auch die Bundesrepublik Deutschland unterstützt ausländische Staaten: Sie zahlt Gelder für Entwicklungshilfe und unterstützt durch Zahlungen die Entwicklung in Mitgliedsländern der EU, die noch nicht den allgemeinen wirtschaftlichen Standard erreicht haben.

Grafische Darstellung des evolutorischen Wirtschaftskreislaufs einer offenen Volkswirtschaft mit staatlicher Aktivität

Der Sektor Ausland und die außenwirtschaftlichen Ströme vervollständigen das Kreislaufmodell.

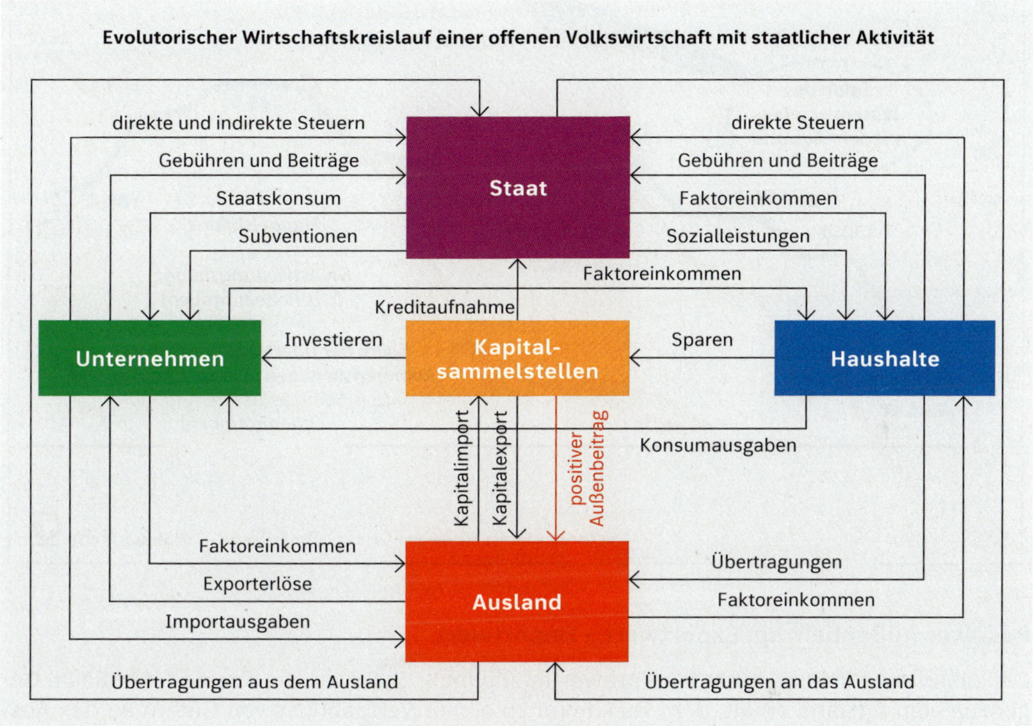

Erkenntnisse aus dem Modell des offenen Wirtschaftskreislaufs

Im obigen Kreislaufschema werden nur Geldströme erfasst. Jedem monetären Strom entspricht i. d. R. ein realer Strom in Gegenrichtung. So fließt zu den Exporterlösen ein Strom von Exportgütern an das Ausland. Hinter den Importausgaben verbergen sich andererseits Importgüter, die ins Inland kommen. Stimmen die Exporterlöse mit den Importausgaben überein, werden wertmäßig genauso viele Güter exportiert wie importiert. Zwei Volkswirtschaften tauschen Güter im selben Gesamtwert gegeneinander aus.

Beispiel *Wie die gesamte Branche leiden auch die Automobilwerke in Köln seit einigen Jahren unter einer Absatzkrise. Otto Land bedrückt es sehr, dass die von ihm mitproduzierten Fahrzeuge zunächst einmal auf Halde stehen. Insofern kann er nachvollziehen, dass die Geschäftsleitung zu einem Kompensationsgeschäft mit einem Unternehmen aus Fernost bereit ist. Das Automobilwerk liefert 250 Transporter an den Vertragspartner in Südkorea. Als Gegenleistung rüstet das südkoreanische Unternehmen die Verwaltung des Autobauers mit neuester IT-Hardware aus.*

Die wertmäßige Übereinstimmung von Export und Import einer Volkswirtschaft ist jedoch eher die Ausnahme. Die Differenz zwischen Exportwert und Importwert einer Periode wird als **Außenbeitrag** bezeichnet.

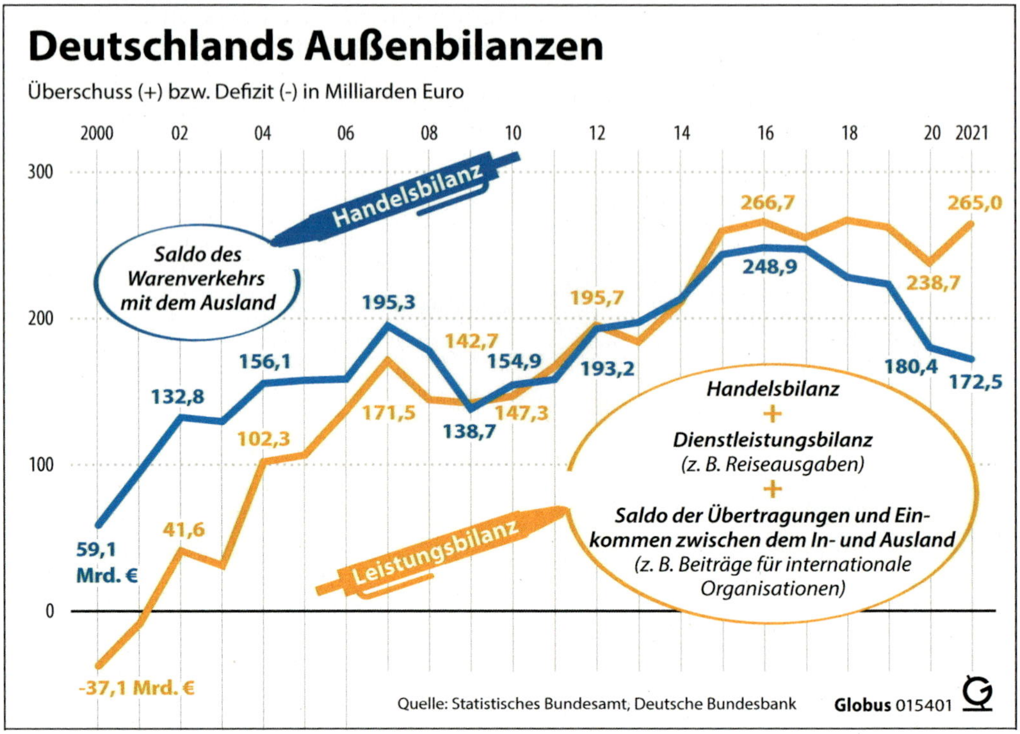

Positiver Außenbeitrag: Exportwert > Importwert

Die inländische Volkswirtschaft liefert wertmäßig mehr Güter an das Ausland, als sie im Gegenzug vom Ausland erhält, d. h., es kommt zu einem Nettoabfluss von Gütern an das Ausland. In Höhe der wertmäßigen Differenz bedingt dies einen Kapitalexport an das Ausland. Das Ausland bezahlt diese Differenz ja nicht in Form einer Gegenlieferung in Gütern. Mit anderen Worten, **dem Ausland wird in Höhe dieses Exportüberschusses Kredit gewährt**.

Die deutsche Volkswirtschaft weist seit Jahrzehnten einen Exportüberschuss aus. Dies ist allein schon dadurch bedingt, dass überwiegend Rohstoffe und Vorprodukte importiert und Fertigerzeugnisse exportiert werden. Der Wert von Fertigerzeugnissen ist tendenziell höher als der von Rohstoffen und Vorprodukten.

Negativer Außenbeitrag: Exportwert < Importwert

Die inländische Volkswirtschaft liefert wertmäßig weniger Güter an das Ausland, als sie im Gegenzug vom Ausland erhält, d. h., es kommt zu einem Nettozufluss von Gütern an das Inland. In Höhe der wertmäßigen Differenz bedingt dies einen Kapitalimport aus dem Ausland. Das Inland bezahlt diese Differenz ja nicht in Form einer Gegenlieferung von Gütern. Mit anderen Worten, **dem Inland wird in Höhe dieses Importüberschusses Kredit gewährt**.

Die Corona-Pandemie und der Ukraine-Krieg haben aber auch die Problematik der Globalisierung deutlich werden lassen. Die internationale Arbeitsteilung bedingt eine Abhängigkeit der nationalen Volkswirtschaft. Wenn die internationalen Lieferketten reißen, können Versorgungsengpässe, Produktionsrückgang und Preissteigerungen die Folge sein.

Zusammenfassung: Das Ausland im Wirtschaftskreislauf berücksichtigen

Zentrale Zahlungsströme einer offenen Volkswirtschaft

- Faktoreinkommen aus dem Ausland
- Faktoreinkommen an das Ausland

- Exporterlöse für Dienstleistungen
- Importausgaben für Dienstleistungen

- Exporterlöse für Sachgüter
- Importausgaben für Sachgüter

- Kapitalimport
- Kapitalexport

- Übertragungen aus dem Ausland
- Übertragungen an das Ausland

Außenbeitrag = Exporterlöse – Importausgaben

Positiver Außenbeitrag:
Exportwert > Importwert
(Forderungen an das Ausland)

Negativer Außenbeitrag:
Exportwert < Importwert
(Verbindlichkeiten an das Ausland)

Aufgaben

1 *Erläutern Sie, inwiefern die Volkswirtschaft der Bundesrepublik Deutschland auf den Außenhandel angewiesen ist. Gehen Sie dabei auf zwei unterschiedliche Aspekte ein.*

2 *Nennen Sie fünf unterschiedliche Arten von außenwirtschaftlichen Transaktionen.*

3

Aufbau des IW-Standortindexes

6 Themenbereiche					
Staat	Infrastruktur i.w.S.	Wissen	Ressourcen	Kosten	Markt
14 Obergruppen					
Ordnungsrahmen	Infrastruktur	Humankapital	Energie/Rohstoffe	Kosten	Markt und Kunden
Regulierung	Luft/Schiff	Innovationsumfeld	Kapitalmarkt		Wertschöpfungskette
Bürokratie		Arbeitsbeziehungen			Offenheit, Außenhandel
Rund 60 Einzelindikatoren, beispielsweise					
Effiziente Regierung	Breitbandinternetversorgung	Bildungsniveau, MINT-Absolventen	Ressourcen, Rohstoffe	Arbeitskosten	Kundenorientierung
Monopolkontrolle	Infrastrukturindikatoren	Fachkräftenachwuchs	Energieeffizienz	Zinskosten	Bevölkerungswachstum
Korruptionskontrolle	Luft- und Schiffsverkehr	Forschungspersonal	Kreditverfügbarkeit	Exportkosten	Breite der Wertschöpfungskette
Arbeitsmarktregulierung	Lebenserwartung	Innovationen, Patentanmeldungen		Steuern	

Quelle: Institut der deutschen Wirtschaft Köln (Hrsg.): Industrielle Standortqualität - Wo steht Deutschland im internationalen Vergleich?, in: IW-Studien - Schriften zur Wirtschaftspolitik aus dem Institut der deutschen Wirtschaft Köln, 2013, S. 13 (verändert)

a) Wählen Sie aus der obigen Übersicht zum IW-Standortindex vier Motive für Direktinvestitionen deutscher Unternehmen im Ausland aus und erläutern Sie diese.
b) Erklären Sie, z. B. mithilfe des Internets, was unter Local-content-Auflagen zu verstehen ist.

4 *Erläutern Sie, inwiefern*
a) Unterschiede im Zinsniveau und
b) politische Einflussfaktoren
den Kapitaltransfer (Kapitalexport und Kapitalimport zwischen zwei Ländern) beeinflussen können.

Nettozahler und Nettoempfänger in der EU, 2020

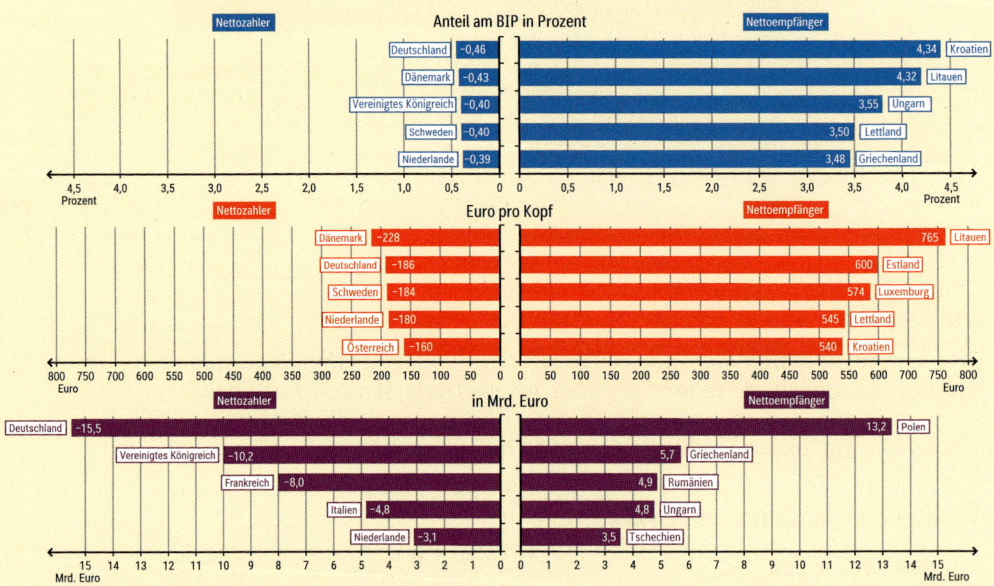

Datenbasis: European Commission: EU spending and revenue – Data 2000-2020.

5 *a) Erklären Sie die Informationen, die die Grafik „Nettozahler und Nettoempfänger in der EU“ veranschaulicht.*
b) Erläutern Sie, wie sich die für Deutschland und Polen angegebenen Daten im Wirtschaftskreislauf dieser beiden Volkswirtschaften niederschlagen.

6 *Die deutsche Volkswirtschaft weist i. d. R. einen positiven Außenbeitrag auf.*
a) Erklären Sie, was unter dem Außenbeitrag zu verstehen ist.
b) Informieren Sie sich mithilfe des Internets über die Höhe und Entwicklung des Außenbeitrags.

Handlungsfeld 2:

Beschaffung

1 Markt und Preis – die Preisbildung als Zusammentreffen von Angebot und Nachfrage darstellen

Im Handlungsfeld 2 werden Sie grundlegende Zusammenhänge über die Entstehung, Entwicklung und Funktionsweisen von Markt und Preis kennenlernen. Sie werden die Preisbildung als Zusammentreffen von Angebot und Nachfrage verstehen. Aus Sicht der Modellfamilien Land und Stein sowie der Bürodesign GmbH begründen Sie deren Nachfrageverhalten, erklären Ursachen für Veränderungen der Nachfrage und des Angebots und analysieren die Wirkungen von Preisänderungen.

Über die Erfahrung der eigenen Rolle als Marktteilnehmerin/Marktteilnehmer hinaus lernen Sie, das Modell des vollkommenen Marktes realitätsbezogen zu überprüfen. Bezogen auf die Marktform des Polypols erklären Sie das Entstehen von Konsumenten- und Produzentenrenten und entwickeln beispielhaft die Funktionen des Preises.

2 Die Beschaffung auf internationalen Märkten organisieren

Anschließend lernen Sie die Grundlagen der Beschaffung auf internationalen Märkten kennen. Sie recherchieren, welche Ein- und Ausfuhrgüter für die Bürodesign GmbH bedeutsam sein können und untersuchen die Zusammenhänge auf internationalen Märkten. Dabei erklären Sie mögliche Chancen und Risiken der Beschaffung von Gütern auf internationalen Märkten.

Abschließend begründen Sie die Wirkungsweise von Wechselkursschwankungen und analysieren die durch mögliche Wechselkursschwankungen hervorgerufenen Chancen und Risiken für die Bürodesign GmbH.

1 Markt und Preis – die Preisbildung als Zusammentreffen von Angebot und Nachfrage darstellen

1.1 Das Nachfrageverhalten begründen

Herr Stein, der Geschäftsführer der Bürodesign GmbH, verfolgt bereits seit einiger Zeit im Wirtschaftsteil der Tageszeitung den Verlauf der Aktienkurse. Auf diese Weise hat er erfahren, dass die Kurse der Logistik AG im Moment recht niedrig sind. Außerdem hat er einen Zeitungsartikel gelesen, in dem führende Fachleute von einem baldigen Aufschwung in der Wirtschaft ausgehen. Der Kauf von Aktien scheint Erfolg versprechend zu sein, zumal Herr Stein in Zukunft mit steigenden Preisen rechnet. In der Mittagspause sucht er den Kundenberater seiner Hausbank auf. *„Ich möchte gerne Aktien der Logistik AG kaufen." „Selbstverständlich, Herr Stein. Was möchten Sie denn maximal ausgeben?"*, fragt der Kundenberater. Herr Stein ist irritiert. *„Sie kaufen Ihre Aktien zum Schlusskurs des heutigen Börsentags. Und da könnte es doch sein, dass der Kurs so hoch ist, dass Sie die Aktien lieber doch nicht kaufen möchten"*, erklärt der Kundenberater, *„deshalb legt man normalerweise ein Limit[1] fest." „Tja, da haben Sie recht"*, sagt Herr Stein, *„zu teuer dürfen sie natürlich nicht sein."* Herr Stein hat insgesamt 10000,00 EUR zur Verfügung. Weil das Risiko eines Kursverlusts jedoch recht hoch ist, beschließt er, nur 3500,00 EUR für Aktienkäufe auszugeben. *„Sagen wir mal, ich möchte nicht mehr als 35,00 EUR pro Stück bezahlen. Zu diesem Kurs hätte ich gerne 100 Aktien." „Gerne, Herr Stein, ich leite Ihren Kaufauftrag an die Börse weiter."* Natürlich ist Herr Stein nicht der einzige Kunde, der Aktien kaufen möchte. Der Kundenberater leitet sämtliche Kaufaufträge an die zuständige Börsenmaklerin weiter. Als die Börse um 14:00 Uhr schließt, ergibt sich für die Aktie der Logistik AG an diesem Tag folgendes Bild:

Kurs (in EUR)	Anzahl nachgefragter Aktien	Nachfrage insgesamt (in EUR)
27,50	7900	217250,00
30,00	6400	192000,00
32,50	5300	172250,00
35,00	4500	157500,00
37,50	3700	138750,00
40,00	2900	116000,00

Arbeitsaufträge

- ***Beschreiben Sie, von welchen Überlegungen Herr Stein seinen Aktienkauf abhängig macht.***
- ***Erläutern Sie, wie der Aktienkauf letztlich zustande kommt.***
- ***Erklären Sie die Bedeutung des Limits beim Aktienkauf.***

[1] *Limit = Festlegung einer Preisgrenze*

Bestimmungsgrößen des Nachfrageverhaltens

Konsumentinnen und Konsumenten planen ihren Einkauf. Sie überlegen, welche Güter sie in welchen Mengen benötigen und welchen Preis sie dafür bezahlen wollen. Ihre tatsächliche Nachfrage hängt letztlich von einer Reihe verschiedener **Einflussgrößen** ab. Sie wollen wissen, zu welchem Preis das Gut erworben werden kann, was andere Güter kosten, die sie noch benötigen, und wie viel Geld sie überhaupt für den Einkauf ausgeben wollen.

Allerdings ist der **Preis** nicht der einzige Gesichtspunkt, der beim Kauf eines Gutes eine Rolle spielt. Zahlreiche **weitere Faktoren** beeinflussen das Nachfrageverhalten eines Haushalts.

Beispiele
- *Wie sieht die wirtschaftliche Lage künftig aus?*
- *Wie viel Geld steht künftig zur Verfügung?*
- *Welche anderen Güter werden künftig benötigt?*

Haushalte beziehen diese und ähnliche Gesichtspunkte individuell unterschiedlich stark in die Planung ihres Nachfrageverhaltens ein. Aus diesem Grund fällt es schwer, dieses sehr unterschiedliche Bewertungsverhalten zu vergleichen. Um die **Nachfragefunktion allgemein** zu erklären, werden diese individuellen Einflüsse vernachlässigt. →MATH

Normales Nachfrageverhalten

Zwar ist der Preis nicht der einzige Gesichtspunkt bei der Planung des Nachfrageverhaltens, jedoch ist er häufig die wichtigste Bestimmungsgröße. Die Nachfragefunktion geht davon aus, dass die **nachgefragte Menge N** eines Gutes x_1 von dem Preis dieses Gutes p_1, den Preisen anderer Güter ($p_2 \dots p_n$) sowie der Konsumsumme (c) abhängt.

$$N_1 = f(p_1, p_2 \dots p_n, c)$$

Weil der Preis p_1 jedoch die **wichtigste** Größe des Nachfrageverhaltens ist, werden die übrigen Faktoren **konstant** gehalten und müssen somit nicht in die Betrachtung des Nachfrageverhaltens einbezogen werden (ceteris paribus = unter sonst gleichen Bedingungen). Auf diese Weise lässt sich eine **Nachfragefunktion** ableiten, die das übliche Nachfrageverhalten in allgemeiner Form darstellt:

$$N_1 = f(p_1)$$

Steigt der Preis eines Gutes, so wird die **Nachfrage** der Haushalte üblicherweise **fallen**, weil das Gut als zu teuer empfunden wird. Bei **sinkenden Preisen** hingegen wird die **Nachfrage** der Haushalte nach diesem Gut in aller Regel **steigen**. In der unten stehenden Tabelle wird das Beispiel aus der Einstiegssituation fortgesetzt und grafisch dargestellt.

Beispiel

Preis (in EUR)	Nachfrage (in EUR)
27,50	217 250,00
30,00	192 000,00
32,50	172 250,00
35,00	157 500,00
37,50	138 750,00
40,00	116 000,00

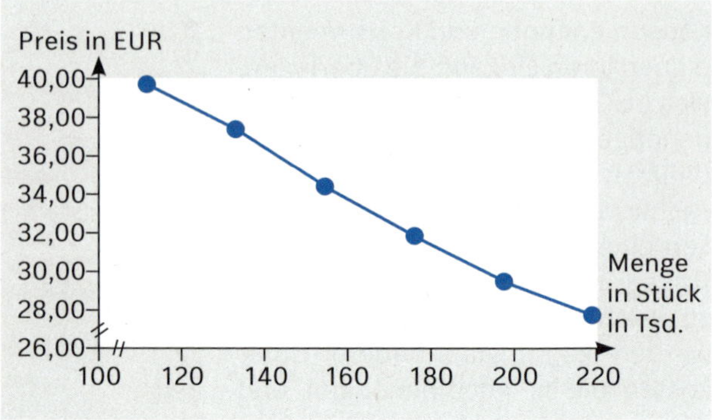

Anomales Nachfrageverhalten

Unterstellt man normales Nachfrageverhalten der Haushalte, so wird sich die Mehrheit so verhalten, wie es im Eingangsbeispiel dargestellt wurde. In diesem Fall spricht man von **rationalem Nachfrageverhalten**. Dies würde jedoch bedeuten, dass die Mehrheit der Verbraucherinnen und Verbraucher bei gleicher Qualität **immer** dort einkauft, wo sie günstige Preise vermutet. Dennoch verhalten sich zahlreiche Verbraucherinnen und Verbraucher anders. Sie kaufen bewusst zu höheren Preisen ein und verhalten sich demzufolge **irrational**.

Beispiele

- *Um sich von der Mehrheit der Verbraucherinnen und Verbraucher zu unterscheiden, kaufen manche Menschen Güter, die im Preis steigen und mit denen Luxusbedürfnisse befriedigt werden, während sie ein gleichartiges Gut zu einem wesentlich günstigeren Preis bekommen könnten. Man spricht vom sog.* ***Snob-Value-Effekt.*** *So kaufen Snobs beispielsweise teure Uhren, weil andere sich diese i. d. R. nicht kaufen können („Ich trage als einzige Person diese tolle Uhr und nicht ihr! Ich bin einzigartig!“).*
- *Eine ähnliche Reaktion wie den Snob-Value-Effekt entdeckte der amerikanische Ökonom Thorstein Veblen (1857–1929). Veblen fand heraus, dass es Menschen gibt, die ein Gut kaufen, gerade weil der Preis dieses Gutes gestiegen ist. Auslöser dieses unüblichen Verhaltens (****Veblen-Effekt****) ist eine Art Trotzreaktion, mit der man zeigen möchte, dass man – obwohl das Gut teurer geworden ist – es trotzdem noch zahlen kann („Schaut her! Ich kann es trotzdem noch bezahlen, und ihr nicht!“).*
- *Andere Verbraucherinnen und Verbraucher kaufen gleichartige Ware häufig in einem Geschäft zu einem hohen Preis, während das gleiche Gut in einem anderen Geschäft wesentlich günstiger ist, weil sie vermuten, dass das teurere Gut auch eine höhere Qualität hat* ***(Qualitätsvermutungseffekt)****.*
- *Wiederum andere orientieren sich an den oben beschriebenen Verhaltensweisen und ahmen diese nach. In diesem Fall spricht man vom sog.* ***Bandwagon-Effekt.***
- *In weitaus zahlreicheren Fällen verhalten sich Kundinnen und Kunden schlicht und einfach markentreu. Aus Gewohnheit und aus Imagegründen kaufen sie einen Artikel, dem sie vertrauen, obwohl sie genau wissen, dass ein günstigeres Produkt möglicherweise die gleiche Qualität hat* ***(Marken-Effekt)****.*
- *Einen interessanten Fall irrationalen Nachfrageverhaltens entdeckte der britische Ökonom Sir Robert Giffen (1837–1910). Giffen stellte fest, dass Haushalte, die in wirtschaftlicher Not leben, auf eine Erhöhung der Brotpreise mit einem Anstieg der Nachfrage nach Brot reagieren. Rationales Verhalten wäre, wenn die Nachfrage zurückgehen würde. Haushalte, die am Existenzminimum leben, können sich dann keine oder weniger andere Lebensmittel mehr kaufen. Also kaufen sie mehr Brot, damit ihre Existenz nicht gefährdet ist. Man spricht vom sog.* ***Giffen-Paradoxon.***

Zusammenfassung: Das Nachfrageverhalten begründen

- Der Preis ist die wichtigste Bestimmungsgröße des Nachfrageverhaltens.

Normales Nachfrageverhalten

- Neben dem Preis als wichtigste Bestimmungsgröße werden die anderen Faktoren konstant gehalten (ceteris paribus), sodass die allgemeine Nachfragefunktion lautet:

$$N_1 = f(p_1)$$

Üblicherweise führt die Nachfragefunktion zu einem Verlauf, bei dem die nachgefragte Menge bei steigenden Preisen abnimmt.

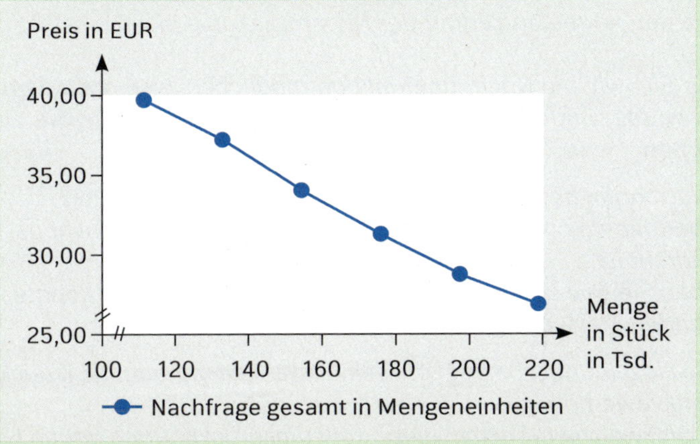

Anomales Nachfrageverhalten

- **Snob-Value-Effekt:** Um zu zeigen, dass sie die Einzigen sind, die sich einen Artikel leisten können, fragen Snobs Güter nach, deren Preis gestiegen ist.
- **Veblen-Effekt:** Manche Menschen kaufen ein Gut, gerade weil es teurer geworden ist. Sie wollen zeigen, dass sie es sich trotzdem leisten können.
- **Qualitätsvermutungseffekt:** Bei gleicher Qualität kaufen Verbraucherinnen und Verbraucher die gewünschte Ware bei einem Anbieter zum höheren Preis, weil sie eine höhere Qualität vermuten.
- **Bandwagon-Effekt:** Mitläuferinnen und Mitläufer ahmen das oben beschriebene Verhalten nach und zahlen ebenfalls bereitwillig einen höheren Preis, um „dazuzugehören".
- **Marken-Effekt:** Ähnlich wie beim Qualitätsvermutungseffekt schwören Verbraucherinnen und Verbraucher auf „ihre Marke" und sind bereit, bei gleicher Qualität einen höheren Preis für den Markenartikel zu bezahlen.
- **Giffen-Paradoxon:** Haushalte am Existenzminimum bezahlen bei steigenden Preisen für Grundnahrungsmittel einen höheren Preis für Brot, weil sie durch die Preissteigerung auf andere Lebensmittel verzichten müssen und deshalb mehr Brot benötigen, um ihre Existenz zu sichern.

Aufgaben

1 *Geben Sie an, welche Bestimmungsgrößen sich auf das Nachfrageverhalten auswirken. Beschreiben Sie an Beispielen Ihr eigenes Nachfrageverhalten.*

2 *Erklären Sie den Verlauf der Nachfragefunktion. Berücksichtigen Sie dabei die Ceteris-paribus-Klausel.*

3 *Erläutern Sie den Unterschied zwischen dem Snob-Value-Effekt und dem Veblen-Effekt. Suchen Sie nach Beispielen aus dem Alltagsleben, wo Nachfragerinnen und Nachfrager sich ähnlich verhalten.*

4 *Im Normalfall wird die Nachfrage bei steigenden Preisen zurückgehen. Es gibt aber Fälle, in denen Verbraucherinnen und Verbraucher sich anders (anomal) verhalten.*
a) Erklären Sie in diesem Zusammenhang das Giffen-Paradoxon.
b) Stellen Sie den normalen Verlauf der Nachfragekurve in einer selbst entwickelten Grafik dar.
c) Überlegen Sie, wie die Nachfragefunktion möglicherweise nach dem Giffen-Paradoxon verlaufen würde, und übertragen Sie diese in die Grafik, die Sie zuvor in Aufgabe b) erstellt haben.

5 *Zukunftserwartungen bestimmen das aktuelle Nachfrageverhalten.*
a) Beschreiben Sie das mögliche Nachfrageverhalten eines Haushalts, der von Arbeitslosigkeit bedroht ist.
b) Beschreiben Sie, wie sich dieser Haushalt eventuell verhalten könnte, wenn er in Zukunft mit steigenden Preisen rechnet.

6 *Der deutsche Einzelhandel beklagt die seit langer Zeit anhaltende Zurückhaltung der Kundschaft im Konsumverhalten.*
a) Erläutern Sie, welche Ursachen diese Konsumzurückhaltung haben könnte.
b) Beschreiben Sie, welches Preisniveau somit eher vorherrscht.
c) Schlagen Sie vor, was passieren müsste, damit die Konsumzurückhaltung aufgehoben würde.
d) Erläutern Sie, wie sich die Preise in diesem Fall entwickeln würden.

7 *Beschreiben Sie Fälle anomalen Nachfrageverhaltens, wonach Verbraucherinnen und Verbraucher sich nach dem*
a) Bandwagon-Effekt,
b) Qualitätsvermutungseffekt
verhalten.

1.2 Das Angebotsverhalten untersuchen

Kaum ist Herr Stein gegangen, klingelt bei dem Kundenberater der Hausbank das Telefon. Herr Land ist am Apparat. *„Guten Tag, Herr Land. Schön, mal wieder etwas von Ihnen zu hören. Was kann ich für Sie tun?" „Tja, ich verfolge seit geraumer Zeit die Aktienkurse. Sie sind ja in den letzten Monaten wieder gestiegen"*, sagt Herr Land zu dem Kundenberater. *„Da haben Sie recht, Herr Land. Hoffentlich hält der Trend auch an"*, bemerkt der Kundenberater. *„Das wäre aber schlecht für mich." „Warum?" „Weil ich meine Aktien von der Logistik AG verkaufen möchte." „Ach so. Ich verstehe. Na, das können wir gerne einrichten, Herr Land. Haben Sie sich Gedanken über ein Verkaufslimit gemacht?" „Ein Limit? Wie meinen Sie das denn?"*, fragt Herr Land. *„Na ja, Sie verkaufen die Aktien doch zum heutigen Schlusskurs. Aber leider wissen Sie und ich nicht, welchen Kurs Ihre Aktien heute an der Börse erzielen werden"*, erklärt der Kundenberater. *„Ach so, Sie meinen, der Kurs könnte* *sinken ..." „Richtig." „Dann will ich meine Logistik-Aktien nicht verkaufen"*, sagt Herr Land. *„Und deshalb müssen Sie ja auch durch das Verkaufslimit festlegen, welchen Preis Sie erzielen wollen." „Na ja, dann würde ich gerne 100 Aktien zu einem Kurs von 35,00 EUR verkaufen"*, entscheidet Herr Land. *„Sehr gerne. Ich leite Ihren Verkaufsauftrag dann an die Börse weiter."*

So wie bei den Kaufaufträgen werden auch die Verkaufsaufträge aller Aktien gesammelt und aufbereitet. Bei Börsenschluss ergibt sich für die Aktien der Logistik AG an diesem Tag folgendes Bild:

Kurs (in EUR)	Anzahl angebotene Aktien	Angebot insgesamt (in EUR)
27,50	1100	30250,00
30,00	2200	66000,00
32,50	3000	97500,00
35,00	3900	136500,00
37,50	5400	202500,00
40,00	7600	304000,00

Arbeitsaufträge
- ***Beschreiben Sie die Überlegungen von Herrn Land. Überprüfen Sie, warum es schlecht für den verkaufswilligen Herrn Land wäre, wenn der positive Aktientrend anhielte.***
- ***Erläutern Sie, wie sich das Angebot der Logistik-Aktie an diesem Börsentag entwickelt.***
- ***Schildern Sie, von welchen Motiven sich die Anbieter leiten lassen, wenn sie ihre Aktien verkaufen wollen.***

■ Bestimmungsgrößen des Angebotsverhaltens

Genauso, wie Herr Land plant, beim Verkauf seiner Aktien einen möglichst **hohen Preis** zu erzielen, überlegen Anbieter, zu welchen Preisen sie ein Gut verkaufen wollen. Auch hierbei gilt, dass die Höhe der angebotenen Menge von verschiedenen Überlegungen beeinflusst wird:

Beispiele
- *Welchen Preis kann man für das Gut erzielen?*
- *Welche Kosten sind bei der Produktion entstanden?*
- *Welche Qualität, welches technische Wissen „steckt" in dem Gut?*
- *Zu welchem Preis werden andere – gleichartige – Güter angeboten?*

Von entscheidender Bedeutung wird jedoch sein, dass der Anbieter einen Preis erzielen will, der ihm einen möglichst **hohen Gewinn** verspricht. Die zukünftige Gewinnerwartung wird somit zu einer bedeutenden Triebfeder bei der Preisgestaltung des Anbieters. Um hohen Gewinn zu erzielen, strebt der Anbieter somit tendenziell immer zu höheren Preisen, während er den Preis senken wird, wenn er davon ausgeht, dass kein hoher Gewinn zu erzielen ist. Aus diesem Zusammenhang ergibt sich – dem typischen Nachfrageverhalten entgegengesetzt – das normale Angebotsverhalten.

Normales Angebotsverhalten

Zahlreiche Faktoren beeinflussen auch hier das Angebotsverhalten. Während der Preis für ein angebotenes Gut mit Zahlen erfasst werden kann, ist es schwierig, den Stand technischen Wissens oder den erwarteten Gewinn zu bemessen. Die **allgemeine Angebotsfunktion** geht davon aus, dass die angebotene Menge eines Gutes A_1 von dem zu erzielenden Preis p_1, den Preisen anderer – gleichartiger – Güter ($p_2 \dots p_n$) sowie den Preisen der Produktionsfaktoren bei der Herstellung des Gutes ($q_1, q_2 \dots q_n$) abhängig ist.

$$A_1 = f(p_1, p_2 \dots p_n, q_1, q_2, \dots q_n)$$

Weil der Preis p_1 jedoch auch die wichtigste Größe des Angebotsverhaltens ist, werden die übrigen Faktoren erneut konstant (ceteris paribus) gehalten und müssen somit nicht in die Betrachtung des Angebotsverhaltens einbezogen werden. Auf diese Weise lässt sich aus der allgemeinen Angebotsfunktion die normale Angebotsfunktion ableiten:

$$A_1 = f(p_1)$$

Rechnet der Anbieter mit **steigenden Preisen**, so hofft er auf **steigenden Gewinn**. Er wird folglich eine **größere Menge** des Gutes anbieten. Genau umgekehrt verhält es sich, wenn der Anbieter mit fallenden Preisen rechnet. Er wird die angebotene Menge eines Gutes reduzieren, weil seine Gewinnerwartungen sinken. In Fortsetzung des Beispiels aus der Einstiegssituation ergibt sich folgendes Bild in der grafischen Darstellung:

Preis (in EUR)	Angebot (in EUR)
27,50	30250,00
30,00	66000,00
32,50	97500,00
35,00	136500,00
37,50	202500,00
40,00	304000,00

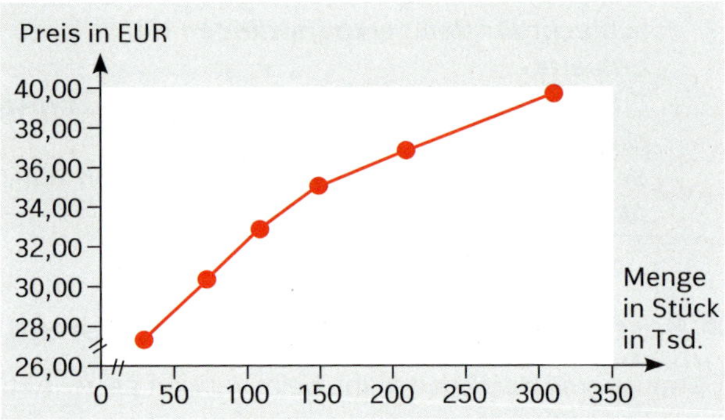

Anomales Angebotsverhalten

Üblicherweise wird die angebotene Menge eines Gutes umso größer, je höher der Preis ist, und umgekehrt. In einigen Fällen nimmt die Angebotskurve jedoch einen völlig untypischen Verlauf. Man spricht dann von anomalem Verhalten.

Beispiele

- *Um sein Lager zu räumen, bietet ein Handelsunternehmen die noch übrig gebliebene Menge an Gütern zu beinahe jedem beliebigen Preis an. Ob der Preis hoch oder niedrig ist, für das Unternehmen kommt es nur darauf an, seine Restmenge zum Verkauf anzubieten, um überhaupt noch einen Erlös aus dem Verkauf zu erzielen.*
- *In anderen Fällen kann es passieren, dass Handelsunternehmen die angebotene Menge an Gütern ausweiten, obwohl die Preise für diese Güter gefallen sind. Dies geschieht üblicherweise bei leicht verderblicher Ware (z. B. Obst), die besonders schnell abverkauft werden muss, weil sie ansonsten ihre Verkaufsfähigkeit verliert.*

Ursachen für Angebotsveränderungen

Angebotsmenge bei Komplementärgütern

Komplementärgüter sind Güter, die nur **zusammen** angeboten werden. Bei Treibstoff und Schmieröl handelt es sich um Komplementärgüter, weil beide Güter – wenn auch nicht immer gleichzeitig – zum Autofahren genutzt werden.

Beispiel *Angenommen, es wird mehr Erdöl gefördert, als nachgefragt wird. In diesem Fall wird mehr Treibstoff angeboten und die Treibstoffpreise werden sinken. Auch die Hersteller von Schmieröl werden ihre Angebotsmenge ausweiten, weil sie damit rechnen, dass mehr mit dem Auto gefahren wird.*

Angebotsmenge bei Substitutionsgütern

→BWR

Von Substitutionsgütern spricht man, wenn ein Gut durch ein anderes **ersetzt** werden kann. Das eine Gut tritt an die Stelle des anderen. So kann ein Privathaushalt seine Wohnung beispielsweise mit Erdgas oder Öl heizen.

Beispiel *Angenommen, der Ölpreis steigt. In diesem Fall würde die Nachfrage nach Ölheizungen sinken. Anbieter von Erdgasheizungen würden ihre Angebotsmenge ausweiten, weil sie damit rechnen könnten, dass die Nachfrage nach Erdgasheizungen steigt.*

Angebotsmenge und Arbeitskosten

Ein starker Anstieg der Arbeitskosten, z. B. ein Anstieg der Tariflöhne oder der Lohnnebenkosten (Unfallversicherung, Arbeitgeberanteil zur Sozialversicherung usw.), führt zu einer Verteuerung inländischer Produkte. Anbieter müssen folglich ihre Angebotsmenge reduzieren, weil die Nachfrage nach verteuerten Produkten zurückgeht.

Angebotsmenge und Faktorpreise

Kann ein Industrieunternehmen seine Erzeugnisse nur zu gestiegenen Kosten herstellen, verringert sich der Gewinn oder es entstehen gar Verluste. Um das zu verhindern, werden unrentable Produkte aus der Produktpalette entfernt, das Angebot folglich verringert (Streichung unrentabler Produktlinien).

Zusammenfassung: Das Angebotsverhalten untersuchen

- Welche Menge eines Gutes angeboten wird, hängt in entscheidendem Maße davon ab, welchen Preis der Anbieter damit erzielen kann.
- Anbieter wollen i. d. R. einen hohen Gewinn erzielen (hohe Preisforderung).

Normales Angebotsverhalten

Neben dem Preis als wichtigste Bestimmungsgröße werden die anderen Bestimmungsgrößen des Angebotsverhaltens (Preise der Produktionsfaktoren, Preise anderer Güter) konstant gehalten (ceteris paribus), sodass bei isolierter Betrachtung die Angebotsfunktion lautet:

$$A_1 = f(p_1)$$

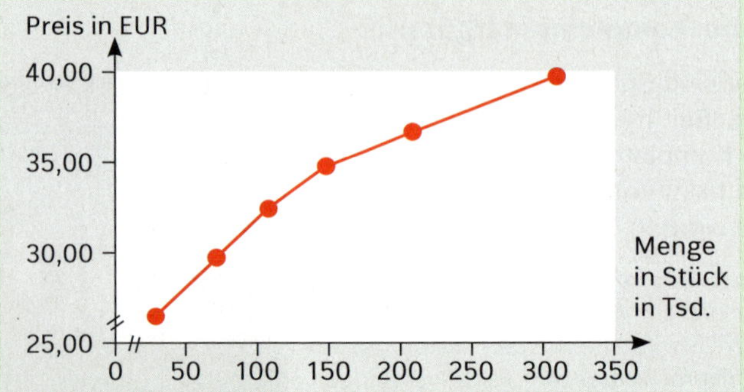

Unter normalen Bedingungen wird der Anbieter bei steigenden Preisen eine größere Menge eines Gutes anbieten. Rechnet der Anbieter hingegen mit fallenden Preisen, wird er die angebotene Menge eines Gutes reduzieren.

Anomales Angebotsverhalten

- Anbieter bieten eine bestimmte Menge an Gütern zu einem beliebigen Preis an, um überhaupt einen Erlös aus deren Verkauf zu erzielen (Räumungsverkauf).
- Anbieter weiten die angebotene Menge eines Gutes aus, obwohl der Preis fällt (z. B. bei leicht verderblicher Ware, die möglichst schnell abverkauft werden muss).

Ursachen für Angebotsveränderungen

- Ein Hersteller (z. B. Schmieröl) wird sein Angebot ausweiten, wenn die Preise für ein Komplementärgut (z. B. Treibstoff) sinken, weil er mit steigender Nachfrage nach dem Komplementärgut rechnet.
- Ein Hersteller (z. B. Erdgasheizungen) wird sein Angebot ausweiten, wenn der Preis für ein Substitutionsgut (z. B. Ölheizung) steigt, weil er mit einem Nachfragerückgang nach dem Substitutionsgut rechnet.
- Gestiegene Arbeitskosten (z. B. Erhöhung der Lohnnebenkosten, Anstieg der Tariflöhne) führen zu einer Verteuerung von Produkten, was zu einem Rückgang der Nachfrage führt. Das Angebot wird reduziert.
- Gestiegene Herstellkosten verschlechtern die Rentabilität eines Produkts. Um dies zu verhindern, wird das Produkt nicht mehr hergestellt, das Angebot wird folglich verringert.

Aufgaben

1 *Beschreiben Sie an konkreten Beispielen aus der Realität, wie Anbieter sich verhalten, wenn sie mit Preissteigerungen rechnen (z. B. im Vorfeld der Einführung des Euro).*

2 *Erläutern Sie, warum Anbieter ihr Angebot tendenziell ausweiten werden, wenn sie mit steigenden Preisen rechnen.*

3 *Erkundigen Sie sich (z. B. bei den Eltern), wie sich das Angebots- und Preisverhalten auf einem Wochenmarkt zu Beginn, im Verlauf und zum Ende eines Markttages entwickelt, und suchen Sie nach möglichen Gründen.*

4 *Beschreiben Sie an eigenen Beispielen, wie sich die Angebotsmenge eines Gutes verändert, wenn sich der Preis eines*
a) Komplementärgutes,
b) Substitutionsgutes
verändert.

5 *Gestiegene Preise für Produktionsfaktoren führen zu einer Verringerung der Angebotsmenge. Welche Gründe können dafür ausschlaggebend sein, dass die Preise der Produktionsfaktoren zur Herstellung eines bestimmten Gutes steigen?*

6 *Wie ist es zu erklären, dass es Anbieter gibt, die ihre Preise senken, obwohl – wie z. B. bei der Einführung des Euro – mit steigenden Angebotspreisen gerechnet werden muss (z. B. ALDI, LIDL usw.)?*

1.3 Sinn und Grenzen der Nutzenmaximierung erkennen

Herr Land kommt von der Arbeit nach Hause. Freudestrahlend trägt er einige Einkaufstüten in die Küche. *„Was hast du denn da?“*, fragt seine Frau. *„Ich habe auf dem Nachhauseweg von der Arbeit eingekauft.“* Frau Land blickt in die Einkaufstüten und wundert sich. *„Na, für wen hast du denn eingekauft?“ „Für die Familie“*, erwidert Herr Land verständnislos. *„Verstehe, ... für die Familie.“* Herr Land packt aus: Chips, Bier, Erdnüsse, Ravioli, ... *„Ich merke schon, du hast etwas anderes vor als ich.“* Herr Land blickt verständnislos. *„Aber davon haben wir doch alle etwas ...“ „Na, wenn du mit ‚alle‘ dich meinst, stimmt es wohl. Aber satt werden wir davon nicht. Und überhaupt, wie viele Chipstüten hast du denn da gekauft? Willst du, dass dir schlecht wird?“*

Arbeitsaufträge

- ***Beschreiben Sie die unterschiedlichen Nutzenvorstellungen von Herrn und Frau Land und erklären Sie in diesem Zusammenhang den Begriff „Präferenzordnung“.***
- ***Erstellen Sie eine eigene Präferenzordnung und vergleichen Sie diese mit der Ihrer Tischnachbarin/Ihres Tischnachbarn.***

Präferenzordnung

Es wurde bereits dargestellt, dass das normale Nachfrageverhalten stark vom Preis beeinflusst wird. Darüber hinaus ist es jedoch von Bedeutung, wie die gesamtwirtschaftliche Lage wahrgenommen wird oder wie viel Einkommen zur Verfügung steht. Von besonderer Bedeutung ist aber auch die Einschätzung eines Haushalts, welche Nutzen Käufe überhaupt haben.

Wirtschaftliche Güter sind knapp. Deshalb müssen Haushalte das zur Verfügung stehende Einkommen so verteilen, dass durch Käufe ein größtmöglicher Nutzen gestiftet wird. Dabei haben Konsumentinnen und Konsumenten bisweilen sehr unterschiedliche Vorstellungen davon, welche Güter für sie nützlich sind. Häufig sind diese Vorstellungen sehr individuell und gelten nur für eine Person, während eine andere Person einen Nutzen aus ganz anderen Gütern zieht (individuelle Präferenzordnung).

Beispiel *„Pizza, Pasta, Pizza, Pasta ... Also, ich esse heute eine Pizza", sagt Herr Stein zu seiner Frau, als er mit ihr das italienische Restaurant betritt. „Heute? Immer! Du isst immer Pizza." „Na und? Wenn es mir doch schmeckt ..." Seine Frau stutzt. „Willst du denn nicht einmal etwas anderes essen?" „Nein, Pizza schmeckt mir am besten. Du isst doch auch immer Pasta." Frau Stein gibt ihrem Mann recht. „Stimmt, Pizza mag ich nicht, Pasta schmeckt mir besser." „Siehst du? Jeder Mensch hat doch seine eigenen Vorstellungen davon, was ihm schmeckt oder nicht."*

So groß die Vorstellung eines individuellen Nutzens jedoch auch sein mag, so gibt es Situationen, in denen kein weiterer Nutzen mehr durch mehr Konsum erzielt werden kann. Diese Zusammenhänge hat der deutsche Volkswirtschaftler Hermann Heinrich Gossen (1810 – 1858) als „Gesetz der Bedürfnisbefriedigung" beschrieben, das in der Volkswirtschaftslehre eher bekannt ist als erstes und zweites Gossensches Gesetz.

Erstes Gossensches Gesetz

Das erste Gossensche Gesetz wird auch „Sättigungsgesetz" oder „Gesetz vom abnehmenden **Grenznutzen** (Zusatznutzen)" genannt. Es besagt, dass der zusätzliche Nutzen (man könnte auch „Sinn und Zweck" sagen) abnimmt, je mehr von einem Gut konsumiert wird. Irgendwann stiftet weiterer Konsum überhaupt keinen zusätzlichen Nutzen mehr und man ist „satt".

Beispiel *Silvia kommt spät von der Arbeit nach Hause und ist hungrig. Ihre Mutter hat Brote vorbereitet und Silvia greift zu. Nach zwei Broten sagt sie: „Ich glaube, ich möchte noch eines." Als sie fertig ist, fragt ihre Mutter: „Meine Güte, du bist ja regelrecht ausgehungert. Möchtest du noch eines?" Silvia überlegt. „Ich glaube, ich möchte noch ein halbes." Als sie auch das gegessen hat, fragt ihre Mutter: „Möchtest du nun auch noch die andere Hälfte?" Silvia überlegt, sagt „Ja", beißt aber nur einmal, zweimal in die Brothälfte und sagt dann: „Also, jetzt reicht es. Ich bin total satt."*

In dem Punkt, in welchem kein weiterer Zusatznutzen erzielt wird, ist der **Grenznutzen = 0**. Konsumiert man nun über den Punkt hinaus, in welchem man bereits satt ist, so kann der Grenznutzen sogar negativ werden. Damit ist gemeint, dass weiterer Konsum nicht nur keinen weiteren Nutzen mehr stiftet, sondern dass sogar ein Schaden eintreten kann.

Beispiel *Zwar ist Silvia bereits satt, sie will aber nichts auf ihrem Teller zurücklassen. Also isst sie weiter. Sie verzehrt ein viertes Brot und noch ein fünftes, als sie plötzlich sagt: „Ich glaube, mir ist schlecht."*

Zweites Gossensches Gesetz

Haushalte verwenden ihre Mittel nicht nur für den Konsum eines einzigen Gutes, sondern für mehrere Güter. Es stellt sich die Frage, wie man einen zur Verfügung stehenden Geldbetrag so aufteilt, dass eine Kombination aus allen Gütern einen möglichst hohen Nutzen stiftet. Die Kombination, bei der der gesamte gestiftete Nutzen am größten ist, nennt man „Haushaltsoptimum". **Das Haushaltsoptimum ist dann erreicht, wenn der Grenznutzen je Geldeinheit bei allen zur Verfügung stehenden und genutzten Gütern gleich groß ist**. Man versucht, die eigenen Bedürfnisse dabei so aufzuteilen, dass man nicht in der Einzelnutzung das Nutzenmaximum erreicht, sondern dass man im „Mix" der zur Verfügung stehenden und genutzten Güter das Maximum erreicht, das höher ist als der Maximalnutzen der einzelnen Güter. Dieser größtmögliche Nutzen ist folglich höher als der Nutzen nur einer Sache.

Beispiel *Ein Haushalt hat finanzielle Mittel von 900,00 EUR pro Monat zur Verfügung. Nun wird überlegt, wie diese am besten aufgeteilt werden. Angenommen, von dem Geld können Lebensmittel, Freizeitausgaben und Zigaretten bzw. alkoholische Getränke gekauft werden, dann stellt sich die Frage, bei welcher Kombination aus allen drei Güterarten der größtmögliche Nutzen für den Haushalt erzielt wird. Der Einfachheit halber wird angenommen, dass für alle drei Güterarten je 100,00 EUR je Einheit ausgegeben werden können. Befragt man die Haushaltsmitglieder, so schätzen sie den Nutzen wie in der nachfolgenden Tabelle dargestellt ein. Dabei ist der Grenznutzen immer jeweils der Zusatznutzen, der durch eine zusätzlich konsumierte Mengeneinheit erzielt wird.*

Die erste Mengeneinheit „Lebensmittel“ stiftet mit 120 Einheiten noch den höchsten Nutzen, während die zweite Mengeneinheit nur noch einen Nutzen von 110 Einheiten bietet. Der Zusatznutzen wird also mit jeder zusätzlichen Einheit geringer. Irgendwann wird der Zusatznutzen also = 0. Das heißt, dass man bei dieser Güterart gesättigt wäre.

Das zweite Gossensche Gesetz ist somit also eine Fortsetzung des ersten Gossenschen Gesetzes, weil es die Ermittlung des Nutzenmaximums nicht nur bei einem Gut, sondern bei einer Kombination verschiedener Güter vorsieht.

Mengeneinheiten	Lebensmittel (Grenznutzen)	Freizeit (Grenznutzen)	Genussmittel (Grenznutzen)
1	120	90	80
2	100	70	40
3	80	40	-
4	40	-	-

Angenommen, es würden nur Lebensmittel nachgefragt, so würde bei der ersten Mengeneinheit ein Grenznutzen von 120 erzielt. Würde anschließend eine weitere Mengeneinheit „Lebensmittel“ nachgefragt, so wäre der Grenznutzen geringer, aber immer noch höher als der Konsum einer Mengeneinheit „Freizeit“ und auch „Genussmittel“. Nun könnte man immer weiter ausschließlich Lebensmittel konsumieren, jedoch wäre schon bei der dritten Mengeneinheit „Lebensmittel“ der Grenznutzen (80) kleiner als beim Konsum einer Mengeneinheit „Freizeit“ (90), sodass es sich empfiehlt, nun die erste Mengeneinheit „Freizeit“ zu kaufen statt einer weiteren Mengeneinheit „Lebensmittel“. Wenn der Grenznutzen bei allen Güterarten gleich groß ist, bedeutet dies, dass der Zusatznutzen jeder zuletzt gekauften Güterart gleich groß ist. Die dazugehörigen Mengeneinheiten bedeuten, dass hier das Haushaltsoptimum ist, bei dem der Gesamtnutzen am größten ist. Im Beispiel wäre dieser bei 340 + 200 + 120 = 660 Nutzeneinheiten mit Gesamtausgaben in Höhe von 400 + 300 + 200 = 900 Geldeinheiten erreicht.

Güterbündel	Mengeneinheiten	Grenznutzen	Gesamtausgaben	Gesamtnutzen
Lebensmittel	4	40	400	120+100+80+40 = 340
Freizeit	3	40	300	90+70+40 = 200
Genussmittel	2	40	200	80+40 = 120

Zusammenfassung: Sinn und Grenzen der Nutzenmaximierung erkennen

- Haushalte versuchen, bei ihrem Konsum einen **größtmöglichen Nutzen** zu erzielen.
- Häufig haben Konsumentinnen und Konsumenten eine sehr individuelle **Nutzenvorstellung** (Präferenzordnung).
- **Erstes Gossensches Gesetz**: Der Zusatznutzen nimmt ab, je mehr man von einem Gut konsumiert.
- Wenn Sättigung eintritt, ist der **Grenznutzen = 0**. Darüber hinausgehender Konsum lässt den Grenznutzen negativ werden.
- **Zweites Gossensches Gesetz**: Der gesamte Nutzen eines Haushalts ist dann am größten, wenn der Nutzen der Güter, die zuletzt gekauft wurden, gleich groß ist.
- **„Haushaltsoptimum“**: Situation, in der aus der Kombination mehrerer Güter der höchste Nutzen erzielt wird

Aufgaben

1 *Begründen Sie, warum ein Konsum, der über den Punkt hinausgeht, bei welchem der Grenznutzen = 0 ist, aus wirtschaftlicher Sicht schädlich sein kann.*

2 *Sie sind zum Brunch verabredet. Für 15,00 EUR können Sie vom Büfett essen, was Sie mögen.*
a) Stellen Sie eine beispielhafte individuelle Präferenzordnung auf.
b) Erklären Sie anhand des oben stehenden Beispiels die Gültigkeit des ersten und des zweiten Gossenschen Gesetzes.

3 *Ein Haushalt hat finanzielle Mittel von 140,00 EUR zur Verfügung. Das Geld soll möglichst nutzenoptimal aufgeteilt werden. Der Einfachheit halber wird angenommen, dass der Konsum jeder Mengeneinheit 10,00 EUR kostet. Ermitteln Sie den Gesamtnutzen im Haushaltsoptimum.*

	Lebensmittel	Bier	Zigaretten	Kinokarten
1	120	103	86	64
2	100	82	63	40
3	80	61	40	-
4	60	40	-	-
5	40	-	-	-

1.4 Die Elastizität der Nachfrage überprüfen

Herr Stein freut sich über seinen Aktienkauf. Auf dem Weg ins Büro kommt er an einem Bürofachmarkt vorbei. Ihm fällt ein, dass er noch dringend einen neuen Scanner für sein Büro benötigt. Als er sich die einzelnen Scanner ansieht, fallen ihm sofort die Artikel aus der Verkaufsaktion auf. *„Das gibt es doch nicht"*, staunt er, *„17 % Rabatt auf solche Markenartikel? Und das, wo die Geräte doch ohnehin schon so günstig sind. Ob sich das für das Einzelhandelsunternehmen überhaupt lohnt?"* Ein Verkäufer, der gerade vorbeikommt, sagt: *„Das sind unsere besten Aktionsartikel. Darauf geben wir noch mal 17 % Rabatt." „Aber bleibt für Sie denn überhaupt noch etwas übrig?"*, erkundigt sich Herr Stein bei dem Verkäufer. *„Übrig bleibt mit Sicherheit etwas. Aber es wird bestimmt nicht viel sein." „Aber dann frage ich mich, warum das überhaupt gemacht wird. Lohnt sich solch eine Sonderaktion denn überhaupt für Sie?"* Der Verkäufer zuckt mit den Schultern. *„Tja, das*

weiß man ja sowieso meistens erst hinterher. Bisher haben wir erst 47 Stück verkauft. Sind Sie denn an dem Gerät interessiert?" „Zum alten Preis hätte ich es sicherlich nicht gekauft. Das wäre mir zu teuer gewesen. Aber so? Der Preis hört sich doch ganz gut an."

Arbeitsaufträge

- ***Erläutern Sie, was der Verkäufer mit seiner Aussage meint, dass man den Erfolg der Preissenkungsaktion erst hinterher beurteilen könne.***
- ***Schätzen Sie ein, ab wann man von einem Erfolg der Aktion sprechen könnte.***

Elastizität der Nachfrage

Käufer reagieren auf eine **Preissenkung** üblicherweise mit einer **Ausweitung der Nachfrage**. Für Unternehmen ist es wichtig zu wissen, wie stark Käufer auf eine mögliche Preisveränderung reagieren. Im Wettbewerb um Kundschaft senken Unternehmen häufig ihre Preise. Damit es sich für sie jedoch lohnt, müssen sie einschätzen, wie stark die Kundschaft auf die Preissenkung reagiert. Steigt die Nachfrage trotz erheblicher Preissenkung nur gering, so hat sie sich für das Unternehmen nicht gelohnt. Im umgekehrten Fall sind Unternehmen – z. B. aufgrund des Kostenanstiegs – gezwungen, ihre Preise anzuheben. In diesem Fall müssen sie mit einem Rückgang der Nachfrage rechnen. Würde die Kundschaft auf eine geringfügige Preiserhöhung mit einem starken Rückgang der Nachfrage reagieren, so hätte das Unternehmen einen Verlust gemacht. Um zu erfahren, wie stark die Kundschaft auf eine Preisänderung reagiert, ermittelt man die **Elastizitäten** eines Gutes.

Die Elastizität eines Gutes ist das Verhältnis der prozentualen Mengenreaktion zur prozentualen Preisveränderung.

Mithilfe der **Elastizitätsformel** lässt sich die prozentuale Mengenänderung auf eine prozentuale Preisänderung mühelos berechnen. →MATH

$$\textbf{Preiselastizität der Nachfrage} = \frac{\frac{\text{Menge nachher} - \text{Menge vorher}}{\text{Menge vorher}} \cdot 100}{\frac{\text{Preis nachher} - \text{Preis vorher}}{\text{Preis vorher}} \cdot 100}$$

Es ist darauf zu achten, dass zunächst ein negatives Ergebnis herauskommt, weil eine Preissteigerung einen Rückgang der Nachfragemenge bewirkt, eine Preissenkung hingegen eine Erhöhung der Nachfragemenge. Deshalb muss man das negative Ergebnis stets mit (–1) multiplizieren, um eine verlässliche Aussage darüber zu treffen, um welche Art von Elastizität es sich handelt.

$E_N > 1$ ***Errechnet man mithilfe der Elastizitätsformel eine Elastizität, die größer als 1 ist, so spricht man von elastischer Nachfrage. In diesem Fall ist die prozentuale Änderung der Nachfragemenge größer als die prozentuale Preisänderung.***

Beispiel *Der Preis eines Gutes wird um 5 % gesenkt. Die Kundschaft reagiert mit Kauflust und die nachgefragte Menge steigt um 30 %. Dieses Ergebnis erzielen Handelsunternehmen häufig bei erfolgreichen Sonder-Verkaufsaktionen.*

$E_N < 1$ Bei einem Elastizitätskoeffizienten, der kleiner als 1 ist, ist die Nachfrage unelastisch. In diesem Fall fällt die Nachfragereaktion geringer als die Preisänderung aus.

Beispiel *Obwohl der Preis eines Gutes um 10% erhöht wurde, geht die Nachfrage nur um 5% zurück. Diesen Fall sieht man häufig bei Gütern des täglichen Bedarfs, die – ob günstig oder teuer – ohnehin gekauft werden.*

$E_N = 0$ Bei einem Elastizitätskoeffizienten von 0 ist die Nachfrage vollkommen unelastisch (oder auch „starr"). Damit ist gemeint, dass die Nachfrage überhaupt nicht auf eine Preisänderung reagiert.

Beispiel *Egal, ob der Preis eines Gutes erhöht oder gesenkt wird, die Nachfrage bleibt gleich. Starre Nachfrage gibt es häufig bei Medikamenten, bei der die verabreichte Menge von Ärztinnen und Ärzten verschrieben wird und somit stets gleich bleibt.*

$E_N = \infty$ Bei einem Elastizitätskoeffizienten von ∞ ist die Nachfrage vollkommen elastisch. Eine nahezu vollkommen elastische Nachfrage liegt vor, wenn Käuferinnen und Käufer extrem stark auf eine geringfügige Preisänderung reagieren.

Beispiel *Ein Bäcker, der nur einen geringen Marktanteil hat, verteuert seine Brötchen um 0,01 EUR. Sofort verliert er seine gesamte Kundschaft.*

$E_N = 1$ Bei einem Elastizitätskoeffizienten von 1 fällt die Nachfragereaktion genauso wie die Preisänderung aus. In diesem Fall spricht man von proportionselastischer Nachfrage. Die prozentuale Änderung der nachgefragten Menge ist genauso groß wie die prozentuale Änderung des Preises.

Beispiel *Nach einer zehnprozentigen Preissenkung von Butter steigt die Nachfrage ebenfalls um 10%.*

Beispiel 1

Der Preis von einer Packung Cornflakes ist von 2,99 EUR auf 2,79 EUR um 6,69% gefallen, während der Absatz von 78 auf 82 Stück um 5,13% gestiegen ist. Die Kundschaft hat ***unelastisch*** *auf die Preissenkung reagiert.*

Produkt	Absatz (Stück)	Vk-Preis brutto (EUR)
Cornflakes	78	2,99
Cornflakes	82	2,79

$$E_N = \frac{+5{,}13\,\%}{-6{,}69\,\%} = -0{,}77 \cdot (-1) = 0{,}77 = \text{unelastisch } (E_N < 1)$$

Beispiel 2

Der Preis von einer Packung Cornflakes ist erneut von 2,99 EUR auf 2,79 EUR um 6,69% gefallen, während der Absatz von 78 Stück auf 87 Stück um 14,10% gestiegen ist. Die Kundschaft hat mit ihrer Nachfrage elastisch reagiert.

Produkt	Absatz (Stück)	Vk-Preis brutto (EUR)
Cornflakes	78	2,99
Cornflakes	87	2,79

$$E_N = \frac{+11{,}53\,\%}{-6{,}69\,\%} = -1{,}72 \cdot (-1) = 1{,}72 \text{ elastisch } (E_N > 1)$$

Generell gilt, dass die Nachfragemenge überwiegend von der Höhe des Preises abhängt. Nun erkennt man an der Berechnung der Preiselastizität, **wie stark** die Nachfragemenge auf Preisänderungen reagiert.

- ***Reagiert die Nachfrage verhältnismäßig schwächer auf Preisänderungen, so ist sie unelastisch (Beispiel 1).***
- ***Reagiert die Nachfrage stärker als die Preisänderung, ist sie elastisch (Beispiel 2).***

Stellt man diese Zusammenhänge grafisch dar, so erkennt man, dass die Nachfragekurven bei unterschiedlichen Elastizitäten auch unterschiedliche Steigungen aufweisen. In der folgenden Grafik werden die „Extremfälle“ unterschiedlicher Elastizitäten gezeigt.

Die senkrechte Nachfragefunktion zeigt, dass die Nachfrage vollkommen unelastisch, also starr ($E_N = 0$), reagiert. Egal, welcher Preis gefordert wird, es wird immer gleich nachgefragt.

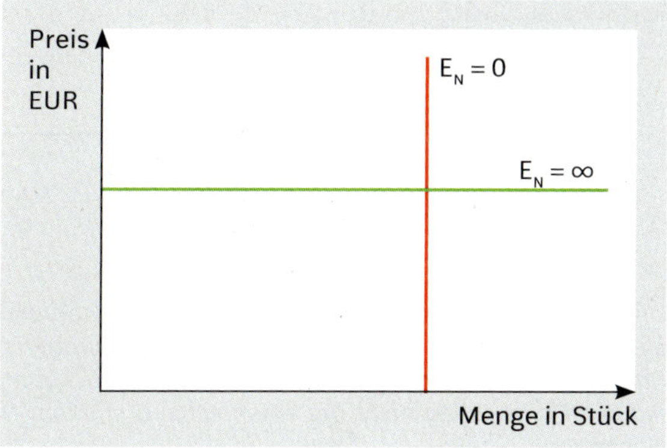

Die vollkommen elastische Nachfragefunktion spiegelt den Grenzfall wider, der auf Anbieter mit einem geringen Marktanteil zutrifft: Bereits eine minimale Preisänderung führt zu einer unendlich starken Nachfragereaktion.

Die folgenden Beispiele verdeutlichen, wie diese unterschiedlichen Steigungen der Nachfragekurve bei unterschiedlichen Elastizitäten entstehen.

Beispiel *Für das Gut Kaffee wird bei einem Preis P_1 = 6,00 EUR eine Menge m_1 = 4 nachgefragt, während bei einem Preis P_2 = 8,00 EUR eine Menge m_2 = 2 nachgefragt wird. Die grafische Darstellung führt zum unten abgebildeten Verlauf.*

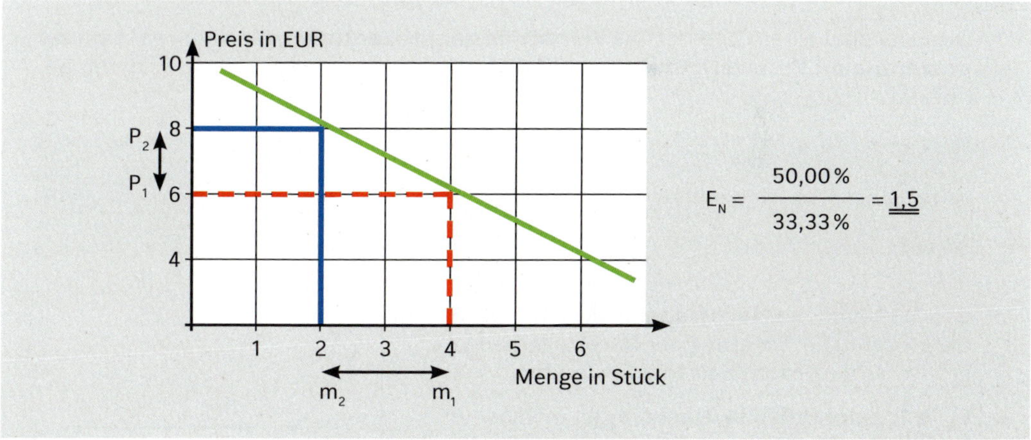

Die nachgefragte Menge ist von 4 auf 2 Einheiten um 50 % gesunken, während der Preis von 6 auf 8 Einheiten um 33,33 % gestiegen ist. Die Nachfragerinnen und Nachfrager haben auf eine 33,33%ige Preiserhöhung also mit 50%igem Nachfragerückgang reagiert. Daraus erkennt man, dass sie auf den starken Preisanstieg mit ***noch stärkerem*** *Nachfragerückgang reagiert haben (elastische Nachfrage).*

Beispiel *Für eine Fachzeitschrift wird bei einem Preis P_1 = 6,00 EUR eine Menge m_1 = 3 nachgefragt, während bei einem Preis P_2 = 8,00 EUR eine Menge m_2 = 2,5 nachgefragt wird. Die grafische Darstellung führt zum unten abgebildeten Verlauf.*

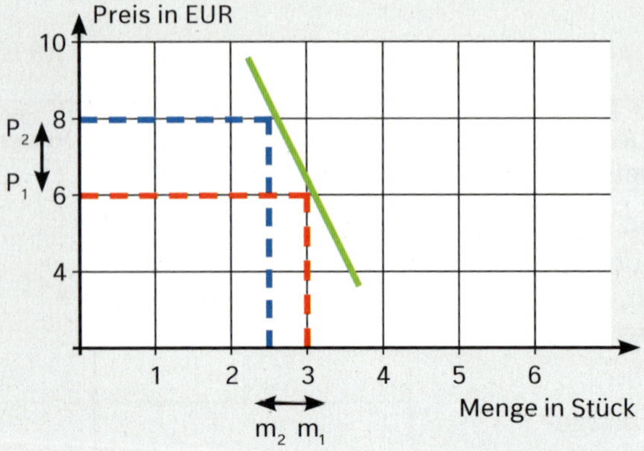

$$E_N = \frac{16{,}66\,\%}{33{,}33\,\%} = \underline{\underline{0{,}5}}$$

Die nachgefragte Menge ist von 3 auf 2,5 Einheiten um 16,66 % gesunken, während der Preis von 6 auf 8 Einheiten um 33,33 % gestiegen ist. Die Nachfragerinnen und Nachfrager haben auf eine 33,33%ige Preiserhöhung also mit 16,66%igem Nachfragerückgang reagiert. Daraus erkennt man, dass sie auf den starken Preisanstieg nicht mit entsprechend starkem Nachfragerückgang reagiert haben (unelastische Nachfrage).

Zusammenfassung: Die Elastizität der Nachfrage überprüfen

- Die Elastizität eines Gutes ist das **Verhältnis der prozentualen Mengenreaktion zur prozentualen Preisveränderung** und wird mithilfe des Elastizitätskoeffizienten berechnet.

$$\text{Preiselastizität der Nachfrage } (E_N) = \frac{\text{\%-Mengenänderung der Nachfrage}}{\text{\%-Preisänderung}}$$

- **$E_N > 1$: elastische Nachfrage:** In diesem Fall ist die prozentuale Änderung der Nachfragemenge größer als die prozentuale Preisänderung.
- **$E_N < 1$: unelastische Nachfrage:** In diesem Fall fällt die Nachfragereaktion geringer als die Preisänderung aus.
- **$E_N = 0$: vollkommen unelastische (starre) Nachfrage:** Die Nachfrage reagiert überhaupt nicht auf eine Preisänderung.

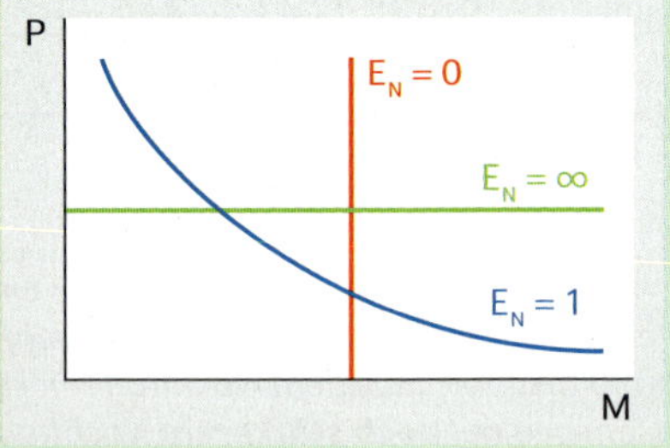

- **$E_N = \infty$: vollkommen elastische Nachfrage:** Hierunter versteht man, dass die Nachfrage extrem stark auf eine geringfügige Preisänderung reagiert.
- **$E_N = 1$: proportionselastische Nachfrage:** Die prozentuale Änderung der nachgefragten Menge ist genauso groß wie die Änderung des Preises.

Aufgaben

1 *Ein Handelsunternehmen erhöht aufgrund von Kostensteigerungen beim Einkauf den Verkaufspreis für Salatgurken von 0,39 EUR auf 0,49 EUR. Bei einem Blick ins Warenwirtschaftssystem wird nebenstehende Absatzänderung für die abgelaufene Woche festgestellt.*

Produkt	Absatz (Stück)	Vk-Preis brutto (alt) in EUR
Salatgurken	155	0,39
Salatgurken	105	0,49

a) Ermitteln Sie den Elastizitätskoeffizienten.
b) Erstellen Sie eine Grafik, in der Sie aus beiden Preis-/Mengenverhältnissen die Nachfragekurve abbilden.
c) Stellen Sie fest, welche Elastizität vorliegt, und suchen Sie nach möglichen Gründen.

2 *Ermitteln Sie den Elastizitätskoeffizienten für die folgenden Fälle und stellen Sie fest, welche Elastizitäten jeweils vorliegen:*
a) Der Preis für einen Pkw wird um 5 % angehoben. Die abgesetzte Menge geht aus diesem Grund um 2 % zurück.
b) Der Benzinpreis steigt aufgrund einer Ölpreiserhöhung um 10 %. Die Autofahrerinnen und Autofahrer reagieren mit Kaufzurückhaltung, sodass der Absatz an den Tankstellen um 13 % zurückgeht.
c) Aufgrund eines Tarifabschlusses steigen die Gehälter der Angestellten in der Industrie nach zwei Jahren endlich kurz vor Weihnachten um 6 %. Der Elektronikeinzelhandel verzeichnet nach dem Weihnachtsgeschäft einen Anstieg des Absatzes von PCs um 15 %.

3 *Für ein bestimmtes Gut führt eine Preisänderung zu einer Änderung der nachgefragten Menge, sodass man nebenstehende Steigung der Nachfragekurve erhält.*

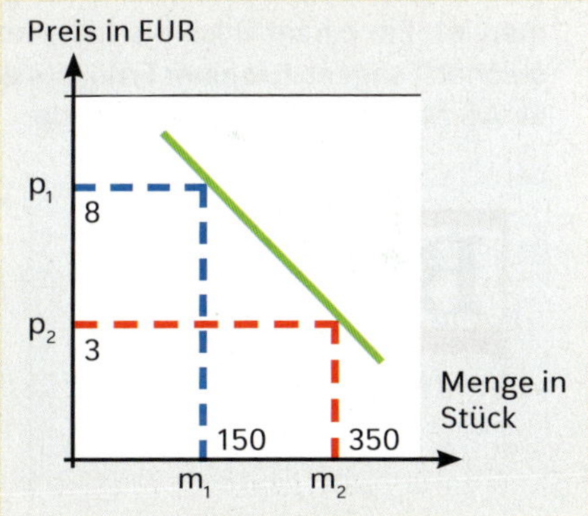

a) Ermitteln Sie den Elastizitätskoeffizienten.
b) Stellen Sie fest, um welche Elastizität es sich hierbei handelt.
c) Zeichnen Sie den – mustergültigen – Verlauf bei vollkommen elastischer und bei vollkommen unelastischer (starrer) Nachfrage in die Grafik ein und kennzeichnen Sie die Nachfragekurven entsprechend.
d) Suchen Sie nach Beispielen von Gütern, deren Nachfrage üblicherweise
- *elastisch,*
- *unelastisch oder*
- *starr*

auf Preisänderungen reagieren könnte.

4 *Bei der Kreuzpreiselastizität ermittelt man das Verhältnis der prozentualen Nachfrageänderung eines Gutes zur prozentualen Preisänderung eines ähnlichen Gutes.*
Nennen Sie Beispiele von Gütern, deren Nachfrageänderungen sich auf diese Weise beeinflussen können.

5 *Um Haushaltslöcher zu stopfen, schlägt ein Politiker vor, die Öko-Steuer um 15 Cent je Liter Benzin zu erhöhen. Stattdessen schlägt eine Politikerin einer anderen Partei vor, nicht die Öko-Steuer, sondern eine Steuer auf kohlensäurehaltige Getränke von 15 Cent je Liter einzuführen. Beurteilen Sie die Vorschläge unter Hinweis auf Preiselastizitäten.*

6 In der gleichen Bundestagssitzung debattiert man über die Erhöhung der Tabaksteuer sowie der Sondersteuer für Alcopops. Beurteilen Sie die Vorschläge im Hinblick auf ihre Eignung, Steuereinnahmen zu mehren.

7 Ein Händler denkt aufgrund von Kostensteigerungen im Einkauf über Preiserhöhungen für eine Reihe von Artikeln aus seinem Sortiment nach. Eine genaue Analyse der Absatzzahlen aus dem letzten Jahr zeigt ihm, dass sämtliche betreffenden Artikel sehr elastisch reagieren. Beraten Sie den Händler.

8 Beschreiben Sie ein möglichst realistisches Beispiel für vollkommen elastische Nachfrage.

1.5 Die Preisbildung im vollkommenen Polypol erklären und mit der Realität vergleichen

Noch am gleichen Nachmittag, nachdem Herr Land seiner Hausbank den Auftrag zum Verkauf von 100 Aktien der Logistik AG aus seinem Aktienbestand erteilt hat, will er mithilfe einer Internetrecherche in Erfahrung bringen, ob er mit seinem Wunsch zum Zuge gekommen ist. Ein kurzer Blick ins Internet und Herr Land ist zufrieden. *„Na, das hat sich doch gelohnt“*, sagt er zu seiner Frau, als er erfährt, welcher Schlusskurs bei der Aktie der Logistik AG an diesem Tag erzielt wurde.

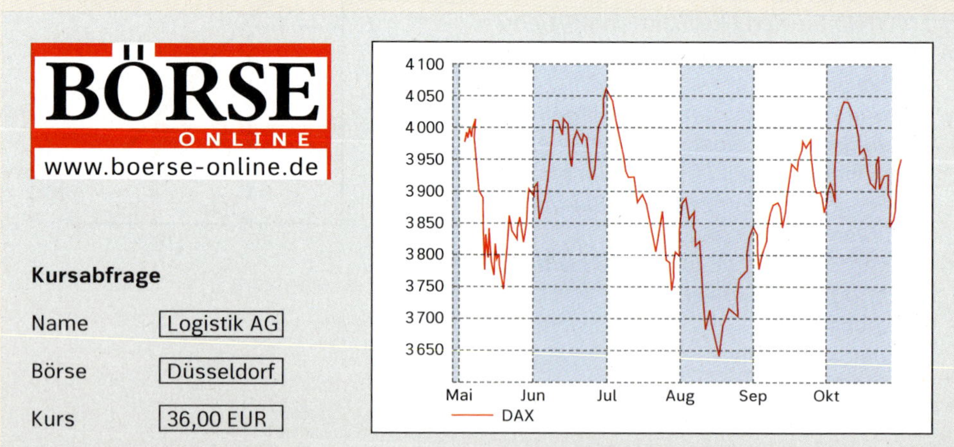

Auch Herr Stein ist neugierig. Als er am nächsten Morgen in seinem Büro sitzt, ruft er seinen Kundenberater an, um zu erfahren, ob mit dem Aktienkauf alles geklappt hat. *„Leider nein, Herr Stein. Der Kauf konnte nicht abgewickelt werden.“ „Aber warum denn das?“*, empört sich Herr Stein. *„Ich hatte Ihnen doch den Auftrag zum Kauf erteilt.“ „Da haben Sie natürlich recht, aber denken Sie bitte an das Kauflimit, das Sie uns erteilt haben.“ „Ach ja, das Limit. Das hatte ich schon ganz vergessen.“ „Kommen Sie doch einfach noch mal*

vorbei und wir besprechen, wie Sie weiter vorgehen können." „Na ja, wenn ich heute Nachmittag Zeit habe, kann ich noch einmal reinschauen." „Einverstanden, Herr Stein. Sie sollten wirklich schnell handeln. Die Aktie der Logistik AG ist sehr gefragt."

Arbeitsaufträge
- ***Erläutern Sie, wie der Schlusskurs für die Aktie der Logistik AG zustande gekommen sein könnte, und begründen Sie, warum dieser Preis festgelegt wurde.***
- ***Erläutern Sie, warum Herr Land beim Verkauf der Aktien zum Zuge gekommen ist, während Herr Stein seinen Aktienkauf nicht abwickeln konnte.***

■ Preisbildung im vollkommenen Polypol

Ein vollkommenes Polypol ist dadurch gekennzeichnet, dass eine Vielzahl an Nachfragern einer Vielzahl an Anbietern des gleichen Gutes gegenübersteht. Ferner ist ein Merkmal des vollkommenen Polypols, dass die Bedingungen des vollkommenen Markts (Homogenität der Güter, Fehlen von Präferenzen, vollständige Markttransparenz) vorhanden sind. Alle Marktteilnehmer verfügen nur über sehr kleine Marktanteile (atomistisch). Wenn der einzelne Anbieter den Preis für das angebotene Gut ändert, so reagieren **nur die Nachfrager** darauf. Aus Erfahrung weiß dieser Anbieter, dass er die anderen Anbieter dadurch nicht zu ähnlichen Reaktionen bewegen kann, weil sein Einfluss auf die anderen Anbieter aufgrund seines Marktanteils zu gering ist. Man erkennt, dass der einzelne Anbieter den auf diesem Markt gebildeten Preis nicht zu seinen Gunsten beeinflussen kann. Verlangt er beispielsweise einen höheren als den vorherrschenden Preis, werden **alle Nachfrager** zu den **anderen Anbietern** wechseln, weil sie wissen, dass der Preis dort gleich geblieben ist. Senkt er den Preis hingegen, werden alle Nachfrager bei ihm kaufen wollen, weil das Produkt bei allen anderen Anbietern teurer ist. Er hingegen kann die nun auf ihn gelenkte Nachfrage aufgrund seines geringen Marktanteils nicht befriedigen. Um zu erkennen, welcher Preis nun gebildet wird, muss man noch einmal das Verhalten von Angebot und Nachfrage miteinander vergleichen.

Beispiel *Die Börse kommt den Bedingungen eines vollkommenen Polypols sehr nahe. Zum Schluss eines Börsentags zeigt sich für die Aktie der Logistik AG folgende Entwicklung von Kauf- und Verkaufswünschen bei den jeweiligen Kursen.*

Kurs (in EUR)	Nachfrage insgesamt (in EUR)	Angebot insgesamt (in EUR)
30,00	192000,00	66000,00
32,50	172250,00	97500,00
35,00	**157500,00** >	**136500,00**
37,50	**138750,00** <	**202500,00**
40,00	116000,00	304000,00

*Aus den Kauf- bzw. Verkaufswünschen des Börsentags muss die Börsenmaklerin nun zum Tagesschluss festlegen, zu welchem Kurs (Preis) Nachfrager und Anbieter zum Zuge kommen sollen. Sie wird einen Kurs festlegen, bei dem der **größte Umsatz** möglich wird. Bei diesem Kurs stimmen Nachfrage und Angebot überein und befinden sich im Gleichgewicht. Aus diesem Grund spricht man auch von einem „Gleichgewichtspreis".*

- *Zum Kurs von 35,00 EUR ist die Anzahl der Kaufwünsche größer als die der Verkaufswünsche, weil er von den Nachfragern eher als günstig und von den Anbietern als zu wenig gewinnbringend angesehen wird.*
- *Ein Kurs von 37,50 EUR hingegen wird von den Nachfragern eher als zu hoch und von den Anbietern eher als gewinnbringend angesehen.*

Der Preis, der als Schlusskurs für die Aktie der Logistik AG gebildet wird, wird aller Voraussicht nach zwischen 35,00 EUR und 37,50 EUR liegen (vgl. Schnittpunkt).

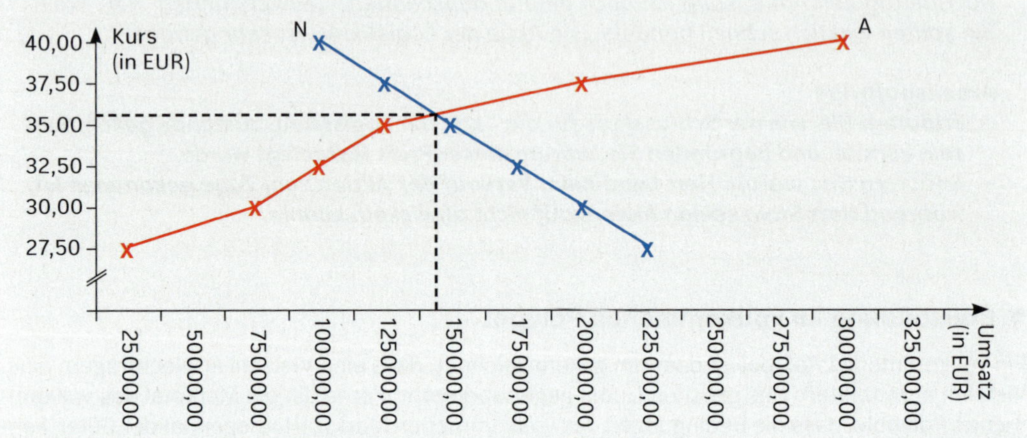

Die grafische Darstellung zeigt, dass der Schnittpunkt beider Kurven bei einem Kurs von 36,00 EUR sowie bei einem Umsatz von 140000,00 EUR entsteht. Die Börsenmaklerin wird den Tageskurs für die Aktie der Logistik AG also bei 36,00 EUR festlegen. Zu diesem Kurs wird der größte Umsatz (hier: 140000,00 EUR) erzielt.

Alle Nachfrager, die ihr ***Kauf-Limit*** *bei mindestens 36,00 EUR festgelegt haben, kommen beim Kauf der Aktie zum Zuge, weil sie bereit waren, diesen Kurs pro Aktie zu bezahlen. Diejenigen Nachfrager, die ihr Kauf-Limit unterhalb von 36,00 EUR festgelegt haben, kommen nicht zum Zuge, weil sie keine 36,00 EUR ausgeben wollen. Unterhalb des Gleichgewichtspreises ist die Nachfrage also größer als das Angebot. Man spricht in diesem Fall von einem* ***Nachfrageüberhang****.*

Alle Anbieter, die ihr ***Verkaufs-Limit*** *bei maximal 36,00 EUR festgelegt haben, kommen beim Verkauf der Aktie zum Zuge, weil es ihnen ausgereicht hat, einen Verkaufserlös von maximal 36,00 EUR zu erzielen. Wer sein Verkaufs-Limit höher als 36,00 EUR festgelegt hat, kann die Aktien nicht zum gewünschten Kurs verkaufen, weil er einen höheren Verkaufserlös als zum Gleichgewichtspreis erzielen wollte. Oberhalb des Gleichgewichtspreises ist das Angebot also höher als die Nachfrage* ***(Angebotsüberhang)****.*

In der ***allgemeinen*** *Darstellung erkennt man, dass oberhalb des Gleichgewichtspreises das Angebot größer als die Nachfrage ist (Angebotsüberhang), während unterhalb des Gleichgewichtspreises die Nachfrage das Angebot übersteigt (Nachfrageüberhang).*

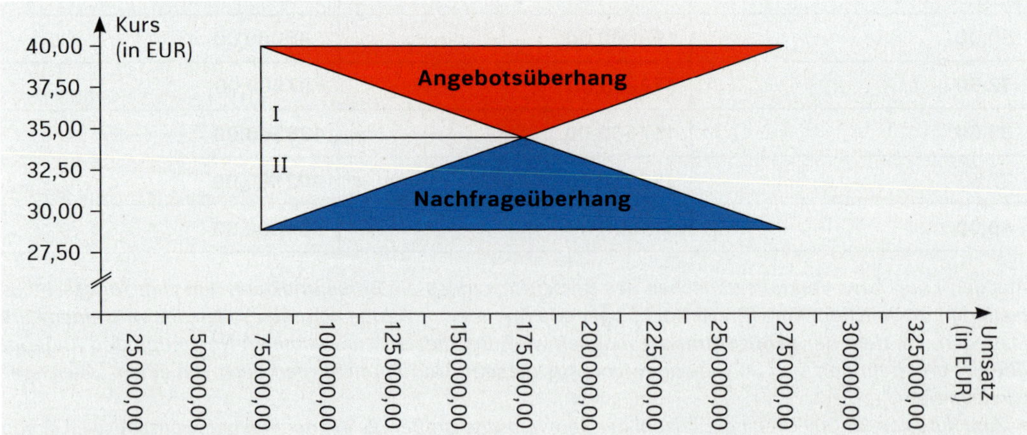

Die Grafik zeigt jedoch auch noch zwei weitere Bereiche, die die Situation des Anbieters und des Nachfragers im Polypol widerspiegeln.

I = Konsumentenrente

Hierunter versteht man den Unterschied zwischen dem Preis, den der Käufer eines Gutes **höchstens** zu zahlen bereit wäre, und dem tatsächlich gezahlten Gleichgewichtspreis. Die Konsumentenrente ist somit der Geldbetrag, den der Käufer spart, weil der Marktpreis (Gleichgewichtspreis) niedriger ist als der Preis, den er ursprünglich gezahlt hätte.

II = Produzentenrente

Unterhalb des Marktgleichgewichts befindet sich die Produzentenrente. Hierunter versteht man den Unterschied zwischen dem Preis, den der Verkäufer mindestens erzielen möchte, und dem tatsächlich erhaltenen, höheren Marktpreis. Der Produzent hätte also ursprünglich seine Erzeugnisse auch zu einem geringeren Preis als dem Marktpreis verkauft, erzielt nun jedoch einen höheren Erlös, als er ursprünglich geplant hatte.

■ Veränderungen des Gleichgewichtspreises

Bislang wurde die Bildung des Gleichgewichtspreises bei gegebenem Angebot und gegebener Nachfrage behandelt. Nun werden die Auswirkungen einer Angebots- bzw. einer Nachfrageänderung auf den Gleichgewichtspreis untersucht.

Erhöht sich bei unverändertem Angebot die Gesamtnachfrage (Abb. unten links), so bedeutet dies, dass bei jedem Preis (also sowohl bei hohen als auch bei niedrigen Preisen) eine größere Menge nachgefragt wird. Ein insgesamt gestiegenes Einkommen aller Nachfrager oder auch ein modischer Wandel kann hierfür beispielsweise die Ursachen sein. In diesem Fall verschiebt sich die Nachfrage N_1 nach rechts zu N_2 (die Nachfrage wird insgesamt ausgeweitet), während die Angebotskurve zunächst gleich bleibt. Das liegt daran, dass Anbieter nicht sofort auf die stark gestiegene Nachfrage reagieren können. Der auf diese Weise entstehende neue Schnittpunkt beider Kurven zeigt, dass der Gleichgewichtspreis von P_1 auf P_2 gestiegen ist. Die folgende Grafik zeigt auch die Ausweitung der Gleichgewichtsmenge (X_1 zu X_2).

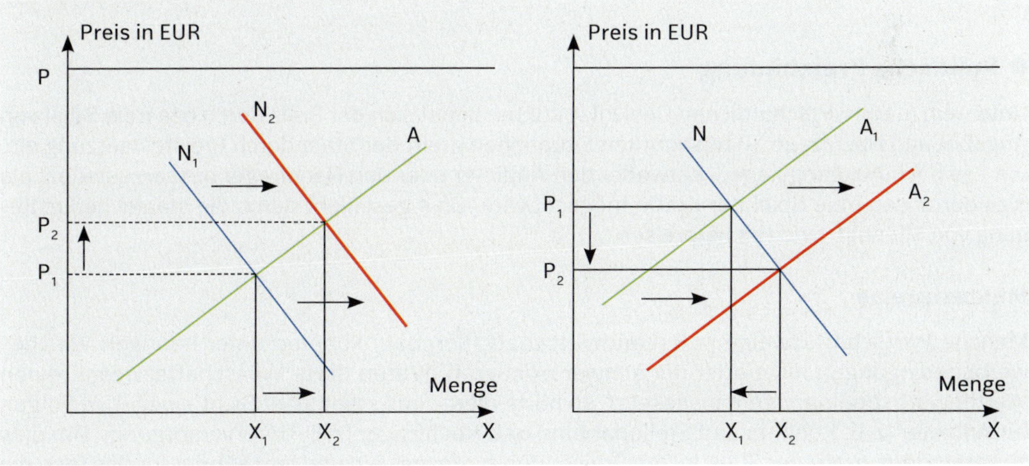

Angenommen, es ist aufgrund des Einsatzes verbesserter Technologie möglich, mehr zu produzieren als bisher, dann wird das Angebot von A_1 zu A_2 generell ausgeweitet (Abb. oben rechts). Das bedeutet, dass zu jedem Preis – egal, ob hoch oder niedrig – mehr angeboten wird. Die Nachfrage ändert sich zunächst nicht, weil die Nachfrager noch nicht sofort auf die Ausweitung des Angebots reagiert haben. Bei somit unveränderter Nachfrage sinkt der Gleichgewichtspreis P_1 auf P_2, während die Gleichgewichtsmenge von X_1 auf X_2 ausgeweitet wurde. Aus diesen Zusammenhängen kann man vier Fälle ableiten:

- ***Steigt die Nachfrage (Rechtsverschiebung der Nachfragekurve) bei unverändertem Angebot, so steigt der Preis.***
- ***Sinkt die Nachfrage (Linksverschiebung), so sinkt der Preis.***
- ***Steigt das Angebot (Rechtsverschiebung der Angebotskurve) bei unveränderter Nachfrage, so sinkt der Preis.***
- ***Sinkt das Angebot (Linksverschiebung), so steigt der Preis.***

Für das Verständnis von Marktprozessen ist der Preisbildungsmechanismus von grundlegender Bedeutung. Der durch Anpassungsprozesse gebildete Gleichgewichtspreis hat folgende Auswirkungen auf den Güteraustausch:

Markträumung

Zum Gleichgewichtspreis entspricht die angebotene Gütermenge genau der nachgefragten. Alle Marktteilnehmer, die bereit und in der Lage sind, zu diesem Preis zu kaufen bzw. zu verkaufen, kommen zum Zuge und können bedient werden. Auf diese Weise wird die zu wirtschaftlichsten Bedingungen angebotene Menge vom Markt „geräumt".

Umsatzmaximierung

Zum Gleichgewichtspreis wird der größtmögliche Umsatz erzielt. Oberhalb des Gleichgewichtspreises entsteht ein Angebotsüberhang, der nicht abgesetzt werden kann, unterhalb des Gleichgewichtspreises kommt es zu einem Nachfrageüberhang, weil nicht alle Nachfrager bedient werden können.

Selektion der Marktteilnehmer

Anbieter, die aufgrund fehlender Wirtschaftlichkeit nicht zum Gleichgewichtspreis anbieten können, scheiden langfristig aus dem Markt aus. Nachfrager, die nicht fähig oder bereit sind, den Gleichgewichtspreis zu bezahlen, kommen ebenfalls nicht zum Zuge und scheiden aus dem Markt aus.

■ Politische Preisbildung

Unter rein marktwirtschaftlichen Gesichtspunkten bildet sich der Preis durch das freie Spiel von Angebot und Nachfrage. In bestimmten Situationen greift der Staat durch Preisfestsetzung ein, um – je nach Ausgangslage – entweder den Anbieter oder den Nachfrager besserzustellen, als dies durch das freie Spiel der Kräfte möglich wäre. Dies geschieht durch die staatliche Festlegung von Mindest- und Höchstpreisen.

Mindestpreise

Manche Wirtschaftszweige (z. B. Landwirtschaft, Bergbau) könnten unter heutigen Wettbewerbsbedingungen nicht oder nur schwer existieren. Wären diese Wirtschaftszweige reinen Wettbewerbsbedingungen ausgesetzt, so hätte dies – aus staatlicher Sicht – negative Folgen für Anbieter (z. B. Konkurs und Stellenabbau) und Nachfrager (z. B. Unterversorgung). Um dies zu verhindern, greift der Staat in den Preisbildungsprozess ein und legt Mindestpreise fest, die oberhalb des Gleichgewichtspreises liegen.

Beispiel *Angenommen, der Gleichgewichtspreis für einen Liter Milch läge bei 0,30 EUR. Für eine Vielzahl von Landwirtschaftsbetrieben würde dieser Preis im Verkauf nicht ausreichen, um die Kosten zu decken. Folglich würden sie – langfristig – vom Markt ausscheiden (Selektion der Marktteilnehmer). Aus Gründen der Existenzerhaltung sichert der Staat den Landwirtschaftsbetrieben jedoch einen Mindestpreis von 0,40 EUR pro Liter Milch zu. Somit wären sie vor ruinösem Wettbewerb geschützt. Zu diesem hohen Preis entstünde jedoch ein Angebotsüberhang.*

Zum Gleichgewichtspreis P_1 könnten die Landwirtschaftsbetriebe die Gleichgewichtsmenge X_1 absetzen. Angenommen, die Betriebe könnten zu diesem Preis ihre Produktion nicht aufrechterhalten. Der Staat würde in diesem Fall den Mindestpreis P_2 garantieren. Zu diesem Preis würden die Landwirtschaftsbetriebe die Menge X_2 produzieren, während eigentlich nur die Menge X_3 nachgefragt würde. Der auf diese Weise entstehende Angebotsüberhang ($X_3 - X_2$) würde vom Staat aufgekauft, sodass die Landwirtschaftsbetriebe einen Mehrerlös erzielt hätten.

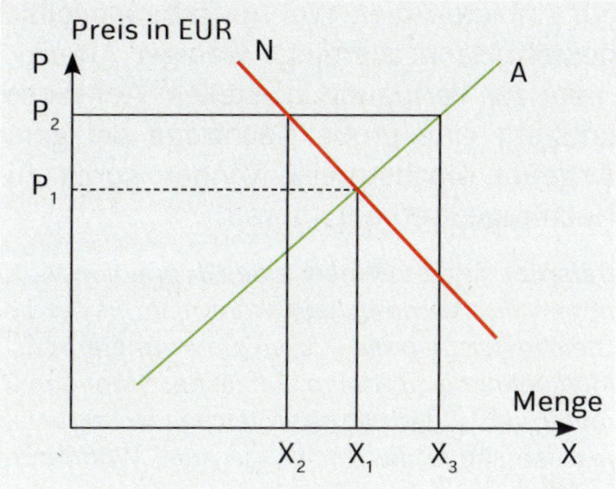

Befürworter eines vom Staat unbeeinflussten Marktprozesses sehen die Festsetzung von Mindestpreisen allerdings kritisch, weil auf diese Weise eine Überproduktion entsteht, die immer wieder vom Staat aufgekauft werden muss. Außerdem besteht die Gefahr, dass sich die begünstigten Anbieter auf die garantierten Mindestpreise verlassen und sich nicht genügend bemühen, wirtschaftlicher zu arbeiten.

In einer Wirtschaftszeitung ist folgender Artikel zu finden:

US/Mexiko: Überproduktion führt zu niedrigen Tomatenpreisen

Zwischen den Tomatenanbaubetrieben von Mexiko und Florida ist ein heftiger Konflikt entbrannt. Beide Seiten werfen sich vor, durch eine Überproduktion von Tomaten die Preise auf dem kombinierten Markt ruiniert zu haben.

Die Preise liegen nur knapp über dem saisonalen Grundpreis für frische mexikanische Tomaten, der durch das „Tomato Suspension Agreement" festgelegt ist. Dies ist ein schützender Mechanismus, der 1996 nach Dumpingpreisuntersuchungen durch das US-Handelsministerium etabliert wurde und seitdem verhindern soll, dass importierte Tomaten zu einem Preis verkauft werden, der unter dem Marktwert in den USA liegt. Tomatenerzeuger in Florida, Mexikos größte Konkurrenten auf dem US-Tomatenmarkt, fordern, dass mexikanische Importe verringert werden. Sie kritisieren, dass Mexiko seine Produktion in den letzten Jahren zu stark gesteigert hat. Mexikanische Bauern argumentieren wiederum, dass die plötzliche Hitze für die überstürzte und überreichliche Ernte verantwortlich gewesen sei. Generell bezweifeln sowohl US-amerikanische als auch mexikanische Tomatenbauern mittlerweile die Effektivität des Abkommens und beschuldigen Verkäufer und Zwischenhändler der Mindestpreisunterbietung.

Einem Bericht zufolge sind bei solch niedrigen Preisen die Verbraucherinnen und Verbraucher die einzigen Gewinner.

Höchstpreise

Im entgegengesetzten Fall legt der Staat eine **Preisobergrenze** für bestimmte Güter fest. Anbieter dürfen folglich keinen Preis fordern, der oberhalb des Höchstpreises liegt.

Beispiel *Der Quadratmeterpreis für Wohnungsmiete beträgt in einer Stadt 10,00 EUR. Angenommen, durch staatliche Festlegung dürfte der Quadratmeterpreis im sozialen Wohnungsbau 6,00 EUR nicht überschreiten, so wäre sichergestellt, dass auch einkommensschwächere Bevölkerungsgruppen entsprechenden Wohnraum leichter bezahlen können.*

Höchstpreise werden staatlicherseits meistens dann in Betracht gezogen, wenn bei freier Preisbildung ein Preis entstehen würde, der so hoch wäre, dass einige Verbraucherinnen und Verbraucher von der Nutzung dieser Güter ausgeschlossen wären. Somit sollen Höchstpreisregelungen dem **Verbraucherschutz** dienen.

Für Anbieter (hier: Wohnungsbaugesellschaften) besteht dann allerdings weniger Anreiz, Wohnraum zur Verfügung zu stellen. Auf diese Weise entsteht eine große Nachfrage bei geringerem Angebot. Höchstpreise können somit zu einem Nachfrageüberhang führen.

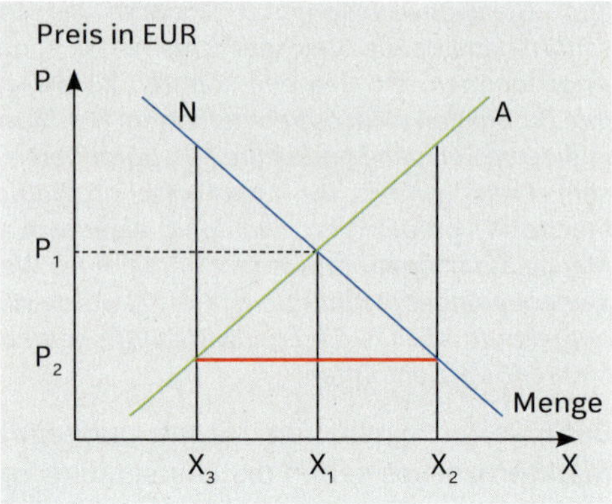

Beispiel *Angenommen, eine Gruppe von Verbraucherinnen und Verbrauchern wäre nicht in der Lage, den Gleichgewichtspreis P_1 als Quadratmeterpreis für eine Mietwohnung zu zahlen. Setzte der Staat den Quadratmeterpreis unterhalb des Gleichgewichtspreises bei P_2 fest, so stiege die Nachfrage nach Wohnraum von X_1 auf X_2, während das Angebot gleichzeitig auf X_3 zurückginge. Folglich entstünde eine Unterversorgung mit günstigem Wohnraum.*

Auch wenn Höchstpreise dem Schutz von Verbraucherinnen und Verbrauchern dienen sollen, so werden sie jedoch massiv kritisiert. Zwar werden durch Höchstpreise unerwünschte Mangelsituationen (z.B. zu wenig günstiger Wohnraum) vermieden, doch werden nicht die Ursachen bekämpft, die zu diesem Mangel geführt haben, sondern vielmehr die Probleme ungelöst verdeckt. Durch Höchstpreisregelungen entstehen sehr schnell **Schwarzmärkte**, weil zahlreiche Verbraucherinnen und Verbraucher bei Höchstpreisen bereit sind, einen höheren Preis als den staatlich festgesetzten Mindestpreis zu bezahlen.

Zusammenfassung: Die Preisbildung im vollkommenen Polypol erklären und mit der Realität vergleichen

Preisbildung im vollkommenen Polypol

- Im vollkommenen Polypol herrschen die **Bedingungen des vollkommenen Marktes**, in welchem der einzelne Anbieter nur einen sehr kleinen Marktanteil hat und den Preis nicht zu seinen Gunsten beeinflussen kann. Der Anbieter muss sich am Gleichgewichtspreis orientieren.
- Das **Marktgleichgewicht** entsteht im Schnittpunkt von Angebots- und Nachfragekurve. Im Gleichgewicht wird der größtmögliche Umsatz auf diesem Markt erzielt. Der dazugehörige Preis ist der Gleichgewichtspreis, die im Gleichgewicht angebotene und nachgefragte Menge ist die Gleichgewichtsmenge.
- Oberhalb des Gleichgewichts ist das Angebot größer als die Nachfrage. Es entsteht ein **Angebotsüberhang**. Unterhalb des Gleichgewichts ist die Nachfrage größer als das Angebot. Es entsteht ein **Nachfrageüberhang**.
- Eine Konsumentenrente ist der Unterschied zwischen dem Preis, den der Käufer eines Gutes **höchstens** zu zahlen bereit wäre, und dem tatsächlich gezahlten Gleichgewichtspreis.
- Eine **Produzentenrente** ist der Unterschied zwischen dem Preis, den der Verkäufer **mindestens** erzielen möchte, und dem tatsächlich erhaltenen, höheren Marktpreis.

- Eine Ausweitung der Gesamtnachfrage bei gleichbleibendem Angebot führt zu einem Anstieg des Gleichgewichtspreises. Eine Ausweitung des Angebots bei gleichbleibender Nachfrage führt zu einer Senkung des Gleichgewichtspreises.

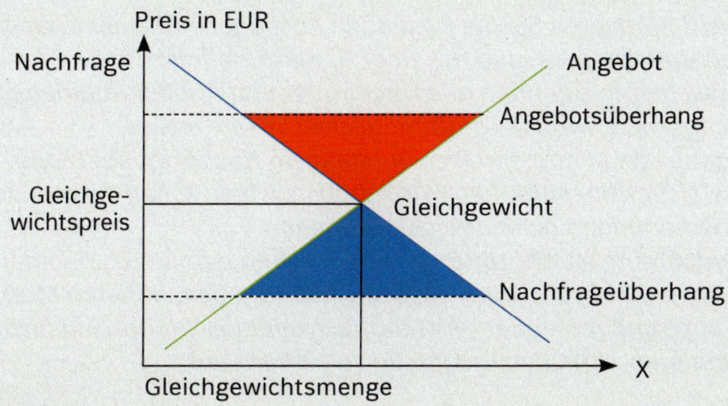

- Der durch Anpassungsprozesse gebildete Gleichgewichtspreis hat folgende **Wirkungen**:
  - Markträumungsfunktion
  - Umsatzmaximierung
  - Selektion der Marktteilnehmer

Politische Preisbildung

- **Mindestpreise**
  Wenn einzelne Wirtschaftszweige (z. B. Landwirtschaft) unter reinen Wettbewerbsbedingungen nicht allein existieren können, sichert der Staat Mindestpreise für die Abnahme ihrer Produkte zu, die oberhalb des eigentlich vorherrschenden Gleichgewichtspreises liegen.
- **Höchstpreise**
  Wenn durch freie Preisbildung Preise entstehen, die so hoch sind, dass manche Verbraucherinnen und Verbraucher sie nicht mehr zahlen könnten, setzt der Staat Höchstpreise fest, um die Verbraucherinnen und Verbraucher vor zu hohen Preisen zu schützen.

Aufgaben

1 *Im Rahmen einer Marktuntersuchung wurden folgende Zusammenhänge von Kauf- und Verkaufswünschen festgestellt:*

	Kauf			**Verkauf**		
Preis (GE)	6	5	2	1	3	8
Menge (ME)	100	300	900	200	400	900

Erstellen Sie eine Grafik, in der Sie auf der Grundlage der obigen Daten eine Nachfragekurve und eine Angebotskurve einzeichnen. Ermitteln Sie anschließend
a) den Gleichgewichtspreis in GE,
b) die Mengeneinheiten (ME), die der Nachfrageüberhang bei einem Preis von 1 GE beträgt,
c) die Konsumentenrente in GE, die ein Nachfrager erzielt, der 200 ME kauft und auch bereit gewesen wäre, einen Preis von 5 GE zu bezahlen.

2 *Nehmen Sie an, der Staat würde – entsprechend der in Aufgabe 1 erstellten Grafik – einen Mindestpreis von 6 GE festsetzen. Stellen Sie fest, wie viel GE der Staat ausgeben müsste, um den Angebotsüberhang abzuschöpfen (auf volle Hundert GE runden).*

3 *Richtig oder falsch? Markieren Sie die folgenden Aussagen mit einer 1, wenn sie einen richtigen Sachverhalt umschreiben, und mit einer 9, wenn sie falsch sind.*
a) Zum Gleichgewichtspreis können alle Nachfrager und Anbieter befriedigt werden.
b) Im Marktgleichgewicht wird der größtmögliche Umsatz erzielt.
c) Durch Festlegung von Mindestpreisen entsteht ein Nachfrageüberhang.
d) Mindestpreise sichern bestimmten Wirtschaftszweigen einen Absatz zu, den sie unter reinen Marktbedingungen nicht erreichen können.
e) Die Konsumentenrente ist der Unterschied zwischen dem Preis, den der Verkäufer mindestens erzielen möchte, und dem tatsächlich erhaltenen, höheren Marktpreis.
f) Anbieter, die aufgrund fehlender Wirtschaftlichkeit ihrer Produktion nicht zum Gleichgewichtspreis anbieten, scheiden langfristig vom Markt aus.

4 *Die Nachfragekurve verläuft im Koordinatensatz idealtypisch von links oben nach rechts unten.*
a) Wie wirken sich die folgenden Ereignisse auf die Lage der Nachfragekurve aus?
b) Wie ändert sich der Gleichgewichtspreis bei zunächst gleichem Angebot?

1) Im Rahmen einer groß angelegten Werbekampagne wirbt der Einzelhandel für den Verzehr von Bio-Produkten.
2) Verbesserte Technologie ermöglicht eine schnellere Produktion von Smartphones.
3) Die Erdölförderung wird ausgeweitet, mehr Rohöl wird hergestellt.

5 *In einer Marktwirtschaft tritt folgendes Problem auf: Die landwirtschaftlichen Betriebe können infolge starker Konkurrenz aus dem Ausland eine Reihe von Produkten (z. B. Milch) nicht mehr in gewohnter Menge absetzen. Die landwirtschaftlichen Intetressenverbände erreichen, dass der Staat den Betrieben einen Mindestpreis garantiert.*
a) Stellen Sie diese Preisbildung grafisch dar.
b) Welche Folgen sind aus dieser staatlichen Mindestpreispolitik (Subventionierung) zu erwarten?

6 *Auf einem polypolistischen Markt lässt sich der Verlauf einer Nachfragekurve wie folgt beschreiben:*
$x = 200 - 4p$
Die Angebotskurve lautet:
$x = 176 + 2p$
a) Berechnen Sie die Gleichgewichtsmenge.
b) Aufgrund gestiegener Abgaben sinkt die Nachfrage um 20 Einheiten. Berechnen Sie die neue Gleichgewichtsmenge.

7 *Erläutern Sie, warum die Festlegung staatlicher Höchstpreise (z. B. im sozialen Wohnungsbau) massiv kritisiert wird.*

2 Die Beschaffung auf internationalen Märkten organisieren

2.1 Relevante Güter des Außenhandels untersuchen und Zusammenhänge internationaler Märkte beschreiben

Frau Stein kommt vom Einkauf nach Hause. Neugierig und hungrig schaut ihr Mann in die Einkaufstüten. Er blickt auf Äpfel aus Chile, Trauben aus Südafrika, Bananen aus Kolumbien, Käse aus Frankreich, Fleisch aus Südamerika, Kartoffeln aus Marokko und schimpft: *„Gibt es denn keine Lebensmittel mehr aus Deutschland? Müssen wir Äpfel und Ananas aus Südamerika essen?“* Caroline Stein hört das Schimpfen des Vaters und stellt fest: *„Ananas wachsen doch gar nicht in Deutschland.“* Frau Stein meint: *„Der französische Käse schmeckt mir aber so gut!“*

Arbeitsaufträge
- ***Stellen Sie fest, welche aus dem Ausland stammenden Güter Sie kaufen.***
- ***Erläutern Sie, warum Güter aus dem Ausland bezogen werden.***

■ Gründe für Außenhandel

Die Notwendigkeit für grenzüberschreitenden Handel besteht darin, dass

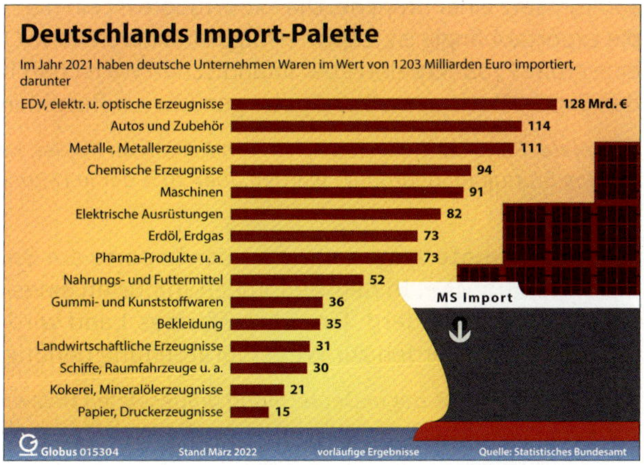

- die Güter **im Inland nicht vorhanden** sind,
  Beispiel *Die Unternehmensfahrzeuge der Bürodesign GmbH fahren mit Diesel, der aus Erdöl gewonnen wird. Deutschland verfügt über keine wesentlichen Erdölvorkommen.*
- die Güter **im Inland nicht ausreichend vorhanden** sind,
  Beispiel *Zur Produktion der Karosserieteile des deutschen Geschäftsfahrzeugs der Bürodesign GmbH wird Eisenerz benötigt. Das für die Produktion in Deutschland notwendige Eisenerz wird zu 80 % importiert.*
- die Güter **im Inland nicht in der gewünschten Qualität vorhanden** sind,
  Beispiel *Für die Produktion des Regalsystems der Bürodesign GmbH wird ein harzarmes Kiefernholz benötigt, welches nur in Nordamerika und Kanada wächst.*
- die Güter im **Ausland günstiger** sind oder günstiger produziert werden können.
  Beispiel *Die Bezugsstoffe für die Bürostühle „Wikinger“ der Bürodesign GmbH werden aufgrund geringer Lohnkosten in Asien angefertigt.*

In welchem Umfang international mit Gütern gehandelt wird, hängt demnach von den Rohstoffvorkommen, dem Klima, den unterschiedlichen land- und forstwirtschaftlichen Produktionsmöglichkeiten, dem Stand der Technik sowie den Arbeitskosten ab.

Arten des Außenhandels

Der Außenhandel, also die wirtschaftliche Verknüpfung der Länder, kann in drei Arten unterteilt werden:

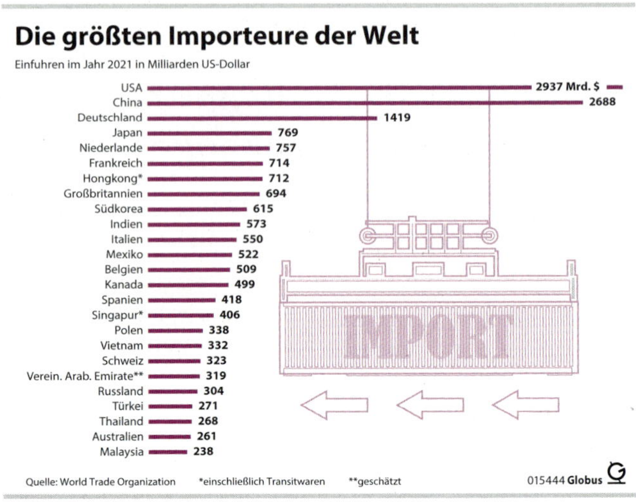

- **Exporthandel**, d.h. die Ausfuhr von Gütern und Dienstleistungen
  Beispiel *Der deutsche Hersteller der Lkws der Bürodesign GmbH verkauft seine Nutzfahrzeuge weltweit.*
- **Importhandel**, d.h. die Einfuhr von Gütern und Dienstleistungen
  Beispiel *Die Vereinigte Spanplatten AG bezieht das zur Weiterverarbeitung benötigte Holz aus Kanada und Skandinavien.*
- **Transithandel**, d.h. Einfuhr und gleichzeitige Ausfuhr von Gütern und Dienstleistungen durch einen inländischen Händler
  Beispiel *Die Stammes Stahlrohr GmbH kauft Stahl in Tschechien für einen belgischen Kunden.*

Der Umfang des Außenhandels eines Landes ist an der Export- und Importquote erkennbar. Unter **Exportquote** versteht man den Anteil der Exporte am Bruttoinlandsprodukt oder am Gesamtumsatz einer Branche. Die Exportquote ist ein maßgeblicher Indikator für die Beschäftigung, die exportabhängig ist. Exporterfolge sind durch hohe Qualität, hohen technischen Standard und eine große Produktpalette der inländischen Wirtschaft begründet. Sie sind notwendig, weil durch den Export Devisen ins Land gelangen, die zur Bezahlung der Importe benötigt werden.

Beispiele *Rund 50 % der deutschen Produktion an Papier, Karton und Pappe werden exportiert. Bezogen auf das Bruttoinlandsprodukt werden über 30 % der in Deutschland erstellten Güter und Dienstleistungen exportiert.*

Die **Importquote** zeigt den Anteil der Importe am Bruttoinlandsprodukt oder am Gesamtbedarf einer Branche. In den vielfältigen Importen eines Landes besteht die Grundlage für einen hohen Lebensstandard. Ein rohstoffarmes Land wird eine hohe Importquote bei Rohstoffen aufweisen. Sie werden zur Weiterverarbeitung benötigt und z. T. wieder exportiert.

Beispiel *Rund 50 % der in Deutschland umgesetzten Holzwaren werden importiert.*

Durch den internationalen Austausch von Gütern, d. h. durch den **Außenhandel**, sind Länder miteinander verbunden. Die wirtschaftlichen Beziehungen der Länder untereinander bestehen aber nicht nur aus dem Handel mit Gütern, sondern auch aus Geld- und Kapitalbewegungen für Dienstleistungen und aus Investitionen. Die Gesamtheit der wirtschaftlichen Verknüpfungen der Länder wird als **Außenwirtschaft** bezeichnet. Durch diese außenwirtschaftlichen Beziehungen entsteht die **Weltwirtschaft**.

Im Wirtschaftskreislauf einer offenen Volkswirtschaft (vgl. S. 87) werden die Wirtschaftsbeziehungen zwischen den inländischen Sektoren und dem Ausland dargestellt. In diesem Sektor sind alle ausländischen Haushalte und Unternehmen sowie alle ausländischen staatlichen Stellen zusammengefasst. Die wichtigsten Beziehungen einer sog. offenen Wirtschaft zum Ausland sind Zahlungsströme aus Importausgaben und Exporterlöse. Die Bundesrepublik Deutschland ist ein relativ rohstoff- und energiearmes Land. Viele Unternehmen müssen Rohstoffe und Energie aus dem Ausland einführen, damit die Produktion im Inland durchgeführt werden kann.

In der industriellen Fertigung werden die Endprodukte zunehmend aus komplexen Bauteilen zusammengesetzt. Aus Kostengründen beziehen immer mehr Industrieunternehmen diese Baugruppen aus dem Ausland. Auch viele Konsumgüter werden importiert, weil sie im Ausland kostengünstiger produziert werden. Zahlreiche landwirtschaftliche Produkte können aufgrund klimatischer Gegebenheiten überhaupt nur im Ausland angebaut werden. Letztlich sind die Bundesbürgerinnen und Bundesbürger „Reiseweltmeister“. Jedes Jahr kaufen Millionen von Haushalten während ihres Urlaubs im Ausland Dienstleistungen. (z. B. Übernachtungen in Hotels) und Sachgüter (z. B. Speisen und Getränke). Durch alle Einkäufe fließen Importausgaben von den inländischen Unternehmen an das Ausland.

Beispiel *Otto Land erinnert sich noch daran, wie vor einigen Jahren bei seinem Arbeitgeber Kurzarbeit eingeführt wurde, weil die für die Produktion erforderlichen Bleche fehlten. Sie stammen aus einem Walzwerk in Spanien. Wegen eines Streiks der Beschäftigten der französischen Bahn kam es zur Unterbrechung der Lieferungen. Da im Automobilwerk aus Kostengründen nur ein geringer Vorrat an Blechen besteht, musste die Produktion eingestellt werden. Im Rahmen der Kurzarbeit konnten die Mitarbeiterinnen und Mitarbeiter in der Produktion nur mit Wartungs- und Reparaturarbeiten beschäftigt werden. Entsprechende Verdienstausfälle waren für die betroffenen Arbeitnehmerinnen und Arbeitnehmer die Folge.*

Mit dem Außenhandel entstehen **Chancen und Risiken** für eine Volkswirtschaft.

■ Vorteile des Außenhandels

Der Außenhandel verschafft den beteiligten Ländern zahlreiche Vorteile. Es können Güter angeboten werden, die im Inland nicht oder nicht ausreichend zur Verfügung stehen oder im Ausland günstiger sind. Der Außenhandel verstärkt den Wettbewerb, weil die Anbieter international miteinander konkurrieren, was letztlich zu günstigeren Preisen führt. Mit dem Austausch von Waren und Dienstleistungen geht ein kultureller Austausch einher. Das Zusammenwachsen der Märkte kann auch die Menschen einander näher bringen und somit zur Völkerverständigung beitragen.

Beispiel *Herr Stein will Geschäftsbeziehungen in Asien aufbauen. Gemäß dem Business-Knigge für Japan ist der Abschluss eines Vertrags an den gemeinsamen Besuch einer Karaoke-Bar geknüpft.*

Absolute Kostenvorteile

Die Kostenvorteile werden durch absolute und komparative Kostenvorteile begründet. Die von Adam Smith (vgl. S. 236 ff.) begründete Theorie der **absoluten Kostenvorteile** geht davon aus, dass die Kosten bei der Produktion der gehandelten Güter in jedem Land absolut gesehen unterschiedlich sind. Um dies anhand eines Beispiels zu verdeutlichen, werden nur die Produktionskosten zugrunde gelegt, die durch den Produktionsfaktor Arbeit entstehen. Die Kosten werden im Folgenden durch die Menge der benötigten Arbeitseinheiten dargestellt.

Beispiel *Deutschland und Frankreich produzieren beide Büromöbel und Wein. Deutschland stellt eine Mengeneinheit (ME) der Büromöbel mit geringeren Kosten bzw. Arbeitseinheiten (AE) her als Frankreich, das wiederum Wein kostengünstiger produzieren kann. Wenn sich Deutschland auf die Büromöbelproduktion und Frankreich auf die Weinproduktion spezialisiert, können beide Länder einen Teil ihrer Spezialisierungsgewinne durch Außenhandel erzielen. Deutschland importiert kostengünstigen französischen Wein und Frankreich die günstigeren deutschen Büromöbel. Beide Länder haben die jeweils teurere inländische Produktion durch Importe ersetzt.*

Verteilung der Produktionskosten ohne Außenhandel

	Deutschland	Frankreich	Summe
1 ME Wein	90 AE	70 AE	160 AE
1 ME Büromöbel	80 AE	100 AE	180 AE
Summe	170 AE	170 AE	340 AE

Absolute Kostenvorteile mit Außenhandel

	Deutschland	Frankreich	Summe
1 ME Wein	0 AE	140 AE	140 AE
1 ME Büromöbel	160 AE	0 AE	160 AE
Summe	160 AE	140 AE	300 AE

Komparative Kostenvorteile

Gemäß dem Prinzip der **komparativen Kostenvorteile** von David Ricardo[1] kann ein Land auch dann vom Außenhandel profitieren, wenn es alle Güter zu geringeren Kosten als andere Länder herstellt. Dies wird im folgenden Beispiel auch durch das „Zwei-Länder-zwei-Güter-Modell" dargestellt. Dabei werden nicht die absoluten Produktionskosten der beiden Länder miteinander verglichen, sondern die relativen Produktionskosten der beiden Länder für beide Güter.

Beispiel *Deutschland hat bei beiden Gütern höhere Kosten als Frankreich, das mit einer vorgegebenen Menge Arbeit eine größere Menge sowohl von Büromöbeln als auch Wein herstellen kann. Es erscheint zunächst unplausibel, dass Frankreich aus einem Güteraustausch mit Deutschland Vorteile ziehen könnte. Dennoch lohnt sich hierbei internationaler Handel. Um dies zu zeigen, werden die sog. „komparativen Kostenunterschiede" berechnet. In Frankreich ist die Weinproduktion nicht nur absolut, sondern auch relativ günstiger als in Deutschland. Denn die Herstellung einer Mengeneinheit Wein ist relativ kostengünstiger (90 AE : 70 AE) als die Produktion einer Einheit Büromöbel (80 AE : 75 AE). Verzichtet Frankreich beispielsweise auf die Herstellung einer Einheit der Büromöbel, so kann es zusätzlich 1,1 Einheiten (75 AE : 70 AE) Wein erzeugen. Das Land besitzt einen relativen, den sog. „komparativen Vorteil", bei der Weinproduktion.*

[1] *David Ricardo lebte von 1772 bis 1823 in London. Er beschäftigte sich mit ökonomischen Studien, nachdem er früh als Börsenmakler genügend Vermögen angesammelt hatte. Er setzte sich u. a. für den Freihandel ein und veröffentlichte 1817 das Buch „On the Principles of Political Economy and Taxation".*

In Deutschland, welches beide Güter absolut teurer produziert, existieren komparative Kostenvorteile bei der Büromöbelproduktion. Denn die Produktion einer Einheit Büromöbel (80 AE : 75 AE) kostet dort relativ weniger als eine Einheit Wein (90 AE : 70 AE). Verzichtet Deutschland auf die Herstellung einer Einheit Wein, so kann es mit der eingesparten Arbeitsmenge 1,125 Einheiten Büromöbel (90 : 80 AE) erzeugen. Durch eine vollständige Spezialisierung beider Länder, wobei sich Deutschland auf die Büromöbelproduktion und Frankreich auf die Weinerzeugung beschränkt, kann bei gleichbleibender Ausstattung mit dem Faktor Arbeit die Summe der Produktion beider Länder erhöht werden.

Verteilung der Produktionskosten mit Außenhandel

	Deutschland	**Frankreich**	**Summe**
1 ME Wein	90 AE	70 AE	160 AE
1 ME Büromöbel	80 AE	75 AE	155 AE
Summe	170 AE	145 AE	315 AE

Komparative Kostenvorteile mit Außenhandel

	Deutschland	**Frankreich**	**Summe**
1 ME Wein	0 AE	140 AE	140 AE
1 ME Büromöbel	160 AE	0 AE	160 AE
Summe	160 AE	140 AE	300 AE

Insgesamt werden 15 Arbeitseinheiten eingespart, die zur Produktion einer höheren Menge der Güter eingesetzt werden können. Außerdem kann das Gut zu einem günstigeren Preis weitergegeben werden.

Außenhandel kann die beteiligten Länder also auch besserstellen, wenn ein Land sämtliche Güter günstiger produzieren kann als das andere Land. Jedes Land spezialisiert sich auf die Produktion jenes Gutes, bei dem es den größten Kostenvorteil hat. Es überlässt die Herstellung der Güter, bei denen es einen geringeren Kostenvorteil hat, anderen Ländern und importiert diese Güter. Die am Außenhandel beteiligten Länder tauschen dann ihre Erzeugnisse aus und kommen somit in den Genuss der vergleichsweise günstigeren Produktion. Dass die Güter jeweils in dem Land hergestellt werden, in dem dies die niedrigsten Kosten verursacht, wird als **internationale Arbeitsteilung** bezeichnet.

■ Nachteile des Außenhandels

Die **Kostennachteile deutscher Anbieter** im Vergleich zu ausländischen Anbietern haben dazu geführt, dass der industrielle Sektor in Deutschland stark geschrumpft ist. Insbesondere trifft dies auf die Textil-, Bekleidungs- und Lederindustrie zu.

Außerdem kann es zur **importierten Inflation** kommen, wenn aus dem Ausland Vorleistungen importiert werden (z. B. Rohstoffe wie Erdöl), die nicht durch heimische preiswerte Produkte substituiert werden können. Steigende Kosten im In- und Ausland sind Vorgänge, die lediglich einmalig auf das Preisniveau einwirken. Inflation hingegen beschreibt einen andauernden Prozess. Die inflationäre Wirkung der oben beschriebenen Ursachen ist nur dann gegeben, wenn die Wirtschaftssubjekte für die Zukunft Preissteigerungen erwarten und diese bei ihren Entscheidungen antizipieren (vgl. S. 272). Dass sich die Länder aufgrund des Außenhandels spezialisieren, kann sich auch negativ auswirken. Die inländische Wirtschaft ist **abhängig vom ausländischen Absatzmarkt** und somit anfällig bei rückläufigen Exporten. Insbesondere bei starker Spezialisierung bestehen Absatzrisiken. Die Bereitstellung von Gütern, die auch im Inland bezogen werden könnten, wird abgebaut, was zu einer Importabhängigkeit führt. Es besteht die Gefahr von Monostrukturen und politischer Abhängigkeit. Negativ wirkt sich zudem aus, dass durch steigenden internationalen Handel die Transporte und dadurch die Umweltbelastung zunehmen.

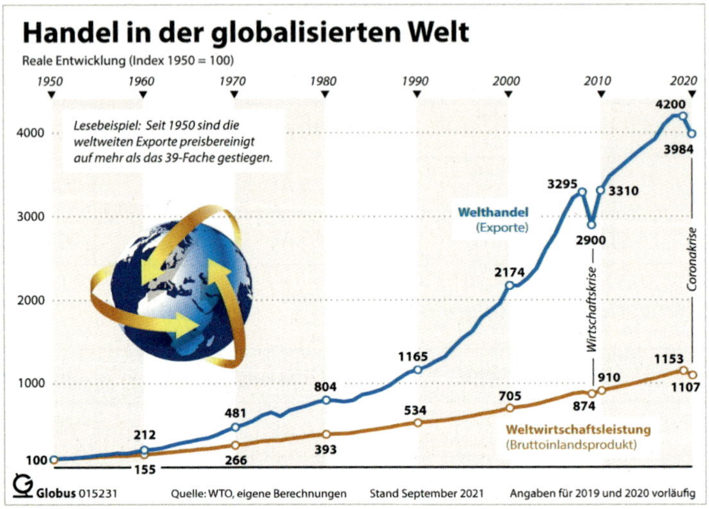

Beispiele

- *Für den Import der afrikanischen Kartoffeln, die Frau Stein gekauft hat und die als Frühkartoffeln eingeflogen werden, werden pro Jahr 16 Millionen Liter Kerosin verbraucht.*
- *Die Bürodesign GmbH wartet auf eine Holzlieferung per Schiff aus Kanada. Aufgrund zweistelliger Zuwachsraten im Containerverkehr meldet der Bestimmungshafen der Lieferung in Rotterdam Probleme bei der Abfertigung. Die Wartezeit des Schiffs im Hafen erhöht sich dadurch.*

■ Globalisierung und Außenhandel

Durch den Ausbau der interaktiven Medien, durch die **Mobilkommunikation**, die weltweite informationstechnische Vernetzung **(Internet)** und eine **globale Verkehrsinfrastruktur** sind die räumlichen Entfernungen zwischen den Anbietern und Nachfragern aus unterschiedlichen Ländern sozusagen aufgehoben worden. Unternehmen können diese globale Vernetzung von Arbeitnehmerinnen bzw. Arbeitnehmern, Unternehmen und Institutionen zur Erschließung internationaler Produktions- und Vertriebsstandorte in allen Teilen der Erde nutzen. Dieser Vorgang wird auch als **Globalisierung** (vgl. S. 299ff.) bezeichnet.

Beispiel *Die Produktion der Bezugsstoffe für die Bürostühle der Bürodesign GmbH verteilt sich auf die Beschaffung der Baumwolle aus asiatischen oder afrikanischen Anbaugebieten, deren Verarbeitung in Billiglohnländern, den Entwurf der Kollektion und die Entwicklung des Schnittmusters in Deutschland.*

Zusammenfassung: Relevante Güter des Außenhandels untersuchen und Zusammenhänge internationaler Märkte beschreiben

- **Außenhandel:** Austausch von Gütern und Dienstleistungen zwischen Ländern
- **Gründe für Außenhandel:**

- **Arten:**
  - Export
  - Import
  - Transithandel
- **Exportquote:** Anteil der Exporte am Bruttoinlandsprodukt (BIP) oder am Gesamtumsatz einer Branche
- **Importquote:** Anteil der Importe am Bruttoinlandsprodukt (BIP) oder am Gesamtumsatz einer Branche
- **Außenwirtschaft:** sämtliche wirtschaftlichen Beziehungen zwischen Ländern
- **Vorteile des Außenhandels:** größeres Produktsortiment, bessere Güterversorgung der Bevölkerung hinsichtlich der Menge und Qualität, stärkerer Wettbewerb durch größere Zahl von Anbietern, niedrigere Preise auf dem Weltmarkt durch Ausnutzung von Kostenvorteilen, zusätzliche Absatzmöglichkeiten, Schaffung von Arbeitsplätzen und Einkommen, Erhöhung der Kaufkraft und des Lebensstandards, kultureller Austausch
- **Nachteile des Außenhandels:** wirtschaftliche Abhängigkeit von Liefer- und Abnehmerländern, Gefährdung des Absatzes und der Beschäftigung inländischer Betriebe und Wirtschaftszweige durch Spezialisierung, Gefahr von wirtschaftlichen Monostrukturen, Zunahme von Gütertransporten
- **Absolute Kostenvorteile:** Ein Land erzielt Vorteile durch Spezialisierung auf das Gut, das es kostengünstiger produziert als andere Länder, und anschließenden Außenhandel.
- **Komparative Kostenvorteile:** Der Außenhandel kann sich auch vorteilhaft für ein Land auswirken, wenn es sämtliche Güter günstiger produziert als andere Länder.

Aufgaben

1 *Erläutern Sie aus Sicht der Bürodesign GmbH mögliche Vorteile einer Geschäftsbeziehung mit ausländischen Geschäftspartnern.*

2 *Begründen Sie, inwiefern es für die Bürodesign GmbH interessant ist, sich über die Importquote und Exportquote der Branche zu erkundigen.*

3 *Informieren Sie sich unter www.destatis.de über die aktuellen Importquoten der Wirtschaftszweige.*
a) Erklären Sie die aufgeführten Importquoten.
b) Beschreiben Sie die Entwicklung der Importquoten der einzelnen Wirtschaftszweige.
c) Stellen Sie fest, welche Wirtschaftsbereiche besonders importabhängig sind.
d) Erläutern Sie die Gründe und Konsequenzen für hohe Importquoten in einigen Branchen.

4 *Viele Lieferanten der Bürodesign GmbH nehmen bereits am internationalen Güteraustausch teil. Entscheiden Sie, ob die Bürodesign GmbH davon profitiert.*

5 *„Häfen werden zum Nadelöhr im Containerverkehr – Boom des Gütertransports auf Wasserwegen führt zu Engpässen bei der Verladung" lautet die Überschrift in einer Wirtschaftszeitung. Erläutern Sie in diesem Zusammenhang die Ursachen und Probleme des Außenhandels.*

6 *Erläutern Sie, warum es unwirtschaftlich wäre, wenn inländische Unternehmen wie die Bürodesign GmbH alle benötigten Güter und Dienstleistungen selbst produzieren würden.*

7 *England und Schottland produzieren Pullover und Kekse. Angenommen, ein englischer Arbeiter könnte 50 Kekse oder 1 Pullover pro Stunde produzieren. Eine schottische Arbeiterin brächte es auf 40 Kekse und 2 Pullover pro Stunde.*
a) Entscheiden Sie, welches Land bei jedem der beiden Güter den absoluten und den komparativen Kostenvorteil hat. Stellen Sie Ihre Antwort rechnerisch dar.
b) Begründen Sie, welches Gut Schottland in England verkaufen wird, wenn die beiden Länder den Handel aufnehmen.

2.2 Den Wechselkurs als Wertmaßstab des Euro begreifen und dessen Auswirkungen auf den Außenhandel begründen

Familie Land möchte ihren gemeinsamen Sommerurlaub lange vorher planen. Die Kataloge zeigen die verschiedenen Reisevarianten: Cluburlaub mit Sportprogramm und Animation, Wellness-Reisen mit Sauna, Massagen und pflegenden Anwendungen, Ferienhäuser an den schönsten Stränden der Welt. *„Puh, das ist ja alles ziemlich aufwendig gemacht. Es fällt mir wirklich nicht leicht, das passende Angebot zu finden"*, stöhnt Frau Land. Sohn Jörn hat etwas entdeckt. *„Hier ist eine Ferienanlage an der Ostseeküste von Dänemark. Da können wir alle etwas machen, was uns gefällt. Für Mama gibt es eine Wellness-Anlage, Papa kann Rad fahren. Hier steht, dass du dort 1 200 km asphaltierte Radwege findest – das schaffst du in den zwei Wochen ja gar nicht. Für Silvia gibt es mehrere Discos und ein Animationsprogramm. Da kannst du deine neuesten Klamotten vorführen. Und für mich gibt es das Meer mit Sportangeboten. Ich wollte schon immer mal surfen lernen!"*

Silvia sieht sich den Katalog genauer an. *„Hast du auch mal auf den Preis geschaut? Die Anlage hat vier Sterne und kostet pro Person in einem Appartement 1 000,00 EUR für zwei Wochen. Ich habe hier etwas in der Türkei. Die Anlage hat ebenfalls vier Sterne. Alle Angebote, die du genannt hast, finden sich auch hier – nur muss Papa statt des Rennrads sein Mountainbike mitnehmen. Hinter dem Hotel beginnt eine Gebirgskette. Die Anlage liegt auch direkt am Mittelmeer. Und jetzt haltet euch fest: Kostenpunkt: 580,00 EUR inkl. Halbpension für 14 Tage im Doppelzimmer pro Person! Ich wäre sogar so gütig und teile mir mit Jörn das Zimmer." „Sagt mal, kann mir jemand erklären, warum die Preise für diese Reisen bei vergleichbaren Angeboten so unterschiedlich hoch sind?"*, fragt Jörn.

Arbeitsaufträge

- ***Erläutern Sie die Ursachen für die Kaufkraftunterschiede zwischen zwei verschiedenen Währungen.***
- ***Beraten Sie die Familie Land über die unterschiedlichen Wechselkursverhältnisse zwischen der Türkischen Lira bzw. der Dänischen Krone und dem Euro.***

Der Außenwert einer Währung und seine Bestimmungsgründe

Ein Urlaub in den USA kann teurer oder preiswerter werden, ohne dass sich dort das Preisniveau signifikant geändert hat. Es ändert sich allerdings der Wert des Euro gegenüber dem US-Dollar.

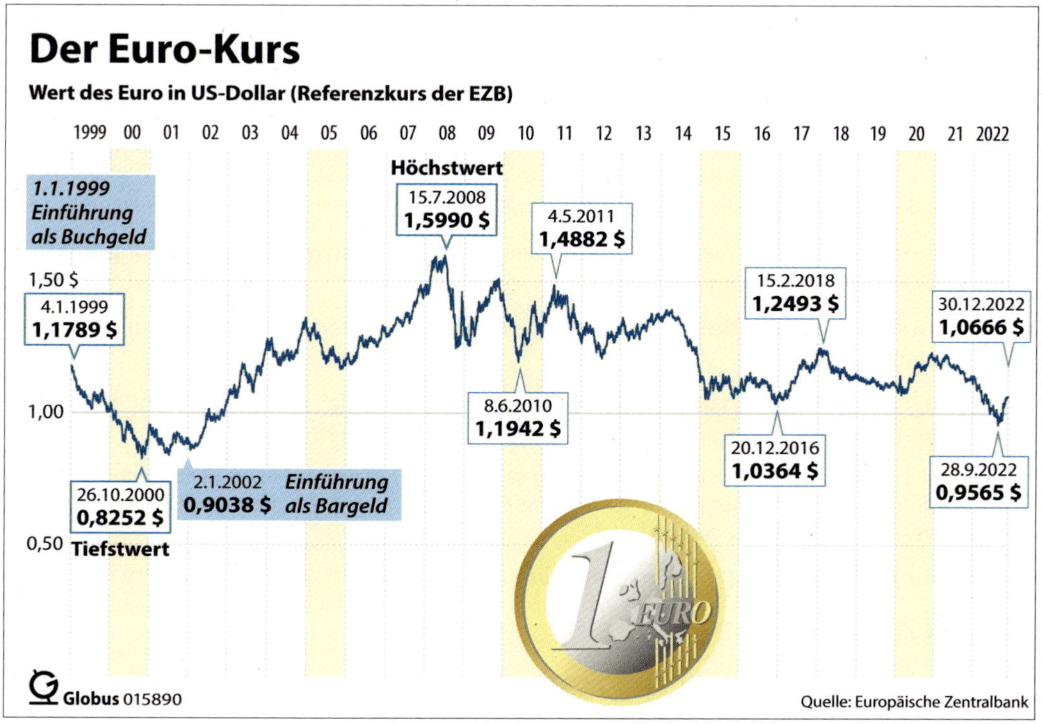

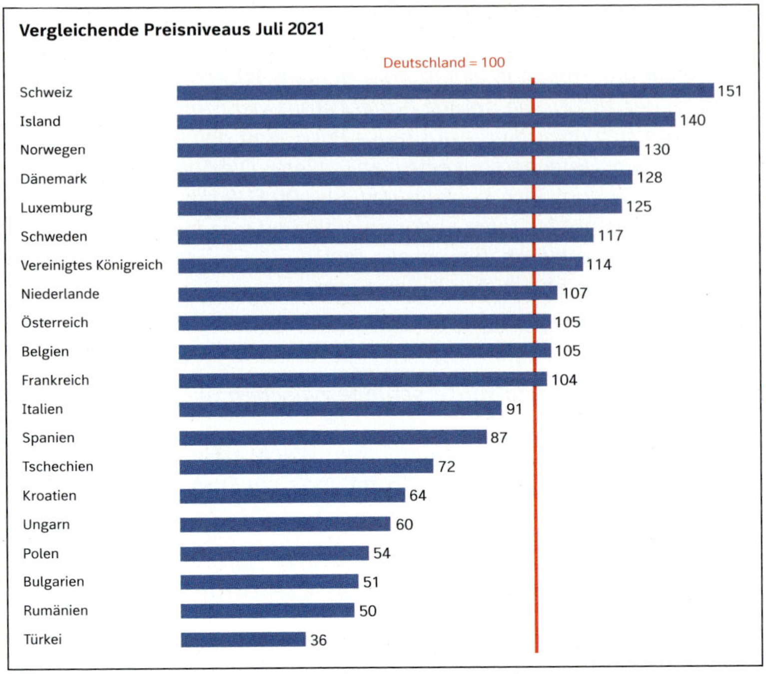

Vgl. Statistisches Bundesamt (Destatis): Lebenshaltungskosten in der Schweiz 51 % höher als in Deutschland, Pressemitteilung Nr. 437, 16.09.2021.

Die Grafik zeigt, dass der Euro gegenüber dem Schweizer Franken die geringste Kaufkraft aufweist, während er gegenüber der türkischen Währung die höchste Kaufkraft hat.

Beispiel *Jörn Land will wissen, wodurch so unterschiedliche Preise zustande kommen. Seine Eltern erklären ihm, dass die Kaufkraftverhältnisse zwischen der Eurozone und der Türkei anders sind als die zwischen der Eurozone und Dänemark. Man erhält in der Türkei für einen Euro mehr Dienstleistungen als in Dänemark. Das ist eine der Ursachen dafür, warum der Urlaub in der Türkei preiswerter ist als z. B. in Dänemark.*

Das Austauschverhältnis zweier Währungen zueinander (= **Außenwert** einer Währung) wird von vielen Einflussfaktoren bestimmt:

- Die Entwicklung der **Produktivität** in den beiden betrachteten Ländern kann unterschiedlich verlaufen sein.
- Die Prognosen über das **zukünftige Entwicklungspotenzial** spielen eine Rolle. Dadurch wird die Risikoeinschätzung internationaler Geldanleger beeinflusst.

  Beispiel *Ein Land X hat in den letzten Jahren auf dem Gebiet der Konsolidierung der öffentlichen Haushalte und der Sozialversicherung entscheidende Fortschritte erzielt. Internationale Wertpapierfonds investieren dann verstärkt in diesem Land.*

- **Inflationsdifferenzen** zwischen den beiden Ländern beeinflussen den Wechselkurs.

Wechselkurs

Grundsätzlich unterscheidet man zwischen **flexiblen** und **festen** (oder fixen) **Wechselkursen**. Flexible Wechselkurse werden aufgrund von Angebot und Nachfrage frei auf dem Devisenmarkt gebildet. Dabei wird jedoch noch unterschieden zwischen sich vollständig frei bildenden Kursen (= **„Floating"**) und dem sog. **„schmutzigen Floating"**, bei dem Notenbanken aus wirtschaftspolitischen Gründen gelegentlich in die Preisbildung eingreifen, indem sie selbst Devisen anbieten oder nachfragen. Darüber wollen die Notenbanken den Kurs einer Währung in eine gewünschte Richtung beeinflussen.

Der **Außenwert** einer Währung wird mittels des Wechselkurses der Inlandswährung gegenüber einer beliebigen Auslandswährung dargestellt:

Stand: 7. Juli 2022		**Devisen 1,00 EUR in Landeswährung**	
		Geld	**Brief**
Australien	AUD	1,46	1,51
Dänemark	DKK	7,42	7,46
Großbritannien	GBP	0,84	0,85
Japan	JPY	139,28	139,76
Kanada	CAD	1,31	1,32
Norwegen	NOK	10,24	10,29
Schweden	SEK	10,58	10,63
Schweiz	CHF	0,98	0,99
Türkei	TRY	17,51	17,59
USA	USD	1,00	1,01

Die obige Tabelle zeigt die Ergebnisse des Handels auf dem Devisenmarkt für eine Reihe ausgesuchter Devisen aus der Vergangenheit. Dieser Markt regelt sich wie jeder andere Markt nach Angebot und Nachfrage. Handelsobjekt sind Guthaben in Inlandswährung, wobei deren Preis in Auslandswährung ausgedrückt wird. Der **nominale Wechselkurs** ist also definiert als x Fremdwährungseinheiten je Euro. Dieses Preissystem bezeichnet man auch als **Mengennotierung**.

Beispiel *1,00 EUR (als Buchgeld) wurde – aus Sicht der Bank – zum oben angegebenen Kurs von 0,85 GBP angekauft und für 0,84 GBP verkauft.*

Stand: 07. Juli 2022		**Sorten (Touristenkurse) 1,00 EUR in Landeswährung**	
		Ankauf	**Verkauf**
Australien	AUD	1,41	1,57
Dänemark	DKK	7,11	7,81
Großbritannien	GBP	0,81	0,88
Norwegen	NOK	9,73	10,8
Schweden	SEK	10,12	11,24
Schweiz	CHF	0,95	1,02
Türkei	TRY	15,11	20,66
USA	USD	0,95	1,05

Beim Umtausch von Bargeld zwischen zwei Währungen werden von den Banken sog. **Sortenkurse** berechnet. Diese sind im Vergleich zu den Devisenkursen für Verbraucherinnen und Verbraucher ungünstiger, weil der Aufwand, den Banken beim Handel mit Sorten betreiben müssen, größer ist (Vorhalten, Überprüfen des Bargeldes). Da vor allen Dingen im Ausland bargeldlos bezahlt wird, spielt der Umtausch von Bargeld eine abnehmende Rolle. Der Devisenhandel findet zumeist als Onlinehandel über Handelsplattformen oder Telefonhandel zwischen den Banken statt und ist somit kostengünstiger.

Freie Wechselkurse

Bei einem System **freier (flexibler) Wechselkurse** bilden sich die Wechselkurse durch Angebot und Nachfrage frei am Markt. Die **Euronachfrage (N)**, also das Angebot von US-Dollar **(Devisenangebot)** gegen Euro, entsteht durch im Euro-Währungsraum lebende Exporteure (Exportgutanbieter). Es ist unerheblich, ob die Kaufverträge der Exporteure in Euro oder in US-Dollar fakturiert sind. Lautet die Vertragswährung auf US-Dollar, müssen die Exporteure die US-Dollars in Euro tauschen. Lautet die Vertragswährung hingegen auf Euro, müssen die US-Importeure ihre Landeswährung US-Dollar in Euro tauschen. Auch Kapitalanleger aus den Vereinigten Staaten müssen, wenn sie ihr Geld im Euro-Währungsraum anlegen wollen, ihre US-Dollars in Euro tauschen.

Das **Euroangebot (A),** folglich die Nachfrage nach US-Dollar (Devisennachfrage) gegen Euro, ist mit den Importen von Waren und Dienstleistungen in den Euro-Währungsraum durch US-amerikanische Anbieter zu erklären. Auch in diesem Fall ist es unerheblich, welche Vertragswährung gewählt wurde. Lautet die Währung auf US-Dollar, muss der Importeur in der Eurozone die US-Dollars besorgen. Lautet er hingegen auf Euro, muss es der amerikanische Exporteur tun.

Beispiel *Familie Stein bucht eine dreiwöchige Wohnmobilrundreise durch den Westen der USA. Sie zahlen im örtlichen Reisebüro in Köln den Preis der Reise in Euro. Der amerikanische Wohnmobilvermieter in Los Angeles, wo die Reise der Familie Stein beginnt, benötigt jedoch US-Dollar, um z. B. Kraftfahrzeugsteuern oder Löhne an seine Mitarbeiterinnen und Mitarbeiter zu zahlen. Er muss die Euros in US-Dollars tauschen. Hätte die Familie Stein die Reise über das Internet direkt in den USA gebucht, wäre der Reisepreis in US-Dollar zu zahlen. Diese US-Dollar müsste Herr Stein nach Amerika überweisen.*

Zusammengefasst kann man sagen: Einem Euroangebot liegen Waren- oder Dienstleistungsimporte, der Euronachfrage Waren- und Dienstleistungsexporte zugrunde.

Beispiel *Die Reisen der Familien Stein und Land in die USA bzw. in die Türkei sind Dienstleistungsimporte, weil die Familien amerikanische bzw. türkische Dienstleistungen in Anspruch nehmen (z. B. Essen in Restaurants, Übernachtungen in dortigen Hotels, Einkäufe in örtlichen Geschäften, Nutzung eines Mietwagens usw.).*

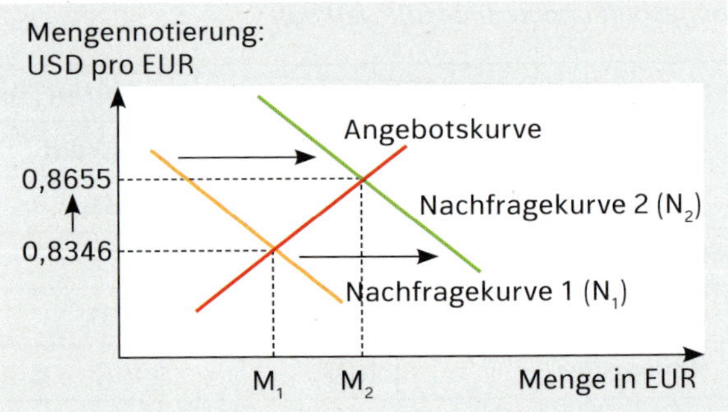

Wenn die Exportwirtschaft in der Bundesrepublik Deutschland einen Aufschwung erlebt, werden verstärkt Euros nachgefragt. Die **Zunahme der Devisennachfrage** nach Euros und die damit verbundene Rechtsverschiebung der Nachfragekurve von N_1 nach N_2 führen zu einem **Kursanstieg des Euro** im Vergleich zum US-Dollar.

Der Wert des Euro ist im Vergleich zum Wert des US-Dollars **gestiegen**. Vor der Nachfrageverschiebung war 1,00 EUR 0,8346 USD. wert. Der Kurs des Euro stieg danach auf 0,8655 USD. In den USA müssen die Wirtschaftssubjekte jetzt mehr US-Dollar für die gleiche Gütermenge aufwenden als vorher. Dadurch verteuern sich die Importe aus dem Euroraum. Daher spricht man von der **Aufwertung** des Euro gegenüber dem US-Dollar. Zukünftig wird es zu einer Abnahme der Euronachfrage bzw. zu einer Zunahme des Euroangebots kommen, weil Exporte aus Europa in die USA teurer werden, während Importe aus den USA sich verbilligen.

Wenn deutsche Unternehmen verstärkt Güter und Dienstleistungen aus den USA importieren, werden verstärkt US-Dollars nachgefragt. Die **Zunahme des Angebots an Euro** führt dann zu einer Rechtsverschiebung der Angebotskurve von A_1 nach A_2 und folglich zu einem **Kursrückgang des Euro** gegenüber dem US-Dollar.

Der Wert des Euro ist im Vergleich zum Wert des US-Dollar **gesunken**. Vor der Angebotsverschiebung hatte 1,00 EUR den Wert von 0,8765 USD. Der Kurs des Euro sank danach auf 0,8499 USD. Die Importeure aus dem Euroraum müssen für die gleiche Gütermenge mehr Euro aufwenden. Dadurch verteuern sich die Importe in den Euroraum. Eine **Abwertung des Euro** führt zu einer Zunahme der Nachfrage nach Euro bzw. zu einem Rückgang des Euroangebots, weil einerseits Exporte aus dem Euroraum in die USA preiswerter werden, während sich gleichzeitig Importe aus den USA nach Europa verteuern.

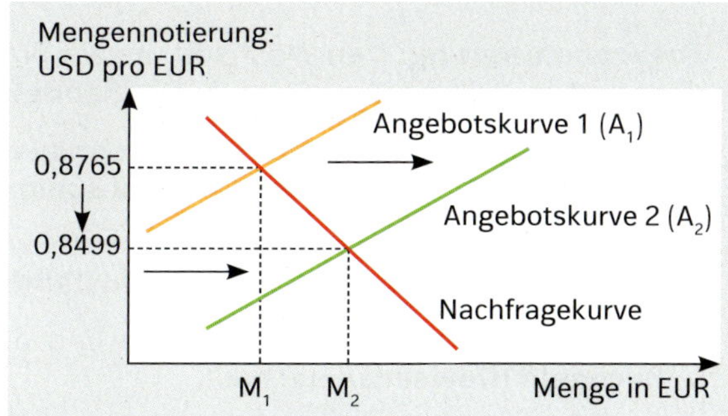

Feste Wechselkurse

Bei festen Wechselkursen legt die jeweilige Regierung den Wechselkurs der eigenen Währung zu den Auslandswährungen fest. In der Regel wird der Wechselkurs jedoch nicht unverrückbar festgelegt, sondern der Staat setzt einen Kurs und definiert die Grenzen (= **Bandbreiten**), innerhalb derer der Kurs dann durch Angebot und Nachfrage beeinflusst auf dem freien Markt schwanken darf.

Feste Wechselkurse mit Bandbreiten

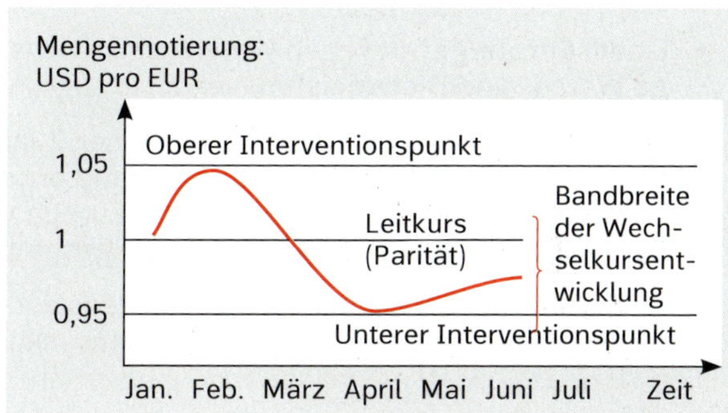

Steigt die Nachfrage nach Euro, also das Angebot von US-Dollar (Devisenangebot), über den oberen Interventionspunkt (hier ein angenommener Kurs von 1,05), muss die Deutsche Bundesbank oder die EZB Euro anbieten und dafür US-Dollar ankaufen, damit der Wechselkurs wieder innerhalb der Bandbreite liegt.

Im Falle eines zur Schwäche neigenden Euros – der Wechselkurs zum US-Dollar sinkt hier unter 0,95 – muss die Deutsche Bundesbank oder die EZB Euro vom Markt nehmen. Dazu muss sie entsprechend US-Dollar verkaufen, damit es zu einem steigenden Eurokurs kommt.

Innerhalb der Europäischen Union gibt es für solche Mitgliedsländer, die sich für die Teilnahme an der Währungsunion noch nicht qualifizieren konnten bzw. zum 1. Januar 1999 daran nicht teilnehmen wollten (z.B. Dänemark), die Möglichkeit, ihre Währungen im Rahmen des **EWS II** (= Wechselkursmechanismus II) an den Euro zu binden. Feste Wechselkurse mit Bandbreiten sind im Rahmen des EWS II so festgelegt, dass es eine **Standardschwankungsbreite** (Differenz zwischen Leitkurs und oberem bzw. unterem Interventionspunkt) +/– 15 % gibt. Im Fall der Dänischen Krone wurde diese Standschwankungsbreite jedoch auf +/– 2,25 % reduziert. Sollte der Wechselkurs den oberen bzw. unteren Interventionspunkt erreichen, müssen die beteiligten Notenbanken automatisch und in unbegrenzter Höhe am Devisenmarkt intervenieren.

Steigt das Preisniveau im Inland signifikant schneller als im Ausland, nehmen die Importe zu (ausländische Produkte sind vergleichsweise preiswerter als einheimische Produkte), während die Exporte abnehmen, weil die Exportgüter vergleichsweise teurer werden. In einem System fester Wechselkurse führt dies zu dauerhaften Devisenverkaufsüberschüssen, sodass die nationale Notenbank am Markt die heimische Währung stützen muss. Die heimische Währung gerät damit unter Abwertungsdruck. Bei freien Wechselkursen stellt sich diese Abwertung automatisch ein. Sind die Inflationsraten im Ausland höher, kommt es bei festen Wechselkursen zu einem **Anstieg der Währungsreserven mit der Gefahr einer importierten Inflation** (vgl. S. 271) oder die eigene Währung muss aufgewertet werden. Diese Aufwertung vollzieht sich in freien Wechselkurssystemen durch die tägliche Kursbildung in kleinen Schritten automatisch.

Zusammenfassung: Den Wechselkurs als Wertmaßstab des Euro begreifen und dessen Auswirkungen auf den Außenhandel begründen

- Der Außenwert einer Währung wird von vielen **Einflussfaktoren** bestimmt (Produktivität, Zukunftserwartungen, Inflationsunterschiede).
- Der Außenwert einer Währung wird mittels des **Wechselkurses der Inlandswährung gegenüber einer beliebigen Auslandswährung** dargestellt.
- Wechselkurse werden zwischen in- und ausländischem **Bargeld (Sorten)** bzw. **Buchgeld (Devisen)** berechnet.
- Man unterscheidet **flexible und feste (oder fixe) Wechselkurse**, wobei feste Wechselkurse vom Staat und flexible Wechselkurse durch Angebot und Nachfrage festgelegt werden.
- Einem **Euroangebot** liegen Waren- oder Dienstleistungsimporte, der **Euronachfrage** Waren- und Dienstleistungsexporte zugrunde.
- Eine **Abwertung des Euro** führt zu einer Zunahme der Nachfrage nach Euro, weil Exporte aus dem Euroraum in das Ausland preiswerter werden, während sich gleichzeitig Importe aus dem Ausland nach Europa verteuern. Bei einer **Aufwertung des Euro** verläuft die Entwicklung entgegengesetzt.
- Im **EWS II** werden Währungen der Mitgliedsländer, die noch nicht an der Währungsunion teilnehmen, mit einer festgelegten Schwankungsbreite an den Euro gebunden.

Aufgaben

1 Am Devisenmarkt steigt der Wechselkurs für 1,00 EUR von 1,19 USD auf 1,24 USD.
a) Eine Maschine kostet in der Bundesrepublik Deutschland 80 250,00 EUR. Ein Exporteur möchte wissen, welchen Preis er vor bzw. nach der Aufwertung des Euro in den USA verlangen muss, damit er den gleichen Gewinn macht. Hierbei sollen weitere anfallende Kosten wie Versicherungen, Transportkosten usw. nicht berücksichtigt werden.
b) Bisher lag die Gewinnspanne des Maschinenbauunternehmens bei 14 %, wenn der oben genannte Verkaufspreis von 80 250,00 EUR erzielt wurde. Die Konkurrenz aus den ostasiatischen Schwellenländern zwingt das Maschinenbauunternehmen zu Preissenkungen. Damit der amerikanische Kunde nicht verloren geht, ist man bereit, den Verkaufspreis so weit zu senken, dass die Maschine ohne einen Gewinnaufschlag verkauft wird. Berechnen Sie diesen Betrag in US-Dollar.

2 a) Erläutern Sie die Zusammenhänge zwischen dem Wechselkurs und dem Außenhandel in einem exportorientierten Land wie der Bundesrepublik Deutschland.
b) Stellen Sie grafisch dar, wie sich der Wechselkurs zwischen Euro und US-Dollar verändert, wenn die Exporte aus dem Euroraum die Importe übersteigen.

3 In einem System fester Wechselkurse sind Eingriffe der nationalen Notenbanken explizit vorgesehen, um die festgelegten Wechselkurse zu stützen. Diskutieren Sie, ob es sinnvoll ist, diese Eingriffe auch in einem System freier Wechselkurse zuzulassen.

4 Erläutern Sie den Preisbildungsmechanismus für eine Währung in einem System freier Wechselkurse. Gehen Sie dabei auf die Nachfrage und das Angebot der einheimischen Währung ein.

5 Erklären Sie, wie es in einem System freier Wechselkurse zu einer Auf- bzw. Abwertung der heimischen Währung kommen kann.

6 Auf S. 133 werden Sortenkurse im Vergleich zu Devisenkursen erklärt. Erläutern Sie, warum Sortenkurse zunehmend an Bedeutung verlieren.

Handlungsfeld 3:

Leistungserstellung

1 Die volkswirtschaftlichen Produktionsfaktoren im betrieblichen Leistungsprozess optimal nutzen

Im Handlungsfeld 3 erklären Sie die Bedeutung der volkswirtschaftlichen Produktionsfaktoren Arbeit, Boden und Kapital für die Leistungserstellung in den Betrieben. Sie beurteilen die Wirtschaftlichkeit verschiedener Faktor-Kombinationsmöglichkeiten im betrieblichen Produktionsprozess und optimieren mit dem Verfahren der Minimalkostenkombination den Faktoreinsatz.

2 Nachhaltiges Wachstum als Ausdruck einer leistungsfähigen Volkswirtschaft argumentativ vertreten

Im Anschluss daran ermitteln Sie mit dem Bruttoinlandsprodukt das gesamte Produktionsergebnis einer Volkswirtschaft im Rahmen der Volkswirtschaftlichen Gesamtrechnung. Sie problematisieren negative Auswirkungen eines ausschließlich quantitativen Wachstumsstrebens und setzen sich selbstständig mit Konzepten eines qualitativen Wirtschaftswachstums auseinander.

3 Zielharmonien und Zielkonflikte im gesamtwirtschaftlichen Prozess analysieren

Letztlich beschreiben Sie eigenständig Schwankungen in der gesamtwirtschaftlichen Leistungserstellung als Konjunkturzyklen und vergleichen exogene und endogene Ursachen für diese Wirtschaftsschwankungen. Sie erarbeiten zentrale Ziele der Wirtschaftspolitik und überprüfen die Wirkung wirtschaftspolitischer Maßnahmen auf diese Zielgrößen.

1 Die volkswirtschaftlichen Produktionsfaktoren im betrieblichen Leistungsprozess optimal nutzen

1.1 Die Bedeutung des Produktionsfaktors Boden für die Volkswirtschaft erkennen

Die Geschäftsleitung der Bürodesign GmbH hat einen Unternehmensberater der Firma Kienapfel beauftragt, alle Abläufe in der Bürodesign GmbH auf Verbesserungsmöglichkeiten zu überprüfen. Frau Friedrich ist überrascht. *„Unser Standort soll ein Problem darstellen?"* Der Unternehmensberater bleibt hartnäckig. *„Ja, Ihre Probleme haben etwas mit Ihrem Standort zu tun."* Frau Friedrich ist empört. *„Aber wir haben unseren Unternehmenssitz doch schon seit ewigen Zeiten hier. Warum soll das plötzlich falsch sein?"* Unternehmensberater: *„Aber Frau Friedrich, Sie dürfen Ihren Standort heutzutage nicht nach den Gesichtspunkten der Tradition auswählen."* Frau Friedrich ist da ganz anderer Meinung: *„So? Wonach sollten wir uns denn richten? Dieser Standort war immer gut und ich weiß nicht, warum das in Zukunft anders sein soll."* Unternehmensberater: *„Na, überlegen Sie doch mal, wo die meisten Ihrer Lieferanten ihren Unternehmenssitz haben." „Das kann man ja nachsehen, aber jedenfalls haben sie ihren Sitz nicht hier."* Unternehmensberater: *„Und das macht Sie nicht stutzig?"* Frau Friedrich reagiert erstaunt. Unternehmensberater: *„Oder haben Sie sich eigentlich schon mal gefragt, wo Ihre Kunden Ihren Unternehmenssitz haben?"* Frau Friedrich reagiert kleinlaut. *„Na, etliche unserer Kunden befinden sich im süddeutschen Raum ..."* Unternehmensberater: *„... und die Bürodesign GmbH hat ihren Sitz am Rande von Köln. Ach, wie weit ist es eigentlich zur Autobahn?"* Frau Friedrich: *„Vier Kilometer geradeaus, dann sind Sie schon da. Aber ich weiß ehrlich gesagt nicht, was Ihre Fragen mit unserem Unternehmenssitz zu tun haben. Ich dachte, wir wollten über den Standort reden ..."*

Arbeitsaufträge

- ***Schätzen Sie ein, welcher Zusammenhang zwischen den Fragen des Unternehmensberaters und der Qualität des Standorts der Bürodesign GmbH besteht.***
- ***Entwickeln Sie Vorschläge, welche Faktoren für die Auswahl eines geeigneten Standorts wichtig sein könnten, und begründen Sie Ihre Auffassung.***
- ***Stellen Sie eine Liste mit konkreten Auswahlgesichtspunkten für den Standort eines Industriebetriebs zusammen und bewerten Sie individuell die ausgewählten Gesichtspunkte nach ihrer Bedeutung aufsteigend (z. B. nach einem Punktebewertungsschema: 1 = unbedeutend, 5 = bedeutend, 10 = sehr bedeutend).***

■ Boden als Produktionsfaktor

Unter dem Produktionsfaktor Boden versteht man sämtliche Quellen und Vorräte, die die Natur (zunächst kostenlos) bereithält. Allerdings ist der Produktionsfaktor Boden nicht allein auf die Erdoberfläche beschränkt, die zu landwirtschaftlichen Zwecken bestellt oder von anderen gewerblichen Unternehmen als Grundstück verwendet wird. Von wachsender Bedeutung ist beim Produktionsfaktor Boden auch die Gesamtheit aller Bodenschätze, das Klima oder die Sonnenenergie. Gerade in Zeiten wachsenden Energiebedarfs wächst die Bedeutung von Bodenschätzen für **wirtschaftliche Interessen**, weil jene Bodenschätze, die für die Energieerzeugung verbraucht werden, meist knapp und nicht erneuerbar sind.

Man erkennt somit, dass der Produktionsfaktor Boden
- ***nicht unbegrenzt vorhanden ist und***
- ***an einen bestimmten Ort gebunden ist.***

Seine Knappheit macht den zunächst kostenlos zur Verfügung stehenden Boden zu einem wirtschaftlichen Gut. Eigentlich handelt es sich beim Produktionsfaktor Boden um einen ursprünglichen (originären) Produktionsfaktor, wenn er nicht durch den Produktionsprozess verändert wurde. Unbearbeiteter Boden ist also originär. Allerdings gibt es Boden in seiner unbearbeiteten, unveränderten Form heutzutage kaum noch bzw. überhaupt nicht mehr. Nahezu alle Böden der Erde wurden in der Zwischenzeit (z. B. durch Ackerbau oder Ansiedlung von Wohn- und Gewerbeflächen) in ihrer ursprünglichen Form verändert.

Boden wird in wirtschaftlich entwickelten Gesellschaften genutzt als
- Anbauboden,
- Abbauboden,
- Standortboden.

Anbauboden

In der Landwirtschaft wird Boden als **Anbauboden** genutzt. Allerdings ist der Anbauboden nicht unbegrenzt vorhanden. Um den Ertrag der nur begrenzt vorhandenen Anbauböden immer weiter zu steigern, muss der Boden immer intensiver genutzt werden. Dies geschieht in der Landwirtschaft durch verstärkten Einsatz von Pflanzenschutz- und Düngemitteln.

Durch Verwendung von Chemikalien bei Pflanzenschutz- und Düngemitteln nehmen die Anbauböden jedoch Schaden, sodass es leicht zu einer drastischen Verschlechterung der durch Ackerbau erzielten Erträge im Hinblick auf ihre Qualität kommen kann. Aufgrund wachsender ökologischer Probleme bei der Nutzung von Anbauböden gewinnt der ökologisch unbedenkliche Ackerbau immer weiter an Bedeutung, sodass der Konflikt zwischen ökonomischer Nutzung von Böden einerseits und ökologischer Verträglichkeit andererseits entschärft werden könnte, wenn in Zukunft mehr und mehr umweltverträgliche Landwirtschaft betrieben würde.

Abbauboden

Überwiegend als Energieträger und Träger industriell verwertbarer Rohstoffe wird Boden betrachtet, wenn man ihn als **Abbauboden** versteht. Weil zum Zwecke der Energiegewinnung und zur Weiterverarbeitung in der Industrie schon immer Böden abgebaut wurden, taucht bei immer intensiverer Nachfrage nach industriellen Gütern und Energie das Problem der Knappheit auf. Seit Jahrzehnten weiß man beispielsweise, dass die fossilen Brennstoffe (z. B. Rohölvorkommen) nur noch begrenzt vorhanden sind. Dennoch ist die Nachfrage nach derartigen Energieträgern ungebremst. Auch Kohle wurde und wird in der Geschichte der Menschheit seit Jahrtausenden als Energieträger abgebaut, mit bis heute drastischen Folgen bei Eingriffen in das natürliche Gleichgewicht von Landschaften.

Rohstoffe und Energieträger sind **nicht erneuerbar**. Folglich sind sie nach einmaliger Nutzung unwiederbringlich verloren für weitere wirtschaftliche Zwecke. Wüsste man sie wiederholt zu nutzen, könnten zahlreiche ökologische Probleme gelöst werden. Um diese Probleme zu verringern, wächst heutzutage die Bedeutung alternativer Energieträger (auch „erneuerbare Energien“ genannt).

Beispiel *Familie Stein unternimmt einen Sonntagsausflug in die Eifel. Auf der Autobahn in Richtung Aachen erblicken sie die riesigen Schaufelbagger des Braunkohle-Tagebaus. „Und? Findest du das schön, was die Bagger angerichtet haben?“, fragt Frau Stein bissig. Herr Stein blickt Hilfe suchend. „Du hast ja recht, es ist wirklich scheußlich hier. Wenn ich bedenke, wie schön hier früher die kleinen Dörfer waren ... Aber denk auch mal daran, wie viel Strom für alle hier produziert wird.“ Frau Stein lacht bitter. „Das kann man heutzutage auch bekommen, ohne dass man die Umwelt zerstören muss. Wie wär's denn mal mit mehr Windkraft und Solarenergie?“*

Standortboden

Baulich genutzter Boden wird **Standortboden** genannt. Damit sind die Böden gemeint, die Unternehmerinnen und Unternehmer nutzen, wenn sie einen Betrieb gründen und das Geschäftsgebäude darauf errichten. Aufgrund von Gesichtspunkten, die für sie selbst und ihre gewerbliche Tätigkeit von Interesse sind, wählen Unternehmerinnen und Unternehmer einen geeigneten Standort für ihr Unternehmen aus. So achten sie beispielsweise auf eine gute Verkehrsanbindung und auf die Nähe zu ihren Lieferanten und Kunden. Allerdings müssen bei der Standortwahl auch rechtliche Aspekte beachtet werden. Man kann nicht überall, wo man möchte, einen Gewerbebetrieb gründen. Will man einen Standort gewerblich nutzen, muss man sich an den städtischen Bauplan halten, der die Regeln der Baunutzungsverordnung beachtet (z. B. keine Fabrik in einer historischen Altstadt usw.).

Beispiel *Die Bürodesign GmbH denkt über eine Geschäftserweiterung nach. Ein Gespräch mit einer Immobilienmaklerin ergibt, dass drei Grundstücke für ein neues Lager zur Verfügung stehen. Das erste Grundstück befindet sich direkt in der Innenstadt von Köln, nahe dem Hauptbahnhof zwischen mehreren Verwaltungsgebäuden. Das zweite Grundstück liegt an einer Freifläche in unmittelbarer Nähe des Autobahnkreuzes Köln-Ost. Das dritte Grundstück liegt etwas abgeschieden hinter der Ortschaft Pulheim, etwa 15 Kilometer von Köln entfernt. Frau Friedrich ist sich sofort sicher, als sie die drei Angebote sieht: „Da kommt ja sowieso nur ein Standort von den dreien infrage.“ „Meine ich auch“, pflichtet Herr Stein ihr bei, „direkt in der Innenstadt wäre das Lager ideal.“ Frau Friedrich reagiert ungläubig. „Aber wie kommen Sie denn darauf, Herr Stein?“*

Produktionsfaktor Boden

Anbauboden	Abbauboden	Standortboden
Landwirtschaft – Weideland – Ackerbau **Forstwirtschaft** – Wälder	**Unter Tage** – Steinkohle **Über Tage** – Braunkohle	– Verkehrslage – Lieferantennähe – Kundennähe – Rohstoffnähe – Grundstückspreise – ...

■ Grenzen der Bodenbelastung

Durch zunehmend intensive Nutzung des Produktionsfaktors Boden für wirtschaftliche Zwecke sind die natürlichen Lebensgrundlagen für Menschen, Tiere und Pflanzen gefährdet. Weil der Mensch durch seine Wirtschafts- und Lebensweise natürliche Ressourcen oftmals rücksichtslos ausbeutet, zerstört er die Möglichkeiten aller Lebewesen, sich frei und unbeschadet entfalten zu können. Dies zeigt sich insbesondere durch zunehmende **Verstädterung**. War es vor hundert Jahren nur eine relativ kleine Anzahl von Städten, die als Millionenstädte bezeichnet werden konnten (z. B. London, New York, Berlin), so gibt es heute auf allen Kontinenten städtische Ballungsräume, die das Ausmaß älterer Millionenstädte bei Weitem übertreffen (z. B. Kairo, Mexico City, Delhi oder Tokio).

Hongkong (Skyline)

Die Belastung des Bodens durch eine immer größere Dichte von Menschen auf engstem Raum erscheint selbstverständlich. Dass es unter diesen Umständen zu Umweltproblemen kommt, leuchtet sicherlich ein. Flüsse, die für den Abwassertransport genutzt werden, können nur eine begrenzte Schadstoffmenge im Wasser auf natürliche Weise verarbeiten. Wenn Schadstoffe nicht abgebaut werden können, kann es passieren, dass das Wasser von Flüssen **umkippt** und die Fische sterben.

Aber auch in ländlichen Regionen schreitet die Bodenbelastung weiter fort. **Landwirtschaftlich genutzte Böden leiden zunehmend unter**

- Ausbau von Anbauflächen und Verlust von Feuchtgebieten,
- Verdichtung des Bodens durch Befahrung von Ackerböden mit schweren Maschinen,
- Überdüngung des Bodens durch intensive Nutzung der Anbaufläche oder Einsatz chemischer Schädlingsbekämpfungsmittel,
- Schadstoffbelastung durch Überdüngung.

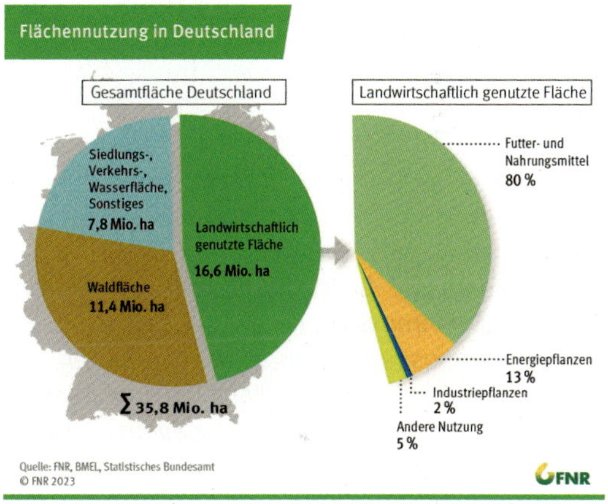

Durch zunehmende Nutzung als Siedlungs- und Gewerbefläche wird immer mehr Boden dauerhaft „versiegelt“ und geht damit für die landwirtschaftliche Nutzung verloren. Bodenversiegelung führt jedoch auch dazu, dass Regenwasser nicht mehr versickern kann. Überschwemmungen drohen.

Zusammenfassung: Die Bedeutung des Produktionsfaktors Boden für die Volkswirtschaft erkennen

- Der Produktionsfaktor Boden ist knapp und an einen bestimmten Ort gebunden.
- Eigentlich ist der Produktionsfaktor Boden ein **originärer (ursprünglicher) Produktionsfaktor**.
- Heutzutage gibt es jedoch kaum noch unbearbeiteten, ursprünglichen Boden.

Produktionsfaktor Boden

- Anbauboden
- Abbauboden
- Standortboden

- **Anbauboden** ist meistens land- und forstwirtschaftlich genutzter Boden. Problematisch ist bei immer intensiverer Nutzung des vorhandenen Anbaubodens die Verwendung von Pflanzenschutzmitteln und künstlichen Düngemitteln, um den Ertrag zu steigern, weil dadurch die Bodenbelastung zunimmt und die Umwelt Schaden nimmt.
- **Abbauboden** wird i. d. R. als Quelle für Rohstoffe verstanden, die als Energieträger genutzt werden (z. B. Rohöl, Steinkohle). Problematisch ist hier, dass bei wachsender Nachfrage nach Energie die Rohstoffe allmählich knapp werden, weil sie nicht erneuerbar und somit bei Verwendung unwiederbringlich verloren sind. Die fortschreitende Ausbeutung von Rohstoffvorräten vergrößert jedoch nicht nur deren Knappheit, sondern verändert auch Landschaften.
- **Standortboden** ist der Boden, sich Unternehmerinnen und Unternehmer aussuchen, um darauf ihr Unternehmen zu gründen (z. B. Boden für Verwaltungs- und Fabrikgebäude). Sie suchen diesen Boden nach Gesichtspunkten aus, die für sie günstig sind.
- Zunehmende Verstädterung sowie intensivere landwirtschaftliche Nutzung des Bodens zerstören allmählich das **ökologische Gleichgewicht** im Lebensraum von Menschen, Tieren und Pflanzen, sodass die natürlichen Lebensgrundlagen stark beeinträchtigt werden.

Aufgaben

1 *Nachdem die Geschäftsführung der Bürodesign GmbH mit den Grundstücksangeboten der Immobilienmaklerin für ein neues Lager mit integrierter Verkaufsstelle für Büroartikel und Büroeinrichtungsgegenstände nicht zufrieden ist, lässt sie sich weitere Angebote unterbreiten. Dabei trägt die Immobilienmaklerin die nachfolgenden Informationen zusammen. Treffen Sie eine sorgfältig begründete Auswahl für einen geeigneten Standort. Wählen Sie Vergleichsgesichtspunkte aus (z. B. Kundennähe usw.) und bewerten Sie deren Erfüllung jeweils mit Punkten (z. B. 1 = sehr gut erfüllt, 10 = sehr schlecht erfüllt) oder von „unbedeutend" bis „bedeutend" oder dergleichen.*

Standort 1
Neubau-Wohnsiedlung, Arbeitnehmerhaushalte mit niedrigem Einkommensniveau, Wohnstraßen, wenig Parkplätze, Ladenmiete 5,00 EUR/m²; Mitbewerber: ein alteingesessenes Bürofachgeschäft (ca. 2 km entfernt) mit hohem Preisniveau, Schreibwaren-Angebot in verschiedenen benachbarten Supermärkten

Standort 2
Innenstadt, Haupteinkaufsstraße, Fußgängerzone, großes Parkhaus in der Nähe, reger Kundenverkehr, Ladenmiete 65,00 EUR/m²; Mitbewerber: verschiedene Bürofachmärkte, wie z. B. Papier-Max, Office-Park, Büro-World; zahlreiche Fachgeschäfte aller Art in unmittelbarer Nähe, z. B. Boutique, Herrenausstatter, Antiquitätengeschäft (Möbel, Porzellan), Buchhandlung, zahlreiche Büros (Anwaltskanzleien) und Arztpraxen in unmittelbarer Nähe

Standort 3
Innenstadt, in der Nähe der Haupteinkaufsstraße, gute Verkehrsanbindung, eigener kostenlos nutzbarer Kundenparkplatz, Ladenmiete 15,00 EUR/m², mäßiger bis guter Kundenverkehr; Mitbewerber: Schreibwaren-Fachgeschäft, Büroeinrichtungen Erna Schmuck & Co. (alteingesessene Fachgeschäfte mit festem Kundenstamm)

Standort 4
Gewerbegebiet am Stadtrand, sehr gute Verkehrsanbindung für Autofahrerinnen und Autofahrer, keine Laufkundschaft, großes kostenloses Parkplatzangebot, Ladenmiete 4,00 EUR/m², keine Mitbewerber, lediglich einige Lager- und Transportunternehmen in der Nähe

2 *Begründen Sie, warum die Intensivierung bei der Nutzung landwirtschaftlichen Anbaubodens zu einem Umweltproblem werden kann, und entwickeln Sie Vorschläge für eine Entschärfung des Problems.*

3 *Bei einer Sitzung des Stadtrats einer Gemeinde, die sich in einem Braunkohle-Tagebaugebiet befindet, kommt es zu einem Eklat: Ein Vertreter der Grünen beschuldigt den Betreiber des Tagebaus, auf Kosten der Natur nur an seinen Profit zu denken. Der Betreiber wehrt sich mit dem Argument, es gehe ihm lediglich um die Aufrechterhaltung der Stromversorgung, und da müsse man Einbußen bei der Umweltqualität eben in Kauf nehmen. Diskutieren Sie die beiden Standpunkte.*

4 *Beschreiben Sie an Beispielen, wie die Verstädterung (z.B. Gewerbeansiedlungen, Autobahnbau, usw.) in Ihrer Heimatstadt zunimmt, und diskutieren Sie negative und positive Gesichtspunkte.*

1.2 Die Bedeutung des Produktionsfaktors Kapital im Leistungserstellungsprozess begreifen

Der Unternehmensberater von Kienapfel sitzt mit der Geschäftsführung der Bürodesign GmbH in einer Konferenz. Mit den Zahlen, die er bei der Prüfung der Bilanzunterlagen entdeckt hat, ist er alles andere als zufrieden. Der Unternehmensberater fragt: *„Haben Sie sich eigentlich mal Ihre Bilanz ganz genau angesehen?“* Herr Stein: *„Aber selbstverständlich. Unser Steuerberater hat gesagt, alles sei in Ordnung.“* Unternehmensberater: *„Das meine ich auch nicht. An der Ordnung Ihrer Bilanz ist nichts auszusetzen.“* Herr Stein: *„Ich höre da ein ‚Aber‘ …“* Unternehmensberater: *„Die Sache ist die: Auf der Passivseite Ihrer Bilanz haben Sie ein solides Eigenkapital ausgewiesen und auch das Fremdkapital steht in einem vernünftigen Verhältnis zum Eigenkapital.“* Frau Friedrich reagiert mit Unverständnis. *„Aber dann ist doch alles in Ordnung. Unsere Eigenkapitalausstattung ist gut, unsere Verschuldung ist gering.“* Unternehmensberater: *„Schon richtig. Mich stört auch nicht die Passivseite Ihrer Bilanz. Vielmehr ist es Ihre Aktivseite, die mir Sorgen bereitet.“* Frau Friedrich und Herr Stein blicken sich fragend an. *„Aber wieso denn das?“ „Sehen Sie denn nicht, dass Sie einen viel zu großen Kontostand auf Ihrem Bankkonto haben?“ „Aaach, das meinen Sie.“* Herr Stein winkt ab. *„Nein, nein, das ist schon in Ordnung so. Man kann gar nicht genug Geld auf dem Konto haben.“* Der Unternehmensberater ist erstaunt. *„Aber Sie sind doch Unternehmer. Soweit ich informiert bin, sind Sie doch Fabrikant von Büromöbeln, oder nicht?“* Herr Stein: *„Ja, und?“* Der Unternehmensberater zuckt mit den Schultern. *„Na, also. Es ist doch nicht Ihre Aufgabe, das Geld auf dem Bankkonto lediglich zu verwalten und aufzubewahren. Ihr Geld muss doch arbeiten. Fehlt nur noch, dass Sie das Geld der Bürodesign GmbH vom Bankkonto abheben und unter Ihr Kopfkissen legen.“*

Arbeitsaufträge
- ***Beurteilen Sie die Aussage des Unternehmensberaters: „Geld muss arbeiten.“***
- ***Begründen Sie, warum es aus Sicht des Unternehmensberaters falsch wäre, das Geld „unter Ihr Kopfkissen“ zu legen.***
- ***Entwickeln Sie Vorschläge für eine sinnvolle Aufteilung von 100000,00 EUR Geldkapital für Zwecke der Ausstattung eines Büroartikelfachgeschäfts mit Anlagevermögen und Umlaufvermögen. Berücksichtigen Sie die Notwendigkeit von Investitionen.***

Verwendung von Geldkapital

Üblicherweise wird Einkommen für Konsum- und Sparzwecke verwendet. Indem man auf einen Teil seines Konsums verzichtet, verfügt man über Mittel, die für Sparzwecke eingesetzt werden können. Personen, die ein Unternehmen gründen, müssen also zuvor gespart haben, um über die erforderlichen Geldmittel zu verfügen. Bringen sie ihre Ersparnisse in das Unternehmen ein, so verfolgen sie damit produktive Zwecke. Das eingebrachte Geld wird auf diese Weise zu Geldkapital. Weil die Unternehmerinnen und Unternehmer das Geld aus eigenen Mitteln aufgebracht haben, nennt man es Eigenkapital. Üblicherweise reichen die Eigenmittel jedoch nicht vollständig aus, um die gewünschten unternehmerischen Ziele zu erreichen. Also benötigen Unternehmerinnen und Unternehmer weitere Geldmittel, die sie i. d. R. über einen Bankkredit erhalten. Weil sie auf diese Weise fremde Geldmittel ins Unternehmen einbringen, spricht man von Fremdkapital. **Eigenkapital** und **Fremdkapital** stellen das **Gesamtkapital** einer Unternehmung dar.

Selbstverständlich muss das ins Unternehmen eingebrachte Kapital sinnvoll eingesetzt werden. Weil Unternehmerinnen und Unternehmer üblicherweise das Ziel verfolgen, ihr Unternehmen zu vergrößern und gute Gewinne zu erzielen, müssen sie das eingebrachte Kapital in Produktionsmitteln anlegen. Auf diese Weise investieren sie ihr Kapital in Gegenstände des Anlage- und Umlaufvermögens. Dabei bringt es ihnen Unternehmer nichts, wenn sie ihr Geld nicht produktiv nutzen. Wenn sie das ganze Geld auf einem Bankkonto „parken", so steht es zwar nach wie vor dem Wirtschaftskreislauf zur Verfügung, doch könnte man mit dem Geld stattdessen viel mehr erreichen. Noch schlimmer wäre es, wenn das Geld in einen **„Sparstrumpf"** gelegt würde. Somit hätte es keinen wirtschaftlichen Nutzen mehr, es wäre dem Wirtschaftskreislauf entzogen worden. Derartiges Verhalten ist für eine Volkswirtschaft schädlich, weil ihr die Geldmittel fehlen, um weiter wachsen zu können. Man nennt dieses Verhalten auch **„Horten"**.

Beispiel *Die Bürodesign GmbH erzielte im vorigen Geschäftsjahr einen Überschuss von 150000,00 EUR. Laut Gesellschaftsvertrag wird der Jahresüberschuss jedoch nicht vollständig ausgeschüttet. 100000,00 EUR gehen anteilig an Frau Friedrich und Herrn Stein, 50000,00 EUR verbleiben für Investitionen im Unternehmen.*

Dynamische Entwicklung des Produktionsfaktors Kapital:

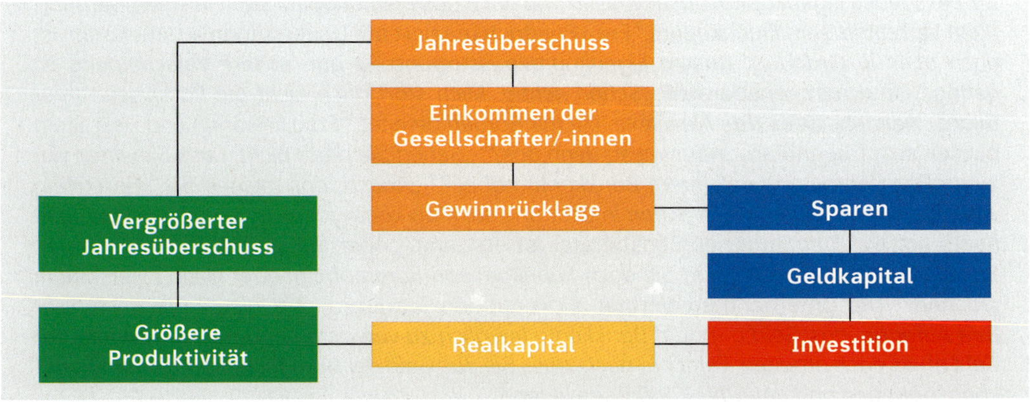

Aber nicht nur privatwirtschaftliche Unternehmen investieren Geldkapital. Auch der Staat tätigt umfangreiche Investitionen und will auf diese Weise den Lebensstandard der Bevölkerung durch eine bessere öffentliche Versorgung vergrößern.

Beispiele
- *Investitionen in Kindergärten, Schulen oder Universitäten*
- *Krankenhäuser*
- *Verkehrswege, Infrastruktur*
- *Sportplätze, Schwimmbäder*

Investitionen

Ziel der Kapitalbildung ist immer, Realkapital zu schaffen (Investitionen). Das ist allerdings nur möglich, wenn zuvor eine bestimmte Menge an Geldkapital durch Sparen zur Verfügung gestellt wird. Man erkennt, welch wichtige Rolle den Kreditinstituten in diesem dynamischen Prozess zukommt. Nur Kreditinstitute verfügen i. d. R. über die erforderliche Menge an Geldkapital, um gewünschte Investitionsvorhaben finanzieren zu können. Somit kommt Kreditinstituten eine Schlüsselrolle bei der Modernisierung von Betrieben zu. Sämtliche Investitionen, die innerhalb einer Wirtschaftsperiode getätigt werden, fasst man unter dem Begriff der **Bruttoinvestitionen zusammen. Bruttoinvestitionen** hingegen werden wiederum unterschieden in **Anlage- und Vorratsinvestitionen**.

Anlageinvestitionen werden unterschieden in **Ersatzinvestitionen** und **Neuinvestitionen**. Ersatzinvestitionen werden getätigt, wenn ein Betrieb technisch veraltete oder defekte Maschinen ersetzen muss. In diesem Fall spricht man von Ersatzinvestitionen (oder: **Reinvestitionen**), weil sie lediglich den bereits vorhandenen technischen Stand erhalten. Wenn Investitionen jedoch den Zweck haben, den Betrieb zu modernisieren und damit die Produktivität zu vergrößern, so spricht man von Neuinvestitionen (oder: **Nettoinvestitionen**). Nur der Begriff der Nettoinvestitionen bringt zum Ausdruck, wie stark eine Volkswirtschaft sich tatsächlich durch Investitionen vergrößert hat, weil nur sie Wachstumsimpulse auslösen. Von Investitionen spricht man jedoch auch, wenn Unternehmerinnen und Unternehmer Geldkapital in Roh-, Hilfs- und Betriebsstoffe investieren. Auch sie stellen somit eine produktive Geldanlage dar und werden als **Vorratsinvestitionen** bezeichnet. →BWR

Beispiel *Bei der Geschäftsführer-Sitzung der Bürodesign GmbH schlägt Frau Friedrich vor, sämtliche zur Verfügung stehenden Rücklagen in neue Maschinen zu investieren. „Wir müssen schließlich in Zukunft für den Markt gerüstet sein." Herr Stein pflichtet ihr bei, gibt jedoch zu bedenken: „Wir dürfen aber nicht vergessen, dass wir nicht vollständig auf unsere alten Produktionsverfahren verzichten können. Wir brauchen also nicht nur neue Technologien, sondern wir müssen einfach einige der älteren Geräte ersetzen."*

Aus diesen Ausführungen lässt sich ein Berechnungsschema zur Entwicklung der angesprochenen Größen ableiten:

Berechnungsschema zur Ermittlung von Investitionen

	Nettoanlageinvestition (auch: Erweiterungsinvestition)
+	Ersatzinvestition (auch: Reinvestition; Abschreibungen)
=	Bruttoanlageinvestition (auch: Anlageinvestition)
+/–	Vorratsinvestition (auch: Vorratsänderungen)
=	Bruttoinvestition

	Bruttoinvestition
–	Abschreibungen
=	Nettoinvestition

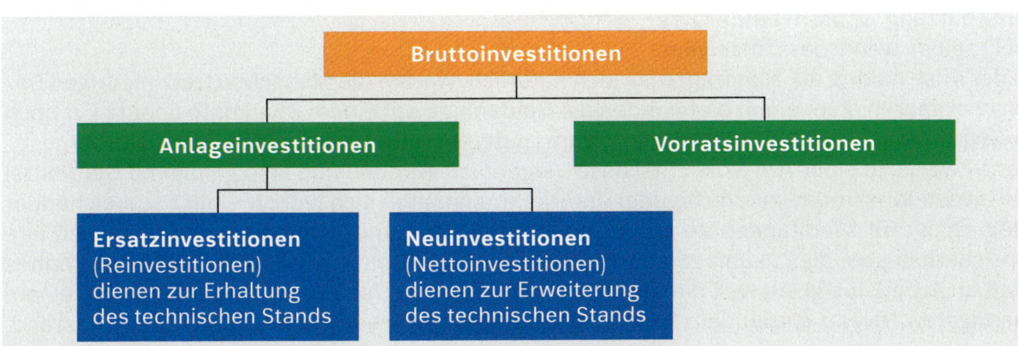

Eine zentrale Rolle bei der Kapitalbildung hat der **Zins**. Zunächst ist es aus geldwirtschaftlicher Sicht erforderlich, dass auf einen Teil des Konsums verzichtet wird, um zu sparen. Der Zins als **Entgelt für die zeitweise Überlassung von Geld** stellt einen Anreiz zum Sparen dar. Wenn die gesparten Einkommensteile zur Bank gebracht werden, erhöht sich das Angebot an Spargeldern. Dadurch wiederum sinkt der Zins, wodurch es auch für Unternehmen günstiger wird, Kredite aufzunehmen. Auf diese Weise werden sie angeregt, zu investieren.

Beispiel *Herr Stein ist optimistisch. „Die Zinsen sind niedrig. Das kann man an der Zinsentwicklung ablesen. Wir sollten investieren." Frau Friedrich ist sich nicht ganz sicher. „Meinen Sie, die Entwicklung hält auch tatsächlich an?" „Na, das weiß ich auch nicht. Ich kann schließlich nicht in die Zukunft blicken. Aber jetzt wäre es günstig, Kredite aufzunehmen." Frau Friedrich: „Wie haben wir es denn in der Vergangenheit gemacht?" „Ich weiß, dass wir Ende der 1990er-Jahre schon einmal recht günstige Zinsbedingungen hatten." Frau Friedrich: „Und? Haben wir da auch so viel investiert, wie Sie es sich vorstellen?" Herr Stein: „Ich weiß nur noch, dass wir damals mit der Zeit gegangen sind."*

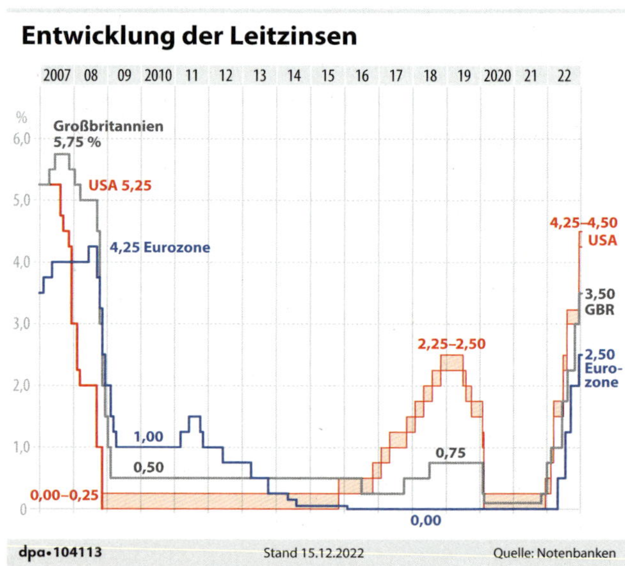

Der Zins hat also die Aufgabe, das Sparen (S) und das Investieren (I) so auszugleichen, dass der Spartätigkeit der Haushalte ein möglichst gleich großer Investitionsakt gegenübersteht. In diesem Fall spräche man von „gesamtwirtschaftlichem Gleichgewicht" (S = I bzw. IS-Gleichgewicht). Allerdings steht dieser eher theoretischen Annahme ein großer Unterschied zur volkswirtschaftlichen Realität gegenüber. Besonders in Zeiten wirtschaftlicher Krisen zeigt es sich, dass längst kein Gleichgewicht von „Sparen" und „Investieren" herrscht. Menschen mit pessimistischer Zukunftseinschätzung sparen tendenziell viel, selbst wenn das Zinsniveau in der Krise niedrig ist. Nun fragt man sich natürlich, warum die Menschen trotz niedriger Zinsen viel sparen. Zum einen bietet ihnen die Geldanlage auf einem Sparkonto Schutz vor noch größerem Wertverlust durch Inflation, zum anderen halten sie das Geld für unvorhergesehene Zwecke in einer Art „Vorsichtskasse". Eigentlich stünden nun also genügend Geldmittel für Investitionskredite zur Verfügung. Unternehmen halten sich jedoch – trotz ausreichender Möglichkeit für Kreditangebote – in solchen Situationen mit Investitionen zurück, weil ihre Unsicherheit über die Zukunft zu groß ist. In dieser Lage droht einer Volkswirtschaft ein hohes Maß an Arbeitslosigkeit, weil die Wirtschaft sich aufgrund fehlender Investitionen auf einem niedrigeren Niveau einpendeln könnte. Verstärkt wird dieser Prozess durch den Umstand, dass Verbraucherinnen und Verbraucher in Zeiten wirtschaftlicher Krisen nicht nur ihre Ersparnisse erhöhen, sondern gleichzeitig ihren Konsum drosseln. Auf diese Weise fehlt dem Einzelhandel Umsatz. Die Volkswirtschaft droht, in eine Abwärtsspirale zu geraten.

Zusammenfassung: Die Bedeutung des Produktionsfaktors Kapital im Leistungserstellungsprozess begreifen

- Der Teil des Einkommens, der nicht für Konsumzwecke verwendet wird, steht für Ersparnisse zur Verfügung. Werden **Ersparnisse** für produktive Zwecke eingesetzt, so werden sie zu **Geldkapital**.
- Die Verwendung von Geldkapital zur Schaffung von Realkapital nennt man **„Investition"**.
- Unternehmerinnen und Unternehmer investieren in Anlage- und Umlaufvermögen.
- Wird Geldkapital hingegen nicht für produktive Zwecke verwendet, sondern **gehortet,** so steht es dem Wirtschaftskreislauf nicht mehr zur Verfügung.
- Auch der **Staat** investiert in eine **öffentliche Ausstattung** (z. B. Krankenhäuser, Verkehrswege usw.), um den Lebensstandard zu vergrößern.

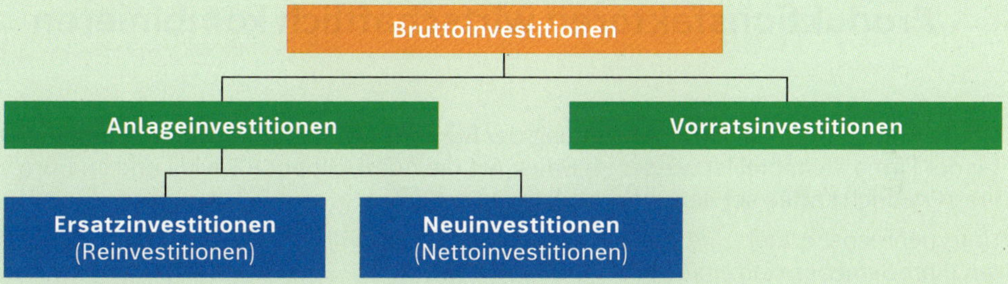

- Der **Zins** hat die Aufgabe, das Sparen und Investieren auszugleichen. Ersparnisse und Investitionsmenge sollen in etwa gleich sein.
- Die **Höhe des Zinses** beeinflusst sowohl das **Sparverhalten** als auch das **Investitionsverhalten**.
- Bei **niedrigem Zins** wird tendenziell weniger gespart, andererseits steigt die Bereitschaft, Kredite für Investitionszwecke nachzufragen.
- Bei **hohem Zins** wird mehr gespart, aber die Nachfrage nach Krediten für Investitionszwecke geht zurück.
- Bei **pessimistischer Zukunftserwartung** (z. B. in Wirtschaftskrisen) wird trotz niedriger Zinsen viel gespart und wenig investiert. Dieses Geld fehlt dem Wirtschaftskreislauf.

Aufgaben

1 *Beschreiben Sie den Vorgang der Kapitalbildung.*

2 *Begründen Sie, warum Horten für die wirtschaftliche Entwicklung schädlich ist.*

3 *Errechnen Sie die fehlenden Größen:*

Kapitalstock Jahresanfang	Bruttoanlageinvestitionen	Wertminderung (Abschreibung)	Nettoanlageinvestitionen	Kapitalstock Jahresende
13500	620	?	480	?
12800	?	130	?	12920
24250	700	900	?	?

Kapitalstock *= alle Vermögensgüter einer Volkswirtschaft, die in der Produktion eingesetzt werden*

4 *Beschreiben Sie, welche Rolle Kreditinstitute für Unternehmen bei Investitionen spielen.*

5 *Begründen Sie, wie pessimistische Zukunftserwartungen in der Wirtschaft dazu führen können, dass sich das Verhältnis von Sparen und Investieren nicht im Gleichgewicht befindet.*

6 *Schätzen Sie ein, warum trotz niedriger Zinsen nicht mehr investiert wird und welche Entwicklung auf dem Arbeitsmarkt zu erwarten ist.*

1.3 Den Produktionsfaktor Arbeit beschreiben und die Produktionsfaktoren wirtschaftlich kombinieren

Große Aufregung in der Geschäftsleitung der Bürodesign GmbH! Der Unternehmensberater der Firma Kienapfel ist wieder im Haus. Als die Auszubildende Silvia Land im Büro von Frau Friedrich Kaffee serviert, hört sie folgenden Dialog.

Unternehmensberater: *„Sie können rechnen, wie Sie wollen, Frau Friedrich, die Personalkosten Ihres Betriebes sind einfach zu hoch!"*

Helma Friedrich: *„Im Augenblick trifft das sicher zu, aber denken Sie an die Überstunden nach der Messe!"*

Unternehmensberater: *„Das gebe ich ja zu, trotzdem müssen wir die Personalproduktivität steigern. Und das geht nur, wenn wir den Produktionsfaktor Arbeit gegen Kapital substituieren ..."*

Als Silvia das Büro verlassen hat, ist sie nachdenklich. *„Arbeit gegen Kapital substituieren."* Silvia versteht nicht, was das bedeutet, aber sie hat das Gefühl, dass das etwas mit ihr zu tun haben könnte.

Arbeitsaufträge
- ***Stellen Sie fest, was sich hinter der Formulierung „Arbeit gegen Kapital substituieren" verbirgt.***
- ***Erläutern Sie die Substitution anhand möglicher Beispiele aus Ihrem persönlichen privaten Umfeld.***

Die volkswirtschaftlichen Produktionsfaktoren

→BWR

Nur ein kleiner Teil der Güter wird den Menschen von der Natur **konsumreif** zur Verfügung gestellt. In der Regel müssen Güter produziert werden. Zur **Produktion** zählt dabei nicht nur die Herstellung von Gütern, sondern auch die Bereitstellung von Dienstleistungen.

Alle an der Produktion beteiligten Menschen und die eingesetzten Güter kann man auf drei grundlegende Faktoren zurückführen, die man als volkswirtschaftliche Produktionsfaktoren bezeichnet:

Arbeit	Boden (Natur)	Kapital

■ Die betriebswirtschaftlichen Produktionsfaktoren

Die volkswirtschaftlichen Produktionsfaktoren Arbeit, Boden und Kapital werden im Betrieb durch die **betriebswirtschaftlichen Produktionsfaktoren** →BWR

Arbeitskräfte	Betriebsmittel	Werkstoffe

dargestellt. Die Führungskräfte eines Unternehmens setzen die betriebswirtschaftlichen Produktionsfaktoren so ein, dass das angestrebte Unternehmensziel erreicht wird. Ihre Aufgabe ist die Leitung, Planung und Organisation der Unternehmung. Aufgrund ihrer Bedeutung für das Unternehmen werden sie zu einem eigenständigen betriebswirtschaftlichen Produktionsfaktor, dem **dispositiven Faktor**

Beispiel *Frau Friedrich und Herr Stein sind Führungskräfte der Bürodesign GmbH, sie werden dem dispositiven Faktor zugeordnet.*

Zum **Produktionsfaktor Arbeit** zählt jede geistige und körperliche Tätigkeit, die auf die Erzielung eines Einkommens gerichtet ist.

Beispiel *Wischt eine Reinigungskraft in einem Büro der Bürodesign GmbH die Böden, handelt es sich um Arbeit im volkswirtschaftlichen Sinne. Erledigt sie die gleiche Arbeit in ihrer Wohnung, zählt diese Tätigkeit nicht zum Produktionsfaktor Arbeit, da kein Einkommen erzielt wird.*

Der **Produktionsfaktor Arbeit** kann nach verschiedenen Gesichtspunkten unterteilt werden:

- Nach der **Weisungsgebundenheit**:
  - **leitende (dispositive) Arbeit**
    Beispiel *Die Geschäftsleitung der Bürodesign GmbH, Frau Friedrich und Herr Stein*
  - **ausführende Arbeit**
    Beispiel *Die Mitarbeiterin im Marketing der Bürodesign GmbH, Frau Freund*
- Nach der **Ausbildung**:
  - **gelernte Arbeit** (Voraussetzung ist eine abgeschlossene Berufsausbildung.)
    Beispiel *Kaufmann/Kauffrau für Büromanagement*
  - **angelernte Arbeit** (Voraussetzung ist eine kurze Anlernzeit.)
    Beispiel *Aushilfe auf der Messe „Orgatec“*
  - **ungelernte Arbeit**
    Beispiel *Reinigungskraft*

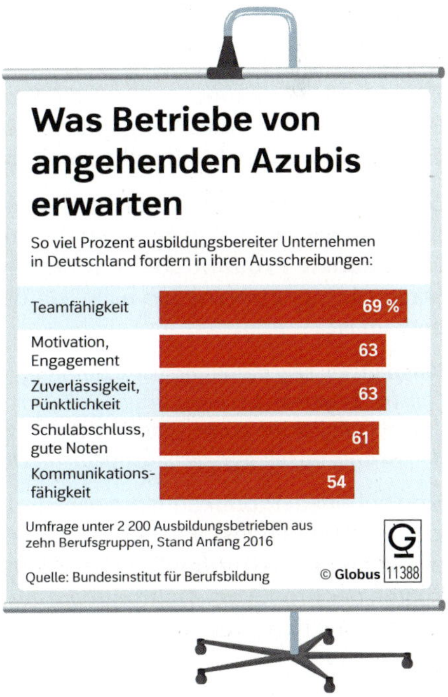

- Nach den **Anforderungen**:
  - **geistige Arbeit**
    Beispiel *Die Gruppenleiterin Rechnungswesen der Bürodesign GmbH, Frau König*

  - **körperliche Arbeit**
    Beispiel *Die Beschäftigten im Lager der Bürodesign GmbH.*

- Nach der **Selbstständigkeit**:
  - **selbstständige Arbeit**
    Beispiel *Der Steuerberater der Bürodesign GmbH, Herr Degen*
  - **nicht selbstständige Arbeit**
    Beispiel *Alle Arbeitnehmerinnen und Arbeitnehmer der Bürodesign GmbH*

Die Kombination der Produktionsfaktoren

Für die Produktion von Gütern und Dienstleistungen müssen die Produktionsfaktoren Arbeit, Boden und Kapital sinnvoll miteinander **kombiniert** werden. Das Ergebnis des Produktionsprozesses bezeichnet man als **Produktionsertrag**.

Beispiel *Der Umsatz der Bürodesign GmbH betrug im vergangenen Jahr 4,35 Millionen EUR.*

Die Menge der eingesetzten Produktionsfaktoren, multipliziert mit dem Preis je Einheit, sind die Kosten der Produktion.

Beispiel *Die Personalkosten der Bürodesign GmbH betrugen im vergangenen Jahr 1,12 Millionen EUR.*

Ziel jedes Unternehmens ist es, die Produktionsfaktoren so einzusetzen, dass ein bestimmter Produktionsertrag mit den geringstmöglichen Kosten erreicht wird. Diese Faktorkombination bezeichnet man als **Minimalkostenkombination**.

Bei vielen Produktionsprozessen ist das Einsatzverhältnis der Produktionsfaktoren vorgegeben, d. h., sie können nicht gegeneinander ausgetauscht werden. Ist dies der Fall, handelt es sich um **limitationale Produktionsfaktoren** (limitational = begrenzt). Hier stellt sich das Problem der Minimalkostenkombination nicht, da das Einsatzverhältnis der Produktionsfaktoren technisch bedingt ist.

Beispiel *Ein Lkw der Bürodesign GmbH kann maximal 24 Stunden täglich eingesetzt werden. Ist dies der Fall, benötigt man bei einer Arbeitszeit von acht Stunden drei Fahrer. Der zusätzliche Einsatz eines Fahrers erhöht lediglich die Kosten der Produktion. Wird ein Fahrer weniger eingesetzt, verringert sich der Produktionsertrag, da der Lkw nicht ausgelastet ist.*

Sind bei einem Produktionsprozess die Produktionsfaktoren gegeneinander austauschbar, kann z. B. der Produktionsfaktor Arbeit gegen den Produktionsfaktor Kapital ersetzt werden, handelt es sich um **substitutionale** Produktionsfaktoren (substituieren = ersetzen). Hier bestimmen die Kosten der Produktionsfaktoren die Wahl der Faktorkombination. Gewählt wird die Faktorkombination mit den niedrigsten Gesamtkosten, die **Minimalkostenkombination**.

Beispiel *Im Rahmen der Arbeitsvorbereitung sollen in der Bürodesign GmbH Hölzer zugeschnitten werden. Der Produktionsertrag lässt sich durch folgende Faktorkombinationen erzielen:*

	Arbeit (Angestellte)	Kapital (Maschinen)
Kombination 1	1	8
Kombination 2	2	4
Kombination 3	4	2
Kombination 4	8	1

Der Preis für den Faktor Arbeit beträgt 1 250,00 EUR je Einheit. Der Preis für den Faktor Kapital beträgt 2 500,00 EUR je Einheit. Es entstehen folgende Gesamtkosten:

	Arbeit	Arbeitskosten in EUR	Kapital in EUR	Kapitalkosten	Gesamtkosten in EUR
Kombination 1	1	1 250,00	8	20 000,00	21 250,00
Kombination 2	2	2 500,00	4	10 000,00	12 500,00
Kombination 3	4	5 000,00	2	5 000,00	10 000,00
Kombination 4	8	10 000,00	1	2 500,00	12 500,00

Die Kombination 3 hat die geringsten Gesamtkosten. Sie ist die Minimalkostenkombination.

Handelt ein Unternehmen nach dem ökonomischen Prinzip (vgl. S. 39), wird es bei Kostensteigerungen des Produktionsfaktors Arbeit diesen durch den Produktionsfaktor Kapital ersetzen, d. h. substituieren. Der Mensch als Produktionsfaktor wird also durch die Maschine ersetzt, er wird **arbeitslos**.

■ Globalisierter Wettbewerb

Globalisierung (vgl. S. 299 ff.) der Wirtschaft bedeutet, dass der Wettbewerb globaler und intensiver wird. Ländergrenzen spielen bei der Entwicklung von großen Unternehmen keine Rolle mehr. Großkonzerne sind heutzutage in zahlreichen Ländern tätig.

Beispiele *Mercedes-Benz Group, Bayer, VW, Apple, Microsoft, Nike*

Hinter der Globalisierung verbergen sich neue Trends wirtschaftlich-technischer Entwicklungen:

- **globalisierter Strukturwandel** (Vertiefung der internationalen Arbeitsteilung)
- **globalisierte Finanzmärkte** (weltweites Einsetzen von Ersparnissen in Investitionen)
- **globalisierte Tertialisierung** (weltweites Wachstum auf dem Markt der Dienstleistungen)

Wie empfindlich diese neue Wirtschaftsordnung ist, zeigt sich aktuell in den Konflikten zwischen den USA, der EU und China, die ihren Ursprung in den Ungleichgewichten der **Handelsbilanz** der Länder haben.

Eine wichtige Rolle beim globalisierten Strukturwandel spielen besonders die zunehmende Vernetzung der Weltwirtschaft, der technische Fortschritt (z. B. durch die Nutzung des **Internets**) und der Abbau von Handelshemmnissen. Rund um das Internet als Schlüsselmedium der Informationsgesellschaft verschmelzen bislang getrennte Technologien, Medien und Serviceleistungen zu einer Branche mit großen Wachstumschancen (z. B. **E-Commerce**). In diesem Zusammenhang wird die Gewinnung, Verarbeitung und Speicherung von Informationen zunehmend bedeutsamer. Sie sind von großer Bedeutung für jede Art von Entscheidungsfindung. Ohne Informationen ist menschliches Handeln undenkbar. Je schneller verlässliche Informationen vorliegen, desto schneller können richtige Entscheidungen getroffen werden.

An **Informationen** müssen bestimmte **Anforderungen** gestellt werden:

- **Aktualität:** Die Informationen müssen stets auf den **neuesten Stand** gebracht werden.

  Beispiel *In der Bürodesign GmbH sind alle wichtigen Kundeninformationen in einer zentralen Datenbank gespeichert. Heute erfuhr der für den Kunden COLO AG Warenhaus zuständige Außendienstmitarbeiter, dass der Kunde seinen letzten Auftrag über 12 500,00 EUR kurzfristig stornieren musste. Diese Information wird sofort an die betroffenen Bereiche Verkauf, Beschaffung und Finanzbuchhaltung weitergeleitet, damit die dort bereits eingeleiteten Aktivitäten eingestellt werden können. Sie wird auch direkt in die Datenbank eingegeben, sodass alle Mitarbeiterinnen und Mitarbeiter, die den Datensatz des Kunden COLO AG Warenhaus aufrufen, über diese Änderung informiert sind.*

- **Verfügbarkeit:** Die Informationen müssen für alle betroffenen Mitarbeiterinnen und Mitarbeiter **jederzeit** und an **jedem** Arbeitsplatz abrufbar sein.

  Beispiel *Damit alle Mitarbeiterinnen und Mitarbeiter der Bürodesign GmbH jederzeit mit allen erforderlichen Informationen versorgt werden können, wurden die einzelnen PC-Arbeitsplätze untereinander und mit dem Zentralrechner vernetzt. Auf diesem Zentralrechner ist auch die Datenbank gespeichert. Durch die Vernetzung haben alle Mitarbeiterinnen und Mitarbeiter jederzeit direkten Zugriff auf die benötigten Informationen aus der Datenbank. Dadurch, dass auch die einzelnen PCs miteinander verbunden sind, können wichtige Nachrichten auch direkt auf den Bildschirm der anderen Mitarbeiterinnen und Mitarbeiter geschickt werden (Mailing).*

- **Zuverlässigkeit:** Sowohl die Informationsquelle als auch der Inhalt der Information müssen vertrauenswürdig und glaubwürdig sein. Ebenso gilt dies für Informationen, die innerhalb des Betriebs oder vom Betrieb an Dritte weitergegeben werden. Daher dürfen keine Informationen ungeprüft weitergegeben oder verarbeitet werden.

  Beispiel *In der Abteilung Verkauf der Bürodesign GmbH geht der Anruf eines Außendienstmitarbeiters ein. Dieser teilt mit, er habe gerade durch Zufall erfahren, dass der Kunde Karlstadt AG ein Insolvenzverfahren angemeldet habe. Deshalb solle man sofort den letzten Auftrag über 8 000,00 EUR stornieren. Nach Beendigung des Gesprächs bittet Herr Stam, der Abteilungsleiter Absatz, Frau König, die Gruppenleiterin Rechnungswesen, die Bonität des Kunden Karlstadt AG zu überprüfen und hierzu weitere Informationen einzuholen. Es stellt sich heraus, dass es sich bei der „Information" lediglich um ein Gerücht gehandelt hat. Glücklicherweise wurde der Auftrag nicht storniert.*

- **Wirtschaftlichkeit:** Hier geht es um die Frage, wie die Informationsbeschaffung und -verarbeitung möglichst kostengünstig bewältigt werden können. Informationen können intern oder extern beschafft werden, die Verarbeitung kann manuell oder durch moderne Kommunikationslösungen erfolgen. Welche dieser Möglichkeiten jeweils gewählt wird, richtet sich nach dem verfolgten Ziel, der zur Verfügung stehenden Zeit, der gewünschten Zuverlässigkeit der Informationen und den Kosten.

  Beispiel *Der Bürodesign GmbH liegt die Bestellung des Kunden Klaus Arnold e. K., Sortimentseinzelhandel, über 12 000,00 EUR vor. Mit diesem Kunden wurden bisher nur drei Bestellungen im Gesamtwert von 35 000,00 EUR abgewickelt. Bevor dieser Auftrag angenommen wird, sollen auf internen und externen Wegen weitere Informationen über diesen Kunden beschafft werden. Der Außendienst wird angewiesen, nähere Erkundigungen einzuziehen, und bei der SCHUFA wird eine Bankauskunft über den Kunden Klaus Arnold angefordert. Beide Informationen sind durchweg positiv, der Auftrag wird angenommen.*

Zusammenfassung: Den Produktionsfaktor Arbeit beschreiben und die Produktionsfaktoren wirtschaftlich kombinieren

Der Produktionsfaktor Arbeit

Zum Produktionsfaktor Arbeit zählt jede geistige und körperliche Tätigkeit, die auf die Erzielung von Einkommen ausgerichtet ist. Man unterteilt Arbeit nach ihrer:

Weisungsgebundenheit
- leitende (dispositive) Arbeit (Geschäftsführung)
- ausführende (operative) Arbeit (Sachbearbeitung)

Ausbildung
- gelernte Arbeit
- angelernte Arbeit
- ungelernte Arbeit

Anforderungen
- geistige Arbeit (z. B. Gruppenleitung)
- körperliche Arbeit (z. B. Lagerfachkraft)

Selbstständigkeit
- selbstständige Arbeit (freiberufliche Arbeit)
- nicht selbstständige Arbeit (z. B. Angestellte)

Die Produktionsfaktoren und ihre Kombination

- **Die volkswirtschaftlichen Produktionsfaktoren**

Arbeit
- Tätigkeit, die auf die Erzielung eines Einkommens gerichtet ist, z. B. leitende und ausführende Arbeit

Boden
- die zu wirtschaftlichen Zwecken genutzte Natur, z. B. Anbau-, Abbau-, Standortboden

Arbeit und Boden → **ursprüngliche (originäre) Produktionsfaktoren**

Kapital
- Geldkapital als Finanzierungsmittel für Investitionen
- Sachkapital als Produktionsgut

Kapital → **abgeleiteter (derivativer) Produktionsfaktor**

- **Die betriebswirtschaftlichen Produktionsfaktoren**

Arbeitskräfte – **Werkstoffe** – **Betriebsmittel**

→ **dispositiver Faktor**

- **Die Kombination der Produktionsfaktoren**
  - Bei den limitationalen Produktionsfaktoren ist das Einsatzverhältnis der Faktoren technisch vorgegeben.
  - Bei den **substitutionalen** Produktionsfaktoren bestimmen die Kosten die Wahl der Faktorkombination. Gewählt wird die Kombination mit den niedrigsten Gesamtkosten, die **Minimalkostenkombination**.

Aufgaben

1 Von Auszubildenden erwarten Personalverantwortliche eine Fülle von Fähigkeiten, die sie für den Einstieg in das Berufsleben mitbringen sollen. Erstellen Sie eine Liste von Anforderungen, die Sie an die dispositive Arbeit eines Mitglieds der Geschäftsleitung stellen, und ordnen Sie die von Ihnen genannten Anforderungen nach ihrer Bedeutung.

2 Entwerfen Sie eine Stellenbeschreibung, wie sie für die Geschäftsführerin der Bürodesign GmbH, Frau Friedrich, lauten könnte. Beschreiben Sie in diesem Zusammenhang den möglichen Inhalt ihrer Tätigkeit sowie die fachlichen und persönlichen Anforderungen an eine dispositive Tätigkeit.

3 Erläutern Sie, welche Konsequenzen es hätte, wenn die Bürodesign GmbH ihr Personal für ausführende Tätigkeiten nicht durch eigene Berufsausbildung, sondern ausschließlich durch Einstellungen auswärtiger Mitarbeiterinnen und Mitarbeiter bekommen würde.

4 Entwickeln Sie einen Katalog von Argumenten, die für mehr Ausbildung bei der Bürodesign GmbH sprechen.

5 Um die Qualität ausführender Arbeit im Unternehmen zu steigern, bieten zahlreiche Unternehmen Bildungsmaßnahmen an. Nennen Sie Möglichkeiten für eine Fortbildung ausgelernter Arbeitnehmerinnen und Arbeitnehmer am Arbeitsplatz/im Unternehmen selbst (Training on the Job) oder außerhalb des Arbeitsplatzes (Training off the Job).

6 Beschreiben Sie, wie die gegensätzlichen Standpunkte und Erwartungen leitender sowie ausführender Mitarbeiterinnen und Mitarbeiter im Unternehmen zu Konflikten führen können.

7 Auf der Grundlage des Gutachtens der Unternehmensberatung Kienapfel sollen bei der Bürodesign GmbH vier Fachkräfte in der Arbeitsvorbereitung entlassen werden. An ihrer Stelle soll eine computergesteuerte Zuschnittanlage im Wert von 150 000,00 EUR angeschafft werden. Frau Friedrich und Herr Stein wollen diese Maßnahme mit dem Betriebsrat diskutieren.
a) Stellen Sie die Argumente der Geschäftsleitung zusammen, die für die Anschaffung der Anlage sprechen.
b) Stellen Sie Argumente des Betriebsrats zusammen, die gegen die Entlassung der Fachkräfte sprechen.
c) Führen Sie das Gespräch in Form eines Rollenspiels durch.
d) Fassen Sie den Verlauf des Gesprächs in einem Protokoll zusammen und halten Sie die vorgebrachten Argumente schriftlich fest.

2 Nachhaltiges Wachstum als Ausdruck einer leistungsfähigen Volkswirtschaft argumentativ vertreten

2.1 Bruttoinlandsprodukt und Bruttonationaleinkommen berechnen

Im Wirtschaftslehreunterricht der Berufsschule setzt sich Silvia Land u. a. mit dem folgenden Informationsmaterial auseinander.

Wirtschaftsprognose Sommer 2022: Russlands Krieg trübt konjunkturelle Aussichten ein
Brüssel, 14. Juli 2022

Russlands Angriffskrieg gegen die Ukraine wirkt sich weiter negativ auf die EU-Wirtschaft aus, beeinträchtigt das Wachstum und führt zu höherer Inflation als in der Frühjahrsprognose erwartet. In der Wirtschafts(zwischen)prognose Sommer 2022 wird davon ausgegangen, dass die Wirtschaft in der EU 2022 um 2,7 % und 2023 um 1,5 % wachsen wird. Für das Euro-Währungsgebiet steht ein Wachstum von 2,6 % im Jahr 2022 zu erwarten, das im Jahr 2023 auf 1,4 % zurückgehen dürfte. Den Projektionen zufolge wird die jährliche durchschnittliche Inflationsrate im Jahr 2022 auf einen historischen Höchststand von 7,6 % im Euro-Währungsgebiet und 8,3 % in der EU klettern, bevor sie 2023 auf 4,0 % bzw. 4,6 % sinkt. [...]

Stimmen aus dem Kommissionskollegium:
[...] Wirtschaftskommissar Paolo **Gentiloni** fügte hinzu: „Die unprovozierte Invasion Russlands in die Ukraine sendet weiter Schockwellen durch die Weltwirtschaft. Moskaus Maßnahmen stören die Energie- und Getreideversorgung, treiben die Preise nach oben und schwächen das Vertrauen.
In Europa dürfte die Wiederbelebung unserer Volkswirtschaften 2022 das jährliche Wachstum stützen, doch für 2023 haben wir unsere Prognose deutlich nach unten korrigiert. Es wird nun erwartet, dass die Rekordinflation im weiteren Verlauf dieses Jahres ihren Höchststand erreicht und 2023 allmählich sinken wird. Angesichts des Kriegsverlaufs und der ungewissen Zuverlässigkeit der Gaslieferungen ist diese Prognose mit hoher Unsicherheit und Abwärtsrisiken behaftet. Um in diesem schwierigen Fahrwasser Kurs zu halten, muss Europa eine Führungsrolle übernehmen, mit drei Worten, die unsere Politik definieren: Solidarität, Nachhaltigkeit und Sicherheit."

(Quelle: Europäische Kommission: Wirtschaftsprognose Sommer 2022: Russlands Krieg trübt konjunkturelle Aussichten ein, 14.07.2022; online unter: https://ec.europa.eu/commission/presscorner/detail/de/ip_22_4511 [28.01.2023].

Arbeitsaufträge
- ***Fassen Sie die Information des obigen Artikels in einem Textexzerpt zusammen.***
- ***Erklären Sie die gesamtwirtschaftliche Größe des Bruttoinlandsprodukts (BIP).***
- ***Recherchieren Sie mithilfe des Internets die Entwicklung des Bruttoinlandsprodukts und der Inflationsrate im Euroraum und in Deutschland. Fassen Sie die Ergebnisse Ihrer Recherche in einem Fachbericht zusammen. Gehen Sie dabei auch auf die wesentlichen Ursachen für diese Entwicklung ein.***

Bruttoinlandsprodukt (BIP) – Leistungsmaßstab für eine Volkswirtschaft

Eine der wichtigsten gesamtwirtschaftlichen Größen ist das **Bruttoinlandsprodukt (BIP)**. Das Bruttoinlandsprodukt ist die Summe aller Güter (Sachgüter und Dienstleistungen), die im Inland in einer Periode (z. B. in einem Jahr) produziert worden sind. Bei dieser Zusammenzählung können die verschiedenartigsten Güter natürlich nicht mengenmäßig addiert werden. Man bewertet sie deshalb in Euro und addiert diese Güterwerte.

Das Bruttoinlandsprodukt lässt die wirtschaftliche Gesamtleistung einer Volkswirtschaft erkennen. Es ist eine wichtige Größe für die Beurteilung der Konjunktur (Wirtschaftslage). Die prozentuale Veränderung des Bruttoinlandsprodukts im Vergleich zweier aufeinanderfolgender Zeiträume (Jahre, Quartale, Monate) dient als Messgröße für das Wirtschaftswachstum einer Volkswirtschaft.

Beispiel *Im Wirtschaftslehreunterricht analysiert Silvia Land die statistischen Werte für die Bundesrepublik Deutschland für das Jahr 2022 (in Milliarden Euro):*

	Bruttoproduktionswert	7 506,887
–	Vorleistungen	4 017,518
=	Bruttowertschöpfung	3 489,369
+	Gütersteuern	393,900
–	Gütersubventionen	24,969
=	**Bruttoinlandsprodukt**	**3 858,300**

Sie erkennt, dass alle Produzenten in diesem Jahr Güter im Gesamtwert von 7 506,887 Milliarden EUR produziert haben. Aus diesem Bruttoproduktionswert ergibt sich die Bruttowertschöpfung (3 489,369 Milliarden EUR), aus der wiederum das Bruttoinlandsprodukt (3 858,300 Milliarden EUR) abgeleitet wird.

Ausweis des geschaffenen Mehrwerts durch Vorleistungsabzug

	Produktionswert
–	Vorleistungen
=	Wertschöpfung

Der **Produktionswert** einer Unternehmung ist der Wert aller verkauften Güter (Sachgüter und Dienstleistungen) aus eigener Produktion sowie von Handelswaren an andere Wirtschaftseinheiten. Dabei werden die Verkaufspreise zugrunde gelegt. Hinzu kommt der Herstellungswert von noch nicht verkauften Halb- und Fertigerzeugnissen und von selbst erstellten Anlagen (z. B. selbst erstellte und genutzte Maschinen).

Der Produktionswert stellt aber nicht den im Produktionsprozess geschaffenen Zuwachs an Güterwerten dar. Diese **Wertschöpfung** (geschaffener Mehrwert) ergibt sich erst, wenn vom Produktionswert die sog. Vorleistungen abgezogen werden.

Beispiel *Die Bürodesign GmbH bezieht von der Sägewerk AG Rohstoffe. Diese wiederum hat als Zulieferer die Forstwirtschaft KG. Unter der Prämisse, dass es in der Volkswirtschaft keine weiteren Unternehmen gibt, werden zur Ermittlung des Bruttoproduktionswerts die Produktionskonten dieser drei Unternehmen zum Nationalen Produktionskonto des Sektors „Unternehmungen" aggregiert (zusammengefasst).*

Bruttowertschöpfung | **Bruttoproduktionswert**

Produktionskonto Forstwirtschaft KG (Bruttowertschöpfung: 3000; Bruttoproduktionswert: 3000)

S		H	
Löhne	1500	Umsatzerlöse für Holzstämme (Verkäufe an Sägewerk AG)	3000
Sonstiger Aufwand	1000		
Gewinn	500		
	3000		3000

Produktionskonto Sägewerk AG (Bruttowertschöpfung: + 6000; Bruttoproduktionswert: + 9000)

S		H	
Aufwand für Holzstämme (Vorleistung)	3000	Umsatzerlöse für Holzprofile (Verkäufe an Bürodesign AG)	9000
Löhne	2000		
Sonstiger Aufwand	2500		
Gewinn	1500		
	9000		9000

Produktionskonto Bürodesign GmbH (Bruttowertschöpfung: + 12000; Bruttoproduktionswert: + 21000)

S		H	
Aufwand für Holzprofile (Vorleistung)	9000	Umsatzerlöse für Büromöbel	18000
Löhne	3000	Erhöhung des Bestands an fertigen Erzeugnissen	2000
Sonstiger Aufwand	5000	Aktivierte Eigenleistungen (selbst erstellte Anlagen)	1000
Gewinn	4000		
	21000		21000

Nationales Produktionskonto aller Unternehmungen (Bruttowertschöpfung: = 21000; Bruttoproduktionswert: = 33000)

S		H	
Aufwand für Holzstämme (Vorleistung)	3000	Umsatzerlöse für Holzstämme (Verkäufe an Sägewerk AG)	3000
Aufwand für Holzprofile (Vorleistung)	9000	Umsatzerlöse für Holzprofile (Verkäufe an Bürodesign GmbH)	9000
Löhne	6500	Umsatzerlöse für Büromöbel	18000
Sonstiger Aufwand	8500	Erhöhung des Bestands an fertigen Erzeugnissen	2000
Gewinn	6000	Aktivierte Eigenleistungen (selbst erstellte Anlagen)	1000
	33000		33000

Dabei handelt es sich um von anderen produzierte Vorprodukte und Dienstleistungen, die im Prozess der Produktion eingesetzt worden sind. Typische Vorleistungen sind die verbrauchten Roh-, Hilfs- und Betriebsstoffe und sonstige in Anspruch genommene Leistungen (Reparaturkosten, Transportkosten, Anwaltskosten, gewerbliche Mietkosten, Benutzungsgebühren für öffentliche Einrichtungen u.a.).

Beispiel *Der Bruttoproduktionswert aller Unternehmungen beträgt zwar 33000 GE (Geldeinheiten). Diese Summe entspricht aber nicht dem Gesamtwert neu verfügbarer Güter. Die zu Holzprofilen verarbeiteten Holzstämme sind als Vorleistungen in die Büromöbel eingegangen. Die Unternehmungen haben damit folgenden Mehrwert geschaffen:*

	verkaufte Büromöbel	18000	(Wert zu Verkaufspreisen)
+	hergestellte, aber noch nicht verkaufte Büromöbel	2000	(Wert zu Herstellungskosten)
+	selbst erstellte Anlagen	1000	(Wert zu Herstellungskosten)
=	**Bruttowertschöpfung**	**21000**	

Zum selben Ergebnis führt die Rechnung:

	Bruttoproduktionswert	33000
–	Vorleistungen	12000
=	**Bruttowertschöpfung**	**21000**

Ausweis der Wertschöpfung zu Marktpreisen

	Bruttowertschöpfung
+	Gütersteuern
–	Gütersubventionen
=	**Bruttoinlandsprodukt**

Das Bruttoinlandsprodukt soll die Leistung der gesamten Volkswirtschaft ausweisen. Dabei sollen die produzierten Güter zu den Marktpreisen bewertet werden, die die Verwender beim Kauf dieser Güter am Markt bezahlen. Die Bruttowertschöpfung entspricht noch nicht diesem Marktpreiswert. Es sind zwei Wertkorrekturen erforderlich.

Die auf die Güter zu zahlenden Steuern (z.B. Umsatzsteuer, Zölle, Verbrauchssteuern) sind nicht in der Bruttowertschöpfung enthalten, wohl aber in den Marktpreisen, die die Verwender der Güter beim Erwerb zahlen. Diese Gütersteuern müssen folglich addiert werden.

Entgegengesetzt verhält es sich mit Subventionen. Erhält der Produzent für seine Güterproduktion Subventionen, erhöhen diese staatlichen Unterstützungen den Produktionswert. Die gewährten Subventionen sind damit auch in der Bruttowertschöpfung enthalten, werden aber nicht von den Verwendern der Güter über den Marktpreis gezahlt. Die Subventionen müssen also abgezogen werden, um zum Marktpreiswert zu kommen.

Ausweis der Nettowertschöpfung durch Abzug der Abschreibungen

	Bruttoinlandsprodukt
–	Abschreibungen
=	**Nettoinlandsprodukt**

Das Bruttoinlandsprodukt ist der Wert aller produzierten Güter. Bei der Produktion dieser Güter werden bereits vorhandene Anlagenvermögenswerte (z.B. maschinelle Anlagen, Ausrüstungen,

Bauten) eingesetzt. Bei diesen Vermögenswerten kommt es zu einem produktionsbedingten Verschleiß. Hinzu kommt die Wertminderung durch wirtschaftliches Veralten von Vermögenswerten (technischer Fortschritt).

Ein Teil der neu produzierten Güter wird folglich benötigt, um diese Wertminderungen zu ersetzen und um die Substanz der Volkswirtschaft an abnutzbaren Vermögenswerten (Kapitalstock) zu erhalten. Die durch Abnutzung und technisches Veralten bedingte Wertminderung am Kapitalstock der Volkswirtschaft wird in den Abschreibungen erfasst. In Höhe der **Abschreibungen** dient ein Teil der neu produzierten Güter dem Ersatz von Vermögenswerten, die im aktuellen Produktionsprozess verschlissen worden sind. Erst die über die Abschreibungen hinausgehende Wertschöpfung führt zu neuen, zusätzlich verfügbaren Gütern. Ihr Gesamtwert ist das **Nettoinlandsprodukt**.

■ Bruttonationaleinkommen (BNE) – Wohlstandsmaßstab für eine Volkswirtschaft

In der Produktion von Gütern, d.h. in der Wertschöpfung, entsteht Einkommen. Das Bruttoinlandsprodukt entspricht aber noch nicht dem Gesamteinkommen aller inländischen Wirtschaftssubjekte. Dieses Bruttonationaleinkommen ergibt sich erst nach der Berücksichtigung von Einkommenszahlungen aus dem Ausland bzw. an das Ausland.

	Bruttoinlandsprodukt (BIP)
+	Erwerbs- und Vermögenseinkommen aus dem Ausland
–	Erwerbs- und Vermögenseinkommen an das Ausland
=	**Bruttonationaleinkommen (BNE)**

Das Bruttonationaleinkommen (BNE) gilt als Maßstab für den materiellen Wohlstand in einer Volkswirtschaft.

Erwerbs- und Vermögenseinkommen aus dem Ausland

Beispiel *Toni Neumann, der Bruder von Antje Land, lebt mit seiner Familie in der Nähe von Aachen. Als gelernter Maurer ist er bei einem niederländischen Bauunternehmen beschäftigt. Mit seinem Produktionsfaktor Arbeit trägt er damit zur Wertschöpfung in den Niederlanden und zum niederländischen Inlandsprodukt bei. Für diesen Beitrag zur Wirtschaftsleistung im Nachbarland erhält Herr Neumann von dem ausländischen Unternehmen ein wertmäßig entsprechendes Einkommen.*

Herr Neumann arbeitet zwar im Ausland, nach Feierabend und an den Wochenenden ist er aber bei seiner Familie in Deutschland. Wegen seines ständigen Wohnsitzes im Inland ist Toni Neumann deshalb Inländer. Will man das Gesamteinkommen aller Inländer der deutschen Volkswirtschaft erfassen, muss man zum deutschen Bruttoinlandsprodukt das aus dem Ausland bezogene Erwerbseinkommen von Toni Neumann addieren.

Andere Inländer stellen dem Ausland nicht ihre Arbeit, sondern den viel flexibleren Produktionsfaktor Kapital zur Verfügung. Doch auch ihr Kapitaleinsatz im Ausland leistet einen Beitrag zur ausländischen Wertschöpfung. Dem Ausmaß dieser Wertschöpfung entsprechend beziehen diese Inländer Vermögenseinkommen (Zinsen, Dividenden u.a.) aus dem Ausland. Auch dieses Vermögenseinkommen ist zum Bruttoinlandsprodukt zu addieren, wenn man das Gesamteinkommen aller inländischen Produktionsfaktoren ausweisen will.

Erwerbs- und Vermögenseinkommen an das Ausland

Beispiel *Henk de Vroome, Niederländer mit Wohnsitz im belgischen Vaals nahe der Grenze zu Deutschland, arbeitet als Zuschneider in der Polsterei der Bürodesign GmbH. Mit seiner Arbeit trägt er damit zur Wertschöpfung in Deutschland und damit zum deutschen Bruttoinlandsprodukt bei. Entsprechend seinem wertmäßigen Beitrag erhält er von der Bürodesign GmbH Arbeitslohn.*

Herr de Vroome arbeitet zwar im Inland, ist aber wegen seines ständigen Wohnsitzes in Belgien kein Inländer.

Will man das Gesamteinkommen nur der Inländer der deutschen Volkswirtschaft ermitteln, muss man vom deutschen Bruttoinlandsprodukt das an das Ausland gezahlte Erwerbseinkommen von Henk de Vroome subtrahieren.

Andere Ausländer stellen dem Inland nicht ihre Arbeit, sondern Kapital zur Verfügung. Mit diesem Kapitaleinsatz von Ausländern werden im Inland Werte geschaffen. Als Gegenleistung beziehen die Ausländer entsprechend dem Ausmaß der Wertschöpfung Einkommen in Form von Zinsen, Dividenden u. a. Auch dieses Vermögenseinkommen ist vom inländischen Bruttoinlandsprodukt zu subtrahieren, will man das Gesamteinkommen nur der inländischen Wirtschaftssubjekte berechnen.

Bruttonationaleinkommen (BNE) als Bruttoinländerprodukt

Das Brutto*inland*sprodukt gibt die Wertschöpfung im *Inland* an. Addiert man die Wertschöpfung, die Inländer im Ausland erbracht haben, und subtrahiert die Wertschöpfung, die Ausländer im Inland erbracht haben, erhält man die Wertschöpfung aller ***Inländer***. Das Bruttonationaleinkommen kann deshalb auch als Brutto*inländer*produkt bezeichnet werden. Die beiden Korrekturgrößen werden in der Statistik oft gegeneinander saldiert.

Beispiel

	Bruttoinlandsprodukt (BIP)	2500
+	Einkommen aus dem Ausland	150
–	Einkommen an das Ausland	50
=	**Bruttoinländerprodukt/ Bruttonationaleinkommen (BNE)**	**2600**

	Bruttoinlandsprodukt (BIP)	2500
+	Saldo der Primäreinkommen aus der übrigen Welt	100
=	**Bruttoinländerprodukt/ Bruttonationaleinkommen (BNE)**	**2600**

■ Ermittlung des Volkseinkommens

→BWR Wie oben erläutert, ergibt sich die Nettowertwertschöpfung nach Abzug der **Abschreibungen**. Dies gilt gleichermaßen für die Inlands- und die Inländerbetrachtung.

	Inlandsbetrachtung		**Inländerbetrachtung**
	Bruttoinlandsprodukt (BIP)		Bruttonationaleinkommen (BNE)
–	Abschreibungen	–	Abschreibungen
=	**Nettoinlandsprodukt (NIP)**	=	**Nettonationaleinkommen (NNE)**

Nettoinlandsprodukt und Nettonationaleinkommen werden zu Marktpreisen ausgewiesen. Die Marktpreise werden jedoch durch staatliche Aktivität beeinflusst. So sind in den Marktpreisen Steuern und ähnliche Abgaben (z. B. Zölle) enthalten, die bei der Produktion und beim Handel der Güter zu entrichten sind. Diese Produktions- und Importabgaben fließen an den Staat und nicht als Einkommen an die inländischen Haushalte. Das Einkommen aller Inländer (**Volkseinkommen**), das in der gesamtwirtschaftlichen Güterproduktion entsteht, ergibt sich somit erst nach Abzug der staatlichen Abgaben vom Nettonationaleinkommen.

Beispiel *Die Bürodesign GmbH produziert und verkauft im Jahr 2023 u. a. 1 000 Schreibtische an private Haushalte. Der Verkaufspreis je Schreibtisch beträgt 595,00 EUR einschließlich 19 % Umsatzsteuer. Der Marktpreiswert aller Schreibtische in Höhe von 595 000,00 EUR geht in das Bruttonationaleinkommen ein. Die Umsatzsteuer von 95 000,00 EUR fließt als Zahllastsumme an den Staat.*

Einen entgegengesetzten Effekt haben Subventionen. Sie müssen deshalb zum Marktpreiswert des Nettonationaleinkommens addiert werden.

Beispiel *Die Herstellung eines anderen Schreibtischmodells verursacht bei der Bürodesign GmbH Kosten je Stück von 400,00 EUR. Im Jahr 2023 werden u. a. 1 000 Schreibtische produziert und verkauft. Auf dem Absatzmarkt herrscht ein intensiver Preiswettbewerb, sodass die Tische nur zu Selbstkosten absetzbar sind. Der Marktpreiswert aller Schreibtische schlägt sich mit 476 000,00 EUR (einschließlich 76 000,00 EUR Umsatzsteuer) im Bruttonationaleinkommen nieder. Um zu verhindern, dass die Bürodesign GmbH zukünftig die Produktion einstellt und Arbeitskräfte entlässt, subventioniert der Staat die Schreibtischproduktion bei der Bürodesign GmbH mit 20,00 EUR je Tisch. In der Folge fließen der Bürodesign GmbH zusätzlich zu den Marktpreiserlösen für die verkauften Schreibtische noch Subventionserlöse von 20 000,00 EUR zu. Dieser „Gewinn" fließt als Gewinneinkommen an die Haushalte der Gesellschafterinnen und Gesellschafter der Bürodesign GmbH und erhöht damit das Volkseinkommen.*

Ausgehend vom Nettonationaleinkommen kann damit das Volkseinkommen wie folgt ermittelt werden:

	Nettonationaleinkommen (NNE) zu Marktpreisen
–	Produktions- und Importabgaben an den Staat
+	Subventionen
=	**Volkseinkommen/ Nettonationaleinkommen (NNE) zu Faktorkosten**

Das Volkseinkommen fließt als Arbeitsentgelt sowie in Form von Zinsen, Mieten, Pachten und Gewinnen an die inländischen Haushalte. Aus Sicht der Haushalte handelt es sich um **Einkommen** als Gegenleistung für die den Unternehmen zur Verfügung gestellten Produktionsfaktoren. Aus Sicht der Unternehmen handelt es sich dagegen um die **Kosten** für die im Herstellungsprozess eingesetzten Produktionsfaktoren. Aus der Perspektive der Unternehmen ist deshalb zutreffend, vom Nettonationaleinkommen zu Faktorkosten zu sprechen.

Zusammenfassung: Bruttoinlandsprodukt und Bruttonationaleinkommen berechnen

	Bruttoproduktionswert
–	Vorleistungen
=	**Bruttowertschöpfung**
+	Gütersteuern
–	Gütersubventionen
=	**Bruttoinlandsprodukt (BIP)**
+	Erwerbs- und Vermögenseinkommen aus dem Ausland
–	Erwerbs- und Vermögenseinkommen an das Ausland
=	**Bruttonationaleinkommen (BNE)**
–	Abschreibungen
=	**Nettonationaleinkommen (NNE) zu Marktpreisen**
–	Produktions- und Importabgaben an den Staat
+	Subventionen
=	**Nettonationaleinkommen zu Faktorkosten/Volkseinkommen**

Aufgaben

1 *Angenommen, in einer Volkswirtschaft gibt es nur drei Produktionsunternehmen: die Rohstoff AG, die Maschinenbau AG und die Konsumgüter GmbH.*

S — Produktionskonto Rohstoff AG — H

S		H	
Löhne	1000	Umsatzerlöse für Rohstoffe (Verkäufe an Maschinenbau AG)	3000
Abschreibungen	2000	Umsatzerlöse für Rohstoffe (Verkäufe an Konsumgüter GmbH)	3500
Sonstiger Aufwand	3000		
Gewinn	500		
	6500		6500

S — Produktionskonto Maschinenbau AG — H

S		H	
Aufwand für Rohstoffe	3000	Umsatzerlöse für Maschinen (Verkäufe an Rohstoff AG)	4000
Löhne	2000	Umsatzerlöse für Maschinen (Verkäufe an Konsumgüter GmbH)	2000
Abschreibungen	1000	Aktivierte Eigenleistungen (Selbst erstellte eigene Anlagen)	3000
Sonstiger Aufwand	2000		
Gewinn	1000		
	9000		9000

S — Produktionskonto Konsumgüter GmbH — H

S		H	
Aufwand für Rohstoffe	3500	Umsatzerlöse für Konsumgüter (Verkäufe an private Haushalte)	9000
Löhne	2500	Erhöhung des Bestands an fertigen Erzeugnissen	3000
Abschreibungen	1500		
Sonstiger Aufwand	2500		
Gewinn	2000		
	12000		12000

a) Erstellen Sie durch Aggregation der drei Produktionskonten (Werte jeweils in Millionen Geldeinheiten) das nationale Produktionskonto des Sektors „Unternehmen".

b) Ermitteln Sie
- *den Bruttoproduktionswert,*
- *die Bruttowertschöpfung,*
- *den Verschleiß am Kapitalstock der Volkswirtschaft (Abschreibungen),*
- *die Nettowertschöpfung,*
- *die Bruttoinvestition,*
- *die Nettoinvestition,*
- *die Anlageninvestition,*
- *die Lagerinvestition.*

c) Begründen Sie am Beispiel Ihres nationalen Produktionskontos, warum der Bruttoproduktionswert nicht die Wertschöpfung einer Volkswirtschaft wiedergibt.

2 *Erläutern Sie, wie sich die folgenden Fälle bei der Berechnung des Bruttoinlandsprodukts und des Bruttonationaleinkommens auswirken.*

a) Ein Arbeitnehmer hat seinen Wohnsitz in Saarbrücken und arbeitet in Frankreich.

b) Eine Arbeitnehmerin hat ihren Wohnsitz in Basel und arbeitet in Deutschland.

c) Ein Arbeitnehmer mit türkischer Nationalität hat seinen Wohnsitz in Köln und arbeitet bei einem Unternehmen mit Geschäftssitz in Düsseldorf.

d) Eine Bundesbürgerin mit Wohnsitz in München hat Aktien des amerikanischen Unternehmens General Electric erworben und erhält Dividenden.

e) Ein amerikanischer Staatsbürger mit Wohnsitz in Heidelberg besitzt Aktien der Siemens AG und bezieht Dividenden.

3 *Nehmen Sie Stellung zu folgender Aussage: „Wenn der Saldo der Primäreinkommen aus dem Ausland positiv ist, so ist das ein Indiz dafür, dass mehr Ausländer ihr Kapital im Inland investieren als Inländer im Ausland."*

4 *Der Inlandsproduktberechnung einer Volkswirtschaft sind folgende Daten zu entnehmen:*

Bruttoproduktionswert	2900 GE
Vorleistungen	450 GE
Saldo Gütersteuern/Subventionen	260 GE
Saldo der Primäreinkommen aus der übrigen Welt	150 GE
Abschreibungen	600 GE
Produktions- und Importabgaben	140 GE
Subventionen	50 GE

Ermitteln Sie
- *die Bruttowertschöpfung,*
- *das Bruttoinlandsprodukt,*
- *das Bruttonationaleinkommen,*
- *das Nettonationaleinkommen zu Marktpreisen,*
- *das Volkseinkommen.*

5 *Nehmen Sie Stellung zu folgender Aussage: „Die Erhöhung des Umsatzsteuersatzes von 19 % auf 21 % würde zu einer Erhöhung des Bruttoinlandsprodukts zu Marktpreisen und damit zu einer Steigerung der Wertschöpfung und des Volkseinkommens führen."*

6 *Sammeln Sie im Verlauf einer Woche alle Berichte im Rahmen der wirtschaftspolitischen Berichterstattung (Printmedien und digitale Medien), in denen das Bruttoinlandsprodukt eine Rolle spielt. Vergleichen Sie mit einer anderen Person aus Ihrer Lerngruppe die Arbeitsergebnisse. Erläutern Sie sich gegenseitig die Inhalte der gesammelten Artikel.*

7 *Informieren Sie sich, z. B. mithilfe des Internets, über die aktuellen Werte der Inlandsproduktberechnung im Rahmen der Volkswirtschaftlichen Gesamtrechnung des Statistischen Bundesamts: www.destatis.de/DE/Themen/Wirtschaft/Volkswirtschaftliche-Gesamtrechnungen-Inlandsprodukt/_inhalt.html*

2.2 Verschiedene Perspektiven der Volkswirtschaftlichen Gesamtrechnungen erfahren

Im Wirtschaftslehreunterricht der Berufsschule beschäftigt sich Silvia Land mit den Volkswirtschaftlichen Gesamtrechnungen. Ihre Fachlehrerin stellt ihr sowie den Mitschülerinnen und Mitschülern folgende Grafik zur Auswertung zur Verfügung.

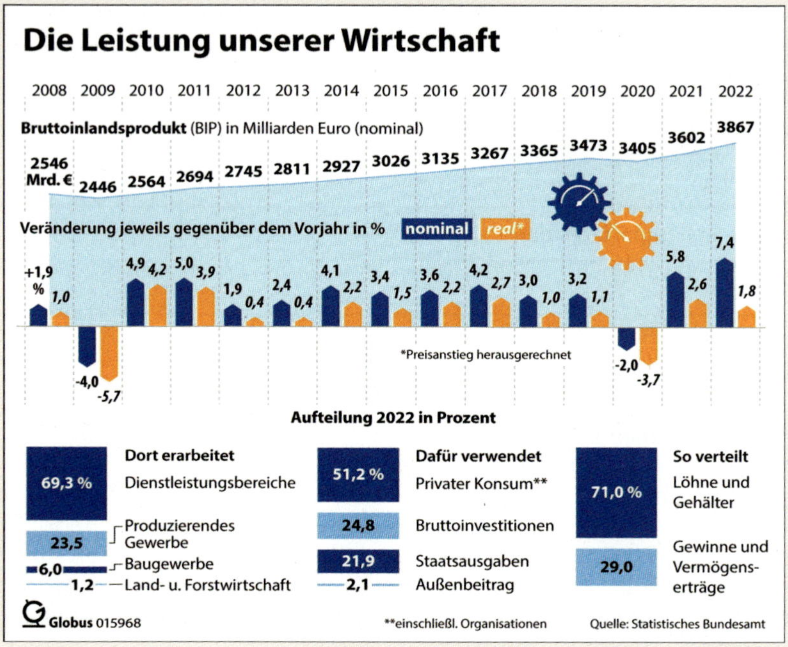

Arbeitsaufträge

- ***Erklären Sie die Werte „3867" und „7,4", die für das Jahr 2022 angegeben werden. Weisen Sie nach, dass der Wert von „7,4" rechnerisch zutreffend ist. Stellen Sie dazu mit anderen Größen der Grafik den erforderlichen Dreisatz auf.***
- ***Erläutern Sie die Informationen, die im unteren Bereich der Grafik veranschaulicht werden.***
- ***Die Angaben in der Rubrik „Dort erarbeitet" lassen einen Rückschluss auf die Struktur unserer Volkswirtschaft zu. Erläutern Sie diese Grundstruktur.***
- ***Erklären Sie, was unter dem Außenbeitrag einer Volkswirtschaft zu verstehen ist. Erläutern Sie vor diesem Hintergrund den Wert „2,1", der in diesem Zusammenhang in der Grafik angegeben wird.***
- ***In der Produktion von Gütern, d.h. in der Wertschöpfung, entsteht Einkommen. Erläutern Sie, welche weitergehenden Informationen zu dieser Grunderkenntnis der Grafik entnommen werden können.***

Die Notwendigkeit einer volkswirtschaftlichen Buchführung

Jede Kauffrau und jeder Kaufmann ist gesetzlich verpflichtet, Buch zu führen. Unabhängig von dieser Verpflichtung besteht aber auch ein Eigeninteresse an einer ordnungsgemäßen Buchführung. Jeder Geschäftsfall ändert das Vermögen und/oder die Schulden bzw. das Reinvermögen (Eigenkapital). Jede Veränderung muss deshalb sorgfältig erfasst werden. Die Daten dieser

Finanzbuchhaltung werden darüber hinaus für interne Auswertungen im Rahmen der **Kosten- und Leistungsrechnung** genutzt. In welchen Betriebsabteilungen (Kostenstellen) werden welche Kosten verursacht? Welche Leistungen werden erzielt? Nur wenn diese oder ähnliche Fragen beantwortet werden können, werden Schwachstellen frühzeitig erkannt und können rechtzeitig Gegenmaßnahmen ergriffen werden.

→BWR
→BWR

Ähnliche Fragen stellen sich auch bezüglich einer Volkswirtschaft:

- Welche Gesamtleistung hat die Volkswirtschaft in einer bestimmten Periode erbracht?
- Welche Bereiche der Volkswirtschaft haben in welchem Ausmaß zu dieser Gesamtleistung beigetragen?
- Welche Sektoren der Volkswirtschaft beanspruchen die geschaffenen Güterwerte?
- Wie verteilt sich das in der Produktion entstandene Einkommen innerhalb der Volkswirtschaft?

Fehlentwicklungen müssen auch hier frühzeitig erkannt werden. Nur dann kann man rechtzeitig wirtschaftspolitische Gegenmaßnahmen einleiten. Voraussetzung dafür ist eine volkswirtschaftliche Buchführung, die Volkswirtschaftliche Gesamtrechnung.

■ Volkswirtschaftliche Gesamtrechnungen (VGR) des Statistischen Bundesamtes

Die **Volkswirtschaftlichen Gesamtrechnungen (VGR)** stellen diese nationale Buchführung dar. In mehreren Strom- und Bestandsrechnungen stellt das **Statistische Bundesamt** das wirtschaftliche Geschehen dar. Die ermittelten gesamtwirtschaftlichen Größen, allen voran das Bruttoinlandsprodukt, sind wichtige Daten für die Beurteilung der Wirtschaftslage und für die Gestaltung der Wirtschaftspolitik.

■ Betrachtungsweisen der gesamtwirtschaftlichen Leistung

Im Rahmen der Volkswirtschaftlichen Gesamtrechnungen wird die Wirtschaftsleistung der Volkswirtschaft aus drei Perspektiven betrachtet:

- **Entstehungsrechnung:** Welche Wirtschaftsleistung (Wertschöpfung) ist in den verschiedenen Wirtschaftsbereichen des Inlands erzielt worden?
- **Verwendungsrechnung:** Wie sind die im Inland erstellten Güter verwendet worden?
- **Verteilungsrechnung:** In welcher Höhe sind durch die Leistungserstellung Einkommen bei Inländern entstanden?

Entstehungsrechnung

Die Entstehungsrechnung zeigt den Beitrag verschiedener Bereiche der Volkswirtschaft zur gesamten Wertschöpfung. Zentrale Größe der Entstehungsrechnung ist die Bruttowertschöpfung (BWS), d. h. die Differenz zwischen Bruttoproduktionswert und Vorleistungen.

Das Bruttoinlandsprodukt zu Marktpreisen (BIP) ergibt sich, wenn zur Bruttowertschöpfung aller Wirtschaftsbereiche die Gütersteuern addiert und die Gütersubventionen subtrahiert werden.[1]

Beispiel *Im Wirtschaftslehreunterricht analysiert Silvia Land auch die folgende Tabelle. Diese Aufstellung zeigt, wie verschiedene Wirtschaftsbereiche zur gesamten Wertschöpfung in der Bundesrepublik Deutschland beitragen.*

---

[1] *vgl. Handlungsfeld 3, Kapitel 2.1*

	Bruttowertschöpfung in jeweiligen Preisen (nach Wirtschaftsbereichen, in Mrd. EUR)	2019	2020	2021
	Land- und Forstwirtschaft, Fischerei	27,057	24,762	29,592
+	Produzierendes Gewerbe ohne Baugewerbe	777,564	715,829	757,466
+	Baugewerbe	160,541	177,643	189,818
+	Handel, Verkehr, Gastgewerbe	501,006	479,546	519,783
+	Information und Kommunikation	151,718	153,349	161,259
+	Finanzierung und Versicherungsdienstleister	121,421	121,815	122,085
+	Grundstücks- und Wohnungswesen	329,222	336,743	346,171
+	Unternehmensdienstleister	358,478	337,134	366,116
+	Öffentliche Dienstleister, Erziehung, Gesundheit	583,367	592,478	619,527
+	Sonstige Dienstleister	120,287	111,023	114,522
=	**Bruttowertschöpfung insgesamt**	**3 130,661**	**3050,322**	**3226,339**
+	Gütersteuern	350,901	325,991	365,953
–	Gütersubventionen	8,212	8,753	21,672
=	**Bruttoinlandsprodukt**	**3473,350**	**3 367,560**	**3570,620**

Vgl. Statistisches Bundesamt: Volkswirtschaftliche Gesamtrechnungen 2021, Fachserie 18, Reihe 1.4, Wiesbaden 2022, S. 59 ff.

Durch den Vergleich mit der Wirtschaftsstruktur früherer Jahre kann man den **Strukturwandel** feststellen und wichtige Erkenntnisse über die Entwicklung der Volkswirtschaft – auch im internationalen Vergleich – gewinnen. Gerade die deutsche Volkswirtschaft hat sich in den letzten Jahrzehnten zu einer Dienstleistungsgesellschaft entwickelt. Immer mehr Menschen sind im Dienstleistungssektor beschäftigt. Und nahezu 70 % der Bruttowertschöpfung entsteht heute in Dienstleistungsbereichen.

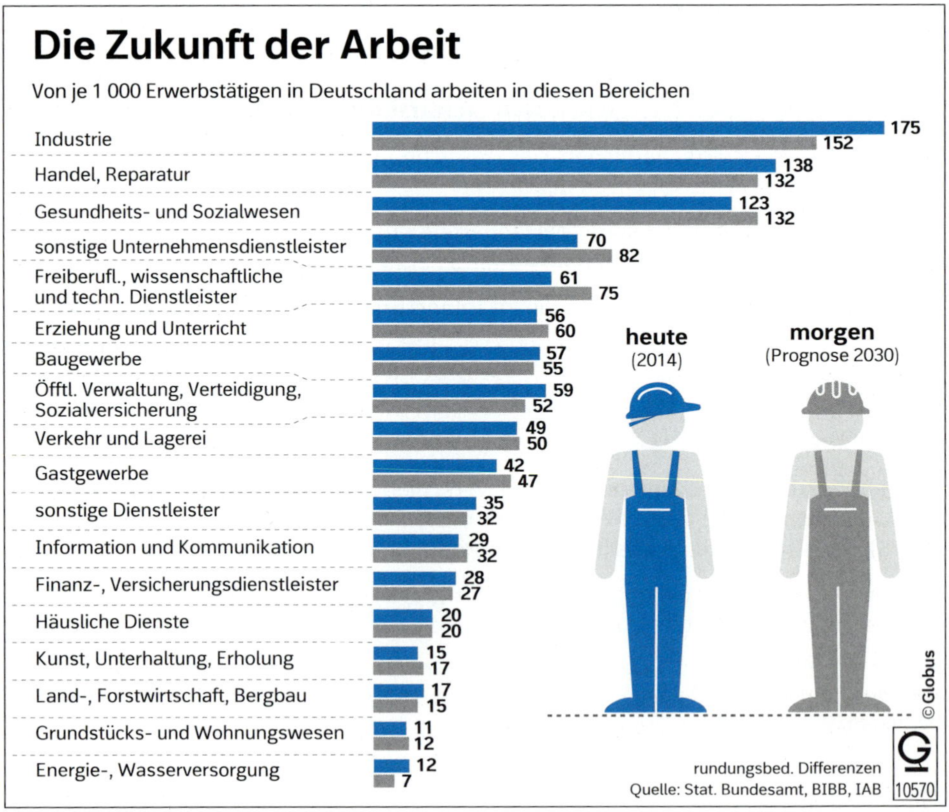

Verwendungsrechnung

Die Verwendungsrechnung zeigt, für welche Zwecke die produzierten Güter verwendet worden sind. Sie beantwortet die Frage, wer die geschaffenen Güter „gekauft" hat. Insofern gibt die Verwendungsrechnung Aufschluss über die Zusammensetzung der gesamtwirtschaftlichen Nachfrage.

Beispiel *Im Wirtschaftslehreunterricht beschäftigt sich Silvia Land auch mit der Verwendung des Bruttoinlandsprodukts in der Bundesrepublik Deutschland.*

Konsumausgaben, Investitionen und Außenbeitrag in jeweiligen Preisen (in Mrd. EUR)			
Gegenstand der Nachweisung	**2019**	**2020**	**2021**
Konsumausgaben	2508,108	2462,553	2566,910
– private Haushalte	1753,141	1656,162	1713,421
– private Organisationen ohne Erwerbszweck	49,772	51,816	53,219
– Staat	705,195	754,575	800,270
+ **Bruttoinvestitionen**	769,039	712,206	811,356
– Bruttoanlageinvestitionen	742,218	735,869	781,488
– Ausrüstungen	241,125	216,903	228,397
– Bauten	364,056	380,064	411,610
– sonstige Anlagen	137,037	138,902	141,481
– Vorratsveränderungen u. Nettozugang an Wertsachen	26,821	–23,663	29,868
= **inländische Verwendung von Gütern**	3277,147	3174,759	3378,266
+ **Außenbeitrag (Exporte minus Importe)**	196,203	192,801	192,354
– Exporte	1619,423	1462,090	1690,567
– abzüglich: Importe	1423,220	1269,289	1498,213
= **Bruttoinlandsprodukt**	**3473,350**	**3367,560**	**3570,620**

Vgl. Statistisches Bundesamt: Volkswirtschaftliche Gesamtrechnungen 2021, Fachserie 18, Reihe 1.4, Wiesbaden 2022, S. 252.

Die **privaten Konsumausgaben** umfassen den Wert der Sachgüter und Dienstleistungen, die inländische private Haushalte und private Organisationen (z. B. politische Parteien, Kirchen, Vereine) für ihre Nutzung kaufen, z. B. Käufe von Möbeln, Kraftfahrzeugen, Lebensmitteln, Kosmetika.

Bei den **Konsumausgaben des Staates** handelt es sich um den Wert der vom Staat der Allgemeinheit ohne spezielles Entgelt zur Verfügung gestellten Dienstleistungen, z. B. öffentliche Verwaltung, innere und äußere Sicherheit, Erziehung und Unterricht.

Ausrüstungsinvestitionen sind bewegliche Investitionsgüter, z. B. Maschinen, Geräte, Fahrzeuge, Betriebs- und Geschäftsausstattung. Die **Bauinvestitionen** umfassen Bauleistungen an Gebäuden, Straßen, Brücken usw. Darin enthalten sind die mit Bauten fest verbundenen Einrichtungen, z. B. Aufzüge, Heizungs-, Lüftungs- und Klimaanlagen, sowie die mit der Herstellung und dem Kauf von Bauwerken verbundenen Nebenkosten, z. B. Kosten für das Notariat und die Grundbuchänderung. Zu den **sonstigen Anlagen** zählen z. B. Computersoftware, Urheberrechte und Nutzvieh. **Vorratsveränderungen** (Lagerinvestitionen) bezeichnen die Veränderung der Vorräte (unfertige und fertige Erzeugnisse, Roh-, Hilfs- und Betriebsstoffe u. a.) am Ende der Periode verglichen mit denen am Periodenanfang. Die Bewertung erfolgt dabei zu Durchschnittspreisen der Periode.

Verteilungsrechnung

Die Verteilungsrechnung dokumentiert, wie die in der Produktionsleistung der Inländer erwirtschafteten Einkommen verteilt werden.

Güterproduktion und Einkommensentstehung sind untrennbar miteinander verbunden.

Denn Güter können nur durch den Einsatz von Produktionsfaktoren erstellt werden. Die Haushalte, die die Faktoren zur Verfügung stellen, erhalten entsprechend der Leistung Einkommen.

Dem Wert der Gesamtproduktion der Inländer müssen also entsprechende Einkommen gegenüberstehen.

Beispiel *Silvia Land informiert sich mithilfe von Unterrichtsmaterial über diesen Zusammenhang zwischen Bruttoinlandsprodukt und Volkseinkommen.*

Nationaleinkommen und Volkseinkommen in Mrd. EUR	2019	2020	2021
Bruttoinlandsprodukt	3473,350	3367,560	3570,620
+ Primäreinkommen aus der übrigen Welt	231,141	195,915	211,636
– Primäreinkommen an die übrige Welt	118,528	102,190	104,436
= Bruttonationaleinkommen	3585,963	3461,285	3677,820
– Abschreibungen	638,962	658,449	694,247
= Nettonationaleinkommen (Primäreinkommen)	2947,001	2802,836	2983,573
– Produktions- und Importabgaben	369,724	345,853	393,550
+ Subventionen	30,946	71,250	109,833
= Volkseinkommen	2608,223	2528,233	2699,856
Arbeitnehmerentgelt (Inländer)	1855,525	1852,105	1921,378
Unternehmens- und Vermögenseinkommen	752,698	676,128	778,478

Vgl. Statistisches Bundesamt: Volkswirtschaftliche Gesamtrechnungen 2021, Fachserie 18, Reihe 1.4, Wiesbaden 2022, S. 106.

Das Bruttoinlandsprodukt entspricht wertmäßig nicht dem in der Produktion entstandenen Einkommen der Inländer (Volkseinkommen). Zunächst müssen Einkommen, die Inländer im Ausland erzielt haben, addiert werden. Der Beitrag von ausländischen Produktionsfaktoren zum Bruttoinlandsprodukt führt dagegen nicht zu Einkommen bei Inländern. Er ist deshalb zu subtrahieren (vgl. S. 159 ff.).

→BWR Danach sind die **Abschreibungen** zu berücksichtigen. Ein Teil der Güter des Bruttoinlandsprodukts wird benötigt, um den verursachten Verschleiß von Produktionsanlagen auszugleichen. Dieses Gütervolumen steht damit nicht zur Verteilung zur Verfügung und fließt folglich auch nicht als Einkommen an die Haushalte.

Letztlich ist zu beachten, dass das Bruttoinlandsprodukt zu Marktpreisen bewertet ist. In dem Gesamtwert sind also Abgaben enthalten, mit denen der Staat die Produktion der Güter belegt hat (z.B. indirekte Steuern, Zölle). Dieser Teilwert fließt nicht als Einkommen an die Haushalte, sondern an den Staat. Folglich sind diese Produktions- und Importabgaben zu subtrahieren. Vom Staat geleistete Subventionen wirken entgegengesetzt und sind zu addieren.

Das dem Bruttoinlandsprodukt entsprechende Volkseinkommen wird im Rahmen der Verteilungsrechnung auf die eingesetzten Produktionsfaktoren verteilt, und zwar entsprechend dem Beitrag des jeweiligen Faktors zum Entstehen des Bruttoinlandsprodukts.

Dem Produktionsfaktor Arbeit ist das **Arbeitnehmerentgelt** zuzuteilen. Es umfasst alle Zahlungen von Unternehmen an Arbeitnehmer für die Bereitstellung ihrer Arbeit. Dazu gehören die Bruttoarbeitsentgelte, die Arbeitgeberbeiträge zur Sozialversicherung und sonstige soziale Leistungen.

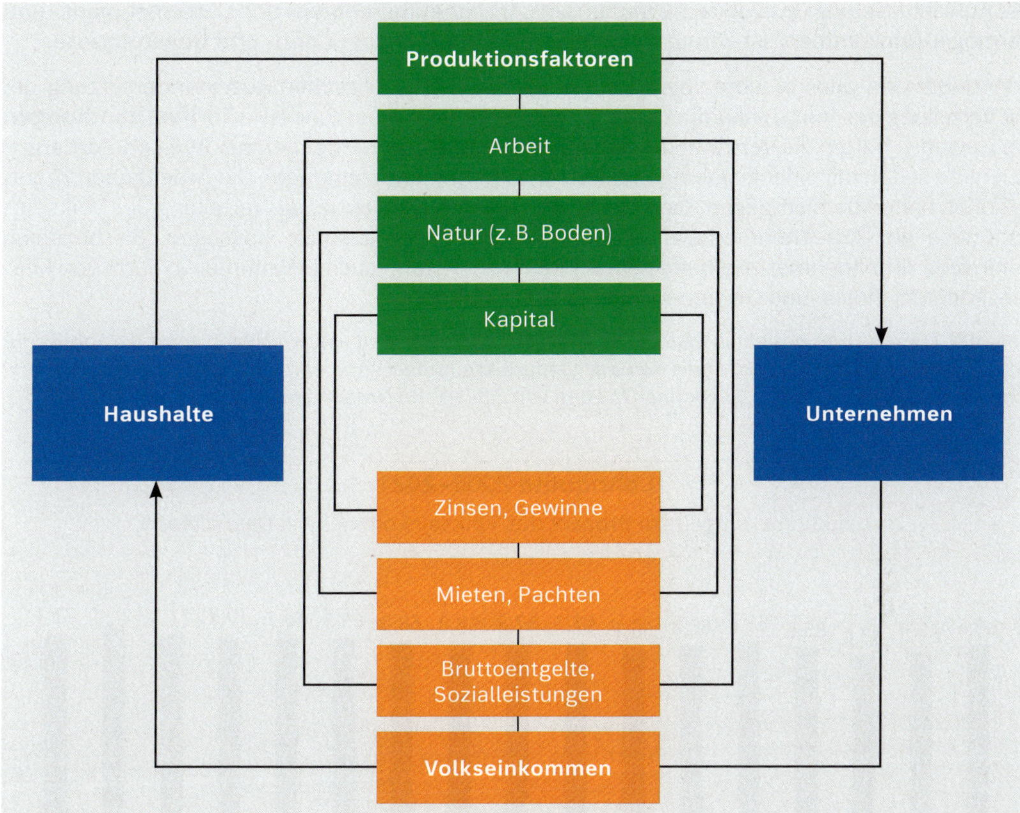

Bezüglich der Gewinne, Zinsen, Mieten und Pachten stehen nur lückenhafte statistische Daten zur Verfügung. Diese Einkommensarten werden deshalb als **Unternehmens- und Vermögenseinkommen** als Restgröße durch Abzug des Arbeitnehmerentgelts vom Volkseinkommen berechnet.

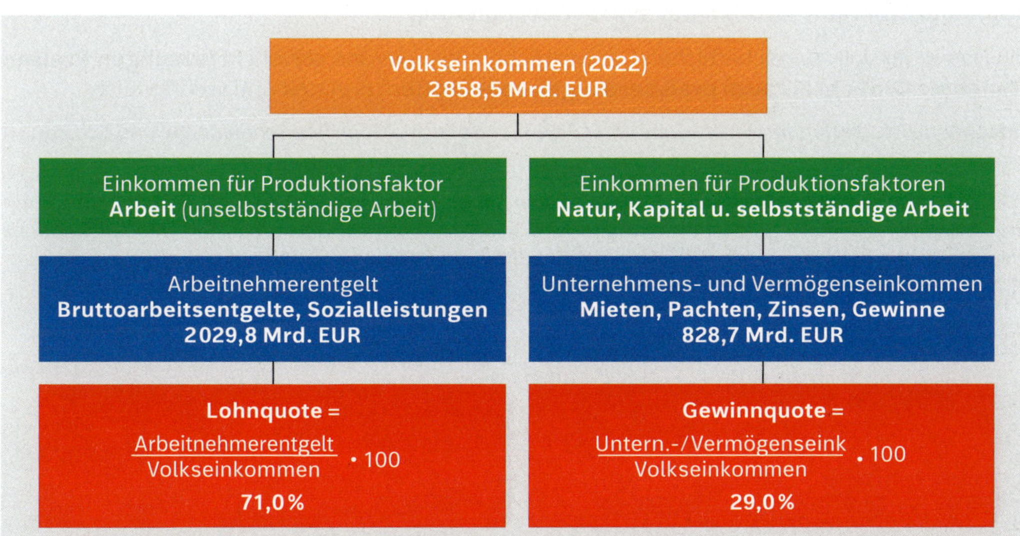

Die Aufschlüsselung des Volkseinkommens in „Arbeitnehmerentgelt“ und „Unternehmens- und Vermögenseinkommen“ ist Voraussetzung für die Ermittlung der **Lohn- und Gewinnquote**.

Lohnquote und Gewinnquote spielen in der gesellschaftspolitischen Auseinandersetzung um →BWR die Verteilung des Volkseinkommens eine zentrale Rolle. So begründen in **Tarifverhandlungen** die Gewerkschaften als Vertreter der Arbeitnehmerinnen und Arbeitnehmer ihre Lohnforderungen nicht selten mit einer zu geringen oder zurückgehenden Lohnquote. Die Arbeitgeberorganisationen halten dem entgegen, dass die beiden Quoten wenig über die Verteilung des Volkseinkommens auf Arbeitnehmerhaushalte und Unternehmerhaushalte aussagen. So beziehen zahlreiche Arbeitnehmerhaushalte neben ihrem Arbeitslohn auch Einkommen in Form von Mieten, Pachten, Zinsen und Gewinnanteilen (z. B. Dividenden).

Beispiel *Familie Land bezieht in erster Linie Arbeitseinkommen. Seit einigen Jahren spart die Familie für den Erwerb eines Eigenheims. Einen Teil der Ersparnisse haben Antje und Otto Land am Kapitalmarkt angelegt. Sie beziehen dafür Einkommen in Form von Zinsen und Dividenden.*

Lohnquote 2005–2021

Arbeitnehmerentgelte in Prozent des Volkseinkommens in Deutschland

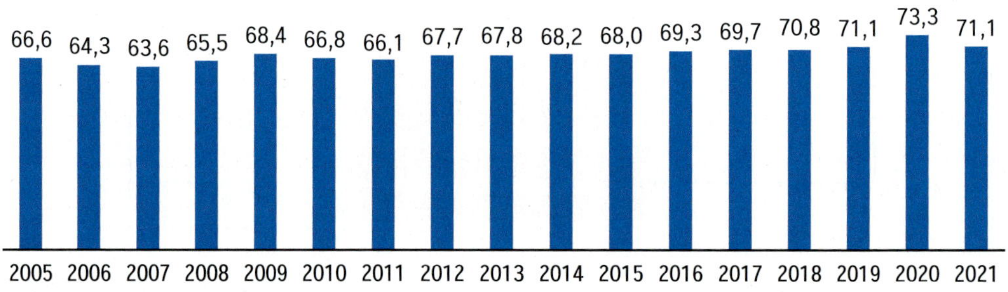

vgl. Statistisches Bundesamt: Volkswirtschaftliche Gesamtrechnungen, 25.11.2022.

Nominale und reale Größen der Wirtschaftsleistung

Die Daten der Volkswirtschaftlichen Gesamtrechnungen werden sowohl in **jeweiligen Preisen (nominale Größen)** als auch **preisbereinigt (reale Größen)** ermittelt und veröffentlicht.

Beispiel *Im Berufsschulunterricht konfrontiert Silvia Lands Fachlehrerin ihre Schülerinnen und Schüler mit folgender Problematik:*

In einer Volkswirtschaft ohne Auslandskontakte wird nur ein Universalgut hergestellt. Es kann für sämtliche Verwendungszwecke genutzt werden und wird seit Jahren unverändert produziert (Modellsituation). Die statistische Behörde dieser Volkswirtschaft ermittelt im Rahmen der Volkswirtschaftlichen Gesamtrechnungen folgende Daten:

Jahr	Produktionsmenge (Stück)	Marktpreis je Stück (Geldeinheiten)	Bruttoinlandsprodukt zu Marktpreisen (Geldeinheiten)	Veränderung BIP (Prozent)
2021	100000	10	1000000	
2022	100000	11	1100000	10
2023	110000	12	1320000	20

Der Wirtschaftsminister dieser Volkswirtschaft kommentiert diese Zahlen wie folgt: „Aufgrund der erfolgreichen Wirtschaftspolitik der Regierung konnte das Bruttoinlandsprodukt kontinuierlich gesteigert werden. Durch das beachtliche Wirtschaftswachstum von 10 % bzw. 20 % in den letzten zwei Jahren ist die Versorgung der Bevölkerung unseres Landes entsprechend verbessert worden."

Gemeinsam mit den anderen Mitgliedern ihrer Arbeitsgruppe erarbeitet Silvia Land, dass die Aussage des Ministers nicht zutrifft. Das Wirtschaftswachstum von 10 % im Jahr 2022 ist ausschließlich auf einen gestiegenen Marktpreis zurückzuführen. In Wirklichkeit stehen wie im Vorjahr nur 100000 Stück des Gutes zur Verfügung. Im folgenden Jahr ist die Güterproduktion tatsächlich nur um 10 % und nicht um 20 % gestiegen. Auch in diesem Zeitraum ist ein Teil der Wachstumsrate auf Preissteigerungen zurückzuführen.

Die zu Marktpreisen ermittelten Größen (z. B. das Bruttoinlandsprodukt zu Marktpreisen) müssen um die in den Marktpreisen enthaltenen Preissteigerungen bereinigt werden **(Deflationierung)**. Nur dann wird die reale Entwicklung der Volkswirtschaft ausgewiesen. Die statistisch bereinigten Werte werden dann als Indexwerte zu einer vergleichbaren Zeitreihe verknüpft.

Beispiel *Silvia Land erhält von ihrer Lehrerin zur Information über die reale Entwicklung der Wertschöpfung in der Bundesrepublik Deutschland folgende Tabelle.*

Wertschöpfung, Inlandsprodukt und Einkommen						
Gegenstand der Nachweisung	**2016**	**2017**	**2018**	**2019**	**2020**	**2021**
in jeweiligen Preisen, Mrd. EUR						
Wertschöpfung im Inlandsprodukt						
Bruttowertschöpfung	2822,443	2944,074	3035,165	3130,661	3050,322	3226,339
Preisbereinigt, Kettenindex (2015 = 100)						
Bruttowertschöpfung	102,25	105,11	106,26	107,31	102,10	105,02
Bruttoinlandsprodukt	102,23	104,97	106,11	107,23	102,33	105,29

Vgl. Statistisches Bundesamt: Volkswirtschaftliche Gesamtrechnungen 2021, Fachserie 18, Reihe 1.4, Wiesbaden 2022, S. 106.

Aus dieser Tabelle kann Silvia Land die reale Veränderung der Wertschöpfung ableiten. Sie erkennt z. B., dass die Wertschöpfung aller Wirtschaftsbereiche im Jahr 2021 real um 5,02 % höher ist als im Referenzjahr 2015. Mithilfe eines einfachen Dreisatzes kann Silvia Land auch die reale Veränderungsrate im Vorjahresvergleich ermitteln:

102,10 (Index von 2020) = 100 %
105,02 (Index von 2021) = x %

$$x = \frac{105{,}02 \cdot 100}{102{,}10}$$

$x = 102{,}86$

Silvia Land weist im Unterrichtsgespräch darauf hin, dass im Jahr 2021 real 2,86 % mehr Güterwerte geschaffen worden sind als im Jahr 2020. Die Wirtschaftskrisen in zahlreichen europäischen Ländern wirken sich auch auf Deutschland aus.

Zusammenfassung: Verschiedene Perspektiven der Volkswirtschaftlichen Gesamtrechnungen erfahren

Entstehung, Verwendung und Verteilung des Bruttoinlandsprodukts 2022

in Mrd. EUR

Entstehung = Verwendung = Verteilung

Entstehung

Bruttowertschöpfung	**3 498,5**
Land- und Forstwirtschaft, Fischerei	42,9
Prod. Gewerbe (ohne Baugewerbe)	820,5
Baugewerbe	222,1
Handel, Verkehr, Gastgewerbe	596,5
Information und Kommunikation	169,6
Finanz- und Versicherungsdienstleister	124,8
Grundstücks- und Wohnungswesen	350,0
Unternehmens dienstleister	402,1
Öffentl. Dienstleister, Erziehung, Gesundheit	656,2
Sonstige Dienstleister	124,8
+	
Gütersteuern abzügl. Gütersubventionen	**368,6**

Verwendung

Konsumausgaben	**2 827,3**
Private Konsumausgaben	1 978,9
Konsumausgaben des Staates	848,4
+	
Bruttoinvestitionen	**960,2**
Bruttoanlageinvestitionen	872,3
Vorratsveränderungen	87,9
+	
Außenbeitrag	**79,5**
Exporte	1 946,6
– Importe	1 867,1

Verteilung

Volkseinkommen	**2 858,5**
Arbeitnehmerentgelt	2 029,8
Unternehmens- und Vermögenseinkommen	828,7
+	
Produktions- und Importabgaben an den Staat abzügl. Subventionen vom Staat	**347,8**
+	
Abschreibungen	**792,7**
–	
Saldo der Primäreinkommen der übrigen Welt	**131,9**

Bruttoinlandsprodukt = 3 867,1

vgl. Statistisches Bundesamt: Volkswirtschaftliche Gesamtrechnungen, Februar 2023, S. 9.

Aufgaben

1 *Begründen Sie die Notwendigkeit einer volkswirtschaftlichen Buchführung.*

2 *Erläutern Sie allgemein, welche grundsätzlichen Informationen jeweils der Entstehungs-, Verwendungs- und Verteilungsrechnung entnommen werden können.*

3 *Die Volkswirtschaft der Bundesrepublik Deutschland ist eine Dienstleistungsgesellschaft.*
   a) Erläutern Sie in diesem Zusammenhang, was unter einem Strukturwandel zu verstehen ist.
   b) Fassen Sie in einem Kurzbericht die in der folgenden Grafik veranschaulichten Informationen zusammen.

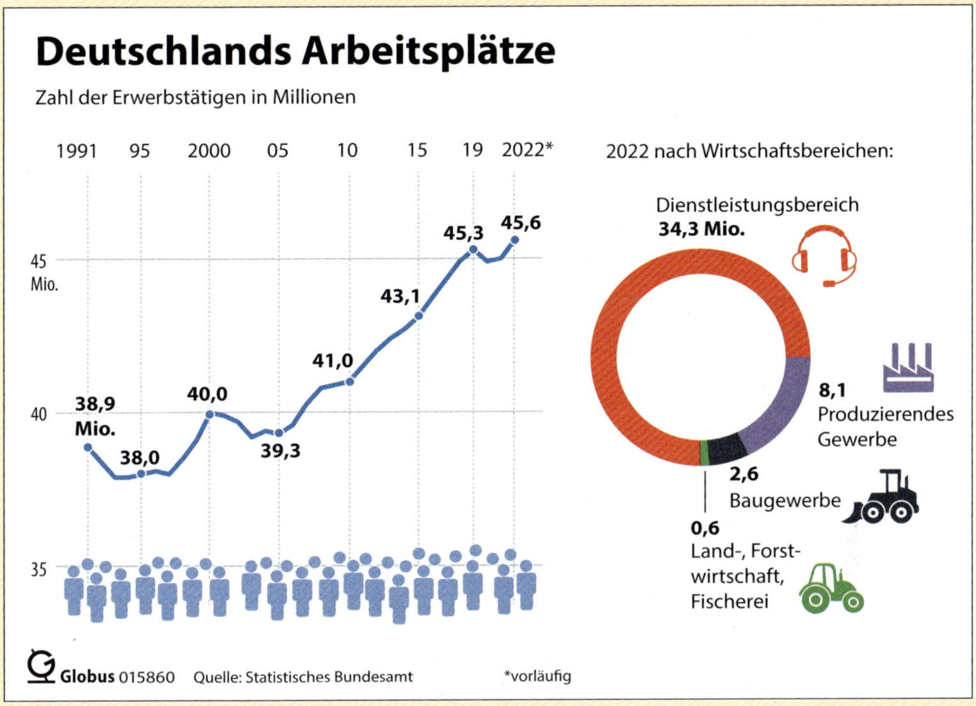

4 *Im Rahmen der Volkswirtschaftlichen Gesamtrechnungen werden für eine Volkswirtschaft folgende Daten ermittelt:*

Konsumausgaben, Investitionen und Außenbeitrag	
in jeweiligen Preisen, Mrd. EUR	**2023**
Konsumausgaben	**3400**
Ausrüstungen	**350**
Bauten	**410**
Sonstige Anlagen	**50**
Vorratsveränderungen und Nettozugang an Wertsachen	**–4**
Exporte	**1600**
Importe	**1400**

a) Erläutern Sie, auf welchen Bereich der Inlandsproduktberechnung sich die obigen Daten beziehen.

b) Ermitteln Sie in Milliarden Euro
- *die Bruttoinvestitionen,*
- *die Bruttoanlageinvestitionen,*
- *die inländische Verwendung von Gütern,*
- *den Außenbeitrag,*
- *das Bruttoinlandsprodukt.*

c) Nennen Sie je zwei Beispiele für Ausrüstungen, Bauten und sonstige Anlagen.
d) Erklären Sie, was unter einer negativen Vorratsveränderung (Lagerinvestition) zu verstehen ist.

5 *Zentrale Größen der funktionalen Einkommensverteilung sind die Lohn- und die Gewinnquote.*
a) Erklären Sie, wie diese beiden Quoten berechnet werden.
b) Ermitteln Sie anhand der Informationen aus der folgenden Tabelle für das Jahr 2022 die Lohn- und Gewinnquote.

Bruttonationaleinkommen und Volkseinkommen in Mrd. EUR Deutschland 2022

	Bruttonationaleinkommen	Nettonationaleinkommen	Volkseinkommen	Arbeitnehmerentgelt	Unternehmens- und Vermögenseinkommen
	3998,940	3206,225	2858,466	2023,371	835,095

c) Erläutern Sie, inwiefern Lohn- und Gewinnquote nur bedingt geeignet sind, um die Einkommensverteilung zwischen Arbeitnehmern und Unternehmern zu beurteilen.

6

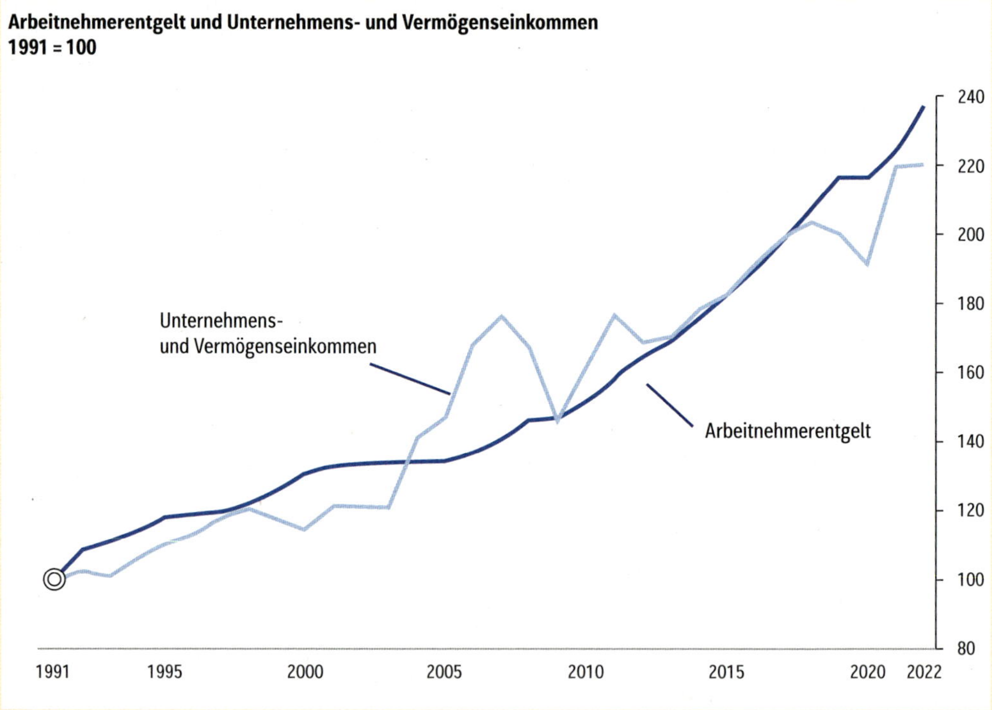

vgl. Statistisches Bundesamt: Volkswirtschaftliche Gesamtrechnungen, Februar 2023, S. 13.

a) Fassen Sie in einem Kurzbericht die Informationen zusammen, die in dem obigen Diagramm veranschaulicht werden. Präsentieren Sie das Ergebnis softwaregestützt.
b) Bestimmen Sie, welchem Bereich der Volkswirtschaftlichen Gesamtrechnung diese Grafik zuzuordnen ist. Begründen Sie Ihre Entscheidung.

7 *Erläutern Sie anhand der folgenden Darstellung, inwiefern die Daten der Volkswirtschaftlichen Gesamtrechnungen zur Konjunkturbeurteilung herangezogen werden können.*

Eckdaten der Prognose für Deutschland

	2021	2022	2023	2024
Bruttoinlandsprodukt (Veränderung gegenüber Vorjahr in %)	2,6	1,6	−0,3	1,8
Erwerbstätige (1 000 Personen)	44980	45534	45634	45710
Arbeitslose (1 000 Personen)	2613	2417	2470	2358
Arbeitslosenquote (in % der zivilen Erwerbspersonen)	5,7	5,3	5,4	5,1
Verbraucherpreise (Veränderung gegenüber Vorjahr in %)	3,1	8,1	9,3	2,4
Lohnstückkosten (Veränderung gegenüber Vorjahr in %)	0,7	3,3	6,2	4,0
Finanzierungssaldo des Staates	**2021**	**2022**	**2023**	**2024**
in Mrd. Euro	−134,3	−71,2	−48,0	−64,6
in % des Bruttoinlandsprodukts	−3,7	−1,8	−1,2	−1,5
Leistungsbilanzsaldo	**2021**	**2022**	**2023**	**2024**
in Mrd. Euro	265,0	181,0	240,9	270,0
in % des Bruttoinlandsprodukts	7,4	4,7	5,9	6,3

Vgl. Statistisches Bundesamt, Bundesagentur für Arbeit, Deutsche Bundesbank, 2022 bis 2023: Prognose des ifo Instituts.

8 *Recherchieren Sie im Internetportal des Statistischen Bundesamtes unter www.destatis.de.*
   a) Listen Sie die Wirtschaftsbereiche auf, die in der Entstehungsrechnung des Statistischen Bundesamtes unterschieden werden.
   b) Ermitteln Sie die aktuellen Daten zur Wertschöpfung in diesen Bereichen. Stellen Sie in einem Kreisdiagramm den prozentualen Anteil dieser Wirtschaftsbereiche an der gesamten Wertschöpfung dar.
   c) Die übergeordneten Wirtschaftsbereiche werden zur genaueren Analyse der Wertschöpfung weitergehend differenziert. Ermitteln Sie die Wertschöpfung in den differenzierten Bereichen des „Verarbeitenden Gewerbes“. Nutzen Sie dazu das Informationsangebot, das das Statistische Bundesamt im Internet zur Verfügung stellt.

2.3 Quantitative Wohlstandskonzepte kritisch bewerten

Silvia Land hat im Wirtschaftslehreunterricht ein Referat zum Thema „Inlandsprodukt und Nationaleinkommen als Leistungs- und Wohlstandsmaßstab" übernommen. In der Einleitung konfrontiert sie ihre Mitschülerinnen und Mitschüler mit einem Zitat.

„Wohlstand und Lebensqualität"

Zwei Autos fahren auf der Landstraße friedlich aneinander vorbei, nichts passiert, und sie tragen beide nur minimal zum Bruttonationaleinkommen bei. Aber dann passiert es, der Lenker des einen Autos passt nicht auf, gerät auf die Gegenfahrbahn und verursacht mit einem inzwischen anrollenden dritten Auto einen schweren Verkehrsunfall. Da freut sich das Bruttonationaleinkommen und klettert sprunghaft nach oben: Rettungshubschrauber, Ärzte, Krankenschwestern, Abschleppdienst, Autoreparatur oder Neukauf, Rechtsstreit, Verwandtenbesuche zu den Unfallopfern, Ausfallgeld, Versicherungsagenten, Zeitungsberichte, Alleebaumsanierung, all das sind beruflich erfasste Tätigkeiten, die bezahlt werden müssen. Und Wert hat in der gängigen Wirtschaft nur, was bezahlt wird. Auch wenn kein Beteiligter einen Gewinn an Lebensqualität und einige einen großen Verlust haben, so steigt doch der Wert unseres „Wohlstandes", den das Bruttonationaleinkommen angibt. […]

Quelle: Weizsäcker, Ernst Ulrich von: Erdpolitik, 3. Aufl., Darmstadt: Wissenschaftliche Buchgesellschaft 1992, S. 247 (verändert).

Arbeitsaufträge

- ***Erläutern Sie, inwiefern die Einleitung zu Silvia Lands Referat deutlich macht, dass ein hohes Inlandsprodukt bzw. ein hohes Nationaleinkommen nicht zwingend zu einer hohen Lebensqualität der Bevölkerung führen müssen.***
- ***Suchen Sie andere Beispiele für wirtschaftliche Vorgänge, die zwar Inlandsprodukt und Nationaleinkommen erhöhen, gleichzeitig den Wohlstand der Menschen jedoch beeinträchtigen.***

Kritische Beurteilung von Inlandsprodukt und Nationaleinkommen als Indikator

Im **Inlandsprodukt** wird der Wert der gesamten wirtschaftlichen Leistung eines Landes erfasst. Demzufolge dient das Bruttoinlandsprodukt oft als Maßstab für die **Leistungsfähigkeit einer Volkswirtschaft**.

Im **Nationaleinkommen** zeigt sich das Einkommen aller Inländer, das diese in der Güterproduktion erzielt haben. Das Bruttonationaleinkommen wird deshalb häufig als Maßstab für den **Wohlstand der Bevölkerung** einer Volkswirtschaft herangezogen.

Allerdings ist die Eignung von Inlandsprodukt und Nationaleinkommen als Leistungs- und Wohlstandsmaßstab auch kritisch zu bewerten.

Unvollständige Erfassung wirtschaftlicher Leistungen

Eine Statistik kann nur wirtschaftliche Vorgänge erfassen, die **erkennbar** sind und die **in Geldeinheiten** bewertet werden. Leistungen, die nicht offiziell über den Markt abgewickelt werden, gehen in keine Statistik ein. Beispiele für die Güterproduktion dieser sog. **Schattenwirtschaft** sind:

- Eigenarbeit in den Haushalten
- Nachbarschaftshilfe
- Schwarzarbeit
- illegale Tätigkeiten wie Schmuggel, Drogenhandel, in manchen Fällen Prostitution, illegale Beschäftigung, Produktpiraterie

Insofern gibt das Inlandsprodukt die tatsächlich erbrachte wirtschaftliche Leistung nur unvollständig wieder. Über den Umfang der Schattenwirtschaft lassen sich nur Vermutungen anstellen.

Beispiel *Silvia Land präsentiert im Rahmen ihres Vortrags eine Grafik zum geschätzten Ausmaß der Schwarzarbeit in der Bundesrepublik Deutschland.*

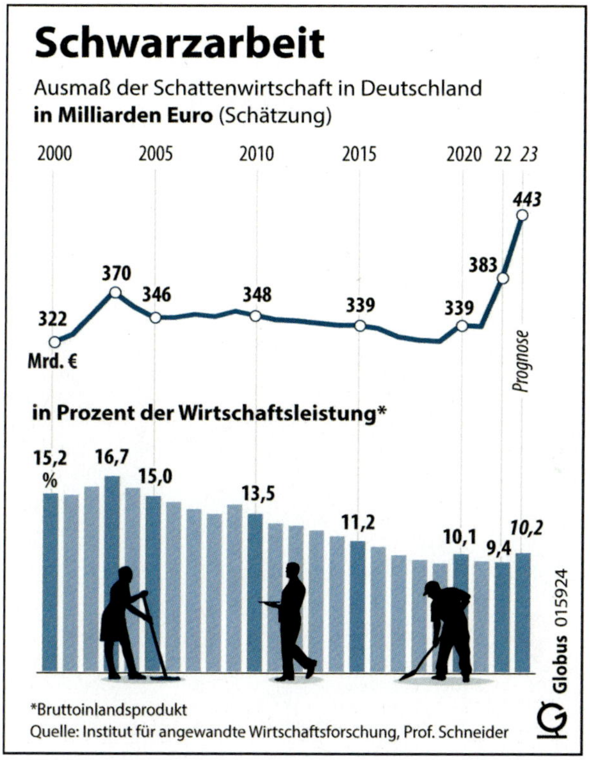

Mangelnde Berücksichtigung der Güterqualität

Bei der Berechnung des Inlandsprodukts wird die offizielle Güterproduktion erfasst. **Die Qualität der produzierten Güter** sowie ihre Bedeutung für den Wohlstand werden nicht thematisiert.

Beispiel *Silvia Land macht deutlich, dass eine steigende Rüstungsproduktion, die massenhafte Herstellung von minderwertigen „Wegwerfartikeln" und klimaschädlichen Gütern oder die erhöhte Produktion von Tabak und Alkohol zu einem Anstieg des Bruttoinlandsprodukts führen. Zu Recht stellt sie infrage, ob diese Art von Wertschöpfung zum Wohlstand der Bevölkerung beiträgt.*

Nichterfassung von Wohlstandsverlusten

Nur der Werteverzehr am Produktionsfaktor Kapital findet in der Inlandsproduktberechnung Berücksichtigung. In den Abschreibungen werden die **Wertminderungen** an Ausrüstungen, Bauten und sonstigen Anlagen vom Bruttoinlandsprodukt **abgezogen**.

Der **produktionsbedingte Verschleiß des Produktionsfaktors Natur** wird dagegen nicht erfasst. Er äußert sich z. B. in einem Abbau nicht erneuerbarer Rohstoffe, in der Verbauung der Landschaft und in der Luft- und Wasserverschmutzung. Diese Minderungen des Werts der Umwelt müssten eigentlich als Umweltabschreibungen erfasst und ebenso vom Bruttoinlandsprodukt abgezogen werden.

Der **produktionsbedingte Verschleiß des Produktionsfaktors Arbeit** (Gesundheitsschäden) geht ebenfalls nicht in die Berechnung ein.

→POL **Umwelt- und Gesundheitsschäden** mindern unbestritten den Wohlstand in einer Volkswirtschaft. Diese Wohlstandsverluste werden bei der Ermittlung des Inlandsprodukts aber nicht berücksichtigt.

Beispiel *Silvia Land verdeutlicht diese nicht erfassten Wohlstandsverluste beispielhaft am drohenden Klimawandel. Wirtschaftlich bedingte Umweltverschmutzung ist unbestritten die Hauptursache für diese Umweltproblematik.*

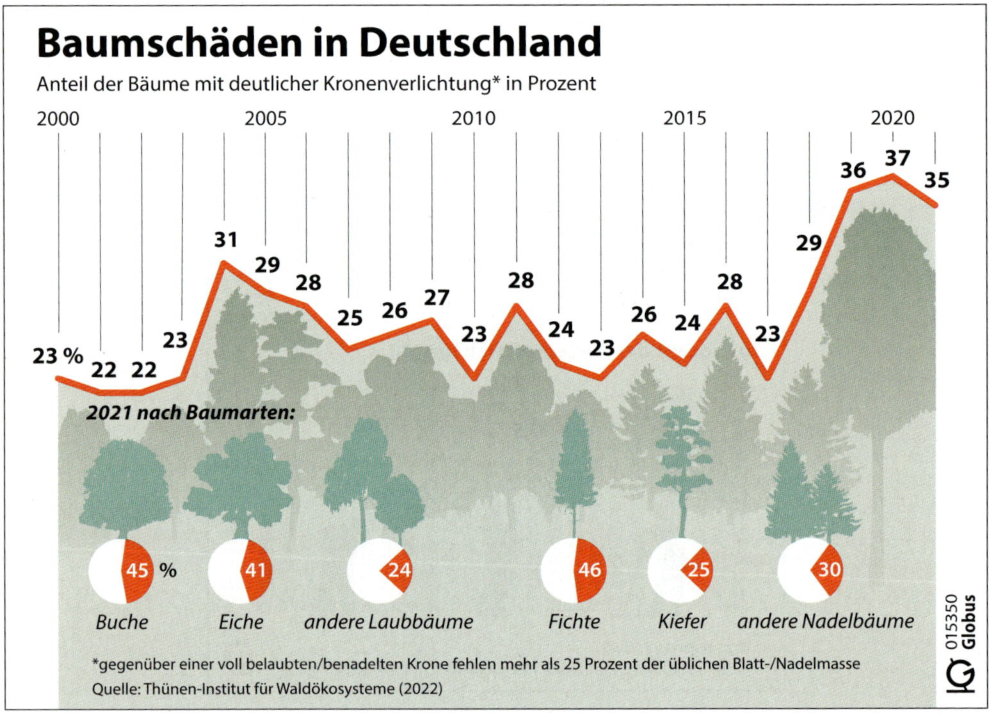

Erhöhung des Inlandsprodukts durch Beseitigung von Gesundheits- und Umweltschäden

Es ist problematisch, dass Umwelt- und Gesundheitsschäden nicht als Wohlstandsverluste abgezogen werden. Verstärkt wird diese Problematik noch dadurch, dass **wirtschaftliche Aktivitäten zur Minderung oder zur Reparatur dieser Schäden** das Inlandsprodukt erhöhen. Damit wird paradoxerweise eine Leistungs- und Wohlstandssteigerung signalisiert.

Beispiel *Silvia Land erläutert in ihrem Referat, dass der Einsatz des Produktionsfaktors Arbeit bei vielen Arbeitnehmerinnen und Arbeitnehmern Berufskrankheiten verursacht. Das Wohlbefinden dieser Menschen ist stark beeinträchtigt. Dieser Verlust an Lebensqualität wird jedoch im Inlandsprodukt nicht erfasst. Im Gegenteil: Zur Wiederherstellung der Gesundheit entstehen der Volkswirtschaft Kosten in Milliardenhöhe, die das Inlandsprodukt erhöhen.*

Problematische Aussagekraft statistischer Daten

Eine einzelne (absolute) Größe ist grundsätzlich wenig aussagekräftig. **Erst im Vergleich** (in Relation) mit einer zweiten sinnvollen Größe gewinnen wirtschaftliche Einzeldaten an Aussagekraft. Insofern sind auch das Inlandsprodukt und das Nationaleinkommen zu relativieren.

Notwendigkeit der Relativierung: Bruttoinlandsprodukt pro Kopf

Die absolute Höhe des Inlandsprodukts sagt nur etwas über die wirtschaftliche Größe eines Landes aus. Je größer ein Land ist, desto höher ist i. d. R. sein Inlandsprodukt. Größe allein ist aber noch kein Indiz für Leistungsfähigkeit. Sie wird erst deutlich, wenn das **Bruttoinlandsprodukt der Einwohnerzahl gegenübergestellt** wird.

Bruttoinlandsprodukt pro Kopf = Bruttoinlandsprodukt : Einwohnerzahl

Beispiel *Im Rahmen ihres Referates weist Silvia Land auf die Leistungskraft kleiner Volkswirtschaften wie Luxemburg, Irland, der Schweiz und Norwegen hin. Absolut betrachtet weisen diese Volkswirtschaften, z. B. im Vergleich mit den Vereinigten Staaten oder mit Deutschland, nur ein geringes Bruttoinlandsprodukt aus. In Relation zur Einwohnerzahl führen sie die Rangliste der Volkswirtschaften jedoch an.*

Bruttoinlandsprodukt 2021 (in Milliarden US-Dollar)		
1	Vereinigte Staaten	22996,08
2	China	17744,64
3	Japan	4932,56
4	Deutschland	4262,77
5	Großbritannien	3187,63
6	Indien	3176,30
7	Frankreich	2957,43
8	Italien	2101,28
9	Kanada	1988,34
10	Südkorea	1810,97

Vgl. Statista: Ranking der 20 Länder mit dem größten Bruttoinlandsprodukt (BIP) im Jahr 2021.

Bruttoinlandsprodukt pro Kopf 2021 (in US-Dollar)		
1	Luxemburg	136701
2	Irland	99013
3	Schweiz	93720
4	Norwegen	89090
5	Singapur	72795
6	Vereinigte Staaten	69231
7	Island	69033
8	Katar	68581
9	Dänemark	67758
10	Australien	63529

Vgl. Statistisches Bundesamt: Basistabelle Bruttoinlandsprodukt (BIP) je Einwohner, jeweilige Preise.

Fragwürdige Verteilungsgerechtigkeit: Bruttonationaleinkommen pro Kopf

Auch die absolute Höhe des Nationaleinkommens hängt mit der Größe eines Landes zusammen und lässt nur eingeschränkt Aussagen über den Wohlstand im Land zu. Das oft ermittelte **Pro-Kopf-Einkommen** stellt ebenfalls nur einen statistischen Mittelwert dar. Es sagt nichts über die **Verteilung des Einkommens** aus. Ein hohes Pro-Kopf-Einkommen schließt nicht aus, dass der größte Teil der Bevölkerung in Armut lebt und sich der Reichtum auf wenige konzentriert.

Beispiel *Silvia Land macht ihren Mitschülerinnen und Mitschülern diese Verteilungsproblematik mithilfe der folgenden Grafik eindrucksvoll bewusst. Die tatsächliche Situation ist in vielen Armutsländern noch dramatischer, als es in einem ohnehin niedrigen Pro-Kopf-Einkommen zum Ausdruck kommt. Der Mehrheit der Bevölkerung steht oft ein noch geringeres Pro-Kopf-Einkommen zur Verfügung, da der größte Teil des Volkseinkommens einer kleinen Minderheit zufließt.*

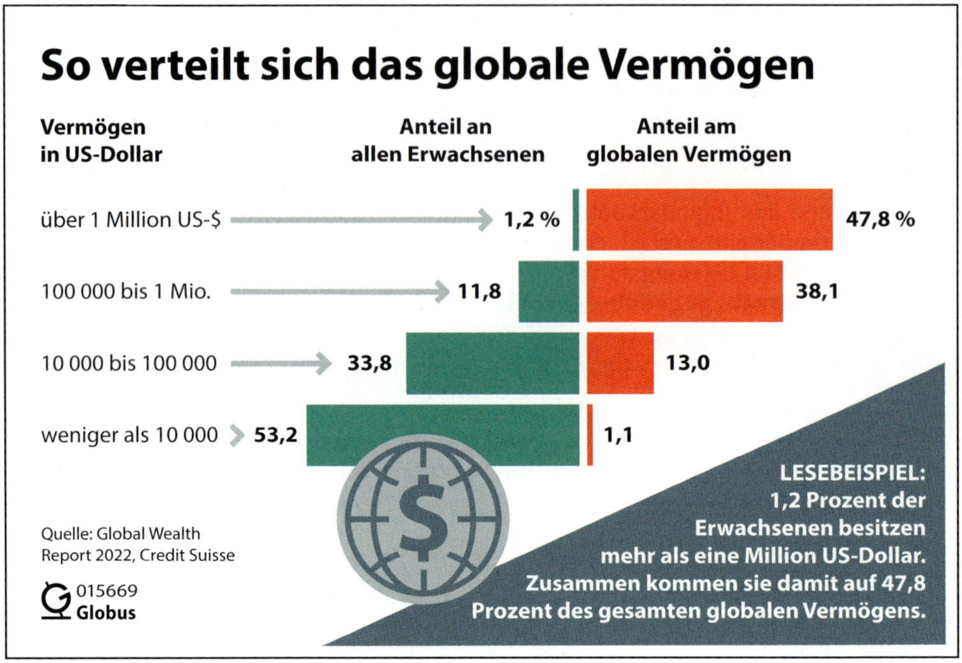

Zusammenfassung: Quantitative Wohlstandskonzepte kritisch bewerten

Aufgaben

1 Erläutern Sie, inwiefern im Inlandsprodukt die wirtschaftlichen Aktivitäten in einer Volkswirtschaft nur unvollständig erfasst werden.

2 a) Erläutern Sie am Beispiel der Daten aus der Grafik, inwiefern das Bruttoinlandsprodukt nicht selten nur ein zweifelhafter Indikator für den Wohlstand der Bevölkerung ist.
b) Nennen Sie weitere Beispiele für die unter a) erläuterte Problematik.

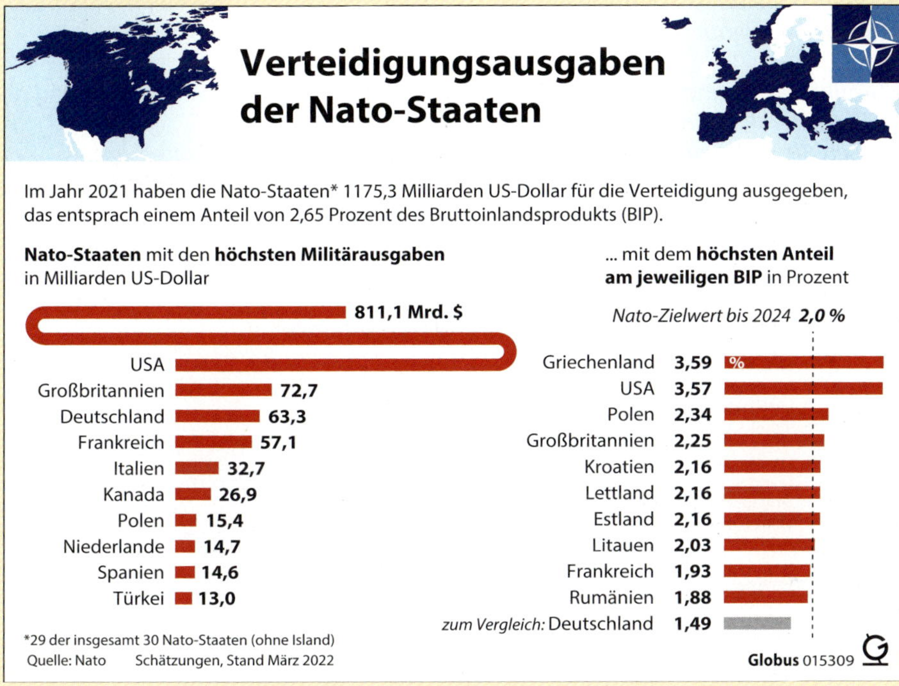

3 Erläutern Sie, inwiefern auch in der nebenstehende Grafik deutlich wird, dass das Bruttoinlandsprodukt die Lebensqualität der Menschen nur unzureichend widerspiegelt.

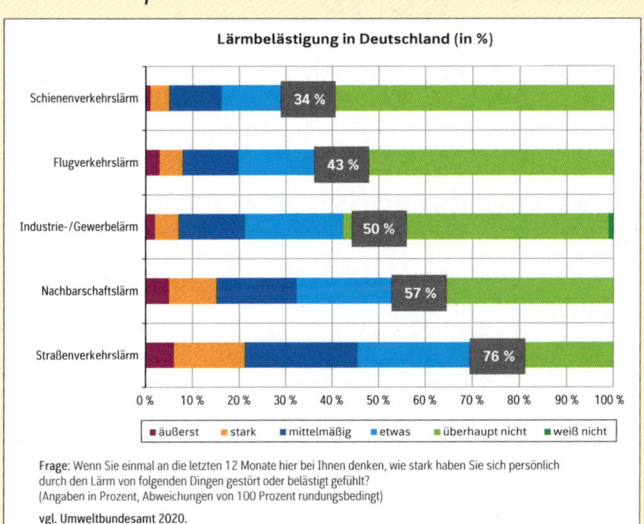

4 Ein Landwirt stellt seinen Betrieb auf alternativen Landbau um. Er ersetzt z. B. seinen Mineraldüngereinsatz durch Gründüngung und seinen Biozideinsatz durch biologische Schädlingsbekämpfung. Statt einer intensiven Bearbeitung seiner Nutzfläche mit Monokultur praktiziert er eine extensive Landwirtschaft mit häufigem Fruchtwechsel. In der Folge erwirtschaftet er entsprechende Mindererträge, schützt aber andererseits das Grundwasser, den Boden, Flora und Fauna.

a) Erläutern Sie die Auswirkungen dieser Umstellung auf das Bruttoinlandsprodukt.

b) Erklären Sie, welche positiven Effekte auf die Lebensqualität der Allgemeinheit ausgelöst werden, ohne dass sich diese Auswirkungen im Inlandsprodukt und im Nationaleinkommen niederschlagen.

5 Die Grafik „Reiche und arme Länder" stellt das Volkseinkommen der ärmsten und reichsten Länder der Welt dar.

a) Fassen Sie die Informationen der Grafik in einem Kurzbericht zusammen.

b) Erläutern Sie, inwiefern das Pro-Kopf-Einkommen eine problematische Größe zur Beurteilung der Einkommensverhältnisse in einem Land ist.

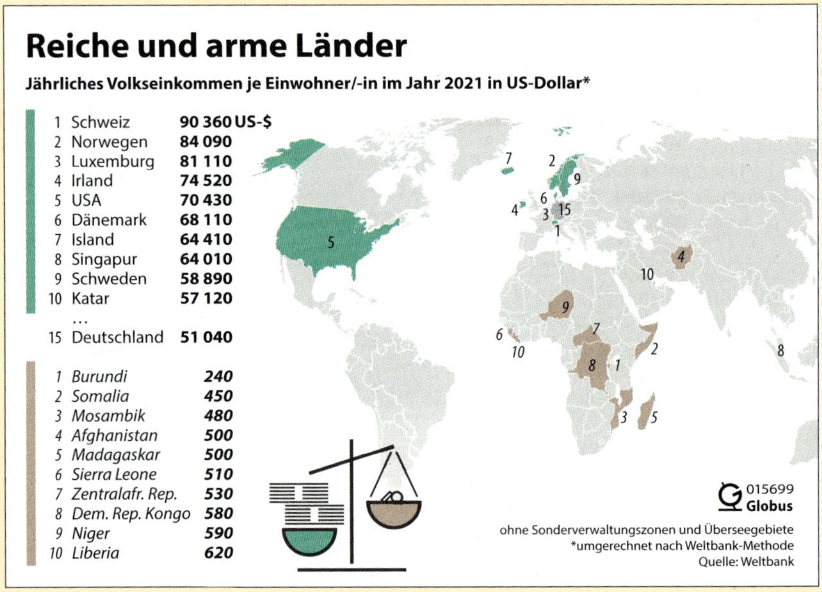

2.4 Qualitative Wohlstandskonzepte reflektieren

Eine Mitschülerin von Silvia Land setzt sich in einem Referat mit Alternativkonzepten zur Messung des Wohlstands einer Gesellschaft auseinander. Als Einstiegschart zu ihrer Präsentation setzt sie die folgende Grafik ein.

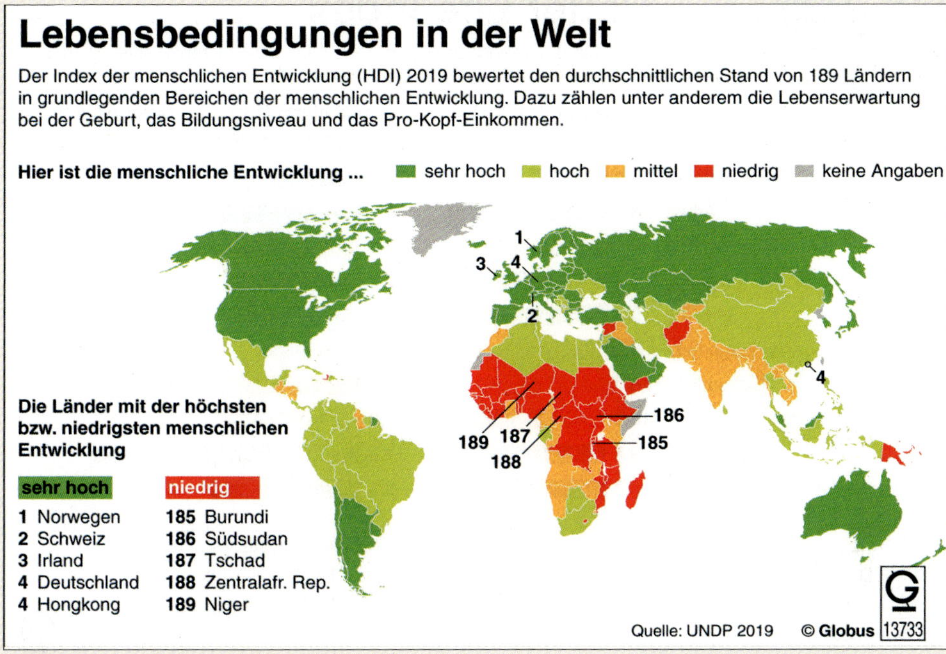

Arbeitsaufträge

- ***Informieren Sie sich, z.B. mithilfe des Internets, über den Human Development Index (HDI). Ermitteln Sie für folgende Länder den jeweiligen HDI: Deutschland, Russland, China, Mosambik.***
- ***Informieren Sie sich mithilfe des Internetportals des Statistischen Bundesamts (www.destatis.de) über die Umweltökonomischen Gesamtrechnungen (UGR) dieser Behörde.***
- ***Verschaffen Sie sich einen Überblick über die Schrift „Nachhaltige Entwicklung in Deutschland“ des Statistischen Bundesamts (www.destatis.de). Listen Sie zehn Indikatoren auf, die in dieser Broschüre thematisiert werden.***

■ System sozialer Indikatoren der OECD

Lebensqualitat ist mehr als ein hohes Einkommen. Die unzureichende Eignung von Inlandsprodukt und Nationaleinkommen als Leistungs- und Wohlstandsindikatoren hat zur Entwicklung von Alternativkonzepten geführt.

Sozialindikatoren sind Messinstrumente, mit denen die Lebensqualität sowie der Gesamtzustand einer Gesellschaft erfasst und mit den entsprechenden Gegebenheiten anderer Gesellschaften verglichen werden.

Beispiele *Lebenserwartung, Säuglingssterblichkeit, Analphabetenquote, Armutsquote, Eigenheimquote*

Diese Indikatoren (messbare Größen) sollen ein differenziertes und objektives Bild der qualitativen Lebensbedingungen und der subjektiven Zufriedenheit sowie der Versorgung der Bevölkerung eines Landes vermitteln.

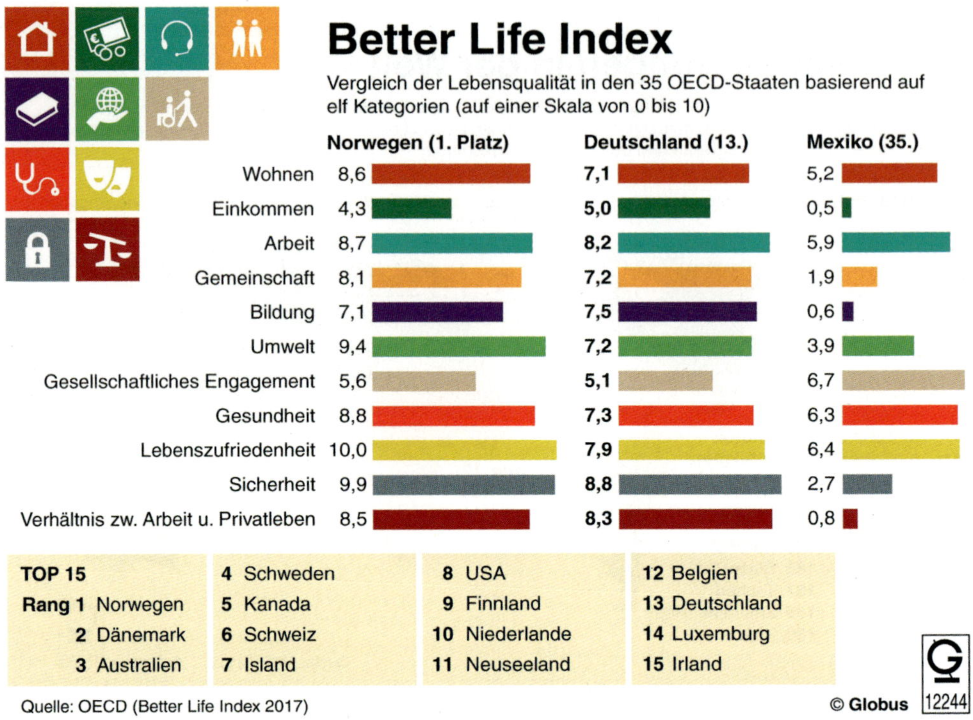

Die **Better Life Initiative** der **OECD** (Organisation for Economic Cooperation and Development) lässt erkennen, was für das Wohl der Menschen wichtig ist und was getan werden muss, um größere Fortschritte für alle zu erzielen. In ihrer langjährigen Forschungsarbeit zur Messung des Wohlstands und des sozialen Fortschritts hat die OECD elf Aspekte identifiziert, die von zentraler Bedeutung für die Lebensqualität sind. Die zwei Hauptprodukte der Initiative sind der **Better Life Index** und die **„How's Life?"-Berichte**.

Mit dem **Better Life Index** lässt sich das gesellschaftliche Wohlergehen in den verschiedenen Ländern anhand von elf Themenfeldern vergleichen, die von der OECD sowohl in Bezug auf die materiellen Lebensbedingungen als auch für die Lebensqualität insgesamt als äußerst wichtig identifiziert wurden. Der Better Life Index wird jedes Jahr aktualisiert. Er erfasst die 38 OECD-Mitgliedsländer sowie Brasilien und Russland.

Über eine interaktive Onlineplattform (www.oecdbetterlifeindex.org/de/#/35530535331) können Nutzerinnen und Nutzer die elf Kriterien gewichten und auf dieser Basis ihren Lebensstandard mit anderen Personen oder Ländern vergleichen.

Der **„How's Life?"-Bericht** erscheint alle zwei Jahre. Er informiert über das Leben in den OECD-Ländern und anderen großen Volkswirtschaften. Dafür analysiert er die materiellen Umstände und die Lebensqualität mithilfe der elf Themengebiete der Better Life Initiative.

Beispiel *Silvia Land geht in ihrem Referat kurz auf das Indikatorsystem des Better Life Index ein. Sie bezieht sich dabei auf das Themenfeld „Bildung". Zur Beurteilung dieses Aspekts der Lebensqualität werden die Indikatoren „Bildungserfolg", „Studentische Fähigkeiten" sowie „Jahre in der Ausbildung" herangezogen.*

Human Development Index (HDI)

Der Human Development Index (HDI) wird seit 1990 jährlich im Weltentwicklungsbericht (Human Development Report) der **Vereinten Nationen (UN)** veröffentlicht.

Der HDI ist ein Durchschnittswert der Indikatoren „Lebenserwartung bei Geburt“, „Schulbesuchsdauer“ und „Einkommen“ (Bruttonationaleinkommen pro Kopf).

Mithilfe des jeweiligen HDI-Werts werden die Länder in vier Entwicklungskategorien eingeteilt:

- 0,800 ≤ HDI: Länder mit sehr hoher menschlicher Entwicklung
- 0,700 ≤ HDI < 0,800: Länder mit hoher menschlicher Entwicklung
- 0,550 ≤ HDI < 0,700: Länder mit mittlerer menschlicher Entwicklung
- 0 ≤ HDI < 0,549: Länder mit geringer menschlicher Entwicklung

Beispiel *Silvias Mitschülerin präsentiert im Schlussteil ihres Referats die von den Vereinten Nationen veröffentlichte HDI-Weltkarte. Diese Karte konkretisiert die Angaben der Grafik, mit der das Referat eingeleitet worden ist.*

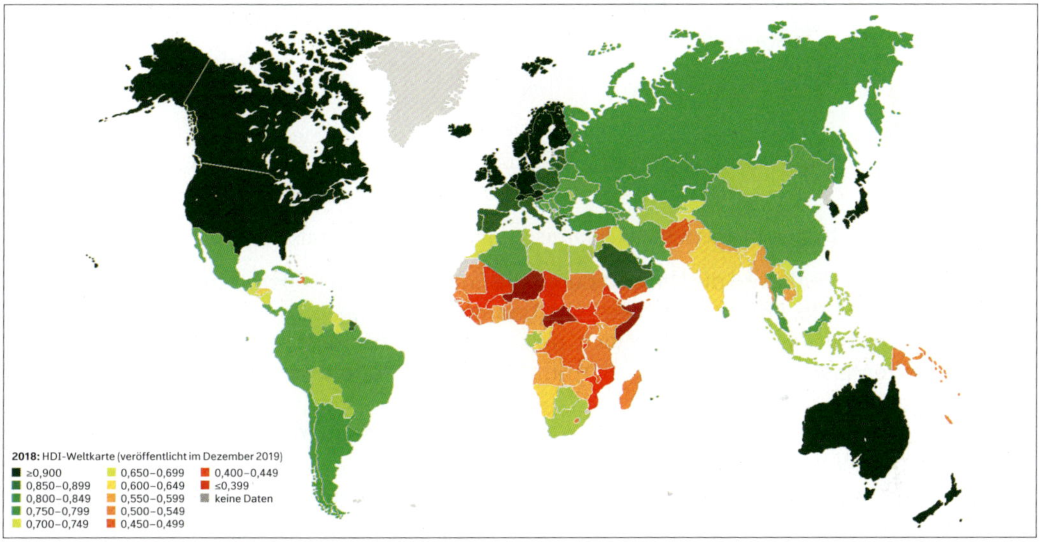

2018: HDI-Weltkarte (veröffentlicht im Dezember 2019)

UN-Agenda 2030 für nachhaltige Entwicklung

Als Wirtschaftssubjekt nutzt der Mensch die Natur. Er gestaltet sie, aber bei der Produktion und beim Konsum verbraucht er sie auch. Flächen werden bebaut, Rohstoffe abgebaut, Wasser und Luft genutzt und verschmutzt. Der **Klimawandel** ist eine entscheidende Herausforderung unserer Zeit. Deshalb stellt sich die Frage nach der **Nachhaltigkeit** des menschlichen Handelns. Nutzt der Mensch die Natur so, dass für seine Nachkommen noch etwas übrig bleibt?

Im Jahr 2015 hat die UN-Generalversammlung die **Agenda 2030 für nachhaltige Entwicklung** verabschiedet. Die insgesamt **17 Nachhaltigkeitsziele** (SDGs) der Agenda beschreiben grundlegende Verbesserungen der aktuellen und zukünftigen Lebensverhältnisse aller Menschen sowie den Schutz des Planeten Erde. Zur Messung der Zielerreichung sind 232 Indikatoren entwickelt worden. Die Bundesregierung hat sich zur Umsetzung der Ziele der Agenda 2030 auf nationaler Ebene verpflichtet. Mittels einer digitalen Berichtsplattform und eines jährlichen Indikatorenberichts stellt das Statistische Bundesamt nationale Daten zu den Indikatoren der UN-Nachhaltigkeitsziele zur Verfügung.

Unter anderem zu folgenden umweltökonomischen Fragen wird statistisches Material erfasst:

- In welchem Ausmaß wird die Umwelt durch die Entnahme von Rohstoffen, z. B. von Energieträgern (u. a. Kohle, Erdöl und Erdgas) und von Wasser, belastet?
- In welchem Umfang wird die Umwelt durch die Abgabe nicht verwertbarer Reste, z. B. durch Luftemissionen (CO_2, NO_X, SO_2 u. a.), durch Abfälle und durch Abwasser, in Anspruch genommen?
- Wie intensiv sind die Eingriffe in die Natur durch die Inanspruchnahme von Boden als Siedlungs- und Verkehrsfläche?
- Nimmt die Nutzung von Umweltgütern im Zeitverlauf zu oder ab?
- Wie verändert sich der Umweltzustand im Zeitverlauf?
- Wie unterschiedlich ist die Umweltnutzung durch die verschiedenen Sektoren der Volkswirtschaft?
- Wie effizient ist der Einsatz von Umweltressourcen für wirtschaftliche Zwecke?
- Was geben Staat und Wirtschaft für den Umweltschutz aus?

Beispiel *Ein wichtiger Aspekt nachhaltigen Wirtschaftens ist die erhöhte Effizienz der Nutzung von Umweltgütern. Silvia Lands Mitschülerin setzt sich in ihrem Vortrag auch mit diesem Aspekt auseinander.*

Sie erläutert zunächst das Grundprinzip einer Effizienzsteigerung. Eine verbesserte, effizientere Umweltnutzung ist gegeben, wenn bei der Herstellung konstanter Gütermengen weniger Ressourcen eingesetzt werden. Die Kennziffer, die sich durch den mengenmäßigen Vergleich von Output und Input ergibt, wird als ***Produktivität*** *bezeichnet. Silvias Mitschülerin bezieht diese Zusammenhänge auf die Nutzung des Umweltguts Wasser und definiert die Wasserproduktivität.*

$$\text{Wasserproduktivität} = \frac{\text{reales Bruttoinlandsprodukt (Output)}}{\text{Wasserentnahme aus der Natur (Input)}}$$

Mit diesen Grundkenntnissen wertet die Mitschülerin eine Grafik zur Wasserproduktivität aus.

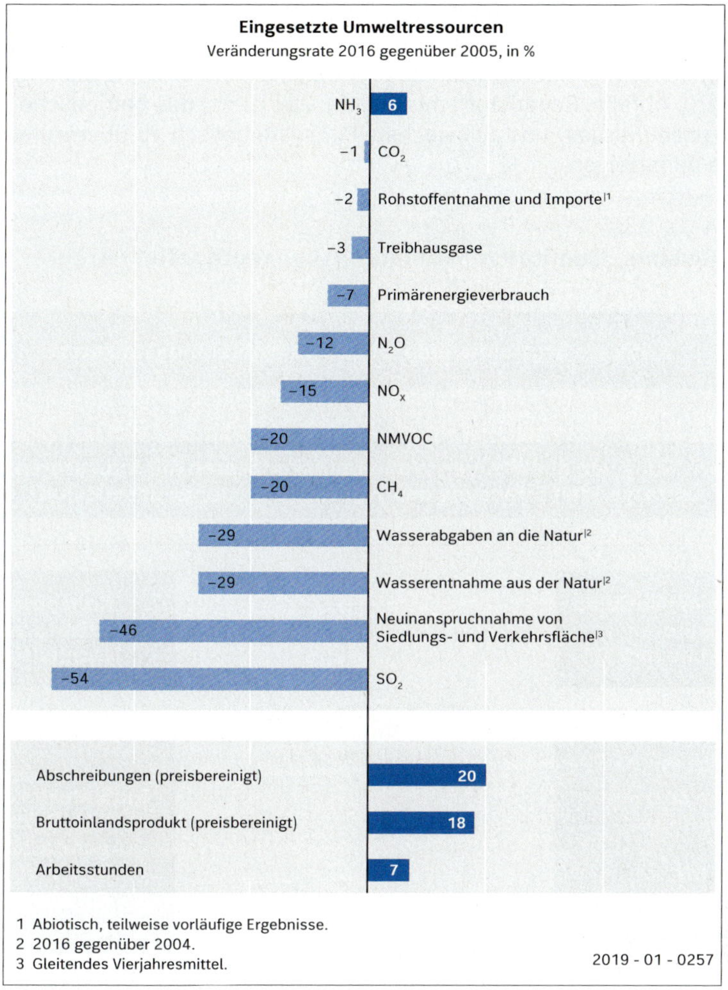

vgl. Statistisches Bundesamt: Statistisches Jahrbuch 2019. In: www.destatis.de/DE/Themen/Querschnitt/Jahrbuch/statistisches-jahrbuch-aktuell.html [01.02.2023], S. 471.

In ihrer Ergebnispräsentation stellt sie fest, dass im Zeitraum 2005 bis 2016 trotz gestiegener wirtschaftlicher Leistung die Wasserentnahme gesenkt werden konnte. Sie weist darauf hin, dass das Bruttoinlandsprodukt um 18 % gestiegen ist. Parallel verringert sich die Wasserentnahme um 29 % (Zeitraum 2004 – 2016). Das bedeutet eine Steigerung der Wasserproduktivität. Die Umweltressource Wasser wird effizienter genutzt, es wird nachhaltiger gewirtschaftet.

Mit seinen **Umweltökonomischen Gesamtrechnungen (UGR)** nimmt das Statistische Bundesamt die **Auswirkungen der gesamtwirtschaftlichen Aktivitäten auf die Umwelt** in den Blick. Ziel ist es, die Wechselwirkungen zwischen der Volkswirtschaft und der Umwelt hinsichtlich Umweltbelastungen, Umweltzustand und Umweltschutz zu erfassen und zu beschreiben. Das Statistische Bundesamt ergänzt damit seine Darstellungen zu den Produktionsfaktoren Arbeit und Kapital um eine fundierte Analyse des Faktors Natur.

Dieser Analyse der Natur im Rahmen des volkswirtschaftlichen Rechnungswesens entspricht die sog. Ökobilanz im betrieblichen Rechnungswesen. Unter einer **Ökobilanz** ist eine systematische Analyse der **Umweltwirkungen von Produkten während ihres gesamten „Lebenswegs“** zu verstehen. Das heißt, es werden sämtliche Umweltwirkungen während der Produktion, der Nutzungsphase und der Entsorgung des Produktes erfasst, einschließlich der damit verbundenen vor- und nachgelagerten Prozesse (z.B. Herstellung der Roh-, Hilfs- und Betriebsstoffe). Zu den Umweltwirkungen zählt man sämtliche umweltrelevanten Entnahmen aus der Umwelt (z.B. Rohstoffentnahmen) sowie die produktions- und nutzungsbedingten Emissionen in die Umwelt (z.B. Abfälle, Schadstoffemissionen). Ziel ist es, das betriebliche Geschehen auf mögliche ökologische Risiken und Schwachstellen systematisch zu überprüfen und Optimierungspotenziale aufzuzeigen.

Zusammenfassung: Qualitative Wohlstandskonzepte reflektieren

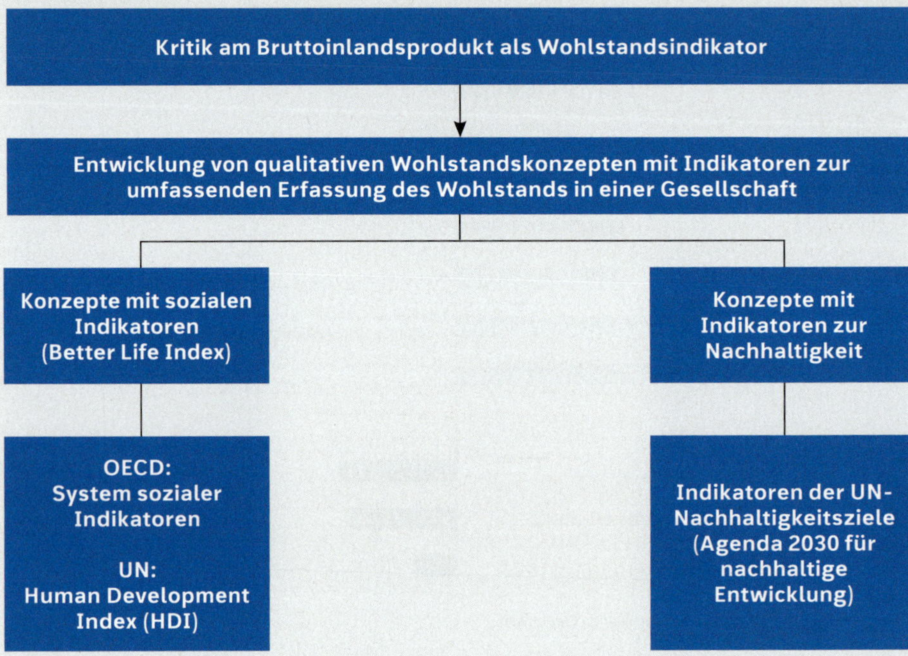

Aufgaben

1 *Die OECD hat zur messbaren Erfassung und Beurteilung der Lebensqualität in einem Land ein System sozialer Indikatoren (Better Life Index) entwickelt.*

a) Erläutern Sie dieses Indikatorensystem.

b) Ein Themenfeld dieses Indikatorsystems ist u.a. der Aspekt „Gesundheit". Nennen Sie für diesen Zielbereich grundsätzlich geeignete Indikatoren. Mit welchen Indikatoren erfasst der Better Life Index dieses Themenfeld? Informieren Sie sich dazu mithilfe des Internets.

2 *Zunehmendes Umweltbewusstsein hat in Verbindung mit der völlig unzureichenden Berücksichtigung des Produktionsfaktors Natur in den Volkswirtschaftlichen Gesamtrechnungen zum Aufbau einer eigenständigen Umweltstatistik geführt. Gesetzliche Grundlage ist das Umweltstatistikgesetz (UStatG). Zum Zwecke der Umweltpolitik führt das Statistische Bundesamt neben den Umweltökonomischen Gesamtrechnungen (UGR) auch sog. umweltstatistische Erhebungen durch.*

Informieren Sie sich mithilfe des Informationsangebots im Internet (www.destatis.de) über diese umweltstatistischen Erhebungen. Listen Sie dazu die Sachverhalte auf, zu denen statistische Daten erhoben werden.

3 *Eine wichtige Datenbasis für eine nachhaltige Wirtschaftspolitik sind die Erhebungen zum Bereich Umwelt des Statistischen Bundesamtes. Sie liefern die Datengrundlage zur Kontrolle der Nachhaltigkeit.*

a) Beschreiben Sie in einem Kurzbericht die in den folgenden drei Grafiken veranschaulichten Sachverhalte.
b) Erläutern Sie, welche Rückschlüsse diese Grafiken auf die Umweltpolitik zulassen.

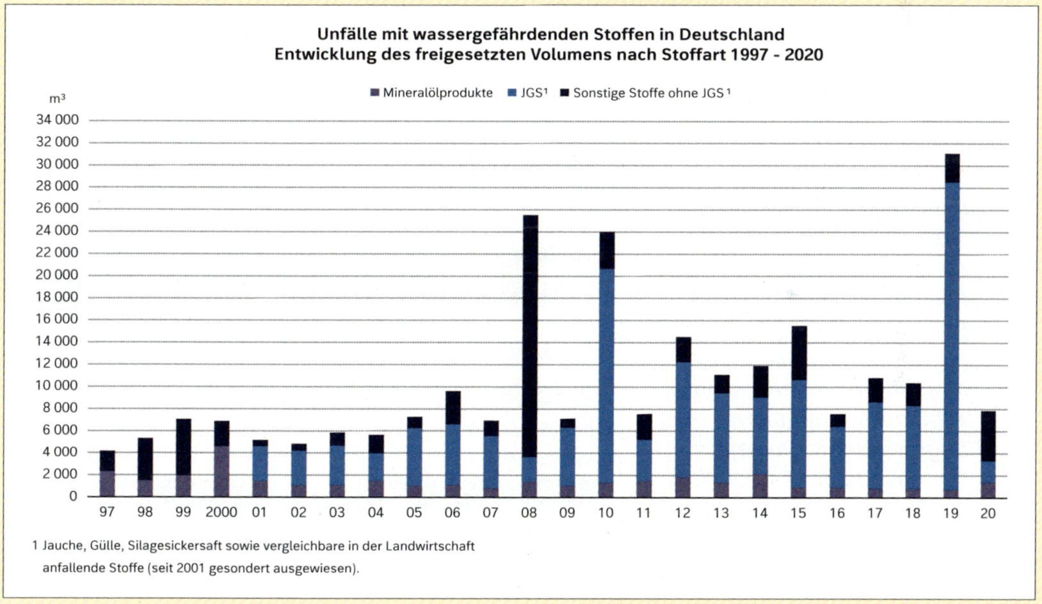

vgl. Statistisches Bundesamt: Umwelt, Unfälle mit wassergefährdenden Stoffen 2020, Fachserie 19, Reihe 2.3, Wiesbaden 2022, S. 20.

Primärenergieverbrauch (Inländerkonzept) 2020

nach Produktionsbereichen und privaten Haushalten in %, insgesamt 11 977 458 Terajoule

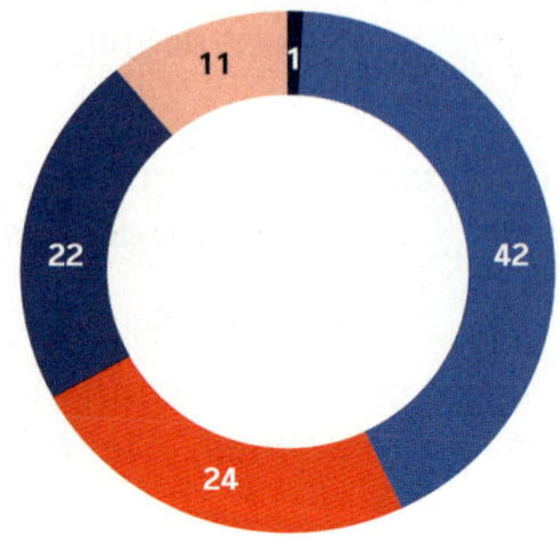

Rundungsbedingte Abweichung möglich.

vgl. Statistisches Bundesamt, 2023.

4 *a) Informieren Sie sich, z. B. mithilfe des Internets, über die sog. E-Mobilität. Fassen Sie die Ergebnisse Ihrer Recherche in einem Kurzbericht zusammen. Berücksichtigen Sie dabei auch die in der nebenstehenden Grafik veranschaulichten Informationen.*

b) Begründen Sie, inwiefern der Ausbau der E-Mobilität ein Beitrag zu einem nachhaltigen Wirtschaftswachstum ist.

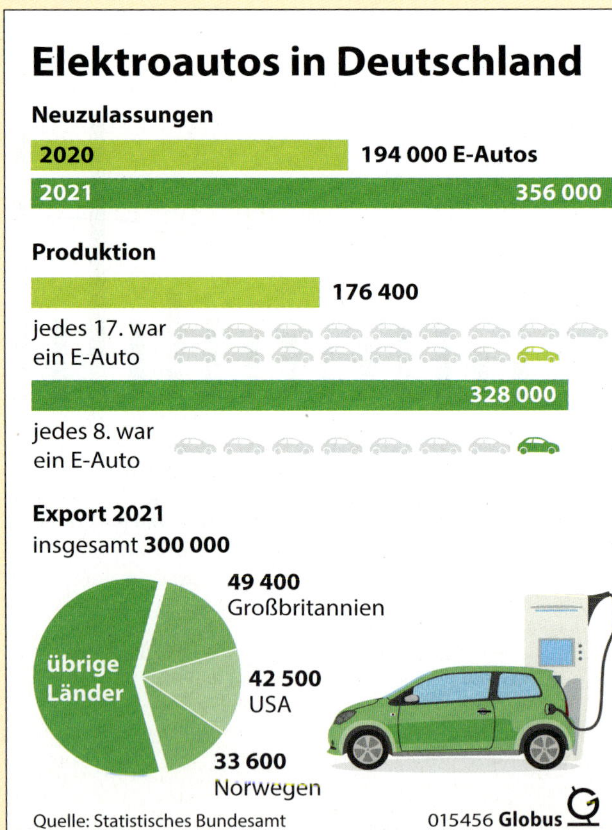

2.5 Problematische Effekte des Wirtschaftswachstums überprüfen

Zum Abschluss der Unterrichtsreihe verteilt Silvia Lands Fachlehrerin ein Informationsblatt mit folgenden Grafiken.

Tagesbilanz der globalen Umweltzerstörung

Jeden Tag ...

- belasten 99 Millionen Tonnen **Kohlendioxid** die Atmosphäre.
- werden 35 600 Hektar **Wald** vernichtet.
- werden 11 Milliarden Kubikmeter **Frischwasser** verbraucht.
- nimmt das verfügbare **Ackerland** um 33 000 Hektar ab.
- werden 256 000 Tonnen **Fisch** aus Seen und Meeren gefangen.
- kommen drei neue **Pflanzen- und Tierarten** auf die „Rote Liste" der bedrohten Arten.
- produzieren die Menschen 3,6 Millionen Tonnen **Müll.**

Stand 2015 oder jüngster verfügbarer
Quelle: FAO, Weltbank, IUCN u.a.

© Globus 11564

Grenze überschritten

Eine internationale Forschergruppe hat neun lebenswichtige Grenzwerte für die Erde definiert, von denen der Mensch bereits drei überschritten hat:

	Mögliche Folgen bei Überschreitung des globalen Grenzwertes	***Grenzwert ist***
1. Klimawandel	Gletscher und Polareis schmelzen, Dürren, Überschwemmungen	***überschritten***
2. Versauerung der Ozeane	Zerstörung von Korallenriffen, Gefährdung kalkhaltiger Lebewesen wie Muscheln	*noch nicht erreicht*
3. Ozonabbau	Schädigung der Haut durch UV-B-Strahlung	*noch nicht erreicht*
4. Konzentration von Schwebstoffen in der Luft	Störung von Wettersystemen (z. B. Monsun), gesundheitliche Schäden	*unbekannt: Belastung mengenmäßig noch nicht erfassbar*
5. Stickstoff- und Phosphorbelastung	Veränderung von Ökosystemen im Meer und an Land: Überdüngung und Versauerung	***Stickstoff: überschritten,*** *Phosphor: noch nicht erreicht*
6. Süßwasserverbrauch	regionale Klimaveränderungen, Verlust der Artenvielfalt	*noch nicht erreicht*
7. Nutzung der Landflächen	Auswirkungen auf Ökosysteme, Artenverlust	*noch nicht erreicht*
8. Verlust der Artenvielfalt	nicht umkehrbare Veränderung von Ökosystemen, Beeinflussung anderer Grenzwerte wie Süßwasser, Stickstoffzyklus u. a.	***überschritten***
9. Chemische Verschmutzung	gesundheitliche Schäden, Veränderung von Ökosystemen	unbekannt: Belastung mengenmäßig noch nicht erfassbar

Quelle: Stockholm Resilience Centre

© Globus 3236

Arbeitsaufträge
- ***Fassen Sie in einem Kurzbericht die Informationen zusammen, die die zwei Abbildungen veranschaulichen. Präsentieren Sie Ihre Ergebnisse softwaregestützt.***
- ***Informieren Sie sich, z. B. mithilfe des Internets, über das Kyoto-Protokoll, den sog. Post-Kyoto-Prozess und das Pariser Klimaschutzabkommen. Verfassen Sie zu dieser Thematik einen Fachbericht.***

Der Beginn des Umdenkens in der Wirtschaftspolitik

Auf Initiative des italienischen Industriellen Aurelio Peccei gründet sich 1968 der **Club of Rome**. Es handelt sich um einen informellen Zusammenschluss von Persönlichkeiten aus Wissenschaft und Wirtschaft. Im Kreis von Gleichgesinnten wollen die Mitglieder vorausschauend über die Herausforderungen nachdenken, die für die Existenz der Menschheit entscheidend sind. Seine „Botschaften“ vermittelt der Club of Rome in erster Linie im Rahmen von Konferenzen und durch Studien, die er in Auftrag gibt.

Mit der ersten Studie wird 1970 ein Team von sieben jungen Wissenschaftlern am Massachusetts Institute of Technology (MIT) unter der Leitung von **Dennis L. Meadows** beauftragt. Die zentralen Fragen der Studie lauten:

- Kann das bisherige Ausmaß des Wirtschaftswachstums von unserer Erde weiterhin verkraftet werden?
- Wie viele Menschen können auf unserem Planeten leben, bei welchem Grad des Wohlstands und für wie lange?

In Computersimulationen rechnen die Wissenschaftler auf der Basis der bisherigen Entwicklung der Weltwirtschaft das Bevölkerungswachstum, die Nahrungsmittelproduktion, die Industrieproduktion, die Umweltverschmutzung und den Verbrauch endlicher Rohstoffvorräte hoch.

Schon der erste Computerdurchlauf offenbart ein erschreckendes Ergebnis. Weil die Rohstoffvorräte zur Neige gehen, muss die industrielle Produktion schrumpfen. Weil Wasservorräte und Ackerland knapp werden, muss die Menschheit Hunger leiden. Mit anderen Worten: Wenn das Wachstum der Weltwirtschaft im bisherigen Umfang anhält, werden die Wachstumsgrenzen innerhalb der nächsten hundert Jahre erreicht.

Die **Konsequenzen**, die die Wissenschaftler ziehen, sind unmissverständlich:

- Das Wachstum der Weltbevölkerung muss gestoppt werden. Die Geburtenrate ist der Sterberate anzupassen.
- Die Industrieproduktion ist auf dem aktuellen Stand einzufrieren.
- Rohstoffverbrauch und Umweltverschmutzung müssen gesenkt werden.

In einem Buch mit dem Titel **„Die Grenzen des Wachstums“** fassen Meadows und sein Team 1972 den eigentlichen **Bericht an den Club of Rome** in einfacher und allgemein verständlicher Sprache zusammen. Dieses Buch macht Meadows und den Club of Rome weltberühmt. In 29 Sprachen übersetzt und millionenfach gedruckt, ist es zum Standardwerk der einsetzenden Umweltbewegung geworden.

Beispiel *Silvia Lands Fachlehrerin macht ihren Schülerinnen und Schülern die Problematik u. a. mit folgender Grafik bewusst.*

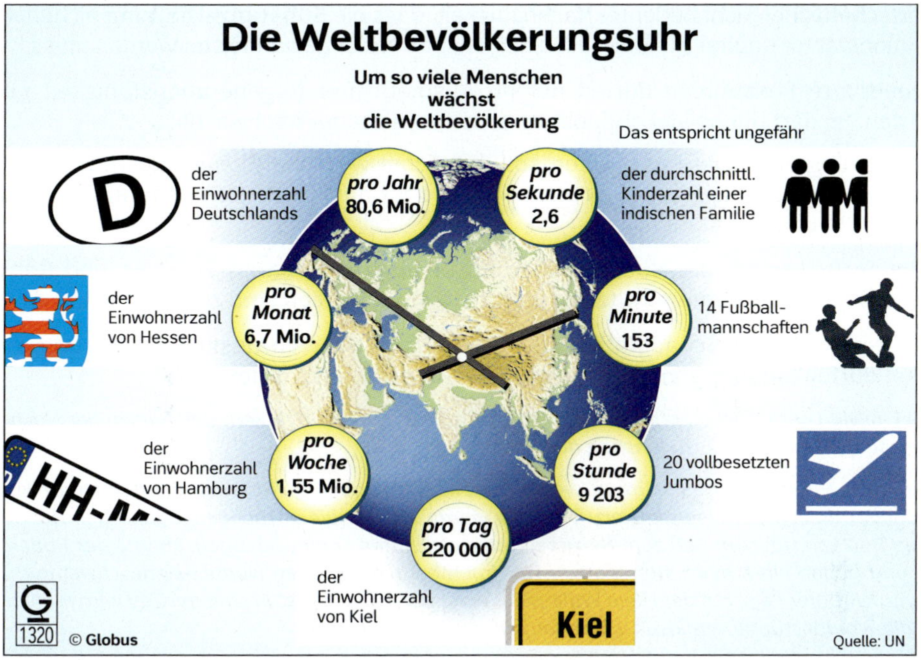

Dagegen ist die traditionelle Wirtschaftswissenschaft zunächst schockiert und aufgebracht – stellt doch die Studie eine bis dahin unangefochtene Selbstverständlichkeit infrage: **Grenzenloses wirtschaftliches Wachstum** schafft Wohlstand für alle. Heute ist unbestritten, dass das Team um Meadows das Bewusstsein für die **Grenzen wirtschaftlichen Wachstums** und für die Notwendigkeit umweltpolitischer Korrekturen geweckt hat. In der Folge hat sich auch in der Wirtschaftswissenschaft eine neue Sicht des Produktionsfaktors Natur durchgesetzt. Umweltgüter wie Luft, Wasser und Atmosphäre gelten nicht mehr als sog. freie Güter, die unbegrenzt zur Verfügung stehen. Zahlreiche umweltpolitische Instrumente sind entwickelt worden, die einen wirtschaftlichen (sparsamen) Umgang mit den knappen natürlichen Ressourcen sicherstellen sollen und den Aspekt der **Nachhaltigkeit** in den Mittelpunkt stellen.

■ Nachhaltigkeit als Leitbild einer verantwortungsvollen Entwicklungs- und Umweltpolitik

→P/G

1983 gründen die Vereinten Nationen die **Weltkommission für Umwelt und Entwicklung (World Commission on Environment and Development – WCED)**. Mitglieder dieser unabhängigen Sachverständigenkommission sind 19 Bevollmächtigte aus 18 Staaten. Zur Vorsitzenden wird die damalige norwegische Ministerpräsidentin Gro Harlem Brundtland gewählt. Die Kommission veröffentlichte 1987 ihren Abschlussbericht „Unsere gemeinsame Zukunft" („Our Common Future"). Dieser sog. **Brundtland-Report** beeinflusste maßgeblich die internationale Debatte über Entwicklungs- und Umweltpolitik, weil in ihm das Leitbild einer „nachhaltigen Entwicklung" (**„Sustainable Development"**) entworfen wird. Er knüpft damit an den ersten Bericht des Club of Rome an.

Nachhaltig ist für die Kommission eine Entwicklung, „die den Bedürfnissen der heutigen Generation entspricht, ohne die Möglichkeiten künftiger Generationen zu gefährden, ihre eigenen Bedürfnisse zu befriedigen und ihren Lebensstil zu wählen."[1]

[1] *Quelle: Volker Hauff (Hrsg.): Unsere gemeinsame Zukunft : der Brundtland-Bericht der Weltkommission für Umwelt und Entwicklung. Greven: Eggenkamp 1987, S. 46.*

Aus wirtschaftlicher Sicht bedeutet Nachhaltigkeit, dass die **Substanzerhaltung** nicht nur beim Produktionsfaktor Kapital, sondern auch beim Faktor Natur gewährleistet werden muss:

- Erneuerbare Ressourcen dürfen nur im Ausmaß ihrer Regenerationsfähigkeit genutzt werden. Es darf nur so viel abgebaut werden, wie wieder nachwächst.
- Die Nutzung endlicher Ressourcen soll möglichst wirtschaftlich erfolgen. Ihr Abbau ist außerdem nur zulässig, wenn zu erwarten ist, dass nachfolgenden Generationen Alternativen zur Verfügung stehen.
- Neue Techniken für die Nutzung alternativer (regenerierbarer) Energien und Rohstoffe sowie für eine effizientere Nutzung natürlicher Ressourcen sind zu entwickeln.
- Die Emissionen von Schadstoffen in Luft, Wasser, Boden sowie die Deponierung von Abfällen dürfen die Aufnahmekapazität der Natur nicht überfordern.

Beispiel *Silvia Lands Fachlehrerin möchte ihren Schülerinnen und Schülern das Prinzip der Nachhaltigkeit anschaulich machen. Dazu führt sie aus:*

Heute sind die Hügel im Mittelmeerraum weitgehend kahl. Von der Antike bis ins 19. Jahrhundert wurde ein ungezügelter Holzeinschlag praktiziert. Das Holz wurde z. B. für die unzähligen Kriegs- und Handelsflotten, zum Bau von Häusern und zum Heizen gebraucht. Einmal kahlgeschlagen, konnte der Boden Wind, Sonne und Regen nicht mehr standhalten. Der fruchtbare Waldboden wurde weggeschwemmt. Zurück blieb unfruchtbarer Fels, auf dem kein Wald mehr wachsen konnte. Erst in jüngerer Zeit wird mühsam versucht, die Waldbestände vereinzelt wieder aufzuforsten.

Das Prinzip der Nachhaltigkeit wurde in der Waldwirtschaft der Mittelmeerregion sträflich missachtet. Der Begriff der Nachhaltigkeit entstammt der Forstwirtschaft des 18. Jahrhunderts. Gemeint ist folgender Grundsatz: Schlage nur so viel Holz ein, wie der Wald verkraften kann, d. h. nur so viel, wie nachwachsen kann. ***Lebe von den „Zinsen" des Kapitals „Wald" und verzehre nicht das Kapital selbst.***

■ Post-Kyoto-Prozess: Rettung des Weltklimas?

Mit ihrer Güterproduktion und ihrem Güterkonsum belastet die Menschheit den Faktor Natur. Durch die Verbrennung fossiler Energieträger zur Energieerzeugung, durch Kühlanlagen, Verkehr, Brandrodungen sowie durch die Landwirtschaft werden sog. **Treibhausgase** in der Erdatmosphäre angereichert. Infolgedessen kann weniger Wärmestrahlung von der Erdoberfläche in das Weltall abgestrahlt werden. Dieser **Treibhauseffekt** führt zum Anstieg der Durchschnittstemperatur der erdnahen Atmosphäre und zum Anstieg der Meere. Die Folgen für das Weltklima und die Weltbevölkerung können dramatisch sein.

Nationale und internationale Klimapolitik will den **Klimawandel** beschränken. Besondere Bedeutung hat in diesem Zusammenhang der **Weltklimagipfel 1997 in Kyoto (Japan)**. Im Protokoll dieser Konferenz verpflichteten sich die Teilnehmerstaaten, ihre Treibhausgasemissionen zu reduzieren.

Als **Post-Kyoto-Prozess** bezeichnet man die internationalen Verhandlungen im Anschluss an die Konferenz von 1997 in Kyoto. Vor allem die jährlich stattfindenden **UN-Klimakonferenzen** haben das Ziel, langfristige verbindliche Regelungen zur **Reduktion von Treibhausgasen** zu erreichen. Doch erst 2015 in Paris kam es zur Vereinbarung eines Nachfolgevertrags mit verbindlichen Klimazielen. Die Erwärmung der Erde soll auf weniger als 2 °C begrenzt werden. Die weltweiten Treibhausgasemissionen sollen hierzu im erforderlichen Ausmaß reduziert werden.

Die Verpflichtungen aus dem Post-Kyoto-Prozess sollen auf europäischer und nationaler Ebene mit verschiedenen Gesetzen und Programmen zum Klimaschutz umgesetzt werden.

European Green Deal

Im Dezember 2019 stellt die EU-Kommissionspräsidentin Ursula von der Leyen den European Green Deal vor. Dabei handelt es sich um ein Maßnahmenpaket für einen stärkeren Klimaschutz und einen weitreichenden Umbau der Wirtschaft in Europa. Im Mittelpunkt des European Green Deal, des nachfolgenden EU-Klimagesetzes (2020) und des Maßnahmenpakets „Fit for 55“ stehen zwei große Ziele:

1. Die EU soll bis 2050 klimaneutral werden. Das bedeutet, dass alle Treibhausgase vermieden oder gespeichert werden, sei es in Wäldern oder unter der Erde.
2. Auf dem Weg zur Klimaneutralität will die EU bis 2030 ihre Klimagase um 55 % unter den Wert von 1990 verringern.

Um diese Ziele zu erreichen, sind weitreichende Veränderungen in Industrie, Energieversorgung, Verkehr und Landwirtschaft erforderlich.

Bundes-Klimaschutzgesetz (KSG)

Am 29. April 2021 erklärt das Bundesverfassungsgericht das Bundes-Klimaschutzgesetz aus dem Jahr 2019 für in Teilen verfassungswidrig. Es fehlten ausreichende Vorgaben für die Minderung der Emissionen. Das Bundesverfassungsgericht stellt fest, dass die heute unzureichende Klimaschutzpolitik zukünftig die Freiheits- und Grundrechte der heute jüngeren Menschen beeinträchtigt.

Unter dem Eindruck dieses wegweisenden Beschlusses des Bundesverfassungsgerichts verschärft die Bundesregierung im Mai 2021 das Bundes-Klimaschutzgesetz. Die Treibhausgasemissionen sollen im Vergleich zum Jahr 1990 schrittweise wie folgt reduziert werden:

2030	2040	2045	Ab 2050
– 65 %	– 88 %	Treibhausgasneutralität	negative Treibhausgasemissionen

Europäischer Emissionshandel (EU-ETS)

Das Emissionshandelssystem ist seit 2005 das zentrale Klimaschutzinstrument der EU zur Senkung der Treibhausgasemissionen von Großkraftwerken und großen Industrieanlagen sowie im innereuropäischen Luftverkehr. Geplant ist die Ausweitung des Systems auf den Verkehrs- und Gebäudesektor.

Der EU-ETS funktioniert nach dem Prinzip des sog. Cap & Trade. Eine Obergrenze (Cap) legt fest, wie viele Treibhausgasemissionen von den emissionshandelspflichtigen Anlagen insgesamt ausgestoßen werden dürfen. Die Mitgliedsstaaten geben eine entsprechende Menge an Emissionsberechtigungen an die Anlagen aus – teilweise kostenlos, teilweise über Versteigerungen. Eine Berechtigung erlaubt den Ausstoß einer Tonne Kohlendioxid-Äquivalent . Die Emissionsberechtigungen können auf dem Markt frei gehandelt werden (Trade). Hierdurch bildet sich ein Preis für den Ausstoß von Treibhausgasen. Dieser Preis setzt Anreize bei den beteiligten Unternehmen, ihre Treibhausgasemissionen zu reduzieren. Parallel bewirkt das Emissionshandelssystem, dass Klimaschutzmaßnahmen dort realisiert werden, wo sie am kostengünstigsten umsetzbar sind.

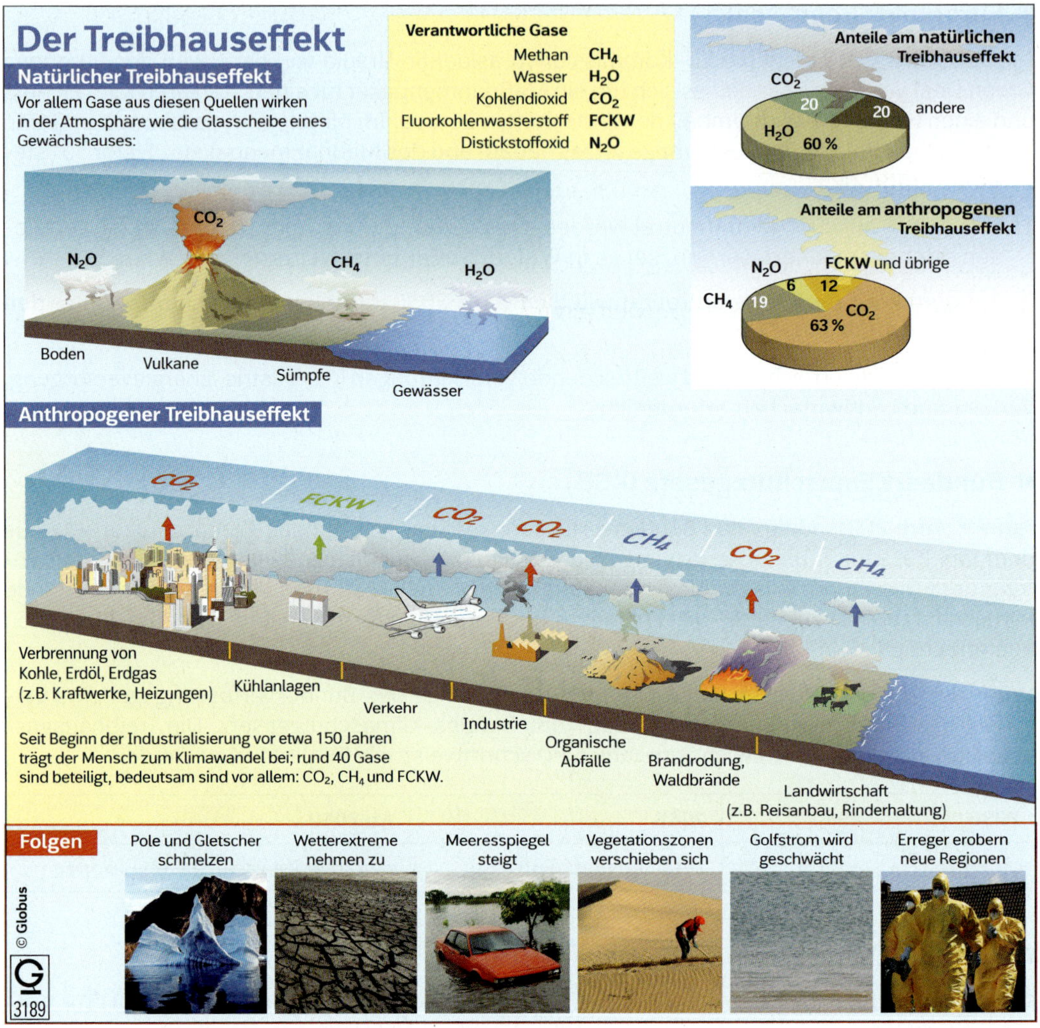

■ Quantitatives versus qualitatives Wirtschaftswachstum

Grundsätzlich sind die **positiven Wirkungen von Wirtschaftswachstum** für eine Volkswirtschaft offensichtlich:

- Sicherung und Steigerung der Beschäftigung, vor allem des Produktionsfaktors Arbeit,
- Erhöhung des Lebensstandards durch eine verbesserte Güterversorgung,
- verbesserte Möglichkeiten des Staates zur Erfüllung seiner Aufgaben durch Erhöhung der Staatseinnahmen (Kopplung von Steuern und Abgaben am steigenden Nationaleinkommen).

Insofern ist das Streben der Wirtschaftspolitik nach hohen Wachstumsraten nachvollziehbar.

Spätestens mit den aktuellen Entwicklungen des **Klimawandels** ist aber deutlich geworden, dass ein ungebremstes und unreflektiertes Wirtschaftswachstum keine zukunftsorientierte Lösung für die Menschheit ist. Die Konzeption eines rein **quantitativen Wirtschaftswachstums** ist abzulösen durch die Zielsetzung eines **qualitativen Wachstums**. Qualitatives Wachstum strebt eine Steigerung von Inlandsprodukt und Nationaleinkommen unter Berücksichtigung folgender Effekte an:

- Produktion von Gütern mit unbestreitbarem Wohlstandseffekt,
- Produktion höherwertiger Erzeugnisse (z. B. längere Haltbarkeit, bessere Umweltverträglichkeit),
- Entwicklung und Einsatz von ressourcenschonenden Techniken und Produktionsverfahren,
- Produktion von Gütern zum Umweltschutz,
- Ersatz fossiler Energieträger durch erneuerbare Energiequellen.

Zusammenfassung: Problematische Effekte des Wirtschaftswachstums überprüfen

Wirtschaftswachstum als Zielsetzung

Argumente für das Wachstumsstreben

1. Sicherung und Steigerung der Beschäftigung
2. verbesserte Güterversorgung
3. Erhöhung der Staatseinnahmen

Grenzen des Wachstums

1. Verbrauch nicht erneuerbarer Ressourcen
2. Schadstoffbelastung der Umwelt durch Produktion und Konsum
3. Konsumansprüche einer wachsenden Weltbevölkerung

Konzeption eines qualitativen Wachstums unter Berücksichtigung der Nachhaltigkeit

Qualitatives Wachstum

- Produktion von Gütern mit Wohlfahrtseffekten
- Produktion höherwertiger Güter
- Entwicklung und Einsatz von ressourcenschonenden Techniken und Produktionsverfahren
- Entwicklung und Einsatz von Gütern zum Umweltschutz
- u. a.

Substanzerhaltung durch Nachhaltigkeit

- Beachtung der Regenerationsfähigkeit erneuerbarer Ressourcen
- Begrenzung des Einsatzes endlicher Ressourcen
- Steigerung der Effizienz bei der Nutzung natürlicher Ressourcen
- Reduzierung der Schadstoffemissionen
- u. a.

Aufgaben

1 *Erläutern Sie die Kernaussagen des ersten Berichts an den Club of Rome, der auch unter dem Titel „Die Grenzen des Wachstums" veröffentlicht worden ist.*

2 *Erläutern Sie das umweltpolitische Leitbild der Nachhaltigkeit, wie es im Brundtland-Report entwickelt worden ist. Recherchieren Sie dazu auch im Internet.*

3 *Nach Einschätzung der Wissenschaft ist der Klimawandel infolge einer globalen Erwärmung der Atmosphäre die zentrale Umweltproblematik.*
   a) Informieren Sie sich, z. B. mithilfe des Internets, über das Kyoto-Protokoll. Berücksichtigen Sie dabei insbesondere folgende Aspekte: Emissionshandel, kritische Einwände gegen das Kyoto-Protokoll. Fassen Sie das Ergebnis Ihrer Internetrecherche in einem Fachbericht zusammen.
   b) Bestimmen Sie die drei Umweltprobleme, die Ihrer Meinung nach am schwerwiegendsten sind. Begründen Sie jeweils Ihre Entscheidung.
   c) Nehmen Sie Stellung zu der Auffassung, dass sich Meadows und sein Team geirrt haben. Unter anderem durch die Entwicklung neuer Technologien und die Erschließung neuer Rohstoffquellen werden die Grenzen des Wachstums nicht erreicht. Diskutieren Sie Ihren Standpunkt mit anderen Personen aus Ihrer Lerngruppe, die eine gegenteilige Auffassung vertreten.
   d) Informieren Sie sich, z. B. mithilfe des Internets, über die UN-Klimakonferenz in Paris 2015. Fassen Sie die zentralen Beschlüsse dieser Konferenz in einem Kurzbericht zusammen.

4 *Erläutern Sie allgemein die Kennzeichen eines qualitativen Wirtschaftswachstums. Nennen Sie fünf Beispiele für qualitatives Wachstum. Nehmen Sie Stellung zu der Frage, ob auch ein qualitatives Wirtschaftswachstum die Beschäftigung sichern und einen Beitrag zur Verbesserung des Lebensstandards der Bevölkerung leisten kann.*

5 *Die Volkswirtschaften vieler Industrieländer entwickeln sich in den letzten Jahrzehnten immer mehr zu Dienstleistungsgesellschaften.*
   a) Erklären Sie, was unter dem Strukturwandel zur Dienstleistungsgesellschaft zu verstehen ist.
   b) Nehmen Sie Stellung zu folgender Behauptung: „Die Produktion von immateriellen Dienstleistungen ist grundsätzlich weniger umweltbelastend als die Erzeugung von Sachgütern. Insofern begünstigt die Verlagerung der Beschäftigung vom produzieren- den Gewerbe zum Dienstleistungsbereich ein qualitatives Wirtschaftswachstum."
   c) Ein bedeutender Bereich des Dienstleistungssektors ist die sog. Freizeitindustrie. Immer mehr Menschen finden Beschäftigung in diesem Sektor. Von dieser Entwicklung können aber auch neue Umweltgefahren ausgehen. Begründen Sie diese Befürchtung

3 Zielharmonien und Zielkonflikte im gesamtwirtschaftlichen Prozess analysieren

3.1 Wirtschaftspolitische Ziele sowie deren Indikatoren und Zielerreichungsgrade erarbeiten

Silvia Land bereitet sich auf ihre Berufsabschlussprüfung vor. Im Prüfungsfach „Wirtschafts- und Soziallehre“ muss sie auch Aufgaben zu aktuellen wirtschaftspolitischen Fragen bearbeiten. Bei ihrer Prüfungsvorbereitung stößt sie auf die nebenstehende Grafik.

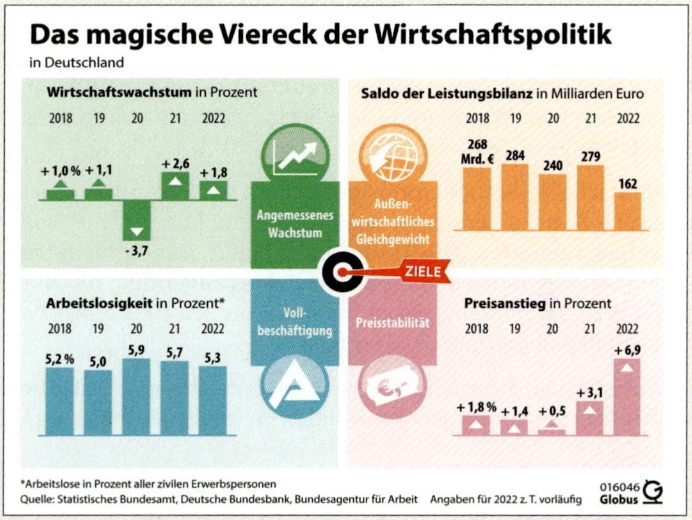

Arbeitsaufträge

- ***Informieren Sie sich über die wirtschaftspolitischen Ziele des sog. Stabilitätsgesetzes.***
- ***Erstellen Sie mit diesen Informationen eine Präsentation über „Das magische Viereck der Wirtschaftspolitik“ und stellen Sie diese in der Klasse vor.***

■ Gesamtwirtschaftliches Gleichgewicht als wirtschaftspolitisches Staatsziel

Der Staat greift gestaltend in die Volkswirtschaft ein. Die Gesamtheit aller Maßnahmen zur Beeinflussung der Gesamtwirtschaft wird als Wirtschaftspolitik bezeichnet. Übergeordnetes Staatsziel der Wirtschaftspolitik ist das **gesamtwirtschaftliche Gleichgewicht** (Artikel 109 Abs. 2 Grundgesetz). Wie alle anderen allgemein formulierten Staatsziele unserer Verfassung (z. B. Rechtsstaatlichkeit, Gleichberechtigung, Sozialstaatsprinzip, Europäische Integration) wird auch das Ziel des gesamtwirtschaftlichen Gleichgewichts durch Gesetze und Verordnungen konkretisiert und umgesetzt.

■ Wirtschaftspolitische Ziele des Stabilitätsgesetzes

Eine zentrale gesetzliche Grundlage für die staatliche Wirtschaftspolitik ist das **Gesetz zur Förderung der Stabilität und des Wachstums der Wirtschaft (StWG)**, kurz Stabilitätsgesetz genannt (www.gesetze-im-internet.de/stabg).

§ 1 dieses Stabilitätsgesetzes legt als Ziele staatlicher Wirtschaftspolitik fest:

- Stabilität des Preisniveaus
- hoher Beschäftigungsstand
- außenwirtschaftliches Gleichgewicht
- stetiges und angemessenes Wirtschaftswachstum

Ziele müssen grundsätzlich überprüfbar gemacht werden (**Operationalisierung**). Dabei sind drei Aspekte zu berücksichtigen:

- Für jedes Ziel ist ein **Indikator** (Kennzahl, Messgröße) festzulegen, der das Ziel erfasst.
- Für jeden Indikator ist ein **Wert** zu bestimmen, bei dem das Ziel als erreicht gilt.
- Es ist der **Zeitraum** festzulegen, in dem der Indikator den vereinbarten Wert erreichen soll.

Hinsichtlich der Überprüfung wirtschaftspolitischer Ziele wird i. d. R. der Zeitraum eines Jahres zugrunde gelegt. Indikator und zu erreichender Wert unterscheiden sich in Abhängigkeit vom jeweiligen Ziel.

Stabilität des Preisniveaus

Indikator für dieses Ziel ist der **Verbraucherpreisindex (VPI)**. Er misst die durchschnittliche Preisentwicklung aller Waren und Dienstleistungen, die von privaten Haushalten für Konsumzwecke gekauft werden (S. 264 ff.).

Der deutsche Verbraucherpreisindex liefert ein Gesamtbild der Teuerung in Deutschland. Für europäische Zwecke berechnet das Statistische Bundesamt zusätzlich den **Harmonisierten Verbraucherpreisindex (HVPI)** für Deutschland. Das Statistische Amt der EU (Eurostat) fasst die harmonisierten Indizes zum **Verbraucherpreisindex für die Europäische Währungsunion (VPI-EWU)** zusammen. Diesen VPI-EWU nutzt die Europäische Zentralbank zur Beurteilung der Preisstabilität innerhalb der Eurozone.

Die Europäische Zentralbank strebt **mittelfristig** eine **Inflationsrate von 2%** an (Anstieg des Harmonisierten Verbraucherpreisindex für das Euro-Währungsgebiet gegenüber dem Vorjahr).

Hoher Beschäftigungsstand

Indikatoren für dieses Ziel sind die in der Arbeitslosenstatistik erfasste **Zahl der Arbeitslosen** sowie die **Arbeitslosenquote**.

$$\text{Arbeitslosenquote} = \frac{\text{Zahl der registrierten Arbeitslosen}}{\text{Zahl der Erwerbspersonen (Erwerbstätige + Arbeitslose)}} \cdot 100$$

Als hoher Beschäftigungsstand wird in der politischen Diskussion eine **Arbeitslosenquote von bis zu 3%** angesehen (vgl. S. 325ff.).

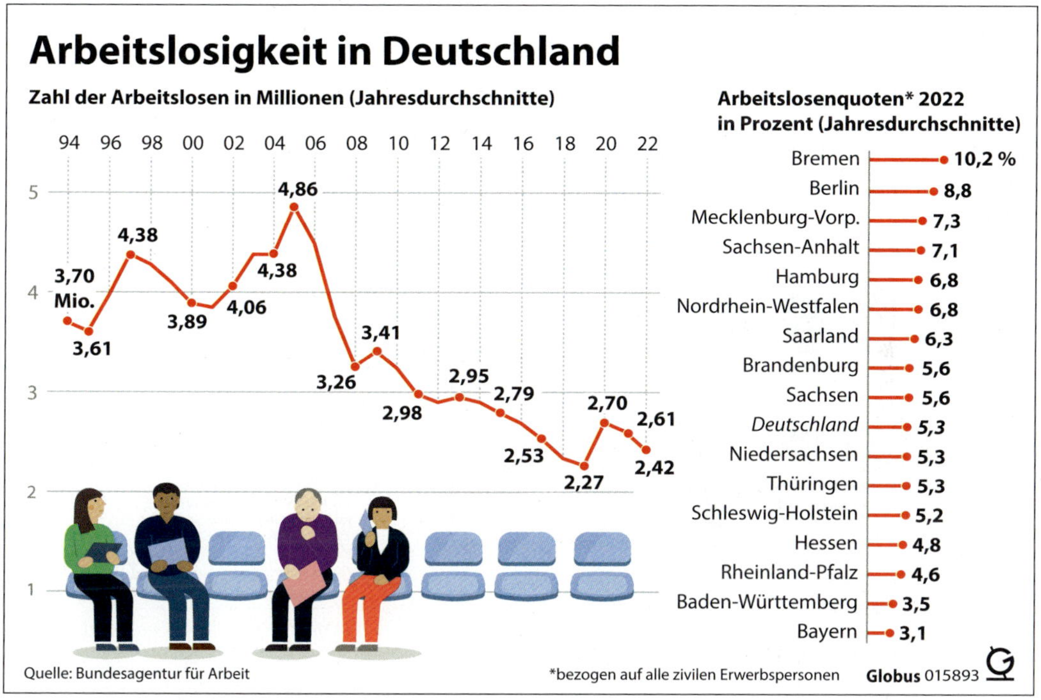

Außenwirtschaftliches Gleichgewicht

Indikator für dieses Ziel ist der **Außenbeitrag**. Der Außenbeitrag ist die Differenz zwischen dem Wert der Exporte und dem Wert der Importe einer Volkswirtschaft. Er kann positiv oder negativ sein. Die Quote gibt das prozentuale Verhältnis zum BIP an (vgl. S. 283ff.).

$$\text{Außenbeitragsquote} = \frac{\text{Exportwert} - \text{Importwert}}{\text{nominales Bruttoinlandprodukt}} \cdot 100$$

Beispiel *Im Wirtschaftslehreunterricht der Berufsschule verdeutlicht sich Silvia Land das Wesen des Außenbeitrags an einem vereinfachten Beispiel. Unternehmen aus Deutschland liefern an die Kliniken eines arabischen Ölförderlands moderne medizinische Geräte im Gesamtwert von 100 Millionen EUR. Im Gegenzug beziehen andere deutsche Unternehmen aus dem arabischen Land Öllieferungen ebenfalls im Gesamtwert von 100 Millionen EUR. Die Handelsbilanz ist ausgeglichen, ihr Saldo ist null. Im Rahmen der internationalen Arbeitsteilung haben in diesem Idealfall zwei Volkswirtschaften Güter im selben Gesamtwert getauscht. In Wirklichkeit werden sich Export- und Importwert aber unterscheiden. Der Saldo (= Außenbeitrag) kann positiv (mehr Exporte) oder negativ (mehr Importe) sein.*

Neben Sachgütern (Erfassung in der Handelsbilanz) werden international auch **Dienstleistungen** (Erfassung in der Dienstleistungsbilanz) gehandelt. Für die Ermittlung des Außenbeitrags werden Handels- und Dienstleistungsbilanz zusammengefasst.

Theoretisch ist ein außenwirtschaftliches Gleichgewicht erreicht, wenn der Außenbeitrag null ist. In der Wirklichkeit lässt sich das aber selten realisieren. So bedingt die Grundstruktur der deutschen Wirtschaft als exportorientierte Wirtschaft fast zwangsläufig ein Ungleichgewicht. Die exportierten Fertigerzeugnisse mit hohem technischen Entwicklungsstand haben tendenziell einen höheren Wert als die oft importierten Roh- und Grundstoffe.

Das außenwirtschaftliche Gleichgewicht gilt als erreicht, wenn die **positive Außenbeitragsquote nicht größer als 2 %** ist. Dieser Wert ist bei vielen Empfängerländern Deutschlands nicht gegeben und u. a. die Ursache für den aktuellen Handelskonflikt mit den USA.

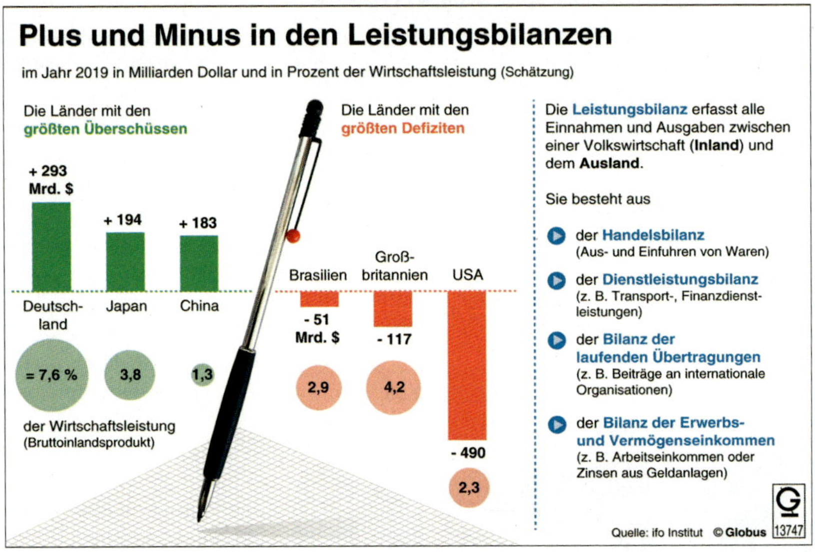

Stetiges und angemessenes Wirtschaftswachstum

Indikator für die Überprüfung dieses Ziels ist die prozentuale **Wachstumsrate des realen Bruttoinlandsprodukts** im Jahresvergleich (vgl. S. 155 ff.).

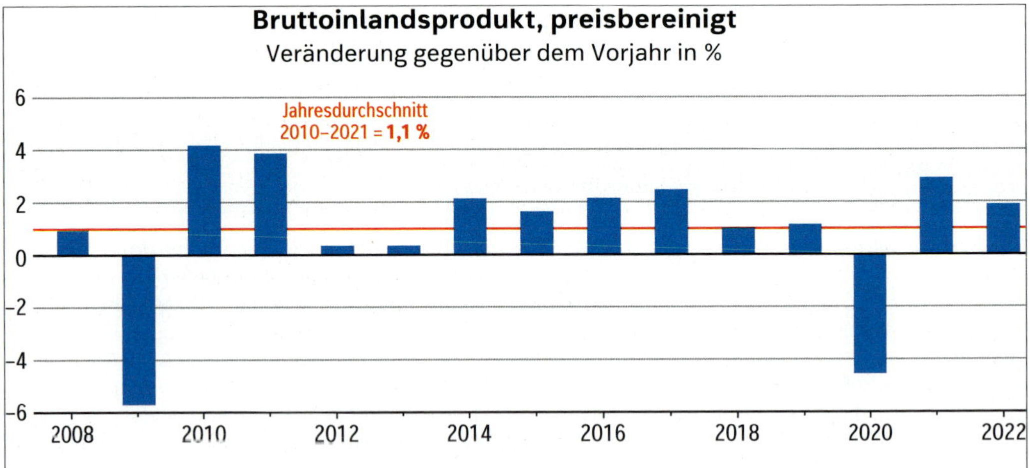

vgl. Statistisches Bundesamt: Volkswirtschaftliche Gesamtrechnungen 2022.

Ein Wachstum ist **stetig**, wenn die im Zeitverlauf aufeinanderfolgenden Veränderungsraten nicht zu stark schwanken. Ein Wachstum ist **angemessen**, wenn durch die zunehmende Güterproduktion nicht die Lebensgrundlagen und die Lebensqualität gegenwärtiger und zukünftiger Generationen gefährdet werden (vgl. S. 182 ff.).

Weitere Ziele der Wirtschaftspolitik

Schon seit Inkrafttreten des Stabilitätsgesetzes im Jahre 1967 wird in der öffentlichen Diskussion die Berücksichtigung weiterer Ziele der Wirtschaftspolitik gefordert. In der politischen Auseinandersetzung werden vor allem zwei Zielbereiche thematisiert.

Schutz der Umwelt

Bei der Produktion und beim Konsum von Gütern wird auch der Faktor Umwelt (Natur) eingesetzt.

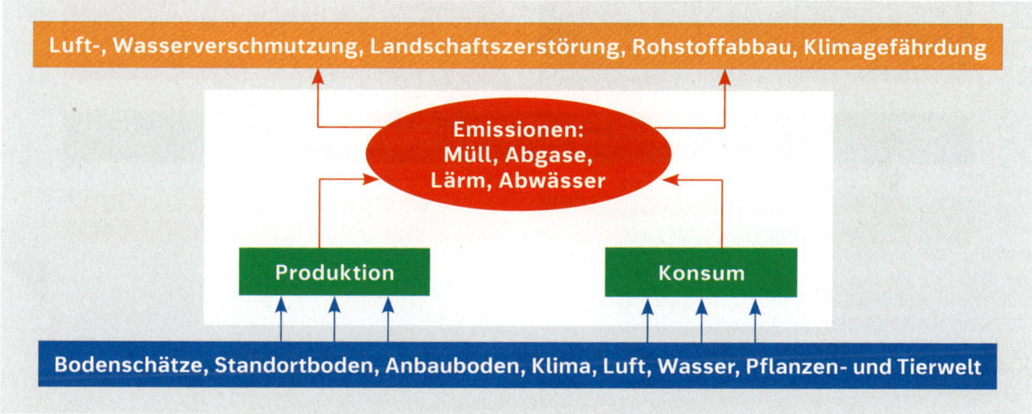

Stetiges Wirtschaftswachstum gefährdet die natürlichen Ressourcen. Dies ist umso problematischer, da sie nicht nur Produktions-, sondern auch Lebensgrundlage für zukünftige Generationen sind. Staatliche Wirtschaftspolitik muss deshalb **den nachhaltigen Umgang mit den Umweltgütern** sicherstellen (vgl. S. 191 ff.).

Verteilungsgerechtigkeit

Mit steigendem Bruttoinlandsprodukt nimmt das Volkseinkommen zu. Die Eigentumsordnung gewährleistet das Privateigentum an Vermögenswerten. Wirtschaftswachstum und Eigentumsordnung garantieren aber nicht automatisch auch eine **gerechte Verteilung von Einkommen und Vermögen** auf die Mitglieder der Gesellschaft. Die sog. **„Schere zwischen Arm und Reich"** klafft in Deutschland in den vergangenen Jahren immer weiter auseinander.

Beispiel *Im Wirtschaftslehreunterricht erläutert Silvia Lands Fachlehrerin den Auszubildenden das Wesen der Wohlfahrtsökonomie als Teilbereich der Volkswirtschaftslehre. In diesem Zusammenhang weist sie darauf hin, dass die „Schere zwischen Arm und Reich" immer größer werde, und belegt diese Tatsache mit einer Grafik über die Armutsgefährdung in deutschen Großstädten.*

Stabilität der öffentlichen Haushalte

Im Zusammenhang mit der europäischen Integration ist ein ausgeglichener Staatshaushalt ein weiteres zentrales Ziel der Wirtschaftspolitik.

Zusammenfassung: Wirtschaftspolitische Ziele sowie deren Indikatoren und Zielerreichungsgrade erarbeiten

Übergeordnetes allgemeines Leitziel: gesamtwirtschaftliches Gleichgewicht

Konkretisierung gemäß Stabilitätsgesetz

Stabilität des Preisniveaus
Indikator: Verbraucherpreisindex (VPI)
Zielwert: mittelfristig Anstieg von 2 %t

Hoher Beschäftigungsstand
Indikator: Arbeitslosenquote
Zielwert: Arbeitslosenquote ≤ 3 %

Außenwirtschaftliches Gleichgewicht
Indikator: Außenbeitragsquote
Zielwert: Außenbeitragsquote ≤ 3 %

Wirtschaftswachstum
Indikator: Wachstumsrate des BIP
Zielwert: stetig und angemessen

Weitere Ziele der Wirtschaftspolitik

Schutz der Umwelt

Verteilungsgerechtigkeit

Aufgaben

1 a) *Erläutern Sie, warum in den Ländern der EU neben den nationalen Preisindizes zusätzlich ein Harmonisierter Verbraucherpreisindex nach EU-einheitlichen Regeln ermittelt wird.*
b) *Fassen Sie die Informationen der folgenden Grafik in einem Kurzbericht zusammen und stellen Sie das Ergebnis softwaregestützt vor.*

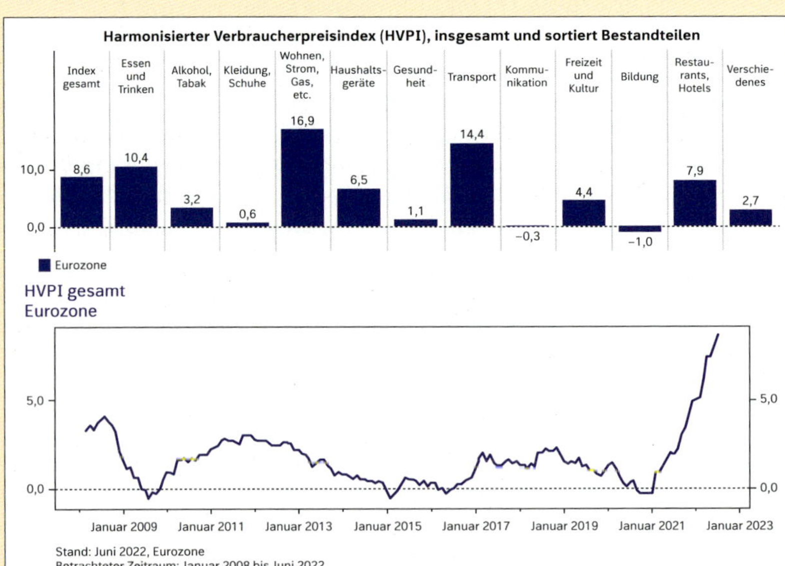

Vgl. ECB: Measuring inflation - the Harmonised Index of Consumer Prices (HICP) online unter: https://www.ecb.europa.eu/stats/macroeconomic_and_sectoral/hicp/html/index.en.html.

2 Ermitteln Sie, z. B. mithilfe der Daten des Statistischen Bundesamts (www.destatis.de), die aktuell verfügbaren Werte zu den Indikatoren der vier Ziele des gesamtwirtschaftlichen Gleichgewichts. Beurteilen Sie den jeweiligen Grad der Zielerreichung. Vergleichen Sie Ihre Einschätzung mit der anderer Personen aus Ihrer Lerngruppe und vertreten Sie begründet Ihren Standpunkt.

3 Ein besonderes Problem ist die Jugendarbeitslosigkeit. Informieren Sie sich über die aktuellen Daten zur Jugendarbeitslosigkeit in Deutschland und in den Ländern der EU. Welche Ursachen führen zur Arbeitslosigkeit junger Menschen? Fassen Sie in einer softwaregestützten Präsentation die Ergebnisse Ihrer Recherche zusammen. Berücksichtigen Sie dabei auch die Daten der folgenden Grafik. Vergleichen Sie Ihre Arbeitsergebnisse untereinander und ergänzen Sie diese bei Bedarf.

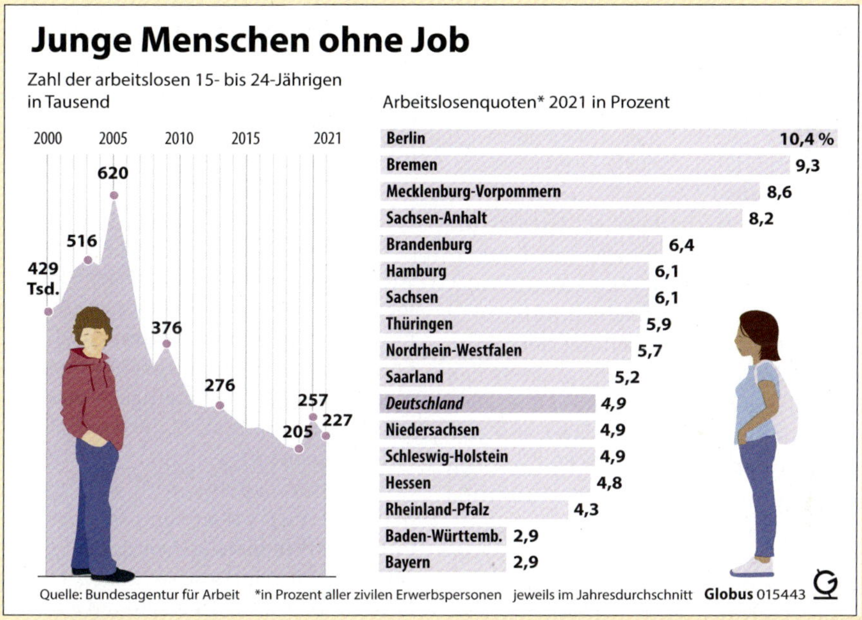

4 Ein positiver Außenbeitrag kann auf eine Volkswirtschaft positive und negative Auswirkungen haben. Erläutern Sie einen positiven und einen negativen Effekt. Gehen Sie dabei auch auf die Probleme der Globalisierung ein, die in der Corona-Pandemie und in Zeiten des Ukraine-Kriegs deutlich geworden sind.

5 Die Wohlfahrtsökonomie setzt verschiedene Maßzahlen ein, um das Ausmaß der Gleichheit oder Ungleichheit der Verteilung von Vermögen oder Einkommen zu bestimmen. Eine dieser Kennziffern ist der sog. Gini-Koeffizient. Informieren Sie sich, z. B. mithilfe des Internets, über diese Kennziffer. Fassen Sie die Ergebnisse Ihrer Recherche in einer Präsentation zusammen.

6 Erläutern Sie, inwiefern die Umwelt (Natur) ein wichtiger Produktionsfaktor ist. Nehmen Sie vor diesem Hintergrund Stellung zu folgender Aussage: „Nur diejenigen verhalten sich wahrhaft ökonomisch, die ökologisch handeln."

3.2 Wirkungen wirtschaftspolitischer Maßnahmen auf Zielgrößen überprüfen

Im Deutschunterricht der Berufsschule lernt Silvia Land, aus Fachtexten die wichtigsten Informationen herauszufiltern. Dazu markiert sie beim Lesen die Schlüsselbegriffe sowie die zentralen Textpassagen. Abschließend erstellt sie eine stichwortartige Übersicht des Textinhalts, das sog. Exzerpt.

Wirtschaft und Umwelt

Die derzeitige Wirtschaftsweise untergräbt unseren Wohlstand, weil sie die natürlichen Grundlagen des Wirtschaftens zerstört. Daher ist der Übergang zu einer Green Economy erforderlich, die in Einklang mit Natur und Umwelt steht. […]

Green Economy

Die heutige Wirtschaftsweise zerstört die natürlichen Lebensgrundlagen und untergräbt dadurch den Wohlstand kommender Generationen. Die großflächige Abholzung von Wäldern, die Überfischung der Meere oder der Verlust fruchtbarer Ackerböden sind prägnante Beispiele für diese Entwicklung. Allein die Folgekosten durch den Klimawandel und den Verlust der biologischen Vielfalt könnten sich im Jahr 2050 auf rund ein Viertel des weltweiten Bruttosozialprodukts belaufen. […] Daher ist der Übergang zu einer Green Economy erforderlich, die sich innerhalb der ökologischen Leitplanken bewegt und das Naturkapital erhält.

[…] Insbesondere Ressourcenverbrauch, Emissionsreduktion, Produktgestaltung sowie Umstellung von Wertschöpfungsketten müssen geändert werden. Die Förderung von Umweltinnovationen hat dabei eine zentrale Bedeutung. […]

Grüne Zukunftsmärkte

Umweltschutz und wirtschaftliche Entwicklung sind keine Gegensätze, sondern bedingen einander. Die Steigerung der Energie- und Materialeffizienz wird im 21. Jahrhundert voraussichtlich zu einem entscheidenden Faktor für die internationale Wettbewerbsfähigkeit. Durch den Anstieg der Weltbevölkerung und die wirtschaftlichen Aufholprozesse in Entwicklungs- und Schwellenländern wird die Nachfrage nach Gütern und Dienstleistungen weiter wachsen. Diese Nachfrage lässt sich bei begrenzten natürlichen Ressourcen auf Dauer nur befriedigen, wenn es gelingt, „mehr" mit „weniger" herzustellen. […]

Besonders deutlich zeigen sich die wirtschaftlichen Chancen eines fortschrittlichen Umweltschutzes am Beispiel der Leitmärkte der Umwelttechnik und Ressourceneffizienz. Zentral sind hierbei: Energieeffizienz, umweltfreundliche Energieerzeugung, nachhaltige Wasserwirtschaft und Mobilität, Materialeffizienz, Abfallmanagement und Recycling. Schätzungen zufolge wird sich das Weltmarktvolumen dieser zentralen grünen Zukunftsmärkte mehr als verdoppeln: von 4,6 Billionen Euro im Jahr 2020 auf 9,3 Billionen Euro im Jahr 2030. Deutschland gehört heute – auch wegen seiner ambitionierten Umweltpolitik – mit Weltmarktanteilen zwischen 7 und 17 Prozent mit zu den weltweit führenden Anbietern auf diesen Märkten. […]

Nutzen und Kosten des Umweltschutzes

Keine Frage, Umweltschutz ist nicht zum Nulltarif zu haben. Meist sind aber die Nutzen höher als die Kosten. So führen Investitionen in integrierte Umweltschutztechniken und Effizienzmaßnahmen unter dem Strich vielfach zu erheblichen Kosteneinsparungen auf betrieblicher Ebene – etwa durch einen geringeren Material- und Energieverbrauch oder rückläufige Entsorgungskosten. Hinzu

kommen zahlreiche weitere Vorteile des Umweltschutzes auf Unternehmensebene, die schwierig zu quantifizieren sind: zum Beispiel Imagegewinne, eine geringere Wahrscheinlichkeit von Störfällen. [...]
Außerdem wirkt der Umweltschutz häufig auch gesamtwirtschaftlich positiv, zum Beispiel indem er umweltbedingte Material- oder Gesundheitsschäden und andere Umweltkosten verringert. Nicht zuletzt ist eine hohe Umweltqualität auch ein positiver Standortfaktor für die Wirtschaft, die mit dem guten Umweltimage einer Region um qualifizierte Arbeitskräfte werben kann.

Umweltschutz schafft Arbeitsplätze
Gesamtwirtschaftlich positiv sind auch die Beschäftigungswirkungen des Umweltschutzes. Die Zahl der Umweltschutzbeschäftigten ist in den vergangenen Jahren stetig gestiegen. Im Jahr 2017 arbeiteten knapp 2,8 Millionen Menschen für den Umweltschutz. Da Umweltschutzmaßnahmen häufig arbeitsintensive Sektoren fördern und Importe durch heimische Wertschöpfung ersetzen, sind oft auch die Nettobeschäftigungswirkungen des Umweltschutzes positiv. Verschiedene Studien zeigen: Anspruchsvolle Klimaschutzziele können zusätzliche Arbeitsplätze schaffen, etwa durch den Ausbau der erneuerbaren Energien oder die Steigerung der Energieeffizienz. Auch Maßnahmen zur Steigerung der Rohstoff- und Materialeffizienz können erhebliche positive Beschäftigungswirkungen hervorrufen.

Unterlassener Umweltschutz verursacht Kosten
Umweltbelastungen verursachen hohe gesellschaftliche Kosten, zum Beispiel durch umweltbedingte Gesundheits- und Materialschäden, Ernteausfälle oder die Kosten des Klimawandels. Eine ambitionierte Umweltpolitik verringert diese.

Grundsätzlich sollten Umweltkosten internalisiert, das heißt den Verursachern angelastet werden. Bisher geschieht dies nur unzureichend. Daher erhalten die Verursacher keine ausreichenden ökonomischen Anreize, die Umweltbelastung zu senken. Außerdem sagen die Preise ohne vollständige Internalisierung der Umweltkosten nicht die ökologische Wahrheit. Dies verzerrt den Wettbewerb und hemmt die Entwicklung und Marktdiffusion umweltfreundlicher Techniken und Produkte. Vor allem in sehr umweltintensiven Bereichen wie dem Energie- und Verkehrssektor ist es wichtig, die entstehenden Umweltkosten stärker in Rechnung zu stellen. Dies würde den Ausbau der erneuerbaren Energien fördern, die Energieeffizienz erhöhen und wesentlich zu einer nachhaltigen Mobilität beitragen.

[...]

Quelle: Umweltbundesamt: Wirtschaft und Umwelt, 28.06.2022. In: www.umweltbundesamt.de/themen/wirtschaft-konsum/wirtschaft-umwelt [28.01.2023].

Arbeitsaufträge

- ***Fassen Sie die zentralen Aussagen des obigen Textes in einem Exzerpt zusammen. Sie können dieses als Stichwortliste, Übersicht oder Mindmap erstellen.***
- ***Informieren Sie sich über die grundsätzlichen Zielbeziehungen zwischen wirtschaftspolitischen Zielen. Fassen Sie das Ergebnis Ihrer Recherche in einem Fachbericht zusammen.***
- ***Welche Zielbeziehung besteht Ihrer Meinung nach zwischen den Zielen hoher Beschäftigungsstand und Schutz der Umwelt? Begründen Sie Ihre Auffassung.***

Zielbeziehungen in Zielsystemen

Wirtschaftssubjekte verfolgen oft gleichzeitig mehrere Ziele. Dabei können die Einzelziele in unterschiedlicher Beziehung stehen.

- **Zielharmonie**: Die Ziele sind komplementär. Durch Erreichen bzw. Verfolgen des einen Ziels wird automatisch auch das andere erreicht bzw. positiv begünstigt.
- **Zielkonflikte**: Die Ziele sind konkurrierend und lassen sich nicht gleichzeitig verfolgen. Durch Verfolgen des einen Ziels wird die Erreichung des anderen Ziels gefährdet.
- **Zielneutralität**: Die Ziele sind indifferent. Sie können völlig unabhängig voneinander verfolgt werden.

Zielharmonie: Wirtschaftswachstum und hoher Beschäftigungsstand

Wirtschaftspolitische Maßnahmen, die das Wirtschaftswachstum fördern, sichern auch die Beschäftigung. So sollen in Wirtschaftskrisen Konjunkturprogramme gleichzeitig für Wachstum und Beschäftigung sorgen. Die **Beschäftigungsschwelle** gibt dabei an, ab welchem Wirtschaftswachstum neue Arbeitsplätze entstehen.

Beispiel *Otto Land erinnert sich noch gut an die Sorgen um seinen Arbeitsplatz bei einem Kölner Automobilhersteller. Infolge des pandemiebedingten Lockdowns 2020/2021 brach die Produktion von Kraftfahrzeugen ein. Entlassungen waren zu befürchten. Die umfangreichen Finanzhilfen des Staates an Beschäftigte, Selbstständige und Unternehmen haben die Wirtschaft stabilisiert und die Beschäftigung gesichert.*

Zielkonflikt: Wirtschaftswachstum und Preisniveaustabilität

Wirtschaftspolitische Maßnahmen, die das Wirtschaftswachstum fördern, können, insbesondere in Phasen wirtschaftlichen Aufschwungs, die Preisniveaustabilität gefährden.

Beispiel *Klaus Stein, Geschäftsführer der Bürodesign GmbH, steht einem Konjunkturprogramm skeptisch gegenüber. Natürlich erhöhen die zusätzliche Staatsnachfrage und Steuergeschenke an Haushalte und Unternehmen die gesamte Binnennachfrage und fördern damit das Wirtschaftswachstum. Das Konjunkturprogramm kann aber nur über neue Staatsschulden finanziert werden. Und weiter steigende staatliche Schulden sowie der ausgelöste Nachfragesog werden das Preisniveau erhöhen und den Geldwert gefährden.*

Zielkonflikt oder Zielharmonie: Wirtschaftswachstum, hoher Beschäftigungsstand und Schutz der Umwelt

In der wirtschaftspolitischen Diskussion umstritten ist die Zielbeziehung zwischen Umweltschutz einerseits und Wachstums- und Beschäftigungsförderung andererseits. Umweltpolitische Maßnahmen werden als „Jobkiller" gesehen oder als Anreiz für die Entwicklung innovativer Technologien mit entsprechenden Wachstums- und Beschäftigungsimpulsen. Bei der Beurteilung ist auch die Zeitperspektive zu berücksichtigen. So scheint das Nachhaltigkeitsziel **kurzfristig** in einem **Zielkonflikt** mit der Preisniveaustabilität und der Vollbeschäftigung zu stehen. Umweltschutzmaßnahmen kosten Geld und haben entsprechende Auswirkungen. **Langfristig** ergeben sich jedoch **Zielharmonien**.

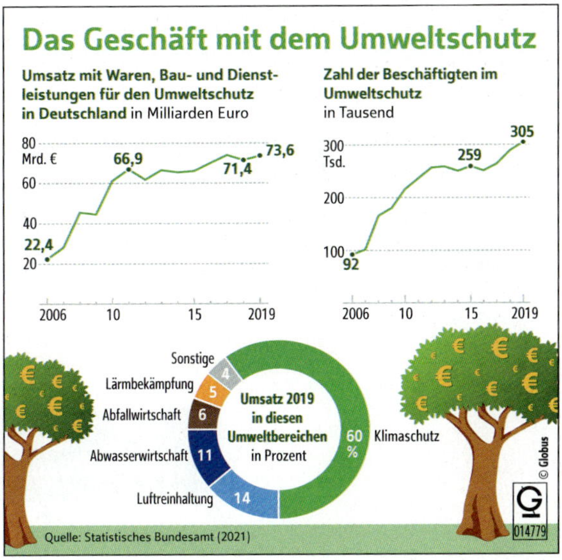

Beispiel *Herr Müller, Abteilungsleiter Produktion der Bürodesign GmbH, beklagt einerseits die neuen Umweltschutzauflagen. Sie führen zu einer Kostenerhöhung im Lackierprozess. Diese Kostensteigerung kann nur durch eine Erhöhung der Verkaufspreise aufgefangen werden. Nicht nur die Bürodesign GmbH, sondern die gesamte inländische Büromöbelindustrie muss mit einem Absatzrückgang rechnen. Ausländische Mitbewerber werden in ihren Ländern nicht mit derartigen Auflagen konfrontiert und können kostengünstiger produzieren und anbieten. Die internationale Wettbewerbsfähigkeit gerät in Gefahr, als Folge kommt es in der inländischen Büromöbelindustrie zu Freisetzungen von Arbeitskräften in größerem Umfang. Andererseits hat Herr Müller die Hoffnung, dass die jetzigen Umweltauflagen die inländische Industrie zwingen, neuartige Verfahren zu entwickeln. Wenn zukünftig das gestiegene Umweltbewusstsein die Nachfrage nach umweltverträglichen Büromöbeln erhöht, hat die inländische Industrie einen entscheidenden Wettbewerbsvorteil gegenüber den Anbietern aus dem Ausland.*

Magisches Viereck der Wirtschaftspolitik

Wirtschaftspolitische Ziele können untereinander in vielfältiger Wechselbeziehung stehen. Jede wirtschaftspolitische Einzelmaßnahme kann auf irgendeine Weise andere Ziele berühren und zu einem kaum überschaubaren Wirkungsgefüge führen. Dies gilt schon alleine für die vier Ziele des gesamtwirtschaftlichen Gleichgewichts gemäß Stabilitätsgesetz (Stabilität des Preisniveaus, hoher Beschäftigungsstand, außenwirtschaftliches Gleichgewicht, Wirtschaftswachstum). Dieses Zielsystem wird deshalb als **magisches Viereck** bezeichnet. Diese Formulierung drückt aus, dass es fast unmöglich ist, alle vier Ziele gleichzeitig zu erreichen.

Die Komplexität der Zusammenhänge erhöht sich noch, wenn **weitere wirtschaftspolitische Ziele** angestrebt werden:

- Schutz der Umwelt
- Gerechtigkeit der Einkommens- und Vermögensverteilung
- Stabilität der öffentlichen Haushalte
- Sicherung und Förderung humaner Arbeitsbedingungen

Dann entwickelt sich das magische Viereck zu einem **magischen Vieleck**.

Zusammenfassung: Wirkungen wirtschaftspolitischer Maßnahmen auf Zielgrößen überprüfen

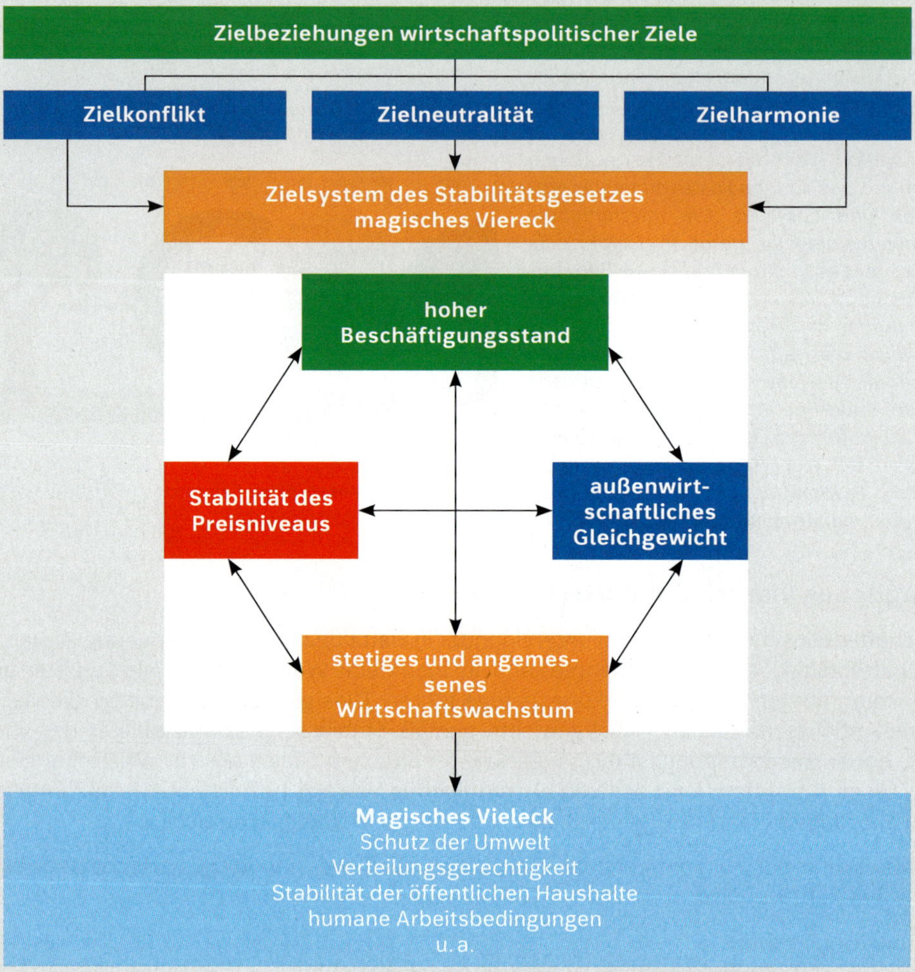

Aufgaben

1 *Informieren Sie sich, z. B. mithilfe des Internets, über die aktuelle Entwicklung der Energiepreise.*
   a) Welche Ursachen führen dazu, dass die Preise für Energie zukünftig steigen werden?
   b) Nehmen Sie Stellung zu folgender Aussage: „Umweltschutz gefährdet das Ziel der Preisniveaustabilität.“ Berücksichtigen Sie in Ihrer Stellungnahme auch die Informationen der folgenden Grafik.

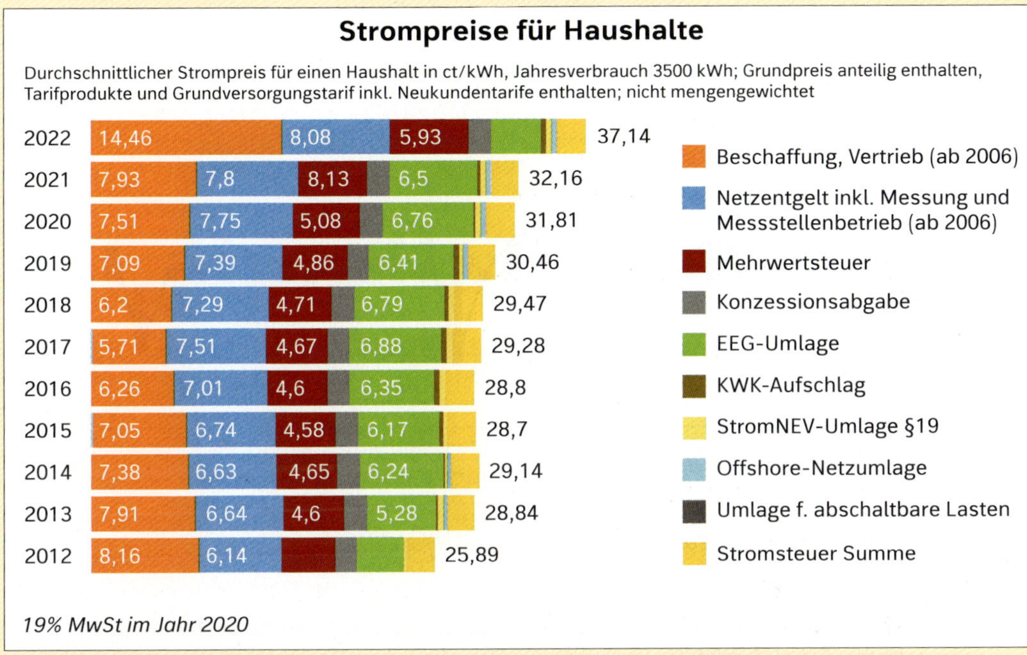

vgl. Bundesverband der Energie- und Wasserwirtschaft: BDEW-Strompreisanalyse 4/2022.

2 *Erklären Sie die Begriffe „Zielharmonie“, „Zielneutralität“ und „Zielkonflikt“ im Zusammenhang mit wirtschaftspolitischen Maßnahmen.*

3 *Erläutern Sie, was in der wirtschaftspolitischen Debatte unter dem magischen Viereck bzw. unter dem magischen Vieleck zu verstehen ist.*

4 *„Umweltschutz – Jobwunder oder Jobkiller?“ Diese Frage steht immer wieder im Mittelpunkt der umwelt- und wirtschaftspolitischen Diskussion.*
Nehmen Sie zu dieser Frage persönlich Stellung. Werten Sie nach Möglichkeit für Ihre Stellungnahme auch Informationsmaterial aus dem Internet aus. Präsentieren Sie das Ergebnis softwaregestützt.

3.3 Konjunkturzyklen als Wirtschaftsschwankungen ursächlich beschreiben

Frau Freund, Gruppenleiterin für Marketing, bereitet sich auf eine Besprechung mit der Geschäftsführung der Bürodesign GmbH vor. Zentraler Tagesordnungspunkt ist die aktuelle Konjunktur mit ihren Auswirkungen auf die Geschäftslage der Bürodesign GmbH. In der Wirtschaftspresse hat Frau Freund folgende Grafik gefunden.

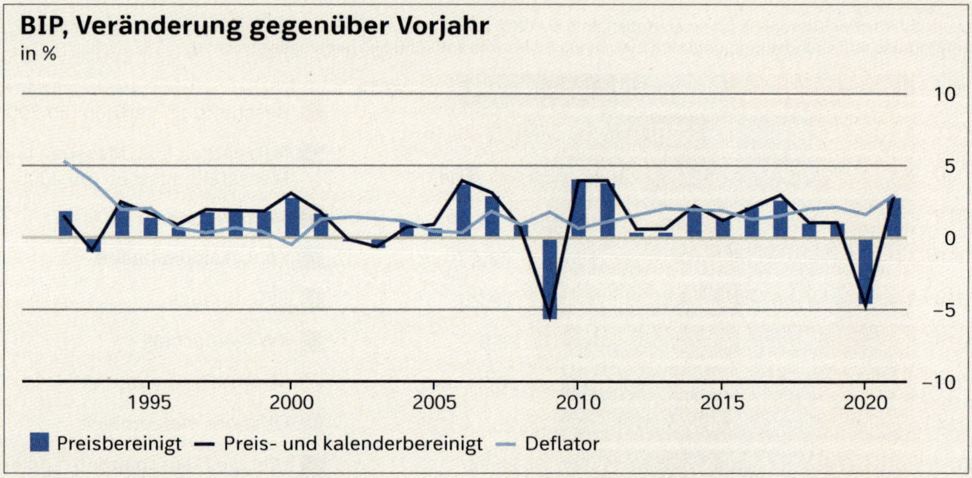

vgl. Statistisches Bundesamt, 2022.

Arbeitsaufträge

- ***Informieren Sie sich mithilfe dieses Kapitels über das Auf und Ab in der Wirtschaft.***
- ***Informieren Sie sich mithilfe der wirtschaftspolitischen Berichterstattung (Printmedien und digitale Medien) über die aktuelle konjunkturelle Situation. Bereiten Sie mithilfe einer Präsentationssoftware einen Bericht vor, mit dem Frau Freund in der Besprechung mit der Geschäftsführung über denkbare Auswirkungen der aktuellen Konjunktur auf die Geschäftsentwicklung der Bürodesign GmbH informieren kann.***

■ Konjunktur – das Auf und Ab in der Wirtschaft

Man kennt es aus eigener Erfahrung: Die persönliche Lebenssituation ändert sich im Zeitablauf. Es gibt Zeiten, in denen gelingt einfach alles. Und dann folgen Phasen, da läuft alles schief. Ein ähnliches Auf und Ab ist in der Wirtschaft zu beobachten. Schon im Alten Testament ist von den sieben fetten Jahren die Rede, denen sieben magere Jahre folgten.

Die **allgemeine Wirtschaftslage** bezeichnet man als **Konjunktur**. Auch sie unterliegt einem ständigen Veränderungsprozess. Wichtige gesamtwirtschaftliche Größen, z. B. Produktion und Beschäftigung, Preise und Umsätze, Importe und Exporte, Löhne und Zinsen, steigen und fallen.

■ Arten von Wirtschaftsschwankungen

Grundsätzlich sind **drei Arten von Wirtschaftsschwankungen** zu unterscheiden.

Saisonale Schwankungen

Der **Wechsel der Jahreszeiten oder Sitten und Gebräuche** verursachen eine Zu- oder Abnahme wirtschaftlicher Aktivitäten. Derartige saisonale Schwankungen haben keinen dauerhaften Einfluss auf die allgemeine Wirtschaftslage, sondern beeinflussen kurzfristig einzelne Branchen und Bereiche.

Beispiel *In der Vorweihnachtszeit kommt es auch bei der Bürodesign GmbH zur Umsatzsteigerung aufgrund erhöhter Nachfrage von Endverbraucherinnen und Endverbrauchern im Verkaufsstudio der Bürodesign GmbH.*

Der Wachstumstrend

Als langfristige Tendenz ist in vielen Volkswirtschaften zu beobachten, dass das Bruttoinlandsprodukt stetig gewachsen ist. Die jährlichen Wachstumsraten können dabei deutlich unterschiedlich, zu gewissen Zeiten auch negativ sein. Diese langfristig erkennbare Grundrichtung der wirtschaftlichen Entwicklung wird als **Wachstumstrend** bezeichnet.

Beispiel *In allen Ländern der EU hat sich die Produktion und damit die Versorgung der Bevölkerung mit Gütern in den letzten Jahrzehnten deutlich erhöht. So weisen die Eltern der Familien Land und Stein ihre Kinder immer wieder darauf hin, dass es ihnen in ihrer Jugend nicht so gut gegangen sei wie der heutigen Jugend.*

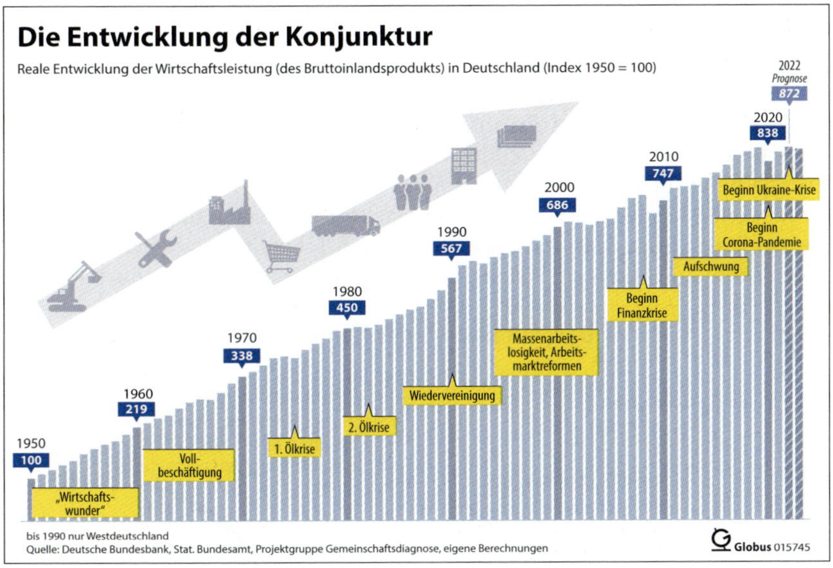

Konjunkturelle Schwankungen

Dies sind **mittelfristige Schwankungen der wirtschaftlichen Aktivität**. Sie können über mehrere Jahre andauern und werden mithilfe der prozentualen Veränderung des realen Bruttoinlandsprodukts gemessen. Diese Schwankungen stehen im Mittelpunkt wirtschaftspolitischer Maßnahmen.

Beispiel *Auch die Geschäftsführung der Bürodesign GmbH musste in der Vergangenheit immer wieder auf Umsatzschwankungen reagieren, die in erster Linie durch mittelfristige Schwankungen in der gesamtwirtschaftlichen Aktivität verursacht wurden.*

Der Konjunkturzyklus und seine Phasen

Erscheinungen, die sich regelmäßig wiederholen, nennt man Zyklus. Aus diesem Grunde bezeichnet man das sich regelmäßig wiederholende Auf und Ab in der Entwicklung der Wirtschaftslage als **Konjunkturzyklus**. Er wird in **vier Phasen** untergliedert.

1. Phase: Aufschwung (Expansion)

In der Expansion ist zunächst ein langsamer Anstieg der Produktion zu verzeichnen. Stabilisiert sich diese Entwicklung, werden zusätzliche Arbeitskräfte eingestellt. Durch die steigenden Einkommen kommt es zu einer Erhöhung der gesamtwirtschaftlichen Nachfrage. Da die erhöhte Nachfrage durch eine bessere Auslastung der Kapazitäten befriedigt werden kann, steigen die Preise noch nicht. Auch die Löhne steigen nur langsam, da zunächst die Arbeitslosigkeit abgebaut wird und durch das stabile Preisniveau keine inflationsbedingten Lohnsteigerungen erforderlich sind. Das Vertrauen in die Wirtschaft wächst. Haushalte und Unternehmen sehen optimistisch in die Zukunft. Nach längerer Konsumzurückhaltung fragen die Haushalte deshalb verstärkt Konsumgüter nach und verringern ihre Sparquote. Die Unternehmen sehen sich ermutigt, ihre Investitionen zu steigern. Die Güterproduktion und die Einkommensentwicklung werden weiter beflügelt.

2. Phase: Hochkonjunktur (Boom)

Die zunehmende Produktion mündet in einer vollen Auslastung der Produktionskapazitäten. Kurzfristig kommt es zur Überbeschäftigung (z. B. Überstunden). Die Gewerkschaften betreiben eine expansive Lohnpolitik und das Lohnniveau steigt. Die stark gestiegene gesamtwirtschaftliche Nachfrage und die Steigerung der Lohnkosten lösen Preissteigerungen aus (Inflation). Zur Sicherung des Geldwerts erhöht die Zentralbank die Leitzinsen. In Verbindung mit der stark gesunkenen Sparneigung führt dies zu einem hohen Zinsniveau. Gelingt es den Unternehmen nicht, die gestiegenen Kosten über die Preise abzuwälzen, kommt es zu Gewinneinbußen und in der Folge zu einem Rückgang der Nachfrage nach Investitionsgütern. Die wirtschaftliche Stimmung wird skeptisch. Auch die Haushalte verringern ihre Nachfrage nach Konsumgütern.

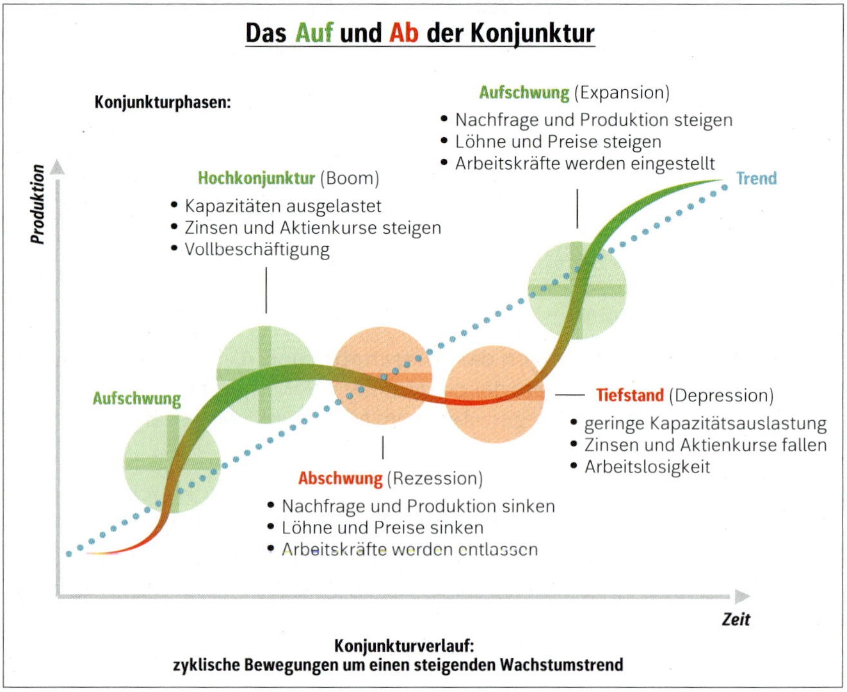

BV 1203601

3. Phase: Abschwung (Rezession)

Der Rückgang der wirtschaftlichen Aktivität verstärkt sich zunehmend. Durch die Abnahme der Investitionsgüternachfrage kommt es in diesem Bereich zu Produktionseinschränkungen und in der Folge zu Kurzarbeit und später zur Entlassung von Arbeitskräften. Die Einkommen der betroffenen privaten Haushalte sinken. Dadurch kommt es zu einem Rückgang der Konsumgüternachfrage und auch in diesem Bereich zu Produktionseinschränkungen und Entlassungen. Die Wirtschaftssubjekte sehen pessimistisch in die Zukunft. Unternehmen und Haushalte schränken ihre Investitions- bzw. Konsumgüternachfrage weiter ein. Die Sparneigung nimmt immer weiter zu. Die Lagerbestände sind hoch, die Auftragseingänge nehmen immer weiter ab. Die Gewinne schrumpfen, das Zinsniveau sinkt, die Zuwachsraten der Löhne werden geringer und das Preisniveau bleibt relativ stabil.

4. Phase: Tiefstand (Depression)

Geringe Investitionstätigkeit und geringe Konsumgüternachfrage führen zu einer Wirtschaftskrise. Die pessimistischen Zukunftserwartungen verstärken den Rückgang der gesamtwirtschaftlichen Nachfrage. Die Produktionskapazitäten sind unausgelastet, die Arbeitslosigkeit ist hoch. Lohnerhöhungen und Preissteigerungen fallen gering aus und das Zinsniveau ist niedrig. Die Wirtschaftssubjekte haben wenig Vertrauen in die Entwicklung der Wirtschaft.

■ Ursachen von Konjunkturschwankungen

Schon seit Langem wird in der Wirtschaftswissenschaft nach den Ursachen für das konjunkturelle Auf und Ab geforscht. Es sind zahlreiche Theorien entwickelt worden, die in ihren Erklärungsansätzen teilweise erheblich voneinander abweichen.

Exogene Konjunkturtheorien

Nach diesen Erklärungsansätzen sind nicht wirtschaftliche Ereignisse für Schwankungen in der gesamtwirtschaftlichen Entwicklung verantwortlich, sondern sog. **exogene Schocks**, z. B. Kriege oder Naturkatastrophen, lösen gesamtwirtschaftliche Krisen aus. Oder **positive Impulse**, z. B. die Entdeckung neuer Rohstoffvorräte oder wichtige technische Erfindungen, beflügeln die Aktivitäten in einer Volkswirtschaft.

Beispiel *Zum Jahresende 2019 prognostizierten Ökonominnen und Ökonomen für die deutsche Volkswirtschaft eine Konjunkturschwäche, aber keine Rezession. Ursache für die erwartete Wachstumsschwäche seien die schwächere Weltwirtschaft, internationale Handelskonflikte und der Brexit. Die Binnennachfrage und der Arbeitsmarkt wurden als stabil und konjunkturunterstützend eingeschätzt. In der Folge sagten die Forschungsinstitute für das Jahr 2020 ein reales Wirtschaftswachstum von ca. 1 % voraus.*

Der exogene Schock durch die Covid-19-Pandemie (Coronavirus-Pandemie) stürzt die Weltwirtschaft jedoch in eine schwere Rezession. Infolge der gesundheitlichen Schutzmaßnahmen brechen die Umsätze in vielen Branchen ein, viele Unternehmen geraten in die Insolvenz. Die Anzahl der Arbeitslosen und der Beschäftigten in Kurzarbeit steigt sprunghaft an. Konsum- und Investitionsausgaben gehen drastisch zurück. In Deutschland bricht die Wirtschaftsleistung im Jahr 2020 tatsächlich um 3,7 % ein. Die wirtschaftliche Erholung im Jahr 2021 (Wachstum des deutschen BIP um 2,6 %) wird jedoch im Jahr 2022 durch einen weiteren exogenen Schock (Ukraine-Krieg) erneut unterbrochen.

Endogene Konjunkturtheorien

Gemeinsam ist diesen Theorien, dass sie den Aufbau und die Wirkungsweise von marktwirtschaftlichen Ordnungen für die Schwankungen verantwortlich machen. Die Vielzahl dieser Erklärungsansätze kann in drei Gruppen eingeteilt werden.

Monetäre Theorien

Vertreterinnen und Vertreter der monetären Theorien gehen davon aus, dass die **Geldpolitik der Zentralbank** (vgl. S. 376 ff.) für die wirtschaftlichen Schwankungen verantwortlich ist. Stellt die Notenbank der Volkswirtschaft zu wenig Geld zur Verfügung, ist ein hohes Zinsniveau die Folge. Hohe Zinsen halten Unternehmen und Haushalte davon ab, Kredite für die Anschaffung von Investitions- und Konsumgütern aufzunehmen. Produktion und Beschäftigung sinken. Andererseits kann eine zu große Geldmenge zu einer „Überhitzung“ der Konjunktur führen. Die gesamtwirtschaftliche Nachfrage übersteigt das gesamtwirtschaftliche Angebot.

Beispiel *Die Geschäftsführung der Bürodesign GmbH fordert den Landesverband Holzindustrie und Kunststoffverarbeitung Nordrhein e. V. auf, sich öffentlich für eine moderate Erhöhung der Leitzinsen durch die Europäische Zentralbank einzusetzen. Niedrige Kreditzinsen sollen Unternehmungen zu Ersatzinvestitionen im Bereich der Geschäftsausstattung motivieren.*

Unterkonsumptionstheorien

Nach diesen Theorien **bleibt im Boom die Konsumgüternachfrage hinter der Produktion zurück**, da Lohnerhöhungen erst mit zeitlicher Verzögerung erfolgen und außerdem geringer als die Preiserhöhungen ausfallen. Somit fehlt den Konsumentinnen und Konsumenten die Kaufkraft. Die zu geringe Nachfrage auf den Konsumgütermärkten löst den Abschwung aus. Vertreterinnen und Vertreter dieser Theorie fordern deshalb in Krisenzeiten die Stärkung der Binnennachfrage durch Lohnerhöhungen.

Beispiel *Otto Land beteiligt sich an einem Warnstreik in seinem Unternehmen. Um die Arbeitskosten in Deutschland zu senken, fordert der Personalvorstand in den Verhandlungen über einen neuen Haustarifvertrag eine zweijährige Nullrunde. Wie seine Gewerkschaft ist Otto Land dagegen der Auffassung, dass jeder Euro mehr im Portemonnaie die Konsumgüternachfrage erhöhe und damit die Konjunktur belebe.*

Überinvestitionstheorien

Im Aufschwung erhöht sich aufgrund der gestiegenen Konsumgüternachfrage auch die Nachfrage nach Investitionsgütern. Es werden jedoch größere Kapazitätserweiterungen vorgenommen, als es dem späteren Dauerbedarf entspricht. Der **Abbau des Kapazitätsüberhangs** führt zu Kurzarbeit und Entlassungen und löst einen erneuten Abschwung aus. Eine Belebung der Investitionstätigkeit und damit ein erneuter Aufschwung kann z. B. durch niedrige Zinsen, Kostensenkungen oder Erschließung neuer Märkte erreicht werden.

Beispiel *Otto Land sieht sich nicht nur mit der Forderung nach einer zweijährigen Nullrunde konfrontiert. Der Vorstand der Automobilwerke verlangt darüber hinaus die Rückkehr zur 40-Stunden-Woche ohne Lohnausgleich, die Reduzierung des Weihnachtsgelds, die Abstufung von Mitarbeiterinnen und Mitarbeitern aus zu hohen Lohngruppen und die Anrechnung von Produktionsstörungen am Band auf die Pausenzeiten. Nur durch diese Kostensenkungen würden die Automobilwerke international wieder wettbewerbsfähig, sodass durch steigende Produktionszahlen die Kapazitäten besser ausgelastet werden könnten.*

Keine dieser Theorien konnte jedoch bisher eine eindeutige Erklärung für konjunkturelle Schwankungen liefern. Vielmehr kann davon ausgegangen werden, dass in der Realität verschiedene Faktoren zusammenwirken.

Zusammenfassung: Konjunkturzyklen als Wirtschaftsschwankungen ursächlich beschreiben

Konjunktur = gesamtwirtschaftliche Situation

Wirtschaftsschwankungen

- **Saisonale Schwankungen**: kurzfristig, z. B. jahreszeitlich bedingte Veränderung wirtschaftlicher Größen
- **Konjunkturelle Schwankungen**: mittelfristige Schwankungen der gesamtwirtschaftlichen Aktivität
- **Wachstumstrend**: langfristige Grundrichtung der gesamtwirtschaftlichen Entwicklung

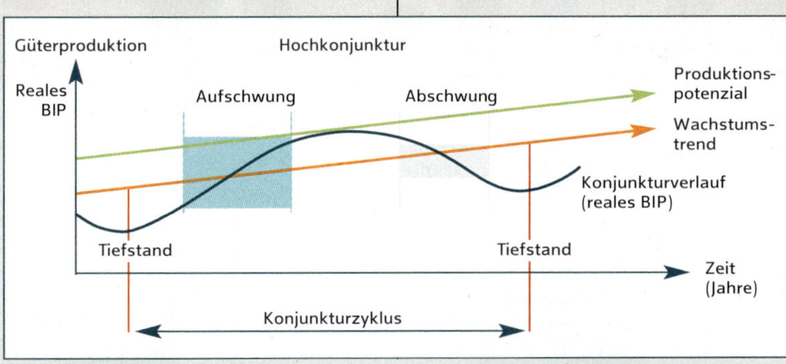

Ursachen von Konjunkturschwankungen

- Exogene Konjunkturtheorien
- Endogene Konjunkturtheorien
  - **Monetäre Theorien**
  - **Unterkonsumptionstheorie**
  - **Überinvestitionstheorie**

Aufgaben

1 *Erläutern Sie die verschiedenen Arten wirtschaftlicher Schwankungen.*

2 *Erklären Sie folgende Begriffe aus der Wirtschaft: Konjunktur, Konjunkturzyklus, Konjunkturphase. Nutzen Sie bei Bedarf das Sachwortverzeichnis am Ende des Lehrbuchs.*

3 *Informieren Sie sich über die Entwicklung des Bruttoinlandsprodukts (BIP) in der Bundesrepublik Deutschland in den letzten zehn Jahren. Greifen Sie dazu z. B. auf das im Internet veröffentlichte Datenmaterial der Deutschen Bundesbank bzw. des Statistischen Bundesamts zurück (www.bundesbank.de, www.destatis.de). Entwerfen Sie mit einem Grafikprogramm eine Darstellung, die die Entwicklung der Konjunktur veranschaulicht.*

4 *Die folgende Grafik gibt einen Überblick über die Rezessionen in Deutschland seit Gründung der Bundesrepublik Deutschland. Informieren Sie sich, z. B. mithilfe des Internets, über die jeweiligen Rezessionsjahre. Erläutern Sie für jede Rezession die Hauptursache.*

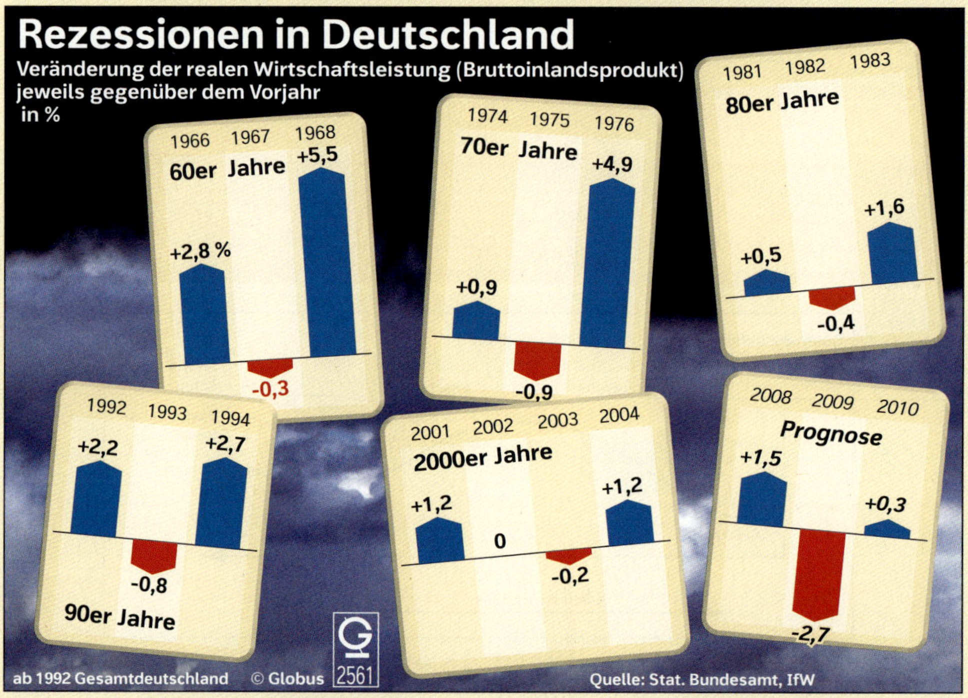

5 *Der russische Nationalökonom Nikolai Kondratieff (1892–1938) hat nachgewiesen, dass in der Weltkonjunktur lange Phasen wirtschaftlichen Aufschwungs und Niedergangs regelmäßig wiederkehrend auftreten. Diese Langzeitzyklen werden durch bahnbrechende technische Entwicklungen (Basisinnovationen) und die daraus sich ergebenden neuen wirtschaftlichen Möglichkeiten ausgelöst.*

a) *Erläutern Sie, inwiefern das folgende Schaubild diese Zusammenhänge zum Ausdruck bringt. Ermitteln Sie dabei auch die Dauer der Kondratieff-Zyklen.*

b) *Der Boom im 5. Kondratieff-Zyklus scheint in den Industrienationen (Europa, Japan, USA) überschritten zu sein. Die Informationstechnologie scheint nicht mehr der langfristige Wachstumsmotor zu sein. Erläutern Sie, welche Schlüssel- und Zukunftstechnologien Ihrer Meinung nach den 6. Kondratieff-Zyklus dominieren könnten.*

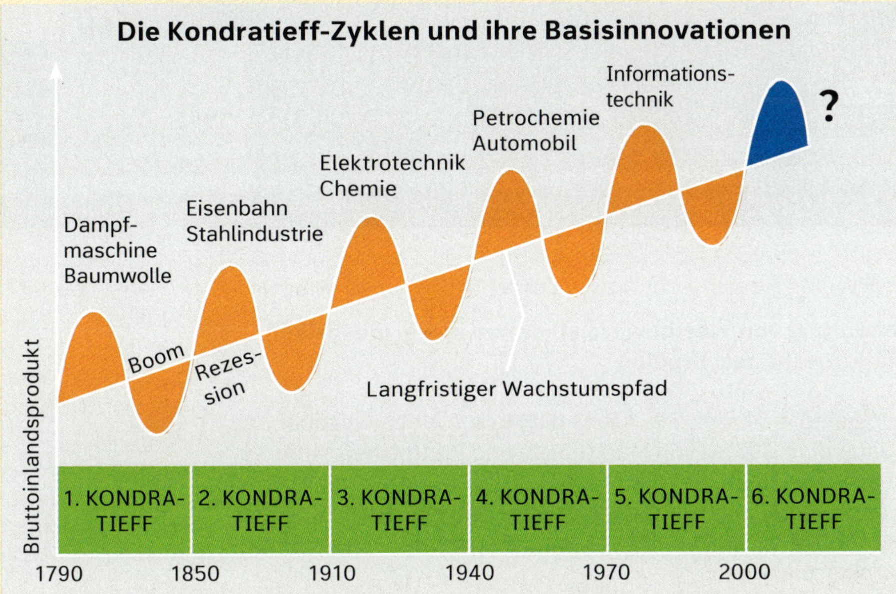

6 Erläutern Sie, welche grundsätzlichen Erkenntnisse die folgende Darstellung bezüglich des langfristigen Wachstumstrends veranschaulicht. Ermitteln Sie, z. B. mittels einer Internetrecherche, die durchschnittliche jährliche Wachstumsrate in Deutschland nach dem Jahr 2022. Erklären Sie, welche Ursachen für diese BIP-Entwicklung verantwortlich sind.

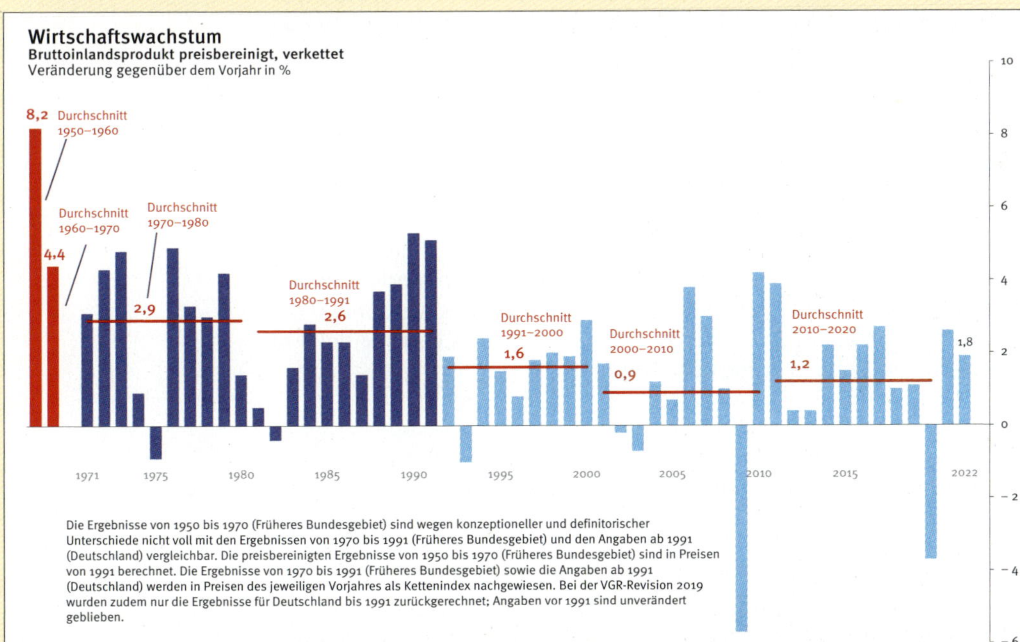

vgl. Statistisches Bundesamt: Wichtige Zusammenhänge im Überblick 2022.

7 Erläutern Sie die jeweiligen Grundgedanken exogener und endogener Konjunkturtheorien.

Handlungsfeld 4:

Absatz

1 Die Bedeutung von Wettbewerb erkennen sowie die Risiken von Marktmacht beschreiben

Im Handlungsfeld 4 werden Sie zuerst die Marktformen Oligopol und Monopol unter dem Aspekt von Marktmacht und Wettbewerb untersuchen. Danach ermitteln Sie die Preisbildung auf unvollkommenen Märkten und vergleichen unterschiedliche Wirtschaftsordnungen. Daraus werden Sie die Notwendigkeit und Auswirkungen von Wettbewerbskontrollen erkennen.

2 Einfluss des Marktgeschehens auf den Binnenmarkt des Geldes untersuchen

Im Anschluss daran vertiefen Sie das Instrument des Warenkorbes zur Ermittlung von Inflation und unterscheiden verschiedene Arten der Inflation. Anschließend problematisieren Sie den Zusammenhang von Binnen- und Außenwert einer Währung.

3 Absatzmöglichkeiten auf internationalen Märkten nutzen

Der Außenhandel hat in der Bundesrepublik Deutschland einen enormen Stellenwert, den Sie jetzt erkennen und bewerten werden. Für den internationalen Handel spielt der Euro eine wesentliche Rolle. Ohne die Entwicklung Europas zur jetzigen EU wäre die herausragende Stellung Deutschlands nicht möglich geworden. Zum Abschluss werden Sie die Ursachen und Wirkungen von Ungleichgewichten im Außenhandel und die Folgen der Globalisierung kennenlernen.

1 Die Bedeutung von Wettbewerb erkennen sowie die Risiken von Marktmacht beschreiben

1.1 Preisbildung auf unvollkommenen Märkten darstellen

Es ist einfach nicht zu glauben! Vom Erlös aus seinem Aktienverkauf plant Herr Land die Neuanschaffung eines Notebooks für zu Hause. Da ein neues Notebook nicht ganz billig ist, versteht es sich von selbst, dass er die Preise für Angebotsartikel sorgfältig vergleicht. Dabei stellt er immer wieder fest, dass die Preise weiter sinken, je länger er wartet. Kaum zu glauben, aber es ist so. Während ein ähnliches Notebook vor noch gar nicht allzu langer Zeit noch fast 2 000,00 EUR gekostet hat, bekommt man schon jetzt ein noch leistungsstärkeres Gerät für einen deutlich niedrigeren Preis. *„Wo soll das noch hinführen?"*, sagt Herr Land zu seiner Frau, als er morgens beim Frühstück die Zeitungsbeilagen für Angebotsartikel liest. *„Sei doch froh"*, sagt seine Frau. *„Bin ich ja auch, aber was glaubst du, was das gleiche Notebook kostet, wenn ich es nicht jetzt, sondern in zwei oder drei Monaten kaufe?" „Stimmt, aber dann gibt es ja vielleicht schon etwas Neues auf dem Markt." „Ganz genau. Und dann geht es wieder los mit den Preisen. Erst hoch, einige sogar völlig überteuert, und dann geht es wieder runter und runter."*

Arbeitsaufträge

- ***Beschreiben Sie die dargestellte Entwicklung von Preisen und suchen Sie nach möglichen Gründen.***
- ***Erläutern Sie, woran sich die Anbieter in einer solchen Marktsituation orientieren, wenn sie ihre eigenen Preise festlegen wollen.***
- ***Beschreiben Sie die Entwicklung von Preisen auf Märkten, in denen es zunächst eher viele Anbieter, später jedoch möglicherweise weniger Anbieter gibt.***
- ***Begründen Sie das mögliche Preisverhalten eines Unternehmens, das sich als alleiniger Anbieter auf einem Markt aufhält.***

■ Preisbildung im unvollkommenen Polypol

Im unvollkommenen Polypol steht eine Vielzahl von Anbietern einer Vielzahl von Nachfragern gegenüber. Daraus ergibt sich, wie im vollkommenen Polypol, dass jeder Marktteilnehmer nur einen sehr geringen Marktanteil hat (z. B. Bäckereien, Zeitungskioske usw.). Allerdings gelten die Bedingungen des vollkommenen Marktes nicht vollständig. So herrscht häufig keine Homogenität der Güter, weil Anbieter ihre Produkte in unterschiedlichen Varianten anbieten. Weiterhin werden durchaus Präferenzen, wie z. B. persönliche Präferenzen (Freundschaftspreise usw.) eingeräumt, um dem Wunsch des Kunden nach Individualität zu entsprechen. Außerdem fehlt zahlreichen Nachfragern ein Überblick über das Marktgeschehen, sodass auch keine Markttransparenz vorliegt.

Weil also auch im Polypol nur sehr selten die Bedingungen des vollkommenen Marktes vorliegen, spricht man in den meisten Fällen auch von polypolistischer Konkurrenz. Es versteht sich von selbst, dass es für den Anbieter nicht nur *einen* Preis (Gleichgewichtspreis) am Markt gibt, sondern dass der Anbieter einen Spielraum bei der Gestaltung seiner Preise hat. Dieser Spielraum wird anhand der unten stehenden **Preis-Absatz-Kurve** verdeutlicht.

→BWR

Die Grafik zeigt eine **doppelt geknickte** Preis-Absatz-Funktion. Sie zeigt die Nachfrage nach einem Gut aus der Sicht eines einzelnen Anbieters im Polypol. Somit handelt es sich um die individuelle Nachfragekurve dieses Anbieters.

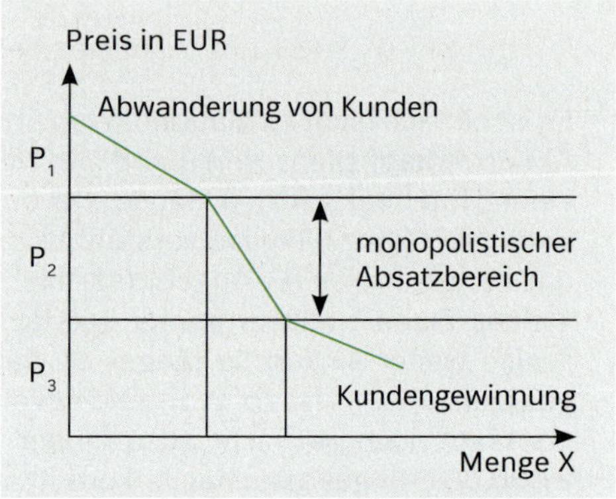

Im oberen Preisbereich P_1 muss der Anbieter befürchten, dass eine geringfügige Preiserhöhung zu einem sehr starken Rückgang der Nachfrage führt (elastischer Bereich). Die Nachfrage geht stärker zurück, als der Preis steigt (deswegen ist die Nachfragekurve in diesem Bereich so flach). Der Anbieter sollte sich also überlegen, ob er den Preis tatsächlich noch weiter erhöhen kann.

Im monopolistischen Bereich P_2 kann der Anbieter Preise relativ bedenkenlos unterschiedlich gestalten, ohne eine Abwanderung von Kunden befürchten zu müssen. Er hat in diesem Bereich einen Preisspielraum. Die Preissteigerung kann ruhig etwas stärker ausfallen, weil die Nachfrage nicht so stark zurückgeht, wie der Preis steigt (deswegen verläuft die Nachfragekurve in diesem Bereich auch so steil). Im unteren Preisbereich kann eine weitere Preissenkung dazu führen, dass der Anbieter eine starke Kundenzuwanderung hat, da die Kunden von den anderen Anbietern abgewandert sind. Leider kann der Anbieter diese zusätzliche Nachfrage nicht sofort befriedigen, da er an die Grenzen seiner Kapazität stößt. Insofern stellt auch der untere Preisbereich für ihn keinen gesonderten Vorteil dar.

Die doppelt geknickte Preis-Absatz-Kurve zeigt, dass nur ein Preis **innerhalb des monopolistischen Absatzbereichs** für den Anbieter sinnvoll ist, weil er hier über eine relative Freiheit in der Preisgestaltung verfügt. Weder der obere noch der untere Preisbereich verschaffen ihm den gewünschten Erfolg.

■ Preisbildung auf oligopolistischen Märkten

Stehen auf einem Markt einige wenige, relativ große Anbieter einer Vielzahl von Verbraucherinnen und Verbrauchern gegenüber, so spricht man von einem Oligopol. Anders als im Polypol ist der Marktanteil des Anbieters im Oligopol so groß, dass er die anderen Anbieter durch sein Verhalten beeinflussen kann. Ändert er seinen Preis, so werden höchstwahrscheinlich auch die übrigen Anbieter ihre Preise ändern. Somit hängt die Preispolitik im Oligopol nicht nur vom Verhalten der Nachfrager, sondern ebenfalls vom Verhalten jedes anderen Anbieters ab.

Das Oligopol ist praktisch in jedem Wirtschaftsbereich zu finden. Zahlreiche Branchen sind heutzutage oligopolistisch geprägt und werden somit von einigen wenigen Unternehmen dominiert, die über eine bisweilen große Marktmacht verfügen (z. B. in der Automobil-, Stahl- und Pharmaindustrie). So groß die Marktmacht dieser Oligopolisten jedoch auch sein mag, sie sind in ihrer Preispolitik nicht frei und müssen sich stets an der Preispolitik der Konkurrenten orientieren.

Beispiel *Im Rahmen einer wöchentlichen Verkaufsaktion bietet ALDI einen PC für 999,00 EUR an. Der Hauptkonkurrent LIDL beabsichtigt, bei seiner nächsten Verkaufsaktion ebenfalls einen PC anzubieten. Allerdings darf LIDL den PC nicht merklich teurer anbieten, sondern muss den Preis von ALDI wahrscheinlich – geringfügig – unterbieten. Auch die übrige Konkurrenz wird sich bei den Preisen für Aktionsartikel an den Preisen von ALDI orientieren müssen. Insofern wird der „Stärkste unter den Starken" zum Preisführer.*

Besonders deutlich ist die Preispolitik im Oligopol am Beispiel des Mineralölmarktes zu erkennen. So wird der Mineralölmarkt von sehr wenigen Anbietern dominiert, die den Treibstoff für Millionen von Verbraucherinnen und Verbrauchern anbieten. Senkt einer dieser Anbieter – z. B. aufgrund der Erhöhung der Rohölförderung – den Benzinpreis, so werden die übrigen Anbieter nur wenig später reagieren und ihren Benzinpreis entsprechend anpassen, sodass der Preis letztlich überall gleich ist. Der Grund für dieses Verhalten liegt darin, dass die übrigen Anbieter ihre Preise entsprechend anpassen **müssen**. Würden sie auf den Preisvorstoß des ersten Anbieters nicht reagieren, könnte es passieren, dass sie ihren Absatz verlieren. Bei jeder Preissenkung muss der Oligopolist also berücksichtigen, dass die übrigen Oligopolisten ihre Preise bald ebenfalls senken werden. Für diese geht ein Teil der erhofften Wirkung durch eine Preissenkung natürlich verloren. Der erhoffte Anstieg des Absatzes ist nur kurzfristiger Natur und verteilt sich – kaum, dass die Konkurrenten nachgezogen haben – auf die übrigen Anbieter.

Eine Erhöhung des Preises im Oligopol hätte eine gegenteilige Wirkung. Wenn ein Oligopolist seine Preise – z. B. aufgrund hoher Kosten in seinem Unternehmen – anhebt, so wird sein Absatz deutlich zurückgehen, während der Absatz seiner Konkurrenten zunehmen wird. Somit stellt die Preiserhöhung für den Oligopolisten ein hohes wirtschaftliches Risiko dar. Das erklärt, warum beispielsweise im Einzelhandel mit Lebensmitteln das Preisniveau tendenziell niedrig ist.

Beispiel *Wenige große Einzelhandelskonzerne teilen sich den Lebensmittelmarkt (z. B. EDEKA, Rewe, ALDI, LIDL) und verfügen somit über große Marktanteile. Preiserhöhungen führen – wie erwähnt – zu Absatzverlusten. Somit besteht eher die Tendenz, die Preise für Lebensmittel zu senken oder niedrig zu halten, um keine Marktanteile an die Konkurrenz zu verlieren. Allerdings kann dieses Verhalten auch dazu führen, dass die Preise im Wettbewerb immer weiter gesenkt werden (ruinöser Preiswettbewerb), bis einer der Oligopolisten nicht mehr mithalten kann und ausscheidet. Verbleiben zuletzt nur noch zwei bedeutende Anbieter, so entstehen verstärkt monopolistische Tendenzen (z. B. durch Absprachen).*

Arten der Oligopole

Zwar versteht man unter einem Oligopol eine Marktform mit wenigen Anbietern und vielen Nachfragern, doch ist nicht ganz klar, was genau mit „wenigen" Anbietern gemeint ist. Aus diesem Grund unterscheidet man zwischen engen und weiten Oligopolen.

Enges Oligopol

In einem engen Oligopol befinden sich nur **sehr wenige** Anbieter auf dem Markt, die aufgrund ihres hohen Marktanteils die Möglichkeit haben, den Wettbewerb extrem einzuschränken oder sich gegenseitig zu ruinieren. Im extremen Fall spricht man sogar von einem **Duopol**. Hierbei gibt es nur **zwei** Anbieter, die durchaus in der Lage sind, den Wettbewerb praktisch auszuschalten. Dies geschieht auf zweierlei Weise: Entweder man lässt sich auf einen ruinösen Preiskampf ein, an dessen Ende nur noch ein Anbieter übrig bleibt, oder man spricht sich untereinander ab und schaltet den Wettbewerb auf diese Weise praktisch aus. Aus beiden Fällen resultiert am Ende eine monopolartige Situation.

Weites Oligopol

In einem weiten Oligopol bestehen die Gefahren des engen Oligopols nicht, weil die Zahl der Anbieter größer ist. So besitzen alle Anbieter zwar einen respektablen Marktanteil, sind jedoch nicht so leicht in der Lage, sich so weit gegenseitig zu beeinflussen, dass der Wettbewerb durch Absprachen oder ruinöse Preiswettbewerbe ausgeschaltet wird. Auf diese Weise wird der **Wettbewerb beflügelt**, laufender technischer Fortschritt kann eine flexible Anpassung an veränderte Wettbewerbsbedingungen mit sich bringen und der Markt erfährt eine viel positivere Entwicklung für Verbraucherinnen und Verbraucher sowie Anbieter. In diesem Fall spricht man von „funktionsfähigem Wettbewerb".

Oligopolistische Strategien

Der Oligopolist versucht durch den Einsatz unterschiedlicher Preisstrategien, den Markt entscheidend zu beeinflussen. Allerdings muss er damit rechnen, dass die Konkurrenz nachzieht und ihrerseits ebenfalls versucht, den Markt für ihre Zwecke zu beeinflussen. Man unterscheidet zwei Strategien im Oligopol:

Marktverdrängung

Durch permanente Wettbewerbsvorstöße versucht der Oligopolist, seine Konkurrenten zu überflügeln. Dies geschieht i. d. R. durch kurzfristige drastische Preissenkungen. Das Ziel derartiger Maßnahmen ist die schnelle Gewinnung von Marktanteilen unter Ausschaltung der Konkurrenz. Im günstigsten Fall kann diese Strategie die Kreativität der Konkurrenz zugunsten des Nachfragers beflügeln. Im ungünstigsten Fall führt dies zu gegenseitigen ruinösen Preiskämpfen, die mit dem Ausscheiden von Anbietern enden, die in dieser Konkurrenz nicht mithalten können.

Parallelverhalten

Um sich nicht gegenseitig zu verdrängen, sind zahlreiche Oligopolisten bestrebt, sich nicht durch Preiskämpfe zu ruinieren. Vielmehr zeigen sie gemeinsames Vorgehen am Markt, indem sie ihre Maßnahmen aufeinander abstimmen. So orientieren sie sich häufig an einem „Preisführer“, dessen Maßnahmen sie übernehmen (z. B. Tankstellen-Markt). Auf diese Weise sichern sie gegenseitig ihre Existenz. Für den Wettbewerb kann dieses Verhalten sehr schädlich sein, weil der Markt nicht mehr genügend innovationsfähig ist („Schlafmützenkonkurrenz“).

Zudem wird hinter der gegenseitigen Orientierung an den Preisen der Konkurrenz im Oligopol stets Kartellverhalten vermutet. Ein **(Preis-)Kartell** läge vor, wenn die Anbieter in geheimer Absprache die Preise für Treibstoff festlegen würden. Auf diese Weise könnten sie durch willkürliches gemeinsames Anheben oder Senken der Preise dafür sorgen, dass kein Wettbewerber in den aufgeteilten Markt eindringt, ohne dass sie dabei selbst Marktanteile verlieren. Der Wettbewerb wäre auf diese Weise praktisch ausgeschaltet. Dieses Verhalten wird vom Bundeskartellamt regelmäßig beobachtet.

Die Schwierigkeiten des Oligopolisten, Preise festzusetzen, werden nachfolgend erläutert. Die Grafik zeigt eine **einfach geknickte** Preis-Absatz-Funktion, anhand welcher man erkennen kann, dass das Preisverhalten des Oligopolisten häufig von **Starrheit** geprägt ist. Die Preis-Absatz-Funktion zeigt die Nachfrage nach einem Gut aus der Sicht eines einzelnen Anbieters. Somit ist die nebenstehende Preis-Absatz-Funktion die individuelle Nachfragefunktion eines Anbieters im Oligopol.

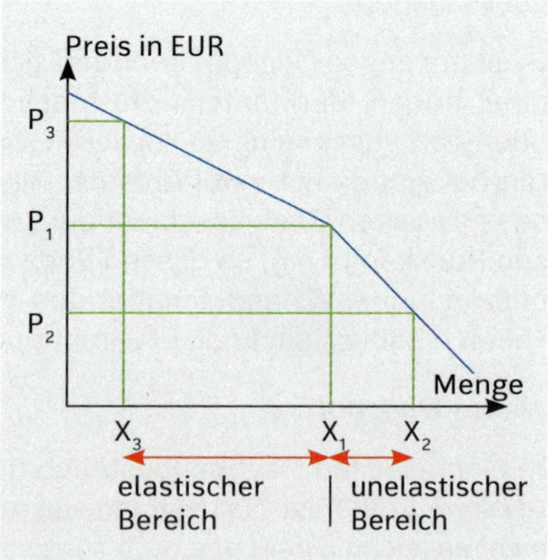

Angenommen, der Oligopolist setzte den Preis von P_1 auf P_2 herunter, so würde die nachgefragte Menge von X_1 auf X_2 ausgeweitet. Man erkennt, dass der Preis stärker gesenkt wurde, als die Nachfrage ausgeweitet wurde. Folglich hat die Nachfrage starr reagiert. Der Grund dafür liegt darin, dass der Oligopolist mit seiner Preissenkung nicht allein bleibt. Die anderen Oligopolisten werden ihm bei seiner Preissenkung folgen. Die durch die Preissenkung insgesamt ausgelöste Ausweitung der Nachfrage wird somit gleich auf mehrere Oligopolisten verteilt.

Für den Oligopolisten wird sich die Preissenkung im obigen Beispiel also nicht lohnen, weil nicht nur der Absatz zu schwach ansteigt, sondern weil auch sein Gewinn sinken wird. Schließlich bleiben seine Kosten gleich oder sie steigen sogar an. Der zu schwache Absatzanstieg kann also nicht dafür sorgen, dass der Gewinn erhalten bleibt.

Wenn der Oligopolist hingegen den Preis für das Gut von P_1 auf P_3 erhöht, so werden ihm die übrigen Oligopolisten höchstwahrscheinlich nicht folgen. Aus diesem Grund muss der Oligopolist alleine mit einem starken Absatzrückgang von X_1 auf X_3 rechnen, während der Absatz der übrigen Anbieter im Oligopol steigen wird.

Das Beispiel zeigt, dass es sich für Oligopolisten oftmals überhaupt nicht lohnt, Preiswettbewerbe auszutragen, wenn man sich nicht auf **ruinöse Preiskämpfe** einlassen will. Vielmehr findet der Wettbewerb zwischen Oligopolisten als Qualitätswettbewerb statt. Weil Preissenkungen oftmals nicht den gewünschten Erfolg bringen, versuchen Oligopolisten häufig, durch neue oder verbesserte Produkte den Kunden zum Kauf zu bewegen.

■ Preisbildung auf monopolistischen Märkten

Eigentlich kann der Monopolist jeden beliebigen Preis für ein Gut fordern, schließlich muss er ja keine Konkurrenz durch andere Anbieter fürchten. Allerdings muss er bei seinen Preisforderungen die Reaktionen der Nachfrager in Betracht ziehen, denn wenn er einen allzu hohen Preis fordert, könnte es passieren, dass die Nachfrager das Gut **überhaupt nicht mehr** kaufen. Folglich muss sich der Monopolist zunächst mit seiner Absatzsituation auseinandersetzen, bevor er seine Preise festlegt. Zu diesem Zweck betreibt er Marktforschung und ermittelt, welche Menge er bei bestimmten Preisforderungen absetzen **könnte**. Auf diese Weise stellt er fest, dass mit steigenden Preisen weniger abgesetzt wird, während mit sinkenden Preisen mehr abgesetzt wird. Auf der Grundlage seiner Marktforschung ermittelt er alle Preis-Mengen-Kombinationen, die für ihn denkbar sind, und bildet daraus seine Preis-Absatz-Funktion.

Menge (x) Stück	Preis (p) EUR
0	20,00
10	18,00
20	16,00
30	14,00
40	12,00
50	10,00
60	8,00
70	6,00
80	4,00
90	2,00
100	0,00

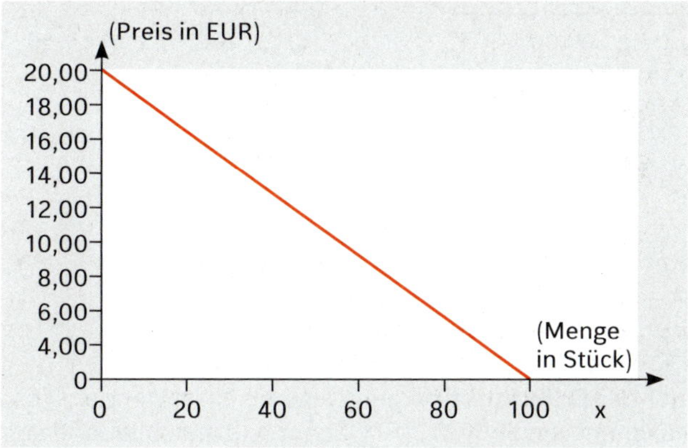

Die obige Tabelle zeigt dem Monopolisten, dass er z. B. den Preis um 2,00 EUR von 18,00 EUR auf 16,00 EUR senken müsste, wenn er den Absatz von 10 auf 20 Stück anheben will, und dass er den Preis um weitere 2,00 EUR von 16,00 EUR auf 14,00 EUR senken müsste, um den Absatz von 20 auf 30 Stück anzuheben, usw. Die daraus abgeleitete Preis-Absatz-Funktion lautet also:

$p = -0{,}2x + 20$

→MATH Damit weiß der Monopolist jedoch noch nicht, welche Preis-Mengen-Kombination für ihn die wirtschaftlich sinnvollste ist. Er wird sicherlich einen Preis anstreben, bei dem er einen maximalen Gewinn erzielt. Zu diesem Zweck muss man also die erzielbaren Erlöse betrachten. Der Erlös (E) ist definiert als:

$E = p \cdot x$

Erweitert man die Erlösfunktion um die Preis-Absatz-Funktion, so erhält man:

$E = (-0{,}2x + 20)x$ oder $E = -0{,}2x2 + 20x$

Setzt man in die obige quadratische Gleichung für x die verschiedenen möglichen Absatzmengen ein, so erhält man folgende Erlöse:

Menge (x) Stück	**Preis (p) EUR**
0	0,00
10	180,00
20	320,00
30	420,00
40	480,00
50	500,00
60	480,00
70	420,00
80	320,00
90	180,00
100	0,00

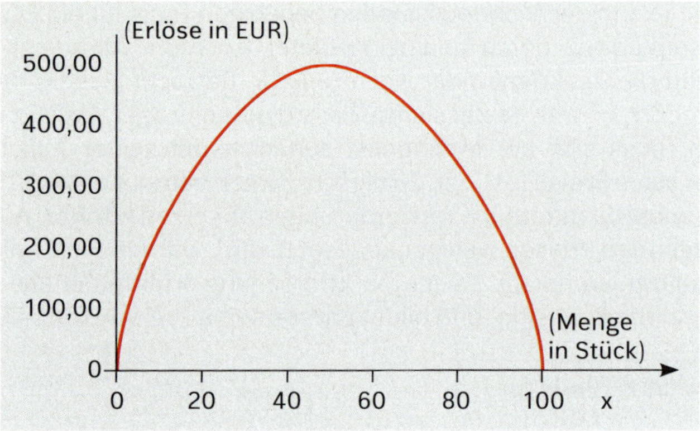

→BWR Der Verlauf der **Erlösfunktion** zeigt, dass bei steigenden Absatzmengen der Erlös zunächst auf ein Maximum von 500,00 EUR wächst und anschließend sogar bis auf 0,00 EUR abfällt. Um nun den Preis ermitteln zu können, bei dem auch sein Gewinn maximal ist, muss der Monopolist auch den Verlauf der Kosten beachten. Für das vorliegende Beispiel soll ein linearer Gesamtkostenverlauf angenommen werden, für den die fixen Gesamtkosten (K_f) = 140,00 EUR betragen und die variablen Stückkosten (k_v) sich auf 4,00 EUR belaufen. Die Kostenfunktion ist definiert als:

$K = kv \cdot x + K_f$

Die Gewinnfunktion (G) hingegen ist definiert als:

$G = E - K$

Setzt man nun in die Kostenfunktion für x die Mengen ein, so erhält man:

Menge (x) Stück	Preis (p) EUR	Erlöse (E) EUR	Kosten (K) EUR	Gewinn (G) EUR
0	20,00	0,00	140,00	– 140,00
10	18,00	180,00	180,00	0,00
20	16,00	320,00	220,00	100,00
30	14,00	420,00	260,00	160,00
40	12,00	480,00	300,00	180,00
50	10,00	500,00	340,00	160,00
60	8,00	480,00	380,00	100,00
70	6,00	420,00	420,00	0,00
80	4,00	320,00	460,00	– 140,00
90	2,00	180,00	500,00	– 320,00
100	0,00	0,00	540,00	– 540,00

Man erkennt, dass der Monopolist bei einer Absatzmenge von 0 bis 10 Stück Verlust macht. Erst ab einem Absatz von 10 Stück macht er Gewinn, da die Erlöse genau die Kosten decken. Bei Erlösen zwischen 10 und 70 Stück sind die Erlöse größer als die Kosten, wobei das Gewinnmaximum bei einer Absatzmenge von 40 Stück liegt. Betreibt der Monopolist Gewinnmaximierung, wird er folglich eine Menge x_0 von 40 Stück zu einem Preis von 12,00 EUR anbieten, weil zu diesem Preis der höchste Gewinn zu erwarten ist. Dieser Zusammenhang kann auch grafisch dargestellt werden.

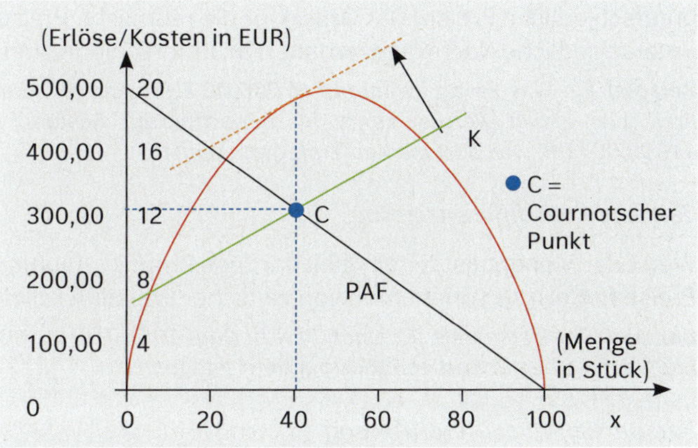

Zu diesem Zweck trägt man die Preis-Absatz-Funktion, die Erlösfunktion und die Kostenkurve in die Grafik ein. Anschließend verschiebt man die Kostenkurve parallel nach oben, bis sie die Erlösfunktion berührt. An diesem Punkt ist die Differenz zwischen Erlös und Kosten am größten. Bildet man diesen Punkt nun auf der Preis-Absatz-Funktion ab, so erhält man die gewinnmaximale Menge und den gewinnmaximalen Preis. Man bezeichnet diese Stelle auch als **Cournotscher Punkt** (nach dem französischen Ökonom Antoine-Augustin Cournot).

Preisdifferenzierung auf monopolistischen Märkten

Bislang wurde bei der Bestimmung des maximalen Gewinns im Monopol von den Bedingungen eines vollkommenen Marktes ausgegangen. Es handelte sich um ein gleichartiges Gut, das nur zu einem einheitlichen Preis abgesetzt werden konnte, es wurden keine persönlichen oder räumlichen Präferenzen eingeräumt und der Markt war für alle Marktteilnehmer transparent. In der Realität existiert dieser Markttyp des vollkommenen Monopols jedoch nur sehr selten, weil Nachfrager eben doch nicht über eine vollständige Markttransparenz verfügen oder weil sie sich bei ihren Einkäufen häufig von persönlichen Präferenzen leiten lassen. Aus diesen Gründen versucht der Monopolist, den Gesamtmarkt in Teilmärkte aufzuspalten (Marktsegmentierung). Er bildet Gruppen von Nachfragern, die ein bestimmtes Nachfrageverhalten an den Tag legen, und bietet auf diesen Teilmärkten die gleiche Ware zu unterschiedlichen Preisen an. Diese Art der
→BWR
Aufteilung in Marktsegmente nennt man **Preisdifferenzierung**. Für den Monopolisten ist die Preisdifferenzierung durchaus lohnend, weil er die produzierte Menge auf diese Weise nicht zu einem einheitlichen Preis absetzen muss, sondern seine Preise, abhängig vom Nachfrageverhalten der Teilmärkte, sehr unterschiedlich gestalten kann.

Beispiel *In Norddeutschland verfügen die Nachfrager durchschnittlich über weniger Kaufkraft als in Süddeutschland. Der Monopolist weiß folglich, dass er in Süddeutschland deutlich höhere Preise verwirklichen kann als in Norddeutschland. Auf diese Weise schöpft er unter Berücksichtigung des unterschiedlichen Nachfrageverhaltens mit sorgfältig überlegten Preisen den maximalen Erlös in unterschiedlichen Marktsegmenten ab. Da die Produkte jedoch zu identischen Produktionskosten hergestellt wurden, steigert der Monopolist durch die maximale Abschöpfung des Erlöses zusätzlich noch den Gewinn.*

Grundsätzlich unterscheidet man folgende **Arten der Preisdifferenzierung**:
- räumliche Preisdifferenzierung
- zeitliche Preisdifferenzierung
- personelle Preisdifferenzierung
- mengenmäßige Preisdifferenzierung
- verdeckte Preisdifferenzierung

Räumliche Preisdifferenzierung

Wie im obigen Beispiel bereits beschrieben, fordert der Monopolist an unterschiedlichen Orten unterschiedliche Preise. Der Grund für die räumliche Preisdifferenzierung ist das bisweilen sehr unterschiedliche Nachfrageverhalten an unterschiedlichen Orten.

Beispiel *Ein Pkw kostet im Inland 15 000,00 EUR, weil die Kaufkraft entsprechend hoch ist und dieser Preis hier erzielt werden kann. Im benachbarten Ausland hingegen kostet der gleiche Pkw nur 14 000,00 EUR, weil dort die Kaufkraft geringer ist.*

Zeitliche Preisdifferenzierung

Wenn der Monopolist für ein gleichartiges Produkt zu unterschiedlichen Zeiten unterschiedliche Preise fordert, so spricht man von zeitlicher Preisdifferenzierung.

Beispiel *Der Listenpreis für einen Pkw beträgt 16 000,00 EUR. Während der Einführungsphase erhalten Frühkäufer einen Rabatt von 15 % auf den Listenpreis.*

Personelle Preisdifferenzierung

Hierbei werden gleiche Güter an unterschiedliche Personen zu unterschiedlichen Preisen verkauft. Beispiele hierfür gibt es vor allen Dingen im öffentlichen Nahverkehr oder anderen öffentlichen Einrichtungen (Schülertarife, Tarife für Zivildienstleistende usw.). Aber auch im Unternehmensbereich sind personelle Preisdifferenzierungen durchaus bekannt.

Beispiel *Ein Lieferant verkauft seine Ware zu einem einheitlichen Preis an Großhändler weiter. Mit dem Geschäftsführer einer dieser Großhändler ist er jedoch befreundet und verkauft die Ware zu einem günstigeren Preis.*

Mengenmäßige Preisdifferenzierung

Hierunter versteht man, dass für unterschiedliche Nachfragemengen unterschiedliche Preise gefordert werden.

Beispiel *Ein Anbieter räumt seiner Kundschaft einen Rabatt bei Abnahme größerer Mengen ein (z. B. Mengenrabatt).*

Verdeckte Preisdifferenzierung

Manchmal ist der Grund für eine Preisdifferenzierung nicht offen zu erkennen. Durch geringfügige Unterschiede in der Aufmachung, dem Design oder der Zutatenliste soll Verbraucherinnen und Verbrauchern suggeriert werden, es handele sich – trotz gewisser Ähnlichkeiten – um stark unterschiedliche Produkte, die einen Preisunterschied rechtfertigen. Für den Anbieter ist diese Form der Preisdifferenzierung häufig sehr erfolgreich, weil die Verbraucherinnen und Verbraucher den Grund für die bisweilen sehr unterschiedlichen Preise nicht nachvollziehen können. Folglich neigen sie tendenziell dazu, den unterschiedlichen Preis als Maßstab für unterschiedliche Qualität anzusehen, obwohl es sich um ähnliche bis gleiche Produkte handelt.

Zusammenfassung: Preisbildung auf unvollkommenen Märkten darstellen

Preisbildung im unvollkommenen Polypol

- Im unvollkommenen Polypol haben die einzelnen Anbieter nur einen sehr kleinen Marktanteil, aber sie betreiben untereinander **Wettbewerb** (polypolistische Konkurrenz).
- Die Preisbildung im unvollkommenen Polypol gibt dem einzelnen Anbieter einen **Preisspielraum**: Im oberen Preisbereich muss der Anbieter mit einem starken Rückgang der Nachfrage rechnen, im unteren Preisbereich besteht die Gefahr, dass der einzelne Anbieter einen zu starken Kundenzulauf hat, sodass er die Nachfrage nicht ausreichend bedienen kann. Im mittleren (monopolistischen) Preisbereich kann er die Preise bedenkenlos variieren, ohne mit Abwanderung der Kundschaft rechnen zu müssen (doppelt geknickte Preis-Absatz-Funktion).

Preisbildung im Oligopol

- Senkt ein Oligopolist seine Preise, so werden wahrscheinlich auch die übrigen Oligopolisten ihre Preise senken.
- Erhöht ein Oligopolist seine Preise, so kann es passieren, dass er einen großen Teil seines Absatzes verliert.
  Marktverdrängung: Durch Wettbewerbsvorstöße will man die Konkurrenz überflügeln und vom Markt verdrängen (Gefahr ruinöser Preiskämpfe). **Parallelverhalten:** Durch gemeinsames Vorgehen und Abstimmung bei der Preispolitik sichern Oligopolisten gegenseitig ihre Existenz („Schlafmützenkonkurrenz").
- **Preiskämpfe lohnen** sich für den Oligopolisten häufig nicht, weil sie meistens mit hohen Verlusten oder gar ruinös enden. Vielmehr findet der Wettbewerb zwischen Oligopolisten als Qualitätswettbewerb statt.
- **Senkt der Oligopolist den Preis** für ein Gut, besteht die Gefahr, dass auch andere Oligopolisten ihren Preis senken. Die Nachfrage würde nicht so stark zunehmen, wie der Oligopolist es gehofft hat. Die Preissenkung hätte sich nicht gelohnt.
- **Erhöht der Oligopolist den Preis** für ein Gut, werden ihm die übrigen Oligopolisten sehr wahrscheinlich nicht nachfolgen. Seine Nachfrage wird somit stark zurückgehen und die Nachfrage der anderen Oligopolisten wird steigen.

Preisbildung im Monopol

- Der Monopolist ist bei seiner Preisgestaltung weitgehend frei. Allerdings muss er auch die Reaktionen der Nachfrager berücksichtigen. Würde er seine Preise zu hoch ansetzen, bestünde die Gefahr, dass überhaupt nicht mehr nachgefragt wird.
- Der Monopolist wird für sein Gut einen Preis fordern, bei welchem er einen **maximalen Gewinn** erzielt.
- Der gewinnmaximale Preis liegt dort, wo die **Differenz zwischen Verkaufserlösen und Kosten** am größten ist.

Der Monopolist teilt den Gesamtmarkt in **Teilmärkte (Marktsegmente)** auf, die ein ähnliches Nachfrageverhalten zeigen. Auf diesen Teilmärkten bietet er die gleiche Ware zu unterschiedlichen Preisen an. Auf diese Weise passt er sich sehr gut an das Nachfrageverhalten auf diesen Teilmärkten an **(Preisdifferenzierung)**. Man unterscheidet:

- räumliche Preisdifferenzierung,
- zeitliche Preisdifferenzierung,
- personelle Preisdifferenzierung,
- mengenmäßige Preisdifferenzierung,
- verdeckte Preisdifferenzierung.

Aufgaben

1 *Beschreiben Sie, wodurch sich die Preisbildung im vollkommenen Polypol von der Preisbildung im unvollkommenen Polypol unterscheidet.*

2 *Erläutern Sie die doppelt geknickte Preis-Absatz-Funktion und beschreiben Sie die Bedeutung des monopolistischen Preisspielraums. Wählen Sie nach Möglichkeit Beispiele aus der Realität.*

3 *Bislang hatte die Bürodesign GmbH bei Notebookauflagen eine Preis-Absatz-Funktion mit folgenden Preis-Mengen-Kombinationen:*

Preis (EUR)	35,00	27,00
Menge (x)	1 100	1 900

Durch den Eintritt des Mitbewerbers OFFICE OPTIMA entsteht jedoch eine eng oligopolistische Situation. Nun konkurriert die Bürodesign GmbH mit OFFICE OPTIMA um Kundschaft. Der Wettbewerber setzt einen Preis fest, der niedriger als derjenige der Bürodesign GmbH ist. Mithilfe von Marktforschung kommt OFFICE OPTIMA zu folgenden Preis-Mengen-Kombinationen:

Preis (EUR)	33,00	29,00
Menge (x)	1 100	1 900

a) Erfassen Sie jeweils beide Preis-Mengen-Kombinationen in der nachfolgenden Grafik. Markieren Sie die aufgrund der Wettbewerbssituation entstandene einfach geknickte Preis-Absatz-Funktion des Oligopols und begründen Sie, welcher Preis letztendlich aus dieser Situation resultieren könnte.

b) Erklären Sie, warum der Preiswettbewerb im engen Oligopol immer eine Tendenz zum Monopol hat.

c) Berechnen Sie – auf zwei Stellen nach dem Komma – die Preiselastizität der Nachfrage bei einer Preissenkung von 31,00 EUR auf 30,00 EUR sowohl für den monopolistischen Fall als auch für den oligopolistischen Fall.

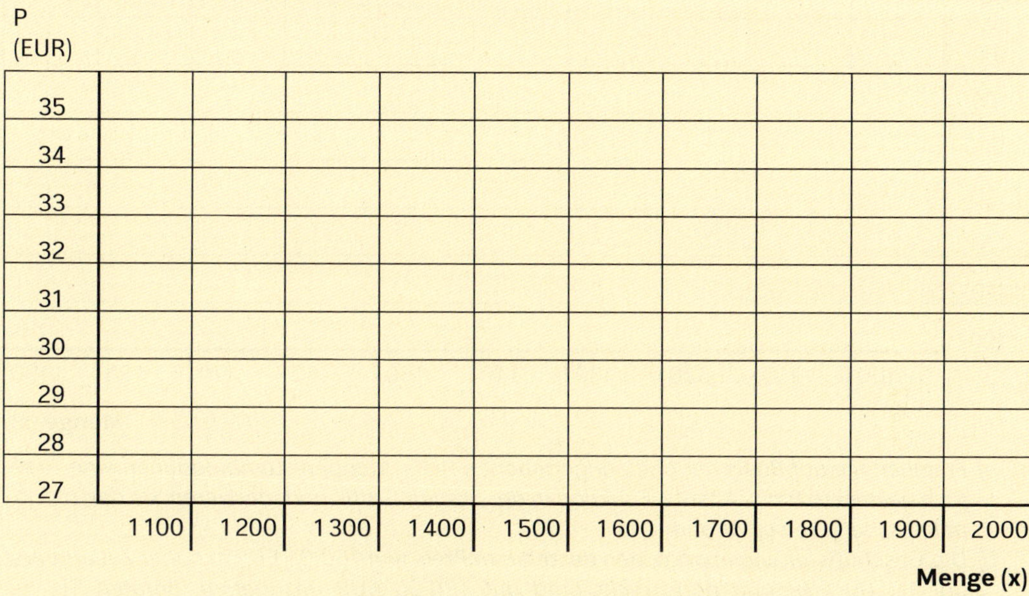

4 *Beschreiben Sie mögliche Konsequenzen, wenn Oligopolisten sich nach dem Wettbewerbsvorstoß eines Mitbewerbers auf einen Preiskampf einlassen, und begründen Sie, warum Oligopolisten trotz relativer Marktmacht häufig nicht frei in ihrer Preisgestaltung sind, sondern sich an die übrigen Oligopolisten anpassen müssen.*

5 *Schon seit geraumer Zeit produziert die Bürodesign GmbH unverändert Weißwandtafeln (Whiteboards) als Präsentationsmedien für Unternehmen, Schulen und Kindergärten. Der Vertrieb erfolgte bislang über den traditionellen Facheinzelhandel. War die Bürodesign GmbH über lange Zeit führender Hersteller von Whiteboards, entwickelte sich über die Jahre ein immer größerer Wettbewerb aufgrund des Eintritts zahlreicher Wettbewerber. Aus einem Oligopol entwickelte sich bald ein polypolistischer Markt, in welchem die Bürodesign GmbH für Whiteboards Preis-Absatz-Kombinationen erzielt, die zu nachfolgender Preis-Absatz-Funktion führen.*

Preis (EUR)	Menge (Stück)
180	100
170	120
110	150
100	180

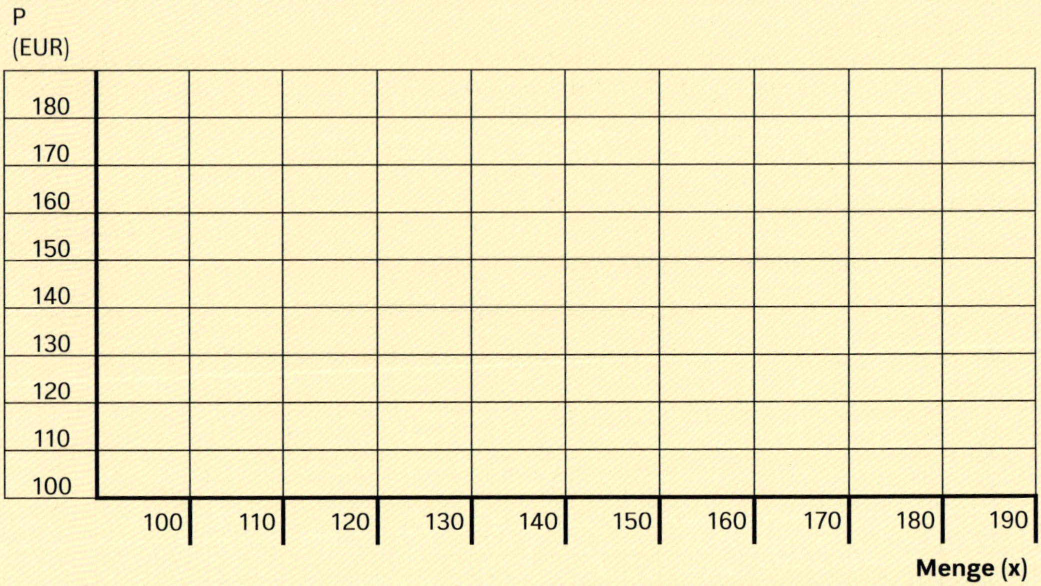

a) Erstellen Sie auf Basis der oben angegebenen Preis-Mengen-Kombinationen eine zweifach geknickte Preis-Absatz-Funktion in der obigen Grafik und markieren Sie den monopolistischen Preisspielraum.

b) Die Geschäftsleitung erwägt, den derzeitigen Preis von 160,00 EUR in naher Zukunft erst auf 170,00 EUR und dann recht bald auf 180,00 EUR anzuheben. Beraten Sie die Geschäftsführung unter Ermittlung der daraus resultierenden Preiselastizität der Nachfrage (also nur die Anhebung von 170,00 EUR auf 180,00 EUR).

6 *Ein Angebotsmonopolist hat anhand von Marktuntersuchungen folgende Preis-Absatz-Funktion ermittelt: PAF = $-0{,}1x + 10$. Eine interne Untersuchung der Kosten hat ergeben, dass die variablen Stückkosten 1,50 EUR betragen, während sich die Fixkosten auf 50,00 EUR belaufen. Die daraus abgeleitete Kostenfunktion lautet folglich: $K = 1{,}5x + 50$.*

a) Ermitteln Sie tabellarisch für eine Menge von 0 bis 100 Stück (in 10er-Schritten) bei sinkenden Preisen von 10,00 EUR bis 0,00 EUR den gewinnmaximalen Preis.

b) Erstellen Sie anschließend eine grafische Lösung zur Ermittlung des gewinnmaximalen Preises.

Menge in Stück	Preis in EUR	Erlös in EUR	Kosten in EUR	Gewinn in EUR
0	10,00	...		
10	9,00	...		
20	8,00	–		

1.2 Die Auswirkungen von Marktmacht erkennen

Herr Stein von der Bürodesign GmbH trifft sich mit dem Geschäftsführer der MÖBLA GmbH, Herrn Finke, in einem Hotel. *„Natürlich weiß ich, dass das rechtlich riskant ist, Herr Finke, aber was kann man tun?" „Also, mir ist nicht ganz wohl bei der Sache. Es ist keine kleine Sache, Preise abzusprechen." „Es muss ja keiner merken, Herr Finke. Bedenken Sie doch, was wir dann gemeinsam erreichen würden. Wir hätten den Markt in der Hand." „Ja, und was haben wir dann davon? Wir müssten immer mit der Sorge leben, dass unsere Absprachen auffliegen. Und dann?"* Herr Stein hält dagegen: *„Kommen Sie mir doch nicht moralisch, Herr Finke. Auf dem Büromöbelmarkt herrscht ein Hauen und Stechen. Und wenn Sie mich direkt fragen, möchte ich lieber derjenige sein, der zusticht." „... und andere dabei aus dem Weg räumt, was?"* Herr Stein merkt, dass er bei Herrn Finke auf Granit stößt. Zu groß sind die Sorgen des MÖBLA-Geschäftsführers vor einer Aufdeckung der Absprache. Im Grunde genommen denkt Herr Stein ja genauso, aber er macht sich Sorgen wegen der harten Wettbewerbsbedingungen. Und da möchte er lieber die Risiken beseitigen, um nicht unter allzu großen Wettbewerbsdruck zu geraten. Aber er weiß selbst, dass dieses Vorgehen nicht in Ordnung ist.

Arbeitsaufträge

- ***Erklären Sie, wie es durch Absprache der MÖBLA GmbH und der Bürodesign GmbH dazu kommen könnte, dass Konkurrenten „aus dem Weg geräumt" würden.***
- ***Begründen Sie, warum es zwar für die betreffenden Unternehmen kurzfristig sinnvoll sein kann, die eigene Macht durchzusetzen, es jedoch aus volkswirtschaftlicher Sicht schädlich ist, sich so zu verhalten.***

Wettbewerbsbeschränkungen

Wettbewerb zwischen rivalisierenden Unternehmen birgt immer die Gefahr, dass sich die Wettbewerber gegenseitig überflügeln und in ihrer Existenz bedrohen. Die gesamtwirtschaftliche Dynamik des technologischen Fortschritts und einer schnellen Anpassung an das Nachfrageverhalten kann Unternehmen, die im Wettbewerb nicht schnell genug reagieren, in eine Existenzkrise bringen. Um sich hiervor zu schützen, gehen Unternehmen organisatorische Gebilde ein, mittels welcher sie von Wettbewerbsbedingungen unabhängig werden wollen. Durch einige dieser Organisationsformen wird Wettbewerb offenkundig beschränkt. Sie sind folglich gesetzlich verboten. Andere hingegen können aufgrund ihrer erlaubten Größe eine Gefahr für die Wettbewerbsfreiheit werden. Insofern werden sie Wettbewerbsregeln unterworfen und beobachtet.

Kartellbildung

Über die Gefahr der Monopolbildung hinaus besteht in marktwirtschaftlichen Ordnungen die Gefahr der Kartellbildung. Kartelle werden durch Vertrag mit dem Ziel gegründet, den Wettbewerb zwischen vertraglich gebundenen Unternehmen zu beschränken. Dabei bleiben die beteiligten Unternehmen rechtlich und organisatorisch selbstständig. Sie werden also nicht zu einem großen Unternehmen „verschmolzen". Nur nach außen scheinen sie jedoch voneinander unabhängig zu sein, denn durch den Kartellvertrag geben sie einen großen Teil ihrer wirtschaftlichen Unabhängigkeit freiwillig auf. Während die Produkt- oder Preispolitik der Unternehmen normalerweise durch den Markt geregelt und koordiniert würde, einigen sich die beteiligten Unternehmen auf gemeinsame Verhaltensweisen und Marketingaktivitäten. Zwar ist es – zunächst – nachvollziehbar, dass sich ein Unternehmen den bisweilen harten Wettbewerbsbedingungen entziehen will, doch sind Kartelle grundsätzlich verboten, weil Wettbewerb in einer Marktwirtschaft nicht nur erwünscht, sondern **notwendig** ist. Je weniger Unternehmen sich in einem Markt befinden, desto größer ist die Gefahr, dass sie ein Kartell bilden. So befinden sich bei einem Duopol nur **zwei** Anbieter in einem Markt. Beide Unternehmen werden durch Wettbewerbsvorstöße des anderen unmittelbar in ihrer Existenz bedroht. Somit liegt es fast nahe, dass die beiden Konkurrenten einen Vertrag schließen, in welchem sie ihre Maßnahmen abstimmen, um sich nicht weiter gegenseitig in ihrer Existenz zu bedrohen. Durch diese Aufteilung des Marktes hätte jedoch kein neuer Wettbewerber eine Chance, sich – unter veränderten Bedingungen – im Markt zu etablieren. Das Ziel der Wettbewerbspolitik kann es also nicht sein, dieses Kartell zu dulden, sondern es liegt vielmehr darin, die Anzahl der Marktteilnehmer zu vergrößern.

Bundeskartellamt verhängt Millionen-Bußgelder gegen Zuckerhersteller

Weil sie über Jahre mit verbotenen Absprachen den Zuckerpreis in Höhe getrieben haben sollen, hat das Bundeskartellamt gegen die führenden deutschen Hersteller hohe Bußgelder verhängt. Pfeifer und Langen, Südzucker und Nordzucker sowie sieben persönlich Verantwortliche sollten insgesamt rund 280 Millionen Euro zahlen, teilte das Bundeskartellamt am Dienstag in Bonn mit. Leidtragende der Absprachen waren den Angaben zufolge Industrie und Verbraucher. Die Hersteller hätten über Jahre abgesprochen, sich beim Zuckervertrieb "im Wesentlichen auf ihr angestammtes Gebiet zu beschränken und den anderen Kartellbeteiligten nicht in die Quere zu kommen", erklärte Kartellamtspräsident Andreas Mundt. "Zuckermengen wurden eher ins Ausland exportiert, als dass sie an Kunden im Gebiet der Wettbewerber abgesetzt wurden." [...]

Der größte Teil der Bußgelder entfällt auf Südzucker, nach eigenen Angaben europäischer Zucker-Marktführer. Das Unternehmen teilte mit, es habe den Bußgeldbescheid über 195,5 Millionen Euro akzeptiert. Die Prognose für das bis Ende Februar laufende Geschäftsjahr werde trotzdem aufrecht erhalten. Nordzucker, nach eigenen Angaben Nummer zwei in Europa, habe mit dem Kartellamt umfassend kooperiert und deswegen einen "weitreichenden Bußgelderlass" erhalten, erklärte die Behörde. Das Unternehmen teilte mit, es habe ein Bußgeld im einstelligen Millionenbereich akzeptiert. Auch bei den anderen beiden Firmen wurden nach Angaben des Kartellamts "deren Kooperationsbeiträge" und gegebenenfalls Geständnisse berücksichtigt.

Die illegalen Absprachen seien bis zu einer Durchsuchung durch das Bundeskartellamt 2009 "über viele Jahre" betrieben worden und hätten teils bis in die 90er-Jahre zurück gereicht, teilte die Behörde mit. Es lägen Aussagen von Industriekunden vor, wonach die Absprachen der Zucker-Riesen "tatsächlich zu erheblichen Preissteigerungen und zu Versorgungsengpässen" geführt hätten. Das Bundeskartellamt habe keine belastbaren Hinweise gefunden, dass - wie von den Unternehmen behauptet - Vertreter staatlicher Stellen involviert waren, hieß es weiter. Selbst eine Billigung oder sogar Initiierung von staatlicher Seite hätte das Vorgehen aber "nicht legalisieren können". Die verhängten Geldbußen sind den Angaben der Behörde zufolge noch nicht rechtskräftig. Gegen die Bescheide könne Einspruch eingelegt werden, über den das Oberlandesgericht Düsseldorf zu entscheiden habe.

Quelle: AFP: Bundeskartellamt verhängt Millionen-Bußgelder gegen Zuckerhersteller, 18.02.2024.

Weitere Möglichkeiten der Wettbewerbsbeschränkung

Über die unerlaubte Kartellbildung hinaus droht jedoch auch durch erlaubte Formen der Konzentration und Kooperation eine Wettbewerbsbeschränkung auf Märkten. Unternehmen, die bereits über eine entsprechende Marktmacht verfügen, können erlaubte Fusionen eingehen und auf diese Weise durch das neu entstandene Unternehmen über wettbewerbsbeschränkende Marktmacht verfügen. Auch internes Unternehmenswachstum (ausgelöst durch Innovationen bei Produkten und Strategien) kann dazu führen, dass ein ohnehin großes Unternehmen stärker als die Konkurrenz wächst und somit einen wettbewerbsbeschränkenden Marktanteil bekommen kann. Organisieren sich Unternehmen in freiwilligen Kooperationen, ohne eine rechtliche Verpflichtung einzugehen, droht ebenfalls Marktmacht, die für die übrigen, nicht kooperierenden Unternehmen wettbewerbsbeschränkende Wirkung haben kann.

Zusammenfassung: Die Auswirkungen von Marktmacht erkennen

- Unternehmen, die sich nicht schnell genug an veränderte Wettbewerbsbedingungen anpassen, drohen in eine Existenzkrise zu geraten.
- Um dem Wettbewerbsdruck auszuweichen, neigen sie dazu, sich in **wettbewerbsbeschränkenden Organisationen** einzubringen.
- Durch wettbewerbsbeschränkende Organisationen leidet die Wettbewerbsdynamik insgesamt und es entsteht volkswirtschaftlicher Schaden.
- Kartelle sind grundsätzlich verboten, weil sie dazu gegründet werden, den Wettbewerb auszuschalten oder ihn zumindest einzuschränken.
- Durch **Wettbewerbsbeschränkung** können neue Unternehmen in bestehenden Märkten keinen Fuß fassen.
- Wettbewerbsbeschränkung kann auch durch erlaubte Fusionen, internes Unternehmenswachstum oder Kooperation von Unternehmen entstehen.
- **Wettbewerbspolitik** muss dafür sorgen, dass die Zahl der Marktteilnehmer groß bleibt.

Aufgaben

1 *Recherchieren Sie im Internet, welche Fälle von Kartellbildung in der letzten Zeit öffentlich bekannt geworden sind, und stellen Sie die Fälle der Klasse vor.*

2 *Stellen Sie fest, in welchen Branchen der Wirtschaft eine kleine Zahl großer Unternehmen dazu in der Lage ist, den Wettbewerb derart zu beschränken, dass die Wettbewerbsdynamik zurückgeht.*

3 *Beobachten Sie die Preisentwicklung im Tankstellenmarkt und beschreiben Sie, wie Wettbewerber auf Preisveränderungen reagieren.*

4 *Recherchieren Sie in ausgewählten Branchen (z. B. Computerindustrie, Stahlindustrie oder Elektroindustrie), welche Unternehmen über besonders große Marktanteile bzw. Marktmacht verfügen. Stellen Sie Ihre Ergebnisse in tabellarischer Form (eventuell mit prozentualen Marktanteilen) anschaulich dar.*

1.3 Wirtschaftsordnungen vergleichen

1.3.1 Die Grundzüge der freien Marktwirtschaft darstellen

Beim gemeinsamen Abendessen von Familie Stein herrscht trübe Stimmung. Herr Stein ist wütend. *„Was wäre denn schon dabei gewesen, wenn wir uns mit der MÖBLA GmbH auf eine einheitliche Preisgestaltung gegenüber unseren Großhändlern geeinigt hätten?“* Sein Sohn Thomas ist irritiert. *„Ist das nicht ein Konkurrenzbetrieb?“ „Richtig. Die MÖBLA GmbH ist einer unserer härtesten Konkurrenten.“ „Und da wolltet ihr euch still und heimlich einigen und den Markt untereinander aufteilen, oder?“* Herr Stein merkt, worauf sein Sohn anspielt. *„Mein Lieber, so würdest du es vielleicht ausdrücken. Ich hingegen würde sagen, dass wir unser Unternehmen vor zu harter Konkurrenz schützen wollten. Bedenke bitte, dass auch du davon profitierst, dass es unserem Unternehmen gut geht. Aber was rege ich mich eigentlich auf? Es klappt ja sowieso nicht. Überall mischt sich der Staat ein und legt dem freien Unternehmertum Steine in den Weg.“* Thomas gibt sich jedoch nicht geschlagen und kontert: *„Jaja, immer die alte Leier: Das Glück gehört den Tüchtigen. Und was wäre dann mit denen, die ihr mit euren Absprachen knebelt? Ihr könntet euch doch aufführen wie Könige.“* Schon oft hat Herr Stein mit seinem Sohn über dieses Thema diskutiert. Thomas studiert im dritten Semester Volkswirtschaftslehre und ist der Meinung, dass man das freie Unternehmertum staatlicherseits ein wenig im Blick behalten sollte. Sein Vater hingegen sieht das ganz anders. *„Du mit deinen Ansichten. Der Staat gängelt uns doch, wo er nur kann. Die Gesellschaft – und schließlich auch unser Unternehmen – kann sich aber nur dann weiterentwickeln, wenn sich die Leistung von Unternehmerinnen und Unternehmern auch lohnt.“ „Jaja, Papa. Für dich und dein Unternehmen soll es sich lohnen. Aber was mit den vielen anderen Unternehmen ist, daran denkst du wohl überhaupt nicht. Du verfolgst doch sowieso nur deine eigenen Interessen.“ „Tja, so sind die Menschen nun einmal.“*

Arbeitsaufträge

- ***Erläutern Sie die gegensätzlichen Standpunkte, die Herr Stein und sein Sohn vertreten.***
- ***Diskutieren Sie Herrn Steins These, dass die Menschen sowieso nur ihre eigenen Interessen verfolgten.***

■ Historische Grundlagen

Die Idee einer freien (reinen) Marktwirtschaft entstammt der geistigen Grundhaltung des Liberalismus des 18. und 19. Jahrhunderts. Die Forderung nach Selbstständigkeit und individueller Freiheit entwickelte sich als Antwort auf die Bevormundung der Menschen durch den König, den Adel und die Kirche. Bedeutende politische Ideen fußen auf den Grundgedanken des Liberalismus und werden in der amerikanischen Unabhängigkeitserklärung aus dem Jahre 1776, der Verfassung der Vereinigten Staaten von Amerika von 1787 oder der Französischen Revolution des Jahres 1789 zur Wirklichkeit. Anschauungen, die allein auf religiöser und politischer Autorität beruhen, sollen durch Anwendung der menschlichen Vernunft ersetzt werden. Der Liberalismus geht davon aus, dass ein freier Mensch sich stets seines Verstandes bedienen wird und vernünftig handelt (Homo oeconomicus).

In das Zeitalter der Aufklärung fällt auch das Wirken des schottischen Philosophen Adam Smith (1723–1790). Mit seinem Buch **„Der Wohlstand der Nationen“** wurde er weltberühmt. Noch heute zählt es zu den wichtigsten wirtschaftswissenschaftlichen Büchern, weswegen Adam Smith als einer der Begründer der freien Marktwirtschaft gilt. In seinem Buch erhob er die Forderung, der Staat solle der Einzelperson völlige Freiheit lassen, damit diese ihr Eigeninteresse verfolgen könne. Fleiß und Wettbewerb sollten das Hauptinteresse sein und der Herrscher (also der Staat) sollte nicht mehr verpflichtet sein, überall einzugreifen. Überhaupt vertrat Adam Smith die Meinung, der Staat habe niemals genügend Weisheit und Kenntnis, um die Erwerbstätigkeit von Privatleuten zu überwachen und für alle nutzbringend zu lenken.

Adam Smith

Aus dieser Grundauffassung leiten sich die **Hauptforderungen einer liberalen Wirtschaftsform** im Sinne von Adam Smith ab:

- freier Leistungswettbewerb
- Schutz vor staatlicher Überwachung
- Gleichheit vor dem Gesetz
- Schutz des Eigeninteresses

Adam Smith begründet den Schutz des Eigeninteresses damit, dass nicht nur das Einkommen der Einzelperson, sondern gleichzeitig auch das Einkommen der Gesellschaft zunähme, weil alle von der produktiven Leistung der Einzelperson profitieren. Jedoch kann man seinen Egoismus nur so weit durchsetzen, wie es die anderen Wirtschaftsteilnehmer zulassen. Durch hohe Gewinne angelockt, produzieren immer zahlreichere Unternehmen ein Gut und führen auf diese Weise ein Überangebot herbei, was nicht mehr nachgefragt wird. Aus diesem Grund scheiden so lange Anbieter vom Marktgeschehen aus, bis die angebotene Menge des Gutes der nachgefragten Menge entspricht.

Der Staat hat in einer solchen Wirtschaftsform lediglich eine zurückhaltende Rolle, in welcher seine Aufgaben auf drei Kerngebiete beschränkt sind. Nach Adam Smith hat der Staat die Aufgabe,

- das Land vor Gewalttätigkeit durch ein anderes Land zu beschützen,
- jede Bürgerin und jeden Bürger des Landes vor Ungerechtigkeit durch eine andere Bürgerin oder einen anderen Bürger zu schützen und ein Justizwesen einzurichten,
- öffentliche Einrichtungen zu gründen, deren Finanzierung durch Einzelpersonen oder Gruppen von Personen nicht möglich ist, weil sie zu teuer sind.

Die Forderungen, die Adam Smith an den Staat stellt, lassen bereits erkennen, welche Behörden und Institutionen er für eine freie Marktwirtschaft vorsieht. Für den Schutz vor anderen Ländern sorgt das Militär, der Schutz vor Ungerechtigkeit wird durch die Polizei gewährleistet, das Justizwesen meint die Gerichtsbarkeit, und öffentliche Einrichtungen, die von Einzelpersonen nicht finanziert werden können, wären in etwa der Unterhalt einer nationalen Währung, das Bildungssystem und Schulwesen oder das Gesundheitssystem durch Krankenhäuser. Aus allen anderen Tätigkeiten solle sich der Staat heraushalten und die Marktkräfte sollten frei schalten und walten können.

Entgegen landläufiger Meinung war Adam Smith jedoch kein Vertreter eines ungezügelten egoistischen Kapitalismus. So mahnt er nachdrücklich an, dass ein freier Leistungswettbewerb zwar den Wohlstand mehren solle, dass jedoch das menschliche Mitgefühl dafür sorgen müsse, dass soziale Missstände abgebaut werden. So fordert Smith, dass der Staat dem „einfachen Volk“ zu besserer Bildung verhelfen solle, damit es bessere Voraussetzungen habe, mit eigenem Fleiß sozialen Aufstieg zu erreichen.

In dieser Frage wurde Adam Smith von dem schottischen Philosophen **David Hume** (1711–1776) beeinflusst, der die Auffassung vertrat, dass das höchste moralische Glück in der selbstlosen Rücksichtnahme auf das allgemeine Wohlergehen der Gesellschaft zu sehen sei. Schließlich sei das allgemeine Glück mit dem individuellen Glück in Einklang zu bringen. Durch seine Freundschaft mit Adam Smith übte David Hume einen bedeutenden Einfluss auf die geistigen Grundlagen der freien Marktwirtschaft aus und wird ebenfalls als Begründer des klassischen Liberalismus angesehen.

„Klassischer Liberalismus“ in der freien Marktwirtschaft bedeutet also nach Auffassung der Gründerväter nicht das Ausleben eines hemmungslosen Egoismus, sondern das Verfolgen eigener Interessen bei gleichzeitiger Rücksichtnahme auf das Wohl aller.

Voraussetzungen:

Eigentumsordnung	Es herrscht überwiegendes bis ausschließliches Privateigentum an den Produktionsmitteln.
Entscheidungsfreiheit	Verträge werden nach individuellem Interesse geschlossen, Konsum- und Investitionsentscheidungen trifft jede Person selbst.
Wettbewerbsordnung	Freier und unbeeinflusster Leistungswettbewerb soll das Streben nach Gewinn ermöglichen.
Preisbildung	Durch unbeeinflusstes Wirken des Markt-Preis-Mechanismus werden Angebot und Nachfrage im Gleichgewicht zum Ausgleich gebracht.
Beseitigung von Ungleichgewichten	Gerät der Markt (z. B. der Arbeitsmarkt) ins Ungleichgewicht (z. B. durch hohe Arbeitslosigkeit), sorgt das freie Spiel (die „unsichtbare Hand“) für Ausgleich (Lohnverzicht baut auf dem Arbeitsmarkt Arbeitslosigkeit ab).

Der Staat hat in dieser „reinen“ Form der freien Marktwirtschaft lediglich die Aufgaben,

- die wirtschaftliche Freiheit des Individuums zu garantieren,
- Vertragsfreiheit zu gewährleisten,
- Privateigentum zu garantieren,
- die freie Wahl des Berufes und des Arbeitsplatzes zu garantieren,
- ein funktionierendes Geldwesen zu schaffen sowie
- die nötige Infrastruktur (Verkehrswege, Schulen, Behörden usw.) bereitzustellen.

Weitergehende Aufgaben des Staates im Wirtschaftsablauf sind nicht vorgesehen, sodass man in diesem Zusammenhang vom **Laisser-faire-Prinzip** sprechen kann. Aufgrund seiner Zurückhaltung wird der Staat in der freien Marktwirtschaft auch „Nachtwächterstaat“ genannt.

Jedoch kann die reine Form einer freien Marktwirtschaft auch zu unerwünschten Ergebnissen führen, wenn durch freien Wettbewerb die Kartellbildung und Konzentration von Unternehmen gefördert wird. Dies kann in Zeiten starker konjunktureller Schwankungen dazu führen, dass der Druck auf Arbeitskräfte wächst und sehr hohe Arbeitslosigkeit entsteht. Aus dieser Problematik heraus kann es wiederum zu sozialen Spannungen aufgrund ungleicher Einkommens- und Vermögensverhältnisse kommen.

■ Kritik

Die zum Ende des 18. Jahrhunderts in England einsetzende Industrielle Revolution hat in den Auffassungen von Adam Smith ihre theoretischen Grundlagen gefunden und Anregungen erhalten. Jedoch veränderte sich die Arbeitswelt durch industrielle Neuerungen: Die von **James Watt** (1736–1819) weiterentwickelte Dampfmaschine verhalf der englischen Textilindustrie, zur Großindustrie anzuwachsen.

Etwa zeitgleich mit der Dampfmaschine wurde der mechanische Webstuhl weiterentwickelt und führte zu einem rasanten Anstieg der Produktionsmenge. Auch die Steinkohleförderung konnte durch den Einsatz von Dampfmaschinen erheblich gesteigert werden. Zum einen setzte eine derartige industrielle Entwicklung einen großen Abnehmerkreis für industrielle Produkte voraus, zum anderen benötigte man immer mehr Arbeitskräfte. Schnell erkannten immer mächtiger werdende Fabrikanten, dass sie ihren Gewinn durch zunehmende Arbeitsteilung noch weiter steigern konnten. Viele Handwerker und Bauern konnten mit der schnellen und wesentlich günstigeren Produktion nicht Schritt halten und mussten ihre Betriebe aufgeben. Beschäftigung fanden sie in den Fabriken, wo sie zu niedrigsten Löhnen arbeiten mussten.

James Watt

Zwar erlebten die wachsenden Industrienationen einen enormen Wirtschaftsaufschwung, jedoch führte der rasante industrielle Fortschritt auch zu sozialen Problemen aufgrund wachsender Unzufriedenheit der Arbeiterschaft. Es ist leicht vorstellbar, dass Arbeiterinnen und Arbeiter in Fabriken zu geringen Löhnen ausgebeutet wurden. Aus ehemals freien Handwerkern und Bauern waren „Lohnsklaven" geworden. Wie nur selten zuvor in der Wirtschaftsgeschichte gerieten große Teile der Bevölkerung in **Lohnabhängigkeit**.

Besonders deutlich wurde das Ausmaß wirtschaftlicher Abhängigkeit in Zeiten des **Manchester-Liberalismus** in der Zeit von 1820 bis 1850. Ursprünglich verstand man darunter eine politische Bewegung, die sich zum Ziel gesetzt hatte, die in England vorhandenen Getreidezölle abzubauen, weil man sich dadurch eine Zunahme des freien Außenhandels erhoffte. Der Urheber dieser Idee, der englische Politiker Richard Cobden (1804–1865), wandte sich ursprünglich dagegen, dass der englische Staat nur einige bedeutende Unternehmen vor allzu großem Wettbewerb schützte. Er wollte durch Aufhebung von Zöllen den freien Handel und somit auch den Wettbewerb untereinander fördern. Durch die Einfuhr günstiger Waren wuchs jedoch auch der Druck auf die inländische Wirtschaft, kostengünstiger zu produzieren, wenn man im Wettbewerb mit ausländischen Herstellern weiter existieren wollte. Auf diese Weise wuchs auch der Druck auf Arbeitnehmerinnen und Arbeitnehmer, zu **noch niedrigeren Löhnen** und schlechteren Bedingungen zu arbeiten. Was grundsätzlich als positiver Ansatz zur Belebung der Wirtschaft und des freien Leistungswettbewerbs gedacht war, verschlechterte die Lebens- und Arbeitsbedingungen von Arbeiterinnen und Arbeitern enorm, sodass Gegner des Manchester-Liberalismus bald von „Raubtierkapitalismus" oder „kapitalistischer Ausbeutung" sprachen.

Probleme bei der Umsetzung der Idee einer freien Marktwirtschaft in die Realität gab es im 19. Jahrhundert auch aufgrund fehlender sozialer Absicherung für Arbeiterinnen und Arbeiter. Somit führte die Forderung von Adam Smith, einen unbedingten **Schutz des Eigeninteresses** zu gewährleisten, keineswegs zu einer Steigerung des Gesamtwohls der Gesellschaft. Vielmehr wurde wirtschaftliche Macht zur Unterdrückung abhängig Beschäftigter missbraucht, sodass das Maß sozialer Ungerechtigkeit stetig wuchs.

Aber auch noch heute gibt es Länder mit marktwirtschaftlicher Wirtschaftsordnung, in denen es ähnliche kapitalistische Auswüchse wie in England im 19. Jahrhundert gibt. Besonders in aufstrebenden Volkswirtschaften (z. B. der Volksrepublik China, Brasilien, Mexiko, Thailand oder Vietnam) gibt es Wirtschafts- und Produktionsbedingungen, die an England im Zeitalter der Industriellen Revolution erinnern. Ausbeutung und Unterdrückung von Arbeiterinnen und Arbeitern ist in manchen dieser Volkswirtschaften kein unbekanntes Phänomen. So gut Adam Smith und seine Weggefährten es also meinten, wenn sie glaubten, dass die freie Marktwirtschaft den Menschen von wirtschaftlicher Knechtschaft befreie, so wohnt der Wirtschaftsordnung doch ein „Geburtsfehler" inne. Die Menschen hatten und haben zwar – politisch – die gleichen Rechte, jedoch haben sie oftmals nicht die gleichen **Startvoraussetzungen**, um aufzusteigen. Wer reich ist, wird häufig noch reicher. Wer arm ist, bleibt oft arm oder muss ein Vielfaches leisten, um aufzusteigen und seine schwierige Lebenssituation zu verbessern.

Eigentlich gibt es jedoch in hoch entwickelten Volkswirtschaften keine freie Marktwirtschaft in Reinform mehr. Die meisten Industrieländer sind heutzutage Volkswirtschaften mit Anlehnung an die soziale Marktwirtschaft nach westeuropäischem Vorbild. Auch die Mutterländer des Kapitalismus (Großbritannien und die USA) sind heutzutage näherungsweise soziale Marktwirtschaften, auch wenn England in der Regierungszeit von Margaret Thatcher (1979–1990) eine mitunter drastische Wendung hin zur freien Marktwirtschaft (z. B. Privatisierung von Staatsunternehmen, Beschneidung von Gewerkschaften) vollzogen hat.

Donald Trump, ehemaliger Präsident der USA

Besonders in den USA ist die Frage umstritten, wie viel Einfluss der Staat auf die Wirtschaft haben darf. So hat der vorige US-Präsident Donald Trump die von seinem Vorgänger Barack Obama eingeführte Gesundheitsreform (auch „Obamacare" genannt) heftig kritisiert und mit deren vollständiger Abschaffung gedroht. Alle Bemühungen zur Abschaffung scheiterten jedoch an parteiinterner Uneinigkeit.

Zusammenfassung: Die Grundzüge der freien Marktwirtschaft darstellen

- Die Idee der **freien Marktwirtschaft** stammt aus der Geisteshaltung des Liberalismus im 18. und 19. Jahrhundert und strebt das Ideal freien Handelns an (vgl. amerikanische Unabhängigkeitserklärung von 1776).
- Der **Liberalismus** geht davon aus, dass ein Mensch sich stets seines Verstandes bedienen und vernünftig handeln wird.
- Der Begründer der freien Marktwirtschaft ist der schottische Nationalökonom **Adam Smith** (1723–1790), der in seiner Arbeit von dem schottischen Philosophen **David Hume** (1711–1776) beeinflusst wurde.
- Die wichtigsten **Hauptforderungen an eine liberale Wirtschaftsform** sind:
  - freier Leistungswettbewerb
  - Schutz vor staatlicher Überwachung
  - Gleichheit vor dem Gesetz
  - Schutz des Eigeninteresses
- Die **Verfolgung des Eigeninteresses** soll dem Wohl der gesamten Gesellschaft zugute kommen. Das höchste Glück ist nach Auffassung von Adam Smith und David Hume die selbstlose Rücksichtnahme auf das allgemeine Wohlergehen der Gesellschaft.

- Der **Staat** spielt in der freien Marktwirtschaft **nur eine zurückhaltende Rolle:**
  - Schutz des Landes gegen Angriffe anderer Staaten
  - Schutz der Bürgerinnen und Bürger vor Ungerechtigkeiten von Mitbürgerinnen und Mitbürgern
  - Gründung öffentlicher Einrichtungen, die die Einzelperson aus Kostengründen nicht unterhalten kann
- Der Staat soll ferner dem „einfachen Volk" zu besserer Bildung verhelfen, damit es sich mit Fleiß nach oben arbeiten kann.
- Die Produktionsfaktoren müssen sich in **Privatbesitz** befinden.
- Die Verteilung und Versorgung der Gesellschaft mit Gütern erfolgt auf Märkten und wird über den Preis durch **Ausgleich von Angebot und Nachfrage** gesteuert.
- Aufgrund seiner Zurückhaltung (Laisser-faire-Prinzip) wird der Staat in der freien Marktwirtschaft auch **„Nachtwächterstaat"** genannt.

Kritik

- Die Theorie der freien Marktwirtschaft ist die geistige Grundlage für das unternehmerische Aufstreben während der Industriellen Revolution (Ende des 18. Jahrhunderts).
- Die wachsende Macht von Unternehmern (Fabrikanten) führte zu immer größerer Abhängigkeit von Arbeiterinnen und Arbeitern (**„Lohnsklaven"**).
- Die Ausbeutung abhängiger Arbeiterinnen und Arbeiter führte zur **Verarmung breiter Bevölkerungsschichten**.
- Besonders deutlich wurde die wirtschaftliche Abhängigkeit im Zeitalter des **Manchester-Liberalismus**, der ursprünglich durch Förderung des freien Außenhandels positive Absichten verfolgte.
- **Probleme in der freien Marktwirtschaft** gibt es auch zu Beginn des 21. Jahrhunderts, wenn rasanter wirtschaftlicher Aufstieg durch weltweit befreiten Wettbewerb negative soziale Folgen für abhängige Menschen hat (z. B. Kinderarbeit).
- Kritikerinnen und Kritiker der freien Marktwirtschaft (z. B. Attac) warnen vor den **negativen sozialen und ökologischen Folgen ungebremsten Wachstums** aufgrund freien Leistungswettbewerbs in einer globalisierten Welt.
- In wirtschaftlich hoch entwickelten Industrienationen gibt es heute kaum noch freie Marktwirtschaft in Reinform, weil sich die meisten dieser Länder an den Prinzipien der sozialen Marktwirtschaft orientieren.

Aufgaben

1 Lesen Sie die nachfolgende Aussage von Adam Smith:

> „Das natürliche Bestreben des Menschen, seine Lage zu verbessern, ist, wenn es sich mit Freiheit und Sicherheit geltend machen darf, ein so mächtiges Prinzip, dass es nicht nur allein ohne alle Hilfe die Gesellschaft zu Reichtum und Wohlstand führt, sondern auch hundert arge Hindernisse überwindet, mit denen die Torheit menschlicher Gesetze es nur allzu oft zu hemmen suchte."

(Quelle: Smith, Adam: Der Reichtum der Nationen, Bd. 2, hrsg. von Dr. Heinrich Schmidt, übers. von Max Stirner, Leipzig: Alfred Kröner Verlag o. J. [1910], S. 69.)

a) Erläutern Sie das in diesem Text dargestellte Menschen- und Wirtschaftsverständnis.
b) Weisen Sie im Text die Grundlagen des klassischen Liberalismus nach.

2 *Beschreiben Sie die Rolle des Staates in einer freien Marktwirtschaft.*

3 *Erläutern Sie, wie Adam Smith den Schutz des Eigeninteresses in der freien Marktwirtschaft begründet.*

4 *Schildern Sie, welche Rolle das Individuum nach David Hume in der freien Marktwirtschaft hat.*

5 *Auch in Gesellschaften, die auf der Basis einer freien Marktwirtschaft aufgebaut sind, entsteht in wirtschaftlich schwierigen Zeiten Arbeitslosigkeit. Erläutern Sie, wie in der freien Marktwirtschaft Arbeitslosigkeit abgebaut wird.*

6 *Erläutern Sie, warum man in der freien Marktwirtschaft vom „Nachtwächterstaat" spricht.*

7 *Beschreiben Sie, wie es zur Zeit des Manchester-Liberalismus zu wirtschaftlicher Ausbeutung abhängig Beschäftigter kam.*

8 *Erläutern Sie, wie der „Schutz des Eigeninteresses" im 19. Jahrhundert zur Unterdrückung von Arbeiterinnen und Arbeitern missbraucht werden konnte.*

9 *Beschreiben Sie, wie die „Befreiung des Wettbewerbs" auch zu Beginn des 21. Jahrhunderts zulasten benachteiligter Menschen in ärmeren Ländern führen kann.*

10 *Informieren Sie sich über die US-amerikanische Gesundheitsreform und diskutieren Sie das Für und Wider.*

1.3.2 Die soziale Marktwirtschaft in Deutschland beschreiben

Silvia Land ist zu Besuch bei ihrem Opa Günther. Beim gemeinsamen Abendessen schauen sie sich eine Fernsehdokumentation über Deutschland in den 50er-Jahren des vorigen Jahrhunderts an, auch die berühmte Fernsehreportage über das Endspiel der Fußball-Weltmeisterschaft in Bern zwischen Deutschland und Ungarn wird gezeigt. *„Das waren noch Zeiten, Silvia! 3:2 gegen Ungarn, wer hätte das gedacht! Für uns Menschen im Nachkriegsdeutschland bedeutete das Aufbruch. Wenn ich nur bedenke, wie gut es euch heute geht!"* Silvia stutzt. Ihr fallen die vielen Absagen bei ihrer Bewerbung um einen Ausbildungsplatz ein. *„Na ja, Opa, so ganz stimmt das ja wohl auch nicht. Denk doch mal daran, wie schwer es für mich war, einen Ausbildungsplatz zu bekommen." „Ach was, wer sich um Arbeit bemüht, bekommt auch welche. Heutzutage haben die Leute viel zu hohe Ansprüche. Alle wollen doch gleich den höchsten Stundenlohn haben. Wir haben früher für eine Mark fünfzig pro Stunde gearbeitet und haben auch überlebt. Heute rufen die Leute doch direkt nach dem Staat, wenn es ihnen mal nicht gut geht." „Aber Tatsache ist doch, Opa, dass es vielen Leuten ja auch wirklich nicht gut geht. Denk doch mal bloß an die hohe Arbeitslosenzahl. Und da ist es doch gut, dass die Menschen nicht durch das Netz fallen." „Du hast ja sicherlich irgendwo recht. Aber damals hatten die Menschen eine andere Mentalität: Wir wollten wieder arbeiten. Wir wollten unser Land nach dem Krieg wieder aufbauen. Und als es dem Land wieder etwas besser ging, haben sich die Leute doch wieder auf den Staat verlassen. So wie heute. Ich höre immer nur: sozial, sozial und nochmals sozial."*

„Aber stell dir doch mal vor, was passieren würde, wenn unsere Wirtschaft nicht sozial wäre. Was würde denn mit all den Leuten passieren, die keine Arbeit haben?" „Die müssten ihre Ansprüche etwas ‚runterschrauben', um Arbeit zu finden." Hat nicht nur sie, sondern auch ihr Großvater recht? Silvia hat das Gefühl, dass in beiden Ansichten ein Kern Wahrheit steckt.

Arbeitsaufträge
- ***Erläutern Sie die unterschiedlichen Ansichten von Silvia Land und ihrem Großvater.***
- ***Ordnen Sie die Aussagen des Großvaters in einen zeitlichen Kontext ein und beschreiben Sie die Wirtschaftsbedingungen zu dieser Zeit. Erfassen Sie in einer chronologischen Abfolge wichtige Ereignisse bzw. Entwicklungsphasen der sozialen Marktwirtschaft in Deutschland von 1948 bis heute.***
- ***Begründen Sie, warum die damaligen wirtschaftlichen Bedingungen nicht mit den heutigen vergleichbar sind.***
- ***Schätzen Sie ein, warum in beiden Ansichten „ein Kern Wahrheit" stecken könnte.***

Geistige Grundlagen

Die Grundprinzipien der sozialen Marktwirtschaft basieren auf den Ideen der **Freiburger Schule.** An der Universität Freiburg lehrte der Volkswirtschaftler **Walter Eucken** von 1927 bis 1950 die Auffassung, dass der Staat in einer Volkswirtschaft einen gesetzlichen Rahmen setzen müsse, in dem sich die Individuen frei bewegen können – eine Ordnung der Freiheit. Somit gilt Walter Eucken als einer der Begründer des **Ordoliberalismus**. Analysen der freien Marktwirtschaft, der Planwirtschaft in der Sowjetunion sowie der Erfahrungen des Zweiten Weltkriegs brachten ihn zu der Überzeugung, dass der Staat einen gesetzlichen Ordnungsrahmen schaffen müsse, innerhalb welchem sich die produktiven Kräfte am besten entfalten könnten und eine optimale Versorgung mit Konsumgütern gewährleistet werden müsste.

An der Planwirtschaft kritisierte Eucken, dass zwar Vollbeschäftigung erreicht würde, die Bürgerinnen und Bürger jedoch unzureichend mit Konsumgütern ausgestattet seien. An der freien Marktwirtschaft kritisierte er hingegen, dass die Unternehmen zwar sehr produktiv arbeiteten, jedoch **Massenarbeitslosigkeit** drohe. Da er es nicht für ratsam hielt, lediglich einen Mittelweg zwischen beiden Auffassungen zu finden, musste er eine Entscheidung für **eine** der beiden Grundformen finden. Als Verfechter eines freiheitlichen Menschenbilds entschied er dann, das marktwirtschaftliche Modell weiterzuverfolgen.

Sein Weggefährte an der Universität Freiburg, der Volkswirtschaftler **Wilhelm Röpke** (1899–1966), prägte aus diesen Absichten den Begriff des „Dritten Weges". Er verstand darunter einen Mittelweg zwischen einem völlig freien Modell des Liberalismus (freie Marktwirtschaft) und dem sozialistischen Konzept einer zentralen Planwirtschaft. So sehr die beiden Ökonomen das marktwirtschaftliche Modell befürworteten, so wussten sie doch, dass es in marktwirtschaftlichen Gesellschaften immer wieder zu einer Konzentration wirtschaftlicher Macht kommen würde. Monopolbildung und Ausschaltung von Wettbewerb wären die Folge. Somit befürwortete Wilhelm Röpke eine gesetzliche Wettbewerbsordnung, die die Vermeidung von Monopolbildung zum Ziel hätte.

Wilhelm Röpke

Bei aller Befürwortung für marktwirtschaftliche Verteilungsmechanismen fanden die Begründer, dass besonders der

Arbeitsmarkt vor rein kapitalistischen Methoden geschützt werden müsse. Während Arbeitslosigkeit in der freien Marktwirtschaft allein durch Lohnverzicht der Arbeitssuchenden abgebaut wird, wollte man in Deutschland der Gefahr von Ausbeutung vorbeugen. Aus diesem Grund erfolgt in den meisten Branchen der Volkswirtschaft Deutschlands eine tarifliche Entlohnung der Arbeit. Gewerkschaften und Arbeitgeberverbände vereinbaren gemeinsam die für eine Branche gültigen Löhne und Gehälter und beugen so dem Umstand vor, dass Einzelne durch den Zwang zum Lohnverzicht ausgebeutet werden.

Auf den Grundgedanken des Ordoliberalismus wurde in der Zeit nach dem Ende des Zweiten Weltkriegs das Konzept der **sozialen Marktwirtschaft** weiterentwickelt. Der an der Universität Münster unterrichtende Volkswirtschaftler **Alfred Müller-Armack** (1901–1978) entwickelte das wirtschaftspolitische Konzept, das als deutsches Erfolgsmodell weltberühmt werden sollte. Zwar gibt es zwischen den Konzepten des Ordoliberalismus und der sozialen Marktwirtschaft eine enge Verwandtschaft, jedoch betont die soziale Marktwirtschaft viel stärker den sozialen Aspekt. Ihr Leitgedanke ist es, Freiheit auf dem Markt mit einem sozialen Ausgleich zu verbinden. Es soll **ein Zusammenwirken von *wirtschaftlicher* Freiheit, *rechtsstaatlich gesicherter* Freiheit und den Idealen der sozialen Sicherheit und Gerechtigkeit** stattfinden.

Alfred Müller-Armack

Alfred Müller-Armack hat den Begriff „Soziale Marktwirtschaft“ erfunden. Zwar war er der Meinung, dass die Marktwirtschaft schon an sich sozial sei, dass aber ein staatlicher Ausgleich für diejenigen geschaffen werden solle, die sich nicht allein helfen konnten. Aus diesem Grund schrieb er das Wort „sozial“ in „Soziale Marktwirtschaft“ auch in Großbuchstaben, um dessen Bedeutung zu unterstreichen. Insofern handelte es sich bei der sozialen Marktwirtschaft um eine Weiterentwicklung der freien Marktwirtschaft um die soziale Komponente.

So wurde die Bundesrepublik Deutschland als „sozialer Rechtsstaat“ gegründet, der dazu verpflichtet ist, durch staatliche Hoheitsträger aktiv einzugreifen, um soziale Gegensätze zu überwinden. Diese Ansicht stammt wiederum aus der →P/G **katholischen Soziallehre**, in welcher große Sozialgebilde (z. B. Staat) kleineren Sozialgebilden (z. B. Familie) Hilfe zukommen lassen müssen. Zusätzlich kommt hierbei das **Subsidiaritätsprinzip** in der sozialen Marktwirtschaft zur Anwendung. Es besagt, dass diejenigen, die ausreichend in der Lage sind, sich selbst zu helfen, von staatlicher Hilfe zurücktreten sollen. Dieser Grundsatz wird am Beispiel der Sozialhilfe deutlich. Die Sozialhilfe bemüht sich, die Ursachen von Not und Bedürftigkeit zu beheben und die drohende Verarmung von Personen zu verhüten. Personen, die Sozialhilfe benötigen, sind verpflichtet, selbst nach Kräften zur Behebung der Bedürftigkeit beizutragen und die Weisungen der Sozialdienste zu befolgen. Das Subsidiaritätsprinzip verlangt, dass alle anderen Möglichkeiten auszuschöpfen sind, bevor Sozialhilfe erbracht wird. Wenn sie jedoch ausgeschöpft sind, fängt der Staat durch Sozialhilfe das Abrutschen des Individuums in Armut auf.

Man erkennt, wie sehr den Schöpfern der sozialen Marktwirtschaft daran gelegen war, die sozialen Risiken einer freien Marktwirtschaft und ihres enthemmten Leistungswettbewerbs zu verhindern. Um ein reibungsloses Funktionieren dieser Absichten zu ermöglichen, gründet sich die soziale Marktwirtschaft – über das Sozialprinzip hinaus – auf

- dem Wettbewerbsprinzip,
- dem konjunkturpolitischen Prinzip sowie
- dem Prinzip der Marktkonformität.

Diese drei Säulen bilden eine Einheit, deren wichtigster Grundwert die Humanität ist. Müller-Armack versteht sie als Wesensvoraussetzung für das Funktionieren des menschlichen Zusammenlebens in der sozialen Marktwirtschaft.

Wettbewerbsprinzip

In einer sozialen Marktwirtschaft wird Wettbewerb als ein Prozess verstanden, der wirtschaftliches Wachstum sichert und technologischen Fortschritt ermöglicht. Sicherlich gibt es Wachstum und Fortschritt auch in anderen Wirtschaftssystemen, doch ist der Wettbewerb in einer Marktwirtschaft dynamischer und schneller. Allerdings besteht in der Marktwirtschaft immer die Gefahr, dass der Wettbewerb durch Monopole und Kartelle verhindert oder sogar ausgeschaltet wird. Folglich muss der Staat Wettbewerbsregeln in Form von Gesetzen schaffen, um Wettbewerbsbeschränkungen zu verhindern und zu kontrollieren, ob sich die Unternehmen an die Wettbewerbsregeln halten.

Konjunkturpolitisches Prinzip

Konjunkturschwankungen führen in marktwirtschaftlichen Gesellschaften zu Problemen (z. B. hohe Arbeitslosigkeit). Als wichtige Grundlage für die Funktionsfähigkeit einer Marktwirtschaft wird eine stabile Währung angesehen. Um die unerwünschten Folgen von Konjunkturschwankungen zu glätten, wird also empfohlen, dass durch währungspolitische Maßnahmen der Notenbanken (vgl. S. 376) die negativen Folgen von Konjunkturschwankungen abgemildert werden. So sorgen die Notenbanken durch zurückhaltende Steigerung der Geldmenge und vorsichtige Veränderungen des Leitzinses für weitgehende Preisstabilität. Auf diese Weise wird eine allzu starke Inflation verhindert.

Prinzip der Marktkonformität

Alle Maßnahmen, die der Staat zum Funktionieren der marktwirtschaftlichen Ordnung ergreift, sollen so erfolgen, dass die Gesetze des Marktes (insbesondere die Preisbildung) so wenig wie möglich gestört werden.

Historische Entwicklung der sozialen Marktwirtschaft

Die soziale Marktwirtschaft war und ist kein starres Konzept. Stets war es den Vordenkern ein wichtiges Anliegen, dass sich die Wirtschaftsordnung an die Verhältnisse der Realität **anpassen** und sie im Sinne der Grundgedanken der sozialen Marktwirtschaft beeinflussen sollte. Somit durchlief die soziale Marktwirtschaft seit ihrer Einführung in der neu gegründeten Bundesrepublik Deutschland immer wieder Entwicklungsphasen, die von unterschiedlichen politischen Ansätzen geprägt waren.

Phase des Ordoliberalismus (1948 bis 1966)

Die ersten Jahrzehnte waren eindeutig geprägt von den Grundgedanken Walter Euckens. Nach der Phase des Wiederaufbaus traten zunächst die Sozialpolitik sowie der Ausbau des öffentlichen Sektors (z. B. Infrastruktur, Schulen) in den Vordergrund. Aktive Eingriffe in das Wirtschaftsgeschehen (z. B. die Beeinflussung konjunktureller Entwicklungen) wurden abgelehnt.

Wichtige Maßnahmen und Gesetze:

- **Grundgesetz** (1949): Sicherung von Handlungs- und Gewerbefreiheit, Eigentumsgarantie, Freiheit der Berufswahl →P/G
- **Tarifvertragsgesetz** (1949): Gewährleistung, dass der Staat nicht in die Bildung von Tarifparteien eingreifen kann (Tarifautonomie) →BWR
- **Bundesbankgesetz** (1957): Sicherung der Währungsstabilität, Unabhängigkeit der Bundesbank gegenüber der Bundesregierung
- **Gesetz gegen Wettbewerbsbeschränkungen** (1957): Missbrauchsaufsicht über marktbeherrschende Unternehmen
- **Bundessozialhilfegesetz** (1962–2004): seit 01.01.2005 geregelt im „Zwölften Buch Sozialgesetzbuch“

Ausbau zum Wohlfahrtsstaat (1966/67 bis Ende der 1970er-Jahre)

Die erste große **Rezession** in der Bundesrepublik Deutschland von 1966/67 leitete eine Veränderung in der Wirtschaftspolitik ein. Durch das Stabilitäts- und Wachstumsgesetz (1967) erhielt der Staat die Aufgabe, stabilisierend in die Wirtschaft einzugreifen. Dabei stellte besonders die Sicherung eines „hohen Beschäftigungsstands" durch den Staat eine Abkehr von der Phase des Ordoliberalismus dar. Die sozialen Sicherungssysteme wurden ausgebaut und der staatliche Anteil an der gesamten Wirtschaftsaktivität wuchs.

Wichtige Maßnahmen und Gesetze:

- Stabilitäts- und Wachstumsgesetz (1967)
- Lohnfortzahlungsgesetz und Kündigungsschutzgesetz (1969)
- Betriebsverfassungsgesetz (1972)
- Mitbestimmungsgesetz (1976)

Wiederentdeckung des Ordoliberalismus (Anfang 1980er-Jahre bis 1990)

Der hohe staatliche Anteil an der gesamten Wirtschaftsaktivität sowie Fehlentwicklungen in der Wirtschaftspolitik (z. B. Massenarbeitslosigkeit) führten zu Beginn der 1980er-Jahre zu einer erneuten Umorientierung. Diesmal jedoch besann man sich auf die Wurzeln der sozialen Marktwirtschaft und erinnerte sich an die ordoliberalen Grundgedanken. Dabei ging es vor allen Dingen darum, die Marktkräfte zu beleben und die staatlichen Eingriffe in die Wirtschaft zurückzunehmen.

Wichtige Maßnahmen und Gesetze:

- Deregulierung und Reprivatisierung: Rückführung staatlicher Unternehmen in Privatbesitz (z. B. Deregulierung des Telekommunikationsbereichs, Gründung der Deutschen Telekom)
- Erneuerung des Ladenschlussgesetzes: Verlängerung der Ladenöffnungszeiten
- Drosselung der Inflation
- Senkung des Staatsanteils am Bruttoinlandsprodukt

Integration der ehemaligen DDR (seit 1990)

Die deutsch-deutsche Währungsunion zum 1. Juli 1990 und die Wiedervereinigung am 3. Oktober 1990 leiteten die Phase der **Integration** der ehemaligen DDR in das System der sozialen Marktwirtschaft ein. Schon bald stellte sich heraus, dass es sich hierbei um eine riesige Herausforderung für die Bundesrepublik Deutschland handelte. In Zeiten eines international zunehmenden Wettbewerbs gingen niedrige Wachstumsraten des Bruttoinlandsprodukts einher mit steigender Massenarbeitslosigkeit. Auch eine zunehmende ökologische Ausrichtung der Wirtschaftspolitik stellte die soziale Marktwirtschaft vor große Aufgaben. Insbesondere die Krise der sozialen Sicherungssysteme konfrontierte die Wirtschaftspolitik in der sozialen Marktwirtschaft jedoch mit der Notwendigkeit umfassender Reformen.

Soziale Marktwirtschaft im 21. Jahrhundert

Da die soziale Marktwirtschaft kein starres System ist, muss sie sich ständig den veränderten Bedingungen der Realität anpassen. So wurde die soziale Marktwirtschaft in ihren Ursprüngen für eine Wirtschaft erdacht, in der der **industrielle Sektor** die größte Bedeutung hatte. Durch den Übergang von der Industrie- über eine Dienstleistungs- hin zur Wissensgesellschaft steht auch die soziale Marktwirtschaft vor neuen Herausforderungen. Die seit Mitte der 1990er-Jahre des vorigen Jahrhunderts immer notwendigeren Reformen der sozialen Sicherungssysteme führen zu der Frage, wie sozial die soziale Marktwirtschaft zu Beginn des 21. Jahrhunderts sein kann. Es leuchtet ein, dass eine Aufrechterhaltung der sozialen Sicherungen in gewohntem Umfang nicht mehr möglich ist. Während Sozialpolitikerinnen und Sozialpolitiker jedoch den „Abbau des Sozialstaats" massiv kritisieren, sprechen Wirtschaftspolitikerinnen und Wirtschaftspolitiker eher von einer notwendigen Reform des Wirtschaftssystems hin zu einer Förderung marktwirtschaftlicher Freiheiten, um im weltweiten Wettbewerb als Standort Deutschland wettbewerbsfähig zu sein.

Kernpunkte einer Reform der sozialen Marktwirtschaft sind beispielsweise die Arbeitsmarktreform (Hartz-Gesetze), der Ausbau der privaten Altersvorsorge, Änderungen im Bereich des Gesundheitssystems, Bürokratieabbau, Förderung von Unternehmensgründungen oder der Ausbau des Teilzeitbeschäftigungssektors.

Bereits heute sprechen immer mehr Politikerinnen und Politiker von einer „neuen sozialen Marktwirtschaft" und meinen damit eine **Rückbesinnung** auf die ursprünglichen Werte „private Initiative" und „Eigenverantwortung" unter gleichzeitiger Ausrichtung auf neue Anforderungen. Sie lehnen – im Sinne des Volkswirtschaftlers Wilhelm Röpke – die Versorgung der Bürgerinnen und Bürger im **Wohlfahrtsstaat** als „Tummelfeld eines billigen Moralismus" ab und fordern eine gezielte Förderung von Existenzgründungen, damit in einer Kultur der Selbstständigkeit neue Wachstumsimpulse für die Wirtschaft entstehen können. Gleichwohl fordern sie jedoch eine weitere Reformierung wichtiger Bereiche (z. B. Vereinfachung des Steuerwesens in Deutschland, Lockerung des Kündigungsschutzes), um die Wirtschaftsaktivität anzuregen. Die Fülle der geplanten Reformvorhaben führte jedoch zum Ende der 1990er-Jahre zu einem „Reformstau", der die Frage aufwarf, ob es sich beim Modell der sozialen Marktwirtschaft nicht eher um ein Auslaufmodell handele. Es stellte sich zunehmend die Frage, ob die soziale Marktwirtschaft noch flexibel genug sei, sich mit gebotener Geschwindigkeit an die Bedingungen der sich wandelnden Weltmärkte anpassen zu können. Während das System der sozialen Marktwirtschaft in der Bevölkerung immer noch eine relativ große Unterstützung erfährt, wird auf politischer Seite permanent über mögliche Änderungen des Systems diskutiert. Allerdings ist auch die Zufriedenheit der Bevölkerung in den letzten Jahrzehnten spürbar zurückgegangen, immer stärker wird der Ruf nach Reformen.

Ehemalige Bundeskanzlerin Angela Merkel

Die soziale Marktwirtschaft ist jedoch keine Wirtschaftsordnung, die nur auf Deutschland beschränkt ist. In den letzten Jahrzehnten haben sich alle wichtigen Volkswirtschaften Europas dem „deutschen Modell" angenähert, und sogar im EU-Vertrag heißt es im Zusammenhang mit dem Europäischen Binnenmarkt, dass die Europäische Union eine wettbewerbsfähige soziale Marktwirtschaft sein solle. Anders als in der freien Marktwirtschaft solle, so die damalige Bundeskanzlerin Angela Merkel, der Wettbewerb auf internationalen Märkten nicht ungezügelt, sondern in rechtlich geordneten Bahnen verlaufen. Wie schwierig der Prozess der Abstimmung im Europäischen Binnenmarkt ist, zeigt sich jedoch besonders in der seit 2012 andauernden Schuldenkrise Griechenlands, der Reaktion der übrigen Regierungen der EU sowie der damit verbundenen Vertrauenskrise in das Euro-Währungssystem. Zwar sorgen umfangreiche Hilfszahlungen an EU-Länder, die sich am Rande des Staatsbankrotts befinden, für eine Stabilisierung der Regierungshaushalte und somit auch für eine Erhöhung der Kreditwürdigkeit dieser Länder an den Finanzmärkten, doch werden auch die finanzstarken Volkswirtschaften der EU seit Beginn der Flüchtlingskrise ab dem Spätsommer 2015 vor Herausforderungen gestellt, deren Ende angesichts der politischen Brisanz dieser Krise nicht absehbar ist.

Zusammenfassung: Die soziale Marktwirtschaft in Deutschland beschreiben

- Die **Grundprinzipien der sozialen Marktwirtschaft** basieren auf den Grundideen der Freiburger Schule (bedeutende Vertreter: Walter Eucken und Wilhelm Röpke).
- Der Staat soll im Sinne der Freiburger Schule in einer Volkswirtschaft einen Rahmen schaffen, in dem Individuen frei wirtschaften können (**Ordoliberalismus**).

- Der Ordoliberalismus kritisiert sowohl die Planwirtschaft als auch die freie Marktwirtschaft und befürwortet einen **„dritten Weg"** als Mittelweg zwischen Planwirtschaft und freier Marktwirtschaft.
- Der „Dritte Weg" strebt eine marktwirtschaftliche Grundordnung an, in der durch gesetzlichen Rahmen die Bildung von Kartellen und Monopolen verhindert wird.
- Der Ordoliberalismus der Freiburger Schule wurde von **Alfred Müller-Armack** zur sozialen Marktwirtschaft weiterentwickelt.
- Die soziale Marktwirtschaft unterscheidet sich vom Ordoliberalismus durch eine stärkere **Betonung des Sozialprinzips**.
- Der Staat soll in der sozialen Marktwirtschaft aktiv eingreifen, um soziale Gegensätze zu verhindern bzw. zu überwinden.
- In der sozialen Marktwirtschaft gilt ferner das **Subsidiaritätsprinzip.**
- Nach dem Subsidiaritätsprinzip sollen nur diejenigen, die nicht ausreichend in der Lage sind, sich selbst zu helfen, staatliche Hilfe in Anspruch nehmen.
- **Sozialprinzip** und **Subsidiaritätsprinzip** können jedoch nur funktionieren, wenn die Wirtschaftsordnung ansonsten auf dem
  - Wettbewerbsprinzip,
  - konjunkturpolitischen Prinzip und dem
  - Prinzip der Marktkonformität

  aufgebaut ist.
- Die soziale Marktwirtschaft durchlief in der Geschichte der Bundesrepublik Deutschland **verschiedene Entwicklungsphasen:**
  - Phase des Ordoliberalismus (1948–1966)
  - Ausbau zum Wohlfahrtsstaat (1966/67 bis Ende der 1970er-Jahre)
  - Wiederentdeckung des Ordoliberalismus (Anfang der 1980er-Jahre bis 1990)
  - Integration der ehemaligen DDR (seit 1990)
- Ursprünglich war die soziale Marktwirtschaft ein Wirtschaftssystem, das für die Industriegesellschaft der 1950er- und 1960er-Jahre des vorigen Jahrhunderts entworfen wurde.
- Die soziale Marktwirtschaft muss sich heutzutage den veränderten Anforderungen einer Dienstleistungs- und Wissensgesellschaft anpassen.
- Aufgrund der Notwendigkeit, sie ständig zu reformieren, wird die soziale Marktwirtschaft häufig kritisiert, sie wird jedoch von der Mehrheit der Bevölkerung geschätzt.

Aufgaben

1 *Lesen Sie den folgenden Artikel über die Probleme der sozialen Marktwirtschaft.*

„Die Marktwirtschaft verliert an Popularität. Wie das Institut für Demoskopie in Allensbach kürzlich im Auftrag der ‚Initiative Neue Soziale Marktwirtschaft' ermittelt hat, sehen die Bürger vor allem in Ostdeutschland das Soziale unter die Räder kommen. Der Behauptung, der Staat müsse die Bürger so weit wie möglich sozial absichern, stimmten dort 55,9 Prozent der Befragten zu, gegenüber immerhin auch noch 43,5 Prozent im Westen. Umso mehr gilt in der politischen Diskussion die Kompromissformel der ‚Sozialen Marktwirtschaft' unverändert als attraktiv. [...] In diesem Ausgangsbefund waren sich die Teilnehmer des 1. Freiburger Symposions zur Ordnungsökonomik noch einig, welches das Walter-Eucken-Institut am Wochenende in Freiburg veranstaltet hat. Weniger Einigkeit bestand in der Frage, ob die heutige Wirtschaftspolitik eine 'neue' Soziale Marktwirtschaft braucht und welche konkreten Inhalte diese haben sollte. Peter Koslowski vom International Centre for Economic Research (ICER) in Turin kritisierte die dem Modell inhärente,[1] Neigung zum Konsens'[2], die nur verdecke, dass die deutsche Wirtschaftsordnung 'anfällig für Paternalismus'[3] und damit freiheitsfeindlich geworden sei. Joachim Starbatty von der Universität Tübingen, Vorsitzender der Aktionsgemeinschaft Soziale Marktwirtschaft, wollte so weit nicht gehen. Er betonte, nach der Überzeugung der geistigen Väter der Sozialen Marktwirtschaft – von Alfred Müller-Armack bis zu Ludwig Erhard – erfüllten Markt und Wettbewerb auch ohne Umverteilung wesentliche soziale Funktionen. Dazu zähle, dass der Wettbewerb effiziente Ergebnisse hervorbringe. Zudem erziehe er zu vorhersehbarem und somit moralischem Verhalten. Die Ordnungspolitik erfülle ähnliche Funktionen, beispielsweise wenn sie die Geldwertstabilität sichere oder den Wettbewerb schütze. [...] Wernhard Möschel von der Universität Tübingen klagte da über, dass ökonomisch effiziente Instrumente der sozialen Sicherung – z.B. die private Absicherung von Lebensrisiken über die Kapitalmärkte – vom Sozialstaat verdrängt worden seien. Wer das kritisiere, sei kein Sozialdarwinist, sondern plädiere für eine anreizkompatible Politik. Die staatliche Gewährung eines Existenzminimums lasse sich damit dennoch vereinbaren und stelle somit einen Beweis für die Richtigkeit des Subsidiaritätsprinzips dar. Doch auch grundsätzlich gehört der Sozialstaat nach Ansicht von Wolfgang Kersting von der Universität Kiel auf ein 'markt-, rechtsstaats- und demokratieverträgliches Maß' zurückgeschnitten. 'Der Sozialstaat ist nicht zur Finanzierung marktunabhängiger Bürgerlichkeit da.' Er diene vielmehr dazu, den Bürgern die Teilnahme am Marktgeschehen zu ermöglichen, durch die Garantie offenen Zugangs ebenso wie durch bewusste Aktivierung. Aber 'von den ideologisch hochfliegenden Zielen der Ungleichheitsminderung und Statussicherung muss er Abschied nehmen.' [...]"

Quelle: Mussler, Werner; Horn, Karen: „Wissenschaftler sorgen sich um die offenen Flanken der Sozialen Marktwirtschaft". In: F.A.Z. Printausgabe vom 30.09.2003 © Alle Rechte vorbehalten. Frankfurter Allgemeine Zeitung GmbH, Frankfurt. Zur Verfügung gestellt vom Frankfurter Allgemeine Archiv.

a) Wägen Sie die in dem Artikel genannten Argumente, die für bzw. gegen das Prinzip der sozialen Marktwirtschaft sprechen, gegeneinander ab.
b) Erläutern Sie, wodurch die soziale Marktwirtschaft ihre Schwächen beseitigen wollte. Erläutern Sie das Subsidiaritätsprinzip.

2 *Beschreiben Sie die Kritik Walter Euckens an der zentralen Planwirtschaft wie auch an der freien Marktwirtschaft und erläutern Sie, was Wilhelm Röpke unter dem „Dritten Weg" versteht.*

3 *Stellen Sie fest, welche Wirtschaftsbereiche im Ordoliberalismus von reinen Wettbewerbsbedingungen ausgenommen werden sollten.*

4 *Erläutern Sie die Unterschiede zwischen den Grundgedanken des Ordoliberalismus und dem weiterentwickelten Konzept der sozialen Marktwirtschaft.*

5 *Erläutern Sie das*
a) Wettbewerbsprinzip,
b) konjunkturpolitische Prinzip,
c) Prinzip der Marktkonformität.

6 *Beschreiben Sie die Probleme bei der politischen Umsetzung der sozialen Marktwirtschaft nach dem Zweiten Weltkrieg.*

---
[1] *inhärent = anhaftend*
[2] *Konsens = Übereinstimmung, Zustimmung*
[3] *Paternalismus = Gängelung, Bevormundung*

7 *Erläutern Sie, wie es zu verstehen ist, dass der „Wohlfahrtsstaat“ in Anlehnung an Wilhelm Röpke als „Tummelfeld eines billigen Moralismus“ bezeichnet wird.*

8 *Grenzen Sie die einzelnen Entwicklungsphasen der sozialen Marktwirtschaft sowie ihre jeweiligen Tätigkeitsschwerpunkte im Verlaufe der geschichtlichen Entwicklung der Bundesrepublik Deutschland voneinander ab.*

9 *Erläutern Sie, warum die „neue soziale Marktwirtschaft“ im eigentlichen Sinne nicht neu ist und skizzieren Sie die Kernauffassungen dieses Ansatzes. Informieren Sie sich (z. B. im Internet) über den Europäischen Fiskalpakt sowie über die Eurokrise und beschreiben Sie die Probleme der europäischen Regierungen bei der Krisenbekämpfung.*

10 *Mit der Einführung eines gesetzlichen Mindestlohns taten sich insbesondere die eher an den Grundprinzipien des Ordoliberalismus orientierten Parteien Deutschlands schwer. Begründen Sie, warum diese Parteien im Mindestlohn ein Arbeitsmarktinstrument sehen, welches als nicht marktkonform betrachtet wird.*

1.4 Grundlagen des Wettbewerbs beschreiben und erläutern

Herr Stein und Frau Friedrich erörtern im Rahmen eines Meetings die aktuelle geschäftliche Lage. *„Aus unserer gemeinsamen Preisgestaltung mit der MÖBLA GmbH wird dann ja wohl nichts“*, sagt Frau Friedrich. Herr Stein gibt ihr recht: *„Zumindest wird offiziell nichts daraus.“ „Wie meinen Sie das denn?“*, fragt Frau Friedrich. *„Na ja, es muss ja nicht jeder wissen, was wir vereinbaren.“ „Da müssen wir aber sehr, sehr vorsichtig sein. Wenn so etwas auffliegt, können wir riesige Probleme bekommen.“ „Jaja, das hat mein Sohn mir auch schon gesagt.“ „Und damit hat er voll und ganz recht, Herr Stein.“ „Ich weiß, ich weiß, aber irgendetwas müssen wir doch tun, um uns im Wettbewerb zu behaupten. Wenn wir nicht aufpassen, läuft uns die MÖBLA GmbH noch den Rang ab.“* Hierbei stimmt Frau Friedrich ihm allerdings zu. *„Tja, die Leute von MÖBLA sind ziemlich gut. Wenn wir gegen die bestehen wollen, müssen wir einiges tun. Aber solche Sachen wie geheime Absprachen kommen für mich überhaupt nicht infrage.“ „Aber was schlagen Sie denn dann vor, Frau Friedrich?“ „Na, mir würde da schon einiges einfallen. Wir müssen die MÖBLA GmbH ja nicht gleich heiraten. Und außerdem haben auch wir gute Leute in unserem Unternehmen.“*

Arbeitsaufträge

- ***Stellen Sie fest, was Herr Stein mit seiner Aussage „Zumindest wird offiziell nichts daraus“ meint.***
- ***Begründen Sie, warum Frau Friedrich vor Herrn Steins Überlegungen warnt.***
- ***Entwickeln Sie Vorschläge, wie die Bürodesign GmbH reagieren könnte, ohne die MÖBLA GmbH „gleich zu heiraten“.***

Grundlagen des Wettbewerbs

Dreh- und Angelpunkt einer funktionierenden marktwirtschaftlichen Ordnung ist der Wettbewerb. So wie auch im Sport versteht man darunter eine Auslese, bei welcher die Wettbewerber das gleiche Ziel haben und Dritte darüber entscheiden, wer im direkten Vergleich besser abschneidet. Wie im Sport rivalisieren in der Wirtschaft Marktteilnehmer um eine Spitzenposition und sind dabei doch voneinander abhängig (z. B. weil sie sich durch Wettbewerbsvorstöße gegenseitig in Gefahr bringen können). Während Wettbewerb im Sport eher als Selbstzweck angesehen werden kann, hat der Wettbewerb in der Wirtschaft weitergehende Aufgaben: Zum einen stiftet er individuellen **Nutzen** für Wettbewerber, zum anderen soll er **gesamtwirtschaftliche Vorteile** für alle erbringen.

Wettbewerb …
… gewährt freie Unternehmertätigkeit,
… bietet die Möglichkeit freier Konsumwahl,
… lenkt Produktionsfaktoren dorthin, wo sie nachgefragt werden,
… regt Innovationen bei Produkten und Technologien an,
… soll eine leistungsgerechte Einkommensverteilung gewährleisten,
… soll verhindern, dass dauerhafte wirtschaftliche Macht entsteht.

Durch einen funktionierenden Wettbewerb soll eine bessere Versorgung des Marktes mit Gütern erreicht werden. Die Produktionsfaktoren werden durch Wettbewerb in die von Nachfragern gewünschte Verwendung gelenkt. Schließlich ist es für Unternehmen sinnlos, Güter zu produzieren, die keiner nachfragt. Die Unternehmen werden bei der Herstellung der gewünschten Güter sorgfältig haushalten und die Produktionsfaktoren sparsam verwenden. Dies führt wiederum zum Einsatz kostengünstiger Produktionsverfahren. Damit ein Unternehmen jedoch auch dauerhaft kostengünstig produzieren kann, ist es gezwungen, neue Technologien einzusetzen. Auf diese Weise erwirtschaftet es Kostenvorteile gegenüber seinen Konkurrenten und erzielt somit einen höheren Gewinn. Der auf diese Weise erzielte Gewinn trägt für Unternehmerinnen und Unternehmer zu einer Einkommenssteigerung bei, die ihrer Leistung entspricht. Allerdings ist das Streben nach Gewinn nicht das einzige Motiv, das Unternehmerinnen und Unternehmer im Wettbewerb antreibt. So erkannte der österreichische **Nationalökonom Joseph Alois Schumpeter** (1883–1950), dass die Triebkraft des Wettbewerbs ein Wechselspiel aus **Erfindung** und **Imitation** ist. Nach seiner Auffassung ist es eine **dynamische Unternehmerpersönlichkeit**, die mit einer Erfindung (Innovation) in das Marktgeschehen eingreift. Erfinderinnen und Erfinder befinden sich zunächst in einer monopolartigen Situation, die sie zu ihren Gunsten auszunutzen versuchen (Pioniergewinne). Wird die Erfindung hingegen von Nachahmerinnen bzw. Nachahmern imitiert, wird ein Wettbewerbsprozess in Gang gesetzt und der Markt neu aufgeteilt. Alte Bedingungen werden aufgehoben und verändert. Aus diesem Grund bezeichnet Schumpeter Wettbewerb auch als Prozess „schöpferischer Zerstörung“. Je besser Wettbewerb funktioniert, desto schneller werden Pioniergewinne abgebaut und das Angebot ausgeweitet.

Joseph Alois Schumpeter

Beispiel *Die Bürodesign GmbH hat vor Kurzem mit der „Compubar“ einen Computer-Stehtisch mit integrierten Schubladen und Netzanschlussleisten auf den Markt gebracht. Als erster Anbieter eines derartigen Möbelstücks befindet sich die Bürodesign GmbH in einer monopolartigen Situation. Den Einstiegspreis von 199,00 EUR wird die Bürodesign GmbH jedoch nicht lange halten können, weil schon bald die nächsten Wettbewerber ein ähnliches Produkt, möglicherweise zum Preis von 179,00 EUR, anbieten werden.*

Theoretische Leitbilder des Wettbewerbs

In einer marktwirtschaftlichen Ordnung besteht stets die Gefahr, dass der Wettbewerb durch wirtschaftliche Macht eingeschränkt wird. Dass Wettbewerb jedoch als wesentliches Fundament für das Funktionieren der marktwirtschaftlichen Ordnung akzeptiert wird, ist unstrittig. Weniger

Einigkeit herrscht jedoch darüber, welche Marktform geeignet sei, um optimalen Wettbewerb zu ermöglichen. Aus diesem Grund gibt es verschiedene Theorien darüber, unter welchen Bedingungen Wettbewerb bestmöglich gewährleistet sei.

Funktionsfähiger Wettbewerb

In Deutschland wird die Diskussion um den „richtigen" Wettbewerb wesentlich vom Hamburger Wirtschaftswissenschaftler **Erhard Kantzenbach** geprägt, der das Leitbild des „funktionierenden Wettbewerbs" bei „optimaler Wettbewerbsintensität" geprägt hat. Nach Kantzenbach erfordert funktionsfähiger Wettbewerb vor allen Dingen,

- dass der technische Fortschritt der Unternehmen bei der Herstellung und dem Einsatz von Produkten und Produktionsverfahren schnell durchgesetzt werden kann,
- dass Unternehmen sich schnell an veränderte Daten (z. B. aufgrund veränderten Verbraucherverhaltens) anpassen können.

Aus diesen Erkenntnissen leitet Kantzenbach die Forderung ab,

- dass polypolistische Märkte durch Unternehmenszusammenschlüsse in ein **weites Oligopol** überführt werden sollen,
- dass die Anbieter in einem weiten Oligopol einer **staatlichen Zusammenschlusskontrolle** unterzogen werden müssen, um weitere Konzentrationsprozesse zu verhindern,
- dass im engen Oligopol die Zahl der Anbieter durch Entflechtung vergrößert und die **Wettbewerbsdynamik** gesteigert werden muss.

Dies geschieht seiner Auffassung nach vor allen Dingen in der Marktform des „weiten Oligopols". Nach Kantzenbach herrscht in weiten Oligopolen eine „optimale Wettbewerbsintensität". Das hat folgende Gründe:

- In einem Polypol ist die Anzahl der Marktteilnehmer so groß, dass passive Unternehmen nicht befürchten müssen, von einem aktiven Unternehmen durch Wettbewerbsvorstöße bedroht zu werden. Insofern herrscht nicht genügend Wettbewerb vor, um den Markt optimal mit Gütern zu versorgen.
- Im Polypol sind die vorhandenen Unternehmen zu klein, als dass sie die Kostenvorteile bei Massenproduktion nutzen könnten, um Innovationen finanzieren zu können.
- Im engen Oligopol ist die Anzahl der Anbieter so gering, dass sie sich durch Wettbewerbsvorstöße gegenseitig in ihrer Existenz gefährden können. Folglich besteht im engen Oligopol die Gefahr, dass die Anbieter sich untereinander abstimmen, um sich nicht gegenseitig zu gefährden. Die Folge wäre eine monopolähnliche Situation.

Im amerikanischen Sprachgebrauch wird das Leitbild des funktionierenden Wettbewerbs auch als **„Antitrust-Politik"**[1] bezeichnet, weil es darauf abzielt, dass Großunternehmen im Telekommunikationsbereich und im Finanzwesen entflochten werden sollen, um nicht eine allzu große wirtschaftliche Macht auszuüben. Das Problem dieses Leitbildes nach Kantzenbach ist jedoch, dass es nur schwer festlegbar ist, wie viele Unternehmen rein mengenmäßig vorhanden sein dürfen, um noch von einem weiten Oligopol zu sprechen. Außerdem ist auch die Geschwindigkeit, mit welcher die Vorsprungsgewinne einer Pionier-Unternehmerin oder eines Pionier-Unternehmers durch Wettbewerber abgebaut werden, nur schwer messbar. Aus diesem Grund bietet das Leitbild des „funktionierenden Wettbewerbs" bei optimaler Wettbewerbsintensität nur eine grobe Orientierung für die staatliche Wettbewerbspolitik.

[1] *Trust (engl.) = Zusammenfassung mehrerer Unternehmen unter einheitlicher Leitung*

Beispiel *Etwa zwei Monate nach Markteinführung der „Compubar" sieht Herr Stein eines Morgens in einer Fachzeitschrift ein Zeitungsinserat des Hauptkonkurrenten MÖBLA GmbH, in welchem für den kommenden Monat die Produkteinführung des „Round Table" angekündigt wird. In Form eines Hufeisens bietet der Bürostehtisch erweiterte Ablageflächen für einen Computer sowie einen Drucker und verfügt zusätzlich über genügend Platz für einen Telefonanschluss. Außerdem können die Ablageflächen nach außen erweitert werden. „Das gibt es doch nicht", ärgert sich Herr Stein, „dieses Produkt hat noch mehr Platz als unsere Compubar und kostet nur 179,00 EUR. Wie machen die das bloß?"*

Leitbild der Chicago School

Wegen ihrer Befürwortung der Wettbewerbspolitik wird das Leitbild des funktionierenden Wettbewerbs heutzutage von US-amerikanischen Wirtschaftswissenschaftlern der Chicago School kritisiert. Berühmte Vertreter der Chicago School sind die Wirtschaftswissenschaftler Milton S. Friedman und Gary Becker. Ihrer Auffassung nach sind die Aussagen von Erhard Kantzenbach zu vage und ungenau, weswegen die Träger der Wettbewerbspolitik keine genügenden Handlungsanweisungen für aussagekräftige gesetzliche Regelungen zur Wettbewerbspolitik haben. Dem stellen die Vertreter der Chicago School (auch „Chicago Boys" genannt) ein vereinfachtes Wettbewerbsmodell entgegen, in welchem Wettbewerb als ein Prozess des „survival of the fittest" verstanden wird. Damit ist gemeint, dass sich die Wettbewerbspolitik zurückhalten soll, wenn Zusammenschlüsse von Unternehmen zur Diskussion stehen. Der hohe Wettbewerbsdruck auf **alle** Unternehmen (auch auf die Oligopolisten) sei so wirksam, dass Leistungsschwächen bei Unternehmen (z. B. aufgrund mangelnder Innovationen oder unwirtschaftlicher Kostensituation) aufgedeckt würden und den Markt von alleine neu ordnen würden.

Beispiel *Herr Finke ist Geschäftsführer der MÖBLA GmbH. Bei einer Sitzung der IHK trifft er auf Herrn Stein. „Na, Herr Stein, was sagen Sie zu unserer Neueinführung?" „Konnten Sie damit nicht ein wenig warten?" „So ist das Geschäft, mein Lieber. Das Glück gehört den Tüchtigen." Herr Stein ist wütend. Er weiß, dass die MÖBLA GmbH knallhart kalkuliert, um mit so günstigen Produkten an den Markt zu gehen. Aber er gibt sich nicht geschlagen. „Warten Sie nur ab, Herr Finke. So einfach überlassen wir Ihnen das Feld sicherlich nicht." Schon bald arbeitet die Bürodesign GmbH an einer Produktverbesserung.*

Vereinfacht formuliert vertrauen die Chicago Boys auf die „Selbstheilungskräfte des Marktes". Jedoch wurde und wird auch dieses wettbewerbspolitische Leitbild massiv kritisiert, weil es zu sehr von konservativ-liberalen Politikerinnen und Politikern in den USA beeinflusst werde. Kritikerinnen und Kritiker werfen der Chicago School vor, dass sie sich zu sehr als **Instrument von Großkonzernen** benutzen und sich mehr von den Wünschen und Forderungen dieser Konzerne leiten ließe, als einen wirklich wirksamen Wettbewerb anzustreben.

Grundsätzlich wird die Chicago School also von zwei Hauptgedanken geleitet:

1. Jedes wirtschaftliche Verhalten wird durch die freie Preisbildung gelenkt (Glaube an die „unsichtbare Hand", die Angebot und Nachfrage stets zum Ausgleich bringt).

2. Freie Märkte sind das beste Mittel, um die Produktionsfaktoren in ihre wirtschaftlich beste Verwendung zu lenken. Der Einfluss des Staates muss zurückgedrängt werden.

Das Wettbewerbsleitbild der Chicago School entspricht also weitgehend der freien Marktwirtschaft im ursprünglichen Sinne.

Zusammenfassung: Grundlagen des Wettbewerbs beschreiben und erläutern

- Wettbewerb stiftet individuellen Nutzen für Wettbewerber, außerdem soll er gesamtwirtschaftliche Vorteile für alle erbringen (bessere Versorgung mit Gütern).
- Die Triebkraft des Wettbewerbs ist ein Wechselspiel aus **Erfindung** und **Imitation**.
- Nach Schumpeter ist Wettbewerb ein „Prozess schöpferischer Zerstörung".
- In einer marktwirtschaftlichen Ordnung besteht stets die Gefahr, dass der Wettbewerb durch wirtschaftliche Macht eingeschränkt wird.

Leitbilder

- Nach **Kantzenbach** herrscht optimale Wettbewerbsintensität in der Marktform des „weiten Oligopols" (im US-amerikanischen Sprachgebrauch „Antitrust-Politik").
- Aufgabe der Wettbewerbspolitik soll es sein, andere vorherrschende Marktformen (z. B. ein enges Oligopol) in ein **weites Oligopol** zu überführen.
- Gary Becker und Milton S. Friedman haben in den USA das Leitbild der Chicago School geprägt.
- Nach der Chicago School ist Wettbewerb ein Prozess des **„survival of the fittest"**.
- Der Staat soll sich hiernach ganz aus dem Wettbewerbsprozess heraushalten.

Aufgaben

1 *Suchen Sie nach Beispielen für dynamische Unternehmerpersönlichkeiten aus der Realität, die durch echte Innovationen in das Marktgeschehen eingreifen.*

2 *Erklären Sie an Beispielen aus der Realität, wie „alte" Märkte zerstört und durch Erfindungen neue Märkte geschaffen wurden.*

3 *Vergleichen Sie das deutsche Leitbild des funktionierenden Wettbewerbs (in den USA auch „Harvard School" genannt) mit dem amerikanischen Leitbild der Chicago School.*

1.5 Die Konzentration und Kooperation in der Wirtschaft beurteilen

Es ist Freitagnachmittag, Frau Land fährt mit ihrer Tochter Silvia in die Innenstadt. Dort befindet sich ein Nahversorgungs-Einkaufszentrum mit zahlreichen Geschäften, die die Waren des täglichen Bedarfs anbieten. Frau Land fährt sehr gerne mit ihrer Tochter dorthin. Die beiden mögen es, zum Wochenausklang einen Wocheneinkauf für die ganze Familie zu machen. In den letzten Wochen erledigten die beiden ihren Wocheneinkauf jedoch woanders. Somit waren sie seit etwa zwei Monaten nicht mehr in ihrem gewohnten Nahversorgungs-Einkaufszentrum. Als Frau Land den Pkw parkt, um von dort aus die gewohnten Geschäfte anzusteuern, stutzt sie. *„Schau mal, Silvia, hier hat sich aber wohl einiges getan."* Silvia blickt sich um. Tatsächlich, die alten Geschäfte sind weg, neue Geschäfte befinden sich jetzt in den Ladenlokalen. *„Stimmt. Das sind alles bekannte Namen: Prokauf, ALLDISKONT oder KAUF & Co."* In den meisten umliegenden Ladenlokalen befinden sich Geschäfte mit Namen, die auch überall woanders in der Stadt zu finden sind. *„Ich vermisse aber einige der früheren Läden. Hier gab es mal mehr Vielfalt beim Einkaufen."* Silvia gibt ihrer Mutter recht: *„So, wie es aussieht, haben hier nur noch ein paar wenige Firmen das Sagen, und die anderen gibt es einfach nicht mehr. Zumindest gibt es sie nicht mehr hier."* Die beiden schauen sich etwas irritiert an. *„Wo das noch hinführen soll, wenn sich die Großen immer breiter machen und die Kleinen bald ganz verschwinden ..."*

Arbeitsaufträge
- ***Beschreiben Sie die oben dargestellte Entwicklung in den bekannten Branchen aus Ihrer eigenen Erfahrung.***
- ***Wägen Sie das Für und Wider einer Entwicklung gegeneinander ab, in der die Konzentration zahlreicher Branchen weiter fortschreitet. Nehmen Sie zu diesem Zweck sowohl die Kunden- als auch die Händlersicht ein.***

■ Konzentrationsprozesse

Eine Beschränkung des Wettbewerbs droht durch zunehmende **Vermachtung** von Märkten. Damit ist gemeint, dass vorhandene Unternehmen durch Zusammenschluss zu größeren Einheiten verschmelzen (Fusion) oder dass sich mehrere Unternehmen zu einem Konzern zusammenschließen (Konzernbildung).

Fusion (Trust)	Konzern
Zusammenschluss von bislang eigenständigen Unternehmen zu einem wirtschaftlich und rechtlich einheitlichen Unternehmen. Die beteiligten Unternehmen werden durch den Zusammenschluss zu einem Unternehmen verschmolzen, wobei die übernehmende Gesellschaft das gesamte Vermögen der übernommenen Gesellschaft(en) übernimmt.	Zusammenschluss von rechtlich selbstständigen Unternehmen, die ihre wirtschaftliche Unabhängigkeit aufgeben, um sich einer einheitlichen Konzernleitung (Holding) zu unterstellen. Die Unternehmen sind zwar in ihren wirtschaftlichen Entscheidungen von der Konzernspitze abhängig, allerdings rechtlich (aufgrund des beibehaltenen Namens) selbstständig.
Beispiel *Thyssen AG* → *Fusion* ← *Krupp AG* *Thyssen Krupp AG*	***Beispiel*** *Metro Group (Konzernholding)* *Media-Saturn* · *Metro Cash & Carry* · *Real*

Beispiel *Zwei Monate später erhält Herr Finke von der MÖBLA GmbH einen Anruf von Herrn Stein. „Wenn Sie bei unseren Überlegungen über Preisabsprachen Magenschmerzen haben, dann könnten wir doch auf anderem Weg zusammenkommen." „Was meinen Sie damit, Herr Stein?" „Na, ich habe darüber nachgedacht, wie es wohl wäre, wenn unsere beiden Unternehmen fusionierten." „Sie meinen wohl, Sie wollen sich unser Unternehmen einverleiben, was?" „Aber, aber, lieber Herr Finke, so weit wollen wir doch gar nicht gehen. Ich schlage Ihnen einen Zusammenschluss vor. Wir könnten uns dann z. B. MÖBLA Bürodesign GmbH nennen."*

Welche Auswirkungen die **fortschreitende Konzentration** in der Wirtschaft hat, kann aus der nebenstehenden Grafik abgeleitet werden. Sie zeigt, welchen Umsatzanteil die größten Unternehmen des deutschen Lebensmitteleinzelhandels am gesamten Lebensmittelmarkt haben. Wenn eine Gruppe von sieben Unternehmensgruppen einen Umsatzanteil von mehr als 90 % des deutschen Lebensmittelmarktes hat, leuchtet es ein, dass hierbei immer wieder die Gefahr besteht, dass eine derartig große wirtschaftliche Macht zur Ausnutzung eigener unternehmerischer Interessen verwendet werden kann.

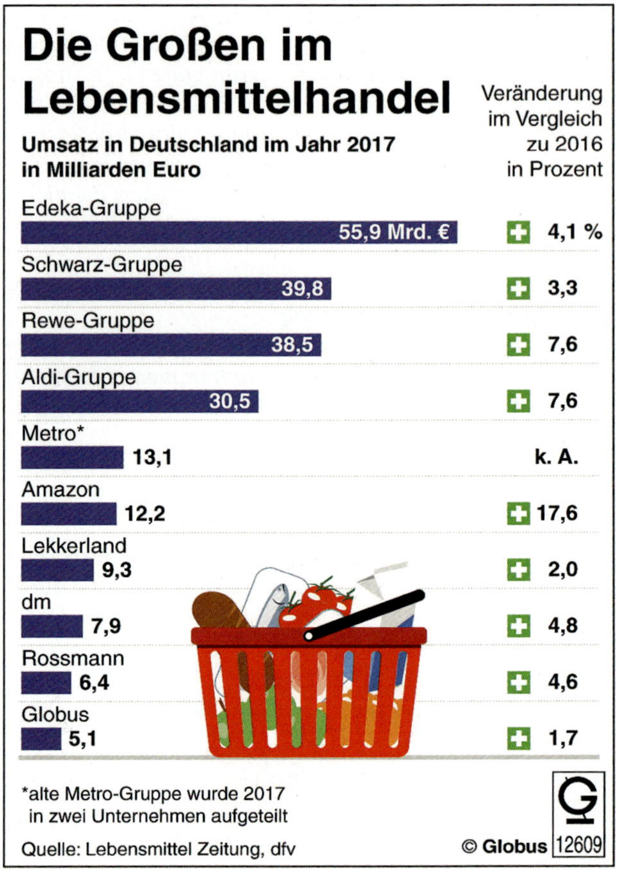

Kooperation

Über den durch Zusammenschluss oder Übernahme von Unternehmen organisierten Konzentrationsprozess hinaus gibt es die Möglichkeit der Kooperation. Dies ist die **freiwillige Zusammenarbeit** von Unternehmen, ohne sich rechtlich oder wirtschaftlich zu verpflichten. Sämtliche kooperierenden Unternehmen bleiben voneinander unabhängig und arbeiten zur Verbesserung ihrer Wettbewerbsposition zusammen.

Auch wenn die freiwillige Zusammenarbeit marktmächtiger Unternehmen keine vertraglichen Pflichten mit sich bringt, so führt die Zusammenarbeit der Kooperationspartner doch zu einer weiteren Konzentration im Marktgeschehen, wodurch Wettbewerb weiter erschwert wird.

Aus einer Reihe von Gründen droht bei zunehmender Konzentration eine **Beschränkung des Wettbewerbs**:

- Fusionierende und kooperierende Großbetriebe befinden sich insbesondere gegenüber kleinen und mittelgroßen Betrieben im Vorteil.
- Handelsgruppen, die durch Konzernbildung gewachsen sind, können gegenüber Lieferanten erhebliche Wirtschaftsmacht ausüben.
- Regionale Unterversorgung droht, wenn große Handelsgruppen nur noch dort Geschäfte eröffnen, wo es für sie betriebswirtschaftlich sinnvoll ist.
- Die unternehmerische Innovationskraft des Mittelstands wird gehemmt.
- Kleinbetriebe sind existenziell bedroht, weil Großbetriebe, Unternehmensgruppen oder Konzerne Standorte auf aggressive Weise sichern.

Diese und ähnliche Beweggründe veranlassen die Wettbewerbspolitik, Rahmenbedingungen zu schaffen, innerhalb welcher ein funktionierender Wettbewerb möglich wird. Somit ist eine Politik der Wettbewerbssicherung ein wesentliches Fundament für den Erhalt der marktwirtschaftlichen Ordnung.

Zusammenfassung: Die Konzentration und Kooperation in der Wirtschaft beurteilen

- Durch **Konzentration** und **Fusion** von Unternehmen droht eine zunehmende Vermachtung von Märkten.
- Durch Vermachtung von Märkten besteht die Gefahr, dass Märkte zum Zwecke der Verfolgung eigener Gewinninteressen von Unternehmen ausgenutzt werden.
- Auch durch freiwillige Zusammenarbeit ohne rechtliche Verpflichtung **(Kooperation)** droht eine Vermachtung von Märkten.
- Auf Märkten mit einer hohen Unternehmenskonzentration droht eine regionale Unterversorgung, wenn Unternehmen nur dort anbieten, wo es wirtschaftlich lukrativ ist.
- Kleinbetriebe werden so in ihrer Existenz bedroht.

Aufgaben

1 *Recherchieren Sie Informationen über die Konzentration ausgewählter Branchen in Deutschland (z. B. Automobilindustrie, Stahlindustrie oder Elektroindustrie). Suchen Sie zu diesem Zweck nach Informationen, welche Unternehmen in den besagten Branchen bedeutend sind, und recherchieren Sie Informationen über deren Marktanteil.*

2 *Stellen Sie fest, auf welche Weise große Konzerne (z. B. Handelsgruppen) gegenüber ihren Lieferanten Wirtschaftsmacht ausüben können, und begründen Sie, warum sich derartige Verhaltensweisen gegenüber Kunden negativ auswirken können.*

3 *Von der Oberbürgermeisterin der Stadt Köln erhält die Geschäftsführung der Bürodesign GmbH einen Brief, in welchem angekündigt wird, dass im übernächsten Jahr in der Stadt eine Schüler-Olympiade stattfinden wird. Die auf diese Weise angeschriebenen Geschäftsleitungen von Kölner Unternehmen sind aufgerufen, sich an einem Arbeitskreis zur Ideenplanung zu beteiligen. Das Oberbürgermeisteramt erhofft sich durch die Kooperation der Unternehmen bedeutende Synergieeffekte für die Stadt und die städtische Wirtschaft. Beschreiben Sie mögliche Synergieeffekte des Projekts (Synergie = Zusammenwirken; sich gegenseitig fördern und verstärken).*

4 *Suchen Sie im Internet nach Beispielen von Fusionen in Deutschland aus der jüngeren Zeit.*

5 *Verdeutlichen Sie am Aufbau ausgewählter Handelskonzerne (z. B. Edeka, Metro oder Rewe), welche Konzernunternehmen angeschlossen sind.*

1.6 Wettbewerbsrecht anwenden

ThyssenKrupp verhandelt mit Bahn über Entschädigung

ThyssenKrupp will bei Schienenaufträgen wieder ins Geschäft kommen und verhandelt daher mit der Deutschen Bahn über eine Millionen-Entschädigung wegen der Vorwürfe von Preisabsprachen beim Schienenverkauf. Das bestätigte ein Unternehmenssprecher am Mittwoch.
Die Bahn ist einer der wichtigsten Auftraggeber in Europa für Schienen, mit denen ThyssenKrupp über seine Tochter GFT Gleistechnik handelt. Mitte des Jahres war bekanntgeworden, dass zahlreiche Unternehmen der Branche – darunter die GFT Gleistechnik – mindestens seit 1998 unter dem Namen «Schienenfreunde» Preise illegal abgesprochen haben sollen. Hauptgeschädigte war die Deutsche Bahn, die laut «Handelsblatt» beim Schienenkauf seit Mitte der 90er-Jahre bis zu 30 Prozent zu viel zahlen musste. Die Schadenssumme belaufe sich auf bis zu eine Milliarde Euro.

Quelle: wgr/©dpa, 28.12.2011.

Arbeitsaufträge
- ***Beschreiben Sie die Konsequenzen im dargestellten Fall für Unternehmen sowie Verbraucherinnen und Verbraucher.***
- ***Recherchieren Sie weitere Fälle von verbotenem Kartellverhalten in der Wirtschaft.***

Gesetz gegen Wettbewerbsbeschränkungen (GWB)

Das deutsche Wettbewerbsrecht regelt alle Maßnahmen, die der Sicherung des Wettbewerbs und dem Abbau von Wettbewerbsbeschränkungen dienen. Der Wettbewerb ist eines der wesentlichen Gestaltungsmerkmale der sozialen Marktwirtschaft. Seine Erhaltung ist somit von zentraler Bedeutung.

Kernstück des deutschen Wettbewerbsrechts ist das **Gesetz gegen Wettbewerbsbeschränkungen** (kurz: GWB) – auch „Kartellgesetz" genannt – aus dem Jahre 1958. Zuletzt wurde es durch Inkrafttreten der Neufassung am 26.06.2013 vollständig überarbeitet und heutigen Wettbewerbsbedingungen angepasst. In der Zwischenzeit entspricht es fast vollständig dem EU-Kartellrecht. Mit dem GWB hat die soziale Marktwirtschaft ein Instrument eingeführt, um die bereits beschriebenen negativen Folgen zunehmender Unternehmenskonzentration für die Wirtschaft einzudämmen. Das GWB gliedert das Kartellrecht in drei Schwerpunktbereiche:

- Kartellverbot
- Missbrauchsaufsicht
- Zusammenschlusskontrolle

Die Überprüfung der Einhaltung gesetzlicher Wettbewerbsregeln erfolgt durch das Bundeskartellamt in Bonn, dessen Aufgabe es u.a. ist, zu prüfen, ob durch beabsichtigte Zusammenschlüsse von Unternehmen gesamtwirtschaftliche Nachteile entstehen.

Durch die GWB-Novelle im Jahr 2005 wurden die **Befugnisse des Bundeskartellamts** erweitert:

- Möglichkeit der Anordnung einer Unterlassungsverfügung sowie nachträgliche Feststellung eines Kartellverbots
- Möglichkeit der Einräumung von Verpflichtungszusagen

Außerdem wurden Schadensersatzregelungen verschärft:

- Möglichkeit der Herausgabe des Gewinns anstelle des Schadens
- Verzinsung ab Eintritt des Schadens
- Einführung eines umsatzabhängigen Bußgelds bis zur Höhe von 10 % des Umsatzes
- Anhebung der regelmäßigen Bußgelddrohung von 500000,00 EUR auf 1 Million EUR

Kartellverbot

Nach § 1 GWB (www.gesetze-im-internet.de/gwb) sind Kartelle grundsätzlich verboten. Dies bezieht sich insbesondere auf die folgenden Kartellarten:

Preiskartell	Preisabsprachen von Mitgliedern eines Kartells
Quotenkartell	Die am Kartell beteiligten Mitglieder vereinbaren eine Aufteilung von Produktionsquoten bzw. -mengen.
Gebietskartell	Absatzgebiete werden unter den beteiligten Mitgliedern des Kartells aufgeteilt.

Die genannten Kartelle sind verboten, weil hier eine eindeutige Wettbewerbsbeschränkung bzw. -verhinderung stattfindet. Da es sich hierbei um Unternehmen handelt, die „miteinander" im Wettbewerb stehen, also auf einer Wirtschaftsstufe stehen (z. B. Händler – Händler; Industrie – Industrie), spricht man von „horizontalen Wettbewerbsbeschränkungen". Die Beurteilung, ob es sich um ein Kartell handelt, gestaltet sich schwierig, wenn Unternehmen sich sehr ähnlich verhalten, ohne eine rechtliche Bindung einzugehen. In diesem Fall spricht man von **Parallelverhalten**, welches jedoch laut GWB nicht verboten ist.

Beispiel *Normalerweise tankt Herr Stein mit seinem Dienstwagen bei ein und derselben Tankstelle. Er wundert sich jedoch immer wieder darüber, dass die Tankstelle gegenüber die gleichen Preise für einen Liter Superbenzin nimmt wie seine Stammtankstelle, und das, obwohl es sich um unterschiedliche Unternehmen handelt. Wenn er dann die Hauptstraße entlangfährt, kommt er noch an zwei weiteren Tankstellen vorbei und stellt auch hierbei fest, dass alle Tankstellen die gleichen Treibstoffpreise nehmen. „Gehören die denn zusammen?", fragt er sich, obwohl er weiß, dass es sich um Konkurrenzunternehmen handelt.*

Während also „horizontale Vereinbarungen" zwischen Wettbewerbern verboten sind, liegt der Fall bei „vertikalen Vereinbarungen" anders. Vertikale Vereinbarungen liegen vor, wenn Unternehmen auf mehreren aufeinander nachfolgenden Wirtschaftsstufen (z. B. Industrie – Großhandel – Einzelhandel) vertragliche Vereinbarungen zur Beschränkung des Wettbewerbs treffen. Solche Fälle müssen vom Kartellamt auf ihre Zulässigkeit geprüft werden und unterliegen somit der Missbrauchsaufsicht.

Über die Verbotsregelungen des § 1 GWB hinaus gibt es jedoch die Ausnahmeregelungen des § 2 GWB, wonach unter bestimmten Voraussetzungen eine Freistellung vom Kartellverbot (Legalausnahme) erfolgt.

Voraussetzungen für Freistellung vom Kartellverbot:

- Verbraucherbeteiligung am Gewinn
- wirtschaftlich und qualitativ größerer Nutzen (Effizienzgewinn)
- Der Wettbewerb darf nicht ausgeschaltet werden.
- Die Auflagen müssen für das Kartell unerlässlich sein.

Wurden die Voraussetzungen für eine Freistellung nun geprüft und sind die Wirkungen für den Wettbewerb wie auch für Verbraucherinnen und Verbraucher positiv, so kann das Kartell erlaubt sein.

Missbrauchsaufsicht

Ein weiterer Grundpfeiler des GWB ist die Missbrauchsaufsicht. Damit ist gemeint, dass bestehende Marktmacht bereits vorhandener Unternehmen akzeptiert wird, dabei jedoch verhindert werden soll, dass diese Marktmacht zur Beschränkung des Wettbewerbs missbraucht wird. **Missbrauch** liegt i. d. R. dann vor, wenn Unternehmen, die eine marktbeherrschende Stellung einnehmen, überhöhte Preise fordern oder Lieferanten zum Nachteil ihrer Konkurrenten ausbeuten. Dies wäre dann der Fall, wenn ein marktbeherrschendes Unternehmen so mächtig ist, dass es von seinen Lieferanten Warenlieferungen zu extrem niedrigen Preisen verlangen kann. In der Folge könnte das Unternehmen dann selbst zu so niedrigen Preisen verkaufen, dass die Konkurrenten keine Chance hätten, selbst ähnlich günstig zu verkaufen. Auch die Aufforderung eines einflussreichen Unternehmens, von seinen Lieferanten Sonderkonditionen zu erhalten, wird im Rahmen der Missbrauchskontrolle bestraft. Dieses oder ähnliches Verhalten würde dazu führen, dass kein Wettbewerb mehr existierte, weil mögliche Wettbewerber in erheblicher Weise beeinträchtigt würden. Missbrauchsaufsicht ist auch dann erforderlich, wenn sog. Vertikalvereinbarungen zur Beschränkung des Wettbewerbs getroffen werden. Dies sind Vereinbarungen zwischen Unternehmen vor- und nachgelagerter Wirtschaftsstufen (z. B. Industrie – Großhandel – Einzelhandel).

Marktbeherrschend ist ein Unternehmen dann, wenn es keinen Wettbewerber hat oder wenn seine Marktstellung im Vergleich zu den viel kleineren Konkurrenten überragend ist. Die Marktstellung wird gemessen am Marktanteil, an den Verflechtungen mit anderen Unternehmen oder an der Finanzkraft des Unternehmens. Ein marktbeherrschender Marktanteil liegt nach dem GWB dann vor, wenn ein Unternehmen einen **Marktanteil von mindestens einem Drittel** am Gesamtmarkt hat. In diesem Fall hat das Bundeskartellamt das Recht, missbräuchliches Verhalten marktbeherrschender Unternehmen zu untersagen und geschlossene Verträge für ungültig zu erklären. Bevor die Verträge für ungültig erklärt werden, fordert das Bundeskartellamt das Unternehmen auf, sein missbräuchliches Verhalten zu unterlassen.

Zusammenschlusskontrolle

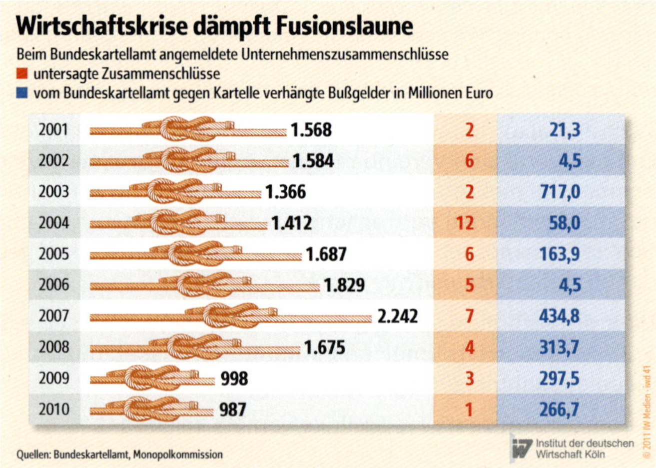

Ursprünglich war das GWB davon geprägt, dass die Gewinnung von Marktmacht durch Bildung von Kartellen **grundsätzlich** verboten ist. Andererseits war es durchaus erlaubt, dass Unternehmen durch **Zusammenschluss** eine marktbeherrschende Stellung erlangen konnten. Dieser Widerspruch wurde erst aufgehoben, als man 1973 das Instrument der Zusammenschlusskontrolle einführte. Damit ist gemeint, dass Unternehmenszusammenschlüsse, die zu einer marktbeherrschenden Stellung führen würden, untersagt werden können. Sollte das Unternehmen hingegen nachweisen können, dass durch den Zusammenschluss die Wettbewerbsbedingungen verbessert würden, so könnte der Zusammenschluss doch noch zulässig sein. Sollte das Unternehmen diesen Nachweis jedoch nicht erbringen können, so müsste es einen Antrag beim Bundesministerium für Wirtschaft und Klimaschutz stellen, dass dieses den geplanten Zusammenschluss letztlich doch noch erlaubt. Die Erteilung einer Erlaubnis durch das Bundesministerium für Wirtschaft und Klimaschutz wird davon abhängig sein, ob er gesamtwirtschaftliche Vorteile sowie ein überragendes Interesse der Allgemeinheit feststellt.

§ 35 GWB Geltungsbereich der Zusammenschlusskontrolle

(1) Die Vorschriften über die Zusammenschlusskontrolle finden Anwendung, wenn im letzten Geschäftsjahr vor dem Zusammenschluss
1. die beteiligten Unternehmen insgesamt weltweit Umsatzerlöse von mehr als 500 Millionen Euro und
2. im Inland mindestens ein beteiligtes Unternehmen Umsatzerlöse von mehr als 50 Millionen Euro und ein anderes beteiligtes Unternehmen Umsatzerlöse von mehr als 17,5 Millionen Euro erzielt haben.

Während die Anzahl der Unternehmenszusammenschlüsse in den 1990er-Jahren stetig zunahm und man von einer anhaltenden „Fusionswelle" sprach, nehmen die geplanten Zusammenschlussvorhaben seit einigen Jahren ab, was nicht zuletzt an einer sorgfältigen und verantwortlichen Kontrolle durch das Bundeskartellamt liegt. Es versteht sich von selbst, dass eine zu große Zahl von Unternehmenszusammenschlüssen letztlich das soziale Gefüge der Marktwirtschaft erheblich stören würde. Schließlich geraten kleine und mittelständische Unternehmen immer weiter in Wettbewerbsnachteile und können sich im Fahrwasser großer Zusammenschlüsse nicht genügend behaupten, um weiter zu existieren. Die Folge wäre ein weiter zunehmender Abbau von Arbeitsplätzen mit erheblichen sozialen Konsequenzen.

Weitere Gesetze zum Schutz des Wettbewerbs

Gefahren für einen funktionierenden Wettbewerb entstehen nicht nur, weil Unternehmen sich zu größeren Einheiten zusammenschließen oder – wie beim Kartell – unerlaubte Absprachen treffen. Wettbewerbsmissbrauch findet auch auf einigen weiteren Feldern statt. Für zahlreiche Fälle von Verstößen gegen das Prinzip eines funktionierenden Wettbewerbs gibt es in Deutschland eine Reihe von Gesetzen, die gegen wettbewerbsbeschränkende Maßnahmen gerichtet sind.

Gesetz gegen den unlauteren Wettbewerb (UWG)

Dieses Gesetz soll die Wettbewerber vor unlauteren – sittenwidrigen – Verhaltensweisen schützen. Als unlauter gelten beispielsweise:

- Täuschung oder Irreführung von Verbraucherinnen und Verbrauchern,
- Preisunterbietung, die gezielt gegen einen Konkurrenten gerichtet ist, um ihn vom Markt zu verdrängen,
- schlechte Nachrede über Konkurrenten („Anschwärzen"),
- Werbung mit Sonderangeboten, obwohl von vornherein viel zu wenig Ware vorhanden ist **(Lockvogelangebote)**. →BWR

Markengesetz

Unternehmen, die für ein neues Produkt ein Marken- oder Warenzeichen erworben haben, sollen durch das Markengesetz vor Nachahmung oder Missbrauch der Marke durch Konkurrenten geschützt werden.

Patentgesetz

Erfinderinnen und Erfinder haben das Recht, ihre Erfindung über einen Zeitraum von 20 Jahren allein zu verwerten. Sie sollen von ihrer Erfindungsgabe und ihrem Ideenreichtum profitieren. Nach Ablauf von 20 Jahren darf das Patent von anderen nachgeahmt werden.

§ 312 f. im BGB zum Widerruf von Haustürgeschäften

Dieser Paragraf soll Konsumentinnen und Konsumenten davor schützen, an der Haustür oder z. B. auf der Straße von einer Verkäuferin oder einem Verkäufer mit einem Angebot überrumpelt zu werden und überschnell einen Vertrag abzuschließen. Rechtsgeschäfte, die „an der Haustüre" geschlossen wurden, können innerhalb von 14 Tagen widerrufen werden und verlieren dadurch ihre Gültigkeit.

Kritik an der Wettbewerbskontrolle

In Zeiten zunehmenden internationalen Wettbewerbs wächst europaweit der Wunsch von Großunternehmen, sich zu übernationalen Wirtschaftseinheiten zusammenzuschließen. Begründet wird dieser Wunsch vonseiten der Wirtschaft mit dem Zwang, im weltweiten Wettbewerb eine Rolle zu spielen. Befürworterinnen und Befürworter der freien Marktwirtschaft fordern, dass auf diese Weise „Global Player" entstehen können, die über eine wirtschaftliche Bedeutung im Weltmaßstab verfügen. Durch die europäische Zusammenschlusskontrolle, so ihre Kritik, werde es verhindert, dass europäische „Champions" im Wettbewerb mit US-amerikanischen oder asiatischen Firmengruppen langfristig bestehen könnten. Befürworterinnen und Befürworter europäischer Zusammenschlusskontrollen halten dem entgegen, dass es letztlich keine Frage der Unternehmensgröße sei, ob Unternehmen am Markt bestehen können, sondern dass es von ihrer Innovationskraft und Dynamik abhänge, ob sie sich langfristig im internationalen Wettbewerb behaupten könnten. Nach Auffassung von Wettbewerbspolitikerinnen und Wettbewerbspolitikern der Europäischen Union verhindere die Bildung übernationaler Firmengruppen die Innovationsfähigkeit des Mittelstands und fördere die Bequemlichkeit dieser Firmengruppen im Konkurrenzkampf.

Zusammenfassung: Wettbewerbsrecht anwenden

Gesetz gegen Wettbewerbsbeschränkungen (GWB)

- Das GWB ist das Kernstück des deutschen Wettbewerbsrechts.
- Es gliedert sich in die Kernbereiche Kartellverbot, Missbrauchsaufsicht, Zusammenschlusskontrolle.

Kartellverbot

- Preis-, Quoten- und Gebietskartelle sind grundsätzlich verboten.
- **Rationalisierungskartelle** und **Strukturkrisenkartelle** müssen beim Bundeskartellamt dahingehend überprüft werden, ob sie den Ansprüchen des GWB genügen (erlaubnispflichtig).
- **Rabattkartelle** und **Konditionenkartelle** müssen nur beim Bundeskartellamt angemeldet werden, um wirksam zu werden.

Missbrauchsaufsicht

- Von Missbrauch spricht man, wenn marktbeherrschende Unternehmen ihre Marktmacht dazu benutzen, Wettbewerb zu verhindern.
- Marktbeherrschend ist ein Unternehmen dann, wenn es **keinen Wettbewerber** hat oder wenn seine Marktstellung im Vergleich zu den viel kleineren Konkurrenten überragend ist (Marktanteil von mindestens einem Drittel am Gesamtmarkt).
- Im Rahmen der Missbrauchsaufsicht kann **missbräuchliches Verhalten untersagt werden**.

Zusammenschlusskontrolle

- Unternehmenszusammenschlüsse, die zu einer **marktbeherrschenden Stellung** führen würden, können untersagt werden.
- Sollte das Unternehmen nachweisen können, dass durch den Zusammenschluss die Wettbewerbsbedingungen verbessert würden, könnte der Zusammenschluss doch noch zulässig sein.
- Sollte das Unternehmen diesen Nachweis **nicht** erbringen können, so müsste es einen Antrag beim Bundesministerium für Wirtschaft und Klimaschutz stellen, dass dieses den geplanten Zusammenschluss letztlich doch noch erlaubt.

Weitere Gesetze zum Schutz des Wettbewerbs

- Gesetz gegen den unlauteren Wettbewerb (UWG)
- Markengesetz
- Patentgesetz
- § 312 BGB zum Widerruf von Haustürgeschäften

Kritik an der Wettbewerbskontrolle

- Befürworterinnen und Befürworter der freien Marktwirtschaft fordern, dass Zusammenschlüsse übernationaler Unternehmen für den weltweiten Wettbewerb ermöglicht werden sollen.
- Befürworterinnen und Befürworter der Wettbewerbskontrolle halten dem entgegen, dass nicht die Größe der zusammengeschlossenen Unternehmen, sondern allein deren Innovationskraft für den Erfolg auf den Märkten entscheidend sei.

Aufgaben

1 *Erklären Sie, warum Kartelle generell verboten sind, Parallelverhalten hingegen erlaubt ist.*

2 *Richtig oder falsch? Tragen Sie in das betreffende Kästchen eine (1) für richtige Aussagen und eine (9) für falsche Aussagen ein.*

1	Rabattkartelle müssen beim Bundeskartellamt angemeldet werden. Wenn man dort nicht innerhalb eines halben Jahres widerspricht, ist das Rabattkartell wirksam.	
2	Weil die Elektroindustrie von einem anhaltenden Absatzrückgang betroffen ist, wird geplant, ein Strukturkrisenkartell zu gründen. Dazu reicht es, das Kartell anzumelden.	
3	Missbrauch von Marktmacht liegt vor, wenn ein Unternehmen von seinen Lieferanten übertrieben niedrige Preise fordert oder das Ende der Zusammenarbeit androht.	
4	Auch wenn Unternehmen sich bei ihrer Preisgestaltung sehr ähnlich verhalten, spricht man bereits von einem Preiskartell.	
5	Eine vertragliche Vereinbarung über die Aufteilung von Produktionsquoten innerhalb einer Branche ist kartellrechtlich grundsätzlich verboten.	
6	Marktbeherrschung liegt nach dem GWB erst dann vor, wenn ein Unternehmen über einen Marktanteil von mehr als 50 % verfügt.	
7	Das Bundeskartellamt darf verbotene Kartelle lediglich auffordern, missbräuchliches Verhalten zu untersagen.	

3 *Geben Sie an, unter welchen Voraussetzungen eine Fusionskontrolle nach dem GWB wirksam und notwendig wird.*

4 *Erläutern Sie, wie Vertreterinnen und Vertreter der freien Marktwirtschaft die fortschreitende Konzentration auch auf Weltmärkten begründen, und nennen Sie Beispiele typischer „Global Player“ aus Deutschland.*

5 *Erklären Sie, unter welchen Voraussetzungen man – abweichend vom generellen Kartellverbot – von Legalausnahmen spricht.*

2 Einfluss des Marktgeschehens auf den Binnenmarkt des Geldes untersuchen

2.1 Veränderungen des Konsumverhaltens auf den Warenkorb anwenden und die Messverfahren zur Inflationsermittlung kritisch beurteilen

Eine Szene beim gemeinsamen Abendbrot der Familie Land: Frau Land sieht in ihr Haushaltsbuch, in welchem sie alle Einnahmen und Ausgaben einträgt. Sie tippt Zahlen in den Taschenrechner und stöhnt: *„Wir kommen hinten und vorne nicht mehr klar – wir haben allein für Lebensmittel in diesem Monat 480,00 EUR ausgegeben. Früher waren es höchstens 400,00 EUR."*

Herr Land schaut von seiner Zeitung auf und erzählt von einem Artikel, den er gerade gelesen hat. Darin sei von einem Warenkorb zur Messung der Inflationsrate die Rede gewesen, vom neuen Verbraucherpreisindex für Deutschland und vom Harmonisierten Verbraucherpreisindex für die Europäische Union. Tochter Silvia redet dazwischen: *„Bei dem Thema kenne ich mich gut aus. Die Sache mit dem Warenkorb und der Messung der Inflationsrate hatten wir nämlich gerade in der Berufsschule."* Sie verschwindet in ihrem Zimmer und kommt mit der unten abgebildeten Tabelle wieder. *„Lasst uns doch mal unsere Ausgaben mit denen im Warenkorb vergleichen."*

„Papa – neue Sachen wie der Verbraucherpreisindex stehen sowieso nur im Internet", behauptet der Sohn Jörn. Auch er geht in sein Zimmer, um der Sache mit der Inflation auf den Grund zu gehen.

Warenkörbe der Jahre im Vergleich

Bestandteil	2005	2010	2015	2020
01 Nahrungsmittel, alkoholfreie Getränke	10,4	10,3	9,7	9,7
02 Tabakwaren, alkoholische Getränke	3,9	3,8	3,8	3,8
03 Bekleidung, Schuhe	4,9	4,5	4,5	4,5
04 Wohnung, Wasser, Gas, Brennstoffe	30,8	31,7	32,5	32,5
05 Einrichtungsgegenstände	5,6	5,0	5,0	5,0
06 Gesundheit, Pflege	4,0	4,4	4,6	4,6
07 Verkehr	13,2	13,5	12,9	12,9
08 Nachrichtenübermittlung	3,1	3,0	2,7	2,6
09 Freizeit, Kultur, Unterhaltung	11,6	11,5	11,3	11,3
10 Bildungswesen	0,7	0,9	0,9	0,9
11 Hotel, Restaurants	4,4	4,5	4,7	4,8
12 Andere Waren und Dienstleistungen	7,4	7,0	7,4	7,4

Vgl. Statistisches Bundesamt.

Arbeitsaufträge

- ***Erläutern Sie das Verfahren zur Messung der Preisstabilität in der Bundesrepublik Deutschland und in der EU.***
- ***Diskutieren Sie Mängel des derzeitigen Verfahrens zur Messung der Lebenshaltungskosten.***

■ Der Verbraucherpreisindex – ein Instrument zur Ermittlung von Preisveränderungen

Der **Verbraucherpreisindex für Deutschland (VPI)** misst die durchschnittliche Preisentwicklung aller Waren und Dienstleistungen, die von privaten Haushalten für Konsumzwecke gekauft werden. Mit diesem Index versucht das Statistische Bundesamt, die Veränderung der Preise für Güter des täglichen Bedarfs (z. B. Lebensmittel), für Mieten und langlebige Gebrauchsgüter (z. B. Kraftfahrzeuge), aber auch für Dienstleistungen (z. B. Friseur, Versicherungen) so genau wie möglich abzubilden. Dazu werden die Güter gemäß ihrer Bedeutung im Warenkorb gewichtet (sog. **Wägungsschema**).

Die Berechnung dieses Indikators erfolgt monatlich. Zu diesem Zweck erheben rund 600 Preisermittlerinnen und Preisermittler im Auftrag der Statistischen Landesämter die Preise für die etwa 700 Waren und Dienstleistungen des **Warenkorbs** in verschiedenen Gemeinden aus ganz Deutschland. Insgesamt werden monatlich rund 350000 Einzelpreise erhoben.

Die Preisveränderungen der einzelnen Waren und Dienstleistungen werden gemäß der Verbrauchsbedeutung, die ihnen im Budget der privaten Haushalte zukommt, im **Preisindex** berücksichtigt. Hierzu wird eine Verbrauchsstruktur auf der Grundlage der Ausgaben der privaten Haushalte für Waren und Dienstleistungen bestimmt. Die Höhe und Struktur dieser Ausgaben wird stichprobenhaft im Abstand von fünf Jahren bei rund 62000 Haushalten ermittelt.

Der Verbraucherpreisindex für Deutschland ist ein **Laspeyres-Preisindex**, dessen Gewichte alle fünf Jahre aktualisiert werden. Das aktuelle Basisjahr ist das Jahr 2015. Der Verbraucherpreisindex soll reine Preisveränderungen messen. Dies erreicht man dadurch, dass die Kosten für eine im Zeitablauf quantitativ und qualitativ unveränderte Menge von Konsumgütern ermittelt und verglichen werden. Dazu wird der Wert des Warenkorbes im Basisjahr = 100 gesetzt. Auch werden die Verbrauchsstruktur und alle für die Höhe des Preises maßgeblichen Faktoren (u. a. Vertriebsweg, Liefer- und Zahlungsbedingungen) konstant gehalten.

Im Warenkorb wird versucht, die Verbrauchsgewohnheiten der Bevölkerung so genau wie möglich abzubilden. Im Wägungsschema wird folglich das Gewicht, mit dem die Preisentwicklung einzelner Gütergruppen in den Verbraucherpreisindex eingeht, festgelegt. Veränderungen im Wägungsschema können sowohl durch veränderte Angebots- als auch durch veränderte Nachfragegewohnheiten hervorgerufen werden.

Die Berechnung der Preisänderungen nach der **Laspeyres-Formel**:

$$p = \frac{p_1 \cdot q_0}{p_0 \cdot q_0} \cdot 100$$

q_0 = Gewicht im Basisjahr
p_0 = Preis im Basisjahr
p_1 = Preis im Berichtsjahr

Beispiel *Der Modell-Warenkorb enthält aus Vereinfachungsgründen nur drei Güter:*

Güter	Preise je kg in EUR		Wägungsanteile (Gewicht) q_0	Wert des Warenkorbes (Konstante Mengen)	
	Basisjahr p_0	Berichtsjahr p_1		Basisjahr $p_0 \cdot q_0$	Berichtsjahr $p_1 \cdot q_0$
Gut 1	21,25	31,00	2	42,50	62,00
Gut 2	37,50	36,75	3	112,50	110,25
Gut 3	6,25	7,75	6	37,50	46,50
Summe				**192,50**	**218**

$$\text{Preisindex} = \frac{218{,}75}{192{,}50} \cdot 100 = \underline{\underline{113{,}64}}$$

Der Warenkorb ist folglich im Berichtsjahr um 13,64 % teurer als im Basisjahr. Die Lebenshaltungskosten sind um 13,64 % gestiegen.

■ Der Harmonisierte Verbraucherpreisindex (HVPI)

Die Europäische Union steht seit der Einführung des Euro vor dem Problem, die Preisentwicklung für alle Teilnehmer der Eurozone vergleichbar zu machen. Das Statistische Amt der Europäischen Union berechnet für die Europäische Union und für die Euroteilnehmer den **Harmonisierten Verbraucherpreisindex (HVPI)**. Der Index basiert auf einheitlichen Regeln für die Abgrenzung von Warengruppen und die Erfassung von Preisdaten. Daher erlaubt er einen europaweiten Vergleich der Preisentwicklung. Er ist die Kennziffer für den Erfolg der Geldpolitik der Europäischen Zentralbank (vgl. S. 376) und wird darüber hinaus für die Beurteilung genutzt, ob Beitrittskandidaten und Mitglieder der Währungsunion die Konvergenzkriterien bezüglich der Preisstabilität erfüllen. Die folgende Grafik zeigt, dass sich die Preise für bestimmte Produkte innerhalb der EU stark unterscheiden. Wer mit 100,00 EUR durch Europa reist, erhält für diesen Betrag unterschiedlich viele Lebensmittel. In Rumänien beträgt das Preisniveau nur 66 % des EU-Durchschnitts.

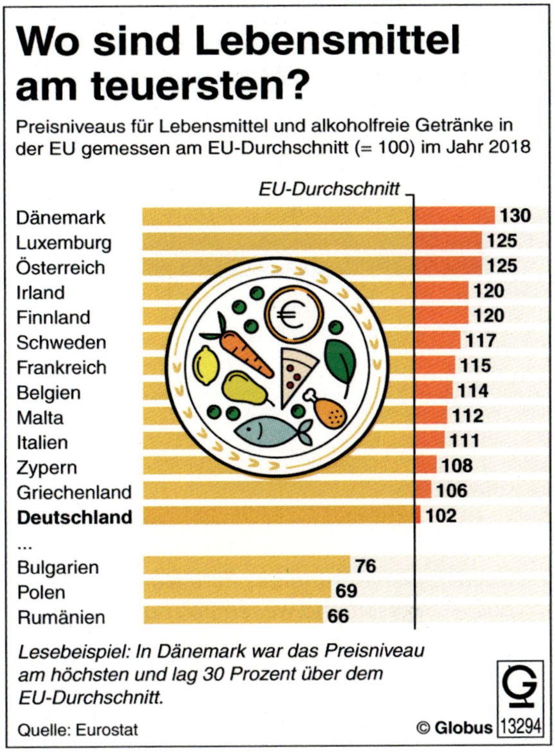

Bei der Beurteilung von Preisindizes als Gradmesser (Indikator) für die Preiswertstabilität ist deren Verwendung in der Wirtschafts- und Geldpolitik zu berücksichtigen. So verwenden die Tarifparteien in ihren Lohnverhandlungen die Inflationsrate als Ausgangspunkt für die Festsetzung von Lohnerhöhungen. Für die Notenbank ist sie ein Indikator zur Anwendung ihres geldpolitischen Instrumentariums.

Kritik am HVPI

Die Kritik an Preisindizes ist vielfältig:

- Der offizielle Warenkorb orientiert sich nicht am tatsächlichen Verbraucherverhalten.

  Beispiel *Wenn die Familie Land aufgrund ihrer Wohnlage gar kein Kfz bräuchte und besäße, wäre sie von Preisveränderungen im Posten Verkehr gar nicht betroffen – der Warenkorb sieht jedoch einen Anteil von 17,3 % für Ausgaben im Bereich Verkehr vor.*

- Im Warenkorb sind zu viele alte Waren enthalten. Teilweise dauert es zehn Jahre, bis ein neues Produkt Eingang in den Warenkorb findet.

  Beispiel *Jörn Land hat sich ein Smartphone gekauft. Im Warenkorb sind stattdessen noch tragbare MP3-Player enthalten.*

- Die Preissteigerungen, die ihre Ursache in Qualitätsverbesserungen der Güter haben (z. B. Airbags in Pkw), lassen sich nicht erfassen.

  Beispiel *Herr Stein kauft einen neuen Pkw. Dieser ist baugleich mit dem Modell, welches er bisher hatte. Allerdings kostet der Wagen 1 000,00 EUR mehr, denn er hat ein Benzin sparendes Einspritzsystem, den das Vorgängermodell nicht hatte.*

- Der HVPI missachtet landesspezifische Besonderheiten der Lebenshaltung und vergleicht ausschließlich Waren und Dienstleistungen, die sich in allen nationalen Warenkörben befinden.

  Beispiel *In Spanien ist der Anteil der Bürgerinnen und Bürger, welche Eigentümerinnen bzw. Eigentümer eines Hauses sind, sehr viel höher als in der Bundesrepublik Deutschland.*

Zusammenfassung: Veränderungen des Konsumverhaltens auf den Warenkorb anwenden und die Messverfahren zur Inflationsermittlung kritisch beurteilen

Harmonisierter Preisindex der Lebenshaltung (HVPI)

Basisjahr

- Preisermittlung für 700 Güter/Dienste
- konstante Gütermenge

Warenkorb

- Gewichtung der Güter nach Verbrauchsgewohnheiten (Wägungsschema)

Aufgaben

1 *Nach der Einführung des Euro war die subjektive Inflationswahrnehmung in der Bundesrepublik Deutschland wesentlich höher als die tatsächliche Inflation.*

a) Der Verbraucherpreisindex zeigte die folgende Entwicklung:

Jahr	Juni 2021	Juni 2022
Preisindex (Jahr 2020 = 100)	104,1	106,2

Berechnen Sie die Preisveränderung von Juni 2021 auf Juni 2022 in Prozent.

b) Erläutern Sie den Widerspruch zwischen der gefühlten und der tatsächlichen Inflation.

2 *Begründen Sie, warum der HVPI trotz der im Text (vgl. S. 266 f.) geäußerten Kritik geeignet ist, um Aussagen über die Preisentwicklung zu treffen.*

3 *Zeigen Sie auf, warum die Warenkörbe der Mitgliedsländer im HPVI in ihrer Zusammensetzung voneinander abweichen.*

4 *Betrachten Sie den Warenkorb mit seinen prozentualen Gewichtungen aus den Jahren 2000, 2005, 2010, 2015 und 2020. Schätzen Sie ein, wie es dazu kommen kann, dass der Anteil der Ausgaben für Nahrungsmittel und Bekleidung tendenziell gesunken sind, während er für Wohnen und Verkehr eher gestiegen ist.*

5 *Ein Unternehmer geht in den wohlverdienten Ruhestand. Mit dem Nachfolger hat er vereinbart, dass dieser ihm bis zum Lebensende eine monatliche Zusatzrente von 2500,00 EUR bezahlt. Als der Unternehmer seiner Frau von dieser Vereinbarung erzählt, reagiert diese schroff: „Ach, du möchtest also von Jahr zu Jahr ärmer werden, oder?“ Beurteilen Sie die Auffassung der Ehefrau.*

2.2 Die verschiedenen Inflationsarten, ihre Ursachen und Folgen unterscheiden

Am Frühstückstisch in der Kantine der Bürodesign GmbH sitzt eine Reihe von Kolleginnen und Kollegen zusammen. Herr Geissler aus der Personalabteilung berichtet: *„Gestern habe ich mir meinen Öltank für den Winter auffüllen lassen. Die Rechnungen für das Öl bewahre ich immer auf. Ich bin fast umgefallen, als ich die Rechnung bekam. 94,00 EUR für 100 Liter – im letzten Jahr haben 100 Liter noch 82,00 EUR gekostet!"* Silvia Land schaltet sich in die Diskussion ein: *„In der Berufsschule habe ich gelernt, dass man dieses Phänomen Inflation nennt. Momentan liegt die monatliche Inflationsrate bei ca. 1,5 %."* Herr Geissler antwortet: *„Eine Preissteigerung von 82,00 EUR auf 94,00 EUR – das sind aber weit mehr als 2 %!"*

Frau Fink aus der Verwaltung blickt von ihrer Zeitung hoch: *„Hier steht ein Bericht über Belarus. Dort herrscht eine Inflationsrate von 53 % – da haben Sie Ihr Heizöl doch vergleichsweise preiswert bekommen!"*

Arbeitsaufträge
- ***Ermitteln Sie die aktuelle Inflationsrate für die Bundesrepublik Deutschland und die Länder der Europäischen Union.***
- ***Finden Sie Erklärungsansätze für die sehr unterschiedliche Entwicklung der Inflationsraten im internationalen Vergleich.***
- ***Beurteilen Sie die die Auswirkungen von inflationären Prozessen auf die Volkswirtschaft.***

■ Inflation

Inflation ist ein anhaltender Prozess von Preiserhöhungen für wichtige Gütergruppen, wobei durchaus einzelne Güterpreise fallen oder konstant bleiben können. Entscheidend ist der Anstieg des Gesamtpreisniveaus, das mithilfe des Durchschnitts vieler Einzelpreise ermittelt wird (vgl. Verbraucherpreisindex).

Beispiel *Frau Land hat beispielsweise anhand der Aufzeichnungen in ihrem Haushaltsbuch festgestellt, dass die Ausgaben der Familie für Nahrungsmittel gestiegen sind, während die Ausgaben für Nachrichtenübermittlung fielen. Insgesamt sind die Ausgaben der Familie Land im Monat Februar 2018 jedoch im Verhältnis zum Februar 2019 um 1,2 % gestiegen.*

Den Prozess der Inflation kann man unterscheiden nach den Kriterien der **Sichtbarkeit des Wertverlustes** des Geldes (offene oder verdeckte Inflation) und des **Tempos**, mit dem sich der Preisanstieg vollzieht (schleichende, beschleunigte oder galoppierende Inflation).

Offene und verdeckte Inflation

Bei der **offenen Inflation** ist der Anstieg des Preisniveaus für alle Wirtschaftssubjekte erkennbar, während bei der **verdeckten Inflation** der Staat das Preisniveau durch einen **allgemeinen Preisstopp** konstant hält. Die Kehrseite dieser staatlichen Vorgehensweise besteht darin, dass der Marktpreis seine Funktion als Knappheitsindikator nicht mehr übernehmen kann. Zudem bilden sich **Schwarzmärkte**, auf denen die Güter und Dienstleistungen zu höheren Preisen gehandelt werden.

Schleichende, beschleunigte und galoppierende Inflation

Die **schleichende Inflation** zeichnet sich durch einen für Verbraucherinnen und Verbraucher kaum merklichen Preisanstieg von 2 % bis 5 % jährlich aus, während die **beschleunigte** Inflation höhere jährliche Inflationsraten aufweist. Die Grenzen zwischen schleichender und beschleunigter Inflation sind fließend, wobei alle westlichen Industrienationen mit einem schleichenden Prozess der Inflationierung umgehen müssen.

Eine **galoppierende Inflation** liegt dann vor, wenn die Rate des Preisanstiegs über dem Zins für langfristige Geldanlagen liegt. Als **Hyperinflation** tritt die Inflation in wirtschaftlichen und politischen Krisenzeiten auf. In den 20er-Jahren des 20. Jahrhunderts gab es eine solche Krise in der Weimarer Republik. Löhne wurden in Waschkörben ausgezahlt.

■ Ursachen von Inflation

Grundsätzlich lassen sich **nachfrage-** von **angebotsverursachten** Inflationsprozessen unterscheiden.

Nachfrageinflation

Kommt die gestiegene Nachfrage aus dem Inland, spricht man von einer **hausgemachten Inflation**. Die Preisniveausteigerungen können in der Hochkonjunktur als Folge eines Überhangs der Nachfrage über die volkswirtschaftlichen Produktionskapazitäten interpretiert werden.

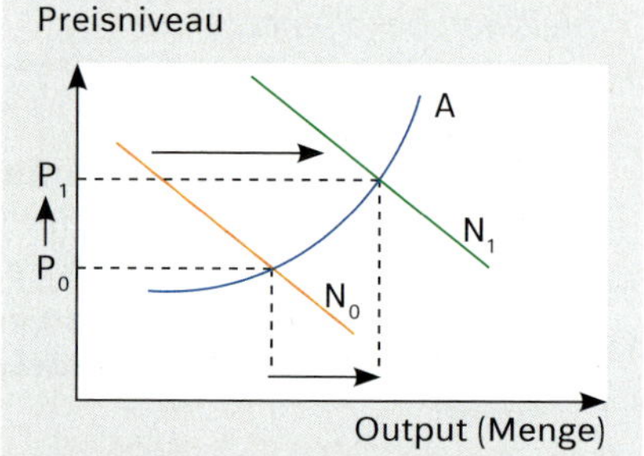

P = Preisniveau; A = Angebot; N = Nachfrage

Bei nicht vollständig ausgelasteten Kapazitäten führen Nachfragesteigerungen zu einer Steigerung der Ausbringungsmenge von Gütern und Dienstleistungen (Output). Nähert sich die Wirtschaft der Auslastungsgrenze, reagieren die Anbieter auf eine weiterhin steigende Nachfrage (N_0 nach N_1) mit Preiserhöhungen, um die übersteigende Nachfrage abzuschöpfen (P_0 nach P_1). Verursacher dieses Prozesses können **private Haushalte (Konsumgüternachfrage)**, **Unternehmen (Investitionsgüternachfrage)** oder der **Staat** sein.

Kommt die steigende Nachfrage hingegen aus dem Ausland, spricht man von einer **importierten Nachfrageinflation**. Diese hat ihre Ursache in dauerhaften Exportüberschüssen. Sie führen zu Einnahmen an ausländischen Zahlungsmitteln, die nicht wieder für die Begleichung von Importrechnungen benötigt werden. Die Exporteure tauschen ihre Devisen in inländische Währung, sodass die inländische Geldmenge steigt. Die dieser Geldmenge gegenüberstehende Gütermenge wurde jedoch exportiert **(Güterlücke)** – das Preisniveau im Inland muss steigen. Dieser Prozess wird oftmals dadurch ausgelöst, dass die ausländischen Inflationsraten höher sind als die inländische. Folglich wird die Inflation quasi „importiert".

Angebotsinflation

Wenn inflatorische Impulse von der Angebotsseite ausgehen, spricht man von einer **Angebotsinflation**.

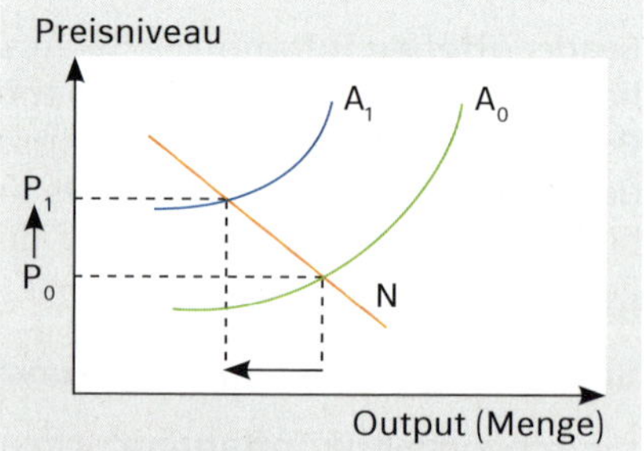

P = Preisniveau; A = Angebot; N = Nachfrage

Dabei sind zwei Ursachenkreise zu unterscheiden:

Wenn Unternehmen über eine monopolähnliche Stellung verfügen und in der Lage sind, ihre Preise am Markt zu erhöhen, führt diese Wettbewerbsbeschränkung zur sog. **Marktmachtinflation**. Ein Beispiel hierfür ist die Deutsche Bahn AG, deren kostenträchtige Zukunftsprojekte teilweise über steigende Fahrpreise finanziert werden.

Andererseits können Kostenanstiege bei den Unternehmen eine inflationierende Wirkung haben (**Kosteninflation**). Die Unternehmen versuchen z. B., die gestiegenen Rohstoffkosten auf die Preise zu überwälzen. Wenn es sich um solche Rohstoffe handelt, die von sehr vielen Unternehmen genutzt werden (z. B. Rohöl), hat dies eine Inflation zur Folge. Eine weitere Ursache für eine Kosteninflation können gestiegene Lohnkosten sein:

Schema zur Lohnkosteninflation

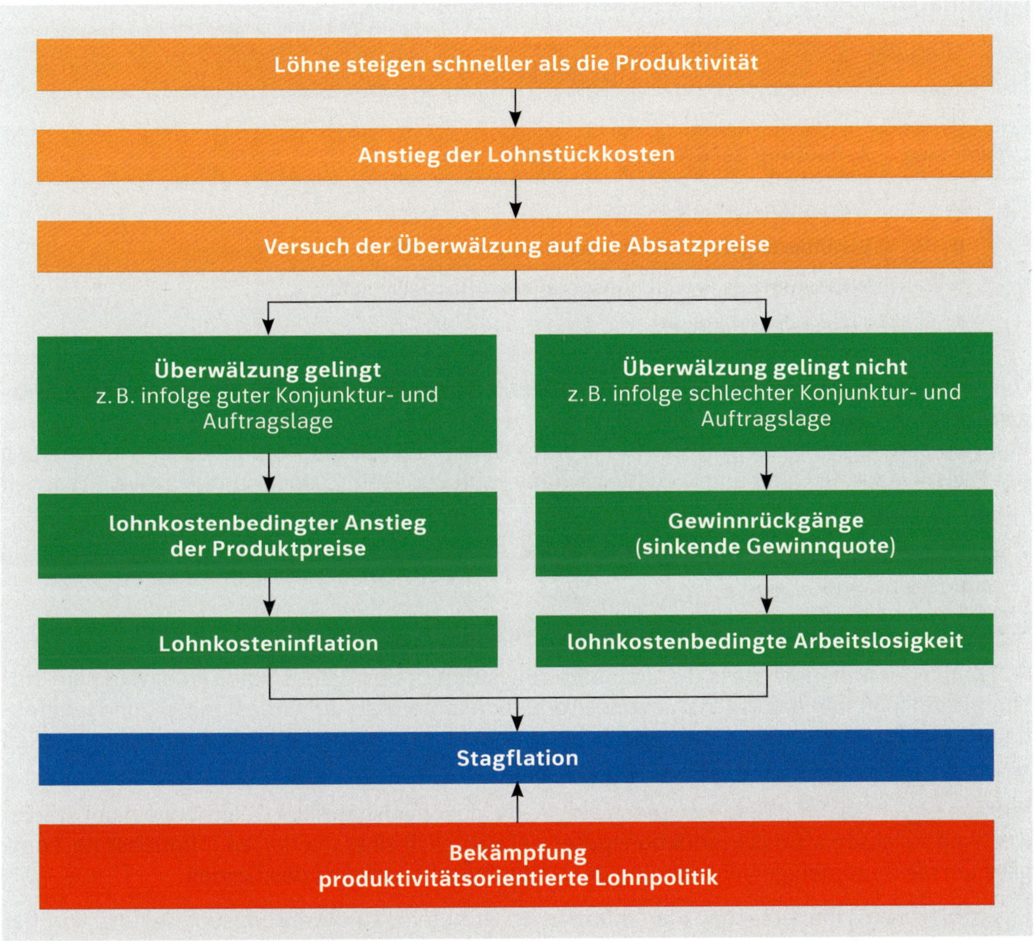

Importierte Kosteninflation

Eine **importierte Kosteninflation** kann entstehen, wenn aus dem Ausland Vorleistungen importiert werden (z. B. Rohstoffe wie Erdöl), die nicht durch heimische preiswertere Produkte substituiert werden können. Steigende Kosten im In- und Ausland sind Vorgänge, die lediglich einmalig auf das Preisniveau einwirken. Inflation hingegen beschreibt einen andauernden Prozess. Die inflationäre Wirkung der oben beschriebenen Ursachen ist nur dann gegeben, wenn die Wirtschaftssubjekte für die Zukunft Preissteigerungen erwarten und diese bei ihren Entscheidungen antizipieren.

Beispiel *Die Bürodesign GmbH muss spezielle Schmierstoffe aus den USA importieren. Ein Ersatzmittel aus dem Inland ist nicht verfügbar. Wenn der Preis für diesen Schmierstoff steigt und die Bürodesign GmbH die dadurch gestiegenen Kosten an anderer Stelle nicht wieder einsparen kann, muss sie die Preise für ihre Büromöbel erhöhen.*

Geldmengeninduzierte Inflation

Letztlich wird jedoch jeder inflationäre Prozess durch eine entsprechende Ausweitung der finanziellen Mittel begleitet. Jede Inflation muss also durch eine Geldmengenausweitung finanziert werden **(geldmengeninduzierte Inflation)**. Die Geldmenge wächst dann schneller als die Produktionsmöglichkeiten (= **Produktionspotenzial**) der Volkswirtschaft. Inflation ist damit immer auch ein monetäres Phänomen. Die theoretische Grundlage inflationärer Prozesse bildet die **Quantitätstheorie** der sog. **Fisherschen Verkehrsgleichung:**

$$M \cdot U = P \cdot Y$$

Abkürzung	Bedeutung bei dynamischer Betrachtung
M	Wachstum der Geldmenge
U	Veränderung der Umlaufgeschwindigkeit
Y	Wachstum des Produktionspotenzials/Handelsvolumens
P	Preissteigerungsrate

Das Produkt aus Geldmenge und Umlaufgeschwindigkeit des Geldes ($M \cdot U$) stellt die **nachfragewirksame Geldmenge** dar. Die Fishersche Verkehrsgleichung besagt also, dass die in einer Volkswirtschaft getätigten Umsätze ($P \cdot Y$) durch Geldmittel bezahlt werden müssen. Ein Anstieg des Preisniveaus für Güter und Dienstleistungen kann in diesem Zusammenhang zwei Ursachen haben:

- einen **Anstieg der Geldmenge**, der über das reale Wachstum des Produktionspotenzials hinausgeht, oder
- eine **Beschleunigung der Umlaufgeschwindigkeit** des Geldes.

Folgt man der Annahme, dass die Umlaufgeschwindigkeit des Geldes stabil ist bzw. einem stabilen Trend folgt und das Wachstum des Produktionspotenzials zumindest mittel- und langfristig nicht von Veränderungen der Geldmenge beeinflusst wird, resultiert aus einem zu starken Wachstum der Geldmenge früher oder später eine Zunahme der Inflation.

Hieraus ergibt sich eine Geldmengenstrategie, die davon ausgeht, die Geldmenge nicht stärker wachsen zu lassen als das Produktionspotenzial zuzüglich einer tolerierten Inflationsrate, korrigiert um die trendmäßige Veränderung der Umlaufgeschwindigkeit des Geldes.

Es ist schwierig, die Ursachen der Inflation zu ermitteln. Die Währungsumstellung von der D-Mark auf den Euro soll zwar von den Unternehmen nicht zur Preiserhöhung (Marktmachtinflation) missbraucht worden sein – andererseits wurde im Rahmen der Einführung des Euro jedoch immer wieder von einer sog. **„gefühlten“ Inflation** gesprochen. Damit ist gemeint, dass die offiziell ermittelte Inflationsrate vom persönlichen Empfinden der Bürgerinnen und Bürger abweicht. Dabei spielen sicherlich individuelle Preisempfindungen eine entscheidende Rolle. Zudem kann es sein, dass die Repräsentativität des Warenkorbs im Verhältnis zu den individuellen Verbrauchsgewohnheiten der Bürgerinnen und Bürger nicht immer gegeben ist.

Beispiel *Die in der Handlungssituation auf S. 263 dargestellte „gefühlte“ Inflation, die Frau Land auf der Grundlage ihres Haushaltsbuchs festgestellt hat, rührt u. a. daher, dass im Rahmen der vielfältigen Krisen der letzten Jahre, z.B. durch den Rohöl- und Gaspreisschock, die Preise für Nahrungs- und Genussmittel stark erhöht wurden. Diese Gütergruppen haben jedoch nur einen kleinen Anteil am gesamten Warenkorb. Dadurch üben steigende Preise für Nahrungsmittel nur einen geringen Einfluss auf die Inflationsrate aus.*

Folgen der Inflation

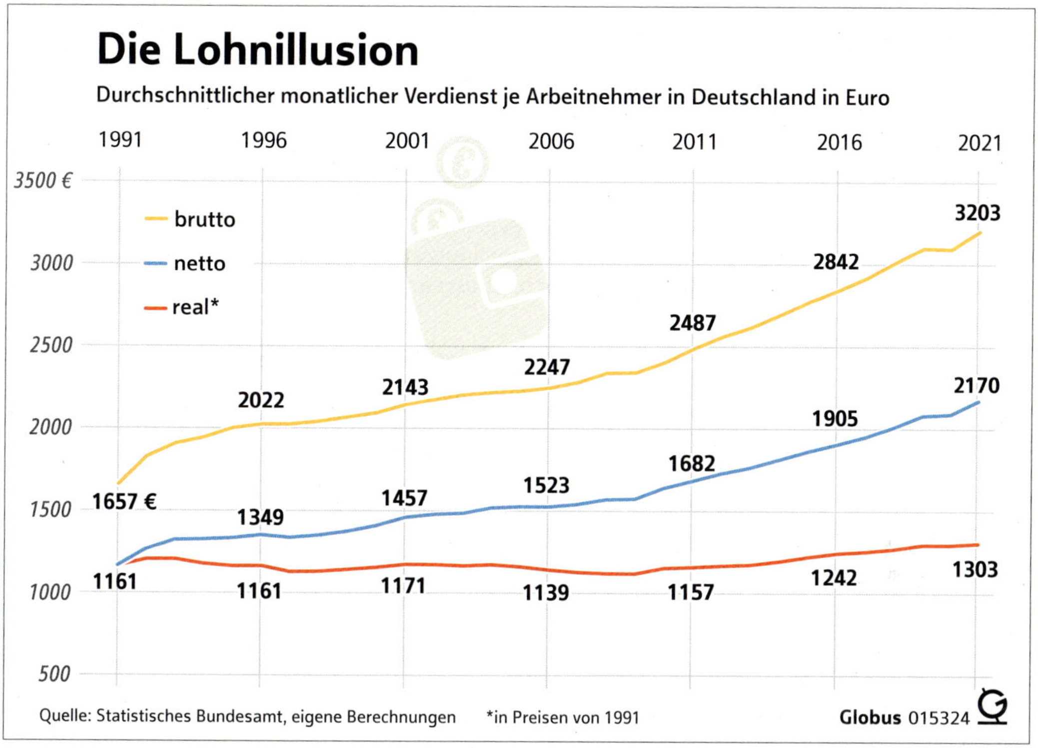

Ein inflationärer Prozess bewirkt einen **Kaufkraftverlust** bei den Konsumentinnen und Konsumenten. Wenn die Preise steigen, kann man mit jedem Euro des Einkommens weniger Waren und Dienstleistungen kaufen. Hierbei ist allerdings zu berücksichtigen, in welchem Maß sich das Einkommen verändert hat, denn Inflation hat dann keine Auswirkung auf die reale Kaufkraft, wenn sich das nominale Einkommen in gleicher Weise entwickelt wie die Inflation. Daraus ist abzuleiten, dass Inflation die Bezieher fester Einkommen (Arbeitnehmerinnen und Arbeitnehmer, Rentnerinnen und Rentner, Empfängerinnen und Empfänger sozialer Leistungen) immer dann benachteiligt, wenn sie ihre realen Kaufkraftverluste durch fehlende Anpassung ihrer Einkünfte gar nicht oder erst mit zeitlicher Verzögerung ausgleichen können.

Beispiel *Der Tarifabschluss im Metallgewerbe hat Otto Land im vergangenen Jahr einen Einkommenszuwachs von 1,2 % ermöglicht. Wenn die Inflationsrate z. B. bei 1,5 % im Jahresdurchschnitt lag, hat Herr Land einen realen Einkommensverlust von 0,3 % erlitten.*

Gläubiger sind Verlierer, während Schuldner Gewinner eines Inflationsprozesses sind, weil sie ihre Schulden mit Geld geringerer Kaufkraft zurückzahlen. Auch Eigentümer von Geldvermögen (Sparguthaben, Obligationen usw.) verlieren. Folglich versuchen viele Vermögensbesitzer in „Sachwerte zu fliehen“, indem sie ihr Geld in Vermögen investieren, welches von einem inflationären Prozess begünstigt wird (Grundstücke, Häuser, Gold, Produktivvermögen). Findet dieser Prozess in starkem Umfang statt, fehlen der Volkswirtschaft diese Vermögenswerte für Investitionszwecke. Zudem verschiebt sich die Vermögensverteilung innerhalb der Volkswirtschaft zugunsten der Eigentümer von Produktivmitteln und der Unternehmen. Inflation vergrößert also die soziale Ungleichheit innerhalb einer Gesellschaft.

Beispiel *Die Bürodesign GmbH hat im letzten Jahr einen Betriebsmittelkredit aufgenommen, welcher bei einer Laufzeit von fünf Jahren mit einer Effektivverzinsung von 6,8 % ausgestattet ist. Wenn die Teuerungsrate im Jahresdurchschnitt bei 1,5 % lag, sinkt die Kaufkraft der Tilgungsraten um diesen Anteil.*

In einer stark exportabhängigen Volkswirtschaft wie der Bundesrepublik Deutschland gefährden hohe Inflationsraten die internationale Wettbewerbsfähigkeit, weil die Preise der Exportprodukte inflationsbedingt steigen. Dadurch kann es zu einem Rückgang der Produktion und der Beschäftigung kommen. Darüber hinaus spielt auch das **Wechselkurssystem** eine entscheidende Rolle:

Steigt das Preisniveau im Inland signifikant schneller als im Ausland, nehmen die Importe zu (ausländische Produkte sind vergleichsweise preiswerter als einheimische Produkte), während die Exporte abnehmen, weil die Exportgüter vergleichsweise teurer werden. In einem System **fester Wechselkurse** führen die dauerhaften Devisenverkaufsüberschüsse dazu, dass die nationale Notenbank am Markt die heimische Währung stützen muss. Die heimische Währung gerät damit unter Abwertungsdruck. Bei **freien Wechselkursen** stellt sich diese Abwertung automatisch ein.

Sind die Inflationsraten im Ausland höher, kommt es bei **festen Wechselkursen** zu einem Anstieg der Währungsreserven mit der Gefahr einer importierten Inflation oder die eigene Währung muss aufgewertet werden. Diese Aufwertung vollzieht sich in freien Wechselkurssystemen durch die tägliche Kursbildung in kleinen Schritten automatisch.

Aktuelle Rahmenbedingungen in der Entwicklung der Inflation

Das Jahrzehnt seit 2010 war gekennzeichnet durch sehr niedrige Inflationsraten.

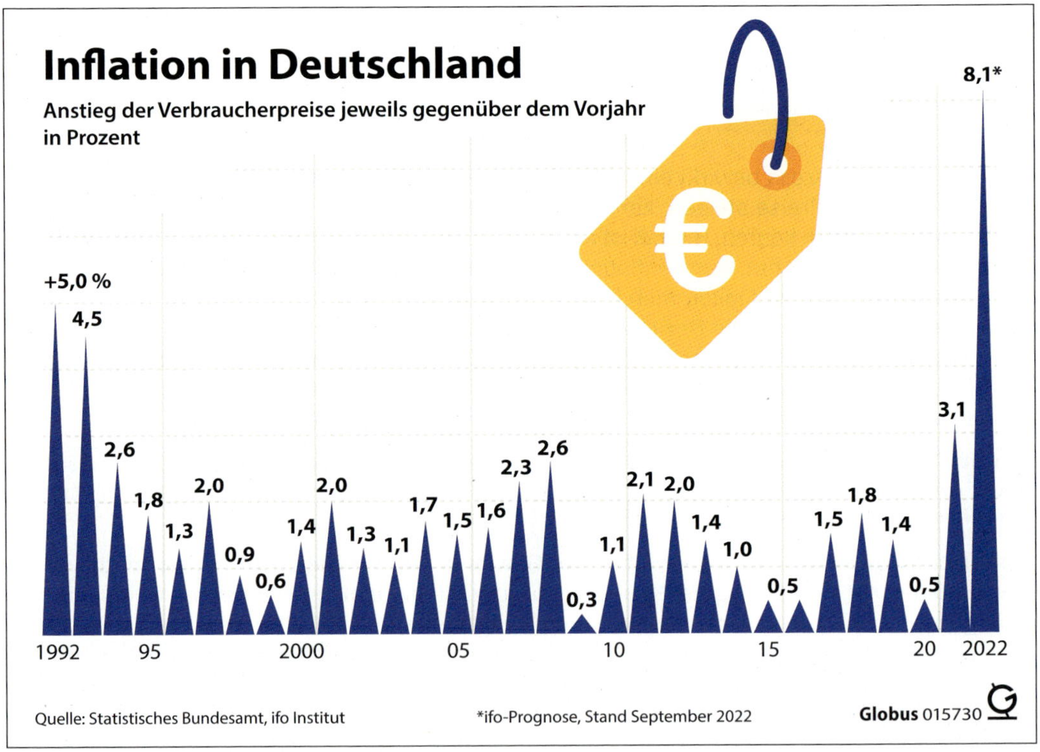

Die Grafik zeigt, dass die Inflationsrate seit 1992 im Wesentlichen unter dem EZB-Zielwert lag. Stark gestiegen ist sie durch die Rohstoffkrise im Rahmen des Ukrainekrieges 2022.

Die Ursachen der niedrigen Inflationsraten bis zu diesem Zeitpunkt lagen u. a. in den bis dato niedrigen Energiekosten und einer insgesamt ausgeglichenen Konjunktur. Im Rahmen eines Konjunkturpakets der Bundesregierung wurde zum 1. Juli 2020 eine temporäre Senkung der Mehrwertsteuersätze durchgeführt. Dies wirkte sich dämpfend auf die Verbraucherpreise insgesamt aus.

Diese Situation änderte sich im Jahr 2021 schlagartig und nachhaltig. Ein sog. **toxischer Mix** aus der Wiederanhebung der Mehrwertsteuer, der Einführung der CO^2-Steuer und einer ganzen Reihe von Überraschungseffekten führte zu einer sprunghaft gestiegenen Inflationsrate. Zunächst gab es, ausgelöst durch die Corona-Pandemie, in Asien eine Vielzahl von Lieferengpässen, weil zum einen Lockdowns die Produktion in den asiatischen Ländern hemmten und zum anderen nach der Öffnung viele Aufträge weltweit nachgeholt wurden. Das allein ließ die Transportkosten drastisch hochschnellen und viele Unternehmen nutzten diese Situation der vorübergehenden Knappheit auch dazu, ihre Preise anzuheben. Eine globale Explosion der Preise für fast alle Rohstoffe samt vieler Lebensmittel mit spekulativen Schüben ist die unmittelbare Folge dieser Situation. Gegen ein schnelles Ende der Inflation spricht u. a., dass viele Unternehmen versuchen, ihre gestiegenen Kosten an die Kundschaft weiterzugeben.

Verschärft wird die Situation seit Februar 2022 durch den Überfall Russlands auf die Ukraine. Die Invasion der russischen Truppen hat zur Folge, dass die Preise für Gas und Öl sprunghaft gestiegen sind.

Aktuell besteht die Gefahr, dass sich die ohnehin hohe Inflation durch den Krieg in der Ukraine noch verstärken könnte. Russland ist nicht nur ein bedeutender Exporteur von Öl und Gas, sondern – ebenso wie die Ukraine – auch von Weizen und anderen Rohstoffen. So sind aufgrund des Krieges die Preise von Gütern wie Benzin und Nahrungsmitteln stark gestiegen. Dies wird von den Verbraucherinnen und Verbrauchern besonders stark wahrgenommen, weil sie mit diesen Preisen im Alltag ständig konfrontiert werden. Die Preissteigerungen beeinflussen die Inflationserwartungen in besonderem Maße. Zwei Drittel der aktuellen Inflationsrate sind auf die stark gestiegenen Preise für Energie (Benzin, Gas) und Nahrungsmittel zurückzuführen.

Die Zuversicht der Deutschen sinkt rapide. Der Überfall Russlands auf die Ukraine hat bei vielen Verbraucherinnen und Verbrauchern zu einer Verschlechterung ihrer Zukunftseinschätzungen geführt, das jahrzehntelang nicht gekannte Gefühl einer existenziellen Bedrohung kehrt zurück. Auch die Angst vor einem Weltkrieg ist groß. Eine sinkende Konsumgüternachfrage bei gleichzeitig steigenden Preisen schürt andererseits die Angst vor einer **Deflation**. Die Bundesregierung versucht, diesen Ängsten entgegenzuwirken, z. B. mit der zeitweisen Aussetzung der Energiesteuer auf Benzin und Diesel im Sommer 2022. Die Wirkung dieser Maßnahme ist umstritten, zumal die Mineralölkonzerne die Steuerermäßigungen nicht im vollen Umfang an die Verbraucherinnen und Verbraucher weitergegeben haben. Die Bundesbank rechnet im Juni 2022 für das Jahr 2022 mit einer Teuerungsrate von über 7,6%.

Die weiteren Auswirkungen des Ukraine-Kriegs sind noch nicht vollständig abzusehen. Die Wachstumsprognosen des Sachverständigenrats sanken im März 2022 von 4,6 % auf 1,8 % Wachstum. Eine der Ursachen hierfür ist das Energieembargo gegen Russland (Gas, Öl und Kohle) bei gleichzeitiger Abhängigkeit von russischen Erdgaslieferungen. Auch Agrarrohstoffe werden durch den Krieg teurer.

Weiterhin wächst die Gefahr einer **Lohn-Preis-Spirale.** In den anstehenden Tarifverhandlungen verlangen die Arbeitnehmerinnen und Arbeitnehmer als Ausgleich für die Inflation höhere Löhne, woraufhin die Unternehmen die Verkaufspreise erhöhen, um die gestiegenen Lohnkosten aufzufangen. In den USA ist die Personalnot groß, sodass die Verhandlungsmacht der Arbeitnehmerinnen und Arbeitnehmer gestiegen ist. Im ersten Quartal des Jahres 2022 stiegen die Arbeitskosten aus Bruttolöhnen und Lohnnebenkosten in Deutschland um 4,5 %.

Das Phänomen der **Stagflation** ist in diesem Zusammenhang ein heikler Mix aus Inflation und Stagnation, wie dies zuletzt in den 1970er-Jahren der Fall war. Hier treffen steigende Preise, eine stagnierende Wirtschaft und eine zunehmende Arbeitslosigkeit aufeinander. Die Frage, die sich angesichts dieser Symptomatik stellt, lautet: Sind die Zinssteigerungen der Notenbanken, welche in den frühen 1980er-Jahren die Inflation eindämmen konnten, auch die richtige Antwort auf die aktuelle Situation? Nach klassischem Muster entsteht eine Inflation, wenn sich die Konjunktur überhitzt. Dann ist es sinnvoll, dass die Notenbank mit höheren Zinsen für einen Nachfragerückgang sorgt und die Unternehmen höhere Preise nicht mehr einfach auf die Verkaufspreise aufschlagen können. Aktuell jedoch zeigt sich eine schwächelnde Konjunktur, die Inflation steigt eher vorübergehend aufgrund exogener Schocks wie des Ukraine-Kriegs. Die EZB hat im Verlauf des Frühjahrs 2022 die Zinsen erhöht. Steigende Zinsen verteuern Kredite a priori, was die Investitionsbereitschaft der Unternehmen und die Konsumbereitschaft der Haushalte weiter sinken lässt. In einer Stagflationssituation braucht es vielmehr Eingriffe und Initiativen des Staates, die die Lohn-Preis-Spirale unterbrechen und idealerweise gleichzeitig die Wirtschaft unterstützen. Mögliche Maßnahmen eines solchen Anti-Stagflations-Pakets können sein:

- **Senkung der Mehrwertsteuern:** Hiermit kann ein Schwerpunkt auf alle Produkte und Dienstleistungen gelegt werden, die mit Gas und Energie zu tun haben.
- **Aussetzen von Steuererhöhungen wie der nächsten Anhebung der CO_2-Steuer:** Aktuell liegen die Preise für fossile Energie weit über dem, was die Bundesregierung klimapolitisch avisiert hat. Bei wieder sinkenden Kursen könnte die Steuer dann wieder angehoben werden.
- **Gaspreisdeckel:** Der Grundverbrauch würde hierbei gedeckelt, z. B. auf 7,5 Cent je Kilowattstunde. Nur höhere Verbräuche sind von der Deckelung ausgenommen. Die Bundesregierung müsste den Energieversorgern die entgangenen Einnahmen erstatten.

All diese Maßnahmen könnten dafür sorgen, den Kostenschock für die Verbraucherinnen und Verbraucher abzumildern und somit Umsatzausfälle für die Produzenten zu vermeiden. Beides wirkt einer Stagflation entgegen. Gleichzeitig wirkt ein solches Paket einer drohenden Lohn-Preis-Spirale entgegen, auf welche dann die Notenbank mit Zinserhöhungen reagiert. Die Gewerkschaften wären in Lohnverhandlungen wahrscheinlich mit einem einmaligen Ausgleich des Preisschocks für Energie zu befrieden. Dauerhafte Kostenüberwälzungen der Produzenten auf die Preise blieben aus, die Lohn-Preis-Spirale wäre gestoppt.

Grundsätzlich kann man fragen, ob die aktuelle Inflationsrate im Jahr 2022 ein längerfristiges Phänomen darstellt oder ob sie nur von kurzer Dauer sein wird. Die EZB hielt es Ende März 2022 noch für unwahrscheinlich, dass sich die Preise bald wieder wie vor der Pandemie entwickeln. Zudem warnt sie vor den Risiken durch den Krieg in der Ukraine. Als Folge hat sich die EZB entschlossen, ihr Anleihekaufprogramm schneller zu reduzieren als ursprünglich geplant.

Die Auswirkungen der Corona-Pandemie werden überlagert von langfristigen Faktoren, die dafür sorgen, dass sich der jahrelange Trend niedriger Inflationsraten ins Gegenteil verkehrt. In Asien erschöpfen sich die Reservoirs junger und billiger Arbeitskräfte, weil die asiatische Bevölkerung altert. Die Globalisierung, durch die weltweite Arbeitsteilung jahrelang ein Garant kostengünstiger Produktionsabläufe, verliert an Tempo.

Zusammenfassung: Die verschiedenen Inflationsarten, ihre Ursachen und Folgen unterscheiden

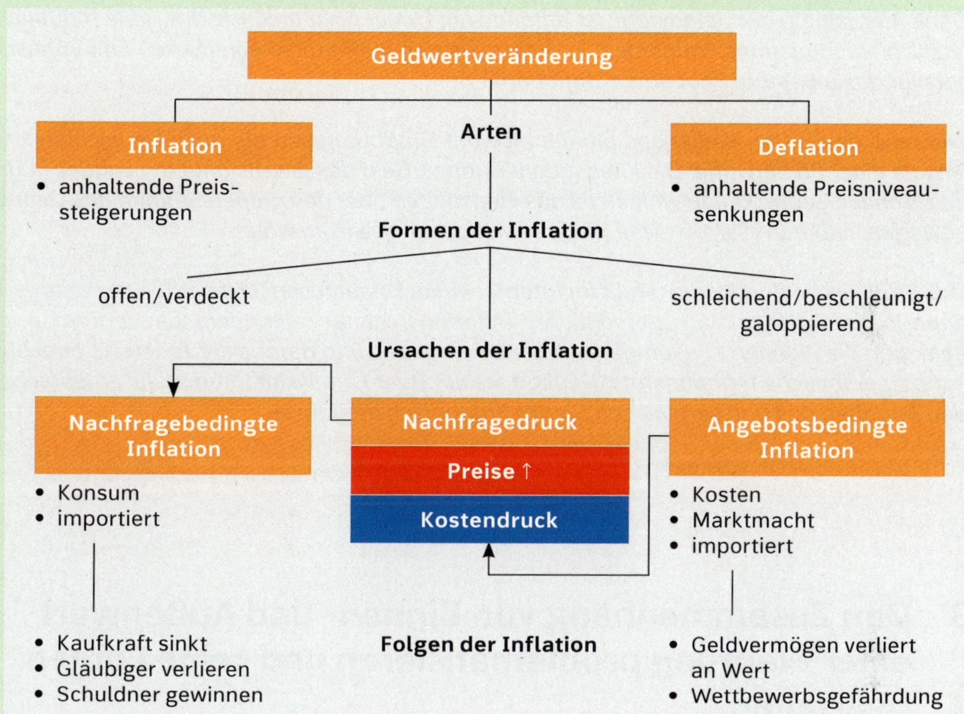

Aufgaben

1 *Erläutern Sie die Bedingungen und die Wirkungsweise der Angebotsinflation. Berücksichtigen Sie dabei auch, welchen Einfluss diese Form der Inflation auf das Konzept der potenzialorientierten Geldmengensteuerung der Deutschen Bundesbank hat.*

2 *Erläutern Sie die Bedingungen und die Wirkungsweise der importierten Inflation. Beschreiben Sie den Zielkonflikt zwischen Preisniveaustabilität und Wechselkursstabilität.*

3 *Ohne Ausweitung der Geldmenge ist Inflation auf Dauer nicht möglich, d. h., jede Inflation ist letztlich ein monetäres Phänomen. Erläutern Sie den quantitätstheoretischen Erklärungsansatz für das monetäre Phänomen „Inflation".*

4 *Während des Ersten Weltkriegs planten sowohl Großbritannien als auch Deutschland den Einsatz einer Papierwaffe: Die Kriegsgegner hatten Geld des jeweils anderen Landes in großen Mengen gedruckt und wollten es aus Flugzeugen über den großen Städten des Gegners abwerfen. Erläutern Sie, ob diese Waffe wirkungsvoll gewesen wäre.*

5 *Das Statistische Bundesamt stellt im Internet einen kostenlosen Rechner (www.destatis.de, dann in der Suchfunktion „persönlicher Inflationsrechner" eingeben) zur Verfügung, auf dem man die eigenen Konsumgewohnheiten eingeben und daraus die Teuerung errechnen kann („persönliche Inflationsrate"). Füllen Sie mit Ihrer Familie im Internet die entsprechenden Angaben aus und vergleichen Sie Ihr Ergebnis in der Klasse.*

2.3 Den Zusammenhang von Binnen- und Außenwert einer Währung problematisieren und seine Folgen beurteilen

In der Verkaufsabteilung der Bürodesign GmbH diskutieren die Mitarbeiter Schulz und Maier die Situation auf dem englischen Markt für Büromöbel. Die Bürodesign GmbH plant nämlich, ihre Produkte zukünftig auch nach Großbritannien zu exportieren.

Herr Schulz: *„Momentan erscheint es mir sinnvoll, das England-Geschäft aufzunehmen, denn wir profitieren von der steigenden Kaufkraft des Euros im Verhältnis zum Britischen Pfund. Da können wir nämlich zusätzliche Gewinne abschöpfen."*

Herr Maier entgegnet: *„Wir müssen nicht nur den Außenwert des Euros im Blick behalten. Die Vertriebsstruktur für die britische Insel existiert doch noch gar nicht. Wir haben keine Erfahrung mit dem dortigen Markt. Da werden wir zunächst viel investieren müssen."*

Arbeitsaufträge
- ***Ermitteln Sie Einflussfaktoren für die Entwicklung des Euros gegenüber dem Britischen Pfund.***
- ***Beurteilen Sie die Folgen einer stetigen Aufwertung des Euros gegenüber den wichtigen Welthandelswährungen (US-Dollar, Yen usw.).***

Die Bundesrepublik Deutschland ist eine Wirtschaftsnation, die einen großen Teil der hier produzierten Güter und Dienstleistungen ins Ausland exportiert.

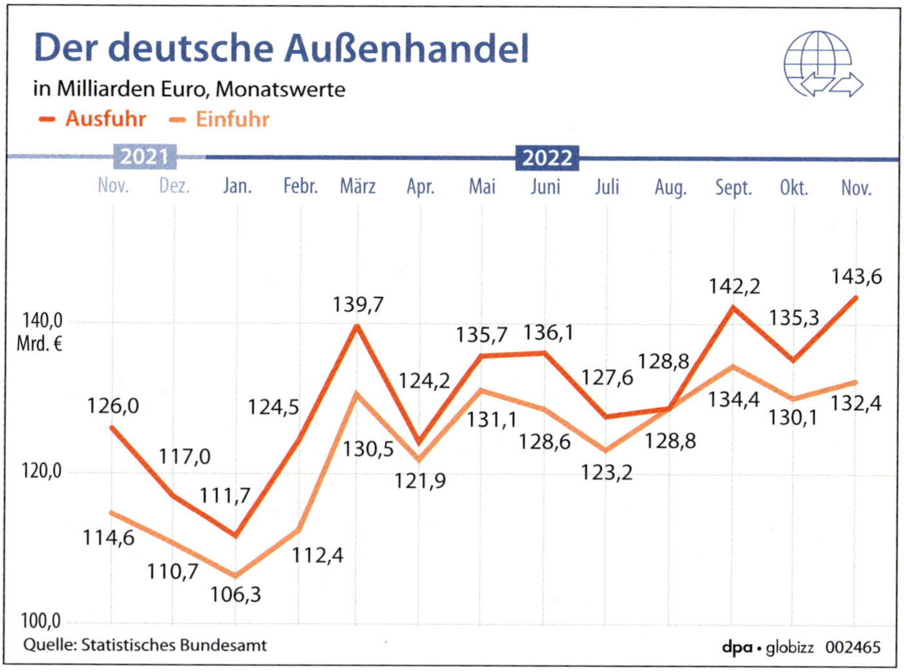

Wenn diese Exporte in die Partnerländer der EU gehen, werden dann keine ausländischen Zahlungsmittel eingesetzt, wenn es sich um Länder der Eurozone handelt. Für alle anderen Exporte müssen zur Abwicklung ausländische **Devisen** eingesetzt werden, es sei denn, die Vertragspartner haben als Zahlungsmittel im Kaufvertrag den Euro vereinbart.

Devisen im engeren Sinn sind Zahlungsmittel in ausländischer Währung, wenn sie als Guthaben bei Banken, als Schecks oder als Wechsel vorliegen. Devisen im weiteren Sinne werden „Sorten" genannt. Zu den Sorten zählen ausländische Banknoten und Münzen.

Den **Binnenwert einer Währung** kann man als die Kaufkraft der heimischen Währung im Inland beschreiben. Der Binnenwert zeigt also den Tauschwert des Geldes im Inland für eine bestimmte Menge Güter und Dienstleistungen an. Der Binnenwert einer Währung wird anhand der Preisentwicklung des Warenkorbs im Zeitablauf gemessen.

Beispiel *Der Preis für ein Kilo Brot beträgt 2,34 EUR. Die Kaufkraft je Euro ist folglich 1 : 2 = 0,4 kg je Euro. Das ist die Menge Brot, die man im Inland für 1,00 EUR kaufen kann. Steigt nun der Preis von Brot um 50 % auf 3,75 EUR pro Kilo, dann sinkt die Kaufkraft auf 1 : 3,75 = 0,33 kg für 1,00 EUR. Das bedeutet eine Einbuße der Kaufkraft um 37,5 %.*

Der **Außenwert einer Währung** zeigt den Wert einer Währung gemessen in einer fremden Währung. Stimmen der Binnenwert und der Außenwert einer Währung überein, bezeichnet man dies als Kaufkraftparität. Hier muss man also den **Nominalwert** und den **Realwert** einer Währung unterscheiden. Während der Nominalwert einer Währung der Betrag ist, welcher auf den Münzen und Banknoten aufgedruckt ist, gibt der Realwert an, welche Gütermenge man für eine Geldeinheit kaufen kann. Er ist also ein Maßstab für die Kaufkraft einer Währung. Dem äußeren Geldwert und seiner Bemessung liegt die Kaufkraft der Währung im internationalen Wirtschaftsverkehr zugrunde. In diesem Zusammenhang wird der Geldwert letztlich durch den **Wechselkurs der Währung** ausgedrückt.

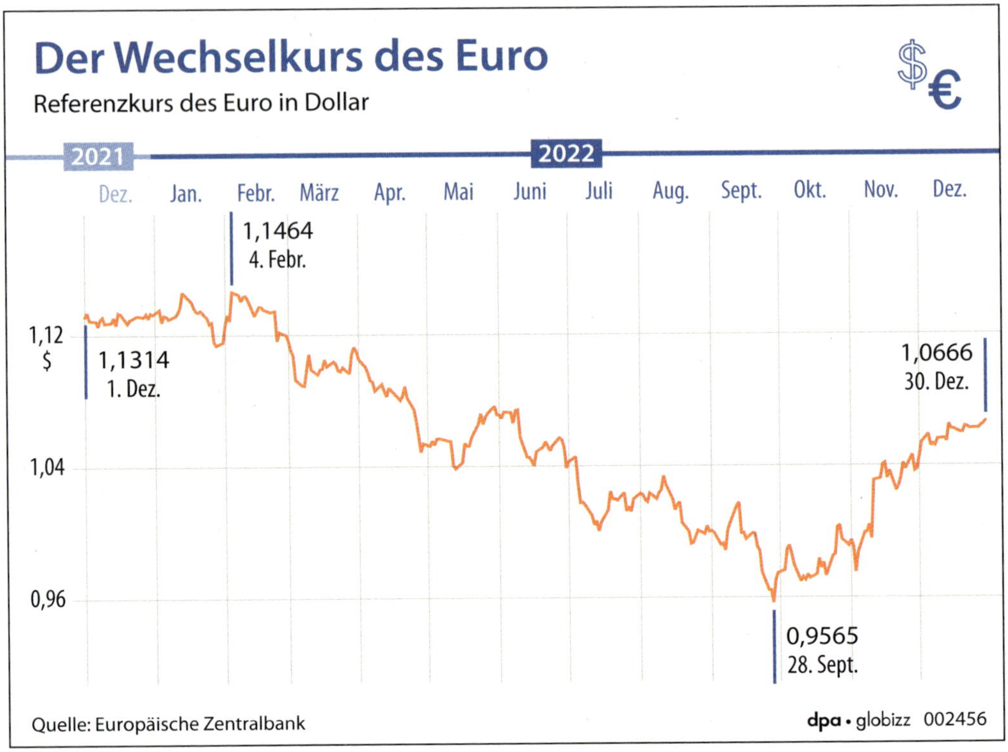

Beispiel *Die Familie Stein macht Urlaub in den USA und tauscht dort 1 000,00 EUR in US-Dollar um. Herr Stein kann damit mehr Güter kaufen als mit 1 000,00 EUR in Deutschland, denn der Außenwert des Euro ist in den USA höher als sein Binnenwert in der Bundesrepublik Deutschland.*

Die Auswirkungen des Außenwertes einer Währung auf die Volkswirtschaft sind stark abhängig vom **Wechselkurssystem**. In einem System fester Wechselkurse können die Staaten je nach politischer Zielsetzung versuchen, den Wechselkurs der eigenen Währung zum einen unter dem Marktwert, zum anderen über dem Marktwert zu halten. Ein künstlich hoch gehaltener Wechselkurs gegenüber den wichtigen Weltwährungen begünstigt die Importe von Waren auf den Weltmärkten, wenn die Kaufverträge in der Inlandswährung abgewickelt werden, weil die eigene Währung günstiger ist als die Auslandswährungen. Gleichzeitig sinken die Exporte, weil die heimischen Waren im Ausland zu teuer werden. Dies gefährdet im Inland gleichzeitig jedoch die Arbeitsplätze der Mitarbeiterinnen und Mitarbeiter in den Branchen, deren Produkte überwiegend ins Ausland exportiert werden.

Liegt der Wechselkurs unterhalb des Marktwerts, begünstigt dies hingegen die Exportwirtschaft eines Landes, weil die einheimischen Waren auf den Weltmärkten preisgünstiger sind als die der ausländischen Konkurrenz.

An diesen Beispielen zeigt sich allerdings, dass die wirtschaftlichen Auswirkungen von **Auf- und Abwertungen** sich mittel- bis langfristig nicht sehr stark auswirken. Denn bei einer Abwertung können die Exporte außerhalb des eigenen Währungsgebiets zwar günstiger angeboten werden. Da aber gleichzeitig die Preise aller importierten Waren steigen (z. B. für Rohstoffe, für Energie usw.), erhöhen sich die Herstellungskosten entsprechend und gleichen die Vorteile mittelfristig wieder aus.

In einem System **flexibler Wechselkurse** werden die Kostenvorteile und -nachteile einer Volkswirtschaft bei der Produktion von Gütern und Dienstleistungen und deren anschließendem weltweiten Handel durch die automatische Auf- bzw. Abwertung der Inlandswährung über den

Wechselkurs wieder ausgeglichen. Diese Auf- und Abwärtsbewegungen des Wechselkurses sind Ausdruck der binnenwirtschaftlichen Gesundung oder Schwäche.

Wechselkurse werden durch verschiedene weitere Faktoren beeinflusst:

- Struktur und Menge der Warenimporte und Warenexporte eines Landes (Außenhandelsbilanz),
- Inflationsentwicklung des Inlands im Vergleich zum Ausland,
- politische Erwartungen,
- Zinsniveauentwicklung des Inlands im Vergleich zum Ausland,
- Spekulationen.

Wenn ein Land in der Struktur seiner Exporte z. B. auf solche Waren festgelegt ist, die als Rohstoffe auf der Welt in vielen Ländern an- oder abgebaut werden (z. B. landwirtschaftliche Rohstoffe), und gleichzeitig hochwertige Fertigprodukte importieren muss, wird der Außenwert seiner Währung stets unter Druck stehen. Davon wird auch die Kaufkraft der Währung im Inland beeinflusst, weil importierte Produkte teuer bezahlt werden müssen. Ein solches Land lebt mittelfristig „über seine Verhältnisse“, d. h., seine Ausgaben für Importe übersteigen seine Exporteinnahmen und Kapitalzuflüsse. Die Folge ist, dass das Angebot der heimischen Währung an den Devisenmärkten steigt, wodurch der **Wechselkurs** sinkt.

Wenn die Inflation im Inland schneller steigt als im Ausland, hat dies negative Auswirkungen auf den Wechselkurs, weil inländische Produkte im Ausland tendenziell zu teuer sind und damit die Wettbewerbsfähigkeit der einheimischen Wirtschaft negativ beeinflussen.

Die täglichen Schwankungen des Wechselkurses können jedoch nicht alleine durch die weltweiten Handelsströme erklärt werden. Zusätzlich sind es die Kapitalströme, die den Wechselkurs vor allem kurzfristig beeinflussen. Hierbei sind es erwartete **Zinsunterschiede**, also unterschiedliche Rentabilitäten, die Anlageentscheidungen im In- und Ausland bestimmen. Im Rahmen der Wechselkurstheorie wurde eine ganze Reihe von Erklärungsansätzen der Wechselkursentwicklung entwickelt.

Eine der wichtigsten **Wechselkurstheorien**, die **Kaufkraftparitätentheorie**, geht zurück auf den schwedischen Volkswirtschaftler Gustav Cassel (1866–1945). Dessen Theorie besagt, dass die Änderung des Wechselkurses von der Preisentwicklung beider Länder abhängt. Eine **Abwertung** tritt auf, wenn das Preisniveau des Inlands im Vergleich zum ausländischen stärker gestiegen ist. Durch die höhere Geldentwertung im Inland ist es günstiger, Güter im Ausland zu kaufen; die Kaufkraft der inländischen Währung im Ausland ist gestiegen. Mit der Abwertung wird diese Abweichung wieder ausgeglichen. Unterschieden wird zwischen **absoluter Kaufkraftparität**, die erfüllt ist bei gleicher Kaufkraft einer Währung im In- und Ausland, und **relativer Kaufkraftparität**, die gilt, wenn die Entwicklung von Inflationsraten und Wechselkursen und damit der internationalen Wettbewerbsfähigkeit vergleichbar ist. Die Kaufkraftparitätentheorie gilt jedoch nur bei völliger Kapitalverkehrsfreiheit, vollkommenen und offenen Märkten und gleichem Nachfrageverhalten der in- und ausländischen Konsumentinnen und Konsumenten. Für die Bewertung der Kaufkraftparitätentheorie muss zudem berücksichtigt werden, wie die Substituierbarkeit der gehandelten Güter im internationalen Vergleich erfolgen kann. „Made in Germany“ gilt in vielen Staaten noch immer als Qualitätsmerkmal, sodass auch bei einer stetigen Euroaufwertung nicht automatisch zu erwarten ist, dass die Konkurrenzfähigkeit deutscher Produkte im Ausland leidet.

Allgemein wird die relative Kaufkraftparitätentheorie als der Ansatz betrachtet, der zumindest teilweise die **langfristige Entwicklung des Wechselkurses** erklären kann. Allerdings zeigen Untersuchungen, dass dies auch nicht für alle Länder und alle Zeiträume gilt. Denn es können auch Unterschiede im in- und ausländischen Einkommensniveau Druck auf die Wechselkurse ausüben. Wächst das Einkommen im Inland im Vergleich schneller, so importiert das Inland mehr, als das Ausland seinerseits an Exportgütern des Inlands nachfragt. Damit steigt die Nachfrage nach ausländischer Währung, die importierten Güter müssen schließlich bezahlt werden. Erst mit einer Aufwertung des Wechselkurses kann dann das ursprüngliche Gleichgewicht auf dem Devisenmarkt wiedererlangt werden.

Kurzfristig wird die Entwicklung des Wechselkurses aber weniger durch Im- und Exporte von Gütern und damit der in- und ausländischen Kaufkraft von Währungen bestimmt, sondern sehr viel stärker durch **internationale Kapitalbewegungen**. Hinter diesen stehen Anlageentscheidungen. Wenn inländische Investorinnen und Investoren ihr Risiko breiter streuen wollen, teilen sie ihr Vermögen neben Geld und inländischen Wertpapieranlagen auch auf ausländische Anlagen auf. Die Struktur des so gebildeten Portfolios ist dabei abhängig von der Rentabilität der Anlagen im In- und Ausland, also auch vom in- und ausländischen Zins. Bei erwarteten Rentabilitätsänderungen kommt es zu Kapitalbewegungen, denn ein höheres reales Zinsniveau im Ausland lockt Investorinnen und Investoren an. Fließt Kapital vom Inland ins Ausland, steigt die Nachfrage nach der ausländischen Währung, während die inländische Währung angeboten wird. Dieser Angebotsüberhang der inländischen Währung wird durch eine Abwertung ausgeglichen. Gleichzeitig kann eine solche Abwertung die reale in- und ausländische Zinsdifferenz wieder angleichen. In diesem Fall sind das in- und das ausländische Zinsniveau vergleichbar (= **Zinsparität**). Daneben kommt es ebenfalls zu Änderungen der Wechselkurse im Zusammenhang mit politischen oder wirtschaftlichen Krisen oder mit Spekulationen.

Zusammenfassung: Den Zusammenhang von Binnen- und Außenwert einer Währung problematisieren und seine Folgen beurteilen

- Der **Binnenwert** einer Währung ist ein Ausdruck für die **Kaufkraft im Inland**.
- Der **Außenwert** einer Währung ist ein Ausdruck für die **Kaufkraft im Ausland**.
- Der **Wechselkurs** drückt die **Kaufkraftunterschiede** zwischen zwei Währungen aus.
- In **flexiblen Wechselkurssystemen** werden Kaufkraftunterschiede durch Auf- und Abwärtsbewegungen des Wechselkurses ausgeglichen.
- In **festen Wechselkurssystemen** müssen bei Kaufkraftunterschieden die Wechselkurse zwischen den Staaten neu verhandelt und festgelegt werden.
- Die **Wechselkurstheorie von Cassel** geht davon aus, dass die Änderung des Wechselkurses von der Preisentwicklung der beiden untersuchten Länder abhängt.
- Wechselkurse werden weiterhin durch politische Erwartungen, Spekulationen und die Höhe des Zinsniveaus beeinflusst.

Aufgaben

1 *Beschreiben Sie wichtige Thesen der Kaufkraftparitätentheorie von Gustav Cassel.*

2 *Nehmen Sie kritisch Stellung zur folgenden These: „Ein starker Euro ist negativ für die deutsche Exportwirtschaft!"*

3 Absatzmöglichkeiten auf internationalen Märkten nutzen

3.1 Die Bedeutung des Außenhandels erkennen und bewerten

Herr Stein verabschiedet sich morgens von seiner Familie mit den Worten: *„Ich komme heute später nach Hause, weil ich auf eine Veranstaltung der Gesellschaft für Wirtschaftsförderung NRW gehe.“* Frau Stein fragt: *„Worum geht es denn?“ „Um die Außenwirtschaftskampagne NRW!“* Seine Tochter Caroline wundert sich. *„Was ist denn das?“ „Das Land will damit kleinen und mittelständischen Unternehmen helfen, sich neuen Märkten zu öffnen, Hemmnisse zu überwinden und die Chancen der Globalisierung zu nutzen“*, erklärt ihr Vater. *„Wer kommt denn dahin?“* Ihr Vater antwortet: *„Expertinnen und Experten aus Politik, Wissenschaft und Wirtschaft diskutieren mit Unternehmen über die Rahmenbedingungen im internationalen Wettbewerb und Erfahrungen im Auslandsgeschäft.“*

Arbeitsaufträge

- ***Begründen Sie, wer Interesse daran haben könnte, dass sich mittelständische Unternehmen wie die Bürodesign GmbH mit dem Auslandsgeschäft auseinandersetzen.***
- ***Nennen Sie Maßnahmen, die mittelständische Unternehmen dabei unterstützen können, sich ausländischen Märkten zu öffnen.***

Für ein rohstoffarmes und lohnintensives, aber auch hoch industrialisiertes Land wie beispielsweise Deutschland besteht einerseits die Notwendigkeit, Rohstoffe sowie Güter, die im Ausland besser oder günstiger hergestellt werden, zu importieren. Andererseits hat Deutschland eine führende Rolle beim **Export** von Hightechprodukten. Beide Aspekte des Außenhandels tragen zum Wohlstand bei, der **Import** sorgt für eine ausgezeichnete Versorgung mit Gütern und der stark ausgeprägte Export sichert die Beschäftigung. Darin liegt das Interesse des Staates begründet, den Handel mit anderen Ländern zu fördern.

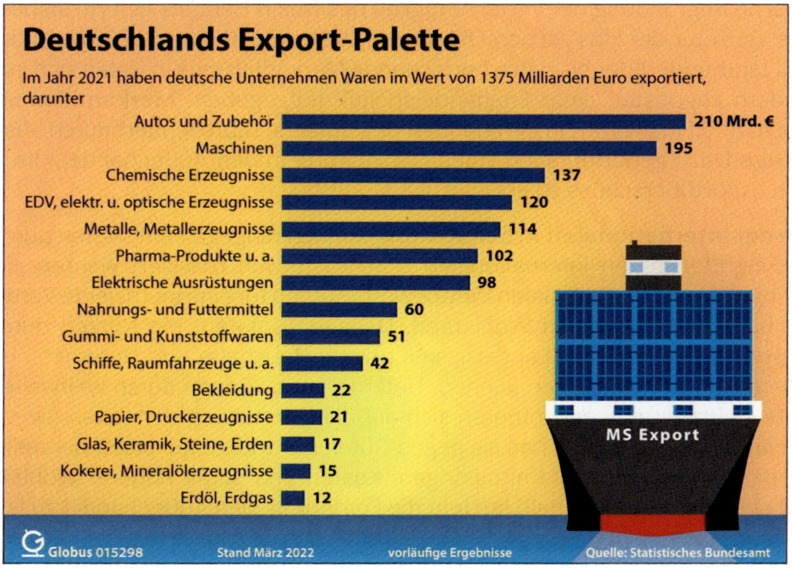

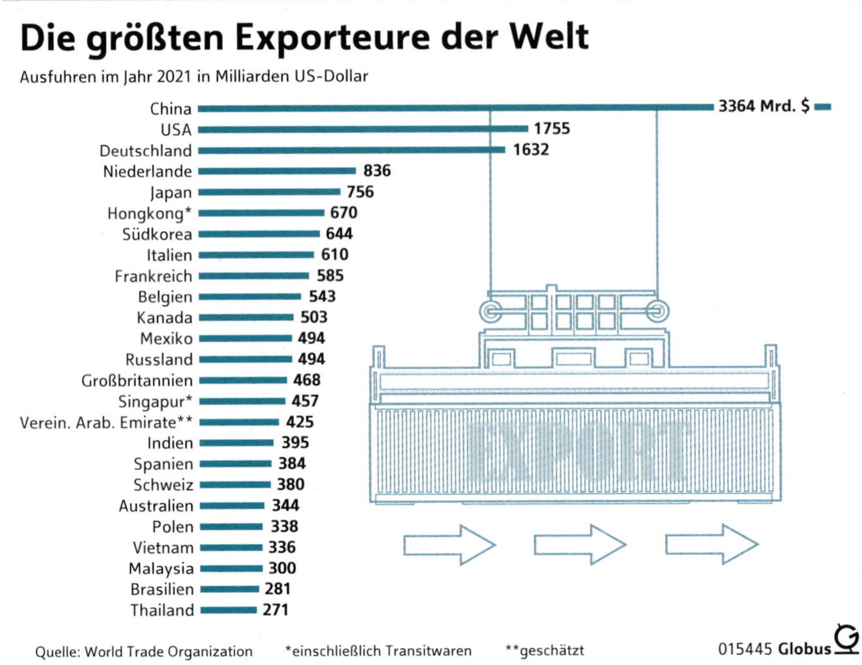

Der Staat nimmt durch seine wirtschaftspolitischen Maßnahmen auch Einfluss auf die außenwirtschaftlichen Beziehungen, indem er die Ordnung des internationalen Handelsverkehrs, also **Außenhandelspolitik**, gestaltet. Der Nachfrager soll auf der einen Seite die Möglichkeit haben, die günstigste Alternative auszuwählen, auf der anderen Seite kann sich der Anbieter für das höchste Gebot entscheiden. Das entspricht dem Leitbild des Außenhandels, dem Freihandel bzw. Liberalismus (vgl. S. 238).

■ Freihandel/Liberalismus

Die theoretische Begründung der Vorteilhaftigkeit des freien Handels lieferte insbesondere der bekannteste Vertreter der klassischen Ökonomen, Adam Smith (vgl. S. 236 f.). In dessen Folge wurde im 19. Jahrhundert der bis dahin herrschende Merkantilismus in vielen sich industrialisierenden Ländern zugunsten einer Freihandelspolitik aufgegeben. **Merkantilismus** bedeutet, dass die Macht und Finanzkraft in den Händen des Staates, repräsentiert durch absolutistische Herrscher, liegt. Dazu gehörten auch staatliche Eingriffe in den Außenhandel, um einen möglichst großen Exportüberschuss zu erzielen (vgl. S. 285 ff.).

Die **Vorteile der internationalen Arbeitsteilung** können hingegen am besten durch einen von staatlichen Eingriffen freien internationalen Güteraustausch realisiert werden. Eingriffe des Staates verringern den internationalen Wettbewerb, sorgen für eine ineffiziente Verwendung der Ressourcen und vermindern den Wohlstand. Dagegen entsteht ein Nutzen durch uneingeschränkten Handel mit anderen Ländern, weil private Haushalte und Unternehmen günstiger und in besserer Qualität einkaufen können. Unternehmen können durch weltweite Abnehmer ihren Umsatz steigern und konzentrieren sich auf die Herstellung der Güter, die sie günstiger produzieren als andere. Sie tauschen sie gegen Güter, die andere günstiger herstellen. Bessere Versorgung des Inlands mit Gütern, niedrigere Kosten und somit höherer Wohlstand für die Bevölkerung sind die Folge. Deshalb besteht die Forderung, den Außenhandel zu liberalisieren, d.h. frei von Staatseingriffen zu gestalten. Das bedeutet einen freien Leistungswettbewerb über die Staatsgrenzen hinaus.

Beispiel *Die Bürodesign GmbH ist bei der Bundesstelle für Außenhandelsinformation (Germany Trade and Invest) registriert und kann über diese neue Bezugsquellen ermitteln.*

Um den Handel mit dem Ausland auszubauen, wird sowohl innerhalb eines Landes als auch innerhalb von Staatengemeinschaften, aber auch weltweit daran gearbeitet, Handelshemmnisse abzubauen. Für das jeweilige Land bedeutet dies zunächst, eine einfache Abwicklung und wenige Beschränkungen beim Ein- und Ausfuhrverfahren zu ermöglichen. Zur Förderung des Exports gehört es auch, Unternehmen mit Informations-, Investitionshilfen oder Bürgschaften zu unterstützen. Träger solcher handelspolitischer Instrumente sind neben staatlichen Einrichtungen die Interessenvertretungen einzelner Branchen.

Beispiel *Die IHK unterhält in verschiedenen Ländern eine Auslandshandelskammer, um vor Ort Kontakte zwischen deutschen und den dort ansässigen Unternehmen herzustellen. Auch die Geschäftsverbindung der Bürodesign GmbH mit einem norwegischen Kunden ist durch die Vermittlung der deutsch-norwegischen Auslandshandelskammer in Oslo zustande gekommen.*

Um die angestrebte weltweit harmonisierte Liberalisierung der Märkte voranzutreiben, gibt es internationale Institutionen, die sich dies zum Ziel gesetzt haben (vgl. S. 301).

Die Wirtschaftsordnung der Marktwirtschaft ist durch den Gedanken des Liberalismus geprägt, der jeden einzelnen Wirtschaftsteilnehmer motivieren soll, aktiv am Wirtschaftsgeschehen teilzunehmen und davon zu profitieren (vgl. S. 239f.). Die in Deutschland vorliegende Wirtschaftsordnung der sozialen Marktwirtschaft ist mit sozialer Absicherung gepaart, d.h., der Staat bzw. das staatliche Instrumentarium greift dann ein, wenn das einzelne Wirtschaftssubjekt benachteiligt ist oder sich nicht selbst schützen kann (vgl. S. 244 f.).

■ Protektionismus

Aus ökonomischen oder politischen Gründen erfolgen staatliche Eingriffe in den Außenhandel, um die inländischen Wirtschaftssubjekte zu schützen (= to protect). Der Staat kann in die Preisgestaltung und in den Umfang des Außenhandels der Güter aus **folgenden Gründen** eingreifen:

- Die **heimische Wirtschaft soll vor ausländischer Konkurrenz geschützt werden.**

  Beispiel *Die deutschen Möbelhersteller, zu denen die Bürodesign GmbH zählt, werden zunehmend von günstigeren Anbietern aus dem Ausland verdrängt. Als Schutzmaßnahme dienen Einfuhrbeschränkungen und Zölle.*

- **Arbeitsplätze sollen geschützt werden.**

  Beispiel *Der asiatische Kleinwagen, den Frau Land fährt, ist im Inland aus teilweise im Inland gefertigten Teilen zusammengebaut worden. Denn die Arbeitsplätze in der deutschen Automobilindustrie werden vor der asiatischen Konkurrenz durch Vorschriften geschützt, die festlegen, dass Teile des Produkts aus dem Inland stammen müssen. Wird der Pkw als Endprodukt importiert, erhöhen sich die Einfuhrabgaben drastisch.*

- **Verbraucherinnen und Verbraucher sollen geschützt werden.**

  Beispiel *Frau Stein würde gerne hoch dosierte Vitaminpräparate eines amerikanischen Herstellers zur Gesundheitsvorsorge einnehmen. Diesen Nahrungsergänzungsmitteln fehlt jedoch in Deutschland die arzneimittelrechtliche Zulassung, weil die Folgen der Einnahme nicht erforscht sind.*

- **Maßnahmen bei Zahlungsbilanzungleichgewichten müssen ergriffen werden.**

  Beispiel *Um die Importe bei einer defizitären Handelsbilanz zu drosseln, werden Zölle erhöht.*

- **Abhängigkeiten sollen vermieden werden.**

  Beispiel *Es wäre günstiger, den Rohstoff für Zucker komplett auf dem Weltmarkt zu beziehen. Dennoch werden die landwirtschaftlichen Betriebe in der EU dabei unterstützt, Zuckerrüben anzubauen, um eine eigene Versorgung zu gewährleisten.*

- **Für den Staat sollen neue Einnahmequellen erschlossen werden.**

  Beispiel *In Industrieländern spielen Zölle als Quelle von Staatseinnahmen (Fiskalzölle) praktisch keine Rolle.*

- **Schrumpfende Branchen sollen geschützt werden.**

  Beispiel *Es gibt kaum noch inländische Lieferanten für die Bürodesign GmbH, die Bezugsstoffe herstellen. Damit Teile der Textilindustrie im Inland verbleiben, werden Zölle oder Einfuhrbeschränkungen für Textilprodukte erhoben.*

Bei Branchen, die im Inland vergleichsweise teurer produzieren, würde der Freihandel zu nachlassender Nachfrage der inländischen Wirtschaft und damit zum Verlust von Arbeitsplätzen führen. Durch Protektionismus wird versucht, diesen Schrumpfungsprozess aufzuhalten. Der Beschäftigungsabbau wird zwar zeitweise verlangsamt, kann aber letztlich nicht aufgehalten werden, denn die mangelnde internationale Wettbewerbsfähigkeit strukturschwacher Branchen wird damit nicht verbessert.

Beispiel *Die Nichte von Frau Stein hat Textiltechnik studiert und findet nach dem Studium keinen Arbeitsplatz, weil die Textilindustrie unaufhaltsam geschrumpft ist. Der Wettbewerbsvorteil, den die ausländischen Textilhersteller durch die niedrigen Lohnkosten für Näherinnen und Näher in Asien und die damit geringen Produktionskosten von Textilien haben, wird durch Zölle nicht aufgehoben.*

Besondere Bedeutung erfährt dieses Argument dann, wenn die schrumpfenden Branchen Güter von hohem strategischem Wert für das Land herstellen. Politisch wird dann meist mit der Notwendigkeit einer gewissen nationalen Unabhängigkeit von Importen argumentiert. Sie machen eine Protektion der heimischen Wirtschaftszweige selbst um den Preis ökonomischer Effizienzverluste notwendig. Protektionismus wird somit rein „politisch" erklärt.

Beispiel *Otto Lands Bruder lebt im Ruhrgebiet und arbeitete in einem Kohlebergwerk. Der inländische Bergbau wurde durch die Kohlesubvention unterstützt, damit eine Mindestenergieversorgung gewährleistet war. Aufgrund der Subvention konnte die Kohle zum Weltmarktpreis verkauft werden. Solche u. a. umweltschädlichen Subventionen laufen in den nächsten Jahren aus oder sie wurden abgebaut. Die Steinkohleförderung wurde in Deutschland 2018 eingestellt. Der noch bestehende inländische Bedarf wird durch Importkohle gedeckt.*

Zusammenfassung: Die Bedeutung des Außenhandels erkennen und bewerten

Außenhandelspolitik umfasst alle **staatlichen Maßnahmen zur Beeinflussung des internationalen Güterverkehrs**.

Leitbilder der Außenhandelspolitik	
Liberalismus: freier internationaler Güter- und Kapitalverkehr ohne staatliche Beeinflussung	**Protektionismus:** durch staatliche Maßnahmen beschränkter und regulierter internationaler Güter- und Kapitalverkehr

Aufgaben

1 *Führen Sie eine Internetrecherche durch, bei der Sie sich z. B. unter www.bundesregierung.de darüber informieren, welche aktuellen Maßnahmen ergriffen werden, um den Außenhandel von mittelständischen Unternehmen wie der Bürodesign GmbH zu fördern.*

2 *Mit den Chip-Engpässen in der Corona-Krise wurde monatelanges Warten auf Waschmaschinen und Autos genauso normal wie die vergebliche Suche nach neuen Playstation-Konsolen. Daraufhin sollen öffentliche Subventionen in Deutschland nun private Investitionen, Chip-Hersteller, anlocken. Erklären Sie, warum es in der Corona-Krise zu Chip-Engpässen kam und danach staatliche Eingriffe erfolgen.*

3 *„Sämtliche Eingriffe in die Außenwirtschaft führen zu einer Wettbewerbsverzerrung." Nehmen Sie Stellung zu dieser These.*

4 *Erläutern Sie die Grafik auf S. 283: Deutschlands Importpalette.*

Stellen Sie fest, welches deutsche Unternehmen Ihnen bekannt ist, das Güter und Dienstleistungen importiert.

5 *Nach längeren Verhandlungen haben die USA und Kanada Anfang Oktober 2018 eine Einigung über eine neue Freihandelszone innerhalb Nordamerikas verkündet. Damit ist nun auch Kanada der bereits erfolgten Einigung zwischen Mexiko und den USA beigetreten, die den neuen Namen „United States Mexiko Canada Agreement" (USMCA) trägt. Künftig wird der Local Content im Automobilbereich bei 75 % liegen. Das bedeutet, dass 75 % des wertmäßigen Inputs bei der Herstellung eines Fahrzeugs aus Mexiko, USA oder Kanada stammen müssen, wenn man die Zollfreiheit beim Export aus Mexiko in die USA oder nach Kanada in Anspruch nehmen möchte.*

Erläutern Sie, was mit der Ausweitung der lokalen Produktion beabsichtigt wird.

Stellen Sie fest, vor welcher Herausforderung die in Mexiko ansässigen deutschen Automobilzulieferer stehen.

6 *Die Grafik auf S. 283 zeigt die Exportstruktur der Bundesrepublik Deutschland.*
a) Recherchieren Sie in geeigneten Medien und vergleichen Sie die Exportstruktur der Bundesrepublik mit der eines Entwicklungslandes.
b) Leiten Sie daraus Folgen für den Wechselkurs des Euro zu der Währung des Entwicklungslandes ab.

3.2 Die Rolle des Euro und der EU im internationalen Handel beurteilen

Antje und Otto Land verbringen ihren Sommerurlaub auf der niederländischen Nordseeinsel Texel. Den Nachmittag haben sie am Strand in einem Café verbracht. Frau Land rechnet nun zusammen, was die beiden dort getrunken und gegessen haben. Plötzlich beginnt sie, zu lachen. *„Otto, weißt du noch, als wir das erste Mal mit Jörn nach Italien gefahren sind? Er war damals fünf Jahre alt und wollte gleich nach der Ankunft unbedingt ein echtes italienisches Eis essen. Er hat sich auf der Karte über der Theke der Eisdiele die vielen verschiedenen Eissorten angeschaut. Dann fing er plötzlich zu weinen an. Als wir nach dem Grund fragten, hat er geantwortet: ‚Mama, hier können wir uns gar kein Eis leisten – eine Kugel kostet 1 100,00 DM!' Er wusste ja nicht, dass der Preis für eine Kugel Eis auf dem Schild in der Eisdiele in Italienischen Lire angegeben war.' ‚Da können wir froh sein, dass wir in diesem Jahr nicht nach Schweden gefahren sind! Dort müssten wir immer noch mühsam umrechnen, was die einzelnen Getränke und Speisen in Euro gekostet hätten“*, antwortet Otto. *„Den Euro als gemeinsame Währung in der Europäischen Union zu nutzen, ist ja auch nicht der einzige Vorteil, den wir Europäerinnen und Europäer jetzt haben“*, antwortet seine Frau Antje.

Arbeitsaufträge
- ***Erläutern Sie Beweggründe, die zur Einführung der gemeinsamen Währung Euro geführt haben.***
- ***Beschreiben Sie die Nachteile einer gemeinsamen Währung.***

■ Europäische Union (EU)

Die Europäische Gemeinschaft (EG) entstand 1965 aus der Europäischen Gemeinschaft für Kohle und Stahl (EGKS), der Europäischen Wirtschaftsgemeinschaft (EWG) und der Europäischen Atomgemeinschaft (Euratom). Seit der Osterweiterung umfasst die Europäische Union (EU) 27 Staaten. Im Zuge der europäischen Integration sind Beitrittsverhandlungen mit weiteren Ländern im Gange. Es gibt allerdings auch eine gegenteilige Entwicklung. Die Briten haben in einer Volksabstimmung im Jahr 2016 beschlossen, die EU zu verlassen. Im Januar 2020 erfolgte der Austritt Großbritanniens aus der EU (Brexit).

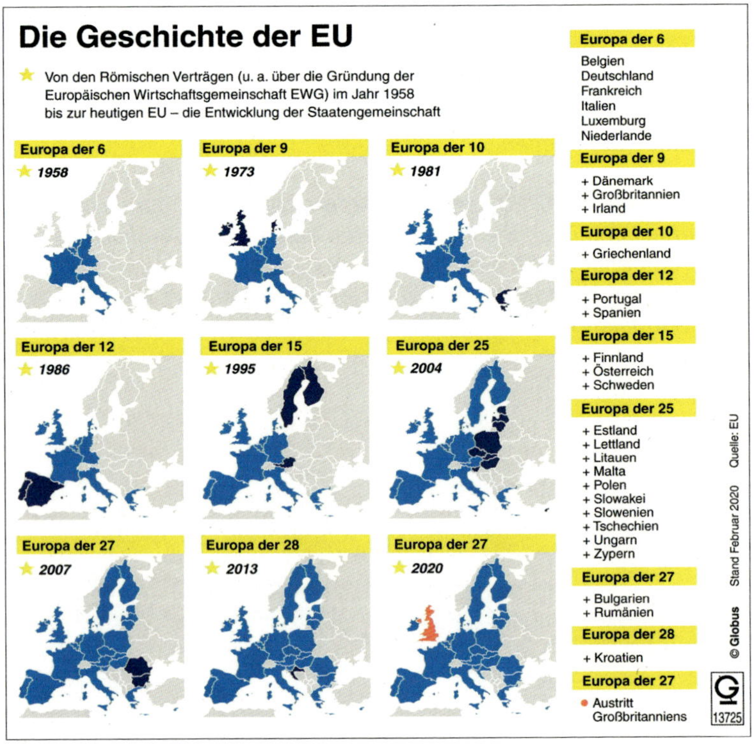

Die wichtigsten Organe der Europäischen Union:

- Das **Europäische Parlament** besteht aus den Abgeordneten der Mitgliedsländer. Es hat eine kontrollierende und beratende Funktion.
- Dem **Ministerrat** gehören die 27 Fachministerinnen und Fachminister der einzelnen Länder an. Er beschließt über die Vorschläge der Europäischen Kommission.
- Die **Europäische Kommission** besteht als eigentliche „Regierung“ der EU aus 27 Mitgliedern. Sie erarbeitet Vorschläge, die nach Zustimmung durch den Ministerrat für alle Mitgliedsländer verbindliche Rechtsnormen darstellen.
- Grundsatzentscheidungen der Europäischen Union werden vom **Europäischen Rat** getroffen, dem die Staats- und Regierungschefs der Mitgliedsländer angehören.
- Über die Einhaltung der durch die EU festgelegten Rechtsnormen wacht der **Europäische Gerichtshof**.

Die Merkmale der **Europäischen Union** sind ein gemeinsamer Binnenmarkt ohne Grenzen für den Verkehr von Personen, Waren, Dienstleistungen und Kapital, eine gemeinsame Europawährung (nur für die Euroländer), die europäische Unionsbürgerschaft, eine gemeinsame Außen- und Sicherheitspolitik und damit die politische Union der Mitgliedsstaaten.

Die vier Freiheiten des EU-Binnenmarkts

freier Personenverkehr

- ohne Grenzkontrollen
- Niederlassungs- und Beschäftigungsfreiheit für alle EU-Bürgerinnen und EU-Bürger
- Kontrolle der Außengrenzen

freier Dienstleistungsverkehr

- Liberalisierung der Kapitalmärkte
- Harmonisierung der Bankenaufsicht
- Öffnung der Märkte für Telekommunikation

freier Warenverkehr

- Wegfall der Grenzkontrollen
- Angleichung bzw. Anerkennung von Normen

freier Kapitalverkehr

- Schaffung eines gemeinsamen Markts für Finanzdienstleistungen
- Liberalisierung des Wertpapierhandels

Beispiel *Die Bürodesign GmbH plant die Errichtung eines Zweigwerks für die Produktion und Verarbeitung von Faserholzplatten in Tschechien. Die Grundidee dieser Investition ist es, bei sehr arbeitsintensiv zu produzierenden Büromöbeln den Anteil der Lohnkosten an den gesamten Produktionskosten zu reduzieren und die Möbel dadurch auf dem heimischen Markt preiswerter anbieten zu können als andere Hersteller, die in Deutschland produzieren.*

Um das Ziel des gemeinsamen Binnenmarkts und den Abbau von Handelshemmnissen zu erreichen, bedarf es strukturpolitischer Maßnahmen und einheitlicher Rahmenbedingungen.

Beispiel *Die EU hat im Zuge ihrer Marktöffnungsstrategie eine Datenbank im Internet eingerichtet, die Exporteure über Märkte, Zölle, Rechtsvorschriften und weitere Handelshemmnisse informiert. Sie erfasst zudem die von der EU ergriffenen Gegenmaßnahmen, um den aktiven Dialog zwischen der Wirtschaft und den europäischen Institutionen zu fördern.*

Der Europäische Binnenmarkt birgt sowohl Risiken als auch Chancen. Die Wirtschaftspolitik muss zur Verwirklichung des Europäischen Binnenmarkts der Mitgliedsländer stärker koordiniert werden. Die **Angleichung der Lebensstandards** durch die Verringerung der sozialen und wirtschaftlichen Unterschiede zwischen den Regionen der Gemeinschaft soll mit den Instrumenten eines Strukturfonds, der Errichtung einer europäischen Investitionsbank und verschiedener Regionalfonds erreicht werden.

Beispiel *Wenn die Bürodesign GmbH in einer strukturschwachen Region Tschechiens in eine Produktionsstätte und damit in die Schaffung von Arbeitsplätzen investiert, werden die Investitionen eventuell durch Strukturhilfen der EU, z. B. in Form zinsgünstiger Kredite, gefördert. Diese Hilfen fördern zwar die Infrastruktur in Tschechien. Die dort geschaffenen Arbeitsplätze fehlen jedoch in der Bundesrepublik Deutschland und führen hier tendenziell zu einer Schwächung der Binnennachfrage.*

■ Der Euro

Darüber hinaus wurde die gemeinsame Währung (Euro) eingeführt. Jedoch zählen nicht alle EU-Länder zu den Euroländern. Einigen fehlen noch die Voraussetzungen dazu, andere Länder haben sich gegen die Einführung des Euro entschieden.

Vorteile einer gemeinsamen Währung

Bei einer einheitlichen Währung fallen für private Haushalte die **Transaktionskosten** durch den Tausch von Währungen bei den Kreditinstituten im Urlaub und auch die in der Urlaubszeit auftretenden **Kursrisiken** weg. Auch haben Urlauberinnen und Urlauber in einem anderen Land eine **höhere Preistransparenz**.

Beispiel *Als Thomas Stein in der 11. Klasse des Gymnasiums einen Schüleraustausch in die USA machte, musste er bei jedem Einkauf die dortigen Preise vom US-Dollar in Euro umrechnen, um ermitteln zu können, was das Produkt kostet.*

Für Unternehmen schafft eine einheitliche Währung eine **vergleichbare Kalkulationsbasis** (z. B. bei Kalkulationsangeboten von Unternehmen). Es beteiligen sich infolgedessen mehr Unternehmen an Ausschreibungen über die Ländergrenzen hinweg. Das bringt mehr **Wettbewerb** und kann auch dazu führen, dass mehr **Arbeitsplätze** geschaffen werden. Auch die **Preistransparenz** erhöht den Wettbewerb und trägt zu einer **Reduzierung von Preisdifferenzen** bei, die nach wie vor bei identischen Produkten in verschiedenen Ländern bestehen.

Von der Einführung des Euro erwartete man weiterhin einen **verstärkten Handel** und eine steigende wirtschaftliche Zusammenarbeit zwischen den Mitgliedern der Eurozone, da bisher bestehende innergemeinschaftliche **Wechselkursrisiken** und die dadurch notwendigen **Währungsabsicherungen** (z. B. durch Devisentermingeschäfte) für europäische Unternehmen wegfallen. Für die Verbraucherinnen und Verbraucher können daraus **sinkende Güterpreise** ebenso resultieren wie eine **bessere Versorgung** mit Gütern und Diensten.

Beispiel *Der Kauf von Rohstoffen im außereuropäischen Ausland trägt für die Bürodesign GmbH immer ein Kalkulationsrisiko, wenn der Kaufvertrag in einer ausländischen Währung fakturiert wird. Um dieses Risiko abzuwenden, muss die Bürodesign GmbH nach Abschluss des Kaufvertrags den Gegenwert der ausländischen Währung auf Termin einkaufen, um eine feste Kalkulationsbasis zu haben. Für dieses Kurssicherungsgeschäft fallen bei der Hausbank Gebühren an, die den Import der Produkte verteuern.*

Auf dem Weltmarkt werden viele Geschäfte in der Leitwährung US-Dollar abgewickelt. Eine einheitliche europäische Währung kann aufgrund der relativ **größeren Bedeutung des Euro** gegenüber einzelnen nationalen Währungen neben dem US-Dollar und dem Japanischen Yen als **Handels- und Reservewährung** dienen. In einer globalisierten Welt kann eine Gemeinschaftswährung die **Wettbewerbsfähigkeit** Europas gegenüber den Wettbewerbern (z. B. den USA oder asiatischen Staaten) erhöhen.

Daraus ergibt sich in einem nächsten Schritt eine Verschärfung des Wettbewerbs, welche die Leistungsfähigkeit des Euroraums im internationalen Vergleich verbessert. Bei einer stabilen Währung können investitionsförderliche Effekte erreicht werden, weil der Standort Europa attraktiver wird. Dadurch steigt in einem nächsten Schritt die Bedeutung des Euro gegenüber der Welthandelswährung.

Beispiel *Die Bürodesign GmbH schafft durch die geplante Investition in eine Produktionsstätte in Tschechien nicht nur die Voraussetzung für eine gesteigerte Produktion. Die dort gefertigten Produkte können in Euro kalkuliert werden, es fallen keine Transaktionskosten durch Währungsabsicherungsgeschäfte an, weil Ein- und Verkauf in Euro abgerechnet werden, auch wenn die Produkte über die Grenzen Tschechiens in den Euroraum verbracht werden.*

Der Euro kann in diesem Zusammenhang auch als **Vollendung des Europäischen Binnenmarkts** (freier Verkehr von Waren, Dienstleistungen, Kapital und Personen) gelten, denn ohne eine gemeinsame Währung würde dem Binnenmarkt eine wichtige Komponente fehlen. Damit ergibt sich auf psychologischer Ebene aus einer gemeinsamen Währung ein weiterer Vorteil: Der Euro dient nämlich als **Symbol** eines zusammenwachsenden Europas und gibt Raum für die Bildung einer **europäischen Identität**.

Nachteile einer gemeinsamen Währung

Es gab vor der Einführung des Euro Bedenken bezüglich der Gefahren, die sich aus der Größe und Heterogenität der Wirtschaftszone Europa ergeben könnten. Insbesondere asynchrone Konjunkturzyklen zwischen den einzelnen Mitgliedsländern würden eine gemeinsame Geldpolitik und damit die Einhaltung einer niedrigen Inflationsrate erschweren.

Politisch war und ist fraglich, ob die Europäische Zentralbank und die Europäische Kommission in der Lage sein würden, die Mitgliedsstaaten zu einer dauerhaften hinlänglichen Haushaltsdisziplin zu „erziehen" (vgl. S. 299). Die Schuldenkrise zeigt, welche weitreichenden Folgen die mangelnde Haushaltsdisziplin eines Mitgliedslandes für die gesamte EU haben kann (vgl. S. 300). Der Stabilitäts- und Wachstumspakt der EU legt fest, dass der Schuldenstand von Euro-Staaten nicht mehr als 60 Prozent der Wirtschaftsleistung betragen darf. Haushaltsdefizite sollen bei 3 Prozent des Bruttoinlandsprodukts gedeckelt werden. Seit der Corona-Pandemie ist der Pakt ausgesetzt. Ab 2023 sollen die Regeln wieder in Kraft treten.

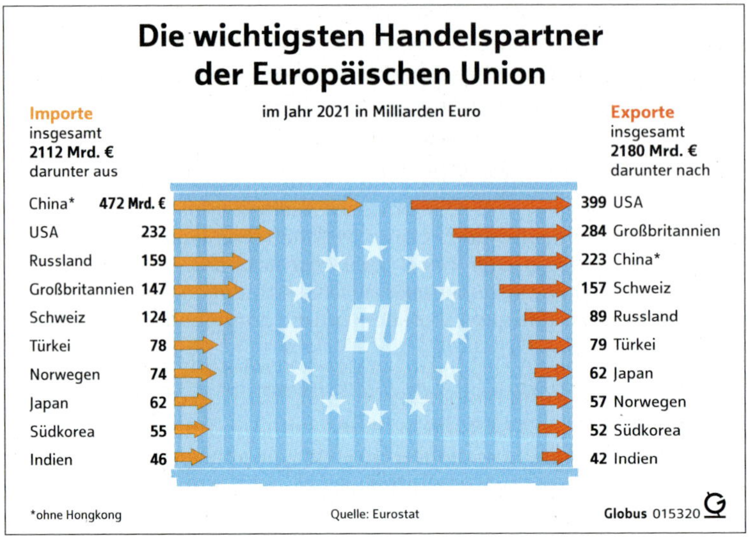

Zusammenfassung: Die Rolle des Euro und der EU im internationalen Handel beurteilen

- **Europäische Union (EU)**
  Merkmale:
  - gemeinsamer Binnenmarkt ohne Grenzen für den Verkehr von Personen, Waren, Dienstleistungen und Kapital
  - gemeinsame Europawährung (Euro)
  - Unionsbürgerschaft
  - gemeinsame Außen- und Sicherheitspolitik

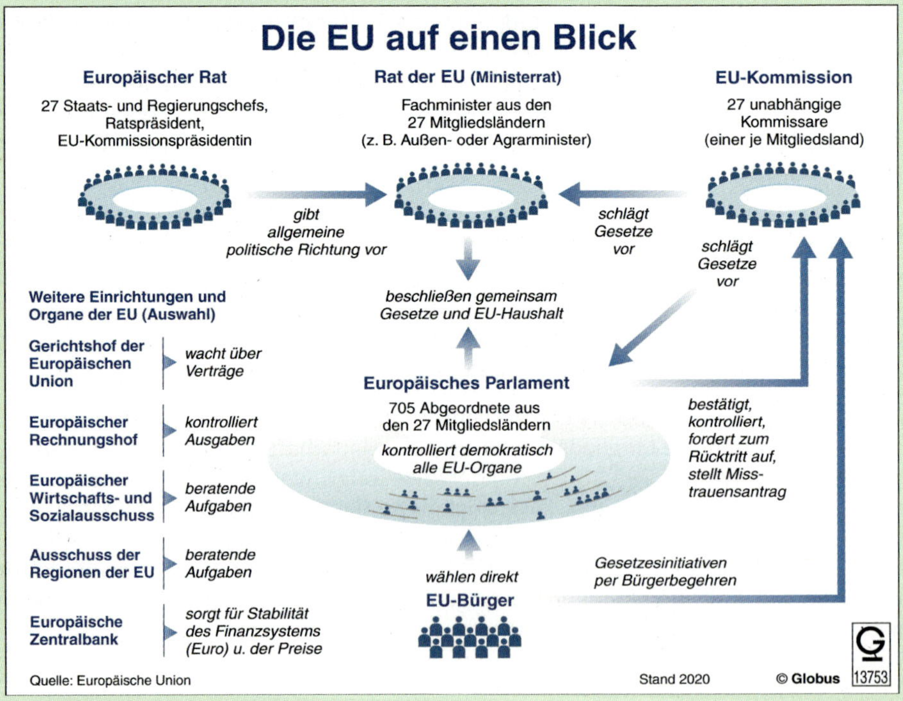

Vorteile einer Währungsunion

- **geringere Transaktions- und Informationskosten** im grenzüberschreitenden Handel mit Gütern und Dienstleistungen, da die Kosten des Umtauschs und der Absicherung gegen Währungsrisiken entfallen
- **Preise für Güter und Dienstleistungen** werden über die Grenzen der Nationalstaaten hinweg unmittelbar **vergleichbar.**
- **verstärkter Handel und steigende wirtschaftliche Zusammenarbeit** zwischen den Mitgliedern der Eurozone, da bisher bestehende innergemeinschaftliche Wechselkursrisiken und die dadurch notwendigen Währungsabsicherungen (z. B. durch Devisentermingeschäfte) für europäische Unternehmen wegfallen
- **Sinkende Güterpreise** und eine **bessere Versorgung mit Gütern und Diensten** können für die Verbraucherinnen und Verbraucher daraus folgen.

Nachteile einer Währungsunion:

- Bei **mangelnder Haushaltsdisziplin** einzelner Mitgliedsländer gerät das System des Euro unter Druck, was zu seinem Zusammenbruch führen könnte.

Aufgaben

1 Vertrag über die Gründung der Europäischen Wirtschaftsgemeinschaft vom 25. März 1957:

„Artikel 2: Aufgabe der Gemeinschaft ist es, durch die Errichtung eines gemeinsamen Marktes und die schrittweise Annäherung der Wirtschaftspolitik der Mitgliedsstaaten eine harmonische Entwicklung des Wirtschaftslebens innerhalb der Gemeinschaft, eine beständige und ausgewogene Wirtschaftsausweitung, eine größere Stabilität, eine beschleunigte Hebung der Lebenshaltung und engere Beziehungen zwischen den Staaten zu fördern, die in dieser Gemeinschaft zusammengeschlossen sind."

(Quelle: Europäisches Parlament (Hrsg.): Römische Verträge (EWG), 25.03.1957 - Amtlicher Text, S. 14; online unter: https://eur-lex.europa.eu/legal-content/DE/TXT/?uri=CELEX:11957E/TXT [01.06.2023].)

a) Beschreiben Sie zwei Maßnahmen, welche von den EU-Mitgliedsstaaten ergriffen wurden, um die Ziele, welche in Artikel 2 des EWG-Vertrags genannt sind, zu verwirklichen.

b) Begründen Sie, warum es von der Gründung der Europäischen Wirtschaftsgemeinschaft im Jahr 1957 bis zur Verwirklichung des EU-Binnenmarkts 1989 nahezu 30 Jahre gedauert hat.

2 Informieren Sie sich über den aktuellen Verlauf des Eurokurses. Stellen Sie Gründe fest für die Entwicklung des Eurokurses.

3.3 Die Entwicklung und Situation der EU erläutern

Die Mitarbeiterinnen und Mitarbeiter der Lagerabteilung der Bürodesign GmbH müssen heute mit dem Lkw zum Hauptzollamt nach Köln in den Niehler Hafen fahren. Vor der Abfahrt sucht Herr Holtermüller in seinem Büro nach den dafür notwendigen Papieren. Als er mit einem dicken Stapel von Unterlagen in das Führerhaus des Lkw steigt, fragt ihn der Fahrer: *„Chef – was willst du denn mit den vielen Papieren? Wir sollen doch nur eben in den Kölner Hafen fahren und beim Zoll eine Ladung Scharniere und Beschläge abholen.“* *„Wenn das so einfach wäre!“*, stöhnt Herr Holtermüller. *„Wieso“*, unterbricht ihn der Fahrer, *„wenn ich in den Urlaub nach Italien fahre, muss ich doch an der Grenze nicht einmal mehr den Ausweis zeigen. Das haben die Politikerinnen und Politiker doch in dieser schönen niederländischen Stadt Maastricht beschlossen.“* Herr Holtermüller entgegnet: *„Tja – das gilt aber nur innerhalb der EU. Da ist das jetzt alles kein Problem mehr. Da werden Waren, Dienstleistungen und sogar Arbeit grenzüberschreitend hin- und hergeschoben. Die Scharniere und Beschläge, die wir beim Zoll abholen müssen, kommen aber aus Vietnam. Da sind die zwar billiger als bei uns in Deutschland, dafür müssen wir aber dem Zoll diesen riesigen Stapel von Papieren vorlegen. Die werden vom Zoll geprüft, mit den Waren verglichen und mit vielen Stempeln versehen, bevor wir sie importieren dürfen. Das wird einige Stunden dauern und am Ende werden auch noch deftige Importzölle fällig. Wenn du mich fragst, ich hätte lieber deutsches Material bestellt. Das liefert der Produzent direkt bis an unsere Rampe.“*

Arbeitsaufträge

- ***Erläutern Sie die wirtschaftlichen Dimensionen des Vertrags von Maastricht.***
- ***Stellen Sie dar, welche Bedeutung dem Vertrag von Maastricht auf der Ebene des politischen Einigungsprozesses in der EU zukommt.***

Die Errichtung einer Wirtschafts- und Währungsunion, der sog. **EU-Binnenmarkt,** begann Anfang 1988.

Der Vertrag von Maastricht

Die im **Vertrag von Maastricht** festgelegten **Konvergenzkriterien** müssen von den Teilnehmerstaaten eingehalten werden, um die Stabilität der Gemeinschaftswährung zu gewährleisten. Drei der im Vertrag von Maastricht in § 109 aufgeführten Kriterien sollen hier näher beleuchtet werden:

1. **Inflationskriterium:** Die Erfüllung der Preisniveaustabilität ist dann erreicht, wenn die Inflationsrate eines Landes um nicht mehr als 1,5 % über der Inflationsrate der drei preisstabilsten Mitgliedsländer liegt.
2. **Zinskriterium:** Der Nominalzins soll nicht mehr als 2 Prozentpunkte über dem der drei preisstabilsten Länder liegen.
3. **Finanzpolitische Kriterien (Verschuldungskriterien):** Hinsichtlich der öffentlichen Finanzen gilt ein Land dann als qualifiziert für die Einführung des Euro, wenn es keine „übermäßigen“ Defizite aufweist. Im Einzelnen bedeutet dies, dass das Verhältnis der öffentlichen Defizite und des Bruttoinlandsprodukts nicht mehr als 3 % betragen darf **(Defizitkriterium)**. Darüber hinaus darf die gesamte Verschuldung nicht mehr als 60 % des Bruttoinlandsprodukts betragen **(Schuldenstandskriterium)**.

Die Einhaltung der Konvergenzkriterien ist notwendig, um die Stabilität der gemeinsamen Währung zu gewährleisten. Zudem stellen sich die ökonomischen Vorteile einer Währungsunion nur dann ein, wenn es eine abgestimmte Finanzpolitik der Teilnehmerländer gibt, welche die währungspolitische Integration flankiert. Die im Vertrag von Maastricht vereinbarten Regelungen sehen in diesem Zusammenhang die Schaffung einer vollkommen weisungsunabhängigen und dem vorrangigen Ziel der Geldwertstabilität verpflichteten **Europäischen Zentralbank (EZB)** nach dem Muster der Deutschen Bundesbank vor.

■ Der Vertrag von Amsterdam

Eine wichtige Etappe in der Phase seit der Verabschiedung und Umsetzung des Vertrags von Maastricht war u. a. der **Vertrag von Amsterdam** vom 2. Oktober 1997. Dort wurde versucht, die politische Handlungsfähigkeit der europäischen Institutionen zu stärken. Zu nennen ist z. B. die Stärkung der Rolle des Europäischen Parlaments, welches in mehr Feldern mitentscheiden darf. Andererseits fehlte es in diesem Vertrag auch an einer Neudefinition der Obergrenze der zukünftigen EU-Kommission und der Stimmengewichtung im Ministerrat der EU. Grundsätzlich soll durch die Schaffung gemeinsamer Institutionen und einen kulturellen Austausch eine verbesserte europäische Integration geschaffen werden.

Beispiel *Caroline Stein nimmt im Rahmen des Programms „Erasmus+" ihrer Schule an einem Schüleraustausch mit Polen teil. Sie lernt das dortige Schulsystem kennen, macht einen Sprachkurs und überlegt, ob sie nach dem Abitur Teile ihres Studiums an einer polnischen Hochschule absolvieren soll.*

■ Verfassungsreformen

Der **Gipfel von Nizza** fand vom 7. bis 11. Dezember 2000 statt. Im Mittelpunkt dieses Treffens stand eine Lösung der noch offenen Fragen von Amsterdam. Ziel war es, die EU auf die bevorstehende Osterweiterung vorzubereiten. Es wurden u. a. Regelungen über die Größe der EU-Kommission, über die Prozesse von Mehrheitsentscheidungen und eine engere Kooperation auf vielen Politikfeldern getroffen. Notwendig wurden diese Regelungen, weil die EU seit 1958 stark gewachsen war. Die administrativen Strukturen mussten dieser Erweiterung angepasst werden.

■ Der Vertrag von Lissabon

Der Vertrag von Lissabon sollte der Europäischen Union eine einheitliche Struktur geben. Er wurde am 13. Dezember 2007 in der portugiesischen Hauptstadt unterzeichnet wurde. Ziel des Vertrags ist es, die EU demokratischer und effizienter zu gestalten und in die Lage zu versetzen, globale Probleme wie den Klimawandel besser und geschlossener anzugehen. Zudem wird mit Artikel 50 ein förmliches Verfahren eingeführt, das Mitgliedstaaten befolgen müssen, die die Europäische Union verlassen möchten. Das Nachfolgeprogramm der Lissabon-Strategie, Europa 2020, beabsichtigt im Rahmen des globalen Ziels der nachhaltigen Entwicklung, ein Vorbild für den wirtschaftlichen, sozialen und ökologischen Fortschritt in der Welt zu sein.

■ Die Schuldenkrise in der EU

Der Fall **Griechenland** stellte ein weiteres aktuelles Problemfeld der europäischen Wirtschaftspolitik dar. Schien es bis vor wenigen Jahren noch undenkbar, dass ein Mitglied der Europäischen Währungsunion nicht mehr in der Lage sein würde, seine fälligen Schulden zu begleichen, so ist die **griechische Schuldenkrise** ein Beispiel dafür, dass auch ein bedeutender Währungsraum wie die EU an die Grenzen seiner Belastungsfähigkeit kommen kann. Die Chronik der Krise:

2009:	Die Athener Regierung gibt bekannt, dass das Haushaltsdefizit weit höher liegt als angenommen. Dem Land droht die Insolvenz.
März 2010:	Ein erstes Hilfspaket der EU unter Beteiligung des IWF in Höhe von 45 Milliarden EUR wird gewährt.
Mai 2010:	Die Eurogruppe beschließt Notkredite in Höhe von 110 Milliarden EUR und verlangt im Gegenzug ein Sparpaket.
22.03.2011:	Der ESM (European Stability Mechanism) wird gegründet. Er hat eine Kapitalbasis von 700 Milliarden EUR, wovon Deutschland ca. ein Viertel trägt.
Oktober 2011:	Das zweite Rettungspaket wird beschlossen.
18.12.2014:	Die EZB beschließt eine Verlängerung des ESF-Programms bis zum 28.02.2015.
Februar 2015:	Griechenland beantragt weitere Unterstützung.
März 2015:	Die von Griechenland vorgeschlagenen Sparmaßnahmen werden von der EU als unzureichend abgelehnt.
Juni 2015:	Die Verhandlungen platzen – die griechischen Banken werden geschlossen.
04.07.2015:	Beim Referendum in Griechenland entscheidet sich eine Mehrheit dafür, keine Sparmaßnahmen der Geldgeber zu akzeptieren.
11.07.2015:	Es wird eine Einigung im Schuldenstreit erreicht. Griechenland stimmt einem harten Sparkurs zu und erhält im Gegenzug ein drittes Hilfspaket im Umfang von 80 Milliarden EUR.

Mit der Banklizenz kann sich der ESM bei der Europäischen Zentralbank (EZB) wie eine Geschäftsbank praktisch unbegrenzt Kredit verschaffen. Er kauft zunächst die Staatsanleihen der betroffenen Länder und hinterlegt die Anleihen dann als Sicherheit bei der EZB, um noch mehr Anleihen zu kaufen und auf diesem Weg die hohen Zinsen zu senken, die die Krisenstaaten auf dem Markt für ihre Staatsanleihen bieten müssen. Für diese Praxis wird die EZB immer wieder kritisiert, denn die quasi unbegrenzte Kreditaufnahme führt zu einer hohen Liquidität am Markt, welche die Inflationsrate antreiben könnte.

■ Der Brexit

In einem Referendum am 23.06.2016 stimmten die Wähler des Vereinigten Königreiches mehrheitlich für den Austritt aus der EU (= Brexit). Der offizielle Austritt erfolgte am 31.01.2020, nachdem Großbritannien seit 2017 mit der EU die konkreten Bedingungen des EU-Austritts verhandelt hatte. Regeln und Gesetze zwischen der EU und Großbritannien mussten vereinbart werden, z. B. unter welchen Bedingungen EU-Bürgerinnen und EU-Bürger in Großbritannien leben und arbeiten dürfen sowie die (Zoll-)Abwicklung des Handels. Deshalb haben die britische Regierung und die Europäische Union einen Vertrag ausgehandelt, der das alles regelt.

■ Europäischer Grüner Deal

Die EU verpflichtet sich, in den Jahren 2014-2020 mindestens 20 % der EU-Haushaltsmittel, d. h. bis zu 180 Milliarden Euro, für klimabezogene Projekte und Maßnahmen bereitzustellen, und leistet damit einen wichtigen Beitrag auf dem Weg zu einer sauberen und wettbewerbsfähigen CO2-armen Wirtschaft in Europa. Die EU ist damit vermutlich die erste Region weltweit, die Klimaschutzmaßnahmen in ihren Gesamthaushalt integriert. 2019 hat die Europäische Kommission den europäischen Grünen Deal vorgestellt, dessen 50 Maßnahmen bewirken sollen, dass Europa bis zum Jahr 2050 umweltfreundlich und klimaneutral wird. Der Grüne Deal zielt auf gesündere Lebensmittel, eine stärkere Wirtschaft sowie eine gerechtere und fairere Gesellschaft in der EU ab.

Digitalisierung

Ein digitaler Wandel, der allen zugutekommt, gehört zu den Top-Prioritäten der Kommission. Digitale Technologien machen das Leben einfacher; sie können beispielsweise helfen, ohne Stau von A nach B zu kommen, Krankheiten frühzeitig zu erkennen und etwas gegen den Klimawandel zu tun. Die EU will dafür sorgen, dass die digitalen Hilfsmittel den Menschen und der Wirtschaft das Leben auch tatsächlich leichter machen.

Corona-Krise

Weil eine neue, grippeähnliche Krankheit namens COVID-19 umgeht, werden EU-weit Schulen, Museen, Restaurants und Freizeitzentren geschlossen. Große Sportveranstaltungen werden abgesagt. Überall in der EU stecken sich die Menschen mit dem Virus an, das erstmalig Ende 2019 in China entdeckt wurde und sich rasant weltweit ausbreitete. In dieser Zeit haben die EU und ihre Mitgliedstaaten rund um die Uhr zusammengearbeitet, um das Virus zu bremsen, die Versorgung mit medizinischem Gerät sicherzustellen, die Forschung nach einem Impfstoff zu fördern, Arbeitsplätze zu retten und Unternehmen zu unterstützen.

Die Folgen dieser Corona-Krise, die Schäden für Wirtschaft und Gesellschaft, will die EU mit ihrem Aufbauplan abfedern und der nächsten Generation eine bessere Zukunft bieten.

Ukraine-Krieg

Als Europa am 24. Februar 2022 erwachte, sah es sich mit der Nachricht über die militärische Aggression Russlands gegen die Ukraine konfrontiert. Diese Aggression ist nicht nur ein Angriff auf die Ukraine, sondern auch auf die Werte, die die Europäischen Union hochhält. Die auf Frieden, Demokratie und Rechtsstaatlichkeit gegründete Union erinnern die Gräueltaten an der EU-Grenze an die Gründe, aus denen die EU entstanden ist. Die EU hat mit Einigkeit, Stärke und Schnelligkeit auf diese Krise reagiert. Bei einem Gipfel gewähren die EU-Spitzen der Ukraine und Moldau den Status von Bewerberländern. Somit gibt es nun sieben anerkannte Bewerber um eine Mitgliedschaft in der Europäischen Union (Albanien, Moldau, Republik Nordmazedonien, Montenegro, Serbien, die Türkei und die Ukraine).

Zusammenfassung: Die Entwicklung und Situation der EU erläutern

- **Wichtige Stationen des europäischen Einigungsprozesses**

1948	Gründung der OEEC (Organisation für europäische wirtschaftliche Zusammenarbeit, Organisation for European Economic Co-operation)
1950	Veröffentlichung des Schuman-Plans
1951	Unterzeichnung des Vertrags zur Gründung der Europäischen Gemeinschaft für Kohle und Stahl (EGKS) in Paris
1957	Die „Römischen Verträge“ werden unterzeichnet (Gründung der Europäischen Wirtschaftsgemeinschaft EWG).
1987	Verabschiedung der Einheitlichen Europäischen Akte (EEA), Schaffung des Binnenmarkts
1989	Delors-Bericht: Vereinbarung über die gemeinsame Währung Euro
1991	Unterzeichnung des Vertrags von Maastricht
1999	Inkrafttreten des Amsterdamer Vertrags

2001	Der Vertrag von Nizza wird unterzeichnet
2004	Beitritt zehn neuer Mitgliedsstaaten
2005	Ablehnung der EU-Verfassung in Frankreich und den Niederlanden
2007	Bulgarien und Rumänien werden in die EU aufgenommen.
2007	Verabschiedung des Vertrags von Lissabon
2010	Hilfspakete für Spanien und Portugal
2010	1. Hilfspaket für Griechenland
2012	2. Hilfspaket für Griechenland
2013	Hilfspaket für Zypern
2013	Kroatien wird in die EU aufgenommen
2015	3. Hilfspaket für Griechenland
2016	Referendum in Großbritannien mit der Folge des Austritts aus der EU
2019	Europäischer Grüner Deal
2020	Austritt Großbritanniens aus der EU

Aufgaben

1 Der Vertrag von Maastricht sieht für die Teilnehmer an der Gemeinschaftswährung Euro die Einhaltung der sog. Konvergenzkriterien vor.
a) Erläutern Sie die drei Konvergenzkriterien des Vertrags von Maastricht.
b) Beurteilen Sie die Probleme für die Stabilität des Euro, wenn die Eurozone zukünftig auch auf die Staaten Osteuropas ausgedehnt werden soll.

2 Die gemeinsame Verfassung von Europa ist in mehreren Mitgliedsstaaten in Referenden von der jeweiligen Bevölkerung abgelehnt worden. Erklären Sie, was zur Ablehnung des Verfassungsentwurfs in Frankreich und Irland geführt hat.

3 Stellen Sie die wesentlichen Inhalte des Vertrags zwischen der EU und Großbritannien sowie die Folgen des Brexits fest.

4 Die EU hat Programme erarbeitet, um die Ursachen von Schuldenkrisen zu beseitigen und die Währungsunion langfristig zu stabilisieren (Stabilitäts-, Wachstums- und Fiskalpakt). Erläutern Sie, was diese Pakte jeweils vorsehen.

5 Im Rahmen der Corona-Krise 2020 kam es u. a. zu Grenzkontrollen und Grenzschließungen, was der Freizügigkeit innerhalb der EU widerspricht. Erläutern Sie, welche wirtschaftlichen Folgen die Corona-Krise mit sich gebracht hat.

3.4 Die Globalisierung von Märkten darstellen und beurteilen

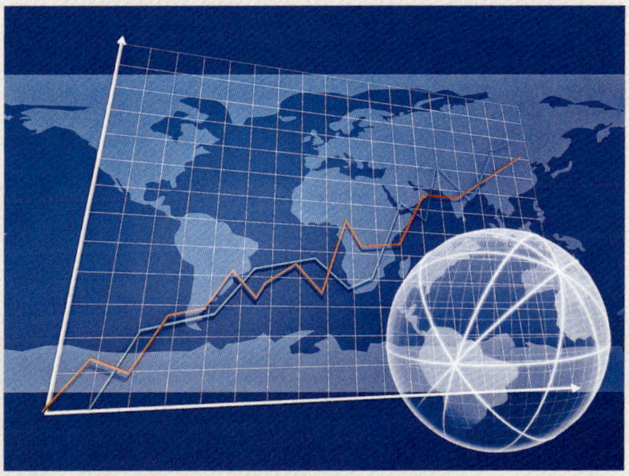

Der amerikanische Wissenschaftler George Modelski vertrat im Jahre 1972 die Meinung, die Ursache der Globalisierung läge in der ökonomischen „Expansion [Europas], die die Unterwerfung anderer Gemeinschaften in der Welt und deren Integration in ein globales Handelsnetz zum Ziel [...]" habe.[1] Somit vertrat er die Meinung, dass es eigentlich **eine einzige** Zivilisation (nämlich die europäische) sei, die die Globalisierung verursacht habe. Andere Wissenschaftlerinnen und Wissenschaftler sind ebenfalls der Meinung, die Ursachen der Globalisierung seien in Europa zu finden.

Doch betonen sie, dass es nicht an den jeweiligen Ländern, sondern am System des Kapitalismus liege, dass es zur Globalisierung gekommen sei. Das Wesen des Kapitalismus sei es schließlich, zu expandieren und andere Teile der Welt von sich abhängig zu machen. Besonders kritische Wissenschaftlerinnen und Wissenschaftler hingegen sprechen nicht von „Globalisierung", sondern von „Triadisierung" und meinen damit die drei großen Wirtschaftsregionen der Erde, nämlich den Fernen Osten mit China und Japan, die USA und Europa. Sie sagen, es handele sich bei diesen drei Wirtschaftsregionen um Zivilisationen, die sich allen anderen überlegen fühlten und diese von sich abhängig machen wollten.

Arbeitsaufträge
- ***Erläutern Sie diese kritischen Grundhaltungen zu den Ursachen der Globalisierung.***
- ***Diskutieren Sie, ob die Triaden-Regionen Ostasien, USA und Europa tatsächlich die ganze restliche Welt durch Globalisierung von sich abhängig machen wollen.***
- ***Welche weiteren Ursachen spielen für die Globalisierung eine Rolle?***

■ Bereiche der Globalisierung

Das augenfälligste Merkmal der Globalisierung ist die Tatsache, dass es in der Wirtschaft keine Grenzen mehr zu geben scheint. Nie zuvor waren die Märkte so stark miteinander verbunden, wie dies heutzutage der Fall ist. Während die wirtschaftlichen Aktivitäten von Anbietern und Nachfragern sich in der Vergangenheit überwiegend innerhalb von Landesgrenzen oder möglicherweise mit unmittelbaren Nachbarländern abspielten, sind diese Grenzen im weltweiten Handel nahezu abgebaut. Selbstverständlich gab es auch in der Vergangenheit Handel mit anderen Ländern und Kontinenten, doch ist dieser in der heutigen Zeit um ein Vielfaches verstärkt. Der Prozess der internationalen Arbeitsteilung und der Vernetzung von Produktion hat sich hinsichtlich seiner **Geschwindigkeit** und **Intensität** in den letzten 30 Jahren

[1] *Quelle: Die Gruppe von Lissabon (Hrsg.): Grenzen des Wettbewerbs. Die Globalisierung der Wirtschaft und die Zukunft des Menschen, Bonn: Bundeszentrale für Politische Bildung 1997, S. 44.*

deutlich erhöht. Damit wird erkennbar, dass es sich bei der Globalisierung nicht um einen aktuellen Zustand ökonomischer Entwicklung handelt, sondern vielmehr um einen **fortschreitenden Prozess**, in dem sich die weltweite Wirtschaft schrittweise einander annähert.

Dabei wäre der Begriff „Globalisierung" viel zu eng gefasst, wenn man ihn nur auf ökonomische Aktivitäten anwenden würde. Vielmehr handelt es sich um einen weltweiten Austausch von kulturellen, religiösen und auch sozialen Gesichtspunkten. Durch ökonomische Globalisierung kommen – schlicht und einfach – Menschen aus aller Welt mit ihren bisweilen höchst unterschiedlichen Vorstellungen von Kultur oder Gesetzgebung zueinander und betreiben Handel.

■ Ökonomische Globalisierung

Für die volkswirtschaftliche Betrachtung ist natürlich die ökonomische Globalisierung von besonderem Interesse. Schließlich stellt sie gleichermaßen den Rahmen, die Bedingung und das Ergebnis des gesamten Globalisierungsprozesses dar. Dabei spielen **zahlreiche Ursachen** eine wichtige Rolle für die zunehmende Globalisierung.

Information, Kommunikation und Transport

Bedeutendstes Merkmal der fortschreitenden ökonomischen Globalisierung ist dabei mit Sicherheit die rasante Entwicklung bei der Verarbeitung von Informationen, in der Kommunikation sowie im Transportwesen. Die heutzutage weitverbreitete Mischung aus Kommunikations- und Computertechnologie (z. B. Internet) hat hierbei die Bedeutung einer **Basistechnologie**, die geeignet ist, einen weltweiten und jahrzehntelangen ökonomischen Aufschwung auszulösen. Auch der seit dem Ende des Zweiten Weltkriegs immer weiter fortgeschrittene Einsatz von Düsenflugzeugen, Containerschiffen oder Supertankern hat es ermöglicht, dass eine immer größere Stückzahl an Gütern mit immer größerer Geschwindigkeit transportiert werden kann. In den letzten 70 Jahren haben sich auch die Kosten für Schiffsfracht und Luftverkehr auf etwa ein Fünftel reduziert und die Kosten für Telekommunikation auf etwa ein Hundertstel. Entscheidend für den Prozess der Globalisierung ist, dass diese Kosten schneller gesunken sind als die Kosten der Produktion.

Finanztransaktionen

Die Globalisierung der Wirtschaft hat in besonders starkem Maße auch die **Finanzmärkte** erfasst. Sie zeigt sich in internationalen Kapitalströmen als Folge der Liberalisierung der Finanzmärkte, der zunehmenden Bedeutung multinationaler Unternehmen und nicht zuletzt der Entwicklung der Informationstechnologie, die diese gewaltigen Transaktionen erst ermöglicht. Nach Angaben der Deutschen Bundesbank beliefen sich die weltweit erfassten Kapitalströme zuletzt auf 4000 Milliarden US-Dollar. Damit haben sie sich seit 1975 verdreißigfacht, während das Welthandelsvolumen in dieser Zeit um 320 % und das zusammengefasste Bruttoinlandsprodukt aller Länder nur um 14 % angestiegen sind.

Multinationale Unternehmen

Eine bedeutende Rolle spielen bei der Globalisierung multinationale Unternehmen. Die Absatzmärkte weltweit operierender Konzerne sind in aller Regel auf zahlreiche Länder verteilt, während sämtliche Aktivitäten von einer Zentrale im Heimatland aus gesteuert werden. Dadurch üben multinationale Unternehmen einen erheblichen ökonomischen Einfluss auf den Welthandel aus, sodass Kritikerinnen und Kritiker ihnen vorwerfen, aus egoistischen Motiven ihre bisweilen marktbeherrschenden Stellungen auszunutzen.

Liberalisierung des Welthandels

Die weltweite Liberalisierung des Handels macht es im Vergleich zu den 1960er-Jahren immer interessanter, Güter zu exportieren. Seit Beginn der 1960er-Jahre ist die Menge der Exporte größer als die **nationale** Güterproduktion.

Das liegt natürlich daran, dass es seit dem Zweiten Weltkrieg viel besser als zuvor ermöglicht wird, regen Außenhandel zu betreiben. So wurden nach dem Ende des Zweiten Weltkriegs regelmäßige Verhandlungsrunden zwischen Ländern vereinbart, die unter dem Namen GATT (General Agreement on Tariffs and Trade) eine schrittweise Liberalisierung des Welthandels durch Senkung von Schutzzöllen anstrebte.

Weil jedoch auch im internationalen Handel Streitigkeiten zwischen Ländern unvermeidbar erscheinen, wurde im Jahre 1994 beschlossen, die Welthandelsorganisation WTO (World Trade Organization) zu gründen, die bei Handelsstreitigkeiten eingreifen sollte und gleichzeitig die Macht hat, gegenüber Mitgliedsstaaten der Organisation verbindliche Regeln auszusprechen.

Intraindustrieller Handel

Ein anderes wichtiges Merkmal der Globalisierung wird auch im „intraindustriellen" Handel zwischen Industrieländern gesehen. Das heißt, es werden z. B. in der Automobilindustrie ähnliche Produkte von Deutschland nach Frankreich exportiert wie in entgegengesetzter Richtung importiert werden. Die Unterschiedlichkeit der Produkte und sinkende Stückkosten sind hier die treibenden Kräfte. Sie erlauben es, dem Wunsch

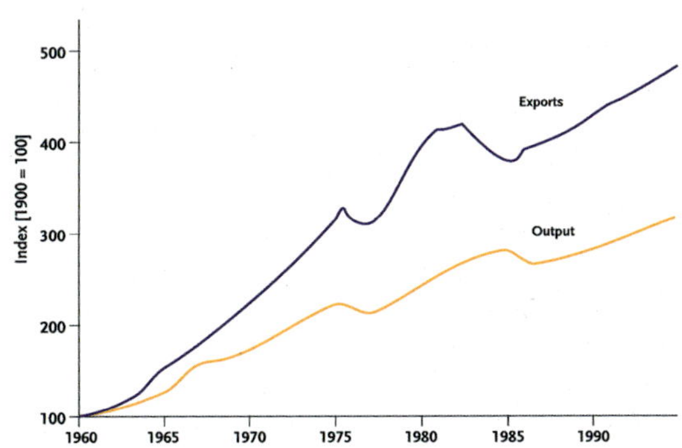

der Verbraucherinnen und Verbraucher nach einem breiten Güterangebot zu attraktiven Preisen zu entsprechen. Der inzwischen in vielen Branchen erreichte Grad der Produktdifferenzierung und Spezialisierung in der Produktion kann in der Geschichte wohl als beispiellos bezeichnet werden.

Die **wichtigste ökonomische Triebkraft** bei der Globalisierung ist jedoch – wie bei fast allem unternehmerischen Handeln – das **Gewinnstreben**. Die Verteilung von Absatzmärkten ist für weltweit operierende Unternehmen vor allen Dingen deshalb interessant, weil man in den Konzernzentralen nicht mehr so stark abhängig von nationalen Konjunkturlagen ist. So sind die konjunkturellen Entwicklungen in den verschiedenen Ländern nur begrenzt voneinander abhängig. Wenn ein Unternehmen also ausschließlich auf nationalen Märkten tätig ist, ist es auch in hohem Maße von der heimischen Konjunktur abhängig. Agiert es hingegen weltweit, ist es von den diversen Konjunkturlagen nicht mehr so abhängig. Zwar mag sich der eine Unternehmensstandort in einem Land befinden, in welchem gerade eine Konjunkturkrise herrscht, der andere Standort hingegen befindet sich in einem Land, das gerade einen konjunkturellen Aufschwung erlebt. Folglich gelingt es dem **weltweit operierenden Unternehmen** besser, die **Gewinne** nicht nur zu **erhöhen**, sondern sie auch zu **verstetigen**.

■ Die Rolle von Entwicklungs- und Schwellenländern

So sehr der durch die Globalisierung hervorgerufene Wettbewerbsdruck für die etablierten und mächtigsten Volkswirtschaften (z. B. USA, Japan und Deutschland) zu bisweilen schmerzhaften Anpassungen führt, so sehr profitieren insbesondere Schwellenländer von den Bedeutungsverschiebungen in der Weltwirtschaft.

Dabei handelt es sich um Länder, die eigentlich noch Entwicklungsländer sind, aber schon längst nicht mehr deren typische Merkmale (extrem ungleich verteiltes Einkommen, sehr geringe Spartätigkeit, schlechte Handelsbeziehungen, hohe Arbeitslosigkeit, Armut u. v. m.) aufweisen.

Vielmehr erzielen ehemalige Entwicklungsländer als Schwellenländer bisweilen überdurchschnittlich hohe Wachstumsraten, was ihnen die Möglichkeit gibt, umfangreiche Investitionen in die materielle und soziale Infrastruktur zu tätigen. Insbesondere die Investitionen in die Bildung verschaffen diesen Ländern (z. B. Brasilien, Mexiko, Indien, China, Südafrika u. v. m.) die Voraussetzungen für Entwicklungssprünge im globalen Wettbewerb und lassen sie zu echten Konkurrenten der reichen Industriestaaten werden.

Entwicklungsländer hingegen (Teile Afrikas und Südostasiens) verharren aufgrund rückständiger Wirtschaftsbedingungen auf einem dauerhaft niedrigen Wohlstands- und Wohlfahrtsniveau. Fehlende Infrastruktur, vergleichsweise geringe Exporttätigkeit und überwiegende Beschäftigung im primären Sektor sind nur wenige prägnante Beispiele von Problemen, die es Entwicklungsländern nach wie vor erschweren, am globalen Wettbewerb teilzunehmen.

Die Rolle multinationaler Unternehmen

Die Rolle und Bedeutung international agierender Großkonzerne in anderen Ländern sind vielfältig. Zusammengefasst kann ihre Rolle in fünf Thesen dargestellt werden:

1. **Transfer von Kapital**
   Multinationale Unternehmen bringen bedeutsame Kapitalmengen in Entwicklungsländer und leisten somit einen außerordentlich wichtigen Beitrag zur finanziellen Gesundung.

2. **Schaffung von Arbeitsplätzen**
   Insbesondere die Großkonzerne exportstarker Länder wie Deutschland schaffen weltweit Arbeitsplätze und damit auch Einkommen. Häufig liegt auch der Lohn, der von multinationalen Unternehmen in den Entwicklungsländern gezahlt wird, deutlich über dem inländischen Niveau. Damit steigt auch das Einkommensniveau der Menschen vor Ort.

3. **Stärkung der Bildung**
   Multinationale Unternehmen bilden ihre Mitarbeiterinnen und Mitarbeiter vor Ort aus und leisten dadurch einen wichtigen Beitrag zum Erwerb beruflicher Qualifikationen.

4. **Transfer moderner Technologien**
   Wenn multinationale Unternehmen sich in Entwicklungsländern engagieren, bringen sie naturgemäß auch ihre neue Technologie mit. Umweltschutz- und Energietechnologie werden auf diese Weise transferiert und steigern die effektive Ressourcennutzung.

5. **Wettbewerbsförderung**
   Weil marktmächtige Unternehmen in den Markt der Entwicklungsländer eindringen, stellen sie für die bereits vorhandene heimische Industrie der Entwicklungsländer natürlich ein erhebliches Wettbewerbspotenzial dar. Durch ihre mächtige Konkurrenz wird der Wettbewerbsdruck erhöht, die heimischen Unternehmen werden gezwungen, sich möglichst wirtschaftlich zu verhalten, weil sie ansonsten aus dem Marktgeschehen ausscheiden.

Die Verantwortung multinationaler Unternehmen

Allerdings muss man den „Segnungen“ multinationaler Unternehmen auch Skepsis entgegenstellen. So verfolgen internationale Großkonzerne nicht nur selbstlose Motive, die zur Gesundung armer Länder beitragen können. Betrachtet man das unternehmerische Gewinnstreben im Weltmaßstab, so geht es nicht selten auch um **ökonomische Machtausübung**, die irgendwann so groß ist, dass daraus sogar **politische Macht** werden kann.

Wenn multinationale Unternehmen ihre ökonomische Macht jedoch missbrauchen, um politischen Druck auszuüben, kann sich dies äußerst negativ auf die ökonomische Entwicklung auswirken. Aufgrund ihrer Bedeutung stehen diese Unternehmen unter genauester Beobachtung durch die öffentliche Presse und Berichterstattung. Denn Unternehmen einer solchen Größenordnung können sich eine „schlechte Presse“ nicht oder kaum erlauben. Von besonderer Brisanz sind dabei Nachrichten, die ein multinationales Unternehmen in den Ruf bringen, Arbeitnehmerinnen und Arbeitnehmer in den Entwicklungsländern auszubeuten, während gleichzeitig die Gewinne „sprudeln“ und die Marktanteile zunehmen. Allzu schnell kann der Ruf beschädigt werden, sodass bedeutende Absatzmärkte verloren gehen können. Multinationale Unternehmen, die nur noch einen kleinen Teil ihres Konzernumsatzes im Heimatland erzielen, sind auf diese Weise schnell existenzgefährdet.

Beispiel *Die Trenker AG hat Produktionsstandorte in Indien. Zwar werden in den indischen Fabriken viele Tausend Arbeitsplätze in der Produktion von Tabletten geschaffen, doch sind die Arbeitsbedingungen alles andere als gut. Unbelüftete Räume, Lärm, schlechte hygienische Bedingungen und Arbeitsschichten von bis zu 16 Stunden am Tag sind dort keine Seltenheit. Als ein indischer Fernsehsender über die Missstände in den Fabriken berichtet, kommt es an den indischen Produktionsstandorten zu Streiks. Ein deutsches Politmagazin ist vor Ort und sendet ebenfalls einen Fernsehbericht, der im deutschen Fernsehen* *ausgestrahlt wird. Schon bald bekommt der Vorstand der Trenker AG die Reaktion der Öffentlichkeit zu spüren. Drastische Umsatzeinbrüche sind die Folge, sodass das Gewinnziel nicht erreicht werden kann. Die Aktien der Trenker AG befinden sich infolgedessen im Sinkflug und stehen bereits nach wenigen Wochen nur noch knapp über dem Ausgabekurs.*

Besonders groß ist die soziale Verantwortung multinationaler Unternehmen jedoch bei der Bekämpfung von **Kinderarbeit**. Nur wenn sie nicht als Abnehmer von billig produzierter Ware aus Werkstätten in Entwicklungsländern auftreten, kann Kinderarbeit eingedämmt werden.

Trotz des Wissens um ihre Verantwortung für die gesellschaftliche und wirtschaftliche Lage von Entwicklungsländern werden multinationale Unternehmen ihrer Rolle jedoch nicht immer gerecht. Aus diesem Grund hat die OECD Leitsätze formuliert, die das Verhalten multinationaler Unternehmen im weltweiten Wettbewerb durch Maßstäbe nach allgemein anerkanntem Recht und Gesetz regeln will.

„Allgemeine Grundsätze [der OECD]

Die Unternehmen sollten der erklärten Politik der Länder, in denen sie tätig sind, voll Rechnung tragen und auch die Meinungen der anderen Unternehmensbeteiligten in Betracht ziehen.

[...] Die Unternehmen sollten in dieser Hinsicht:

1. Einen Beitrag zum wirtschaftlichen, ökologischen und sozialen Fortschritt im Hinblick auf die angestrebte nachhaltige Entwicklung leisten.
2. Die international anerkannten Menschenrechte der von ihrer Tätigkeit betroffenen Personen respektieren.
3. Den lokalen Kapazitätsaufbau durch eine enge Zusammenarbeit mit den jeweiligen örtlichen Gemeinwesen einschließlich Vertretern der lokalen Wirtschaft fördern und gleichzeitig die Expansion der Aktivitäten des Unternehmens auf den Inlands- und Auslandsmärkten gemäß dem Prinzip solider Geschäftspraktiken fördern.
4. Die Humankapitalbildung fördern, namentlich durch Schaffung von Beschäftigungsmöglichkeiten und Erleichterung von Aus- und Weiterbildung ihrer Arbeitnehmer.
5. Davon absehen, sich um Ausnahmeregelungen zu bemühen bzw. Ausnahmen zu akzeptieren, die nicht in den Gesetzen oder Vorschriften über Menschenrechte, Umwelt, Gesundheit, Sicherheit, Arbeitsmarkt, Besteuerung, finanzielle Anreize oder sonstige Bereiche vorgesehen sind.[...]"

Quelle: OECD (Hrsg.): OECD-Leitsätze für multinationale Unternehmen - Neufassung 2011, Paris: OECD Publishing 2011, S. 22; online unter: http://dx.doi.org/10.1787/9789264122352-de [13.02.2023].

Globalisierungskritik

Während der Handel zwischen Nationen durch den weitergehenden Abbau von Handelsschranken zunehmend **liberalisiert** wird, wächst jedoch auch die Kritik an den negativen Auswirkungen der Globalisierung. Bei weltweiten Demonstrationen gibt es starken Protest gegen eine Liberalisierung des Welthandels, weil man befürchtet, dass eine Liberalisierung des weltweiten Wettbewerbs nur den global tätigen Unternehmen zugute kommt.

Allzu freier Wettbewerb führt auch auf dem Arbeitsmarkt zu Dumping-Löhnen oder zu starkem Preisverfall bei Produkten. Dabei richtet sich die Kritik der Globalisierungsgegner nicht gegen die **Globalisierung an sich**. Vielmehr befürchten sie, dass im internationalen Handel nicht immer auf die Einhaltung von Menschenrechten, Demokratie und ökologischen Standards geachtet wird. Auf diese Weise werden die Rechte und Gesetze einzelner Staaten zunehmend geschwächt, weil Regierungen den ordnenden Einfluss auf die Wirtschaftsweise weltweit operierender Unternehmen verlieren.

Globalisierungsprobleme

- Es kommt zu einer Schwächung nationaler Regierungen und deren Gesetzgebung zugunsten von Konzernen, die in nahezu allen Ländern engagiert sind.
- Durch weltweite Verbreitung von Großkonzernen kommt es unausweichlich zum Aufeinandertreffen fremder Kulturen und Wertesysteme.
- Von der Globalisierung profitieren in erster Linie reiche Industrienationen, während Entwicklungsländer in finanzielle Abhängigkeit geraten.
- Gewinner und Verlierer der Globalisierung driften zunehmend auseinander.

Kritisiert wird auch, wenn internationale Großkonzerne sich am Handel mit Rüstungsgütern beteiligen. Auch wenn in manchen Entwicklungsländern Produkte für Massenmärkte in westlichen Ländern hergestellt werden, bei deren Produktion nicht auf die Einhaltung von Sicherheitsvorschriften geachtet wird, kommt es zur Kritik von Globalisierungsgegnern.

Als Netzwerk der weltweiten Globalisierungskritik betrachtet sich heutzutage die Organisation Attac. Mit etwa 29000 Mitgliedern allein in Deutschland und ca. 90 000 weltweit (Stand: 2023) betrachtet sich Attac als Teil der weltweiten Proteste gegen allzu entfesselte Kräfte des freien Markts. Ursprünglich wurde die Organisation im Jahre 1998 in Frankreich auf Initiative mehrerer Journalisten ins Leben gerufen, die der Auffassung waren, dass die Kluft zwischen armen und reichen Ländern abgebaut werden müsse. Heutzutage vertritt Attac die Auffassung, dass die Ausweitung des weltweiten Handels keineswegs den versprochenen Wohlstand für alle gebracht habe. Deshalb wird die zunehmende Globalisierung kritisiert. Gleichzeitig tritt Attac für eine Umverteilung wirtschaftlicher Macht zugunsten ärmerer Länder ein.

Die Globalisierung stellt möglicherweise auch ein weltweites Umweltrisiko dar. Den Schutz natürlicher Ressourcen und der Umwelt im Globalisierungszeitalter mahnt sehr nachdrücklich die Umweltorganisation Greenpeace an. Seit Jahrzehnten weist Greenpeace auf die ökologischen Folgen ungebremsten Wachstums hin und macht durch bisweilen spektakuläre Aktionen auf die Zerstörung der natürlichen Umwelt aufmerksam. Allerdings reicht es nicht aus, Greenpeace als reine Organisation von Umweltaktivisten zu betrachten.

Genauso weist Greenpeace auf das Ungleichgewicht beim Verbrauch von Rohstoffen zwischen reichen Industrienationen und armen Entwicklungsländern hin. So verbrauchen die reichen Länder, in denen lediglich ein Viertel der Weltbevölkerung lebt, mehr als drei Viertel der Rohstoffvorräte weltweit, während der weitaus größte Teil der Weltbevölkerung nur einen beschränkten Zugang zu Rohstoffen hat. Auf diese Weise geraten arme Länder in eine wirtschaftliche Abhängigkeit von reichen Ländern, die sich auch in einem vergleichsweise sehr niedrigen Pro-Kopf-Einkommen äußert.

Wenn Organisationen wie Greenpeace eine **Globalisierung „mit menschlichem Antlitz"** anmahnen, so entsteht daraus die Notwendigkeit einer Förderung insbesondere in sehr armen Ländern, die sich in einem Teufelskreis von Bevölkerungswachstum, politischer Instabilität und Verschuldung befinden. Um diesen Prozess aufzuhalten, bedürfte es eines Aufbaus von Handelsstrukturen zwischen verschiedenen Entwicklungsländern, um sich im Globalisierungsprozess gegenseitig zu unterstützen. Dazu müssen jedoch zunächst die finanziellen Abhängigkeiten der Entwicklungsländer gegenüber den reichen Industrienationen abgebaut werden, damit diese sich aus eigener Kraft wirtschaftlich positiv entwickeln können.

Zusammenfassung: Die Globalisierung von Märkten darstellen und beurteilen

- **Bereiche der Globalisierung**
  - Der Globalisierungsbegriff ist nicht nur auf die Wirtschaft beschränkt:
    - kulturelle Globalisierung
    - religiöse Globalisierung
    - soziale Globalisierung
    - ökonomische Globalisierung
  - Für die volkswirtschaftliche Betrachtung ist die ökonomische Globalisierung besonders wichtig.
- **Ursachen ökonomischer Globalisierung**
  - **Information, Kommunikation und Transport:** Die rasante Verbreitung von Informationen und die Beschleunigung des Transports sind wichtige Gründe für die Globalisierung.
  - **Finanztransaktionen:** Nicht zuletzt durch Informationstechnologie werden Kapitalströme heutzutage in großer Menge und Geschwindigkeit übertragen.
  - **Multinationale Unternehmen:** Meistens von Konzernzentralen aus lenken internationale Großkonzerne die Geschicke ihrer Tochterunternehmen in zahlreichen Ländern.
  - **Weltweite Liberalisierung:** Durch weltweite Öffnung von Märkten ist der Export heutzutage größer als die nationale Güterproduktion.
  - **Intraindustrieller Handel:** Ähnliche Produkte werden zwischen zwei Ländern gehandelt. Das erhöht die Produktdifferenzierung und Angebotsvielfalt.

- **Die Rolle multinationaler Unternehmen**
  - Transfer von Kapital
  - Schaffung von Arbeitsplätzen mit besserer finanzieller Ausstattung
  - Verbesserung der Bildung und Einführung moderner Managementmethoden
  - Transfer von Technologie zur besseren Nutzung von Ressourcen
  - Wettbewerbsförderung durch starken Konkurrenzdruck für heimische Wirtschaft
- **Verantwortung multinationaler Unternehmen**
  - Gefahr von Machtmissbrauch durch Beeinflussung politischer Entscheidungsträger
  - Gefahr der Ausnutzung sozialer Missstände
  - Risiko des Imageverlusts bei verantwortungslosem Geschäftsgebaren
- **OECD-Leitsätze**
  - Entwicklung von Verhaltensempfehlungen für multinationale Unternehmen
  - Überprüfung von Verhalten durch nationale Kontaktstellen der OECD (häufig in Wirtschaftsministerien der Länder angesiedelt)
  - Schaffung stabiler Rahmenbedingungen für multinationale Unternehmen
  - durch Einhaltung der OECD-Leitsätze große Verantwortung bei der Armutsbekämpfung
- **Globalisierungskritik**
  - Der intensive Wettbewerb kann zu Lohndumping führen.
  - „Alte" Industrienationen sind auf das Zusammentreffen mit anderen Kulturen nicht genügend vorbereitet.
  - Entwicklungsländer geraten in Abhängigkeit von Globalisierungsgewinnern.
  - Arme und reiche Länder driften immer weiter auseinander.
  - Als Globalisierungsfolge kommt es zu einer Ausdehnung des weltweiten Rüstungshandels.
  - Globalisierung kann zu weltweiten Umweltproblemen führen.

Aufgaben

1 *Erklären Sie (möglichst unter Entwicklung eigener Beispiele), inwiefern die kulturelle und religiöse Globalisierung einen Einfluss auf die ökonomische Globalisierung nehmen kann.*

2 *Betrachten Sie die Karikatur und beschreiben Sie an Beispielen die möglichen Folgen des fortschreitenden Globalisierungsprozesses für Löhne und Gehälter, Sozialleistungen, Qualität von Produkten und den Umweltschutz.*

3 *Erstellen Sie eine Liste der größten Unternehmen Europas. Eine Orientierung kann Ihnen dabei der Aktienindex Euro Stoxx 50 bieten. Wählen Sie beispielhafte Unternehmen aus und recherchieren Sie im Internet über Umsatzgröße, Gewinn, Mitarbeiteranzahl, Auslandsaktivitäten usw.*

4 *Erläutern Sie die Gefahr, in welche ein multinationales Unternehmen durch negatives Geschäftsgebaren in einem Entwicklungsland selbst im Heimatland geraten kann.*

5 *Diskutieren Sie die OECD-Leitsätze im Hinblick auf ihre Vollständigkeit und Einhaltung. Entwickeln Sie gegebenenfalls eigene Vorschläge, um welche der Katalog von Leitsätzen Ihrer Meinung nach erweitert werden müsste.*

6 *Beschreiben Sie, in welchen Wirtschaftsbereichen bereits heute eine starke Zunahme des Wettbewerbs von aufstrebenden Schwellenländern mit den „alten" Industrienationen Europas zu erkennen ist, und entwickeln Sie konkrete Vorschläge, wie die eigene Volkswirtschaft auf diese Herausforderung reagieren könnte, ohne das soziale Gefüge zu gefährden.*

7 *Der ehemalige US-Präsident Donald Trump verfolgte eine neue Wirtschaftspolitik. Freihandelsabkommen zwischen Europa und den USA standen vor dem Aus.*
a) Recherchieren Sie, was man unter „TPP" und „TTIP" versteht.
b) Fassen Sie die Kernaussagen des nachfolgenden Zeitungsartikels zusammen.

Das Scheitern der Freihandelsabkommen ist eine Chance

Donald Trump will raus aus dem TPP-Abkommen, TTIP ist so gut wie tot. Schlimm ist das nicht. Denn nun gibt es die Gelegenheit, den Freihandel gerechter zu gestalten.

Stoppt der neue US-Präsident Donald Trump die zwei Freihandelsabkommen TTIP und TPP, dann schaden die Vereinigten Staaten damit vor allem sich selbst. Durch die geplanten Wirtschaftsbündnisse mit der EU und den Ländern der Asien-Pazifik-Region (ohne China) hätten die USA die Kontrolle über zwei der weltgrößten Wirtschaftsräume übernommen. Das Scheitern der amerikanischen Handelspolitik hat jedoch auch etwas Positives. Der globale Handel wird dadurch nicht zum Erliegen kommen, es werden nur andere sein, die die Regeln bestimmen. Und darin liegt die große Chance, den Freihandel der Zukunft offener und gerechter zu gestalten, als es mit TTIP und TPP möglich gewesen wäre.

So gibt es für ein Aus für das geplante Abkommen zwischen Europa und den USA durchaus plausible Gründe, die mit Trumps Abschottungspolitik wenig zu tun haben. Tatsache ist, dass sich beide Seiten in drei Jahren und 15 Gesprächsrunden in wesentlichen Punkten kaum nähergekommen sind. Dabei mangelte es nicht am politischen Willen. Stattdessen zeigte sich immer deutlicher, dass die wirtschaftlichen Interessen selbst nach zahlreichen Treffen weit auseinandergehen, etwa auf dem Gebiet von Landwirtschaft und Ernährung.

Ein Kompromiss wäre für beide Seiten mit schmerzhaften Zugeständnissen verbunden, so viel steht fest. Unterschiedliche Auffassungen gibt es auch beim Investorenschutz, der Vergabe von öffentlichen Aufträgen oder in Bezug auf Arbeitnehmerrechte. Zudem zeichnete sich ab, dass das Versprechen, bestehende Standards würden sich keinesfalls verschlechtern, kaum haltbar ist. Höhere Standards für Verbraucher- und Umweltschutz waren ohnehin nie das Ziel.

Kaum ein anderes Projekt der Europäischen Union war in den vergangenen Jahren so umstritten. Hunderttausende gingen in den vergangenen Monaten europaweit gegen TTIP auf die Straße. Solche Proteste gab es auch in den Ländern des Asien-Pazifik-Raums gegen TPP. Der Unmut vieler Kritiker richtete sich zu Recht gegen Handelsbündnisse, die darauf abzielten, den Einfluss von Wirtschaft und Konzernen auf politische Entscheidungen zu vergrößern und die Mitspracherechte der Parlamente zu schwächen. Das kann nicht im Sinne der Bürger sein und schadet der Demokratie. [...]

Quelle: Liebrich, Silvia: Das Scheitern der Freihandelsabkommen ist eine Chance, 22.11.2016. In: www.sueddeutsche.de/wirtschaft/globalisierung-das-scheitern-der-freihandelsabkommen-ist-eine-chance-1.3261489 [28.01.2023].

Handlungsfeld 5:

Personal

1 Sozialpolitische Maßnahmen als Beitrag zur sozialen Gerechtigkeit darstellen

In Handlungsfeld 5 werden Sie erkennen, dass die Sozialpolitik eines Landes ein wichtiges Instrument ist, um die Beziehungen innerhalb der Gesellschaft zu gestalten. Dazu gehört es, dass Sie die demografische Entwicklung in Deutschland und auch die gerechte Verteilung des Volkseinkommens berücksichtigen und als bedeutsam für die Sozialpolitik ansehen. Am Beispiel der Familien Land und Stein analysieren, bewerten und beurteilen Sie die personelle Einkommensverteilung sowie das staatliche Instrumentarium zur Sozialpolitik im Sinne einer Umverteilung des Volkseinkommens. Sie untersuchen die demografische Entwicklung des Landes und erkennen die eigene Verantwortung für die Gesellschaft.

2 Arbeitslosigkeit und ihre Ursachen und Folgen sowie politische Gegensteuermaßnahmen erkennen und beschreiben

Anschließend werden Sie Ihre eigene Rolle als künftige Akteurin/künftiger Akteur auf dem Arbeitsmarkt erkennen und die Gefahren von Arbeitslosigkeit einschätzen. Dabei unterscheiden Sie die verschiedenen Arten von Arbeitslosigkeit und schätzen deren Auswirkungen ein. Vor diesem Hintergrund werden Sie erkennen, dass eine gute Bildungspolitik eine notwendige Voraussetzung zur Bekämpfung von Arbeitslosigkeit ist. Die Maßnahmen der Arbeitsmarktpolitik und Bildungspolitik werden Sie beschreiben, bewerten und diskutieren.

1 Sozialpolitische Maßnahmen als Beitrag zur sozialen Gerechtigkeit darstellen

1.1 Leitbilder der Sozialpolitik erkennen und sozialpolitische Ziele ableiten

„Sieh dir das einmal an! Diese Grafik zeigt, wie die Armut in Deutschland verteilt ist. Deutschland entwickelt sich immer mehr zu einer Zwei-Klassen-Gesellschaft.“ Caroline Stein ist empört. Beim morgendlichen Frühstück hat sie in der Zeitung bereits einen Bericht über die Einkommensentwicklung in Deutschland gelesen.

„Die Reichen werden immer reicher und die Armen werden immer ärmer. Von wegen Sozialstaat!“ Herr Stein, der gerade an seinem Kaffee nippt, verschluckt sich fast. *„Deutschland ist ja auch kein Sozialstaat, sondern wir haben schließlich eine Marktwirtschaft. Und da gehört das Glück eben den Tüchtigen. So ist das nun einmal.“*

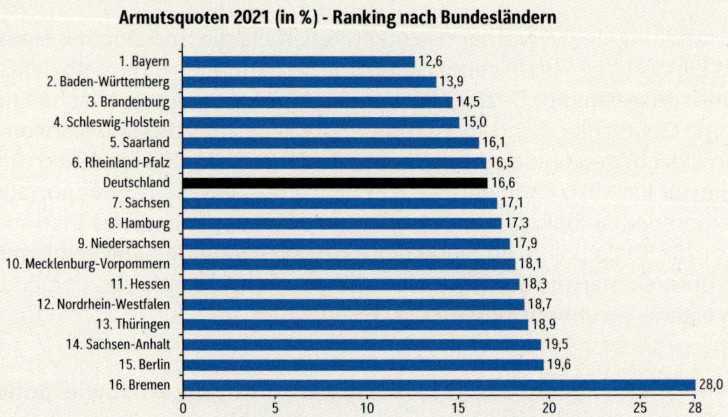

Vgl. Statistische Ämter des Bundes und der Länder (2022): Sozialberichterstattung; Datenbasis: Mikrozensus.

„Aber wir leben immerhin in einer sozialen Marktwirtschaft. Das scheinen unsere Wirtschaftsbosse jedoch heutzutage zu vergessen.“ In ihren Gedanken ist Caroline immer noch bei einer Fernsehreportage vom gestrigen Abend, in welcher berichtet wurde, dass die Einkommen deutscher Managerinnen und Manager weiter gestiegen sind, während gleichzeitig mehr Arbeitsplätze in Großbetrieben abgebaut werden und das Einkommen des „Otto Normalverbrauchers“ immer weiter sinkt. *„Findest du denn nicht auch, dass das ungerecht ist, Papa?“ „Ich verstehe ja dein Gerechtigkeitsempfinden, Caroline, aber wie würdest du dich denn als Unternehmerin verhalten?“ „Ich würde wahrscheinlich versuchen, mein Unternehmen so wirtschaftlich wie möglich zu führen.“* Herr Stein nickt zustimmend. *„Siehst du? Das versuchen Großunternehmerinnen und Großunternehmer doch auch. Und dafür haben sie doch auch ein hohes Einkommen verdient, oder? Schließlich tragen sie eine Menge Verantwortung.“* Caroline pflichtet ihm bei. *„Du hast ja recht. Aber muss es denn gleich so viel sein, während andere Leute Probleme haben, über die Runden zu kommen?“*

Arbeitsaufträge

- ***Stellen Sie die gegensätzlichen Standpunkte von Caroline und Herrn Stein dar.***
- ***Suchen Sie nach möglichen Gründen für die von Caroline beschriebene Entwicklung.***
- ***Erläutern Sie, was Herr Stein mit seiner Aussage „Deutschland ist kein Sozialstaat, sondern eine Marktwirtschaft“ meinen könnte.***

■ Leitbilder der Sozialpolitik

Grundsätzlich wird die **Sozialpolitik** als Instrument zur Gestaltung gesellschaftlicher Beziehungen verstanden, ohne dabei die Prinzipien der marktwirtschaftlichen Ordnung aufzugeben. So trägt die Gesellschaft eine generelle Verantwortung für die Gestaltung individueller Lebensbedingungen (**Grundsatz der Solidarität**), während das Prinzip von Privateigentum und Preisbildung auf Märkten nicht aufgegeben wird. Die Bemühungen der Sozialpolitik sind darauf ausgerichtet die mitunter vorherrschende **Ungleichverteilung von Einkommen** in der Gesellschaft zu korrigieren. An diesen nur schwer gleichermaßen zu verfolgenden Zielen erkennt man das Problem aktiver Sozialpolitik: Zum einen orientiert sich die Sozialpolitik am Leitbild des Sozialstaats, zum anderen wird das Leitbild der Leistungsgesellschaft angestrebt. →P/G

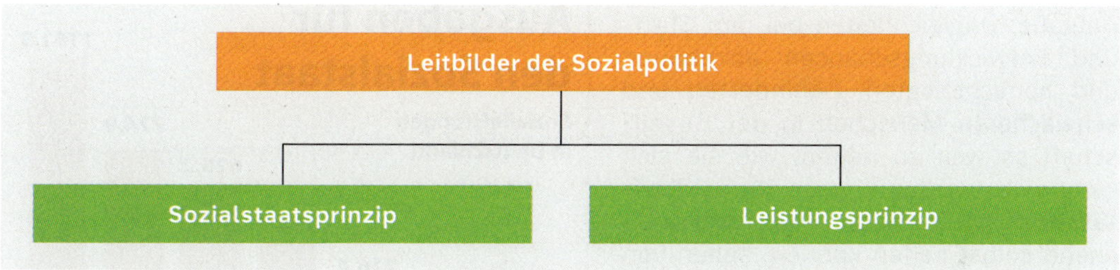

Sozialstaatliches Denken strebt vorrangig soziale Gerechtigkeit, soziale Sicherheit und sozialen Frieden an. Aus den geschichtlichen Erfahrungen der 30er-Jahre des 20. Jahrhunderts in Deutschland leiten Sozialpolitikerinnen und Sozialpolitiker die Erkenntnis ab, dass sich fehlende soziale Gerechtigkeit und fehlende Absicherung in Wirtschaftskrisen zum Problem für den Zusammenhalt eines demokratischen Gemeinwesens entwickeln können. Hieraus werden Forderungen nach einem **gerechten Steuersystem**, einem **gesetzlichen Mindestlohn** oder einer **Sicherung des Arbeitsplatzes** in den Rang sozialpolitischer Ziele erhoben. Kritikerinnen und Kritiker behaupten, dass manche dieser Ziele möglicherweise das Gegenteil bewirken können. Sie können unter Umständen die betriebliche Produktivität verringern, einen weiteren Arbeitsplatzabbau verursachen und somit die Auswirkungen einer Wirtschaftskrise weiter verschärfen. Folglich strebt das Prinzip der Leistungsgesellschaft **gesundes Wirtschaftswachstum** an, weil nach dieser Auffassung nur eine leistungsfähige Wirtschaft sichere Arbeitsplätze bietet, die den Menschen eine sozial abgesicherte Existenz verschaffen.

Beispiel *Caroline Stein versteht ihren Vater nicht. „Wenn es der Bevölkerung schlecht geht, muss der Staat doch helfen. Wenn der Staat nicht hilft, wächst die Unzufriedenheit der Menschen mit dem Staat." Herr Stein stimmt bedingt zu: „Du hast ja recht. Das würde den sozialen Frieden gefährden. Aber wenn der Staat von den Unternehmen immer mehr Steuern verlangt, werden doch wieder weitere Arbeitsplätze abgebaut oder die Unternehmen verlegen ihren Standort möglicherweise in ein anderes Land." „Tja, das stimmt wohl auch. Irgendwie muss es doch einen Mittelweg geben."*

■ Ziele der Sozialpolitik

Sozialpolitische Ziele können immer nur so weit verfolgt werden, wie die wirtschaftliche Leistungsfähigkeit der Gesellschaft nicht behindert wird. Eine zu stark ausgedehnte Sozialpolitik läuft Gefahr, soziale Missstände zu verursachen, die ursprünglich durch sie beseitigt werden sollten. Dagegen ruft eine allzu einseitige Ausrichtung am Prinzip der Leistungsgesellschaft soziale Ungleichheiten hervor, die für das funktionierende Zusammenleben in einer demokratischen Gesellschaft schädlich sind. Monopolisierung von Märkten und zunehmend ungleiche Vermögensverteilung führen ebenfalls zu unerwünschten Entwicklungen und müssen in einer sozialen Marktwirtschaft korrigiert werden, um den sozialen Frieden innerhalb der Gesellschaft nicht zu gefährden.

Beispiel *Caroline Stein hat eine Idee. „Man könnte doch Einkommensmillionäre steuerlich höher als andere belasten. Dann hätten sie immer noch genug Geld und den ärmeren Leuten wäre geholfen." Herr Stein ist skeptisch. „Aber diese Leute haben häufig doch auch sehr hart für ihr Geld gearbeitet und tragen eine Menge Verantwortung." „Ich finde, dass sich reiche Leute verpflichtet fühlen sollten, ärmere Menschen mehr als nötig zu unterstützen." „Tja, wie steht es doch im Grundgesetz? Eigentum verpflichtet ..."*

Sozialpolitik hat insgesamt gesehen die Aufgabe, Ungleichheiten bei den Start- und Entwicklungschancen abzubauen und benachteiligten, behinderten und schwächeren Menschen in der Gesellschaft so weit zu helfen, wie sie sich nicht selbst helfen können (**Subsidiaritätsprinzip**). Diejenigen, die sich ausreichend selbst helfen können, sollen von staatlicher Hilfe zurücktreten.

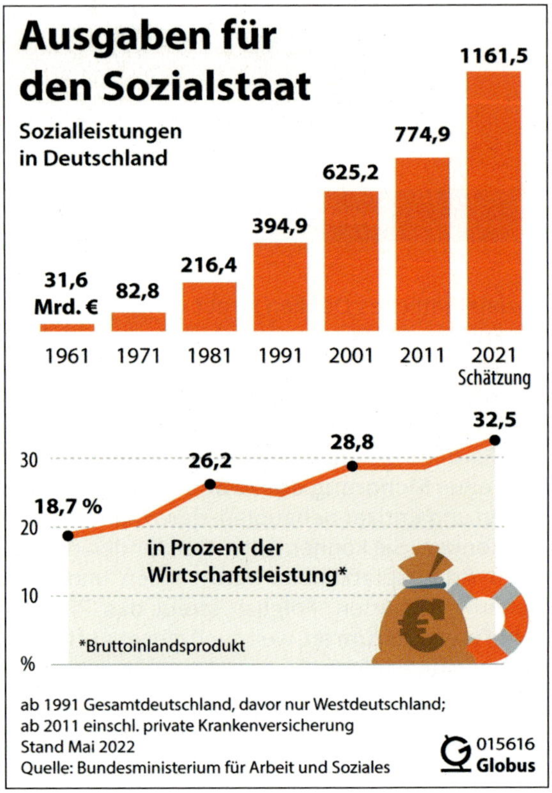

So sehr sich die soziale Marktwirtschaft der sozialen Verantwortung für schwächere Mitglieder der Gesellschaft auch verpflichtet fühlen mag, so kann sie es nicht ausschließen, dass in einer überwiegend am **Leistungsprinzip** orientierten Gesellschaft Armut existiert. Selbst in Volkswirtschaften mit hohem Einkommensniveau gibt es z. B. kinderreiche Familien, die auf das Einkommen einer Alleinverdienerin bzw. eines Alleinverdieners angewiesen sind und leicht unter das **Existenzminimum** fallen. Auch Menschen mit Behinderung und Alleinerziehende geraten in einem reichen Land wie Deutschland schnell in existenzbedrohliche Situationen, die ihnen ein menschenwürdiges Leben kaum ermöglichen.

Zusammenfassung: Leitbilder der Sozialpolitik erkennen und sozialpolitische Ziele ableiten

Leitbilder der Sozialpolitik

Sozialstaatsprinzip
- soziale Gerechtigkeit
- soziale Sicherheit
- sozialer Frieden

Leistungsprinzip
- Wirtschaftswachstum
- sichere Arbeitsplätze
- soziale Sicherheit

Ziele der Sozialpolitik: Sozialpolitik hat die Aufgabe, Ungleichheiten bei den Start- und Entwicklungschancen abzubauen und benachteiligten Menschen in der Gesellschaft so weit zu helfen, wie sie sich nicht selbst helfen können.

Aufgaben

1 *Erläutern Sie den Unterschied zwischen dem Prinzip der Sozialstaatlichkeit und dem Prinzip der Leistungsgesellschaft.*

2 *Begründen Sie beispielhaft, warum eine zu stark ausgedehnte Sozialpolitik soziale Missstände herbeiführen kann, obwohl diese eigentlich mit ihrer Hilfe beseitigt werden sollten.*

3 *Erläutern Sie, inwieweit die Ziele der Sozialpolitik in Beziehung zum Subsidiaritätsprinzip stehen.*

4 *Versetzen Sie sich in die Rolle einer Politikerin/eines Politikers, die/der vor dem Hintergrund des Sparzwangs konkrete Vorschläge unterbreiten muss, welche Kürzungen hingenommen werden müssen, und diskutieren Sie die von Ihnen entwickelte Streichliste in der Klasse.*

1.2 Die personelle Einkommensverteilung untersuchen

Arbeitsaufträge
- ***Diskutieren Sie die dargestellte Karikatur und setzen Sie sich kritisch mit der dargestellten Thematik auseinander.***
- ***Suchen Sie nach Gründen, wie es Ihrer Meinung nach in einer Volkswirtschaft dazu kommen kann, und entwickeln Sie Vorschläge, um dem entgegenzuwirken.***

Will der Staat einkommensschwachen und existenzgefährdeten Menschen ein menschenwürdiges Dasein ermöglichen, so muss er Geld von den leistungsbezogenen Einkommen einfordern und es – ohne Gegenleistung – an Bedürftige auszahlen. In diesem Fall spricht man von staatlichen **Sozialtransfers**. Die Einkommen leistungsstärkerer Mitglieder der Gesellschaft werden zugunsten leistungsschwächerer Mitglieder belastet. Auf diese Weise werden die Lebensbedingungen ärmerer und bedürftiger Menschen verbessert.
Ein anderer Weg zur Verbesserung der Lebenssituation sozial Benachteiligter ist eine gezielte **Bildungspolitik**, die deren Qualifikation für den Arbeitsmarkt verbessert. Auch durch eine aktive **Vermögenspolitik** soll die Ungleichverteilung des Volkseinkommens korrigiert werden.
Grundlage staatlicher Entscheidungen zur Sozialpolitik ist jedoch immer die **personelle Einkommensverteilung**, also die Verteilung des Volkseinkommens auf die Individuen und Haushalte. Sie zeigt, wer über welches Einkommen verfügt, und gibt dem Staat eine Entscheidungsgrundlage, wessen Einkommen korrigiert werden soll.

Seit Jahren gilt Deutschland als ein Land mit **wachsender Einkommensungleichheit**. Kritikerinnen und Kritiker sagen, die Politik orientiere sich allzu stark am Leistungsprinzip und zu wenig am Sozialstaatsprinzip. Dies äußere sich darin, dass die Reichen immer reicher, die Armen hingegen immer ärmer werden. Wer heutzutage aufmerksam durch Großstädte geht, wird mit eigenen Augen sehen, dass diese Sorge nicht von der Hand zu weisen ist. Während einerseits der sichtbare Reichtum weniger (z. B. in Form von Statussymbolen) zunimmt, steigt andererseits auch die Anzahl derer, die sichtbar hilfsbedürftig sind. Nicht umsonst wird in der heutigen Zeit das System der „Tafel“ mit dem Ziel der besseren Lebensmittelversorgung für Bedürftige immer stärker in Anspruch genommen. Und wer sieht, wie Städte und Gemeinden unter eine durch steigende soziale Ausgaben zunehmende Schuldenlast geraten, wird zustimmen, dass die Ungleichheit der Einkommen zunimmt und das soziale Gefüge in Deutschland brüchiger geworden ist.

Aussagen über die funktionale Einkommensverteilung lassen sich mit der **Gewinnquote** und mit der **Lohnquote** machen.

Auf den Daten zur Volkswirtschaftlichen Gesamtrechnung basierend lässt sich die **Lohnquote** als Anteil am Volkseinkommen darstellen. Demgegenüber steht jeweils die **Gewinnquote**. Bei einer Lohnquote von 70 % führt dies automatisch zu einer Gewinnquote von 30 %. Dabei sind unter der Lohnquote alle Einkommen aus unselbstständiger Arbeit (Arbeitnehmerentgelte) und unter der Gewinnquote alle Unternehmens- und Vermögenseinkommen zusammengefasst. Der Blick in den Monatsbericht der Deutschen Bundesbank[1] zeigt die aktuelle Einkommensverteilung in Deutschland.

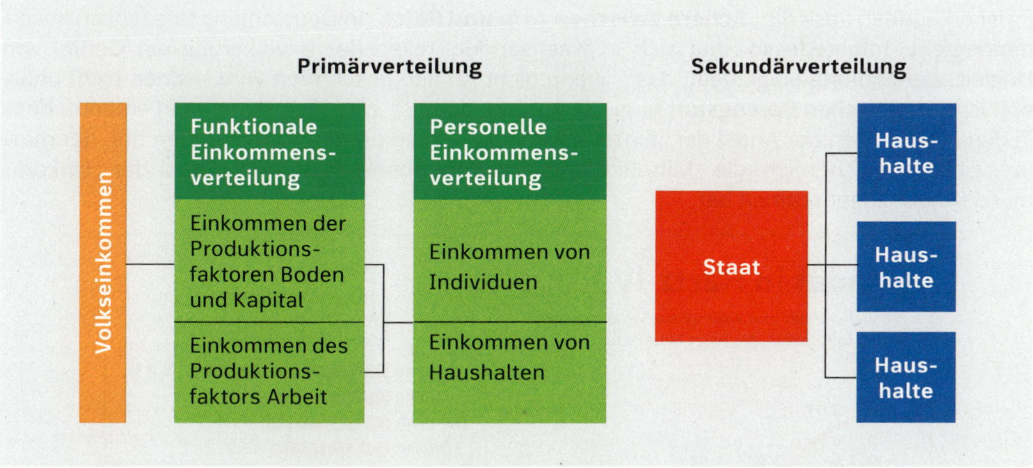

Betrachtet man die Entwicklung der **Lohnquote** in Deutschland in den letzten 20 Jahren, so kann man über die Jahre einen leichten Rückgang feststellen. Seit 2011 steigt die Lohnquote wieder leicht an.

Betrachtet man die **Verteilung der Einkommen auf die Einkommensgruppen**, so stellt man in den letzten Jahren eine Zunahme bei Beziehern höherer Einkommen, einen Rückgang bei Beziehern mittlerer Einkommen und gleichzeitig eine Zunahme von Beziehern niedriger Einkommen fest.

[1] *Veröffentlicht unter: www.bundesbank.de/de/publikationen/berichte/monatsberichte/aktuelle-monatsberichte-764436*

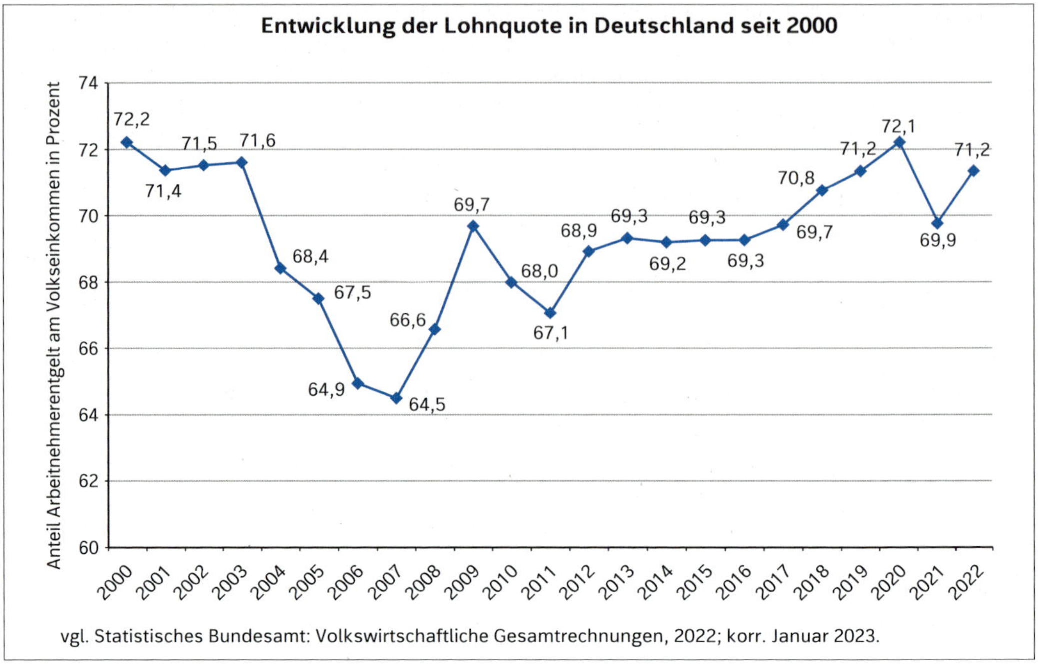

Es ist erkennbar, dass die „**Schere zwischen Arm und Reich**" in Deutschland tatsächlich auseinandergeht. Infolgedessen hat sich in wachsenden Teilen der Bevölkerung ein Gefühl von Ungleichbehandlung eingestellt, das – wenn nicht Abhilfe geschaffen wird – einen nicht unerheblichen politischen Sprengstoff birgt. Besonders deutlich wird dies, wenn man erkennt, dass in den Jahrzehnten der Anteil der „Einkommensreichen" erkennbar zugenommen hat, der mittlere Einkommensbereich (die „Mittelschicht") abgenommen hat und der Anteil der „Einkommensarmen" zugenommen hat.

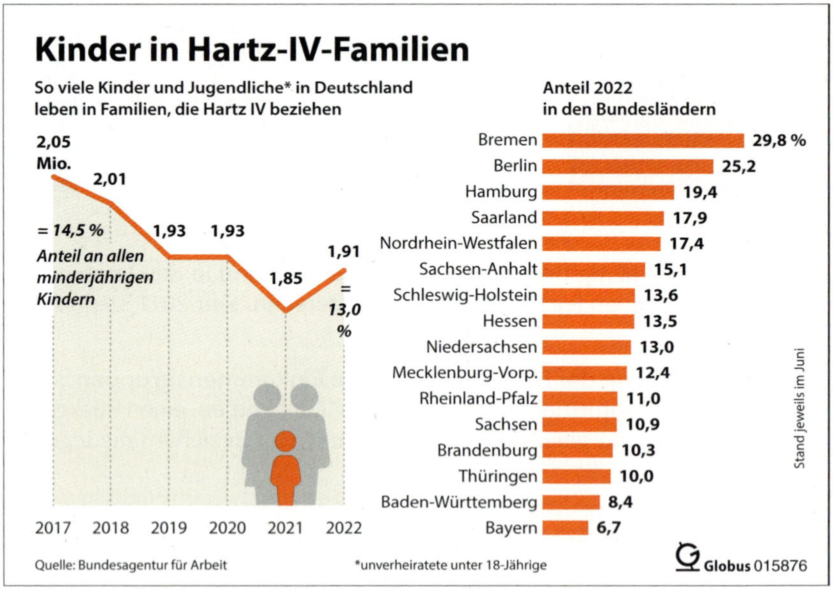

Deutschland ist relativ stabil aus den Krisen der vergangenen Jahrzehnte hevorgegangen und sicherlich ist die wirtschaftliche Entwicklung im Vergleich zu anderen europäischen Nationen derzeit besser, doch darf die beschriebene Entwicklung nicht zu trügerischer Untätigkeit verleiten. Zwar wartet das Statistische Bundesamt mit einer abnehmenden Zahl von Arbeitslosen auf und rechnet auch für die folgenden Jahre kaum mit einem Anstieg, doch ist die stabile Lage auf dem Arbeitsmarkt auch dem Umstand geschuldet, dass der Niedriglohnsektor und der Teilzeitbereich in den letzten Jahren immer weiter ausgebaut wurden. Dass im Niedriglohnsektor zahlreiche Menschen arbeiten, deren Lebensstandard trotz Arbeit auf Dauer kaum haltbar ist, ist vorstellbar.

Zusammenfassung: Die personelle Einkommensverteilung untersuchen

- In den letzten Jahren hat sich die soziale Situation in Deutschland weiter verschlechtert. Arbeitslosigkeit und niedrige Renten verstärken das **Armutsrisiko**.
- Die **Lohnquote** in Deutschland ist in den letzten Jahren gesunken.
- Die **Gewinnquote** in Deutschland ist in den letzten Jahren gestiegen.
- Auch wenn die wirtschaftliche Lage Deutschlands vergleichsweise gut ist, so ist der **Anteil von Beschäftigten im Niedriglohnsektor und Teilzeitbereich** sehr stark gestiegen.

Aufgaben

1 *Begründen Sie, warum eine ungleiche Einkommensverteilung auch eine Gefahr für die Demokratie sein kann.*

2 *Berechnen Sie am Beispiel des Auszugs aus dem Monatsbericht der Deutschen Bundesbank die Lohn- und die Gewinnquote der drei aufeinander folgenden Jahre.*

Verteilung des Volkseinkommens	1 231,5	1 262,9	1 319,9
Arbeitnehmerentgelt	574,7	635,0	644,4
Unternehmens- und Vermögenseinkommen			
Volkseinkommen	1 806,2	1 897,8	1 964,3

3 *Beschreiben Sie die Inhalte und Aussagen der Grafik in eigenen Worten.*

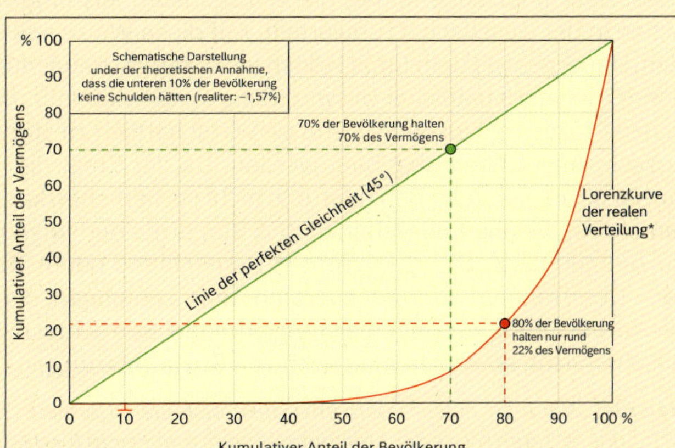

4 *Recherchieren Sie im Internet und begründen Sie, warum es innerhalb Deutschlands Unterschiede bei der Kaufkraftverteilung gibt.*

1.3 Die staatliche Einkommensumverteilung beschreiben und weitere Maßnahmen der Sozialpolitik darstellen

Arbeitsaufträge

- ***Stellen Sie mit Blick auf die Karikatur einen Zusammenhang zwischen staatlicher Umverteilungspolitik und gesamtwirtschaftlicher Entwicklung her.***
- ***Setzen Sie sich kritisch mit der Absicht des Staates auseinander, mit staatlicher Umverteilung die in der Karikatur angesprochenen Ziele zu verfolgen.***

Im Rahmen der **staatlichen Einkommensverteilung (Sekundärverteilung)** wird die Ungleichverteilung der personellen Einkommensverteilung korrigiert. Durch Steuereinnahmen verfügt der Staat über finanzielle Mittel, die er zugunsten leistungsschwächerer und benachteiligter Menschen in der Gesellschaft umverteilt. Auf diese Weise soll deren Lebenssituation verbessert werden. Dabei geht es dem Staat jedoch nicht darum, benachteiligte Menschen lediglich zu versorgen, sondern hinter staatlicher Umverteilung steckt vielmehr die Absicht, sie wieder in den wirtschaftlichen Prozess einzugliedern und sie wirtschaftlich zu stärken. Durch staatliche Umverteilung soll soziale Ungleichheit abgebaut werden. Da der Staat die sozialen Risiken eines Menschen (z. B. Armut, Krankheit oder Behinderung) nicht vorhersehen kann, muss er eine soziale Grundsicherung einführen, die allen Bürgerinnen und Bürgern einen angemessenen Schutz vor sozialem Abstieg zukommen lässt. Dies geschieht in Deutschland durch **Transferleistungen** des Staates (Transfer = Übertragung). Hierunter versteht man Zahlungen, die Empfängerinnen und Empfänger ohne die Verpflichtung zur Gegenleistung erhalten. Betrachtet man die Transferleistungen aus sozialpolitischer Sicht, so spricht man auch von **Sozialleistungen**.

Beispiel *Während einer Unterrichtspause diskutiert Caroline Stein mit einer anderen Schülerin auf dem Schulhof. „Warum muss der Staat immer noch mehr Geld für die Verteidigung ausgeben?", sagt die Mitschülerin. Ich verstehe das nicht,. Das Geld wäre doch viel sinnvoller angelegt, wenn man damit die Wirtschaft ankurbeln würde." Caroline ist anderer Meinung. „Na, ich glaube, es wäre wohl wichtiger, das viele Geld ärmeren Leuten zukommen zu lassen, die es doch sicherlich viel nötiger brauchen." „Meinst du? Aber wenn das Geld in die Wirtschaft fließt, ist das doch auch eine Art Sozialpolitik, oder?"*

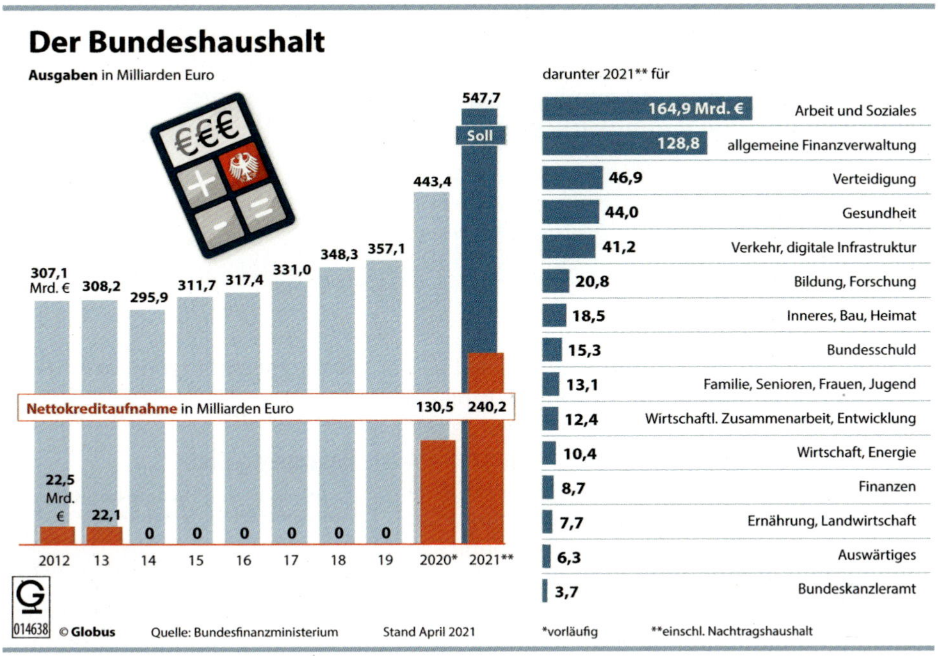

In Deutschland greift der Staat in zahlreichen Bereichen unterstützend in die Einkommensverteilung ein, um die Ungleichverteilung des Einkommens zu korrigieren. Da nicht alle Bereiche von **Sozialtransfers** dargestellt werden können, sollen hier nur einige besonders wichtige erläutert werden.

■ Bürgergeld

Besonders wichtig sind in Deutschland die Transferzahlungen im Rahmen **des Bürgergeldes**. Auch wenn das Bürgergeld häufig mit Arbeitslosengeld II verwechselt wird, so handelt es sich doch um etwas anderes. Das Prinzip staatlicher Gewährung von Bürgergeld beruht auf dem **Subsidiaritätsprinzip**, wonach diejenigen, die nicht in der Lage sind, sich in wirtschaftlicher Not selbstständig zu helfen, so lange vom Staat unterstützt werden, bis sie sich wieder unterhalten können. In Deutschland haben alle Bürgerinnen und Bürger einen Anspruch auf die Zahlung von Bürgergeld soweit sie die gesetzlichen Regeln des **Sozialgesetzbuchs** (www.gesetze-im-internet.de/sgb_1) erfüllen. →P/G

> **Sozialgesetzbuch (SGB) Zweites Buch (II) - Bürgergeld, Grundsicherung für Arbeitsuchende - (Artikel 1 des Gesetzes vom 24. Dezember 2003, BGBl. I S. 2954) § 19 Bürgergeld und Leistungen für Bildung und Teilhabe**
> (1) Erwerbsfähige Leistungsberechtigte erhalten Bürgergeld. Nichterwerbsfähige Leistungsberechtigte, die mit erwerbsfähigen Leistungsberechtigten in einer Bedarfsgemeinschaft leben, erhalten Bürgergeld, soweit sie keinen Anspruch auf Leistungen nach dem Vierten Kapitel des Zwölften Buches haben. Die Leistungen umfassen den Regelbedarf, Mehrbedarfe und den Bedarf für Unterkunft und Heizung.

Das Bürgergeld unterstützt mit Leistungen zur Eingliederung in Arbeit und Leistungen zur Sicherung des Lebensunterhalts. Der Regelbedarf zur Sicherung des Lebensunterhalts für Alleinstehende beträgt 502,00 EUR (2023).

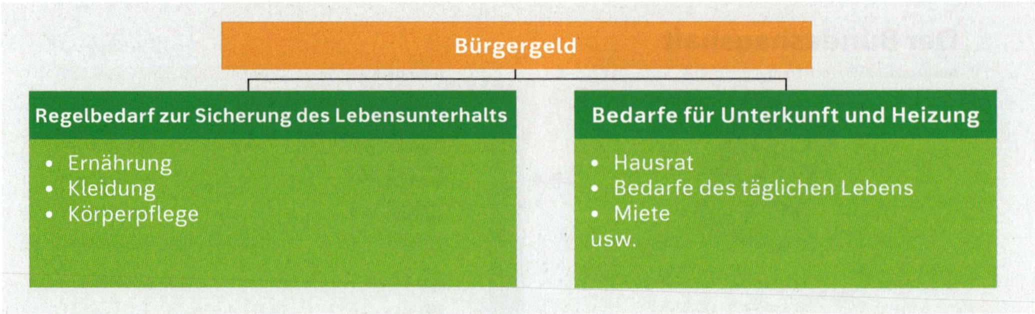

Die Höhe des Regelsatzes des Bürgergeldes soll es der Leistungsempfängerin bzw. dem Leistungsempfänger ermöglichen, die Grundbedürfnisse zu befriedigen. Sie wird regelmäßig an die Entwicklung des Preisniveaus angepasst. Würde der Staat sich allein auf die Zahlung des Bürgergeldes beschränken, käme es bei einigen Gruppen leicht zu sozialer Ausgrenzung und möglicherweise sogar zu Diskriminierung. Aus diesem Grund ist es staatliches Ziel, Anreize zu schaffen, dass Bezieherinnen und Bezieher von Bürgergeld in den Arbeitsmarkt integriert werden können. Dies geschieht zunehmend durch **aktive Qualifikationsförderung**.

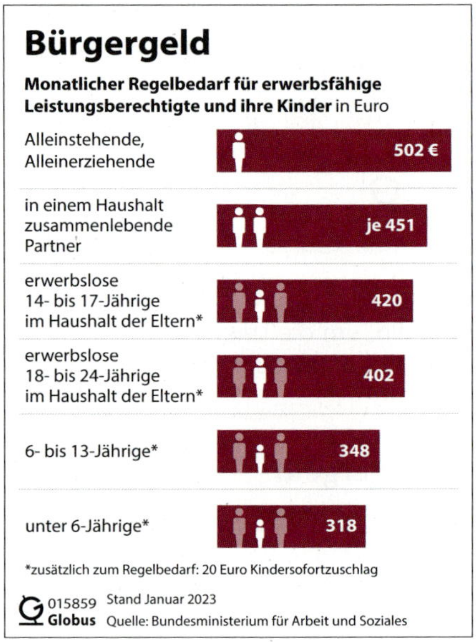

■ Wohngeld

In Deutschland haben bedürftige Mieterinnen und Mieter sowie Eigentümerinnen und Eigentümer die Möglichkeit, einen staatlichen Zuschuss zu den Kosten für Wohnraum zu erhalten. Wohngeld kann gewährt werden, wenn die Miete bzw. die Kosten für das Eigentum die wirtschaftliche Leistungsfähigkeit des Haushalts überfordern. Diese Regelung gilt für alle Deutschen sowie für Ausländerinnen und Ausländer, die ihren Wohnsitz in Deutschland haben. Dabei hängt es von der Höhe des Familieneinkommens, von der Anzahl der Haushaltsmitglieder und der Höhe der Miete bzw. Wohnkosten ab, wie hoch das gewährte Wohngeld ist. Wer in Deutschland **Wohngeld** beantragen möchte, muss sich an die dafür zuständige Wohngeldstelle der Gemeinde-, Stadt- oder Kreisverwaltung wenden. Nur wenn der Antragsteller seine Bedürftigkeit nachweisen kann, wird Wohngeld gewährt.

→P/G

■ Kindergeld

Seit 1955 wird in Deutschland auch Kindergeld gezahlt. Der Grund für die Gewährung dieser Transferzahlung lag in den Anfangsjahren der Bundesrepublik Deutschland in der niedrigen Geburtenrate in der Zeit nach dem Zweiten Weltkrieg. Zunächst wurde das Kindergeld nur ab dem dritten Kind gewährt, später wurden die Zahlungen auf das erste und zweite Kind ausgedehnt. Auf diese Weise wurde gezielte **Familienpolitik** betrieben. Auch heute stellt das Kindergeld eine Anreizform dar, Kinder zur Welt zu bringen. Der Hintergrund für diese staatliche Maßnahme liegt heutzutage ebenfalls in der **niedrigen Geburtenrate**, die in einigen Jahren dazu führen kann, dass die Sozialkassen nicht mehr genügend finanzielle Mittel haben, um beispielsweise Zahlungen aus der Rentenversicherung zu leisten (**demografischer Wandel**). Politisch gesehen handelt es sich bei der Zahlung von Kindergeld nicht um ein zusätzliches Einkommen, sondern um eine Steuerrückerstattung in Form einer vorweggenommenen steuerlichen Entlastung für die Zukunft.

Alle, die Kinder haben und ihren Wohnsitz in Deutschland haben oder im Ausland wohnen, jedoch die Einkommensteuer in Deutschland entrichten, können Kindergeld erhalten. Das Kindergeld ist von der Zahl der Kinder unabhängig. Es beträgt 250,00 EURO für jedes Kind. Ausgezahlt wird das Kindergeld über die **Familienkassen** bei den Agenturen für Arbeit.

Zukünftig sollen alle Leistungen für Kinder zu einer **Kindergrundsicherung** aufgestockt und zusammengefasst werden.

■ Kritik

Weitgehend einig sind sich Politikerinnen und Politiker aller Parteien in Deutschland, dass es eine wichtige Aufgabe in der sozialen Marktwirtschaft sei, auch einkommensschwächeren Bevölkerungsteilen ein menschenwürdiges Dasein zu ermöglichen. Umstritten ist hingegen, welche Instrumente die richtigen seien. So gibt es eine deutliche Trennlinie zwischen den Befürworterinnen und Befürwortern einer stärkeren Gewichtung des **Leistungsprinzips** und den Vertreterinnen und Vertretern des **Sozialprinzips**. Während Vertreterinnen und Vertreter des Leistungsprinzips die Befürchtung äußern, eine allzu starke Unterstützung Benachteiligter führe zu einer Verschlechterung wirtschaftlicher Rahmenbedingungen, halten Vertreterinnen und Vertreter des Sozialstaatsprinzips es für unumgänglich, Benachteiligte und Einkommensschwächere in größerem Umfang zu unterstützen. Allerdings besteht das Problem in der heutigen sozialen Marktwirtschaft darin, dass die öffentlichen Ausgaben für die soziale Sicherung stetig ansteigen. In einer Gesellschaft, in welcher der Anteil der älteren Bevölkerung steigt, während gleichzeitig immer weniger Kinder geboren werden, ist es leicht abzusehen, dass es in einigen Jahrzehnten immer weniger Berufstätige gibt, die einen Teil ihres Einkommens in die Sozialkassen einzahlen. Zudem ist damit zu rechnen, dass es auch in absehbarer Zukunft eine hohe Arbeitslosigkeit in Deutschland geben wird.

Zusammenfassung: Die staatliche Einkommensumverteilung beschreiben und weitere Maßnahmen der Sozialpolitik darstellen

- Der Staat fordert Geld von den Bezieherinnen und Beziehern leistungsbezogener Einkommen und gibt es – ohne Gegenleistung – Bedürftigen (Sozialtransfers). Durch die **Sekundärverteilung** korrigiert der Staat die ungleiche Einkommensverteilung.

Sozialhilfe

- Durch Gewährung einer **Grundsicherung** schützt der Staat vor sozialem Abstieg.

Bürgergeld

Regelbedarf zur Sicherung des Lebensunterhalts
- Ernährung
- Kleidung
- Körperpflege

Bedarfe für Unterkunft und Heizung
- Hausrat
- Bedarfe des täglichen Lebens
- Miete

- Besonders alleinstehende Personen und Alleinerziehende gehören zu den Beziehern von Bürgergeld und sind von sozialer Ausgrenzung bedroht.

Wohngeld

- In Deutschland haben bedürftige Mieterinnen und Mieter sowie Eigentümerinnen und Eigentümer die Möglichkeit, einen staatlichen **Zuschuss zu den Kosten für Wohnraum** zu erhalten.

Kindergeld

- Um sinkenden Geburtenraten entgegenzuwirken, gewährt der Staat finanzielle Anreize, Kinder zur Welt zu bringen.

Kritik

- Die Ausgaben für soziale Sicherungssysteme können nur noch aufrechterhalten werden, weil es **dauerhaft Arbeitslose** gibt, weil es einen **steigenden Anteil älterer Menschen** gibt und gleichzeitig zu **wenig Kinder geboren** werden.

Aufgaben

1 *Unterscheiden Sie zwischen personeller Einkommensverteilung und Sekundärverteilung.*

2 *Im US-amerikanischen Wahlkampf ist die Frage nach mehr sozialstaatlicher Versorgung einerseits und Abbau des Sozialstaats andererseits zentral und somit für den Wahlausgang von erheblicher Bedeutung. Sammeln Sie Argumente, die dafür sprechen,*
a) die staatlichen Leistungen auszuweiten (mehr Sozialstaat),
b) den Staat weiter zurückzudrängen und die eingesparten Mittel der Wirtschaft zukommen zu lassen (Leistungsprinzip).

3 *Begründen Sie, warum Gegnerinnen und Gegner einer Ausweitung staatlicher Leistungen der Meinung sind, dass es bereits Sozialpolitik sei, wenn die Wirtschaft gestützt würde.*

4 *Erklären Sie, warum Kindergeld im engeren Sinne nicht als zusätzliches Einkommen vom Staat betrachtet wird, und entwickeln Sie Vorschläge, wie man dem Missbrauch von Kindergeld (z. B. indem Eltern das Geld zweckfremd für Konsumzwecke ausgeben) entgegenwirken könnte.*

5 *Herr und Frau Brahm wurden schon sehr früh Eltern. Schnell wurde der erste Sohn Sascha geboren. Weil Herr und Frau Brahm Kinder sehr lieben, dauerte es nicht lange, bis weitere Kinder folgten. Mittlerweile ist Familie Brahm eine Großfamilie mit acht Kindern geworden. Berechnen Sie das der Familie monatlich zustehende Kindergeld.*

6 Der frühere SPD-Vorsitzende Franz Müntefering nannte in seiner Rede auf einem Programmforum der SPD im Jahr 2005 die Staatsskepsis „einen Irrweg“ und die Staatsverachtung „eine Gefahr“. Erläutern Sie die diese Aussage vor dem Hintergrund einer Unternehmerkritik und der sozialen Entwicklung in Deutschland.

1.4 Die Auswirkungen der demografischen Entwicklung einschätzen

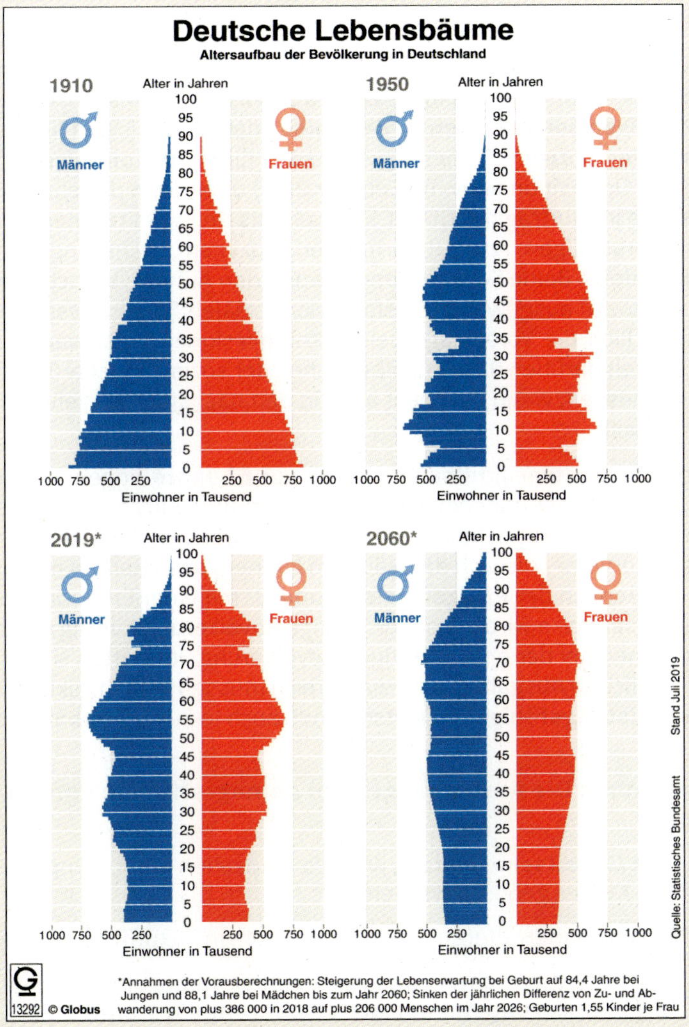

Arbeitsaufträge
- ***Diskutieren Sie die dargestellte Entwicklung der Bevölkerung in Deutschland***
- ***Erläutern Sie die entsprechenden Auswirkungen auf die Volkswirtschaft.***
- ***Schätzen Sie mögliche Konsequenzen für Ihre eigene Lebens- und Arbeitssituation in der Zukunft ein.***

Deutschland ändert sich zunehmend. Während das Land in den 50er-Jahren des letzten Jahrhunderts ein „Wirtschaftswunder“ in bislang nicht gekanntem Ausmaß erlebte, sprechen Skeptikerinnen und Skeptiker heutzutage hinsichtlich der **demografischen Entwicklung** und ihrer Folgen vom „kranken Mann Europas“.

Gemeint ist damit die Tatsache, dass die deutsche Bevölkerung altert (**demografischer Wandel**). Während in vergangenen Jahrzehnten etwa vier Berufstätige für die Altersrente einer Rentnerin bzw. eines Rentners aufkamen, sind es in wenigen Jahrzehnten nur noch etwa zwei Berufstätige, die für die Altersrente einer Rentnerin bzw. eines Rentners aufkommen. Eine immer stärkere Verschiebung der **Bevölkerungspyramide** hin zu einer „Zwiebel“ wirkt sich jedoch langfristig auf die Verteilung des Einkommens und die daraus entstehenden Forderungen an die Sozialpolitik aus. Schon heute müssen die sozialen Sicherungssysteme für künftige Jahrzehnte reformiert werden, damit es nicht schon in wenigen Jahrzehnten zu steigender Altersarmut kommt und sich die Einkommensverteilung weiter verschlechtert.

Aus diesen Gründen forderte die Politik seit Jahren die Entwicklung von Vorschlägen für eine Sozialreform. So übernahm im November 2002 der Wirtschaftswissenschaftler Bert Rürup im Auftrag der ehemaligen Bundesregierung den Vorsitz der „Kommission für die Nachhaltigkeit in der Finanzierung der Sozialen Sicherungssysteme“ (**„Rürup-Kommission“**). Jedoch wurde auch die politische Opposition aktiv. Im Februar 2003 übernahm der ehemalige Bundespräsident Roman Herzog im Auftrag der CDU/CSU ebenfalls den Vorsitz einer Kommission zur Entwicklung von Vorschlägen zur Reform der sozialen Sicherungssysteme, die sog. **„Herzog-Kommission“**. Beide Kommissionen hatten den Auftrag, Vorschläge für eine langfristig angelegte und sozial ausgewogene Reform der sozialen Sicherungssysteme zu unterbreiten. So unterschiedlich die Vorschläge beider Kommissionen auch waren, so herrscht doch weitgehende Einigkeit darüber, dass in Teilbereichen der sozialen Sicherung **Kürzungen** hingenommen werden müssen, wenn der Staat auch in den nächsten Jahrzehnten eine aktive Sozialpolitik betreiben will.

Als Folge wurde das Renteneintrittsalter von **65** auf **67 Jahre** angehoben, damit Arbeitnehmerinnen und Arbeitnehmer über einen längeren Zeitraum Beiträge in die gesetzliche Rentenversicherung einzahlen. Darüber hinaus wird es in den nächsten Jahrzehnten zu Kürzungen bei Rentenzahlungen kommen, die sich darin äußern können, dass Renten nur noch sehr langsam wachsen. Auch im Bereich der **Pflegeversicherung** ist mit einer Erhöhung von Beitragssätzen zu rechnen. Auf diese Weise wird die erwerbstätige Bevölkerung künftig stärker belastet. Dass derartige Maßnahmen bei der erwerbstätigen Bevölkerung umstritten sind, scheint selbstverständlich. Die staatlichen Ausgaben im Sozialbereich müssen jedoch gekürzt werden, damit die **wirtschaftliche Leistungsfähigkeit** Deutschlands auch in Zukunft erhalten bleibt.

Zusammenfassung: Die Auswirkungen der demografischen Entwicklung einschätzen

- **Die deutsche Gesellschaft altert**, weil die Menschen immer länger leben, andererseits weniger Kinder geboren werden.
- Einer größer werdenden älteren Bevölkerung droht in Zukunft steigende **Altersarmut**.
- Aus der Ungleichheit zwischen Jung und Alt entsteht in Zukunft ein immer stärkeres Problem zur **Finanzierung der sozialen Sicherungssysteme.**
- Mit der **Anhebung der Lebensarbeitszeit** will man die sozialen Sicherungssysteme auch für künftige Generationen entlasten.
- Gleichzeitig sollen **staatliche Leistungen gekürzt** werden, weil die wirtschaftliche Leistungsfähigkeit nicht beeinträchtigt werden soll.

Aufgaben

1 *Entwickeln Sie Vorschläge, wie Sie selbst hinsichtlich der Altersvorsorge auf die prognostizierte demografische Entwicklung reagieren können.*

2 *Recherchieren Sie im Internet und schätzen Sie ein, wie sich die Wirtschaft und das Arbeitsleben in Zukunft entwickeln könnten. Begründen Sie Ihre Auffassung.*

3 *Diskutieren Sie eine angenommene Anhebung der Lebensarbeitszeit von 67 auf 70 Jahre vor dem Hintergrund, dass die Lebenszeit und somit auch die Zeit der Rentenansprüche immer weiter steigen.*

4 *Diskutieren Sie den Umstand, dass aufgrund der längeren Pflegebedürftigkeit alter Menschen die Ansprüche des Staates auf Unterhaltszahlung durch die Angehörigen zunehmen.*

2 Arbeitslosigkeit und ihre Ursachen und Folgen sowie politische Gegensteuermaßnahmen erkennen und beschreiben

2.1 Arten, Ursachen und Auswirkungen von Arbeitslosigkeit unterscheiden

„*Arbeitslosigkeit ist doch keine Schande*“, sagt Caroline Stein im Unterricht ihrer Klasse während einer Diskussion über die Lage auf dem Arbeitsmarkt. „*So, wie ich das sehe, ist man doch als arbeitslose Person in guter Gesellschaft.*“ „*Das hört sich aber reichlich zynisch an*“, meint ihre Lehrerin, „*denk doch mal an diejenigen Menschen, für die der Arbeitsplatzverlust ein großes Problem darstellt.*“ „*Aber es gibt doch den Staat*“, wehrt sich Caroline, „*das hört und liest man doch immer wieder.*“ „*Weißt du eigentlich, wie du dich anhörst?*“, fragt ein Mitschüler, der sich über Carolines Äußerungen ärgert. „*Du hörst dich wie eine verwöhnte Unternehmertochter an. Dein Vater hat ja keine Probleme mit Arbeitslosigkeit, der sorgt ja sogar dafür, dass es sie überhaupt gibt.*“ Caroline läuft vor Ärger rot an. „*Weißt du eigentlich, wie es Leuten geht, die teilweise auch schon lange arbeitslos sind? In unserer Nachbarschaft wohnt eine Familie, der Mann ist gerade fünfzig geworden und seit zwei Jahren arbeitslos. Was glaubst du, wie es denen geht?*“ Caroline wird kleinlaut.
„*Aber es gibt doch auch Leute, die nicht unverschuldet arbeitslos sind und denen es mit ihrer Arbeitslosigkeit ganz gut geht.*“ Die Lehrerin greift ein. „*Ihr habt irgendwie ja beide recht. Arbeitslosigkeit ist nicht einfach Arbeitslosigkeit. Es gibt die unterschiedlichsten Gründe, aus welchen man arbeitslos ist.*“ „*Jaja, das finde ich ja auch*“, sagt Caroline, „*es tut mir außerdem auch leid, dass ich das vorhin so blöd gesagt habe. Aber ich habe gestern in einer Doku gesehen, wie einige stolz darauf zu sein schienen, arbeitslos zu sein. Und abends habe ich mit meinem Opa darüber gesprochen, der hat mir erzählt, wie das früher war, wenn man arbeitslos war. Das war mit heute nicht zu vergleichen.*“ Die Lehrerin bestätigt Carolines Auffassung. „*Genau, früher war die soziale Absicherung sicherlich schlechter, aber das heißt ja auch noch lange nicht, dass es den Arbeitslosen heutzutage viel zu gut geht. Arbeitslosigkeit heißt ja nicht nur, dass man weniger Geld als sonst hat*

und ansonsten die freie Zeit genießen kann. Viele Arbeitslose leiden unter ihrer Untätigkeit und der Tatsache, dass sie mit jedem Monat Arbeitslosigkeit ihre Qualifikation einbüßen. Somit ist Arbeitslosigkeit auch ein soziales und sogar psychisches Problem, das bis in die Familien der Betroffenen hineinwirkt."

Arbeitsaufträge
- ***Erarbeiten Sie die im Fallbeispiel angesprochenen unterschiedlichen Arten von Arbeitslosigkeit.***
- ***Diskutieren Sie mögliche Gründe, aus welchen Arbeitnehmerinnen und Arbeitnehmer freiwillig, aber auch unfreiwillig arbeitslos werden können.***

Derzeit liegt die Arbeitslosigkeit in Deutschland im Vergleich zu anderen europäischen Ländern auf einem recht niedrigen Niveau. Mit rund 2,5 Millionen Arbeitslosen im Jahresdurchschnitt ist die Arbeitslosigkeit zwar nicht besiegt, jedoch gibt es Politikerinnen und Politiker, die allzu optimistisch von baldiger Vollbeschäftigung sprechen. Dabei sollte man jedoch berücksichtigen, um welche Art von Beschäftigungsverhältnissen es sich in vielen Fällen handelt. Auf der anderen Seite führt der zunehmende **Fachkräftemangel** zu Problemen so dass in bestimmten Regionen und Branchen offene Stellen nicht mehr mit geeigneten Fachkräften besetzt werden können.

■ Theorie der Arbeitslosigkeit

Um die Arbeitslosigkeit wirksam bekämpfen zu können, bedarf es zunächst einer **Ursachenforschung.** Doch fällt bereits bei der Analyse der Gründe auf, dass hier selbst in den Wirtschaftswissenschaften keine Einigkeit herrscht. Die Suche nach den Ursachen wird – wie in zahlreichen anderen Bereichen der Wirtschaftspolitik – von zwei widerstreitenden theoretischen Grundströmungen beeinflusst und geleitet.

(Neo-)klassische Arbeitslosigkeit

Nach Auffassung der (neo-)klassischen Ökonomie entsteht Arbeitslosigkeit, **wenn der Reallohn höher ist als der Lohn, zu welchem Vollbeschäftigung erzielt werden könnte** (Gleichgewichtslohn). Aufgrund des hohen Reallohns bieten zahlreiche Arbeitnehmerinnen und Arbeitnehmer ihre Arbeitskraft an. Somit ist ihr Arbeitsangebot höher als die Nachfrage nach Arbeitskräften durch Unternehmen (Angebotsüberhang). Gleichzeitig ist das Güterangebot der Unternehmen gering, weil es sich für Unternehmen wegen der hohen Reallöhne nicht lohnt, so viele Güter zu produzieren, wie sie bei Vollbeschäftigung notwendig wären. Nach (neo-)klassischer Auffassung besteht die Ursache für Arbeitslosigkeit darin, dass es sich für Unternehmen aufgrund zu hoher Reallöhne nicht lohnt, Arbeitskräfte einzustellen. Weil zu geringe Gewinnaussichten herrschen, wird das Güterangebot nicht ausgeweitet und folglich werden keine zusätzlichen Arbeitskräfte benötigt.

Keynesianische Arbeitslosigkeit

Dem gegenüber steht die keynesianische Auffassung (benannt nach **John Maynard Keynes**) über die Ursachen der Arbeitslosigkeit, die zunächst von der gleichen Situation ausgeht: Es bieten mehr Arbeitnehmerinnen und Arbeitnehmer ihre Arbeitskraft an, als von den Unternehmen angefragt wird. Anders als nach (neo-)klassischer Auffassung geht die keynesianische Theorie jedoch davon aus, dass **das Güterangebot die Güternachfrage übersteigt**. Der Grund dafür wird darin gesehen, dass Unternehmen durch **Rationalisierung** Arbeitsplätze abgebaut haben und wirtschaftlicher produzieren können. Für die Unternehmen lohnt es sich in dieser Situation jedoch nicht, die Güterproduktion *noch* weiter zu erhöhen, weil die Mehrproduktion aufgrund der hohen Arbeitslosigkeit nicht nachgefragt würde. Auf diese Weise bleibt die Arbeitslosigkeit trotz des hohen Güterangebots bestehen. Würden mehr Güter nachgefragt, würden die Unternehmen auch mehr produzieren und aus diesem Grund mehr Arbeitskräfte einstellen.

Die Unterschiedlichkeit beider Auffassungen deutet bereits an, wie umstritten die Wahl der **Instrumente zur Bekämpfung der Arbeitslosigkeit** unter Politikerinnen und Politikern ist. Letztlich lassen beide Auffassungen erkennen, auf welcher Seite des Arbeitsmarkts die größere Verantwortung für die Arbeitslosigkeit angenommen wird: Nach (neo-)klassischer Auffassung liegt der größere Teil der Verantwortung auf der Arbeitnehmerseite, weil diese zu hohe Lohnforderungen erhebt. Nach keynesianischer Auffassung liegt die Verantwortung eher bei den Unternehmen, für die es sich nicht lohnt, mehr Güter zu produzieren, weil die Mehrproduktion aufgrund hoher Arbeitslosigkeit ohnehin nicht nachgefragt würde.

John Maynard Keynes (1883–1946), britischer Ökonom, Politiker und Mathematiker

Beispiel *Abends sitzt Klaus Stein mit seinem Freund Gerd in der Kneipe bei einem Glas Bier. Leider geraten die beiden über die Politik immer wieder in Streit. Gerd ist aktiver Gewerkschaftler und diskutiert gerne und heftig mit seinem Freund darüber, wer für die Arbeitslosigkeit im Land verantwortlich sei. Gerd: „Gewinn, Gewinn. Ich höre immer nur Gewinn. Und wer denkt an die Arbeiterinnen und Arbeiter? Würden die Unternehmen mehr produzieren, bräuchten sie auch mehr Arbeitskräfte.“ Klaus Stein tritt dem entgegen: „Na, warum sollten Unternehmen denn auch noch mehr produzieren, als sie es ohnehin schon tun? Es würde doch sowieso nicht mehr nachgefragt. Die Leute müssten mehr nachfragen, damit Unternehmen auch wieder mehr produzieren.“ Sein Freund Gerd hat eine andere Ansicht: „Aber das ist doch gerade das Problem. Es wird zu wenig nachgefragt, weil es zu viele Arbeitslose gibt.“ Klaus Stein ist ratlos: „Also das ist doch wirklich ein Teufelskreis.“*

Dauer und Arten der Arbeitslosigkeit

Von großer Bedeutung für die Auswahl der richtigen Instrumente zur Bekämpfung der Arbeitslosigkeit ist auch deren **Dauer**. In manchen Fällen ist Arbeitslosigkeit nur von sehr kurzer Dauer, in anderen Fällen wiederum kann sie sich über lange Zeiträume erstrecken **(Langzeitarbeitslosigkeit)**. Besonders sehr lange Arbeitslosigkeit stellt Arbeitsmarktpolitikerinnen und Arbeitsmarktpolitiker vor eine große Herausforderung, weil sie am schwierigsten zu bekämpfen ist. Nach ihren **Ursachen** kann man die Arbeitslosigkeit wie folgt gliedern:

Friktionelle Arbeitslosigkeit	Sie entsteht, wenn Arbeitnehmerinnen und Arbeitnehmer ihr bisheriges Arbeitsverhältnis beenden, um eine andere Arbeitsstelle anzunehmen. In diesem (üblicherweise kurzen) Zeitraum gelten sie als arbeitslos.
Saisonale Arbeitslosigkeit	Sie ergibt sich bisweilen aus klimatischen Schwankungen innerhalb eines Jahres oder aufgrund unterschiedlichen Nachfrageverhaltens im Zeitverlauf eines Jahres. Üblicherweise steigt die saisonale Arbeitslosigkeit kurzfristig an und sinkt nach Ablauf der Saison wieder (z. B. in der Gastronomie oder im Baugewerbe).
Konjunkturelle Arbeitslosigkeit	Normalerweise steigt der Bedarf an Arbeitskräften in Phasen konjunkturellen Aufschwungs, während er in Phasen des Abschwungs sinkt. Folglich steigt im Zeitverlauf eines Konjunkturzyklus die Arbeitslosigkeit an.

Strukturelle Arbeitslosigkeit	Der Wandel einer Wirtschaftsstruktur (z. B. von einer Region mit überwiegend landwirtschaftlichem Charakter hin zu einer Dienstleistungsregion) führt zum Abbau von Arbeitsplätzen in „veralteten“ Wirtschaftsstrukturen und ist eher dauerhaft.
Sockelarbeitslosigkeit	Selbst wenn es Vollbeschäftigung geben würde, gäbe es eine Sockelarbeitslosigkeit. Hierunter fasst man all diejenigen, die keinen Grund sehen, arbeiten zu gehen, weil ihnen die soziale Grundsicherung ausreicht.

■ Mismatch-Arbeitslosigkeit

Ein weiteres wichtiges Phänomen, warum es in der Bundesrepublik Deutschland – wie auch in anderen Euroländern – zu Arbeitslosigkeit kommt, ist die sog. **Mismatch-Arbeitslosigkeit** (engl. mismatch = Nichtübereinstimmung). Die Mismatch-Arbeitslosigkeit wird auch „merkmalsstrukturelle Arbeitslosigkeit“ genannt. In Hochlohnländern wie Deutschland spielt die Qualifikation von Arbeitnehmerinnen und Arbeitnehmern eine große Rolle beim täglichen „Kampf“ um die begehrten Arbeitsplätze. Während früher noch in größerem Umfang Arbeitsplätze für schlecht qualifizierte Arbeitnehmerinnen und Arbeitnehmer existierten, sinkt diese Zahl ständig. Heutzutage herrscht angesichts der technologischen Entwicklung ein steigender Bedarf an höher und hoch qualifizierten Arbeitskräften. Andererseits gibt es eine beträchtliche Zahl von Arbeitssuchenden, die zu schlecht oder ungenügend qualifiziert sind, um eine gewünschte Stelle zu bekommen. **Die Kluft zwischen den qualifikatorischen Ansprüchen der Unternehmen einerseits und der fehlenden Qualifikation von Arbeitssuchenden andererseits** führt zu einer Nichtübereinstimmung zwischen angebotenen und nachgefragten Qualifikationen am Arbeitsmarkt.

In den Bereichen der Hochqualifikation (z. B. MINT-Berufe) ist der Mangel inzwischen so groß, dass auch Länder untereinander in einen Wettbewerb um diese Arbeitskräfte eintreten.

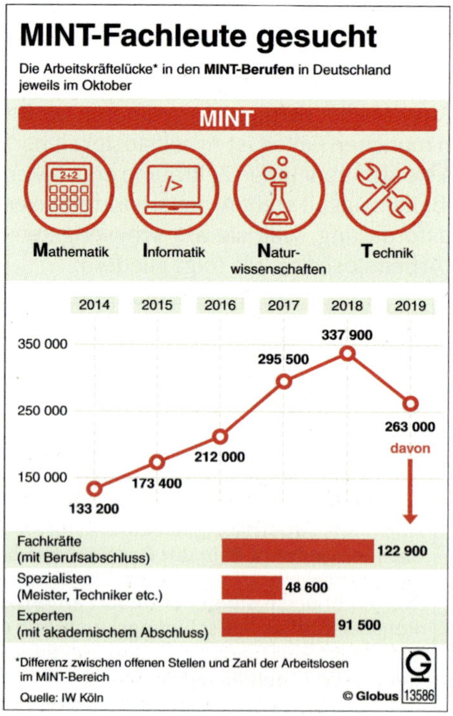

■ „Generation-Praktikum"-Arbeitslosigkeit

Auch bei besonders gut qualifizierter Arbeitskräften wächst die Arbeitslosigkeit. Eine wachsende Anzahl von Studienabsolventinnen und Studienabsolventen findet heutzutage keine unbefristete Arbeitsstelle, weil sie bisweilen fast ausschließlich als Praktikantinnen und Praktikanten in **prekären oder atypischen Beschäftigungsverhältnissen** eingesetzt werden.

Solche gut ausgebildeten Arbeitskräfte arbeiten manchmal lange ohne (ausreichende) Bezahlung und sind dennoch „arbeitslos".

Zusammenfassung: Arten, Ursachen und Auswirkungen von Arbeitslosigkeit unterscheiden

- **(Neo-)klassische Arbeitslosigkeit:** Nach (neo-)klassischer Auffassung entsteht Arbeitslosigkeit, wenn der **Reallohn** höher ist als der Gleichgewichtslohn, sodass ein hohes Angebot an Arbeitskräften entsteht. Allerdings ist das Güterangebot geringer als die Nachfrage, weil sich die Ausweitung aufgrund der Arbeitslosigkeit nicht lohnt.
- **Keynesianische Arbeitslosigkeit:** Nach keynesianischer Auffassung ist das Güterangebot größer als die Güternachfrage. Eine noch weitere Ausdehnung der Produktion lohnt sich aufgrund mangelnder Güternachfrage jedoch nicht, sodass die Arbeitslosigkeit wegen **zu geringer** Güternachfrage weiterhin hoch bleibt.
- Die **Dauer von Arbeitslosigkeit** kann bisweilen sehr lang sein (strukturelle Arbeitslosigkeit), sie kann jedoch auch nur vorübergehend sein, wenn man noch nicht den passenden Arbeitsplatz gefunden hat (friktionelle Arbeitslosigkeit).
- Bei der **Mismatch-Arbeitslosigkeit** kommt es zur Arbeitslosigkeit, weil Arbeitgeber Qualifikationen und Kenntnisse fordern, die häufig von Bewerberinnen und Bewerbern nicht erbracht werden können.

Aufgaben

1 *Derzeit gibt es in Deutschland ca. 2,5 Millionen Arbeitslose. Sie alle sind aus unterschiedlichsten Gründen arbeitslos. Expertinnen und Experten unterteilen die Arbeitslosigkeit in verschiedene Arten. Erklären Sie, was man beispielsweise unter*
a) friktioneller Arbeitslosigkeit bzw.
b) versteht struktureller Arbeitslosigkeit.

2 *Suchen Sie nach Gründen, warum es manchmal auch bei konjunkturellem Aufschwung nicht gelingt, einen erheblichen Rückgang der Arbeitslosenquote zu erreichen, und entwickeln Sie Vorschläge, wie die Arbeitslosenquote hinsichtlich struktureller Möglichkeiten der Volkswirtschaft spürbar gesenkt werden könnte.*

3 *Das Phänomen der Mismatch-Arbeitslosigkeit beschreibt eine zunehmende Kluft zwischen den qualifikatorischen Anforderungen von Arbeitgebern und den qualifikatorischen Voraussetzungen von Bewerberinnen und Bewerbern. Nehmen Sie in einem Rollenspiel die unterschiedlichen Standpunkte von Arbeitgebern sowie Bewerberinnen und Bewerbern ein. Zeichnen sie das Rollenspiel auf Video auf und werten Sie es aus.*

4 *Erarbeiten Sie eine Tabelle, in welcher Sie stichwortartig die wichtigsten Ursachen für neoklassische Arbeitslosigkeit bzw. keynesianische Arbeitslosigkeit festhalten. Diskutieren Sie, welche der beiden Theorien zu den Ursachen der Arbeitslosigkeit in der aktuellen Wirtschaftslage Deutschlands zutrifft.*

2.2 Ansatzpunkte der Arbeitsmarktpolitik untersuchen

In einem Onlinenachrichtenportal liest Herr Stein die folgende Nachricht:

Bürgergeld kommt zum 1. Januar

Seit dem 1. Januar 2023 ist das Bürgergeldgesetz in Kraft. Die Regelbedarfe für Menschen in der Grundsicherung werden dadurch erheblich gestiegen.

Als er die Nachricht gelesen hat, reagiert Herr Stein gereizt. *„Anstatt den Druck auf Arbeitslose zu erhöhen, fordern die Linken eine immer stärkere Erhöhung der Grundsicherung."* Caroline, die ihrem Vater gegenübersitzt, reagiert ebenfalls gereizt, weil sie schon weiß, wo die Diskussion hinführen wird. *„Papa, ich kann es nicht mehr hören. Wenn es nach dir ginge, müsste man immer nur den Druck auf die Betroffenen erhöhen, um die Arbeitslosigkeit abzubauen. Nach den Gründen und Ursachen, aus welchen jemand arbeitslos ist, fragst du überhaupt nicht." „Na ja, diese Leute sind bestimmt nicht deshalb arbeitslos, weil sie so fleißig sind"*, spottet Herr Stein. Caroline ist ratlos. Wie oft schon hat sie mit ihrem Vater über das Problem der Arbeitslosigkeit in Deutschland geredet ...

„Weißt du, Caroline, ich würde ja gerne mehr Leute einstellen. Aber was mache ich denn, wenn sie sich nicht eignen? Ich werde die doch gar nicht mehr los." „Wie meinst du das denn?" „Na, es ist in Deutschland eben nicht so einfach, sich von Arbeitnehmerinnen und Arbeitnehmern zu trennen, wenn man unzufrieden mit ihnen ist. Sie genießen immerhin einen starken Kündigungsschutz." „Und bevor du sie später nicht loswirst, stellst du erst gar keine ein, was? Tolle Logik!" „Aber so sieht die Realität aus. Wenn es nach mir ginge ..." „Ja, wenn es nach dir ginge, würdest du wohl Leute einstellen, dann aber selbstverständlich zu Hungerlöhnen, nicht wahr?", kontert Caroline bitter. *„Wo soll denn bei diesen Löhnen noch ein Anreiz zu arbeiten sein?"*

Arbeitsaufträge
- ***Erläutern Sie die gegensätzlichen Standpunkte von Herrn Stein und seiner Tochter.***
- ***Skizzieren Sie die Gründe, die Herr Stein als Ursache für die Arbeitslosigkeit ansieht.***
- ***Entwickeln Sie einen eigenen Standpunkt und stellen Sie diesen in der Klasse vor. Präsentieren Sie Ihre Ergebnisse mithilfe geeigneter Software.***

■ Ziele der Arbeitsmarktpolitik

Derzeit gibt es in Deutschland rund 2,5 Millionen Arbeitslose. Das ist zwar viel, verglichen mit den Zahlen vergangener Jahre und auch im Vergleich mit anderen Ländern Europas jedoch recht wenig. Auch wenn manche Politikerinnen und Politiker gern von annähernder Vollbeschäftigung sprechen, so ist die Zahl der Arbeitslosen deutlich zu hoch.

Wurde im Rahmen angebotsorientierter Wirtschaftspolitik die Stabilität des Preisniveaus lange Zeit als vorrangig anzustrebendes Ziel behandelt, so erkennt man zunehmend neben der wirtschaftlichen auch die **gesellschaftliche Bedeutung der Bekämpfung von Massenarbeitslosigkeit.** Auch eher marktliberal eingestellte Politikerinnen und Politiker erkennen, dass die Schaffung von Arbeitsplätzen im Vergleich zu anderen wirtschaftlich-gesellschaftlichen Aufgaben eine überragende Bedeutung hat, zumal der Arbeitsplatz nach wie vor die materielle Grundlage des Lebens sichert.

Das **Stabilitätsziel „hoher Beschäftigungsstand“** (vgl. S. 200f.) hat in den letzten Jahren angesichts anhaltend hoher Arbeitslosigkeit eine vorrangige Bedeutung angenommen.

So weiß man natürlich auch aus der Geschichte, welche Folgen die Weltwirtschaftskrise und die damit verbundene extreme Massenarbeitslosigkeit in den Jahren 1929 bis 1932 für die Gesellschaft Deutschlands hatte. Die Verbreitung des Nationalsozialismus und die damit verbundene Zerstörung eines demokratischen Gemeinwesens hatten neben vielen gesellschaftlichen Problemen ihren Ursprung auch in der wirtschaftlichen Not der Bevölkerung.

Auch heutzutage ist das Phänomen **wachsender Unzufriedenheit** in der Bevölkerung nicht unbekannt. Besonders hoch riskante Spekulationsgeschäfte zahlreicher Banken wie auch der Umstand, dass Banken, die in der Wirtschaftskrise nur mit staatlicher Hilfe (d.h. aus Steuermitteln) gerettet wurden, weiterhin eine für Normalverbraucherinnen und Normalverbraucher unverständliche Vergütungspraxis (z.B. hohe Bonuszahlungen trotz Verlusten) pflegen, schüren den Unmut in der Bevölkerung, wenn das Endresultat von Fehlspekulationen die Schließung von Unternehmen und der damit verbundene Verlust des Arbeitsplatzes ist.

So wichtig die Bekämpfung von Arbeitslosigkeit insgesamt ist, so erkennt man doch mit Blick in die Regionen, dass die Arbeitslosigkeit **innerhalb Deutschlands sehr unterschiedlich** ausgeprägt ist. In manchen Regionen ist Arbeitslosigkeit kaum ein Problem, in anderen hingegen ist sie der Kern zahlreicher Probleme.

Arbeitslosigkeit seit 1995

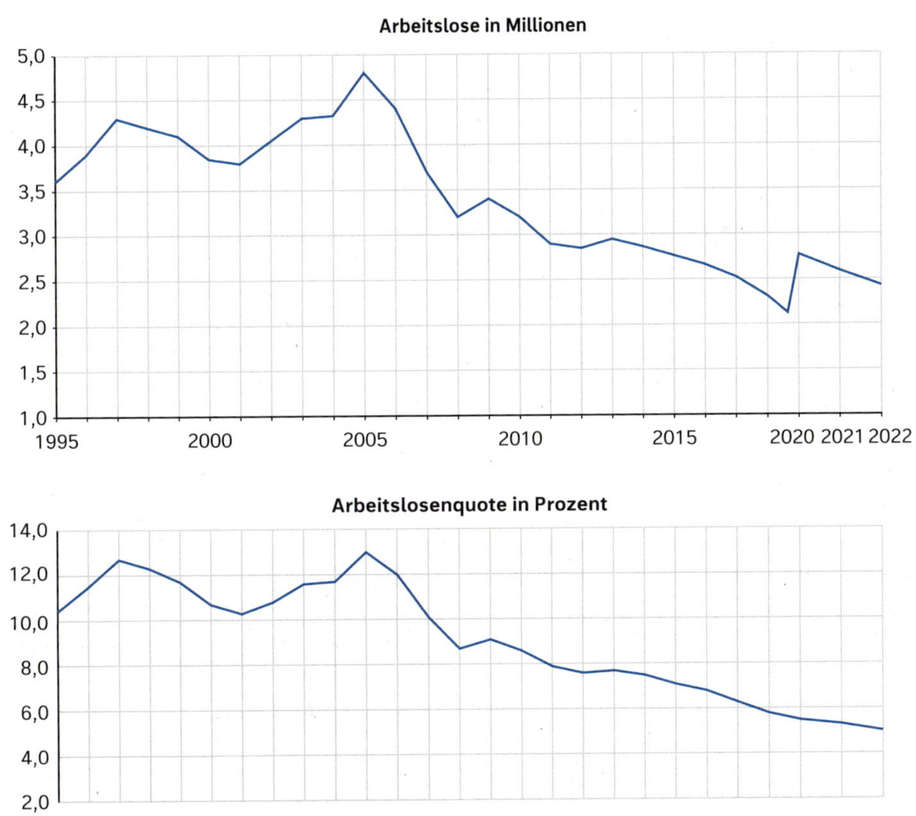

vgl. Bundesagentur für Arbeit: Der Monatsbericht zum Arbeits- und Ausbildungsmarkt in Deutschland, 2022.

Für die Bundesrepublik Deutschland bleibt insbesondere die Arbeitslosigkeit in den **ostdeutschen Bundesländern** ein dauerhaftes Problem. Nach wie vor ist es nicht gelungen, die Arbeitslosigkeit spürbar zu senken und die wirtschaftlichen Bedingungen aufzubauen, mit denen es möglich wäre, dauerhaft stabile und ausreichend sichere Arbeitsplätze zu schaffen. Der mit dem Verlust ehemaliger großer Staatsbetriebe verbundene massive Stellenabbau in den ostdeutschen Bundesländern konnte in den vergangenen Jahren nur bedingt durch die Ansiedlung moderner Industrie- und Dienstleistungsunternehmen aufgefangen werden. Zwar gibt es in einigen Regionen **Wachstumszentren**, die im Verhältnis zu anderen Regionen eine bessere wirtschaftliche Entwicklung erfahren (z. B. Leipzig oder Dresden), doch gibt es ebenso Regionen, die aufgrund ihrer Wirtschaftsstruktur von Arbeitslosigkeit in erheblichem Umfang betroffen sind.

Beispiel *Mecklenburg-Vorpommern hatte aufgrund seiner landwirtschaftlichen Prägung bereits vor der deutschen Wiedervereinigung große wirtschaftliche Probleme. Nach der Wende wurden die Probleme nur noch weiter verschärft, weil die Landwirtschaft sich aufgrund des strukturellen Wandels immer weiter zurückzieht und nur noch zu einem kleinen Teil der Wertschöpfung in Deutschland beiträgt. Die Unzufriedenheit der Bevölkerung mit den Entscheidungsträgerinnen und Entscheidungsträgern aus Wirtschaft und Politik wächst.*

Doch nicht allein aus politischen und gesellschaftlichen Gründen stellt eine dauerhaft hohe Arbeitslosigkeit die Volkswirtschaft vor erhebliche Probleme. Auch das Zusammenspiel der Wirtschaftssubjekte im Wirtschaftskreislauf wird durch Massenarbeitslosigkeit nicht erleichtert. Schließlich bedeutet eine hohe Zahl an Arbeitslosen auch, dass der Staat massive **Unterstützungsleistungen** erbringen muss, um Arbeitslosen die gesetzlich vereinbarte Grundsicherung des Arbeitslosengeldes und des Bürgergeldes zukommen zu lassen. Es leuchtet ein, dass der Staat dieses Geld auch anderweitig gut verwenden könnte (z. B. in Anschubinvestitionen für Zukunftsbranchen).

■ Träger der Arbeitsmarktpolitik

Damit arbeitslosen Menschen eine soziale Grundsicherung zukommt, gibt es in Deutschland die Arbeitslosenversicherung als Teil der gesetzlichen Sozialversicherung. Sie wird in Höhe von 2,6 % (Stand 2023) jeweils zur Hälfte von Arbeitnehmerinnen und Arbeitnehmern sowie Arbeitgebern getragen und vom sozialversicherungspflichtigen Bruttoentgelt berechnet. Die daraus entstehenden finanziellen Mittel fließen der **Bundesagentur für Arbeit** in Nürnberg zu, die in Deutschland für die Arbeitsverwaltung und Arbeitsförderung zuständig ist. Sie ist eine Körperschaft des öffentlichen Rechts und untersteht der Aufsicht des Bundesministeriums für Arbeit und Soziales. Als wichtiges Instrument der Arbeitsmarktpolitik setzt die Bundesagentur für Arbeit den politischen Willen zur Bekämpfung der Arbeitslosigkeit um. Somit versteht man unter Arbeitsmarktpolitik das politische Handeln staatlicher Stellen und Organisationen, um die Situation von Arbeitnehmerinnen und Arbeitnehmern zu verbessern und Arbeitslosen einen leichteren und besser qualifizierten Zugang zum Arbeitsmarkt zu ermöglichen.

Selbstverständlich wird **Arbeitsmarktpolitik** in Deutschland neben staatlichen Stellen und der Bundesagentur für Arbeit auch von den **Tarifpartnern** mitgestaltet. In Deutschland herrscht bei der Aushandlung von Löhnen und Gehältern für Branchen die in Artikel 9 GG festgelegte Tarifautonomie (www.gesetze-im-internet.de/gg). Unbeeinflusst von staatlichem Willen dürfen Tarifpartner (Arbeitgeberverbände und Gewerkschaften) die Höhe von Vergütungen der Branchen aushandeln.

Grundgesetz für die Bundesrepublik Deutschland

Artikel 9
(1) Alle Deutschen haben das Recht, Vereine und Gesellschaften zu bilden.
(2) Vereinigungen, deren Zwecke oder deren Tätigkeit den Strafgesetzen zuwiderlaufen oder die sich gegen die verfassungsmäßige Ordnung oder gegen den Gedanken der Völkerverständigung richten, sind verboten.
(3) Das Recht, zur Wahrung und Förderung der Arbeits- und Wirtschaftsbedingungen Vereinigungen zu bilden, ist für jedermann und für alle Berufe gewährleistet. Abreden, die dieses Recht einschränken oder zu behindern suchen, sind nichtig, hierauf gerichtete Maßnahmen sind rechtswidrig. Maßnahmen nach den Artikeln 12a, 35 Abs. 2 und 3, Artikel 87a Abs. 4 und Artikel 91 dürfen sich nicht gegen Arbeitskämpfe richten, die zur Wahrung und Förderung der Arbeits- und Wirtschaftsbedingungen von Vereinigungen im Sinne des Satzes 1 geführt werden.

Arbeitsmarktpolitik betreiben die Tarifpartner, wenn sie abhängig von volkswirtschaftlichen Voraussetzungen (z. B. der Konjunkturkrise) ihre Forderungen über künftige Branchenvergütungen den Möglichkeiten anpassen. Eine **zurückhaltende Lohnpolitik** der Gewerkschaften in der Wirtschaftskrise trägt zu einer größeren Bereitschaft von Arbeitgebern bei, Arbeitsplätze – wenn auch zu nicht stark steigenden Löhnen – zu halten und zu schaffen. Im Aufschwung hingegen fordern Gewerkschaften häufig **Lohnsteigerungen**, die über den allgemeinen Preisanstieg hinausgehen. Auf diese Weise soll erreicht werden, dass die Zurückhaltung in der Wirtschaftskrise durch einen überproportional starken Anstieg der **Kaufkraft** wieder ausgeglichen (kompensiert) wird.

■ Arbeitsmarktreform

Zur Bekämpfung der Krise auf dem Arbeitsmarkt und zur Stärkung der heimischen Wirtschaft beschloss die damalige Bundesregierung im Jahr 2003 die „Agenda 2010" als Konzept zur Reform des Arbeitsmarkts. Kernziel der **Agenda 2010** ist es, wirtschaftliches Wachstum bei gleichzeitiger Senkung der Arbeitslosenzahl zu erreichen. Dies soll dem Konzept zufolge durch eine Senkung der Sozialausgaben erfolgen:

Kernpunkte der Agenda 2010
• Verkürzung der Bezugsdauer des Arbeitslosengeldes • Streichung von Arbeitsbeschaffungsmaßnahmen • Streichung der Arbeitslosenhilfe und Senkung des Sozialhilfesatzes • Streichung von Weiterbildungsmaßnahmen für Arbeitslose

Aus der Einsicht, dass der Staat nicht in der Lage ist, gewerbliche Arbeitsplätze durch öffentliche Investitionen zu schaffen, die langfristig wettbewerbsfähig wären, setzt die Bundesregierung darauf, **Anreize für Unternehmen** zu geben, zukunftsfähige Arbeitsplätze bereitzustellen.

Beispiel *Herr Stein sitzt mit seiner Tochter abends vor dem Fernseher. „Siehst du? Jetzt wird sogar unsere Regierung aktiv. Jetzt wird der Druck auf all diejenigen erhöht, die immer nur Bürgergeld kassieren, sich aber nicht richtig um einen neuen Job kümmern." „Aber Papa, du hast doch selbst gesagt, dass es gar nicht genügend Jobs in Deutschland gibt. Da kann man den Druck doch nicht immer weiter erhöhen. Es* *gibt einfach nicht genügend Arbeit." „Na ja, Arbeit gibt es in Deutschland genügend, aber die Unternehmen müssen Anreize erhalten, damit es sich für sie wieder lohnt, Leute einzustellen."*

Die gesetzliche Grundlage für die Umsetzung der in der **Agenda 2010** genannten Ziele wurde durch entsprechende Formulierung des Sozialgesetzbuchs geschaffen, die in der Öffentlichkeit als **„Hartz-Reform"** bekannt geworden ist. Die dazu eingesetzte Expertenkommission entwickelte Vorschläge zur Reform des Arbeitsmarkts, die in der Zeit vom 1. Januar 2003 bis zum 1. Januar 2005 in vier Phasen als „Hartz I" bis „Hartz IV" umgesetzt wurden. Wegen Fehlentwicklungen ist die Agenda 2010 zunehmend in der Kritik und es wird über eine Reform diskutiert.

Hartz-I-Gesetz

Zum 1. Januar 2003 trat das „Erste Gesetz für moderne Dienstleistungen am Arbeitsmarkt" in Kraft. Es diente als Startpunkt einer Reihe wichtiger arbeitsmarktpolitischer Schritte, die vor allen Dingen zum Abbau der Langzeitarbeitslosigkeit führen sollten.

Durch dieses Gesetz wird die Einrichtung von **Personal-Service-Agenturen (PSA)** geregelt. Ziel von Personal-Service-Agenturen ist es, möglichst schnell und unkompliziert neue Stellen an Arbeitslose zu vermitteln. Personal-Service-Agenturen schließen mit der Arbeitsagentur einen Vertrag, in welchem sie sich verpflichten, Arbeitslose einzustellen, die nur schwer zu vermitteln sind. Diese Arbeitslosen werden dann von Personal-Service-Agenturen in verschiedene Tätigkeiten in unterschiedliche Unternehmen vermittelt.

Hartz-II-Gesetz

Gemeinsam mit dem Hartz-I-Gesetz trat am 1. Januar 2003 auch das „Zweite Gesetz für moderne Dienstleistungen am Arbeitsmarkt" in Kraft und diente vor allen Dingen der Schaffung von Anreizen für den **Start in die Selbstständigkeit.**

Gründerzuschuss

Das Überbrückungsgeld für Existenzgründerinnen und Existenzgründer sowie der Existenzgründerzuschuss, der früher unter der Bezeichnung „Ich-AG" bekannt war, wurde nach dem 1. August 2006 vom „Gründungszuschuss" abgelöst. Hierbei werden nur Personen unterstützt, die arbeitslos sind (d.h. gemeldet bei Bundesagentur für Arbeit). Ferner muss die Tätigkeit, für die Gründungszuschuss beantragt wird, **selbstständig und hauptberuflich** sein. Auch der Nachweis einer **fachlichen Eignung** wird verlangt. Der Grund für die verschärften Regelungen einer Förderung liegt darin, dass bei den früheren Ich-AGs rund 20% bis 30% aller neu gegründeten Unternehmen schon bald gescheitert sind. Eine Förderung ist ausgeschlossen, wenn man schon früher Fördermittel bekommen hat und noch keine zwei Jahre nach Auslaufen der Förderung vergangen sind.

Einen Gründungszuschuss erhält man zunächst sechs Monate lang. Die Höhe des Zuschusses hängt von der Höhe des Arbeitslosengeldes ab.

Es gilt:

Gründungszuschuss pro Monat = Höhe des zuletzt erhaltenen Arbeitslosengelds + 300,00 EUR

Nach einem halben Jahr können weitere neun Monate lang 300,00 EUR gezahlt werden.

Mini-Jobs

Tätigkeiten mit geringfügiger Beschäftigung bieten Unternehmen, die auf den flexiblen Einsatz von Arbeitskräften oder auf die Beschäftigung von Aushilfskräften angewiesen sind, die Möglichkeit, ihren Arbeitskräftebedarf zu decken. Das betrifft insbesondere den Hotel- und Gaststättenbereich oder die Landwirtschaft. Die Einkommensgrenze für Mini-Jobs liegt bei **520,00 EUR** (Stand: 01.10.2022). Beschäftigte, die bis zu 520,00 EUR verdienen, müssen weder Steuern noch Sozialabgaben bezahlen. Sie verdienen also **brutto für netto**. Mini-Jobs sind auch als Zweitbeschäftigung möglich. Arbeitgeber bezahlen für Mini-Jobber eine Pauschalabgabe, wodurch sowohl die gesetzliche Sozialversicherung als auch ein geringer Beitrag an die Lohnsteuer abgegolten ist.

Hartz-III-Gesetz

Das „Dritte Gesetz für moderne Dienstleistungen am Arbeitsmarkt" kümmert sich vor allen Dingen um die Schaffung der Voraussetzungen zur Umstrukturierung der Arbeitsverwaltung und -förderung und trat am 1. Januar 2004 in Kraft.

Beim **Umbau der Bundesagentur für Arbeit** geht es um den Grundgedanken, dass es wichtiger sei, Stellen an Arbeitssuchende zu **vermitteln** als Arbeitslose zu **verwalten**. Transparente Arbeitsabläufe und ein ständiger Informationsaustausch auf allen Ebenen der Bundesagentur für Arbeit sollen für eine verbesserte Dienstleistung sorgen. Arbeitsergebnisse werden laufend verglichen und weiterentwickelt. Das Wissen der Vermittlerinnen und Vermittler vor Ort soll besser genutzt werden, um die Qualität der Vermittlung zu verbessern. Indem die Arbeitsagenturen in den Städten mehr **Eigenverantwortung** bekommen, sollen sie besser auf die Bedürfnisse der Arbeitslosen reagieren können. Bürokratie soll abgebaut werden.

Hartz-IV-Gesetz

In der Öffentlichkeit besonders heftig umstritten ist das zum 1. Januar 2005 in Kraft getretene „Vierte Gesetz für moderne Dienstleistungen am Arbeitsmarkt", kurz Hartz IV, das sowohl eine Kürzung der Leistungen aus der Arbeitslosenversicherung als auch eine Erhöhung des Drucks auf Arbeitssuchende zum Gegenstand hat.

Dieses Gesetz regelt die **Zusammenführung von Arbeitslosenhilfe und Sozialhilfe** zum „Arbeitslosengeld II" (eigentlich „Grundsicherung für Arbeitssuchende"). Danach wird Arbeitslosengeld I bei einer Beschäftigungsdauer von zwölf Monaten nur noch für einen Zeitraum von maximal sechs Monaten gezahlt. Bei einer Beschäftigungszeit von 24 Monaten beträgt der Zeitraum der Zahlung von Arbeitslosengeld zwölf Monate. Wer keinen Anspruch mehr auf Arbeitslosengeld hat und sich nicht in einem Beschäftigungsverhältnis befindet, erhält von der Bundesagentur für Arbeit Arbeitslosenhilfe (**Arbeitslosengeld II**). Träger von Arbeitslosengeld II sind folglich die Agenturen für Arbeit in Zusammenarbeit mit den Kommunen. Mitarbeiterinnen und Mitarbeiter der Agentur für Arbeit und der Kommunen werden in sog. **„ARGEn"** (Arbeitsgemeinschaften oder Jobcenter) zusammengelegt, um die Integration in den Arbeitsmarkt zu gewährleisten. Durch das Hartz-IV-Gesetz wird die Arbeitslosenhilfe mit der Sozialhilfe, die von Kreisen und Kommunen gezahlt wird, zum Arbeitslosengeld II zusammengeführt. Das Arbeitslosengeld II wird aus der Arbeitslosenversicherung bezahlt. Auf diese Weise wird die Anzahl der Sozialhilfeempfängerinnen und Sozialhilfeempfänger erheblich reduziert. Da die Finanzierung der Sozialhilfe durch die Kreise und Kommunen erfolgt, werden diese finanziell entlastet.

Nach langen Jahren der Diskussion vor allem in der SPD wird im Koalitionsvertrag der neuen Bundesregierung vereinbart, dass HARTZ IV durch eine neue Sozialleistung ersetzen werden soll. Sie soll die Bezeichnung „**Bürgergeld**“ tragen. Am 10. Oktober 2022 bringt die Bundesregierung das *Zwölfte Gesetz zur Änderung des Zweiten Buches Sozialgesetzbuch und anderer Gesetze – Einführung eines Bürgergeldes (Bürgergeld-Gesetz)* in den Bundestag ein. Dieser stimmt dem Gesetz am 10. November 2022 in namentlicher Abstimmung zu.

Mit der Einführung des Bürgergeldes wird die Grundsicherung für Arbeitssuchende zu einer modernen Unterstützungsleistung weiterentwickelt. Die staatliche Hilfe soll **bürgernäher, unbürokratischer und zielgerichteter** sein. Ziel ist, die Menschen besser zu qualifizieren und dauerhaft in Arbeit zu bringen. Außerdem wird die Berechnung der Regelbedarfe auf eine neue Grundlage gestellt. Wichtige Eckpunkte sind die **Erhöhung der Regelbedarfe**, die Einführung einer **Karenzzeit bei Wohnen und Vermögen,** höhere **Freibeträge bei Hinzuverdienst und eine Kommunikation auf Augenhöhe**.

- **Erhöhung der Regelbedarfe**

  Mit dem Bürgergeld wird die Berechnung der Bedarfe künftig nicht mehr rückwirkend, sondern **vorausschauend an die Teuerungsraten angepasst**. Der Regelbedarf für einen alleinstehenden Erwachsenen Beträgt **502,00 EUR, für** volljährige Partner in der Bedarfsgemeinschaft **451,00 EUR** und für Kinder von 14 – 17 Jahren **420,00 EUR** pro Monat (2023).

- **Karenzzeit bei Wohnen und Vermögen**

  Im ersten Jahr des Bürgergeldbezugs gilt eine sogenannte Karenzzeit. Die Kosten für die Unterkunft werden in dieser Zeit in tatsächlicher Höhe, die Heizkosten in angemessener Höhe übernommen. Wer auf Bürgergeld angewiesen ist, darf in der Karenzzeit Erspartes behalten. So darf Vermögen erst ab 40.000 Euro angetastet werden, bei weiteren Personen in der Bedarfsgemeinschaft liegt die Grenze jeweils bei 15.000 Euro pro Person.

- **Freibeträge bei Hinzuverdienst**

  Für einen Hinzuverdienst gelten höhere Freibeträge. Dieser beträgt z.B. bei einem Zuverdienst zwischen 520 und 1.000 EUR 30%.

- **Kommunikation auf Augenhöhe**

  Leistungsberechtigte und Integrationskräfte erarbeiten gemeinsam einen Kooperationsplan. Dieser Plan dient als „roter Faden“ im Eingliederungsprozess und ist ein Kernelement des Bürgergeld-Gesetzes. Der sogenannte Vermittlungsvorrang in Arbeit wird abgeschafft. Stattdessen werden Geringqualifizierte auf dem Weg zu einer beruflichen Weiterbildung unterstützt, um ihnen den Zugang zum Fachkräftearbeitsmarkt zu öffnen.

- **Sanktionen bei Pflichtverletzungen**

  Wer Termine nicht wahrnimmt, muss weiterhin mit Sanktionen rechnen. Künftig wird ein **dreistufiges System** gelten: Bei der ersten Pflichtverletzung mindert sich das Bürgergeld für einen Monat um zehn Prozent, bei der zweiten für zwei Monate um 20 Prozent und bei der dritten für drei Monate um 30 Prozent.

Zusammenfassung: Ansatzpunkte der Arbeitsmarktpolitik untersuchen

- **Ziele der Arbeitsmarktpolitik**
  - Trotz allmählichen Aufschwungs ist der Arbeitsmarkt nach wie vor hoch belastet.
  - Das Stabilitätsziel „hoher Beschäftigungsstand“ hat in den letzten Jahren stark an Bedeutung gewonnen.
  - Insbesondere in Ostdeutschland ist Arbeitslosigkeit ein Problem.
  - Ein wichtiges Ziel ist die Schaffung von Wachstumszentren für mehr Arbeitsplätze.
  - Auch die Stärkung der Bildung ist für die Arbeitsmarktpolitik ein zentrales Ziel.

- **Träger der Arbeitsmarktpolitik**
  - In Deutschland ist die Bundesagentur für Arbeit für die Arbeitsverwaltung und Arbeitsförderung zuständig.
  - Die Bundesagentur untersteht der Aufsicht des Bundesministeriums für Arbeit und Soziales.
  - Auch die Tarifpartner (Gewerkschaften und Arbeitgeberverbände) spielen im Rahmen der Tarifautonomie eine wichtige Rolle bei der Arbeitsmarktpolitik.
- **Arbeitsmarktreform**
  AGENDA 2010
  - Verkürzung der Bezugsdauer des Arbeitslosengeldes
  - Streichung von Arbeitsbeschaffungsmaßnahmen
  - Streichung der Arbeitslosenhilfe
  - Senkung des Sozialhilfesatzes
  - Streichung von Weiterbildungsmaßnahmen für Arbeitslose
- **„Hartz"-Gesetze**
  - **Hartz I:**
    Einrichtung von Personal-Service-Agenturen (PSA)
  - **Hartz II:**
    Gründerzuschuss für Ein-Personen-Unternehmen
    Mini-Jobs (Einkommensgrenze 520,00 EUR)
  - **Hartz III:**
    Umbau der Bundesagentur für Arbeit (Bürokratieabbau)
  - **Hartz IV:**
    Zusammenlegung von Arbeitslosenhilfe und Sozialhilfe
- **Bürgergeld**
  - bürgernahe, unbürokratische und zielgerichtete Hilfe mit dem Ziel die Menschen besser zu qualifizieren und dauerhaft in Arbeit zu bringen

Aufgaben

1 *Erklären Sie, warum sich die Prioritäten bei der Zielsetzung des Stabilitätsgesetzes in der jüngeren Vergangenheit zugunsten des Ziels eines hohen Beschäftigungsstands hin verändert haben.*

2 *Recherchieren Sie im Internet den Aufbau sowie die Aufgaben der Bundesagentur für Arbeit.*

3 *Stellen Sie fest, wer aktuell das Bundesministerium für Arbeit und Soziales führt und welche Aufgaben das Bundesministerium in Bezug auf den Arbeitsmarkt konkret wahrnimmt.*

4 *Recherchieren Sie im Internet über Inhalte und Konsequenzen der Arbeitsmarktreform (Bürgergeld) und bereiten Sie die Informationen in einem softwaregestützten Bericht auf, der Klasse präsentiert werden kann.*

5 *Die Einführung des Bürgergeldes geht auf Kosten versicherungspflichtiger Normalarbeitsverhältnisse, schreibt ein Wirtschaftswissenschaftler. Die Reformen förderten den Umbau des Arbeitsmarkts hin zu sozial geringer gesicherten Beschäftigungsformen. Nicht wenige Wirtschaftsexpertinnen und Wirtschaftsexperten sehen in der Einführung des Bürgergeldes den Anfang vom Ende des Sozialstaats.*
Diskutieren Sie diese Thesen und entwickeln Sie eigene Standpunkte.

6 *Befürworterinnen und Befürworter des Bürgergeldes vertreten die Auffassung, dass durch eine Erhöhung des Drucks auf Arbeitslose eine Verminderung von Langzeitarbeitslosigkeit möglich wäre. Andererseits hält man ihnen entgegen, dass durch Reform-Ansätze wie „Ein-Euro-Jobs" sozialversicherungspflichtige Vollzeitarbeitsverhältnisse abgebaut würden. Nehmen Sie hierzu Stellung und entwickeln Sie einen eigenen Standpunkt.*

7 *Beschreiben Sie die wesentlichen Inhalte des Bürgergeld-Gesetzes und stellen Sie die wichtigsten Inhalte in einer Übersicht dar.*

8 Herr Scholz (48 Jahre alt) war früher als Lkw-Fahrer bei der Spedition Großtrans KG in Köln beschäftigt. Er ist jedoch seit 14 Monaten arbeitslos. Herr Scholz ist Bezieher von Bürgergeld. Zu seiner Familie gehören Ehefrau Inge (44 Jahre), sein Sohn Pierre-Marcel (18 Jahre), die Zwillinge Fabienne und Saskia (14 Jahre), der achtjährige Timo-Louis und das Nesthäkchen Arabella-Leonie (4 Jahre). Recherchieren Sie im Internet und berechnen Sie die Höhe der Auszahlung an Familie Scholz entsprechend den aktuellen Arbeitslosengeldsätzen.

2.3 Maßnahmen und Wirkungen der Bildungspolitik erkennen und berücksichtigen

Im Unterricht diskutiert die Klasse von Silvia Land über die Bildungschancen in Deutschland. Zu diesem Zweck hat die Lehrerin als Einstieg die folgende Karikatur herausgesucht, die sie nun den Schülerinnen und Schülern zeigt.

Arbeitsaufträge
- ***Interpretieren Sie die Karikatur vor dem Hintergrund Ihrer Erfahrungen bzw. Ihrer Einschätzung der Bildungschancen in Deutschland.***
- ***Stellen Sie einen Zusammenhang zwischen Bildungsvoraussetzungen und Herkunft einerseits und Bildungserfolg andererseits her.***
- ***Stellen Sie eigene Überlegungen an, wie sich der Bildungserfolg trotz eventuell schlechterer Ausgangsbedingungen steigern lassen könnte.***

Bildungspolitik und Bildungserfolg

Bildungserfolg gilt nach wie vor als eine der Hauptvoraussetzungen für späteren **Ausbildungs- und Berufserfolg**. Grob gesagt lässt sich die Aussage treffen, dass die Chancen auf höher bezahlte, sichere und anspruchsvolle Berufstätigkeiten steigen, je höher der Bildungserfolg ist. Im Umkehrschluss gilt mehr denn je, dass Berufsperspektiven schwinden, je schlechter man qualifiziert ist. Aus diesem Grund sind schlechte Bildungsvoraussetzungen der Hauptgrund für Jugendarbeitslosigkeit.

Jugendarbeitslosigkeit

Neben der Arbeitslosigkeit auf dem eigentlichen Arbeitsmarkt wächst seit Jahren in Deutschland die **Arbeitslosigkeit bei Jugendlichen** bis zu einem Alter von 25 Jahren. Auch europaweit herrscht hohe Jugendarbeitslosigkeit, die sich in einigen Ländern stetig verfestigt. Dabei sind die Ursachen vielfältig. Zum einen spielte die gesamtwirtschaftliche Entwicklung eine wichtige Rolle, zum anderen werden zunehmend **Fehlentwicklungen im Bildungssystem** erkannt.

Dies liegt jedoch nicht allein in der Verantwortung des Bildungssystems, sondern das **gesamte erzieherische Umfeld** von Kindern und Jugendlichen (z. B. Kita, Elternhaus) spielt hierbei eine wichtige Rolle. Expertinnen und Experten leiten daraus die dringende Notwendigkeit ab, dass die schulische und universitäre Ausbildung junger Menschen verbessert werden muss, damit die deutsche Wirtschaft auch in Zukunft über genügend qualifizierte Arbeitskräfte verfügt.

Jugendarbeitslosigkeit in der EU
Arbeitslosenquote der unter 25-Jährigen in 2021
in Prozent der Erwerbspersonen

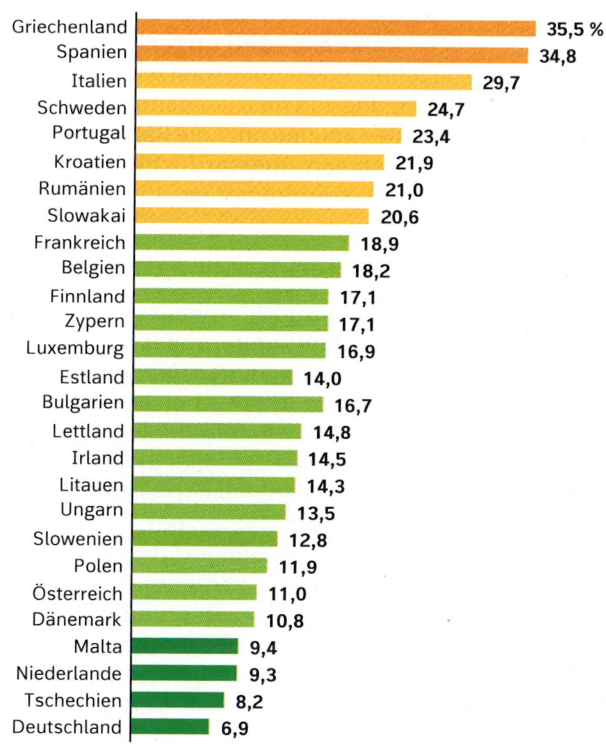

vgl. Eurostat 2022.

→P/G

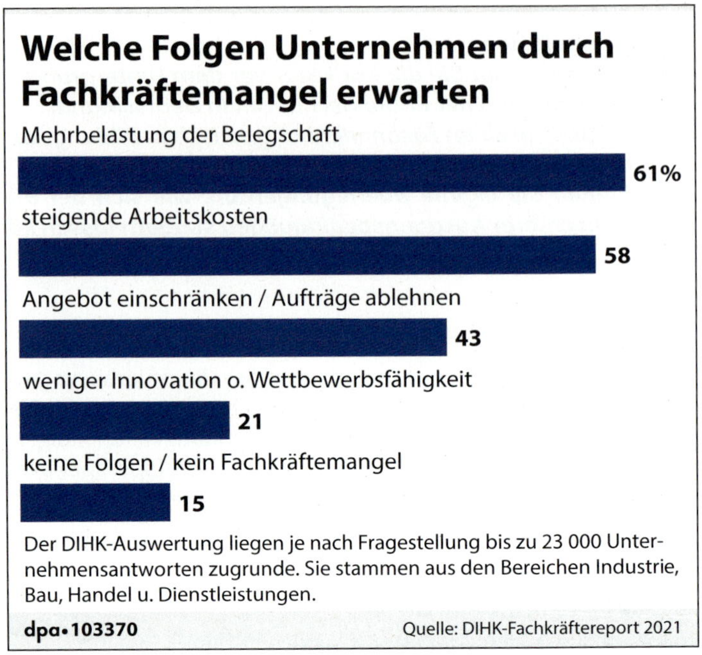

Da der Anteil der jüngeren Bevölkerung aufgrund der **demografischen Entwicklung** abnimmt, könnte es ohne gezielte Verbesserung der Schulbildung in absehbarer Zeit passieren, dass es in Deutschland zu wenig gut qualifizierte Schulabgängerinnen und Schulabgänger und Arbeitskräfte gibt und sich der **Fachkräftemangel** deutlich verstärkt. Dabei muss besonders das duale System der Berufsausbildung in Deutschland überdacht werden. So wäre es falsch, die Verantwortung für die Misere auf dem Ausbildungsmarkt allein bei den Unternehmen zu suchen, genauso wie es falsch ist, die Schuld bei den Schulen zu suchen. Vielmehr muss es Aufgabe der Arbeitsmarktpolitik sein, **Rahmenbedingungen** zu schaffen, unter denen es sich für ausbildungswillige Betriebe lohnt, Ausbildungsplätze zu schaffen. So scheuen zahlreiche Unternehmen vor einer Beschäftigung von Auszubildenden zurück, weil sie die **tariflichen** Ausbildungsvergütungen nicht zahlen können oder die Rahmenbedingungen nicht passen. Andererseits zahlen manche Unternehmen **übertarifliche Ausbildungsvergütungen** und verschärfen auf diese Weise den Konkurrenzkampf um Auszubildende.

■ Kernbereiche der Berufsbildungspolitik

Will man Jugendarbeitslosigkeit abbauen, bedarf es einer konzentrierten Zusammenarbeit **aller Akteure im Berufsbildungsprozess**. Die Politik muss die Rahmenbedingungen schaffen, unter denen Unternehmen ihre Bereitschaft steigern, Ausbildungsplätze anzubieten. Unternehmen hingegen müssen ihre Selbstverpflichtung einhalten, entsprechend ihren Möglichkeiten Ausbildungsplätze anzubieten. Und das Berufsschulsystem muss dafür sorgen, dass die berufsbezogenen und berufsübergreifenden Kenntnisse in bestmöglicher Form vermittelt werden. Problematisch wird es, wenn – trotz Kenntnis von Schulabgängerzahlen – eine große Lücke zwischen der Zahl ausbildungsplatzsuchender Jugendlicher und der ausbildendenden Unternehmen klafft. Hier sind Unternehmen aufgerufen, mehr Ausbildungsplätze zu schaffen. Die Politik muss ihrerseits die Rahmenbedingungen schaffen, dass genügend Lehrkräfte vorhanden sind, damit guter Unterricht möglich ist und damit die Ausstattung von Schulen den Erfordernissen gerecht wird. Darüber hinaus muss eine ausreichende **Qualitätskontrolle** erfolgen, um festzustellen, ob die von der Politik geforderten und gesetzten Standards in der unterrichtlichen Vermittlung auch eingehalten werden.

Zu den wichtigen **Maßnahmen der Bildungsarbeit vor Ort** gehören:

- regelmäßige Qualitätsanalysen,
- Ausstattung mit modernen Medien für Präsenz- und Distanzlernen,
- individuelle Förderung schwächerer Schülerinnen und Schüler,

- Unterrichtung in der Nutzung moderner Medien,
- konsequente Beratung bei Lernschwierigkeiten.

Natürlich muss gute Bildungsarbeit in den entsprechenden Einrichtungen noch in vielen weiteren Bereichen von einer zielführenden Bildungspolitik unterstützt werden. Allerdings ist immer wieder zu erkennen, dass in Zeiten wirtschaftlicher Krisen Kürzungen im Bildungsbereich die Folge sind, während man andererseits um die Notwendigkeit einer Förderung des Wissens für die gesamte Volkswirtschaft weiß. Daher muss Bildungspolitik immer wieder und mit verstärkter Anstrengung auf den unbedingten **Zusammenhang zwischen guter beruflicher Bildung und wirtschaftlichem Erfolg** hinweisen, weil gute Bildungspolitik für Wissensgesellschaften von existenzieller Bedeutung ist.

Zusammenfassung: Maßnahmen und Wirkungen der Bildungspolitik erkennen und berücksichtigen

- **Bildungserfolg** ist eine der Hauptvoraussetzungen für späteren Berufserfolg.
- **Schlechte Bildungsvoraussetzungen** sind ein Hauptgrund für Jugendarbeitslosigkeit.
- Neben der schlechten Wirtschaftslage sind auch **Fehlentwicklungen in der Bildungspolitik** ein Grund für Jugendarbeitslosigkeit.
- **Politik, Wirtschaft und Schulen müssen** bei der Verwirklichung besserer Bildung eng **zusammenarbeiten**.
- Bildungspolitik muss auch in Zeiten schlechter Haushaltslage immer wieder darauf hinweisen, dass **Bildung für Wissensgesellschaften in Zukunft existenziell wichtig** ist.

Aufgaben

1 *Schildern Sie persönliche Erfahrungen, die Sie in Bezug auf Ihre Bildungsvoraussetzungen bei der Ausbildungsplatzsuche gemacht haben.*

2 *Entwickeln Sie eigene konkrete Vorschläge, was die Bildungspolitik (Staat, Unternehmen, Schulen) tun kann, um die Ausbildungsvoraussetzungen junger Menschen zu verbessern.*

3 *Diskutieren Sie den von Vertreterinnen und Vertretern der Wirtschaft häufig getätigten Vorwurf, Schulabgängerinnen und Schulabgänger seien für eine Einstellung in ein Ausbildungsverhältnis heutzutage nicht ausreichend gut qualifiziert. Zeichnen Sie die Diskussion auf Video auf und werten Sie sie aus.*

Handlungsfeld 6:

Investition und Finanzierung

1 Konjunkturanalyse durchführen - Diagnose- und Prognosefähigkeit von Konjunkturindikatoren beurteilen

Im Handlungsfeld 6 beurteilen Sie, inwiefern Konjunkturindikatoren zur Einschätzung der aktuellen Wirtschaftslage und zur Prognose der zukünftigen Konjunkturentwicklung geeignet sind. Auf dieser Basis entwickeln Sie gemeinschaftlich mit anderen Schülerinnen und Schülern Empfehlungen zu Investitionsentscheidungen und zu wirtschaftspolitischen Maßnahmen.

2 Staat statt Markt? Wirtschaftspolitische Grundkonzeptionen beurteilen

Im Anschluss daran vergleichen Sie mit der nachfrageorientierten und mit der angebotsorientierten Wirtschaftspolitik zwei wirtschaftspolitische Grundkonzeptionen.

Sie diskutieren dabei die beabsichtigten und tatsächlichen Wirkungen von wirtschaftspolitischen Instrumenten in unterschiedlichen Konjunkturphasen.

3 Geldpolitische Instrumente der EZB analysieren

Letztlich erfahren Sie die Notwendigkeit einer Geldpolitik durch die Europäische Zentralbank (EZB). Sie beschreiben den Aufbau des Systems der Europäischen Zentralbanken (ESZB) und erklären seine Aufgaben. Sie begründen die Notwendigkeit der Preisniveaustabilität und weisen den grundsätzlichen Zusammenhang zwischen Geldmenge und Inflation nach. Sie erarbeiten die geldpolitischen Instrumente und diskutieren die Ziele und die Problematik einer einheitlichen Geldpolitik.

1 Konjunkturanalyse durchführen - Diagnose- und Prognosefähigkeit von Konjunkturindikatoren beurteilen

In einer Besprechung der Geschäftsführung der Bürodesign GmbH mit den Abteilungsleitungen über die konjunkturelle Situation kommt es zu folgender Diskussion.

Herr Stam (Abteilungsleiter Absatz): *„Die neuesten Daten des Statistischen Bundesamts sind wieder enttäuschend für uns. Im Vergleich zum Vorquartal ist das reale Bruttoinlandsprodukt um 0,2 % geschrumpft. Auch im laufenden Quartal wird mit einem Rückgang gerechnet. Dann sind wir in einer Rezession. Und dies bestätigt sich auch in unseren Absatzzahlen des letzten Quartals.“*

Frau Friedrich (Geschäftsführerin): *„In der Tat kühlt die Konjunktur ab. Dennoch sehe ich Licht am Horizont. Auch viele Bankvolkswirtinnen und Bankvolkswirte rechnen mit Wachstumsimpulsen aus dem In- und Ausland.“*

Herr Stein (Geschäftsführer): *„Das kann ich nur bestätigen. Eine verbesserte Ertragslage, optimistischere Zukunftserwartungen und vor allem der Nachholbedarf bei den Investitionen werden die Inlandsnachfrage nach Ausrüstungsinvestitionen auf Touren bringen. Und vergessen Sie nicht, dass die Finanzierungsbedingungen trotz der ersten Erhöhungen der Leitzinsen immer noch relativ günstig sind.“*

Frau Friedrich: *„Genau, viele Unternehmen haben in den Jahren der Corona-Pandemie Investitionen zurückgestellt. Um technologisch nicht den Anschluss zu verlieren, müssen die Investitionen nun nachgeholt werden. Auf diese wachsende Investitionsbereitschaft deutet auch eine Umfrage des Bundesverbands der Deutschen Industrie (BDI) eindeutig hin.“*

Herr Möller (Gruppenleiter Finanzen und Betriebswirtschaft): *„Dazu passt es auch, dass immer mehr Bereiche der Investitionsgüterindustrie eine bessere Auftragslage und eine höhere Kapazitätsauslastung melden. Besonders im Mittelstand zeichnet sich eine Trendwende ab. Ein Branchenverband der IT-Unternehmen, Bitkom, hat in einer Befragung von 12000 Unternehmen ermittelt, dass mehr als 40% der kleinen und mittleren Unternehmen steigende Investitionen im Bereich der Geschäftsausstattungen planen.“*

Frau Friedrich: *„Und das dürfte auch unsere Auftragslage stimulieren. Insbesondere wenn die steigenden Investitionen einen nachhaltigen Aufschwung auslösen. Erste positive Signale gibt es bereits. Die Zahl der offenen Stellen ist gestiegen.“*

Herr Stam: *„Es würde mich sehr freuen, wenn Ihre Prognosen zutreffen. Allerdings bin ich trotz allem skeptisch. Wehe, wenn auf dem Immobilienmarkt doch eine Blase platzt und hohe Inflationsraten sowie weiter steigende Energiekosten den privaten Konsum bremsen. Der Fachkräftemangel und der schwache Euro werden die Inflation weiter anheizen. An die wirtschaftlichen Auswirkungen erneuter Lockdowns und weiterer kriegsbedingter Wirtschaftssanktionen will ich im Moment gar nicht denken.“*

Herr Dohm (Gruppenleiter Außendienst): *„Das Zukunftsvertrauen der Verbraucherinnen und Verbraucher ist einfach noch nicht stabil. Sie müssen ja auch mit weiter steigenden Energiepreisen und erhöhten Belastungen im Bereich der sozialen Absicherung rechnen. Die wirtschaftlichen Folgen des Ukraine-Kriegs sind noch gar nicht absehbar. Und wehe, wenn andere internationale Konflikte, ein Einruch der chinesischen oder amerikanischen Volkswirtschaft, die Zahlungsunfähigkeit eines Eurolandes oder ein Handelskrieg zwischen den USA und China oder der EU den Aufschwung in der Weltkonjunktur bremsen.*

Dann können wir auch die Hoffnung begraben, dass steigende Exporte die Inlandskonjunktur beflügeln. Ohnehin befürchten Analystinnen und Analysten und institutionelle Anlegerinnen und Anleger, dass erneute Staatsschulden-Krisen in einigen Euroländern die Aussichten deutscher Exporteure schmälern. Nicht umsonst weist der ZEW-Finanzmarktreport wieder negative Werte auf."

Frau Friedrich: *„Sehen wir optimistisch in die Zukunft. Auch der Einzelhandelsverband HDE sieht das Schlimmste als überwunden. Wie die GfK schätzt er die Konsumzurückhaltung infolge der Konjunkturabkühlung als nicht so schlimm wie befürchtet ein. Warten wir einfach den nächsten ifo-Geschäftsklima-Index ab. Er gilt ja als zuverlässiger Stimmungsindikator."*

Arbeitsaufträge

- ***Werten Sie das obige Gespräch aus und erstellen Sie eine Übersicht nach folgendem Muster. Erfassen Sie in dieser Tabelle stichwortartig die Argumente für den jeweiligen Standpunkt.***

Optimistische Konjunktureinschätzung	Pessimistische Konjunkureinschätzung
1. verbesserte Ertragslage, optimistischere Zukunftserwartungen 2. …	1. sinkendes reales BIP im Vergleich von zwei aufeinanderfolgenden Quartalen 2. …

- ***Informieren Sie sich über die Konjunkturindikatoren. Ermitteln Sie im obigen Gespräch die angesprochenen Indikatoren. Entscheiden Sie, ob es sich um Früh-, Präsenz- oder Spätindikatoren handelt.***
- ***Informieren Sie sich im Internet über die im Gespräch genannten Verbände/Institute (Statistisches Bundesamt, BDI, Bitkom, ZEW, HDE, GfK, ifo) und deren jeweilige Konjunkturprognosen.***
- ***Die Bürodesign GmbH plant die Erweiterung ihrer Produktionskapazität. Informieren Sie sich über die aktuelle Wirtschaftslage und über die zukünftig erwartete Entwicklung der Konjunktur. Wie schätzen Sie vor diesem aktuellen Hintergrund die Situation und die Zukunftsaussichten für die Bürodesign GmbH ein? Soll die geplante Erweiterungsinvestition zum jetzigen Zeitpunkt realisiert werden? Begründen Sie Ihre Entscheidung.***

Kennziffern zur Konjunkturbeurteilung

Für die **Konjunkturdiagnose** (Beschreibung der gegenwärtigen wirtschaftlichen Lage) und für die **Konjunkturprognose** (Vorhersage zukünftiger konjunktureller Entwicklungen) benötigt man geeignete wirtschaftliche Kennzahlen, die den Zustand und die möglichen Entwicklungen zutreffend und rechtzeitig anzeigen. Diese Messgrößen nennt man **Konjunkturindikatoren**. Sie sind Voraussetzung für eine erfolgreiche Konjunkturpolitik, die unerwünschte Entwicklungen und starke Schwankungen in der Gesamtwirtschaft vermeidet. Es sind drei Arten von Indikatoren zu unterscheiden.

Konjunkturindikatoren

- Frühindikatoren
- Präsenzindikatoren
- Spätindikatoren

Frühindikatoren

Frühindikatoren kündigen sehr frühzeitig sich anbahnende Veränderungen der gesamtwirtschaftlichen Lage an. Frühindikatoren sind daher besonders **geeignet für die Konjunkturprognose** und ermöglichen das rechtzeitige Einleiten konjunkturpolitischer Maßnahmen. Wichtige

Frühindikatoren sind: Auftragseingänge bei den Unternehmen, Geschäftserwartungen von Unternehmerinnen und Unternehmern, Kreditzusagen, Investitionsvolumen, Baugenehmigungen im Hochbau.

Beispiel *Herr Stam, Abteilungsleiter Absatz der Bürodesign GmbH, schätzt die zukünftige Konjunkturentwicklung weniger optimistisch ein. Wie die IW-Konjunkturumfrage zeige, erwarten immer weniger Unternehmen eine Zunahme der gesamtwirtschaftlichen Produktion.*

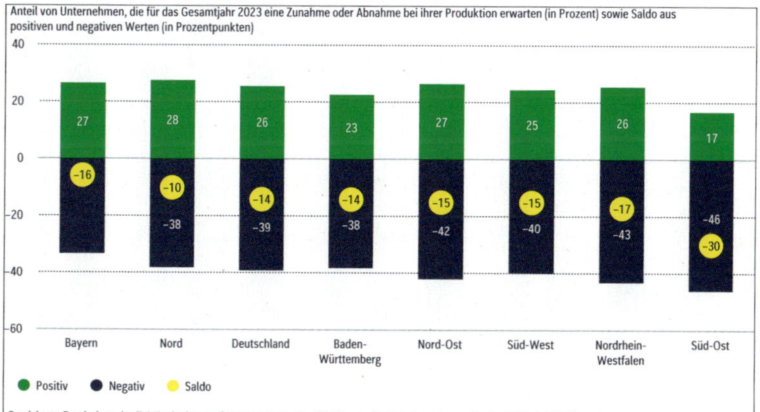

Gewichtete Ergebnisse der IW-Konjunkturumfrage von November 2022 unter 2.549 Unternehmen; Rest zu 100: gleichbleibend.
vgl. Institut der deutschen Wirtschaft (Hrsg.): IW-Kurzbericht Nr. 01/2023, S. 2.

Präsenzindikatoren (gleichlaufende Indikatoren)

Präsenzindikatoren **signalisieren den aktuellen Zustand der Konjunktur**. Das heißt, diese Messgrößen ermöglichen die Konjunkturdiagnose. Zentraler Präsenzindikator ist die Veränderungsrate des Bruttoinlandsprodukts. Aber auch der Kapazitätsauslastungsgrad, die Zahl der offenen Stellen und das Ausmaß von Kurzarbeit bzw. Überstunden lassen Rückschlüsse auf die gegenwärtige Situation zu.

Beispiel *Herr Stein, Geschäftsführer der Bürodesign GmbH, ist der Auffassung, dass sich die Wirtschaft wieder erholt. Er bezieht sich auf die prozentuale Veränderung des Bruttoinlandsprodukts zum jeweiligen Vorquartal. Ab dem ersten Quartal sei wieder mit höheren Zuwachsraten zu rechnen.*

Spätindikatoren

Spätindikatoren sind eigentlich **Folgeerscheinungen vorangegangener Veränderungen** in der gesamtwirtschaftlichen Situation und daher für die Konjunkturprognose und -diagnose ungeeignet. So reagiert z. B. der Arbeitsmarkt erst mit einer zeitlichen Verzögerung auf gesamtwirtschaftliche Veränderungen. Neben der Arbeitslosenzahl bzw. -quote gehören auch Preisindizes zu den Spätindikatoren.

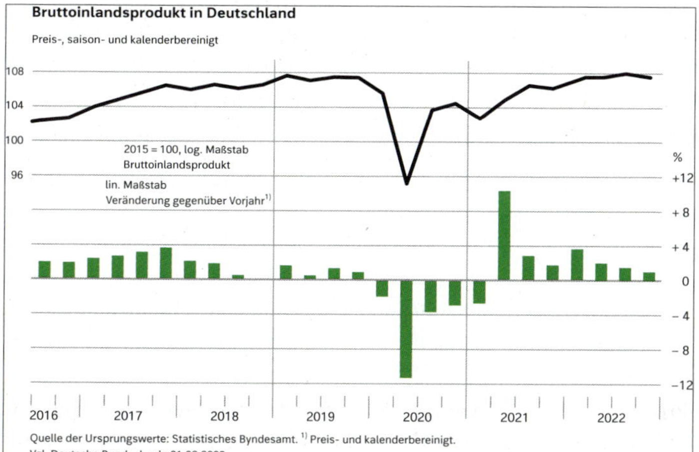

Quelle der Ursprungswerte: Statistisches Byndesamt. [1] Preis- und kalenderbereinigt.
Vgl. Deutsche Bundesbank, 21.02.2023.

Bestand an gemeldeten offenen Arbeitsstellen[1] in Deutschland im Jahresdurchschnitt von 2011 bis 2023

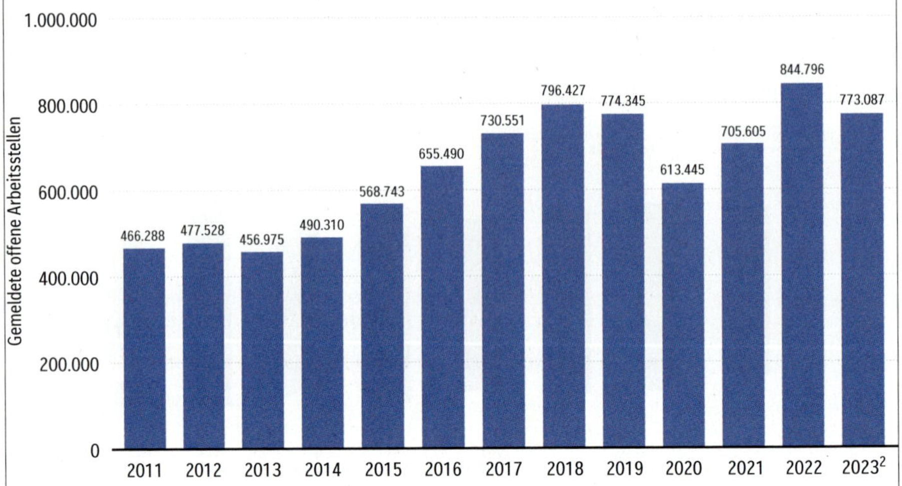

[1] Einschließlich gemeldeter Arbeitsstellen mit Arbeitsort im Ausland
[2] Angabe für 2023 entspricht dem Durchschnittswert der Monate Januar bis April
Vgl. Bundesagentur für Arbeit - Statistik (Hrsg.): Gemeldete Arbeitsstellen (Monatszahlen) - Deutschland, April 2023.

Beispiel *Frau Friedrich, Geschäftsführerin der Bürodesign GmbH, ist der Auffassung, dass die deutsche Wirtschaft angesichts der steigenden Anzahl offener Stellen vor einer Erholung stehe.*

Konjunkturforschung durch wirtschaftswissenschaftliche Institute

ifo-Geschäftsklima-Index

Ein viel beachteter Frühindikator für die konjunkturelle Entwicklung Deutschlands ist der ifo-Geschäftsklima-Index des **ifo Instituts – Leibniz-Institut für Wirtschaftsforschung an der Universität München e.V.** Dieser Index wurde entwickelt, um die konjunkturellen Wendepunkte vorherzusagen. Ein Aufschwung soll durch den ifo-Geschäftsklima-Index mit einem zeitlichen Vorlauf von zwei bis drei Monaten angezeigt werden. Eine Abschwächung der wirtschaftlichen Entwicklung ist im Regelfall etwa vier Monate im Voraus an der Indexentwicklung erkennbar. Dabei gilt die Faustformel: Steigt der Index drei Monate in Folge, ist das ein Signal für einen zukünftigen Aufschwung. Sinkt er drei Monate hintereinander, ist das ein Anzeichen für eine baldige Konjunkturabkühlung.

Für die Ermittlung des Index befragt das Institut monatlich ca. 9 000 Unternehmen des verarbeitenden Gewerbes, des Dienstleistungssektors, des Handels und des Bauhauptgewerbes. Die Unternehmen werden dabei aufgefordert,

1. ihre **aktuelle Geschäftslage** (Antwortmöglichkeiten: gut/befriedigend/schlecht)
2. ihre **Geschäftserwartungen** für die nächsten sechs Monate (Antwortmöglichkeiten: günstiger/gleichbleibend/ungünstiger)

zu beurteilen und einzuschätzen.

Die Antworten werden nach der Bedeutung der Branche gewichtet und dann zusammengefasst. Auf der Basis dieser Daten wird dann der ifo-Geschäftsklima-Index ermittelt. Aktuelle Daten, die monatlich im Internet veröffentlicht werden, finden sich unter www.ifo.de.

Beispiel *Von 100 befragten Unternehmen schätzen 40 % ihre gegenwärtige Geschäftslage als „befriedigend" ein, 35 % beurteilen sie als „gut" und 25 % kennzeichnen sie mit „schlecht". Die Unternehmen, die* *ihre Lage als „befriedigend" charakterisieren, sind gewissermaßen neutral und beeinflussen damit das Ergebnis der Lageeinschätzung nicht. Die beiden anderen Prozentsätze werden nun saldiert (35 – 25 = 10). Der Wert 10 ist die Lageeinschätzung, dargestellt als Saldo. Auf gleiche Weise wird der Saldenwert der Erwartungen für die nächsten sechs Monate ermittelt, das könnte z. B. der Wert 15 sein.*

Aus diesen beiden Teilkomponenten (Geschäftslage und Geschäftserwartungen) wird nun der geometrische Mittelwert gebildet:

$$\text{Geschäftsklima} = \sqrt[2]{(10 + 200)\,(15 + 200)} - 200 = 12{,}49$$

Der Mittelwert von 12,49 ist der ifo-Geschäftsklima-Saldo für den betreffenden Berichtsmonat.

Der ifo-Geschäftsklima-Saldo kann damit theoretisch die Extremwerte –100 (d. h., alle Befragten schätzen die Lage als schlecht ein bzw. erwarten eine Verschlechterung der Entwicklung) und +100 (d. h., alle Befragten schätzen die Lage als gut ein bzw. erwarten eine Verbesserung der Entwicklung) annehmen.

Der Saldo wird jetzt noch prozentual auf den Durchschnittswert eines Basisjahres (2015) bezogen.

$$\text{Index} = \frac{\text{Saldo im Berichtsmonat} + 200}{\text{Durchschnittssaldo im Basisjahr} + 200} \cdot 100 = \frac{12{,}49 + 200}{9{,}60 + 200} \cdot 100 = 101{,}4$$

Der Wert 101,4 ist der ifo-Geschäftsklima-Index im Berichtsmonat.

Ifo Geschäftsklima Deutschland[1]
saisonbereinigt

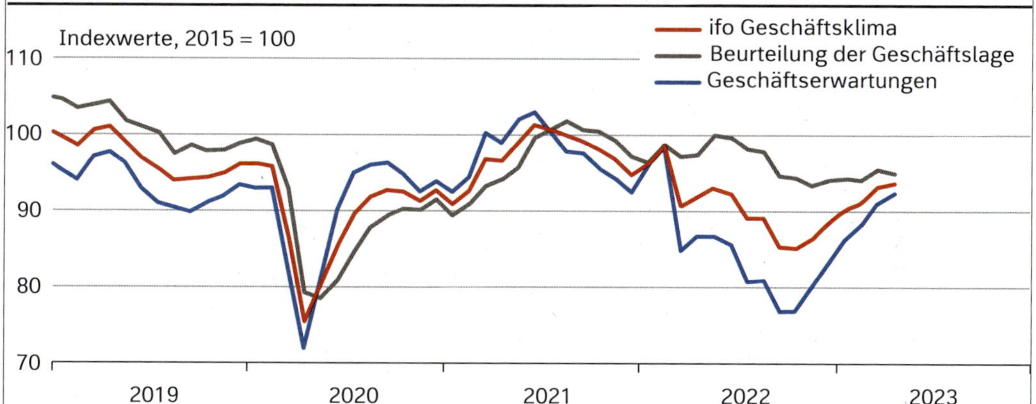

[1] Verarbeitendes Gewerbe, Dienstleistungssektor, Handel und Bauhauptgewerbe.
Vgl. ifo Institut: ifo Konjunkturumfragen, April 2023.

ZEW-Finanzmarkttest

Auch andere Forschungsinstitute entwickeln Frühindikatoren zur Einschätzung der konjunkturellen Entwicklung. Die Konjunkturbeurteilung im monatlichen ZEW-Finanzmarkttest des **ZEW – Leibniz-Zentrum für Europäische Wirtschaftsforschung GmbH in Mannheim** basiert z. B. auf der monatlichen Befragung von ca. 350 Finanzexpertinnen und Finanzexperten aus Banken, Versicherungen und großen Industrieunternehmen.

Die wichtigsten Konjunkturforschungsinstitute

Die folgenden fünf Forschungsinstitute geben im Auftrag der Bundesregierung jeweils im Frühjahr und Herbst eine gemeinschaftliche Konjunkturanalyse und -prognose (Gemeinschaftsdiagnose) ab.

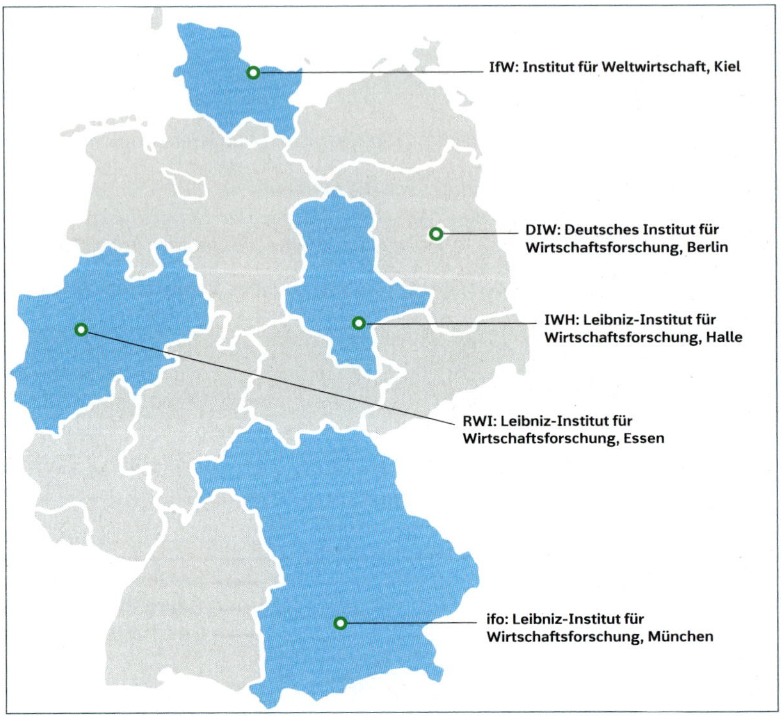

Der Sachverständigenrat zur Begutachtung der gesamtwirtschaftlichen Entwicklung

Neben den Gutachten der Wirtschaftsforschungsinstitute kommt dem **Jahresgutachten des Sachverständigenrates** eine besondere Bedeutung zu. Die fünf Mitglieder des Sachverständigenrates, auch **„die fünf Weisen“** genannt, werden vom Bundespräsidenten auf Vorschlag der Bundesregierung ernannt. Sie haben den Auftrag, die gesamtwirtschaftliche Lage zu begutachten. Dies geschieht im November eines jeden Jahres.

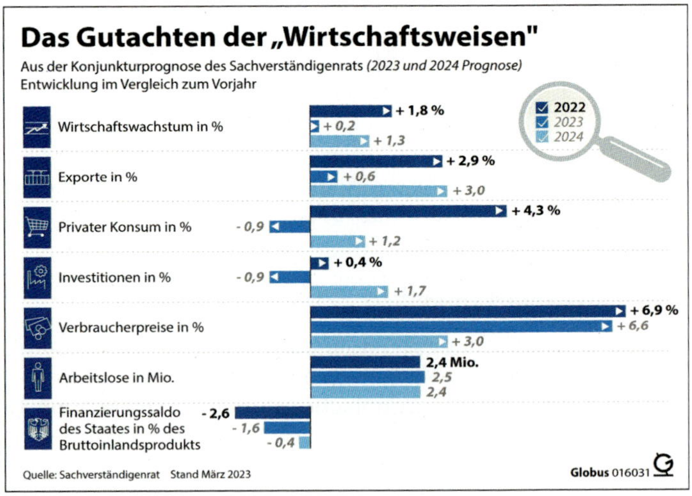

■ Konjunkturindikatoren des Statistischen Bundesamtes

Wichtiges Datenmaterial zur Konjunkturdiagnose und -prognose stellt auch das Statistische Bundesamt zur Verfügung: www.destatis.de/DE/Themen/Wirtschaft/Konjunkturindikatoren/_inhalt.html. Besonders anschaulich ist dabei der sog. **„Konjunkturmonitor“**.

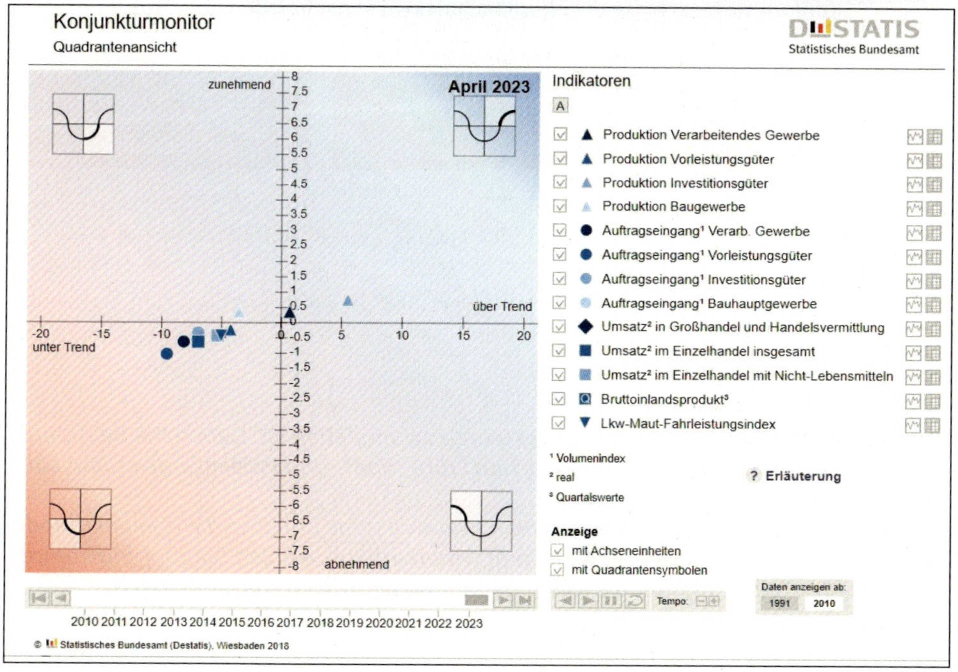

Zusammenfassung: Konjunkturindikatoren hinsichtlich ihrer Diagnose- und Prognosefähigkeit beurteilen

Konjunkturindikatoren

wirtschaftliche Größen (Daten)
zur Beurteilung der aktuellen Wirtschaftslage (Konjunkturdiagnose) und
zur Einschätzung von Entwicklungstendenzen (Konjunkturprognose)

Frühindikatoren

Vorlaufende Größen und Messreihen:

- Auftragseingänge
- Geschäftsklima
- Baugenehmigungen
- Kreditzusagen
- Aktienkurse

u. a.

Präsenzindikatoren

Gleichlaufende Größen und Messreihen:

- Produktion
- Kapazitätsauslastung
- Zahl der Kurzarbeiter/-innen
- Zahl der Überstunden
- Zahl der offenen Stellen

u. a.

Spätindikatoren

Nachlaufende Größen und Messreihen:

- Zahl der Arbeitslosen
- Preisindizes
- Steuereinnahmen

u. a.

Konjunkturforschung durch wirtschaftswissenschaftliche Institute

- **ifo-Geschäftsklima-Index**
- **ZEW-Finanzmarkttest**
- **Sachverständigenrat zur Begutachtung der gesamtwirtschaflichen Entwicklung**

Aufgaben

1 *Erläutern Sie, was unter Konjunkturindikatoren zu verstehen ist. Gehen Sie bei Ihrer Erklärung auch auf die Unterscheidung zwischen Früh-, Spät- und Präsenzindikatoren ein.*

2 *Informieren Sie sich mithilfe des Internets (www.destatis.de) über die Konjunkturindikatoren, zu denen das Statistische Bundesamt Daten erhebt. Wählen Sie fünf Indikatoren aus und beurteilen Sie begründet die jeweilige Diagnose- und Prognosefähigkeit.*

3 *Legen Sie eine Tabelle nach folgendem Muster an. Tragen Sie in der ersten Spalte weitere Konjunkturindikatoren ein, z. B. Zahl der offenen Stellen, Auftragseingang, Lagerbestände, Steueraufkommen des Staates, Zinsniveau, Sparneigung der Haushalte, Konsumneigung der Haushalte, Investitionsneigung der Unternehmen, Preisentwicklung, Lohnentwicklung, Einkommensentwicklung, Stimmung, reale Veränderungsrate des Bruttoinlandsprodukts, Gewinnsituation bei den Unternehmen, Aktienkurse, Geldmenge. Kennzeichnen Sie diese Indikatoren dann stichwortartig für jede Konjunkturphase.*

	Expansion	Hochkonjunktur	Rezession	Depression
Beschäftigung	Einstellung von Arbeitskräften	hoher Beschäftigungsgrad (Überstunden)	abnehmende Beschäftigung (Kurzarbeit)	hohe Arbeitslosigkeit (Massenentlassungen)
Produktion	...	...	...	...
...				

4 *Bilden Sie eine Arbeitsgruppe (vier oder fünf Personen). Verteilen Sie die folgenden Aufgaben auf die Mitglieder Ihrer Arbeitsgruppe. Tragen Sie alle Arbeitsergebnisse zu diesen Aufgaben in Ihrer Gruppe zusammen und erstellen Sie mit Ihren Ergebnissen einen Diagnose- und Prognosebericht zur aktuellen Konjunktur.*

a) Verfolgen Sie über den Zeitraum von einer Woche die wirtschaftspolitische Berichterstattung in den Medien (Print- und Digitalausgaben von Tageszeitungen und Zeitschriften, Nachrichtensendungen, sonstige Internetquellen). Sammeln Sie alle Informationen, die Rückschlüsse auf die aktuelle gesamtwirtschaftliche Situation und auf die zukünftige konjunkturelle Entwicklung zulassen.

b) Informieren Sie sich mithilfe des Internets (www.sachverstaendigenrat-wirtschaft.de) über den Sachverständigenrat zur Begutachtung der gesamtwirtschaftlichen Entwicklung. Klären Sie insbesondere folgende Fragen:
- *Wer sind die aktuellen Mitglieder des Sachverständigenrates?*
- *Welche Ziele und Aufgaben hat der Sachverständigenrat?*
- *Wie soll durch § 7 des Gesetzes über die Bildung eines Sachverständigenrates zur Begutachtung der gesamtwirtschaftlichen Entwicklung die Neutralität des Gremiums gewährleistet werden?*
- *Welche Konjunkturindikatoren nutzt der Sachverständigenrat bei seiner Beurteilung der gesamtwirtschaftlichen Entwicklung?*

c) Informieren Sie sich mithilfe des Internets über die aktuellen Daten zum ifo-Geschäftsklima-Index (www.ifo.de).

5 *Informieren Sie sich unter www.zew.de über das „ZEW – Leibniz-Zentrum für Europäische Wirtschaftsforschung GmbH Mannheim“ und über den ZEW-Finanzmarktreport. Erläutern Sie mit diesem Wissen die folgenden Daten.*

ZEW Finanzmarkttest Mai 2023

ZEW – Finanzmarkttest Mai 2023: Belegung der Antwortkategorien								
Konjunktur (Situation)	gut		normal		schlecht		Saldo	
Euroraum	4.5	(+1.6)	63.5	(–0.5)	32.0	(–1.1)	–27.5	(+2.7)
Deutschland	4.4	(+0.3)	56.4	(–2.9)	39.2	(+2.6)	–34.8	(–2.3)

Vgl. ZEW – Leibniz-Zentrum für Europäische Wirtschaftsforschung Mannheim (Hrsg.): ZEW Finanzmarktreport Mai 2023, S. 6; online unter: www.zew.de/publikationen/mai-2023 [20.06.2023].

2 Staat statt Markt? Wirtschaftspolitische Grundkonzeptionen beurteilen

2.1 Antizyklische Fiskalpolitik als nachfrageorientierte Wirtschaftspolitik verstehen

Frau Grell und Herr Dohm aus der Abteilung Absatz der Bürodesign GmbH diskutieren über die zukünftige Entwicklung der Konjunktur.

Herr Dohm: *„Der Staat müsste endlich wieder einmal etwas zur Belebung der Konjunktur tun. Vor allem ein staatliches Konjunkturprogramm für Zukunftsinvestitionen in den Klimaschutz, die Bildung und die digitale Infrastruktur würde auch unseren Absatz beflügeln."*

Frau Grell: *„Ich bin skeptisch. Schon in der Vergangenheit sind solche Konjunkturprogramme oft nur ein Strohfeuer gewesen. Und wer soll das bezahlen? Der Staat muss wieder neue Schulden machen. Das führt in Zukunft zu höheren Steuern, was bestimmt nicht förderlich für die Konjunktur ist."*

Herr Dohm: *„Wenn durch ein derartiges Programm die Konjunktur anspringt, nimmt die Beschäftigung zu. Die Einkommen steigen und damit auch die Steuern. Mit diesen zukünftigen Mehreinnahmen kann der Staat doch die Schulden zurückzahlen. Außerdem sind die Zinsen zurzeit immer noch relativ niedrig."*

Frau Grell: *„Ich weiß nicht. Angesichts hoher Energiekosten, internationaler Konflikte und weiter steigender Zinsen lässt sich das pessimistische Konsum- und Investitionsklima nicht durch staatliche Kaufanreize überwinden."*

Der Milliardenregen

Die Gelder für den Wiederaufbau brechen Rekorde. Aber sie müssen effizient genutzt werden.

„Solche Chancen bieten sich nur zwei Mal im Leben", sagte Spaniens Premier Pedro Sánchez, als er am Dienstag den Plan für den Wiederaufbau der Wirtschaft vorstellte. „Jetzt haben wir die Gelegenheit, all die Reformen und Investitionen zu tätigen, die wir schon lange hätten tätigen sollen." Sánchez meint damit die 140 Milliarden Euro, die sein Land in den kommenden sechs Jahren von der EU erwartet. Sie sind Teil eines Wiederaufbauprogramms nach der Coronakrise, das alle Rekorde bricht.

Das Programm „Next Generation EU" umfasst 750 Milliarden Euro für die Jahre 2021 bis 2027. Die Dimension dieser Hilfen wird deutlich, wenn man sie mit Europas wohl berühmtestem Konjunkturprogramm vergleicht: dem Marshallplan. Die USA haben damit nach dem Zweiten Weltkrieg den Wiederaufbau des Kontinents unterstützt – mit 13,3 Milliarden US-Dollar. In Preisen von 2017 sind das laut dem Researchdienst im US-Kongress umgerechnet 120 Milliarden Euro und damit weniger als ein Sechstel der Mittel, die den EU-Mitgliedern nun zur Verfügung stehen.

Das Geld soll nicht nur kurzfristig das Wachstum anschieben, sondern die Wirtschaft nachhaltig stärken. Dafür müssen die Staaten bis Ende April ihre Pläne in Brüssel einreichen – neben Investitionen müssen diese auch strukturelle Reformen umfassen. Die beiden größten Empfängerländer sind Italien und Spanien. Zwei Staaten, die sowohl vom Coronavirus als auch von der Rezession hart getroffen wurden.

[...]

Quelle: Louven, Sandra; Siebenhaar, Hans-Peter; Wermke, Christian: Der Milliardenregen, 15.04.2021. In: https://archiv.handelsblatt.com/document/HB__59AB0978-1C2F-4FF7-B1E3-B9F6B12B80F7%7CHBPM__59AB0978-1C2F-4FF7-B1E3-B9F6B12B80F7 *[28.01.2023].*

Arbeitsaufträge
- ***Informieren Sie sich über die Grundzüge der staatlichen Fiskalpolitik. Erklären Sie, wie staatliche Nachfrageprogramme die Konjunktur positiv beeinflussen sollen.***
- ***Erläutern Sie, inwiefern die Bürodesign GmbH von einem staatlichen Konjunkturprogramm profitieren kann.***
- ***Diskutieren Sie in Ihrer Arbeitsgruppe problematische Auswirkungen einer antizyklischen Fiskalpolitik.***

Theoretische Grundlagen einer nachfrageorientierten Wirtschaftspolitik

Zu Beginn des 20. Jahrhunderts praktizierten viele Staaten eine eher passive Finanzpolitik. Ziel war in erster Linie ein ausgeglichener Staatshaushalt. Dabei bestand jedoch die Gefahr einer **prozyklischen Finanzpolitik**.

In Zeiten der Hochkonjunktur erhöhte der Staat seine Nachfrage, weil er höhere Steuereinnahmen zu verzeichnen hatte. In Rezessionsphasen schränkte der Staat seine Nachfrage ein, weil sich seine Steuereinnahmen verringerten. Die Auswirkungen dieser **prozyklischen Finanzpolitik** waren verhängnisvoll: Im Boom wurde die Überhitzung der Wirtschaft weiter vorangetrieben, in der Rezession verstärkte der Staat den Abschwung und die Probleme auf dem Arbeitsmarkt.

Der britische Volkswirtschaftler **John Maynard Keynes** (1883–1946) widerlegte unter dem Eindruck der Weltwirtschaftskrise (1918–1933) die bis dahin vertretene These, nach der die Marktkräfte automatisch zur Vollbeschäftigung führen.

Nach seiner Auffassung kommt es in einer Marktwirtschaft regelmäßig zu Schwankungen bei der privaten Nachfrage von Haushalten und Unternehmen. Dies führt wiederum zu Produktions- und Beschäftigungsschwankungen. **Der Markt reguliert sich jedoch nicht selbst**, sondern es kommt zu Wirtschaftskrisen und Massenarbeitslosigkeit.

Der Staat soll daher die Rolle des Krisenmanagers übernehmen und durch stabilitätspolitische Eingriffe **im Sinne einer antizyklischen Fiskalpolitik** gegensteuern. Mit seinem Hauptwerk „Allgemeine Theorie der Beschäftigung, des Zinses und des Geldes“ (1936) wird Keynes zum Begründer einer neuen Richtung in der Nationalökonomie, dem sog. **Keynesianismus**.

■ Instrumente der antizyklischen Fiskalpolitik

Nach der Theorie von Keynes soll der Staat die Konjunktur im Wesentlichen dadurch beeinflussen, dass er seine Staatseinnahmen und -ausgaben entgegengesetzt zum Konjunkturzyklus verändert. Deshalb bezeichnet man die Umsetzung der keynesianischen Wirtschaftspolitik auch als **antizyklische Fiskalpolitik**.

Der Begriff **Fiskus** stammt aus dem Lateinischen und bedeutet „Korb, Geldkorb, Kasse“. In Anlehnung an diese Grundbedeutung versteht man unter Fiskus den Staatshaushalt mit seinen Staatseinnahmen, Staatsausgaben und seinem Staatsvermögen.

Fiskalpolitik ist somit Konjunkturpolitik mittels einer gezielten Steuerung der Ausgaben und Einnahmen der Staatskasse. In der Rezession soll die gesamtwirtschaftliche Nachfrage und in der Folge die Konjunktur belebt werden (expansive Wirkung), in der Hochkonjunktur wird dagegen ihre Dämpfung angestrebt (restriktive Wirkung). Extreme Konjunkturschwankungen sollen dadurch ausgeglichen werden. Im Idealfall wird mit dem Wachstumstrend ein stetiges und angemessenes Wirtschaftswachstum erreicht.

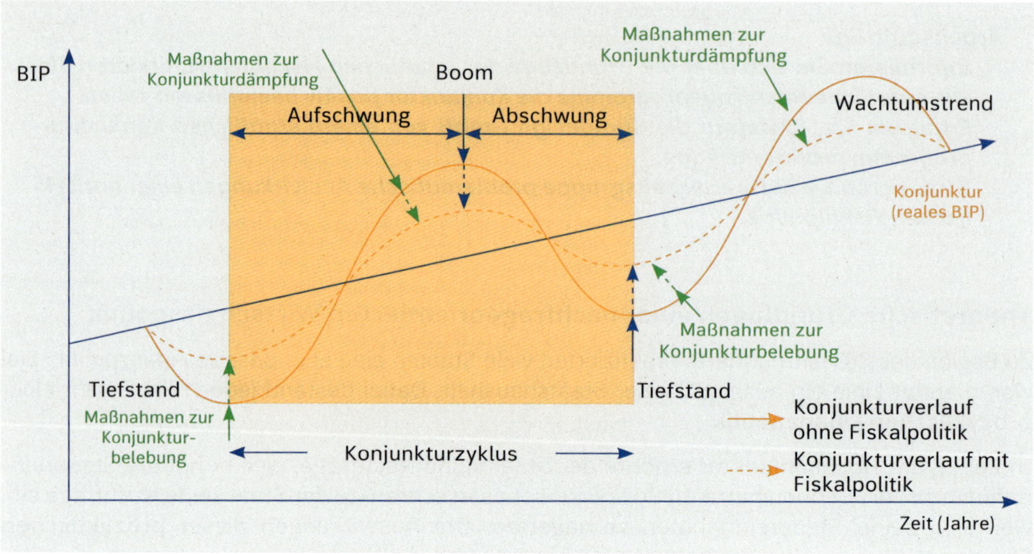

Ausgabenpolitik

Expansive Maßnahmen in Konjunktur- und Beschäftigungskrisen

Herrscht Unterbeschäftigung vor und sind die Produktionsanlagen unausgelastet, dann soll der Staat die Nachfrage „ankurbeln". Er kann dies direkt durch eine Erhöhung öffentlicher Aufträge bewirken, z. B. Investitionen in Verkehrswege, in die digitale Infrastruktur, in Bildungseinrichtungen oder in den Klimaschutz. Zur Finanzierung dieser Investitionen kann sich der Staat zeitlich befristet auch verschulden **(Deficit-Spending).** Oder der Staat fördert die private Nachfrage durch Subventionen an Unternehmen bzw. Sozialleistungen an private Haushalte.

Beispiel *In der Konjunkturphase der Rezession erhält die Bürodesign GmbH von der Stadt Köln den Auftrag, alle Berufskollegs mit neuen Schultischen und -stühlen auszustatten. Zur Abwicklung dieses Großauftrags stellt die Bürodesign GmbH fünf neue Tischlerinnen und Tischler ein und kauft drei neue Holzbearbeitungsmaschinen. Die neuen Mitarbeiterinnen und Mitarbeiter bezogen bisher Arbeitslosengeld und hatten deshalb ihre Konsumgüternachfrage auf das unbedingt Erforderliche reduziert. Angesichts des erhöhten und gesicherten Arbeitseinkommens durch die neue Arbeitsstelle erhöhen sie ihre Nachfrage nach Konsumgütern des täglichen Bedarfs und holen die bisher zurückgestellte Anschaffung langlebiger Gebrauchsgüter nach (z. B. neue Wohnungseinrichtungsgegenstände oder ein Auto).*

*Der Kauf der drei neuen Maschinen durch die Bürodesign GmbH führt bei den betroffenen Unternehmen der Maschinen- und Anlagenbauindustrie zu einer verbesserten Auftragslage. Diese Belebung der Konsum- und Investitionsgüternachfrage bewirkt wiederum auch bei Unternehmen in vorgelagerten Wirtschaftsstufen positive Produktions-, Beschäftigungs- und Einkommenseffekte. Es kommt zu einem sich selbst tragenden Wirtschaftsaufschwung (**Multiplikatoreffekt**).*

Restriktive Maßnahmen in Boom- und Vollbeschäftigungsphasen

In der Hochkonjunktur, d. h. bei Vollauslastung der Produktionsanlagen, knappen Arbeitskräften und steigenden Preisen, soll der Staat dagegen bremsend auf die gesamtwirtschaftliche Nachfrage und die wirtschaftliche Entwicklung einwirken. Er verschiebt öffentliche Aufträge, z. B. für Baumaßnahmen, und verringert damit seine Ausgaben. Die vorgesehenen Mittel werden bei der Zentralbank stillgelegt (**Konjunkturausgleichsrücklage**).

Beispiel *Nach einer längeren Phase wirtschaftlicher Stagnation schlägt sich der aufgestaute Nachholbedarf in einer Zunahme der Binnennachfrage nieder. Unternehmen holen lange zurückgestellte Investi-*

tionen auch im Bereich der Büroausstattung nach. Private Haushalte entschließen sich zu Neu- und Ersatzanschaffungen von Einrichtungsgegenständen.

Demzufolge sind auch die Auftragsbücher der Bürodesign GmbH gefüllt, die Produktionskapazitäten sind voll ausgelastet. Die Bürodesign GmbH muss gegenüber ihren Kunden Lieferzeiten von sechs Monaten einführen. Die deshalb dringend erforderliche Kapazitätserweiterung kann die Bürodesign GmbH nicht realisieren. Benötigte Fachkräfte sind am Arbeitsmarkt nicht mehr verfügbar. Trotz stark gestiegener Preise für neue Holzverarbeitungsmaschinen ist die Nachfrage nach Maschinen und Ausrüstungen außerdem so hoch, dass auch die Hersteller der Maschinenbauindustrie lange Lieferfristen haben. In dieser Situation begrüßt die Geschäftsführung der Bürodesign GmbH die Entscheidung der Stadt Köln, die geplante Ausstattung aller Berufskollegs mit neuen Schultischen und -stühlen vorerst zurückzustellen.

Einnahmenpolitik

Expansive Maßnahmen in Konjunktur- und Beschäftigungskrisen

Automatisch stabilisierend auf die private Nachfrage wirkt das Einkommensteuersystem mit seinem **linear progressiven Steuertarif**. Sinken die Einkommen im Abschwung, so hat ein niedrigerer Steuersatz eine gewisse antizyklische Wirkung. Das nachfragewirksame Nettoeinkommen geht weniger stark zurück als das Bruttoeinkommen, da der Steuersatz und damit die Steuerbelastung sinken.

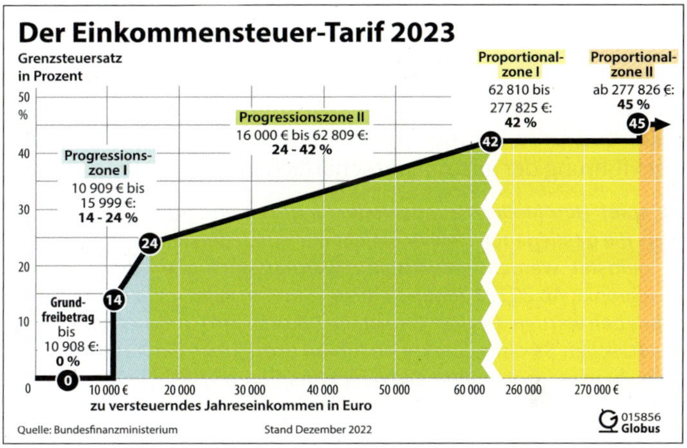

Diese automatische Stabilisierung kann durch gesteuerte Maßnahmen bei den Steuereinnahmen unterstützt werden. So können die Einkommensteuer und die Körperschaftsteuer gesenkt werden, z.B. durch **niedrigere Steuersätze** und **höhere Steuerfreibeträge**. **Günstigere Abschreibungsregelungen** für Neuinvestitionen verringern bei den Unternehmen den steuerpflichtigen Gewinn und senken die Steuerbelastung. Die gezielte Verringerung der Steuereinnahmen des Staates erhöht die verfügbaren Mittel bei den Haushalten und Unternehmen. Es wird erwartet, dass dadurch die private Nachfrage nach Konsum- und Investitionsgütern steigt und in der Folge positive Wachstums- und Beschäftigungseffekte ausgelöst werden. Den Einnahmenausfall kann der Staat durch die Auflösung einer zuvor gebildeten Konjunkturausgleichsrücklage und/oder durch Kreditaufnahme ausgleichen, sodass es nicht nur zu einer Verlagerung der gesamtwirtschaftlichen Nachfrage vom staatlichen zum privaten Sektor kommt, sondern zu einer echten Steigerung. →BWR

Beispiel *Nach 2019 und 2020 wird der Grundfreibetrag erneut zum 1. Januar 2023 auf 10 908,00 EUR angehoben. Diese Anhebung und die parallele Erhöhung des Arbeitnehmer-Pauschbetrags auf 1 230,00 EUR verringern unmittelbar die Höhe der Lohnsteuer für die Familie Land. Da außerdem die Zinsen immer noch relativ niedrig sind, entschließt sich Familie Land, ein* ***Anschaffungsdarlehen*** *aufzunehmen und den Kauf einer neuen Einbauküche zu finanzieren. Die monatliche Zins- und* ***Tilgungsrate (Annuität)*** *für das Darlehen kann mit dem zusätzlich zur Verfügung stehenden Einkommen gut bestritten werden.* →MATH →MATH

Unter **kalter Progression** versteht man eine **Steuermehrbelastung**.

Sie kommt dann zustande, wenn **neben einer Lohnerhöhung** eine **Inflation** eintritt.

1 Gehaltserhöhung

Der/die Arbeitnehmer/-in erhält eine Gehaltserhöhung.

2 Steuerbelastung & Inflation

Bei höherem Einkommen muss der/die Arbeitnehmer/-in gleichzeitig höhere Abgaben an den Fiskus leisten.

3 Verlust der Kaufkraft

Infolgedessen bleibt seine/ihre wirtschaftliche Situation, trotz mehr Gehalt, gleich oder verschlechtert sich sogar.

Im Falle einer Inflation steigen zusätzlich seine/ihre Lebensunterhaltungskosten.

Die Regierung hat bereits **Schritte gegen die kalte Progression** eingeleitet (z. B. Anhebung der Steuerfreibeträge).

Restriktive Maßnahmen in Boom- und Vollbeschäftigungsphasen

In der Hochkonjunktur kann durch **Steuererhöhungen** die gesamtwirtschaftliche Nachfrage gebremst werden. Wichtig ist jedoch, dass die Mehreinnahmen des Staates in einer Konjunkturausgleichsrücklage, z. B. bei der Zentralbank, **stillgelegt** werden. Würde der Staat die gestiegenen Einnahmen für staatliche Investitionsvorhaben oder Unterstützungszahlungen an Haushalte und Unternehmen verwenden, käme es nur zu einer Verschiebung und nicht zu einer Rückführung der gesamtwirtschaftlichen Nachfrage.

Beispiel *Herr Möller, Gruppenleiter Finanzen und Betriebswirtschaft der Bürodesign GmbH, klagt darüber, dass die gestiegenen Gewinne nicht nur durch den linear steigenden Steuersatz bei der Körperschaftssteuer belastet werden. Gleichzeitig werden auch die Abschreibungsmöglichkeiten für Neuinvestitionen beschränkt. Ab 2023 können Neuinvestitionen nicht mehr degressiv mit 25 %, sondern nur noch linear abgeschrieben werden. Dadurch weist die Bürodesign GmbH einen höheren steuerpflichtigen Gewinn aus. Diese zusätzlichen Steuerbelastungen führen dazu, dass die Anschaffung einer neuen Holzbearbeitungsmaschine nicht mehr rentabel ist. Die Geschäftsführung beschließt deshalb, diese Investition nicht mehr durchzuführen.*

■ Die antizyklische Fiskalpolitik als nachfrageorientierte Wirtschaftspolitik

Es ist deutlich geworden, dass die antizyklische Fiskalpolitik nach Keynes in erster Linie auf eine **Beeinflussung der gesamtwirtschaftlichen Nachfrage** abzielt. Durch eine konjunkturorientierte Steuerung seiner Ausgaben verändert der Staat direkt die Nachfrage in der Gesamtwirtschaft. Im Rahmen seiner Einnahmenpolitik versucht er, über eine Beeinflussung der Nachfrage von Haushalten und Unternehmungen die gesamtwirtschaftliche Nachfrage indirekt zu verändern. Wegen dieser grundsätzlichen Ausrichtung an der Nachfrage bezeichnet man diesen Politikansatz auch als **nachfrageorientierte Wirtschaftspolitik**.

■ Kritische Beurteilung der antizyklischen Fiskalpolitik

Zwischen dem Zeitpunkt der Notwendigkeit einer Maßnahme und ihrem Wirksamwerden vergeht infolge des politischen Entscheidungsprozesses Zeit. Diese Zeitverzögerungen **(time lags)** können dazu führen, dass im Moment des Wirksamwerdens die wirtschaftliche Lage eine andere ist. Es besteht dann die Gefahr, dass die fiskalische Maßnahme nicht antizyklisch, sondern sogar prozyklisch wirkt.

Staatliche Investitionen unterliegen einer **langfristigen Planung** und sind nur eingeschränkt variierbar. Zahlreiche Investitionsvorhaben sind durch gesetzliche Vorschriften oder internationale Verträge zwingend durchzuführen. Hinzu kommt, dass die Bundesregierung nur einen begrenzten Einfluss auf die staatliche Investitionstätigkeit hat. Zahlreiche Bereiche unterliegen dem Entscheidungsbereich der Länder und Kommunen.

Möglicherweise lösen staatliche Aktivitäten eine **Verdrängung privater Aktivitäten** aus. Der Staat erhöht z.B. seine Ausgaben und finanziert dies mit Krediten. Die gestiegene Kreditnachfrage des Staates bedingt einen Zinsanstieg. Dies kann zur Folge haben, dass Unternehmen und Haushalte ihre geplante kreditfinanzierte Nachfrage nach Investitions- und Konsumgütern zurückfahren.

Restriktive Maßnahmen wie die Zurückstellung staatlicher Aufträge und Steuererhöhungen sind **politisch nur schwer durchzusetzen**.

Staatliche Maßnahmen im Rahmen der Einnahmenpolitik sind lediglich Anreize. Die angestrebten Verhaltensänderungen bei den Unternehmen und Haushalten sind nicht garantiert. Das Verhalten der Unternehmungen und Privathaushalte wird auch stark durch **psychologische Faktoren** bestimmt. Haben die Wirtschaftssubjekte pessimistische Zukunftserwartungen, lassen sie sich auch durch Steuersenkungen nicht zu höheren Investitions- und Konsumausgaben anregen. Ein höheres verfügbares Einkommen schlägt sich dann oft in einer höheren Sparquote nieder. Andererseits bleibt eine Steuererhöhung wirkungslos, wenn sie von den Wirtschaftssubjekten durch die Auflösung von Reserven ausgeglichen werden kann.

Werden in Zeiten der Hochkonjunktur bestehende Schulden nicht abgebaut und keine Konjunkturausgleichsrücklagen gebildet, nehmen die **Staatsschulden** mit jeder Konjunkturkrise zu. Die Verschuldung der öffentlichen Haushalte hat mittlerweile ein bedrohliches Ausmaß angenommen. Sie engt den Handlungsspielraum der Fiskalpolitik zunehmend ein.

Beispiel *Klaus Stein, Geschäftsführer der Bürodesign GmbH, steht einem erneuten Konjunkturprogramm skeptisch gegenüber. Natürlich erhöhen die zusätzliche Staatsnachfrage und Steuergeschenke an Haushalte und Unternehmen die gesamte Binnennachfrage und fördern damit das Wirtschaftswachstum. Das Konjunkturprogramm kann aber nur über neue Staatsschulden finanziert werden. Und weiter steigende staatliche Schulden und der ausgelöste Nachfragesog werden das Preisniveau erhöhen und so den Geldwert gefährden.*

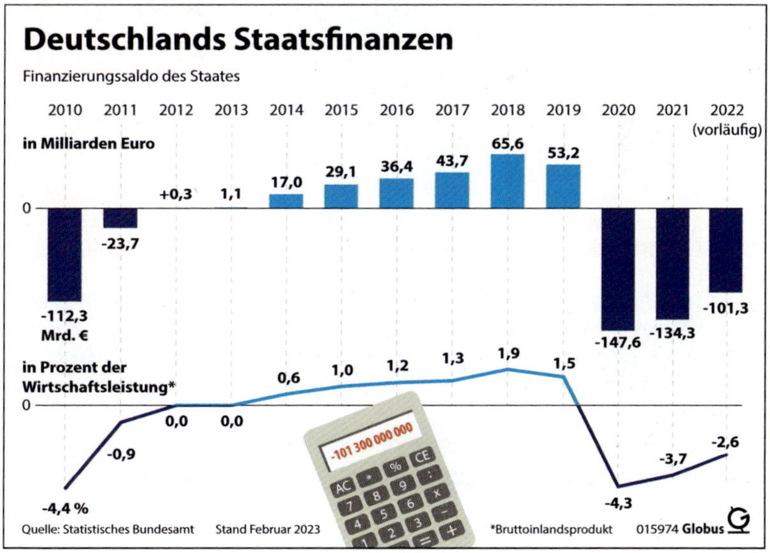

Zusammenfassung: Antizyklische Fiskalpolitik als nachfrageorientierte Wirtschaftspolitik verstehen

Maßnahmen und Wirkungen der antizyklischen Fiskalpolitik

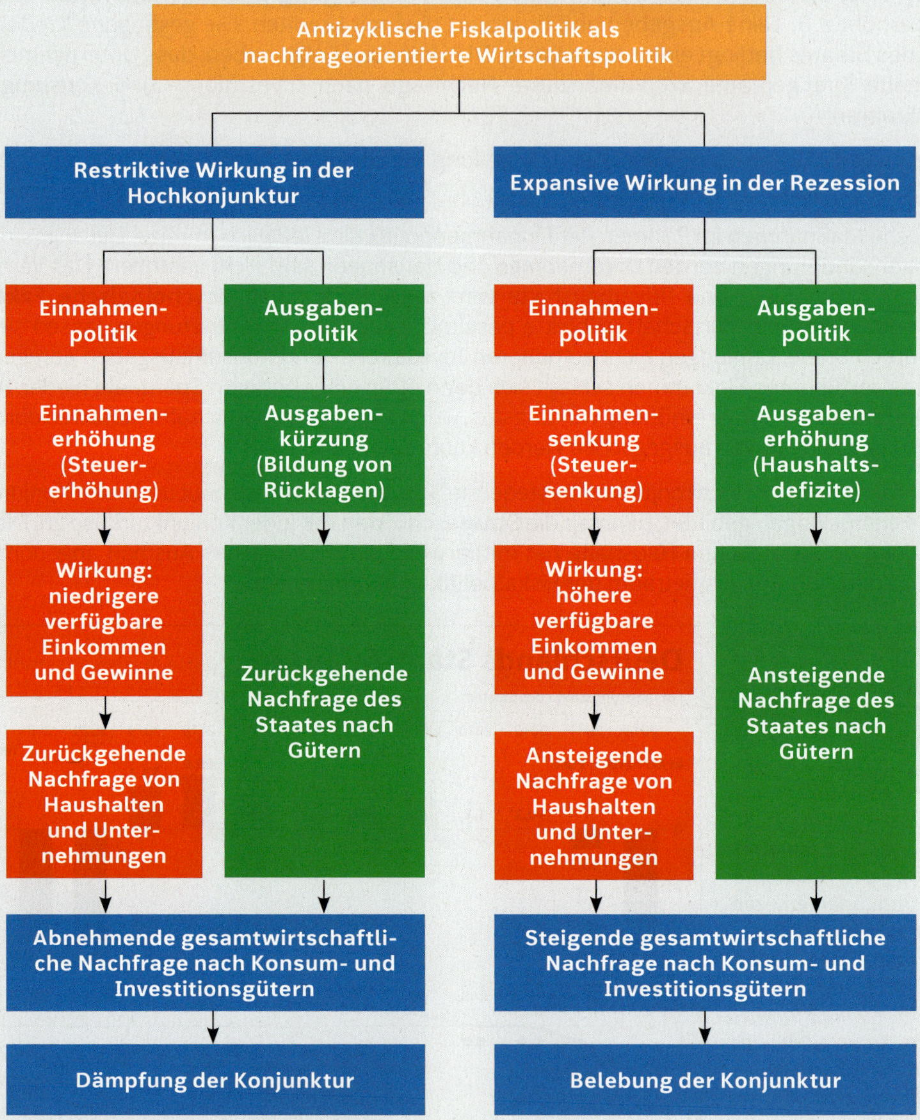

Aufgaben

1 *Erläutern Sie die grundlegenden Unterschiede zwischen einer prozyklischen und einer antizyklischen Fiskalpolitik.*

2 *Beschreiben Sie die Grundzüge einer nachfrageorientierten Wirtschaftspolitik (antizyklischen Fiskalpolitik).*

3 *Erläutern Sie am Beispiel der Einnahmenpolitik, was unter der automatischen Stabilisierung im Gegensatz zu der gesteuerten Stabilisierung zu verstehen ist.*

4 *Das im Rahmen der gesetzlichen Arbeitslosenversicherung ausgezahlte Arbeitslosengeld nimmt im Abschwung mit steigender Arbeitslosigkeit zu und sinkt im Aufschwung mit zunehmender Beschäftigung. Begründen Sie, inwiefern es sich bei diesem Zusammenhang um ein Beispiel für eine automatische Stabilisierung innerhalb der antizyklischen Fiskalpolitik handelt.*

5 *Im Rahmen der Ausgabenpolitik sollen Konjunkturausschläge sowohl nach unten als auch nach oben durch Variation der Staatsausgaben gedämpft werden. Beurteilen Sie anhand des aktuellen Bundeshaushalts, inwieweit sich folgende Positionen des Haushaltes dazu eignen: Arbeit und Soziales, Verteidigung, Bundesschuld (Zinsen für aufgenommene Kredite), Digitales und Verkehr, Bildung/Forschung.*

6

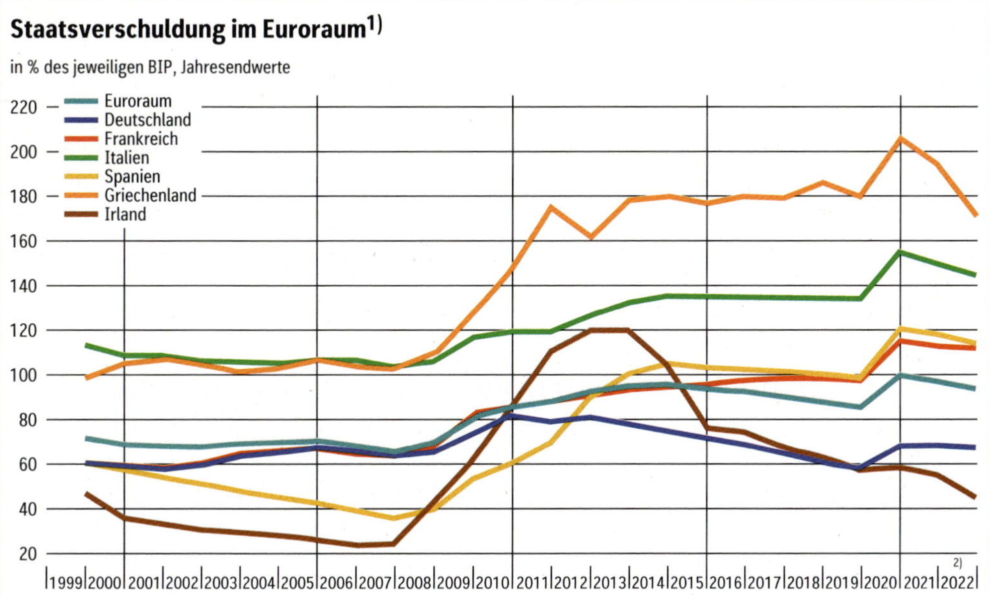

1) gemäß Maastricht-Abgrenzung (Gebietskörperschaften und Sozialversicherungen); Angaben zum Euroraum insgesamt enthalten auch Kreditvergaben zwischen Euro-Staaten
2) geschätzt
Vgl. Europäische Kommission, AMECO-Datenbank (21.02.2023).

a) *Informieren Sie sich, z. B. mithilfe des Internets, über den sog. Stabilitätspakt. Fassen Sie Ihr Rechercheergebnis in einem Fachbericht zusammen. Berücksichtigen Sie dabei auch die in der obigen Grafik veranschaulichten Informationen.*
b) *Erläutern Sie vor diesem Hintergrund das Dilemma einer nachfrageorientierten Wirtschaftspolitik.*

7 Nehmen Sie Stellung zu folgender Aussage: „Wenn der Staat durch eine antizyklische Fiskalpolitik die Konjunktur fördern will, so muss er nicht zwingend Deficit-Spending praktizieren. Er kann seine zusätzlichen Ausgaben auch über erhöhte Steuereinnahmen finanzieren."

8 In Phasen der Hochkonjunktur bremst der Staat die gesamtwirtschaftliche Entwicklung durch eine Erhöhung der Steuerbelastung des privaten Sektors (Haushalte und Unternehmen). Begründen Sie, warum die zusätzlichen Einnahmen in einer Konjunkturausgleichsrücklage stillgelegt werden müssen und nicht für zusätzliche Staatsnachfrage eingesetzt werden dürfen.

9 Durch eine Veränderung der Steuerschuld soll die Nachfrage der privaten Haushalte beeinflusst werden.
a) Eine Erhöhung der Einkommensteuer soll die Nachfrage abschwächen. Beurteilen Sie den Erfolg dieser Maßnahme, wenn die Verbraucherinnen und Verbraucher steigende Komsumgüterpreise erwarten.
b) Eine Senkung der Einkommensteuer soll die Nachfrage beleben. Beurteilen Sie den Erfolg dieser Maßnahme bei pessimistischen Zukunftserwartungen der Konsumentinnen und Konsumenten.

2.2 Instrumente einer angebotsorientierten Wirtschaftspolitik kennenlernen

Im Rahmen seines VWL-Studiums an der Universität Köln hat Thomas Stein ein Seminar zur Wirtschaftspolitik belegt. Für eine Seminararbeit muss Thomas wirtschaftsgeschichtliche Zeitungsberichte auswerten. Unter anderem liegt ihm ein Artikel aus dem Handelsblatt vor.

Handelsblatt
DIE WIRTSCHAFTS- UND FINANZZEITUNG

Der letzte noch aktive Erfinder der Angebotspolitik tritt ab

OLAF STORBECK, HANDELSBLATT, 24.06.2004
KÖLN. Es waren nur wenige Sätze, mit denen fünf Herren im Spätherbst 1976 einen radikalen Paradigmenwechsel der ökonomischen Wissenschaft einleiteten – und sie waren gut versteckt: Im achten Absatz auf Seite 127 seines 13. Jahresgutachtens riss der Sachverständigenrat damals erstmals eine völlig neuartige Wirtschaftspolitik an: „Die nachfrageorientierte Globalsteuerung muss durch eine mittelfristig angelegte, angebotsorientierte Therapie ergänzt werden", forderten die Fünf Weisen – und wiesen ihr die Aufgabe zu, „die Bedingungen für das Investieren und den Wandel der Produktionsstruktur so zu verbessern, dass wieder mit angemessenem Wachstum und hohem Beschäftigungsstand gerechnet werden darf."
Mit dieser Passage erlebte der Rat seine bis heute größte Sternstunde – führende US-Ökonomen [...] griffen das Konzept auf, Reagan und Thatcher setzten es Anfang der 80er-Jahre in den USA und Großbritannien um.
In diesen Tagen zieht sich der letzte der fünf Autoren dieser wahrhaft historischen Zeilen aus dem aktiven Wissenschaftsbetrieb zurück – der soeben 65 Jahre alt gewordene Gerhard Fels, der seit 1983 das Kölner Institut der deutschen Wirtschaft (IW) leitet. [...]

Quelle: Storbeck, Olaf: Der letzte noch aktive Erfinder der Angebotspolitik tritt ab. In: Handelsblatt, 24.06.2004, S. 8.

Arbeitsaufträge
- ***Erstellen Sie zu dem Artikel „Der letzte noch aktive Erfinder der Angebotspolitik tritt ab" ein Textprotokoll, z. B. in der Form einer Mindmap.***
- ***Erklären Sie die Grundzüge einer angebotsorientierten Wirtschaftspolitik.***

Theoretische Grundlagen einer angebotsorientierten Wirtschaftspolitik

Eine Gegenbewegung zum Keynesianismus und zur antizyklischen Fiskalpolitik ist die angebotsorientierte Wirtschaftspolitik. Sie basiert auf dem **Sayschen Theorem**. Der französische Nationalökonom **Jean-Baptiste Say** (1767 – 1832) ist der Auffassung, dass sich jedes Angebot seine eigene Nachfrage schafft. Denn wer für den Markt ein Gut produziert, will Einkommen erzielen, damit er selbst Güter kaufen kann. Ein erhöhtes Güterangebot erzeugt damit automatisch eine entsprechend höhere Nachfrage. Eine unzureichende Gesamtnachfrage kann es auf Dauer gar nicht geben. Say beschreibt auch schon die möglichen **Folgen einer falschen Steuerpolitik**. Wer zu hoch mit Steuern belastet wird, verfügt über eine geringere Kaufkraft. Sinkt dadurch die Nachfrage, sinkt auch die Produktion, und das lässt in der Folge die Steuereinnahmen des Staates schrumpfen. Umgekehrt heißt das: Senkt die Regierung den Steuersatz, steigen Produktionsvolumen und Steuereinnahmen. Für die Vertreterinnen und Vertreter einer angebotsorientierten Wirtschaftspolitik sind **mangelhafte Angebotsbedingungen die Ursache für niedrige Wachstumsraten und für hohe Arbeitslosigkeit**. Wirtschaftspolitik muss deshalb die Voraussetzungen für das optimale Funktionieren der Marktkräfte schaffen, die Rahmenbedingungen für die Wirtschaft verbessern und Investitionshemmnisse beseitigen. In erster Linie entscheiden nämlich die **Renditeerwartungen** der Unternehmen darüber, ob Investitionen getätigt werden und in der Folge neue Arbeitsplätze entstehen. →BWR

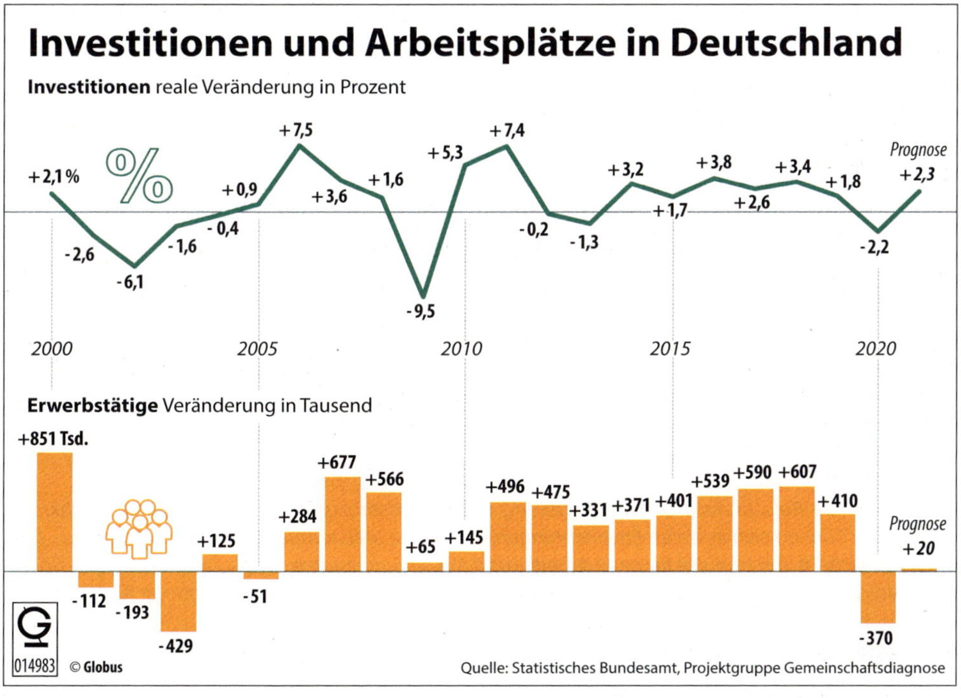

Vertreterinnen und Vertreter einer angebotsorientierten Wirtschaftspolitik sind davon überzeugt, **dass freie Märkte sich selbst regulieren und zu einem stabilen Gleichgewicht finden**. Gestört

wird dieses Gleichgewicht gerade durch fehlerhafte und marktwidrige Eingriffe des Staates in die Wirtschaft, insbesondere durch fiskalpolitische Maßnahmen (These vom Staatsversagen). Soweit Globalsteuerungen überhaupt notwendig sind, müssen sie über die **Steuerung der Geldmenge** (Geldpolitik) erfolgen. Die schwerwiegendsten Folgen einer falschen Wirtschaftspolitik sind:

- eine zu hohe Staatsquote,
- eine zu hohe Staatsverschuldung, die zu Inflation und zu hohen und damit investitionsfeindlichen Zinsen führt,
- zu viele staatliche Reglementierungen, z. B. Umweltauflagen und Arbeitnehmerschutzgesetze,
- zu hohe Sozialabgaben und damit zu hohe Lohnnebenkosten.

Startups und Scaleups als Beschäftigungsmotor

Sowohl in relativen als auch in absoluten Zahlen (Personenanzahl in Tausend) wachsen Startups und Scaleups sehr schnell

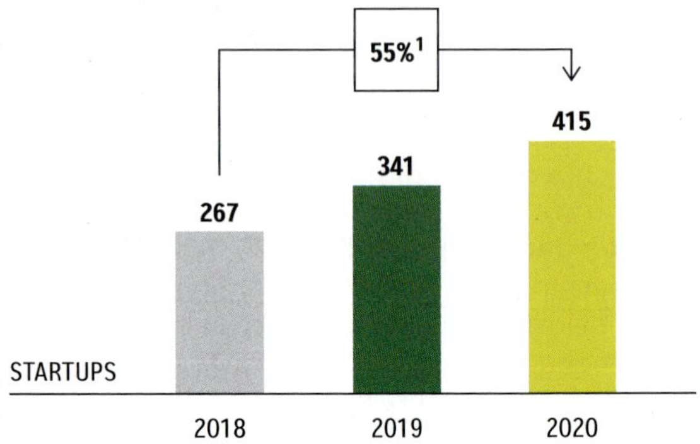

1 Aufgrund der schwankenden Datenqualität in den untersuchten Jahren ist davon auszugehen, dass die absolute Zahl der Beschäftigten insbesondere im Jahr 2018 unterschätzt wurde, was zu einer Überschätzung des späteren Wachstums führte. *Vgl. Bundesverband Deutsche Startups e.V., Deutsche Börse Group, IE.F & Roland Berger (Hrsg.): Für ein Wirtschaftswunder 2.0 - Studie, Juni 2021.*

Ein weiterer Störfaktor sind für die Verfechterinnen und Verfechter einer angebotsorientierten Wirtschaftspolitik die Gewerkschaften, die für **überzogene Lohnforderungen** verantwortlich gemacht werden. Folge all dieser Störungen sind zu niedrige Gewinne, insbesondere im internationalen Vergleich, und infolgedessen ein Rückgang der Investitionen im Inland. Im Gegenteil, Produktionsstätten werden vom Inland ins Ausland verlagert, wo die Unternehmungen günstigere Bedingungen vorfinden.

■ Maßnahmen zur Förderung der privaten Investitionsbereitschaft und -fähigkeit

Entlastungen für die Unternehmen sollen z. B. durch die folgenden Maßnahmen erreicht werden:

Maßnahmen angebotsorientierter Wirtschaftspolitik

Deregulierung von Märkten und Reduzierung staatlicher Auflagen	Senkung der Lohnnebenkosten	Reform arbeitsrechtlicher Bestimmungen

Deregulierung von Märkten und Reduzierung staatlicher Auflagen

Beispiel *Durch die Reform der Handwerksordnung werden Existenzgründungen erleichtert. Fachkräfte aus dem Handwerk können sich in vielen Fachrichtungen auch ohne Meisterbrief selbstständig machen. Dies soll Arbeitsplätze sichern und Impulse für neue Arbeits- und Ausbildungsplätze geben. Auch die Bürodesign GmbH erwartet infolge der Zunahme von Unternehmensgründungen steigende Auftragseingänge für Büromöbel.*

→BWR

Senkung der Lohnnebenkosten

Beispiel *Durch eine Gesundheitsreform können die Beiträge für die gesetzliche Krankenversicherung gesenkt werden. Zusätzliche Steuereinnahmen werden für Zuschüsse an die Rentenversicherung genutzt. Dadurch stabilisiert sich der Beitragssatz für diese Versicherung. Das führt auch bei der Bürodesign GmbH* *zu einer Senkung der Personalkosten, bedingt durch die niedrigeren Arbeitgeberbeiträge zur Kranken- und Rentenversicherung der Mitarbeiterinnen und Mitarbeiter. Die Geschäftsführung der Bürodesign GmbH beschließt daraufhin, eine neue Produktionsstätte nicht wie geplant in einem osteuropäischen Land mit niedrigen Lohnkosten zu errichten, sondern die Erweiterungsinvestition im Inland vorzunehmen.*

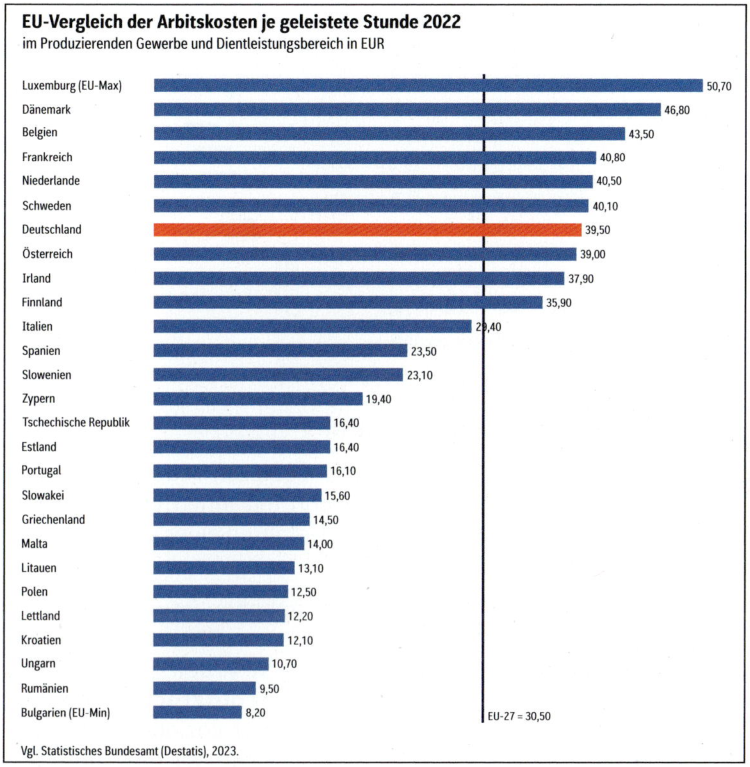

Reform arbeitsrechtlicher Bestimmungen

Beispiel *Das* ***Kündigungsschutzgesetz*** *schützt die Arbeitnehmerinnen und Arbeitnehmer vor der Kündigung. In der Vergangenheit galten die Schutzvorschriften auch für Kleinbetriebe mit wenigen Beschäftigten. Durch eine Gesetzesänderung wird die Schwelle für die volle Geltung des Kündigungsschutzes auf zehn Mitarbeiterinnen und Mitarbeiter erhöht. Das heißt, Unternehmen, die nur bis zu zehn Personen beschäftigen, können jetzt neu eingestellte Mitarbeiterinnen und Mitarbeiter leichter wieder kündigen. Die Betriebe sind dadurch eher bereit, neues Personal einzustellen.* →P/G

Die Bürodesign GmbH als mittelständisches Unternehmen mit deutlich mehr als zehn Beschäftigten profitiert von dieser Gesetzesänderung zwar nicht. Allerdings ist die Personalleiterin Frau Geissler froh darüber, dass die Merkmale zur ***Sozialauswahl*** *bei* ***betriebsbedingten Kündigungen*** *endlich gesetzlich festgeschrieben sind und sie „Leistungsträger" der Bürodesign GmbH leichter bei der Sozialauswahl herausnehmen kann. Auch die Möglichkeit, gekündigten Arbeitnehmerinnen und Arbeitnehmern zukünftig eine Abfindung anzubieten, wenn diese auf ihr Klagerecht vor dem Arbeitsgericht verzichten, wird von ihr positiv gesehen. Nach Einschätzung von Frau Geissler werden die neuen gesetzlichen Bestimmungen die Anzahl von Kündigungsschutzklagen gegen die Bürodesign GmbH deutlich verringern und zu erheblichen Kostensenkungen führen.* →P/G

Weitere angebotsorientierte wirtschaftspolitische Maßnahmen sind:
- Flexibilisierung der Arbeitszeiten (z. B. Einführung von Arbeitszeitkonten)
- Öffnungsklauseln in Tarifverträgen
- Vereinfachung des Steuersystems
- Senkung direkter Steuern
- Bekämpfung der Schwarzarbeit
- Privatisierung öffentlicher Unternehmungen

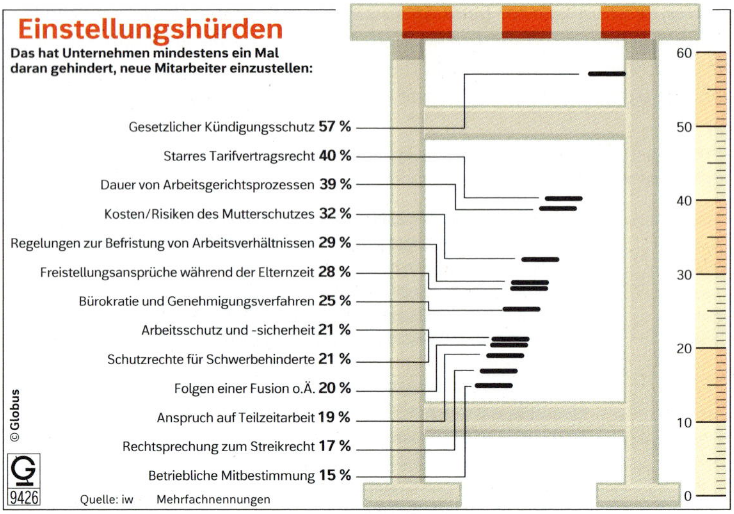

■ Kritische Beurteilung der Angebotspolitik

Der Kernthese der Angebotstheorie kann nicht grundsätzlich widersprochen werden. Private Investitionen werden i. d. R. nur vorgenommen, wenn mit ihnen eine angemessene Rendite (Gewinn) erzielt werden kann. Andererseits sind die Gefahren einer ausschließlich angebotsorientierten Wirtschaftspolitik nicht zu übersehen:

- Bei Überkapazitäten in konjunkturellen Schwächephasen ist die Motivation für Erweiterungsinvestitionen gering. Maßnahmen zur **Investitionsförderung bewirken eher Rationalisierungsinvestitionen**, die in der Folge teilweise Arbeitsplätze vernichten.
- Angebotspolitik gefährdet die z. T. hart erstrittenen **Schutzrechte der Arbeitnehmerinnen und Arbeitnehmer** und wichtige Bestandteile der sozialen Sicherungssysteme. Es kann zu einer Umverteilung des Einkommens zugunsten der Besitzerinnen und Besitzer von Produktivvermögen kommen. Außerdem besteht die Gefahr, dass die **Belange der Umwelt und des Umwelt- sowie Klimaschutzes zu kurz kommen**.
- **Löhne sind** nicht nur ein Kostenfaktor, sondern **auch ein Nachfragefaktor**. Ein angemessener Preis für ein Produkt ist am Markt nur zu erzielen, wenn eine entsprechend kaufkräftige Nachfrage vorhanden ist. Investitionen lohnen sich also nur, wenn auch Absatzchancen für die Produkte vorhanden sind.

Zusammenfassung: Instrumente einer angebotsorientierten Wirtschaftspolitik kennenlernen

Angebotsorientierte Wirtschaftspolitik
Grundthese: Jedes Angebot schafft sich seine Nachfrage (Saysches Theorem).

- **Zielsetzung:** Produktions- und Investitionsklima verbessern
- **Maßnahmen:** Leistungshemmnisse abbauen
- **Staatsaufgabe:** Rahmenbedingungen für das Funktionieren der Marktkräfte gewährleisten
- **Problematik:** Schutzrechte von Personen und der Natur werden gefährdet.

Aufgaben

1 *Erläutern Sie, inwiefern die folgende Grafik ein Handlungsfeld der angebotsorientierten Wirtschaftspolitik thematisiert.*

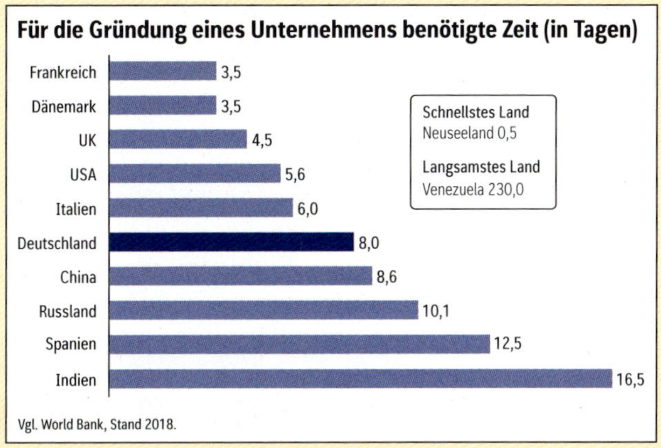

2 a) *Fassen Sie die Informationen des untenstehenden Schaubilds in einem Fachbericht zusammen.*

Kampf gegen Schwarzarbeit

Die Finanzkontrolle Schwarzarbeit (FKS) des Zolls ist im 1. Halbjahr 2021 mit voller Kraft gegen Schwarzarbeit, illegale Beschäftigung und Sozialleistungsbetrug vorgegangen.

24.469
Arbeitgeber hat die FKS überprüft.

56.635
Strafverfahren wurden eingeleitet.

13.984
Ordnungswidrigkeitsverfahren wurden eingeleitet.

Fleischwirtschaft

Bis zu 500.000 Euro Bußgeld können auf fleischproduzierende Unternehmen zukommen. Ein neues Gesetz verbietet Werkverträge, Leiharbeitnehmer*innen dürfen nicht mehr eingesetzt werden. Die FKS greift durch.

Gebäudereinigung

Bei über 1.100 Arbeitgeberprüfungen konnte die FKS zahlreiche Straftaten und Ordnungswidrigkeiten aufdecken.

Baugewerbe

Rund 1.000 Arbeitgeber auf Großbaustellen hat die FKS im Rahmen von Schwerpunktprüfungen überprüft.

Speditions-, Transport- und Logistikgewerbe

Mehr als 6.200 Personen im Bereich der Kurier-, Express, Paketdienstleister hat die FKS nach ihren Arbeitsverhältnissen befragt. Durch die Pandemie ist in dieser Branche der Personalbedarf gestiegen.

Quelle: Bundesministerium der Finanzen (Hrsg.): Kampf gegen Schwarzarbeit, 22.03.2021; online unter: https://www.bundesfinanzministerium.de/Content/DE/Bilderstrecken/Infografiken/2021-09-08-zahlen-fakten-schwarzarbeit/kampf-gegen-schwarzarbeit.html [10.05.2023] (verändert).

b) Nennen Sie Gründe für die hohe Schwarzarbeit.
c) Erläutern Sie, inwiefern Schwarzarbeit aus volkswirtschaftlicher und unternehmerischer Sicht problematisch ist.
d) Schlagen Sie wirtschaftspolitische Maßnahmen vor, die zu einer Reduzierung der Schwarzarbeit führen können. Präsentieren Sie Ihre Ergebnisse softwaregestützt.

3 *Wählen Sie drei „Geschäftsrisiken" aus. Erläutern Sie, durch welche angebotspolitischen Maßnahmen diesen Risiken begegnet werden könnte.*

Welche Geschäftsrisiken sehen Sie für Ihre Unternehmen innerhalb der nächsten Monate?

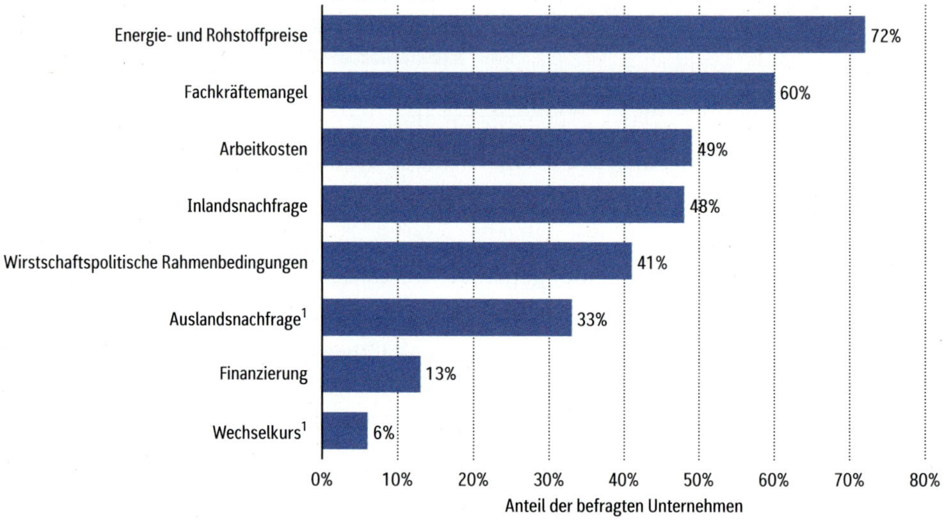

Eckdaten der Befragung: Deutschland; 27.12.2022-20.01.2023; ~27.000 Unternehmen
Vgl. DIHK 2023.

2.3 Für unterschiedliche Konjunkturphasen wirtschaftspolitische Gesamtkonzepte gestalten

Im Rahmen seines VWL-Studiums wertet Thomas Stein zwei weitere Dokumente aus.

Wirtschaftliche Eckdaten (in %)

	2022	2023[1]	2024[1]
Deutschland			
Bruttoinlandsprodukt[2,3]	1,8	0,2	1,3
Verbraucherpreise[3]	6,9	6,6	3,0
Arbeitslosenquote[4]	5,3	5,4	5,2
Effektivlöhne[3,5]	4,7	5,9	4,5
Finanzierungssaldo[6]	– 2,6	– 1,6	– 0,4
Euro-Raum			
Bruttoinlandsprodukt[2,3,7]	3,5	0,9	1,5
Verbraucherpreise[3,8]	8,4	5,9	2,9
Weltwirtschaft			
Bruttoinlandsprodukt[2,3,7]	2,9	2,2	2,7
Verbraucherpreise[3]	7,4	5,3	3,5

Vgl. Sachverständigenrat zur Begutachtung der gesamtwirtschaftlichen Entwicklung (Hrsg.); Datenbasis: Eurostat, nationale Statistikämter, Destatis.

„Wir müssen unsere Art zu wirtschaften ändern“

Die amerikanisch-italienische Ökonomin über die verheerenden Folgen des Kriegs für die Weltwirtschaft und die Konsequenzen, die Politik und Wirtschaft daraus ziehen sollten. Mariana Mazzucato kombiniert einen wirtschaftlich aktiven Staat mit einer wachstumsorientierten Angebotspolitik. Die italienische Ökonomin gehörte zu den neuen Stars beim Weltwirtschaftsforum in Davos.

Frau Mazzucato, Sie machen sich für staatliche Hilfen stark, um eine globale Rezession zu verhindern. Treibt das die Inflation nicht noch weiter in die Höhe?

Nein. Es kommt darauf an, wofür der Staat das Geld ausgibt. Steigert er damit die Produktivität von Unternehmen und Verbrauchern, werden die Preise sogar gedämpft. Wenn man Geld dagegen einfach unter die Menschen streut, schürt das natürlich die Inflation.

Was sind denn die Ursachen für den aktuellen Inflationsschub?

Die haben in Europa wenig mit hohen Staatsausgaben zu tun und viel mit unterbrochenen Lieferketten und hohen Energiepreisen.

---

[1] *Prognose des Sachverständigenrates*
[2] *Preisbereinigt*
[3] *Veränderung zum Vorjahr*
[4] *Registrierte Arbeitslose in Relation zu allen zivilen Erwerbspersonen*
[5] *Bruttolöhne und -gehälter (Inlandskonzept) je Arbeitnehmerstunde*
[6] *In Relation zum nominalen BIP; Gebietskörperschaften und Sozialversicherung in der Abgrenzung der Volkswirtschaftlichen Gesamtrechnungen*
[7] *Werte basieren auf saison- und kalenderbereinigten Quartalswerten*
[8] *Harmonisierter Verbraucherpreisindex*

In den USA hat die Regierung mit ihren massiven Konjunkturprogrammen die Nachfrage und damit auch die Inflation angefeuert.

Das ist richtig. Man muss sehr darauf achten, dass die staatlichen Ausgaben private und öffentliche Investitionen fördern. Das Geld muss also strategisch klug ausgegeben werden.

In den USA hat das offenbar nicht geklappt. Warum nicht?
Es reicht nicht, das Geld einfach an jene Branchen zu verteilen, die am lautesten danach rufen. [...]

Könnte eine sogenannte Übergewinnsteuer auf die Krisenprofite der Unternehmen helfen?

Ich finde es interessanter, Bedingungen an die Vergabe zinsgünstiger Staatskredite zu knüpfen, wie es in Deutschland die Kreditanstalt für Wiederaufbau für den Stahlsektor gemacht hat. Wir sollten öffentliche Kredite davon abhängig machen, dass die Empfänger ihre CO_2-Emissionen verringern. Das ist viel effektiver, als Subventionen zu verteilen. Überhaupt ist Deutschland mit seiner neuen Koalition und einer starken grünen Bewegung eines der interessantesten Länder im Moment. [...]

Muss der Staat darüber hinaus die Härten des Übergangs mit Finanzhilfen abfedern?

Ja, in diesem Fall machen Subventionen Sinn. Die grundsätzliche Richtung muss klar sein, es geht um die Transformation. Auf dem Weg dahin muss der Staat Unternehmen und Verbrauchern helfen. Hilfe gibt es also nicht, weil man klein oder in einer besonders energieintensiven Branche tätig ist, sondern nur, wenn man sein Verhalten ändert.
Funktioniert das in Europa besser?
Die EU hat das mit ihrem Wiederaufbauprogramm „Next Gen" gut gemacht, indem sie die Mittelvergabe daran knüpft, dass das Geld in die Digitalisierung und die grüne Transformation fließt. Neben dem Gesundheitssystem sind das die beiden Schlüsselbereiche, in die wir gezielt investieren müssen. Und zwar mit privaten und öffentlichen Mitteln. [...]

Müssen sich die EU-Länder auch wieder an die Regeln des Fiskalpakts halten?

Die Defizitregeln haben ihren Sinn verloren, es wäre unsinnig, sie wieder anzuwenden. Viel besser ist es, das Bruttoinlandsprodukt mithilfe von öffentlichen Investitionen und deren Multiplikatoreffekt zu erhöhen und so die Defizitquoten zu verringern.

Sie haben gesagt, es sei verrückt, jetzt die Zinsen stark zu erhöhen. Wie soll sich die Geldpolitik in der aktuellen Krise verhalten?

Ich meinte damit, dass man die Ursachen der Inflation genau untersuchen muss, bevor man zum Zinshebel greift. Ein großer Teil der Preissteigerungen stammt von hohen Energiekosten. Die kann man durch Zinserhöhungen kaum verringern.

Müssen wir uns auf eine weltweite Rezession oder Stagflation gefasst machen?

Viel wird davon abhängen, dass wir uns trotz des Kriegs darauf besinnen, unsere Volkswirtschaften im Sinne von „Build back better" grüner und technologisch besser zu machen. Wenn wir also eine wachstumsorientierte Fiskalpolitik machen, werden wir auch Erfolg damit haben. Andernfalls, also wenn wir nur auf kriegsbedingte Ausgabenprogramme und Zinserhöhungen setzen, wird das Wachstum stagnieren. Ich bin aber optimistisch, dass wir eine Rezession vermeiden können.

Frau Mazzucato, vielen Dank für das Interview.

Quelle: Riecke, Torsten: „Wir müssen unsere Art zu wirtschaften ändern". In: Handelsblatt, Heft 102/2022 vom 27.05.2022, S. 49.

Arbeitsaufträge

- ***Erstellen Sie zu dem Interview ein Textprotokoll, z. B. in Form einer Mindmap.***
- ***Laut Einleitung zum Interview kombiniert Mariana Mazzucato einen wirtschaftlich aktiven Staat mit einer wachstumsorientierten Angebotspolitik. Welche Vorschläge von Mariana Mazzucato sind eher der Nachfragepolitik, welche eher der Angebotspolitik zuzuordnen? Begründen Sie Ihre Entscheidung.***
- ***Recherchieren Sie, welche gesamtwirtschaftlichen Entwicklungen seit dem Interviewzeitpunkt stattgefunden haben. Fassen Sie Ihr Rechercheergebnis in einem Fachbericht zusammen.***

Grundsätzliche Aufgabe der Wirtschaftspolitik

Die folgende Grafik veranschaulicht exemplarisch Auswirkungen einer allgemeinen Wirtschaftskrise.

Welche Folgen ein Konjunkturcrash hat

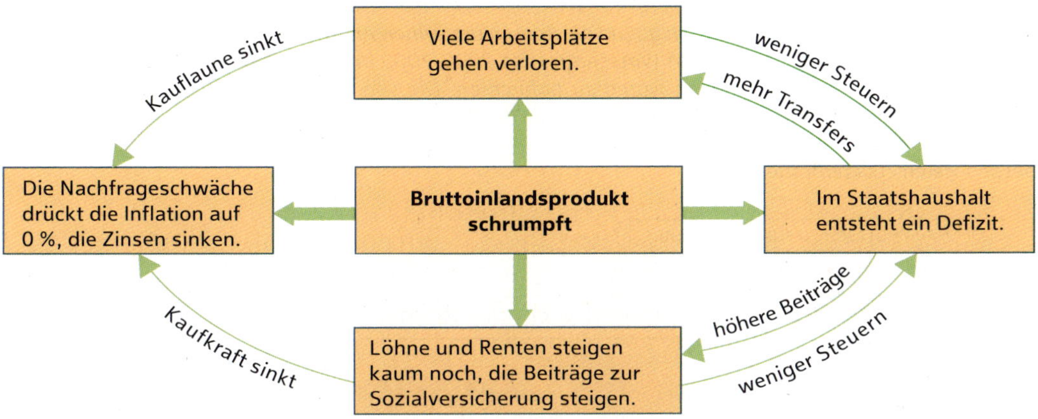

Aufgabe der Wirtschaftspolitik ist es, **Wirtschaftskrisen** mit ihren schwerwiegenden Folgen **vorzubeugen** und ihnen **entgegenzuwirken**. Mit diesem Ziel werden für unterschiedliche Konjunkturphasen wirtschaftspolitische Gesamtkonzepte gestaltet. Dabei werden diese Konzepte entscheidend durch die jeweilige politische Zielsetzung der Regierung beeinflusst.

Nachfrageorientierte Wirtschaftspolitik: Der Staat agiert

Konjunkturprogramme als Grundkonzept

Die nachfrageorientierte Wirtschaftspolitik kommt erstmals bei der Bekämpfung der ersten Wirtschaftskrise in der Bundesrepublik Deutschland nach dem Zweiten Weltkrieg relativ erfolgreich zum Einsatz.

Beispiel *Bernhard Friedrich, Senior-Chef der Bürodesign GmbH, erinnert sich noch gut an die erste ernsthafte Rezession im Nachkriegsdeutschland. Auch die Sitzmöbelfabrik Stein OHG, Vorgängerin der Bürodesign GmbH, stand damals wegen mangelnder Auftragseingänge kurz vor der Insolvenz und musste zahlreiche Beschäftigte entlassen.*

Es war **Karl Schiller**, Bundeswirtschaftsminister der damaligen großen Koalition von CDU/CSU und SPD, der im Jahr 1967 die Konjunkturkrise mit zwei Konjunkturprogrammen bekämpfte. Im Rahmen dieser Programme investierte der Staat schwerpunktmäßig in Verkehrswege sowie in die damalige Bundesbahn und Bundespost. Die zusätzliche staatliche Investitionsgüternachfrage wurde über eine Kreditaufnahme des Staates finanziert. Und der „Aufschwung nach Maß", wie ihn der Keynesianer Karl Schiller bezeichnete, gelang. Die Arbeitslosenquote sank nach einem Spitzenwert von 4,5 % im Winter 1966/67 bis Oktober 1968 auf 0,8 %. Zusammen mit 7,5 % realem Wirtschaftswachstum erzielte die damalige Bundesregierung von CDU/CSU und SPD ein Traumergebnis.

Karl Schiller (1911–1994)

Beispiel *Auch die Sitzmöbelfabrik Stein OHG wurde dadurch aus ihrer Krise gerettet. Infolge des wirtschaftlichen Aufschwungs und gesunkener Arbeitslosigkeit füllten sich die Auftragsbücher der Sitzmöbelfabrik Stein OHG schnell, denn Unternehmen investierten wieder in Büroausstattung und private Haushalte fragten verstärkt Wohnmöbel nach.*

Angesichts dieses ersten Erfolgs setzt die praktische Wirtschaftspolitik bis Anfang der 1980er-Jahre immer wieder auf **staatliche Konjunkturprogramme**, um die Wirtschaft anzukurbeln. Auch bei späteren Wirtschaftskrisen (Banken- und Finanzkrise im Jahr 2008/2009, Covid-19-Pandemie der Jahre 2020–2022) kommt dieses Instrument zum Einsatz. Milliardenschwere Konjunkturprogramme in vielen Ländern der Welt sollen einen dramatischen Absturz der Weltwirtschaft verhindern.

Beispiel *Otto Land erinnert sich noch gut an die Sorgen um seinen Arbeitsplatz bei einen Kölner Automobilhersteller. Infolge der allgemeinen Wirtschaftskrise 2008/2009 drohte die Nachfrage nach Kraftfahrzeugen einzubrechen. Entlassungen waren zu befürchten. Die sog. „Abwrackprämie" (Staatszuschuss beim Erwerb eines Neuwagens) und die Subventionierung der Kurzarbeit sorgten für einen Absatzboom in der Automobilindustrie und sicherten Tausende von Arbeitsplätzen bei den Herstellern selbst, aber auch bei den vielen Zulieferbetrieben.*

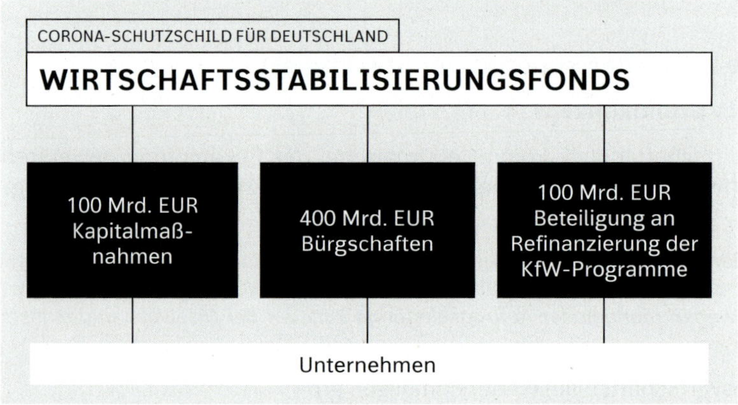

Staatsverschuldung als problematische Wirkung

Die fundamentale Schwäche einer nachfrageorientierten Wirtschaftspolitik offenbart sich bereits 1969/1970. Angeheizt durch enorme Exporterfolge folgt dem initiierten Aufschwung ein **Superboom**. Obwohl das nachfrageorientierte Gesamtkonzept Instrumente zur Konjunkturdämpfung vorsieht, **unterbleiben** schon in dieser ersten Hochkonjunktur **restriktive Maßnahmen** und die Bildung einer Konjunkturausgleichsrücklage. Über mehrere Jahrzehnte hinweg bauen sich deshalb in Deutschland und vielen anderen Volkswirtschaften große Schuldenberge auf.

Als dann in den Jahren 2007/2008 die Banken- und Finanzkrise die Weltwirtschaftskrise auslöst, sind einige Euroländer nicht mehr in der Lage, ihre Staatsschulden zu begleichen. Das internationale Vertrauen in den Euro gerät in Gefahr. Die Staatsschuldenkrise, vor allem in Griechenland, eskaliert zur **Eurokrise**.

Mit dem **European Stability Mechanism (ESM)** wird deshalb ein Instrument geschaffen, um Finanzierungsschwierigkeiten von Euroländern zu überbrücken. Dabei gilt der Grundsatz: Nur wer sich zur Durchführung angemessener Reformen und Auflagen bereit erklärt, erhält Unterstützung durch den ESM. Der ESM soll damit die Zahlungsfähigkeit überschuldeter Eurostaaten sicherstellen und das Vertrauen der internationalen Finanzmärkte in den Euro stärken.

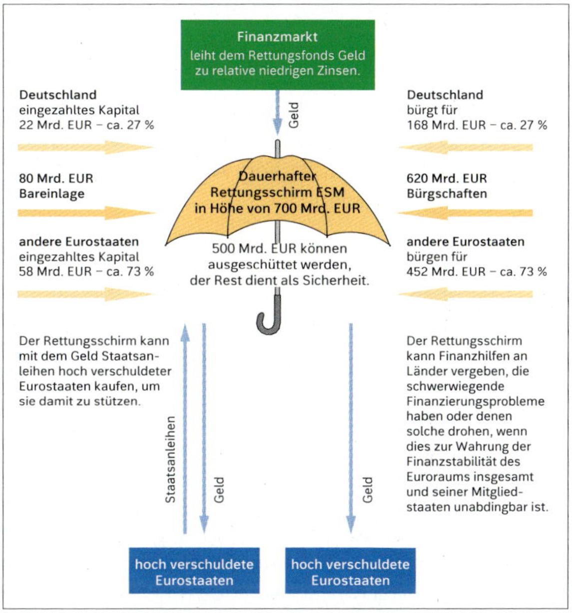

Beispiel *Klaus Stein machte sich angesichts der Staatsschulden in Europa Sorgen um die Alterssicherung für sich und seine Frau. In den vergangenen zwei Jahrzehnten hat er als Geschäftsführer der Bürodesign GmbH hart gearbeitet. Einen Teil seines Einkommens spart er seit vielen Jahren als Altersvorsorge für seine Frau und sich. Aber sind diese Ersparnisse in Euro angesichts der hohen Staatsschulden in zahlreichen Euroländern noch sicher? Wenn es den hoch verschuldeten Ländern nicht gelingt, ihre Volkswirtschaft grundlegend zu reformieren, dann spekulieren die internationalen Finanzmärkte zukünftig erneut mit einem Staatsbankrott. Sie werden dann nicht bereit sein, neue Kredite an die hoch verschuldeten Euroländer zu vergeben. Damit sind diese außerstande, alte, fällig werdende Kredite ordnungsgemäß zu tilgen. Um die Zahlungsunfähigkeit der verschuldeten Länder zu verhindern, werden diese Euroländer weitere Kredite der anderen Euroländer erhalten. Die Währungsunion verkommt zu einer Transfergemeinschaft. Der Euro wird weich. Auch international verlieren die Märkte deshalb das Vertrauen in den Euro. Sein Außenwert sinkt ebenfalls. Dadurch steigende Importpreise heizen die Inflation und den Wertverlust des Euro weiter an. Die über viele Jahre angelegten Ersparnisse werden dann nicht reichen, Klaus Stein und seiner Frau einen angemessenen Lebensabend zu ermöglichen.*

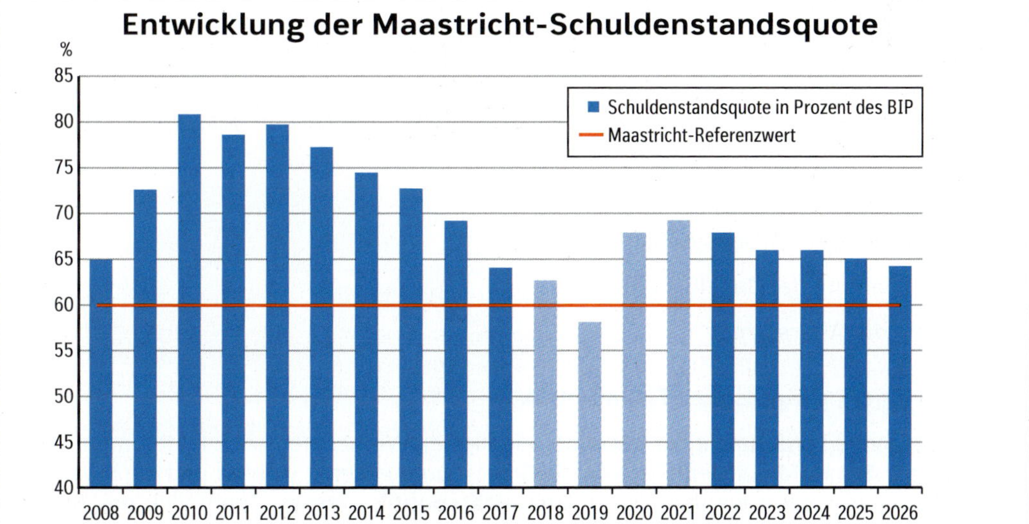

vgl. Bundesfinanzministerium: BMF Monatsbericht Mai 2022; online unter: https://www.bundesfinanzministerium.de/Monatsberichte/2022/05/Bilder/b01-1-maastricht-schuldenstandsquote.html.

■ Angebotsorientierte Wirtschaftspolitik: Der Markt agiert

Staatliche Anreize zur Investitionsförderung als Grundkonzept

Die von 1982 bis 1998 unter Helmut Kohl regierende Koalition aus CDU/CSU und FDP setzt von Anfang an auf **angebotspolitische Instrumente**. Sie folgte damit der Auffassung des Sachverständigenrats zur Begutachtung der gesamtwirtschaftlichen Entwicklung. Dieser empfiehlt schon in seinem Jahresgutachten 1976 eine Ergänzung der nachfrageorientierten Globalsteuerung durch eine „mittelfristig angelegte angebotsorientierte Therapie" (vgl. S. 362).

Die von Gerhard Schröder geführte Regierung aus SPD und Bündnis 90/Die Grünen setzt in ihrer Regierungszeit (1998–2005) eine angebotsorientierte Wirtschaftspolitik fort. Mit den entsprechenden Maßnahmen der sog. **Agenda 2010** sollen Anreize zu verstärkten privaten Investitionen geschaffen werden:

- Förderung des Mittelstands durch Änderung der Handwerksordnung (z. B. Betriebsgründung auch ohne Meisterbrief)
- Lockerung des Kündigungsschutzes
- Senkung der betrieblichen Lohnnebenkosten
- Flexibilisierung der Leiharbeit
- Abbau von Leistungen der gesetzlichen Sozialversicherung und Einführung von Selbstkostenanteilen

Auch unter der Kanzlerschaft von Angela Merkel dominiert das angebotspolitische Politikkonzept (Rente mit 67, Unternehmenssteuerreform, Schuldenbremse im GG). Erst die internationale Finanz- und Wirtschaftskrise 2008/2009 führt erneut zu einem grundsätzlichen Umdenken. Milliardenschwere nachfrageorientierte Konjunkturprogramme in vielen Ländern der Welt sollen wieder einen dramatischen Absturz der Weltwirtschaft verhindern. Auch zur Überwindung der wirtschaftlichen Folgen durch die Covid-19-Pandemie und durch den Ukraine-Krieg werden wieder Konjunkturprogramme und andere nachfrageorientierte Instrumente (z. B. Strom- und Gaspreisbremse für Verbraucherinnen und Verbraucher) eingesetzt.

Gefährdung des Sozialstaates als problematische Wirkung

Es ist unbestritten, dass angebotsorientierte Maßnahmen private Investitionen fördern und in der Folge Arbeitsplätze schaffen können. Es besteht aber die Gefahr, dass damit **Errungenschaften des Sozialstaates** beseitigt werden:

- Abbau von Arbeitnehmerschutzrechten
- Zunahme prekärer Arbeitsverhältnisse
- soziale Spaltung der Gesellschaft
- Zunahme der Altersarmut

Gefahren einer prozyklischen Fiskalpolitik

Die grundlegende Forderung einer angebotsorientierten Wirtschaftspolitik lautet: mehr **Markt und weniger Staat**. Mit diesem Ziel soll die Staatsquote gesenkt werden und die staatlichen Haushalte sollen saniert werden. Diese **Austeritätspolitik** (strenge Sparpolitik des Staates) birgt die Gefahr einer prozyklischen Parallelpolitik.

In einer Wirtschaftskrise sinken u. a. das Bruttoinlandsprodukt und in der Folge die Gewinne der Unternehmen, die Einkommen der Haushalte sowie deren Konsumausgaben. Gerade Steuerarten mit einem hohen Steueraufkommen (z. B. Einkommensteuer, Umsatzsteuer) sind an die Höhe der Einkommen, der Gewinne und des Konsums gekoppelt. Gehen diese zurück, erzielt der Staat zwangsläufig erheblich geringere Steuereinnahmen.

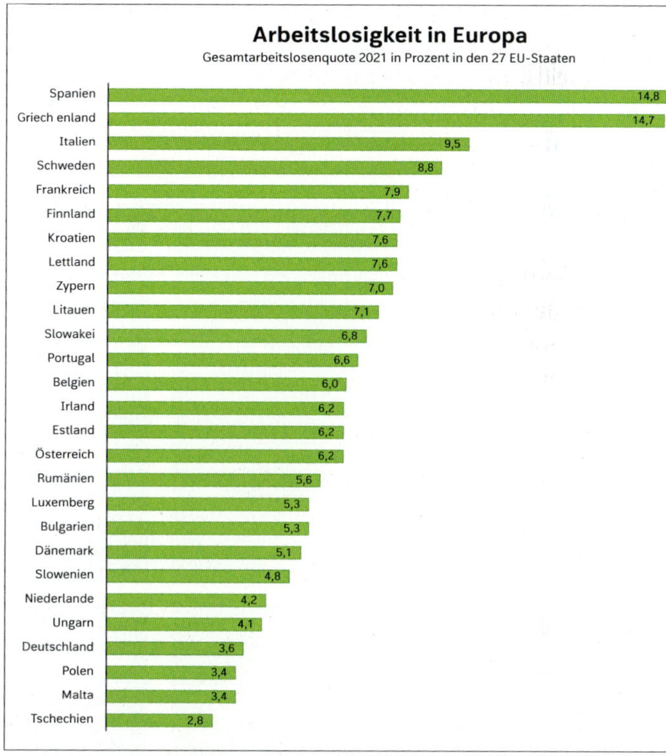

Sollen in dieser Situation die Staatsquote und die Staatsschulden abgebaut werden, kann diese angebotspolitische Zielsetzung Anlass dafür sein, auch die staatlichen Ausgaben zurückzuführen. Geplante staatliche Aufträge an Unternehmen werden zurückgestellt, Transferzahlungen an Haushalte reduziert.

Die Folgen dieser sog. **Parallelpolitik** können fatal sein. Durch sein prozyklisches Agieren verstärkt der Staat die Ausschläge im Konjunkturzyklus. Die zurückgeführte staatliche Nachfrage nach Gütern und geringere Transferleistungen verstärken in einer Rezession den Wirtschaftsabschwung.

Beispiel *Frau Friedrich, Geschäftsführerin der Bürodesign GmbH, beklagt anlässlich einer Anhörung im Ausschuss für Wirtschaftsförderung der Stadt Köln das Vergabeverhalten der Kommune in der Vergangenheit. Immer wenn in allgemeinen Krisenzeiten die Nachfrage von Unternehmen und Haushalten ausgefallen sei, habe auch die Stadt eigentlich geplante Aufträge zur Büro- und Geschäftsausstattung ihrer städtischen Einrichtungen storniert. Die Begründung sei immer die gleiche gewesen: Angesichts sinkender Steuereinnahmen zwängen die angespannte Haushaltslage und die hohen Schulden die Stadt zu Einsparungen. Die Existenz der Bürodesign GmbH sei jedes Mal gefährdet worden. Zu den Ausfällen der privaten Nachfrage sei der Rückgang städtischer Aufträge hinzugekommen.*

■ Optimaler Policy-Mix als Anforderung an die praktische Wirtschaftspolitik

Zu Recht hat der amerikanische Wirtschaftswissenschaftler und Nobelpreisträger **Paul A. Samuelson** (1915–2009) darauf hingewiesen, dass Gott dem Ökonominnen und Ökonomen zwei Augen gegeben habe: eines für die Nachfrage- und eines für die Angebotsseite. Für die praktische Wirtschaftspolitik ergibt sich aus diesem Bild die nicht leichte Aufgabe, beide Ansätze zu einem optimalen Ganzen zu verbinden. Insofern spiegelt sich dieser **Policy-Mix** – wenn auch in unterschiedlicher Gewichtung – in den wirtschaftspolitischen Gesamtkonzepten der verschiedenen politischen Parteien und Richtungen wider.

Paul A. Samuelson

Zusammenfassung: Für unterschiedliche Konjunkturphasen wirtschaftspolitische Gesamtkonzepte gestalten

Wirtschaftspolitische Grundposition

Nachfrageorientierte Wirtschaftspolitik

Grundthesen

1. Die Marktkräfte erzeugen regelmäßig Nachfrageschwankungen und in der Folge Produktions- und Beschäftigungsschwankungen.
2. Der Markt reguliert sich nicht selbst, sondern es kommt zu Wirtschaftskrisen und Massenarbeitslosigkeit.
3. In Konjunktur- und Beschäftigungskrisen muss der Staat eingreifen und die Nachfrage stärken.

Wirtschaftspolitische Maßnahmen

Konjunkturbelebung durch:
- direkte Erhöhung der gesamtwirtschaftlichen Nachfrage durch Staatsaufträge
- indirekte Erhöhung der Nachfrage von Haushalten und Unternehmen durch Steuersenkungen, Subventionen und Sozialleistungen

Angebotsorientierte Wirtschaftspolitik

Grundthesen

1. Die Renditeerwartungen der Unternehmen sind entscheidend für Investitionen und damit für Vollbeschäftigung und Wirtschaftswachstum.
2. Freie Märkte regulieren sich selbst und finden zu einem Gleichgewicht.
3. Marktwidrige und falsche wirtschaftspolitische Maßnahmen des Staates mindern die Gewinne und verhindern damit Investitionen.

Wirtschaftspolitische Maßnahmen

Förderung der privaten Investitionsbereitschaft durch:
- Beseitigung von Investitionshemmnissen
- Gewährleistung investitionsfördernder Rahmenbedingungen
- Beschränkung staatlicher Eingriffe auf geldpolitische Maßnahmen

Policy-Mix

Kombination nachfrage- und angebotsorientierter Maßnahmen im Rahmen einer ausgewogenen und effizienten Wirtschaftspolitik

Aufgaben

1 *Sammeln Sie eine Woche lang aus der wirtschaftspolitischen Berichterstattung in Printmedien und digitalen Medien Berichte über wirtschaftspolitische Themen. Werten Sie diese Berichterstattung aus, indem Sie je eine Auflistung aktueller wirtschaftspolitischer Maßnahmen, Entscheidungen bzw. Vorhaben erstellen. Ordnen Sie Ihre wirtschaftspolitischen Aspekte der nachfrageorientierten oder angebotsorientierten Politik zu. Begründen Sie jeweils Ihre Entscheidung.*

2 *Gewerkschaftsvertreterinnen und -vertreter fordern in den Tarifrunden ein Ende der Lohnzurückhaltung. Nur so könnten die Binnennachfrage und die Konjunktur angekurbelt sowie ein Inflationsausgleich erreicht werden. Vertreterinnen und Vertreter der Arbeitgeber warnen vor zu hohen Lohnabschlüssen wegen der dadurch ausgelösten Verlagerung von Arbeitsplätzen ins Ausland und der Gefahr einer einsetzenden Lohn-Preis-Spirale. Nehmen Sie zu dieser Diskussion persönlich Stellung.*

3 *Im Zusammenhang mit den Instrumenten einer nachfrageorientierten Wirtschaftspolitik spricht man auch von „Schubladenprogrammen“. Erläutern Sie, was unter diesem bildhaften Begriff zu verstehen ist.*

4 *„Politiker bewilligen gerne Mehrausgaben und bilden ungerne Rücklagen." (Otto Schlecht, ehemaliger Staatssekretär im Bundeswirtschaftsministerium, überlieferte Aussage) Erläutern Sie, inwiefern dieses Zitat eine grundlegende Problematik der nachfrageorientierten Wirtschaftspolitik thematisiert.*

5 *a) Verfassen Sie zu der folgenden Grafik eine erläuternde Beschreibung. Informieren Sie sich dazu über die aktuellen Beitragssätze der gesetzlichen Sozialversicherung.*
b) Entscheiden Sie, ob sinkende Beitragssätze der Rentenversicherung Ziel einer angebots- oder einer nachfrageorientierten Politik sind. Begründen Sie Ihre Entscheidung.

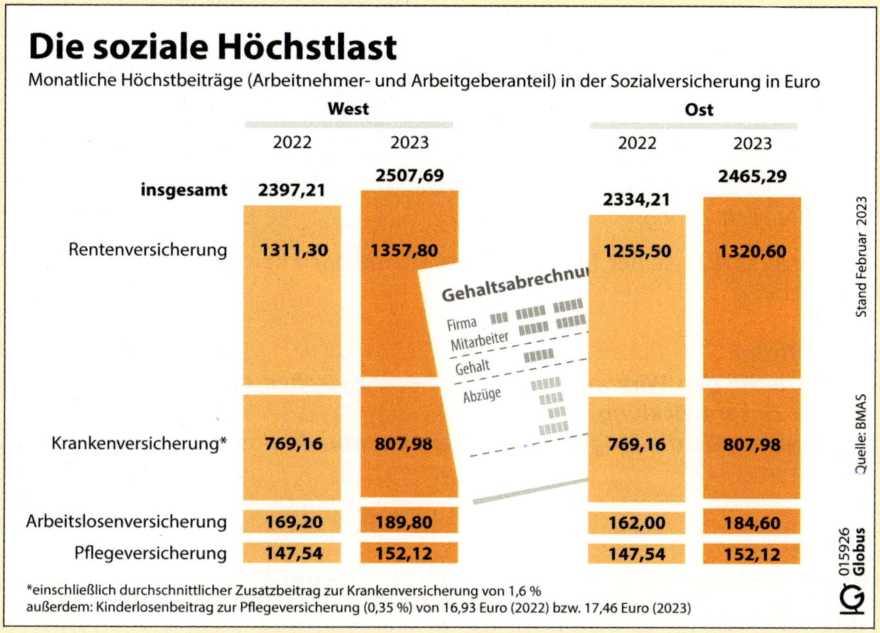

6

„Samuelson ist der Befürworter einer **mixed economy**, einer Wirtschaftsverfassung, in der der Staat gefordert ist, wenn der Markt seine Rolle nur ungenügend spielt. Zugleich betont er, dass es auch Staatsversagen gibt, nämlich dann, ‚wenn es mithilfe staatlicher Maßnahmen nicht gelingt, die wirtschaftliche Effizienz zu steigern, oder wenn der Staat eine ungerechte Einkommensverteilung zu verantworten hat'."

Quelle: Rohwetter, Marcus: Bibliothek der Ökonomen. In: Die Zeit, Nr. 45, 04.11.1999, S. 26.

a) Erklären Sie, was im Zusammenhang mit den kontroversen Standpunkten einer nachfrage- bzw. angebotsorientierten Wirtschaftspolitik unter „mixed economy" zu verstehen ist.
b) Erläutern Sie, inwiefern sich in dem obigen Zitat Grundgedanken sowohl der Nachfragepolitik als auch der Angebotspolitik widerspiegeln.

7 *Erläutern Sie, inwiefern eine hohe Staatsverschuldung eine Gefahr für die Konjunktur darstellen kann.*

3 Geldpolitische Instrumente der EZB analysieren

3.1 Die EZB als instrumentellen Rahmen der Geldpolitik verstehen und ihren Einfluss auf die Preisniveaustabilität beurteilen

Der Freitagabend wird in der Familie Stein mit einem gemeinsamen Abendessen begangen. Frau Stein hat das Essen bereits aufgetragen und mehrfach vergeblich nach ihrer Tochter Caroline gerufen. Diese kommt sichtlich genervt ins Esszimmer und stöhnt: *„Papa, du hast doch BWL studiert. Kannst du mir helfen? Ich muss in Volkswirtschaftslehre ein Referat über die geldpolitische Strategie der Europäischen Zentralbank halten. Ich habe in Büchern und im Internet recherchiert und verstehe den Zusammenhang zwischen Geldmenge und Inflation nicht richtig!"*

Herr Stein verspricht seiner Tochter, dieses Thema nach dem gemeinsamen Abendessen zu besprechen.

Arbeitsaufträge
- ***Erläutern Sie den Wirkungszusammenhang zwischen der Preisniveauentwicklung und der Zinsentwicklung.***
- ***Beschreiben Sie die Möglichkeiten der Notenbank, das Preisniveau zu beeinflussen.***

Das Eurosystem und die Europäische Zentralbank

Durch die Einführung des Euro als gemeinsame Währung in der Europäischen Wirtschafts- und Währungsunion am 1. Januar 1999 hat das **Eurosystem** die Verantwortung für die Geldpolitik im Geltungsbereich des Euro übernommen.

Dies ist notwendig, um eine einheitliche Geldpolitik im Raum des Eurosystems zu entwickeln.

Das **Eurosystem** schließt ein:

- die **Europäische Zentralbank (EZB)** in Frankfurt am Main und
- die rechtlich selbstständigen **nationalen Zentralbanken (NZB)** der 20 Mitgliedsstaaten, welchen den Euro eingeführt haben.

Das **Europäische System der Zentralbanken (ESZB)** umfasst die EZB und die nationalen Zentralbanken aller 27 Mitgliedsstaaten der Europäischen Union (EU). Dem ESZB gehören neben den Mitgliedsländern des Eurosystems folglich auch die nationalen Zentralbanken jener Mitgliedsstaaten an, welche den Euro als Währung noch nicht eingeführt haben. Solange es EU-Mitgliedsstaaten gibt, die nicht dem Euro-Währungsgebiet angehören, werden das Eurosystem und das ESZB nebeneinander bestehen. Die nationalen Zentralbanken (= nationale Notenbanken) sind integraler Bestandteil des ESZB. Sie führen die Geldpolitik der EZB im jeweiligen Mitgliedsland aus.

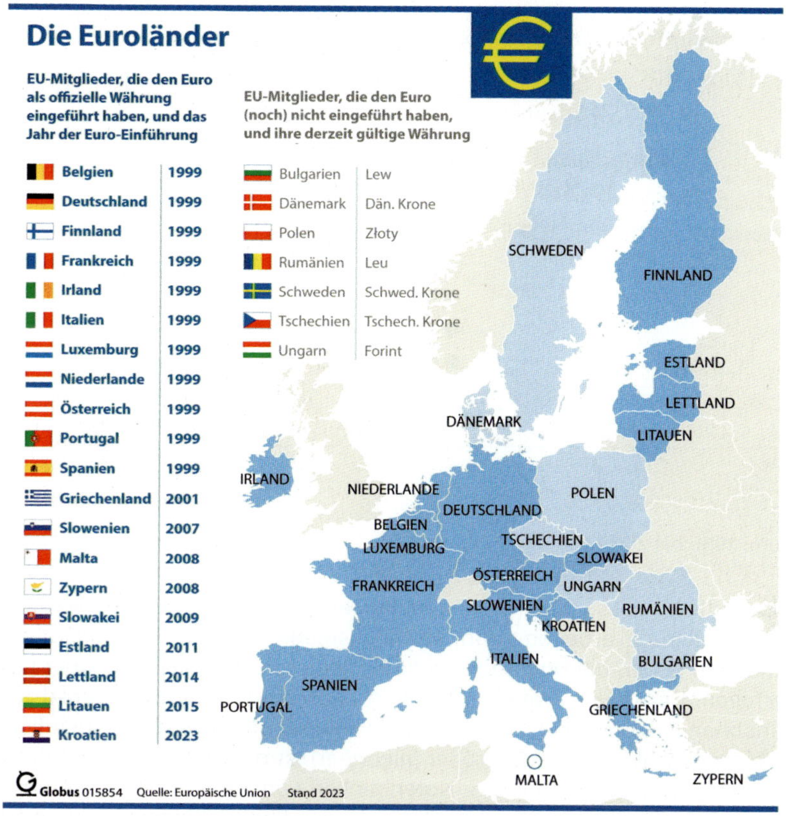

> **§ 3 Bundesbankgesetz: Aufgaben**
>
> Die Deutsche Bundesbank ist als Zentralbank der Bundesrepublik Deutschland integraler Bestandteil des Europäischen Systems der Zentralbanken. Sie wirkt an der Erfüllung seiner Aufgaben mit dem vorrangigen Ziel mit, die Preisstabilität zu gewährleisten, hält und verwaltet die Währungsreserven der Bundesrepublik Deutschland, sorgt für die bankmäßige Abwicklung des Zahlungsverkehrs im Inland und mit dem Ausland und trägt zur Stabilität der Zahlungs- und Verrechnungssysteme bei. [...]

Mit dem Beginn der Währungsunion am 1. Januar 1999 ging die Geldhoheit von den nationalen Notenbanken auf die **Europäische Zentralbank (EZB)** über. Nach dem Maastrichter Vertrag ist es die Hauptaufgabe der EZB, die Preisniveaustabilität zu gewährleisten, wobei die Europäische Zentralbank (EZB) die monetäre Politik (Geldpolitik) der EU-Mitgliedsländer gestaltet. Seit dem 1. Januar 1999 wacht die Europäische Zentralbank also darüber, dass der Euro auf Dauer so stabil wird, wie die D-Mark es war. Die EZB ist nach dem Vorbild der Bundesbank aufgebaut und hat ihren Sitz ebenfalls in Frankfurt am Main. Die EZB steuert die Geldpolitik der 20 Mitgliedsstaaten Belgien, Deutschland, Estland, Finnland, Frankreich, Griechenland, Irland, Italien, Kroatien, Lettland, Litauen, Luxemburg, Malta, Niederlande, Österreich, Portugal, Slowakei, Slowenien, Spanien und Zypern, verwaltet die Währungsreserven und gibt Banknoten heraus. Dabei nimmt sie ihre Aufgaben **weisungsunabhängig** von den nationalen Regierungen wahr. Blickt man in die Geschichte, so kann man feststellen, dass in solchen Ländern, in denen die Notenbank in hoher Abhängigkeit zur Regierung (i. d. R. dem Finanzministerium) steht, die Inflationsraten regelmäßig sehr viel höher sind als in den Ländern, in welchen die Notenbank unabhängig von der Regierung ihre Aufgaben wahrnimmt.

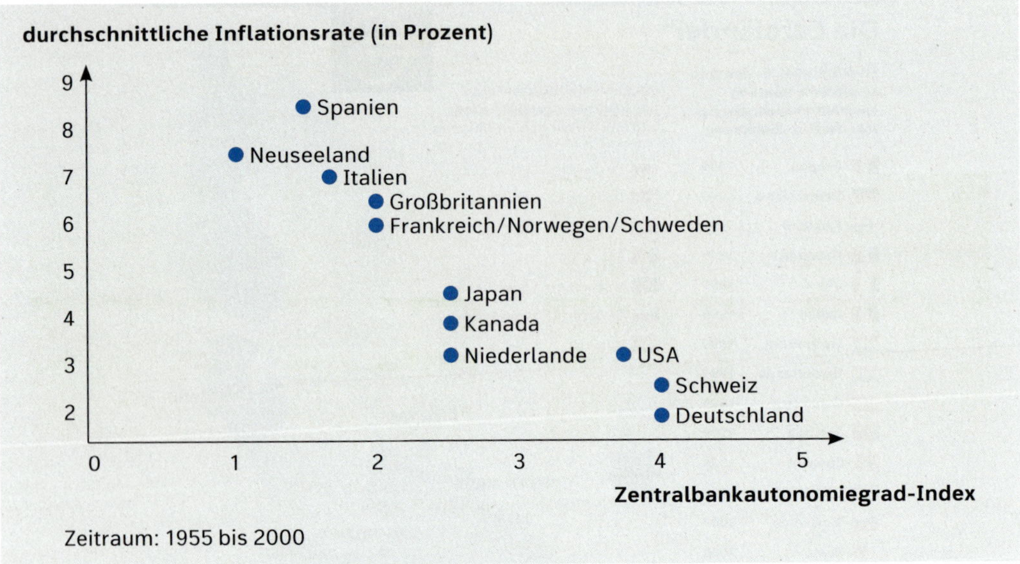

Die Grafik verdeutlicht, dass Länder, in denen die **Zentralbank (= Notenbank)** unabhängig von der jeweiligen Regierung arbeiten kann, verhältnismäßig geringe Inflationsraten aufweisen, während Länder, in denen die Notenbank von der Regierung abhängig ist, über höhere Inflationsraten verfügen. Der in der Grafik verwendete **Zentralbankautonomiegrad-Index** soll die Stärke der Unabhängigkeit der Zentralbank von der jeweiligen Regierung verdeutlichen. Je höher (niedriger) die Indexzahl liegt, desto größer (niedriger) ist die Unabhängigkeit der Zentralbank von der Regierung. Weisungsabhängige Notenbanken können von der Regierung dazu missbraucht werden, Staatsausgaben durch die Ausgabe von Banknoten bzw. durch niedrige Notenbankzinsen zu finanzieren. Auf diese Weise können Regierungen – zumindest kurzfristig – von einer nachhaltigen Sanierung der öffentlichen Haushalte absehen und eine unpopuläre Einschränkung öffentlicher Ausgaben vermeiden. Unabhängige Notenbanken haben sich stabilitätspolitisch hingegen bewährt.

Im System der Europäischen Zentralbanken wird die Unabhängigkeit durch die folgenden Maßnahmen gewährleistet:

Merkmale	Ausprägung des ESZB
institutionelle Unabhängigkeit	Die Organe des ESZB sind von den Weisungen Dritter (Regierung, Parlament, Kommission usw.) unabhängig.
personelle Unabhängigkeit	Die Amtszeit der Präsidentin bzw. des Präsidenten sowie der Direktorinnen und Direktoren beträgt acht Jahre. Um zu verhindern, dass alle Mitglieder der EZB-Organe gleichzeitig ausscheiden, sind die Amtszeiten zeitlich gestaffelt.
funktionelle Unabhängigkeit	Die Zentralbanken haben als vorrangiges Ziel die Sicherung der Preisstabilität. Weitere Aufgaben, wie z. B. die Unterstützung der Wirtschaftspolitik der Mitgliedsländer, werden nur insoweit berücksichtigt, als dabei die Verfolgung des Hauptziels gewahrt bleibt.
finanzielle Unabhängigkeit	Zentralbanken sollen ihre Mittel selbst erwirtschaften. Sie sind folglich von den Haushaltsmitteln der Mitgliedsländer unabhängig.

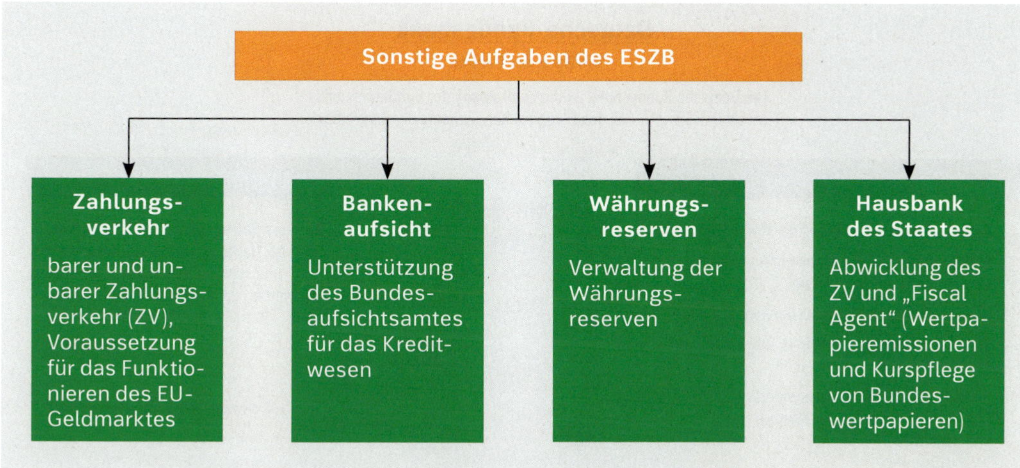

Das Eurosystem wird von den **Beschlussorganen der EZB**, dem **EZB-Rat**, dem **Direktorium** und dem **erweiterten Rat** geleitet.

Der **EZB-Rat** ist das zentrale Entscheidungsorgan des Eurosystems. Ihm gehört die Präsidentin bzw. der Präsident der EZB und die Vizepräsidentin bzw. der Vizepräsident an. Weiterhin gehören ihm an: vier weitere Mitglieder des Direktoriums und die Präsidentinnen bzw. Präsidenten der nationalen Notenbanken, die an der Währungsunion teilnehmen.

Beschlüsse im **EZB-Rat** werden mit einfacher Mehrheit gefasst, wobei jedes Mitglied eine Stimme hat. Im Rahmen der Erweiterung der EU ist die Zahl der Vertreterinnen und Vertreter der nationalen Notenbanken auf 15 Personen begrenzt. Wenn die Zahl der NZB-Präsidentinnen bzw. NZB-Präsidenten größer als 18 wird, werden die jeweils stimmberechtigten Mitglieder durch ein Rotationsverfahren ermittelt. Bei Stimmgleichheit besitzt die EZB-Präsidentin bzw. der EZB-Präsident ein doppeltes Stimmrecht.

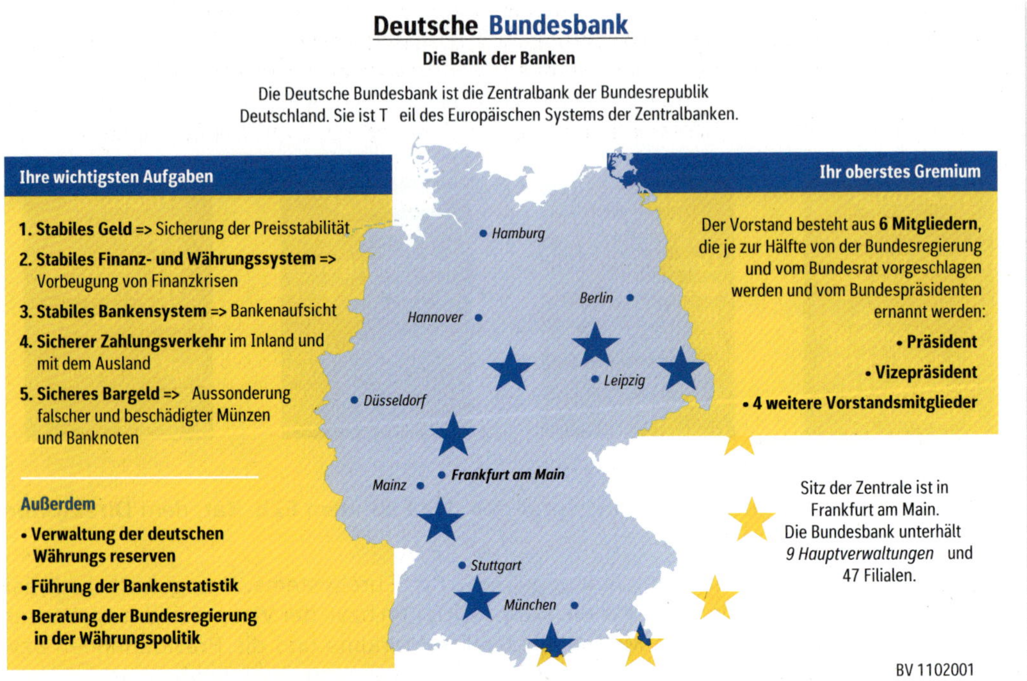

Das **Direktorium** der EZB bildet die Exekutive des ESZB. Durch das Direktorium werden die Beschlüsse des Rats ausgeführt, die EZB geleitet und verwaltet. Dem Direktorium gehören die Präsidentin bzw. der Präsident, die Vizepräsidentin bzw. der Vizepräsident sowie vier weitere Mitglieder an, welche vom Europäischen Rat gewählt werden.

Solange nicht alle EU-Mitgliedsstaaten der Währungsunion beigetreten sind, berät der **erweiterte Rat** das Direktorium und den EZB-Rat. Mitglieder des erweiterten Rats sind die EZB-Präsidentin bzw. der EZB-Präsident, die Vizepräsidentin bzw. der Vizepräsident sowie die die Präsidentinnen bzw. Präsidenten aller nationalen Zentralbanken der EU. Der erweiterte Rat hat keine geldpolitischen Kompetenzen, überwacht jedoch die Funktionsweise des Wechselkursmechanismus zwischen dem Euro und den Währungen der EU-Mitgliedsstaaten, welche der Währungsunion noch nicht beigetreten sind.

Die **nationalen Notenbanken (NZB)** müssen nach den Richtlinien und Beschlüssen der EZB handeln. Darüber hinaus sind sie für die Bargeldversorgung, die Refinanzierung der Geschäftsbanken, die Verwaltung der Währungsreserven, die Statistik und die Mithilfe bei der Bankenaufsicht zuständig. Die quantitative Definition von Preisstabilität hat die EZB erst 1998 festgelegt. Danach darf der Harmonisierte Verbraucherpreisindex für das Euro-Währungsgebiet nicht mehr als 2% gegenüber dem Vorjahr ansteigen. Darüber hinaus gilt, dass die Preisstabilität nur dann als gegeben betrachtet wird, wenn die Inflationsrate auf mittlere Sicht nahe 2% gehalten wird. Dabei ist es wichtig, dass im gesamten Euro-Währungsgebiet eine einheitliche Geldpolitik betrieben wird, weil die Handlungen des Eurosystems nur mit zeitlicher Verzögerung auf die Preisstabilität wirken.

Die neue geldpolitische Strategie der EZB

Begründung für die Neuausrichtung der geldpolitischen Strategie der EZB

Im Juli 2021 veröffentlichte die Europäische Zentralbank ihre neue geldpolitische Strategie. Während sich das Mandat der EZB aus den EU-Verträgen ableitet, muss die EZB ihre geldpolitische Strategie selbst erarbeiten. Sie dokumentiert darin, wie sie das vorrangige Ziel der Gewährleistung der Preisniveaustabilität im Währungsraum des Euro erreichen will und welche geldpolitischen Instrumente, Indikatoren und eventuellen Zwischenziele sie in diesem Zusammenhang verwenden wird. Zudem können in der geldpolitischen Strategie Aspekte berücksichtigt werden, die einen Einfluss auf die Preisstabilität haben, z. B. der Umweltschutz. Die geldpolitische Strategie verfolgt dabei zwei Hauptziele:

1. Sie schafft einen im gesamten Währungsraum **einheitlichen Analyserahmen** für die wirtschaftspolitischen Akteure. Anhand der daraus resultierenden Datenlage können dann die geldpolitischen Beschlüsse gefasst und begründet werden.
2. Auf der Grundlage der erhobenen Rahmendaten kann die **geldpolitische Strategie als Kommunikationsinstrument für die Öffentlichkeit** genutzt werden. Darüber sollen die geldpolitischen Entscheidungen nachvollziehbar gemacht werden. Diese Vorgehensweise trägt zur Glaubwürdigkeit und Wirksamkeit der Geldpolitik bei.

Letztmalig wurde die EZB-Strategie im Jahr 2003 überarbeitet. Da sich die makroökonomischen Rahmenbedingungen für die Arbeit des Zentralbanksystems an entscheidenden Stellen verändert hatten, wurde eine Überarbeitung der geldpolitischen Strategie notwendig. Die Anpassungen der EZB-Geldpolitik finden einerseits im traditionellen geldpolitischen Bereich statt (z. B. Definition des Inflationszieles). Darüber hinaus werden aber auch wirtschaftspolitische Aspekte einbezogen, die bisher nicht explizit zum geldpolitischen Aufgabenspektrum der EZB gehörten (z. B. der Umweltschutz aufgrund des Klimawandels). Um die Überarbeitung der geldpolitischen Strategie richtig einzuordnen, muss man sich vor Augen halten, dass die Inflationsrate von 2013 bis 2020 immer unter dem Zielwert von 2 % lag, sodass die EZB immer wieder vor der Aufgabe stand, Deflationsängste zu zerstreuen und einen weiteren Abwärtstrend der Inflationserwartungen abzuwenden. Seit Beginn der Corona-Pandemie Ende des Jahres 2019 haben sich die Rahmenbedingungen entscheidend verändert. Stockende oder ausfallende Lieferketten treiben weltweit die Preise nach oben. Verschärft wird diese Situation durch den Angriffskrieg Russlands gegen die Ukraine. Wichtige Rohstoffe wie Öl und Gas lassen die Inflation in Höhen schnellen, die im vergangenen Jahrzehnt für nicht möglich gehalten wurden. Diese aktuellen Entwicklungen konnten aber in der Phase der neuen Strategiebildung der EZB nicht prognostiziert werden und sind folglich auch nicht enthalten.

In der neuen geldpolitischen Strategie der EZB vereinigen sich die Elemente der **wirtschaftlichen Analyse** sowie der **monetären und finanziellen Analyse** in einem **integrativen Analyserahmen**. Die Änderung der geldpolitischen Strategie ergibt sich aus den Veränderungen auf den Finanz-, Güter- und Arbeitsmärkten, aber auch aus dem Klimawandel und veränderten Kommunikationswegen. Eine zentrale Begründung für die Veränderung ihrer Analysegrundlage sieht die EZB im gesunkenen **realen Gleichgewichtszinssatz** oder **natürlichen Realzinssatz**. Dieser wird beschrieben als der Zinssatz bei einem **ausgelasteten Produktionspotenzial** (Vollauslastung aller volkswirtschaftlichen Produktionsfaktoren) und dem Erreichen der von der EZB festgelegten Zielinflationsrate. Die Gründe für diese Entwicklung sieht die EZB im Rückgang des Produktivitätswachstums und in der Neigung zur Haltung von liquiden und sicheren Finanzanlagen. Als weiteren Grund führt die EZB die Veränderungen der Finanzmarktstruktur an, welche mit Auswirkungen auf die Wirksamkeit der geldpolitischen Transmissionskanäle verbunden sind und daher Veränderungen des geldpolitischen Instrumenteneinsatzes erfordern, um die von der EZB angestrebte Inflationsrate zu erreichen. Weiterhin haben die **globale Finanz- und Staatsschuldenkrise** und in jüngerer Zeit die **Corona-Pandemie** gezeigt, dass die dadurch ausgelösten Konjunkturabschwünge umfangreiche geldpolitische Reaktionen erfordern. Auch die nach wie vor zunehmende **Globalisierung** und **Digitalisierung** verändern die Strukturen der Waren-, Dienstleistungs- und Arbeitsmärkte und zeigen Preiseffekte, die sich auch kurzfristig auf die Inflation auswirken können.

Elemente der geldpolitischen Strategie der EZB

In der neuen geldpolitischen Strategie wird die quantitative Zielmarke der Inflationsrate auf (glatt) 2 % innerhalb einer mittleren Frist festgelegt. Dieses Inflationsziel ist ein Anker, der in beide Richtungen gehalten werden soll. Dabei werden temporäre Abweichungen nach oben und nach unten vom Zentralbanksystem toleriert. Um zu verhindern, dass die Inflationsrate unter die Nullmarke sinkt und damit eine für die Konjunktur als gefährlich eingeschätzte **Deflation** eintritt, möchte die EZB einen ausreichenden Puffer oder Sicherheitsabstand zu einer Inflationsrate von 0 % einhalten. Diese Pufferzone und die damit verbundene Flexibilität waren in der bisherigen EZB-Geldpolitik nicht vorgesehen. Gemessen wird dieses Ziel an der Entwicklung des **Harmonisierten Verbraucherpreisindex (HVPI)**. Geeignet erscheint dieser Index, weil er zeitnah verfügbar, zuverlässig, vergleichbar (im Zeitablauf und zwischen den Ländern) und glaubwürdig ist. Darüber hinaus wird er regelmäßig an die veränderten Verbrauchsgewohnheiten der Verbraucherinnen und Verbraucher angepasst. Aktuell wird beispielsweise ein Fahrplan beschlossen, nach dem selbst genutztes Wohneigentum in den HVPI aufgenommen wird.

Ausgerichtet ist die Strategie der EZB auf eine mittlere Frist. Dies erfolgt vor dem Hintergrund, dass so auch in der Vergangenheit eine flexible Reaktion auf wirtschaftliche Schocks möglich war. Bei dauerhaften Abweichungen wird die EZB mit ihren geldpolitischen Instrumenten aktiv. Hier unterscheidet sich das Vorgehen der EZB von der Geldpolitik der USA. Diese strebt innerhalb eines bestimmten Zeitraums eine im Durchschnitt konstante Inflationsrate an. Die Alternative zum Analyseverfahren der EZB ist das sog. **Inflation Targeting**. Die Notenbank der USA – die Federal Reserve Bank (Fed) – erstellt Inflationsprognosen für die kommende Periode und veröffentlicht diese. Die Notenbank versucht dann in einem zweiten Schritt, die Inflationsrate direkt zu steuern und dabei nicht das Zwischenziel der Geldmengensteuerung zu nutzen. Die Marktteilnehmer können dann die Prognosen mit dem festgelegten Zielwert der Geldwertstabilität vergleichen und gewinnen somit Einschätzungen darüber, ob sich die Geldpolitik der Notenbank auf dem richtigen Kurs befindet.

Kritisiert wird das Inflation Targeting für seine Fixierung auf die Güterpreise. Die Verfechter dieses Modells hatten darüber z. B. in der Bankenkrise von 2007 mit der Pleite der US-Bank Lehman Brothers nicht im Blick, dass sich im Vorfeld der Krise ein stark steigendes Kreditwachstum für Immobilienfinanzierungen ergeben hatte mit einer starken Steigerung der Vermögenspreise, die wesentlich zur Gefährdung des Finanzsystems beigetragen hätte. Für den Euroraum wird gleichzeitig kritisiert, dass die Voraussetzungen eines Inflation Targeting zwar vorhanden seien, die EZB erstellt vierteljährlich solche Inflationsprognosen. Diese werden aber bisher nicht im Sinne des amerikanischen Modells veröffentlicht.

Der neue Analyserahmen der EZB

An die Stelle der bisherigen Zwei-Säulen-Strategie, die einerseits eine monetäre und andererseits eine wirtschaftliche Analyse beinhaltete, nutzt die EZB zukünftig einen **integrierenden Analyseansatz**. Die EZB begründet diese Veränderungen damit, dass sich die Beziehungen zwischen den Geldmengenaggregaten und der Inflationsrate als weniger stabil herausgestellt hätten. Der Zusammenhang zwischen der Geldmenge und der Inflationsrate ist insbesondere für die Öffentlichkeit immer weniger genau zu erkennen. Damit hat die monetäre Analyse als eine der beiden Säulen der Vergangenheit an Bedeutung verloren. Der integrierte Analyserahmen behält zwar weiterhin monetäre Indikatoren bei, betrachtet aber gleichzeitig kurzfristige finanzielle Aspekte stärker.

Neue Instrumente der EZB

Der **Leitzins** bleibt für die EZB auch zukünftig das wichtigste **konventionelle Instrument**. Um auch in Phasen niedriger Inflationsraten angemessen reagieren zu können, nutzt die EZB aber auch **unkonventionelle Instrumente** wie z. B. die **Aufkäufe von Wertpapieren** am Markt und die sog. **Forward Guidance**. Die Forward Guidance bezeichnet ein Instrument der Geldpolitik, bei dem Zentralbanken versuchen, durch Kommunikation eigener Vorhersagen und Prognosen die Markterwartungen über den zukünftigen Zinssatz zu beeinflussen. Dieses Instrument hat den Vorteil, dass damit die Erwartungsbildung zumindest für einen bestimmten Zeitraum beeinflusst werden kann.

Klimaschutz und Geldpolitik

Der **Klimaschutz** und seine Auswirkungen auf die Preisstabilität ist in den Aktionsrahmen der EZB eingeflossen. Veränderungen des Klimas können in den einzelnen Sektoren einer Volkswirtschaft unterschiedlich die Produktionsbedingungen verbessern oder verschlechtern. Der Handel mit Klimazertifikaten, Umweltabgaben oder Emissionszertifikaten verändert die Produktionskosten und kann sich daher in höheren Preisen niederschlagen. Art. 3 EUV kodifiziert „ein hohes Maß an Umweltschutz und Verbesserung der Umweltqualität." Damit ist der Klimaschutz eine zu beachtende Nebenbedingung der EZB. Die konkrete Ausgestaltung einer „klimaorientierten grünen Geldpolitik" könnte die EZB in den kommenden Jahren ausarbeiten. Erste Maßnahmen wie z. B. die Offenlegung von Umwelt- und Nachhaltigkeitsaspekten bei Vermögenswerten sowie die gesamtwirtschaftlichen und zentralbankbezogenen Risikobewertungen sind Schritte auf diesem Weg. Stärkere Eingriffe in den Marktmechanismus, wie ökologisch begründete Zinsdifferenzierungen, spiegeln sich bisher allerdings nicht in der EZB-Strategie wider.

Der Geldbegriff der EZB

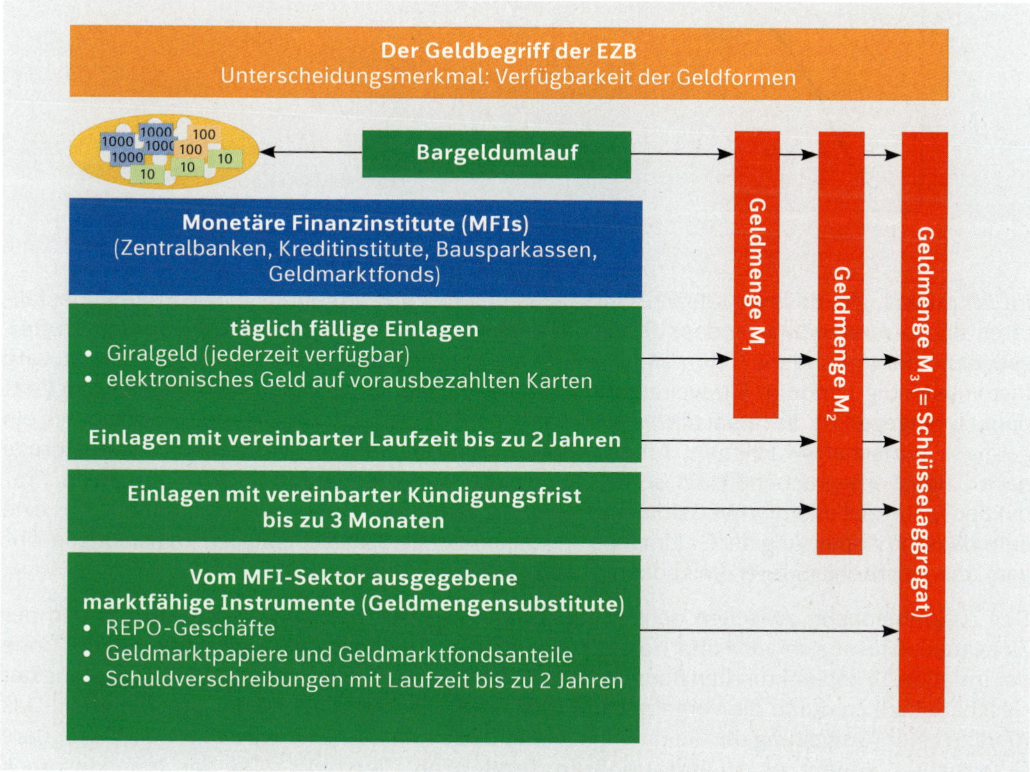

Bei der Ausrichtung ihrer Politik arbeitet die EZB mit einem **Geldmengenkonzept**, welchem die Geldmenge M3 zugrunde liegt. Die Notenbank geht dabei davon aus, dass den Volkswirtschaften so viel Geld zur Verfügung stehen muss, wie diese für die Finanzierung ihres Wachstums benötigen. Diesen Wachstumspfad beschreibt der Begriff des **Produktionspotenzials**. Das Produktionspotenzial beinhaltet ein mögliches Bruttoinlandsprodukt, welches unter Vollauslastung aller volkswirtschaftlichen Produktionsfaktoren erreicht werden könnte. Wenn die Notenbank den Volkswirtschaften der EU eine Geldmenge zur Verfügung stellt, die ausreicht, um dieses Wachstumspotenzial zu finanzieren, ergeben sich keine inflationären Tendenzen, denn das Wachstum der Gütermenge entspricht dann dem Wachstum der Geldmenge. Ergänzt wird dieses Geldmengenwachstum durch eine als unvermeidlich angesehene Inflation, die sich beispielsweise durch gestiegene Rohstoffpreise aus dem Ausland (z. B. Rohöl) ergibt (= **unvermeidliche Preissteigerung**).

Für das Wachstum der Geldmenge M3 hat die EZB seit Beginn der Währungsunion einen **Referenzwert** bestimmt. Er beträgt zurzeit 4,5 % und wird durch folgende Faktoren bestimmt:

- Wachstumskomponente des Produktionspotenzials (2 % bis 2,5 %)
- unvermeidliche Preissteigerung (1,5 % bis 2 %)
- Komponente für den trendmäßigen Rückgang der Umlaufgeschwindigkeit des Geldes (−0,5 % bis −1 %)

Zusammenhang zwischen Produktionspotenzial und tatsächlicher Auslastung des Bruttoinlandsprodukts

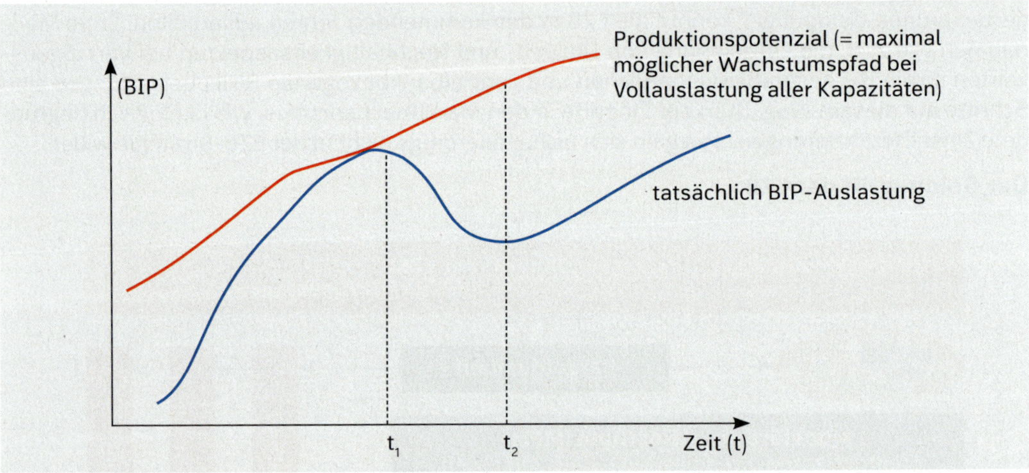

Im Zeitpunkt t_1 gilt, dass die tatsächliche Auslastung des BIP sehr groß ist. Alle Produktionsfaktoren sind in Verwendung, sodass die Zinsen wegen der hohen Geldnachfrage automatisch steigen, denn die vorhandene Geldmenge, welche am **Produktionspotenzial** ausgerichtet ist, wird fast vollständig benötigt. Ein weiteres Wirtschaftswachstum ist kaum noch möglich. Im Zeitpunkt t_2 hingegen ist die tatsächliche Auslastung des BIP sehr gering. Dies äußert sich durch ein geringes Wirtschaftswachstum, Arbeitslosigkeit und ungenutzte Ressourcen. Die Nachfrage nach Geld ist entsprechend klein, sodass auch die Zinsen eher niedrig sind. Mit diesem am Produktionspotenzial orientierten Geldmengenkonzept verfügt die EZB über ein Instrument, das eine automatische Anpassung der Geldmenge an konjunkturelle Schwächephasen (mit niedrigen Zinsen) bzw. Hochkonjunkturen (mit hohen Zinsen) erlaubt.

Der Zusammenhang zwischen dem **Auslastungsgrad des Produktionspotenzials** und der Zinssituation lässt sich auch übertragen auf den Zusammenhang der Geldmenge und der Höhe der Inflation. In konjunkturellen Boomphasen kommt es zu einer vermehrten Geldschöpfung der Geschäftsbanken durch die Vergabe von Krediten für die Investitionen der Unternehmen. Das führt zu einer Ausweitung der Geldmenge. Wenn diese nun schneller wächst als die verfügbare Gütermenge, kommt es zu **inflationären Tendenzen**. Verstärkt wird der Inflationsdruck dadurch, dass die Unternehmen in Boomphasen auf die steigende Nachfrage nicht nur durch eine Ausweitung der Produktion reagieren. Insbesondere dann, wenn die Kapazitätsgrenze der Produktionsmöglichkeiten nahezu erreicht ist, reagieren die Unternehmen auf die steigende Nachfrage mit Preissteigerungen für ihre Produkte und Dienstleistungen. Dies führt zur Inflation.

Zusammenfassung: Die EZB als instrumentellen Rahmen der Geldpolitik verstehen und ihren Einfluss auf die Preisniveaustabilität beurteilen

- **Je unabhängiger eine nationale Notenbank** von der jeweiligen Regierung agieren kann, desto geringer ist die Inflationsrate in dieser Volkswirtschaft.
- Neben der Wahrung der Preisstabilität verfolgt die Europäische Zentralbank (EZB) folgende **Aufgaben**:
  - Abwicklung des Zahlungsverkehrs,
  - Unterstützung der Bankenaufsicht,
  - Verwaltung der Währungsreserven und
  - Hausbankfunktion des Staates.

[1] Sofern Zinssenkung der Notenbank nicht zur Erwartung einer höheren Inflation führt.

Aufgaben

1 *Nennen Sie die Euroländer.*

2 *Erläutern Sie den Aufbau der Deutschen Bundesbank.*

3 *Beschreiben Sie die Funktionen der EZB.*

4 *Beurteilen Sie die Einflussmöglichkeiten der EZB auf die Preisniveaustabilität in einer konjunkturellen Boomphase.*

5 *Beurteilen Sie kritisch, inwieweit die Politik die vier Merkmale der Unabhängigkeit der EZB gefährden kann.*

3.2 Die Instrumente zur Geldmengensteuerung situationsgerecht anwenden und als Ausdruck einer geldpolitischen Strategie begreifen

In einem Geschäftsführungs-Meeting der Bürodesign GmbH besprechen Frau Friedrich und Herr Stein die wirtschaftliche Entwicklung ihres Unternehmens. Sie planen die notwendigen Investitionen, welche das Unternehmen zukünftig wettbewerbsfähig halten sollen. *„Wir sollten den geplanten Neubau nicht erst im nächsten Jahr, sondern schon dieses Jahr erstellen lassen, denn ich befürchte, dass die Zinsen für grundpfandrechtlich gesicherte Kredite im Laufe dieses Jahres wieder steigen werden. Die Konjunktur belebt sich langsam, der Inflationsdruck durch die steigenden Rohölpreise wird stärker, sodass die Notenbank mit Sicherheit an der Zinsschraube drehen wird. In den USA ist dies bereits mehrfach geschehen. Wir sollten uns die momentan noch günstigen Zinsen langfristig sichern und den Neubau beginnen"*, argumentiert Frau Friedrich. *„Das sehe ich genauso"*, antwortet Herr Stein.

Arbeitsaufträge
- ***Beschreiben Sie die Instrumente der EZB zur Geldmengensteuerung.***
- ***Diskutieren Sie kritisch die Problematik einer einheitlichen Geldpolitik.***

■ Geldpolitisches Instrumentarium des Eurosystems

Die geldpolitischen Instrumente, welche die Notenbanken zur Erfüllung ihrer Aufgaben benutzen, sind im Statut der EZB verankert. Die EZB hat grundsätzlich eine marktwirtschaftliche Ausrichtung, d.h., sie verzichtet auf direkte Eingriffe in die Geschäfte der Kreditbanken. Sie hat z.B. nicht die Möglichkeit, die Kreditvergabe der Geschäftsbanken direkt zu begrenzen. Auch kann sie nicht die Zinssätze am Kapitalmarkt direkt festlegen. Ihre Aktivitäten zur Bewahrung der Preisstabilität entfalten vielmehr einen indirekten Wirkungszusammenhang. Mithilfe des Zinsmechanismus möchte die Notenbank erreichen, dass sich die Wirtschaftssubjekte gemäß den Prinzipien der Preisniveaustabilität verhalten. Dazu verändert die EZB die Bedingungen auf dem

(Interbanken-)Geldmarkt, auf dem sich die Geschäftsbanken mit Liquidität versorgen. Zur Systematisierung der von ihr eingesetzten geldpolitischen Instrumente unterscheidet man

- **Instrumente zur Zins- und Liquiditätssteuerung** und
- **Instrumente zur Grob- und zur Feinsteuerung.**

Mithilfe der **zinspolitischen Instrumente** setzt die EZB Zinssätze als **Orientierungspunkte für den Geldmarkt** fest, wobei **liquiditätspolitische Maßnahmen**, also die gezielte Beeinflussung der Bankenliquidität (Guthaben in Form der Mindestreserve bei der EZB), **flankierend** wirken. Bei der Differenzierung von **Grob- und Feinsteuerung** lässt sich sagen, dass die Grobsteuerung die Bedingungen auf dem Geldmarkt langfristig beeinflussen soll, es werden **Rahmenbedingungen des Geldmarktes** verändert, während mit der **Feinsteuerung temporäre Schwankungen** der Bankenliquidität kompensiert werden sollen.

Offenmarktgeschäfte

Die zentralen geldpolitischen Instrumente zur **Zinssteuerung** sind die sog. **Offenmarktgeschäfte**, welche die Notenbank den Geschäftsbanken anbietet. Bei einem Offenmarktgeschäft kauft oder verkauft die EZB Wertpapiere an der Wertpapierbörse (dem offenen Markt). Damit kann sie dem Wirtschaftskreislauf Geld entziehen oder zuführen. In einer Rezession kauft die EZB Wertpapiere und zahlt mit Euro. Sie erhöht so die Liquidität der Geschäftsbanken (Geldschöpfung). In der Hochkonjunktur bietet sie Wertpapiere zu günstigen Kursen an. Werden diese von den Geschäftsbanken erworben, wird der Geldumlauf verringert. Bei Offenmarktgeschäften geht die Initiative von der EZB aus. Sie legt die Konditionen für die Durchführung dieser Geschäfte fest. Die Abwicklung der operativen Geschäfte erfolgt dann über die nationalen Notenbanken. Durch den Kauf oder Verkauf von geldmarktfähigen Wertpapieren am offenen Markt kann die EZB dem Wirtschaftskreislauf Geld entziehen oder zuführen.

Im Mittelpunkt der Offenmarktgeschäfte stehen die wöchentlich neu ausgeschriebenen **Hauptrefinanzierungsgeschäfte** (Haupt- oder Standardtender) mit einer Laufzeit von einer Woche. Die Geschäftsbanken decken mittels dieses **Haupttenders** jährlich ca. 75 % ihres Zentralbankgeldbedarfs. Dazu geben die Geschäftsbanken Wertpapiere (sog. Sicherheiten) bei der Notenbank „in Pension" (englisch: **repurchuase agreement = REPO**). Der Zinssatz für diesen Haupttender wird folglich auch als **REPO-Satz** oder **Basiszinssatz** bezeichnet. Er übernimmt die Funktion eines **europäischen Leitzinses**. Die technische Abwicklung der Offenmarktgeschäfte übernehmen die nationalen Notenbanken im Auftrag der EZB. Die Notenbanken kaufen dazu am offenen Markt Wertpapiere der Geschäftsbanken, welche gleichzeitig eine Rücknahmeverpflichtung der Papiere eingehen. Dabei dienen die Wertpapiere als **Pfand**. Im Gegenzug erhalten die Kreditinstitute von der Notenbank Zentralbankgeld gutgeschrieben.

Die Notenbanken unterscheiden beim Haupttender zwei verschiedene Ausschreibungsverfahren:

Mengentender

Beim sog. **Mengentender** gibt die Notenbank einen festen Zinssatz für das von ihr zur Verfügung zu stellende Zentralbankgeld vor. Dabei kennen die Geschäftsbanken das Liquiditätsvolumen nicht. Sie geben ihre Gebote (= Liquiditätswünsche) ab. Sollte die Summe der Gebote über dem Zuteilungsrahmen der Notenbank liegen (= Überzeichnung), wird den Banken nur ein prozentualer Anteil ihres Gebots zugeteilt **(= Repartierung)**.

Beispiel *Die EZB möchte 5 Milliarden EUR Liquidität zur Verfügung stellen, die Geschäftsbanken geben jedoch Gebote in Höhe von 8 Milliarden EUR ab. Die Notenbank wird dann jeder Bank eine Quote von 62,5 % ihres gewünschten Betrags zuteilen.*

Zinstender

Beim sog. **Zinstender** müssen die Geschäftsbanken neben der von ihnen gewünschten Geldmenge auch den Zinssatz angeben, welchen sie für das Geld zu zahlen bereit sind. Die Zuteilung durch die Notenbank kann entweder nach dem sog. **amerikanischen Verfahren** erfolgen, welches die EZB in den letzten Jahren als sehr marktwirtschaftlich orientiertes Verfahren durchgängig angewendet hat. Dabei verteilt die Notenbank das zur Verfügung stehende Liquiditätsvolumen beginnend mit dem höchsten gebotenen Zinssatz. Die Zuteilung erfolgt bis zu dem Grenzzinssatz, bei welchem das Volumen erschöpft ist. Banken, die den Grenzzinssatz in ihrem Gebot unterschritten haben, werden bei der Zuteilung folgerichtig nicht berücksichtigt und erhalten kein Zentralbankgeld. Dieses amerikanische Bietungsverfahren zeigt einen hohen Wettbewerbscharakter. Beim **holländischen Verfahren** erhält jede Geschäftsbank das Zentralbankgeld zum gleichen Grenzzinssatz. Der Grenzzinssatz ist aus Sicht der Kreditinstitute der Zinssatz, welcher gerade noch ausreicht, um an der Zuteilung teilzunehmen.

Beispiel *Die Notenbank schreibt einen Haupttender als Zinstender aus. Sie plant, 5 Milliarden EUR in den Markt zu geben. Folgende Gebote werden abgegeben:*

Bank	A	B	C	D
Gebotene Menge in EUR	3 Milliarden	1,5 Milliarden	1 Milliarde	3 Milliarden
Zinssatz	8,5 %	8,7 %	8,3 %	8,9 %

Beim amerikanischen Verfahren bekommt zunächst die Bank D eine Zuteilung von 3 Milliarden EUR, weil sie den höchsten Zinssatz geboten hat. Danach gehen 1,5 Milliarden EUR an die Bank B. Die Bank A erhält letztlich von ihrem Gebot in Höhe von 3 Milliarden EUR die verbleibenden 0,5 Milliarden EUR. Die Bank C erhält keine Zuteilung. Beim holländischen Verfahren käme es zu den gleichen Zuteilungssummen zwischen den Banken A, B und D. Alle erhielten ihr Zentralbankgeld jedoch zum gleichen Grenzzinssatz von 8,5 %.

Bei ausgeprägten Zinsänderungserwartungen der Geschäftsbanken können die Gebote der Geschäftsbanken stark von den Vorstellungen der Notenbank abweichen. Die Folge sind dann extreme Minderzuteilungen durch die Notenbank. In solchen Situationen schreibt sie daher **Mengentender** aus, um über den veröffentlichten Zinssatz Spekulationen der Geschäftsbanken entgegenzutreten und Planungssicherheit zu schaffen. Eine ähnliche Stabilisierungsfunktion für die Erwartungen bietet der sog. **Mindestbietungssatz**, der seit Ende 2000 bei den Zinstendergeschäften verwendet wird. Dieser Mindestbietungssatz übernimmt die geldpolitische Signalfunktion, die bislang dem Mengentender zukam. Neben den Haupttendern bieten die Notenbanken zusätzlich Offenmarktgeschäfte im **Monatsrhythmus (= Basistender)** an. Diese sind längerfristige Basisrefinanzierungen, die den am Geldmarkt weniger aktiven Banken eine Verstetigung ihrer Liquiditätsversorgung sichern sollen.

Ständige Fazilitäten

Ständige Fazilitäten sind eine Art Kontokorrentkonto der Kreditinstitute bei der zuständigen Notenbank. Für die deutschen Kreditinstitute ist das die Deutsche Bundesbank. Wie beim Kontokorrentkonto gibt es auch hier zwei Möglichkeiten:

- Das Kreditinstitut „überzieht" sein Konto gegen Soll-Zinsen (**Spitzenrefinanzierungsfazilität**).
- Das Kreditinstitut bildet Einlagen gegen Haben-Zinsen (**Einlagenfazilität**).

Die Nutzung ist als kurzfristiges und sehr flexibles Instrument der Geldpolitik gedacht. Es gibt Kreditinstituten die Möglichkeit, überschüssige Haben-Salden jeweils „über Nacht" bis zum

Beginn des nächsten Geschäftstags als Einlage zu einem vorgegebenen Zinssatz bei der Notenbank anzulegen (**Übernachtguthaben**) oder kurzfristigen Liquiditätsbedarf über Nacht zu decken (**Übernachtkredit**).

Für die Inanspruchnahme der Spitzenrefinanzierungsfazilität müssen die Kreditinstitute Zinsen zahlen und refinanzierungsfähige Sicherheiten hinterlegen.

Refinanzierungsfähige Sicherheiten sind:

- in den von der EZB veröffentlichten Verzeichnissen aufgelistete Wertpapiere, Handelswechsel und
- Kreditforderungen der Geschäftsbanken gegen notenbankfähige Schuldner.

Die Zinssätze der ständigen Fazilitäten stecken den Rahmen oder **Zinskanal** für die Zinsen am Geldmarkt ab. Dabei bildet der Zinssatz für die Spitzenrefinanzierungsfazilität die Obergrenze für Tagesgeld im Handel zwischen den Geschäftsbanken und die Einlagenfazilität die Untergrenze. Daneben gibt es einen Geldmarkt im weiteren Sinne auf dem Einlagen von Kreditinstitutionen gehandelt werden. Erhöht die EZB die Zinsen für die Übernachtkredite, verteuert sich die Refinanzierung für die Geschäftsbanken. Geben diese die gestiegenen Kosten an ihre Kunden weiter, ist eine allgemeine Erhöhung des Zinsniveaus mit entsprechender dämpfender Wirkung auf die Konjunktur die Folge. Eine Senkung der Zinsen hat die gegenteilige Wirkung.

Mindestreservepolitik

Durch die Mindestreserve werden die Geschäftsbanken gezwungen, in Höhe eines bestimmten Anteils ihrer Einlagen verzinsliche Guthaben bei der nationalen Notenbank zu unterhalten. Diese Maßnahme hat einen **ordnungspolitischen Charakter**, denn die Mindestreserve bindet die Geschäftsbanken an die nationale Notenbank. Sie zwingt die Geschäftsbanken zur Refinanzierung bei der jeweiligen Notenbank in Höhe der bei ihr zu haltenden Guthaben. Erst über diese **Anbindung der Geschäftsbanken an die Notenbanken** können die übrigen Instrumente ihre Wirkung entfalten, denn über die Höhe des Mindestreservesatzes nehmen die Notenbanken Einfluss auf die Liquidität der Geschäftsbanken.

Wirkungsweise der Mindestreservepolitik

	Erhöhung der Mindestreserve	Senkung der Mindestreserve
Wirkung auf die Geschäftsbanken	Verteuerung der Geldbeschaffung	Verbilligung der Geldbeschaffung
Liquiditätseffekt	Einengung der Liquidität	Ausweitung der Liquidität
Zinseffekt	Geldmarktzinsen steigen	Geldmarktzinsen sinken

Reservepflichtige Verbindlichkeiten sind:

- Sichteinlagen, d. h. die Einlagen auf Girokonten,
- befristete Einlagen, d. h. Termingelder, die für eine bestimmte Zeit festgelegt sind, und
- Spareinlagen mit dreimonatiger Kündigungsfrist.

Der Reservesatz beträgt zurzeit (2020) 1 % der mindestreservepflichtigen Einlagen. Ein Reservesatz in dieser Höhe ist notwendig, um zu gewährleisten, dass die gewünschten Geldmarktsteuerungsfunktionen erfüllt werden können. Gleichzeitig ist dieser Satz so niedrig, dass er nicht zu einer unerwünschten Belastung auf der Aktivseite der Bilanzen der Kreditinstitute führt.

Der Geldmarkt als zentraler Ansatzpunkt für geldpolitische Maßnahmen

Der Geldmarkt im engeren Sinne ist der Markt, auf dem Zentralbankguthaben gehandelt werden. Dies ist das eigentliche Operationsfeld für die geldpolitischen Maßnahmen der nationalen Notenbanken, wobei sie ihre Impulse über den **Zinssatz für Tagesgeld** am Geldmarkt setzen. Sie betreiben insofern eine **Zinspolitik**, wobei der Zinssatz nicht das angestrebte Endziel, sondern lediglich ein **Zwischenziel** bei der Einhaltung des **angestrebten Geldmengenwachstums** darstellt. **Die Notenbanken steuern also nicht die Menge, sondern den Preis des Zentralbankgeldes.** Die Grafik auf der folgenden Seite zeigt die Wirkungsweise geldpolitischer Impulse von der Zentralbank über die Geschäftsbanken auf die Kapital- und letztlich auf die Gütermärkte. Man spricht in diesem Zusammenhang von einer **Transmission**, weil sich die Notenbanken der Geschäftsbanken „bedienen", um auf den Gütermärkten mehr oder weniger Nachfrage nach Gütern und Dienstleistungen anzuregen. Die Geschäftsbanken sind in diesem Zusammenhang der **„Transmissionsriemen"**, den die Notenbanken nutzen.

Mögliche Störpotenziale für die Geldpolitik

In den Ländern der EU, die den Euro eingeführt haben, sind die Wechselkurse als flexibles Anpassungsinstrument zum Ausgleich realwirtschaftlicher Unterschiede (z. B. wegen Produktivitätsunterschieden) zwischen den Nationen weggefallen. Weiterhin kann es im Interesse der Stabilität keine expansive Finanzpolitik in einzelnen Ländern geben, während andere Euroländer eine restriktive Finanzpolitik verwirklichen. **Stabilitätsfördernd** wirkt sich aus:

Finanzpolitik

Eine solide **Finanzpolitik** mit der Ausrichtung auf die Geldwertstabilität wirkt sich i. d. R. stabilitätsfördernd aus. Von einer expansiven Finanzpolitik kann nämlich ein nachfrageseitiger inflationärer Druck ausgehen. Andererseits führt eine expansive Finanzpolitik zu einer steigenden Staatsverschuldung. Eine Notenbank kann dann leicht von der Politik bedrängt werden, wenn sie die Leitzinsen erhöht, da sich diese Erhöhung der Leitzinsen umso stärker auf das Haushaltsdefizit auswirkt, je größer die kurzfristige Staatsverschuldung ist.

Gegen diese Wirkungskette haben Ende 1996 die damals 15 EU-Staaten einen **Stabilitäts- und Wachstumspakt** beschlossen. Darin ist festgelegt, dass die Mitgliedsländer in konjunkturell schwierigen Phasen beim Haushaltsdefizit die Obergrenze von 3 % des BIP nicht überschreiten dürfen. Mittelfristig sollen alle EU-Staaten einen ausgeglichenen Haushalt aufweisen. Bei Zuwiderhandlung sieht der Stabilitäts- und Wachstumspakt Strafen in Form von Geldbußen vor.

Lohnpolitik

Eine an der Stabilität orientierte **Lohnpolitik** muss berücksichtigen, dass Lohnzuwächse nur in Höhe des Zuwachses der Produktivität möglich sind. Übersteigen die Lohnabschlüsse den Produktivitätszuwachs, kommt es in diesen Volkswirtschaften zu einer Kostensteigerung und damit i. d. R. auch zu Preissteigerungen am Markt. Da eine Wechselkursabwertung innerhalb der EU nicht mehr stattfinden kann, leidet in den betroffenen Staaten die Wettbewerbsfähigkeit. Folglich ist es notwendig, zu einer Konvergenz in der Geld-, Finanz- und Lohnpolitik bei den Teilnehmerstaaten zu gelangen, um der Währungsunion zum Erfolg zu verhelfen.

Zusammenfassung: Die Instrumente zur Geldmengensteuerung situationsgerecht anwenden und als Ausdruck einer geldpolitischen Strategie begreifen

Aufgaben

1 *a) Erklären Sie die Unterschiede zwischen Mengen- und Zinstender beim Pensionsgeschäft.*
b) Folgende Angebote von Kreditinstituten seien gegeben:

Bank	Gebote in Mrd. EUR	Bietungszinssatz beim Zinstender
A	100	1,84 %
B	140	1,83 %
C	60	1,82 %
D	120	1,81 %
E	170	1,80 %

Berechnen Sie die Zuteilungsquoten, wenn diese nach dem Mengentender- bzw. nach dem Zinstenderverfahren vorgenommen werden.

2 *Durch eine Erhöhung der Mindestreserve sinkt die Bankenliquidität. Das Kreditangebot wird verknappt, die Zinsen steigen, Investitionen gehen zurück und die gesamtwirtschaftliche Nachfrage wird gedämpft. Erläutern Sie die gleiche Wirkungskette für die*
a) Offenmarktpolitik,
b) ständigen Fazilitäten.

3 *Der Zinssatz für die Spitzenrefinanzierungsfazilitäten ist der Zinssatz, zu dem sich die Kreditinstitute refinanzieren, also der „Einkaufspreis" für Geld. Der Zinssatz für Privatdarlehen ist der „Verkaufspreis" der Kredite an die privaten Haushalte.*
a) Ermitteln Sie bei Ihrem Kreditinstitut den Zinssatz für die Spitzenrefinanzierungsfazilitäten.
b) Stellen Sie fest, wie hoch die Zinsen für Privatdarlehen sind.
c) Diskutieren Sie, für welche Leistungen (Funktionen) die Kreditinstitute die Differenz zwischen dem „Einkaufspreis" und dem „Verkaufspreis" für Geld bekommen.

4 *Beschreiben Sie, welches Instrumentarium die Europäische Zentralbank*
a) in der Hochkonjunktur,
b) in der Rezession
einsetzen wird, und erläutern Sie die jeweils beabsichtigte Wirkungskette.

5 *Der Maastrichter Vertrag legt fest, dass die EZB institutionell, personell und operativ unabhängig ist. Diskutieren Sie das Für und Wider der Autonomie der Europäischen Zentralbank.*

6 *a) Beschreiben Sie, inwiefern die Tarifparteien Einfluss auf die Geldpolitik der EZB nehmen können.*
b) Geben Sie eine Empfehlung für die Gestaltung einer Tarifauseinandersetzung in einer Boomphase aus der Perspektive der EZB.

7 *In der Eurozone hängt die finanzwirtschaftliche Stabilität wesentlich auch von der Finanzpolitik der Mitgliedsländer ab.*
a) Beschreiben Sie, welche Auswirkungen eine expansive Finanzpolitik einzelner Mitgliedsländer auf den Binnenwert und den Außenwert der Gemeinschaftswährung Euro haben kann.
b) Beschreiben Sie die Maßnahme, welche die Europäische Union getroffen hat, um eine expansive Finanzpolitik der Mitgliedsländer einzudämmen.

3.3 Die Geldpolitik der EZB als Strategie in Zeiten globaler Herausforderungen erkennen

Die Familie Stein diskutiert darüber, wie die Erbschaft der jüngst verstorbenen Mutter von Herrn Stein sicher angelegt werden soll. Da es sich um einen Betrag von 550000,00 EUR handelt, ist der Diskussionsbedarf entsprechend hoch.

Frau Stein: *„Wir sollten auf gar keinen Fall Wertpapiere kaufen, denn wir können ja kaum abschätzen, wie sich die Krise entwickeln wird. Also, ich bin in diesen Krisenzeiten dafür, eine sehr sichere Anlageform zu wählen. Wir sollten das Geld in Edelmetallen anlegen. In Krisenzeiten ist Gold doch immer eine sichere Anlageform."*

Herr Stein entgegnet: *„Der Goldpreis ist in den letzten Monaten ganz extrem gestiegen. Da steigen wir momentan zu einem viel zu hohen Kurswert ein. Wenn sich die Krise dann doch wieder abschwächt und sich die Wertpapiermärkte beruhigen, rauscht der Goldpreis in den Keller. Ich bin dafür, dass wir das Geld in Immobilien anlegen. Immobilien sind sicher, unterliegen nicht so starken Preisschwankungen und gerade in den Ballungsgebieten der Bundesrepublik ergeben sich gute Wertentwicklungen. Berlin ist z. B. ein echter Boom-Markt. Im Vergleich zu anderen europäischen Metropolen sind die Preise* *dort immer noch niedrig. Langfristig werden die Preise dort aber erheblich steigen. Wir können die Wohnung gut vermieten, nutzen die Preissteigerungen und haben sogar die Option, unseren Lebensabend in der Berliner Innenstadt zu verbringen. Das ist doch sehr attraktiv, oder?"*

Arbeitsauftrag

- ***Recherchieren Sie die Entwicklung der Goldpreise in den letzten 25 Jahren und stellen Sie in einer Übersicht dabei den Zusammenhang zwischen der Entwicklung des Goldpreises und der weltwirtschaftlichen Entwicklung dar.***

Die in Europa zwischen 2010 und 2018 andauernde Krise kann man als **dritte Phase einer weltweiten Wirtschafts- und Finanzkrise** interpretieren. Ihren Ursprung hatte diese Krise in der Insolvenz der US-amerikanischen Bank **Lehman Brothers** im September 2008 infolge eines überhitzten Immobilienmarkts in den USA (erste Phase) seit dem Juni 2007. Aus diesem Bankenzusammenbruch entwickelte sich eine globale Banken- und Finanzkrise, welche als eine der schwersten Einbrüche der Weltwirtschaft seit der als **„große Depression"** bezeichneten Krise in den 1930er-Jahren beschrieben werden kann (zweite Phase). Zur **europäischen Staatsschuldenkrise** wurden diese weltweiten Turbulenzen im Frühjahr 2010 (dritte Phase). Zunächst beschränkte sie sich auf Griechenland. Dessen Haushaltsdefizit fiel 2010 mehr als doppelt so hoch aus wie erwartet. Ratingagenturen, die dafür zuständig sind, die Zahlungsfähigkeit (Bonität) von Schuldnern zu bewerten, stuften Griechenland stark herunter, sodass die Risikoaufschläge, die Griechenland für die Emission von Staatsanleihen zu zahlen hatte, stark anstiegen.

In der Folgezeit weitete sich die europäische Schuldenkrise auf mehrere Staaten aus (Irland, Portugal, Spanien, Italien) und wirkte sich zunehmend auch auf die Kreditwürdigkeit zahlreicher Banken des Euroraums aus, weil diese in sehr hohem Umfang Staatsanleihen der Krisenländer in ihrem Bestand hatten. Die Krisenländer und Banken litten zunehmend unter Schwierigkeiten, sich zu marktgerechten Konditionen mit Liquidität und Krediten zu versorgen. Die Defizite vieler EU-Staaten überschritten die im Vertrag von Maastricht festgelegte Grenze von 3 % BIP ebenso wie die Gesamtschuldenstände von 60 % des BIP. Dies hatte seine Ursache darin, dass die Staaten den Finanzsektor mit Eigenkapital oder Garantien stützen konnten und andererseits eine **expansive Fiskalpolitik** betreiben mussten, wodurch die Staatsverschuldung stieg.

Für Griechenland und Irland wurde im Dezember 2010 ebenso wie für Portugal im Mai 2011 ein sog. „Rettungsschirm" aufgespannt. Länder, die in Schwierigkeiten geraten sind, können ihre finanzielle Stabilität, z. B. durch Kredite, wiedergewinnen. Im Sommer 2011 spitzte sich die Situation an den Märkten mit Staatsanleihen in Europa erneut zu. Viele Anleger mieden die als Krisenländer bekannten Schuldner und flüchteten in qualitativ hochwertige Anlagen. Die Renditeabstände zwischen diesen Anleihen und denen deutscher Emittenten wuchs, sodass es zu Spannungen am internationalen Bankenmarkt kam. Das Handelsvolumen am Geldmarkt sank zunehmend.

Auf die Staatsschuldenkrisse reagierte die EZB schon 2008 mit eher konventionellen **geldpolitischen Maßnahmen**, indem sie die Leitzinsen in mehreren Schritten von 4,5 % auf den historisch niedrigsten Stand von 0,00 % im März 2016 senkte. Eine weitere geldpolitische Maßnahme bestand darin, den Interbankengeldmarkt zu stärken, indem die Hauptrefinanzierungsgeschäfte auf das Mengentenderverfahren mit einer vollen Zuteilung umgestellt wurde. Dadurch ist es den Banken praktisch möglich, jeden Wunsch nach Liquidität zu befriedigen.

Eine weitere Komponente bildet das Programm für die Wertpapiermärkte. Im Rahmen dieses Maßnahmenpaketes wurde es der EZB möglich, an den Märkten für öffentliche und private Schuldverschreibungen zu intervenieren. Die EZB kauft in sehr großem Maßstab Staatsanleihen auf dem Markt, um über die damit verbundene Liquidität (quantitative Lockerung der Geldpolitik, engl. „quantitative easing“) eine Deflation zu verhindern, für niedrige Zinsen zu sorgen und darüber die Konjunktur zu beleben. Weiterhin wurden als Sicherheiten für die Hauptrefinanzierungsgeschäfte Wertpapiere einer geringeren Bonitätsklasse zugelassen, und letztlich kam es zu einer Senkung des Mindestreservesatzes von 2 % auf 1 % sowie zur Durchführung zweier längerfristiger Refinanzierungsgeschäfte mit einer Laufzeit von 36 Monaten. Insgesamt sollen alle beschriebenen Sondermaßnahmen dazu dienen, die Banken besser mit Liquidität zu versorgen und damit die Funktionsfähigkeit des europäischen Geldmarkts zu erhalten.

■ Beurteilung der Geldmarktpolitik

Das Programm zum Ankauf von Staatsanleihen bietet die Chance, die Wirtschaft mit Kaufkraft zu versorgen. Bei einem sinkenden Eurokurs profitiert zusätzlich die Exportwirtschaft, weil die Waren im Ausland günstiger werden. Die geldpolitischen Reaktionen der EZB sind in der Öffentlichkeit sehr kontrovers diskutiert worden. Ökonomen werfen der EZB u. a. vor, dass sie durch den Aufkauf von Staatsanleihen ihr Mandat über den üblichen Rahmen hinaus ausweite und damit ihre **Glaubwürdigkeit und Unabhängigkeit** gefährde. Zudem könne die durch die Anleihenankäufe entstandene Liquidität (= Erhöhung der Zentralbankgeldmenge) zu inflationären Prozessen führen, wenn diese Liquidität nachfragewirksam würde. Letztlich haften solide wirtschaftende Staaten wie Deutschland für die Krisenstaaten wie Griechenland, denn wenn griechische Staatspapiere ausfallen, haften die deutschen Steuerzahler für diesen Ausfall.

Beispiel *Familie Land spart jeden Monat einen gleichen Betrag. Nach acht Jahren reicht der angesparte Betrag aus, um davon einen Gebrauchtwagen zu kaufen. Wenn nun die Inflationsrate über einen längeren Zeitraum hinweg erheblich stärker steigt als die Zinsen für die Spareinlagen, nimmt die Kaufkraft des angesparten Geldes ab, sodass sich Familie Land den Pkw in der geplanten Ausstattung nicht mehr leisten kann.*

Aktuell ist die weltwirtschaftliche Lage gekennzeichnet durch eine ganze Reihe von Unsicherheiten. Begonnen haben diese mit der Corona-Krise im Winter 2019. In den asiatischen Produktionsstätten, z. B. in China, fiel pandemiebedingt über einen langen Zeitraum die Herstellung von Konsum- und Investitionsgütern aus. Als die Produktion dort wieder hochgefahren wurde, führte dies zu weltweiten Lieferengpässen, was u. a. die Transportkosten drastisch in die Höhe schnellen ließ. Darüber hinaus nutzten viele Unternehmen diese Situation der vorübergehenden Knappheit dazu, die Preise anzuheben. Als unmittelbare Folge dieser Situation explodierten weltweit die Preise für fast alle Rohstoffe und viele Lebensmittel. Viele Unternehmen haben daraufhin die gestiegenen Kosten an ihre Kundschaft weitergegeben.

Verschärft wurde die Lage durch den Angriffskrieg Russlands gegen die Ukraine am 24. Februar 2022 – mit der Folge, dass die Preise für Gas und Öl sprunghaft gestiegen sind. In der Konsequenz führen diese krisenhaften Erscheinungen dazu, dass die Inflationsraten in den großen Industriestaaten drastisch gestiegen sind. Aktuell beträgt die Inflationsrate in den USA ca. 8,5 %, in Deutschland liegt sie im Sommer 2022 bei ca. 7,5 % und damit weit über dem in den EZB-Statuten festgelegten Wert von 2 %. Damit neigen sich die Zeiten niedriger Leitzinsen der Notenbanken dem Ende entgegen.

Die US-Notenbank Fed will die hohe Inflation von 8,5 % in den USA eindämmen. Das Mittel dazu sind höhere Zinsen. Diese verteuern Kredite – Unternehmen werden künftig genauer überprüfen, ob sie Investitionen durchführen, wenn sie dazu einen Kredit benötigen. Auch Verbraucherinnen und Verbraucher werden kreditfinanzierte Käufe genauer abwägen. Gleichzeitig steigen die Sparzinsen, weshalb sie ihr Geld eher sparen werden, als es auszugeben. Über diesen Mechanismus soll die Nachfrage sinken. Bleibt das Angebot derweil gleich, so die Theorie, steigen die Preise nicht weiter. In der Vergangenheit hat dieser Wirkungszusammenhang gut funktioniert. So hob die Fed den Leitzins, der zuletzt bei bis zu 0,5 % lag, Ende Juni 2023 auf 5,25 % an. In der Finanzwelt ist das ein kräftiges Zeichen. Das beeinflusst die Weltwirtschaft und hat auch Konsequenzen für die Notenbanken in der Eurozone, denn der US-Dollar ist die wichtigste Leitwährung.

Die Teuerung zu bremsen, ist zunächst das erste Ziel der Notenbank. Zurzeit leiden vor allem jene unter den steigenden Preisen, die wenig Geld zur Verfügung haben. Schwierig wird es jetzt auch für Menschen, die eine Immobilie gekauft haben und sie mit einer Hypothek finanzieren. Sie müssen nun mehr bezahlen und könnten sogar in ernsthafte finanzielle Schwierigkeiten geraten, denn Immobilienkredite in den USA sind nicht wie in Deutschland für eine bestimmte Laufzeit an einen festen Zinssatz geknüpft, sondern orientieren sich an den jeweils aktuellen Marktzinsen. Und diese steigen mit der Leitzinserhöhung. Ein Urlaub in Europa wird für US-Amerikanerinnen und US-Amerikaner hingegen billiger. Mit dem Vorstoß der Fed wächst der Druck auf die EZB, ebenfalls zu handeln. Die Inflation in der Eurozone liegt schon seit Juli 2021 über den 2 %, die als optimaler Wert gelten. Zuletzt stieg sie auf 7,5 %. Die EZB hat daraufhin den Leitzins in mehreren Schritten auf aktuell 4,0 % angehoben. Unterscheiden sich die Zinsen zwischen den USA und der Eurozone sehr, wandert Kapital ab.

Tatsächlich stehen die Länder der Eurozone wirtschaftlich unterschiedlich da. Auch die Folgen des Ukraine-Kriegs belasten die Eurostaaten in unterschiedlichem Ausmaß. Zudem sind einige viel stärker verschuldet als andere, darunter etwa Frankreich. Geht die EZB nun zu robust vor, könnte sie einige Länder in die Rezession stoßen.

Schon seit einiger Zeit verschieben sich die Gewichte. Je mehr Geld in die USA fließt, desto teurer wird der US-Dollar – dies wird sich nach der jüngsten Fed-Entscheidung noch verstärken, und zwar so lange, bis die EZB nachzieht. Unternehmen, die Teile aus den USA importieren, etwa Computerchips, müssen dafür mehr bezahlen. Gleichzeitig profitieren aber jene Unternehmen, die viele Waren in die USA ausführen. Denn ihre Produkte werden für die dortigen Einkaufsabteilungen günstiger. Das betrifft beispielsweise die Automobilindustrie sowie die Maschinenbaubranche. 2021 exportierte Deutschland Waren im Gesamtwert von 122 Milliarden EUR in die USA, umgekehrt kamen von dort Waren im Wert von 72 Milliarden EUR nach Deutschland. Dass der US-Dollar aus Eurosicht teurer wird, trifft auch alle Branchen, die viel Energie verbrauchen oder Gas und Öl als Rohstoffe benötigen, denn selbige werden i. d. R. in US-Dollar gehandelt. Selbst Unternehmen, die langfristige Ölliefervertäge mit festen Dollarpreisen vereinbart haben, zahlen jetzt also erst einmal mehr. Auch wenn sich Unternehmen gegen die Wechselkursänderungen absichern können, wird diese Rohstoffbeschaffung mittelfristig teurer.

Auf den deutschen Wohnungsmarkt haben die Zinsentscheidungen der EZB einen deutlichen Einfluss: Steigende Zinsen erhöhen die Kreditkosten der Verbraucher mit der Folge, dass weniger Wohneigentum gebaut wird. Da Immobilienkredite hierzulande meist über eine Laufzeit von zehn oder fünfzehn Jahren abgeschlossen werden, kommt es auf die Zinserwartungen der Branche an. So wurde es bereits in den vergangenen Monaten merklich teurer, eine Hypothek aufzunehmen. Diese Entwicklung wird sich fortsetzen, weil die Kreditgeber bereits jetzt die nächste Zinserhöhung „einpreisen", wie es im Geldmarktjargon heißt.

Wer wenig Geld hat und beim Wocheneinkauf genau rechnen muss, leidet natürlich besonders unter der Inflation. Die einzige Lösung bei steigenden Preisen bleibt einstweilen: weniger zu kaufen. Wirkt die voraussichtliche Leitzinserhöhung der EZB wie geplant, wird sich die Lage vermutlich etwas entspannen, zumindest einzelne Produkte werden wohl wieder etwas günstiger. Dass die Preise in der Breite wieder spürbar sinken, ist bis auf Weiteres allerdings wenig wahrscheinlich. Wer Wertpapiere oder eine Immobilie besitzt oder genügend Geld, um jeden Monat etwas zurückzulegen, kann auch höhere Preise zahlen, ohne den eigenen Lebensstil allzu sehr einschränken zu müssen. Wohlhabende Menschen sind gegen inflationäre Tendenzen deutlich besser gewappnet. Diejenigen, die in den vergangenen Jahren ihr Vermögen in Aktien anlegten, konnten es an den Börsen der Welt ordentlich vermehren. Daran wird sich auch mit der Zinswende wenig ändern.

Zusammenfassung: Die Geldpolitik der EZB als Strategie in Zeiten globaler Herausforderungen erkennen

September 2008	Insolvenz der US-Bank Lehman Brothers, Beginn der Weltwirtschaftskrise
Frühjahr 2010	Globale Finanzkrise wird zur europäischen Schuldenkrise, Zahlungsschwierigkeiten einiger europäischer Länder (Griechenland, Irland, Spanien, Portugal)
Winter 2010	„Rettungsschirm" der EZB für Griechenland
2010 – 2015	Hilfspakete für Griechenland
2013	Rettungsversuche für Zypern
Sommer 2011	Portugal beantragt Rettungsschirm
2014	Irland und Portugal verlassen den Rettungsschirm
2017	Die Schuldensituation in Spanien, Irland und Portugal hat sich verbessert.
Winter 2019	Beginn der Corona-Pandemie
Februar 2022	Beginn der Angriffskrieges Russlands gegen die Ukraine

Aufgaben

1 *Die Inflationsrate stellt einen Gradmesser für die Stabilität einer Währung dar. Diskutieren Sie die Maßnahmen der EZB zur Rettung des Euro vor dem Hintergrund einer möglichen Gefahr für dessen Wertstabilität.*

2 *Fertigen Sie ein Kurzreferat über die Bedeutung von Ratingagenturen an. Stellen Sie darin auch deren Einfluss auf die Möglichkeiten zur Refinanzierung von Unternehmen und Staaten dar.*

Bildquellenverzeichnis

|Alamy Stock Photo (RMB), Abingdon/Oxfordshire: hanohikirf 51.1. |Attac Deutschland, Frankfurt/M.: 305.1, 305.2. |Baaske Cartoons, Müllheim: Mester, Gerhard 307.1. |Fachagentur Nachwachsende Rohstoffe e.V. (FNR), Gülzow-Prüzen: 141.2. |fotolia.com, New York: 3darcastudio 21.4; ahardert 146.1; Arcurs, Yuri 22.6; arsdigital 22.1; Birn, Marco 348.1; Boukaia-Murari, Sinia 289.3, 289.4; chungking 103.1; contrastwerkstatt 150.1; fhmedien_de 22.2, 22.8, 253.1; fischer-cg.de 19.2, 19.3, 19.4, 20.3, 21.3, 22.7; Fotostudio Pfluegl 71.1; goran 20.1; industrieblick 102.1; Jackal, Sandor 37.2; Kaulitzki, Sebastian 299.1; leungchopan 141.1; maik yuill 289.1; Marco2811 152.1; Marx, Ronny 21.1; nmann77 335.1; pdesign 289.2; Pfluegl, Franz 18.2; Photographee.eu 150.2; styleuneed 20.2, 21.2; ted007 140.1; XtravaganT 22.5. |Galas, Elisabeth, Essen: 17.1, 17.2. |Infografik Pilavas Heller, Menden: 47.1, 48.1, 48.2, 50.1, 214.1, 379.1, 380.1. |Institut der deutschen Wirtschaft Köln, Köln: 2011, iwd 41 260.1. |iStockphoto.com, Calgary: Farknot_Architect 221.1; mikimad 1.1; Minerva Studio 97.1. |Jouve Germany GmbH & Co. KG, München: Titel, 1.2, 1.3, 2.1, 19.1, 22.3, 22.4, 25.1, 25.2, 49.1, 86.2, 217.1, 301.1, 317.1, 369.1. |Kurtz, Cornelia, Boppard: 338.1. |Lumina Datamatics GmbH, München: 76.1, 78.1, 89.1, 132.1, 170.1, 172.1, 181.2, 189.1, 204.1, 211.1, 212.1, 310.1, 316.1, 331.1, 362.1, 371.1, 371.2, 373.1. |Picture-Alliance GmbH, Frankfurt a.M.: akg-images 244.1, 327.1, 369.2; AP/Daniel Lippitt 373.2; DB Ringier Bilderdienst 243.1; dpa-infografik 40.1, 55.1, 56.1, 58.1, 62.1, 64.1, 66.1, 69.1, 79.1, 80.1, 82.1, 85.1, 86.1, 87.1, 89.2, 92.1, 123.1, 124.1, 125.2, 128.1, 131.1, 146.2, 149.1, 164.1, 166.1, 173.1, 178.1, 180.1, 181.1, 182.1, 183.1, 184.1, 190.2, 191.1, 191.2, 193.1, 196.1, 200.1, 201.1, 202.1, 205.1, 209.1, 213.1, 216.1, 218.1, 256.1, 265.1, 267.1, 273.1, 274.1, 279.1, 280.1, 283.1, 284.1, 288.1, 292.1, 292.2, 312.1, 316.2, 319.1, 320.1, 323.1, 328.1, 340.1, 348.2, 355.1, 361.1, 364.1, 375.1, 377.1, 391.1; dpa-infografik GmbH 67.1, 75.1, 81.1, 177.1, 199.1, 357.1; dpa/Trankovits, Laszlo 304.1; Mary Evans Picture Library 239.1; MP/Leemage 237.1; Österreichische Lichtbildstelle / Österr. Nationalbibliothek / picturedesk.com 251.1; Rumpf, Stephan 332.1; Sachs Ron/CNP/ABACA 240.1. |Presse- und Informationsamt der Bundesregierung, Berlin: Kugler, Steffen 247.1. |stock.adobe.com, Dublin: A_Bruno 139.2; abcmedia 47.2; anoli 12.1; Armyagov, Andrey 90.1; Atkins, Peter 13.2; Buehner, Matthias 32.2; Calado 119.1; Dietl, Jeanette 11.2; euthymia 37.1; eyetronic 15.1; Fabio 12.2; Fälchle, Jürgen 13.3; Hahn, Martin 98.1; Jargstorff, Wolfgang 139.1; Karnholz, A. 128.2; kartoxjm; YPS - York Publishing Solutions Pvt. Ltd. 185.1; Kneschke, Robert 42.1; Kozlik_mozlik 36.1; Krautwald, Sven 32.1; Mainka, Markus 102.2; Nolte, Benjamin 60.1; nsdpower 1.4; perfectlab 313.1; peshkov 42.2; peterschreiber.media 101.1, 394.1; pololia 36.2; Popov, Andrey 13.1, 18.1; Raths, Alexander 13.4; Reimer, Thomas 208.1; singkham 108.1; Song_about_summer 14.1; VanderWolf Images 125.1; Zahner, Lars 11.1. |Stuttmann, Klaus, Berlin: 314.1, 318.1. |YPS - York Publishing Solutions Pvt. Ltd.: 77.1, 94.1, 174.1, 187.1, 190.1, 202.2, 219.1, 339.1, 345.1, 345.2, 346.1, 347.1, 354.1, 359.1, 363.1, 365.1, 366.1. |Zahlenbilder, Bergmoser + Höller Verlag AG, Aachen: Zahlenbilder 26.1. |© Statistisches Bundesamt (Destatis), Wiesbaden: © Statistisches Bundesamt (Destatis), 2023 Copyright 349.1, 349.2.

Sachwortverzeichnis